Jahrbuch für Wirtschaftsgeschichte BEIHEFT 1

Im Auftrag der Herausgeber
des Jahrbuchs für Wirtschaftsgeschichte
herausgegeben von Reinhard Spree

Christian Kleinschmidt

Der produktive Blick

Wahrnehmung amerikanischer und japanischer Management- und Produktionsmethoden durch deutsche Unternehmer 1950–1985

Akademie Verlag

Die Deutsche Bibliothek – CIP-Einheitsaufnahme

Ein Titeldatensatz für diese Publikation ist bei
Der Deutschen Bibliothek erhältlich.

ISBN 3-05-003657-5

Das eingesetzte Papier ist alterungsbeständig nach DIN/ISO 9706.

Einbandgestaltung: Ingo Ostermaier, Berlin
Druck: GAM Media, Berlin
Bindung: Norbert Klotz, Jettingen-Scheppach

Gedruckt in Deutschland

Inhalt

Vorwort

Bei der vorliegenden Studie handelt es sich um die überarbeitete Fassung meiner Habilitationsschrift, die 1999 von der Fakultät für Geschichtswissenschaft der Ruhr-Universität Bochum angenommen wurde. Die Arbeit ist hervorgegangen aus einem Forschungsprojekt im Rahmen des Schwerpunktprogramms der Volkswagen-Stiftung zum Thema „Das Fremde und das Eigene – Probleme und Möglichkeiten interkulturellen Verstehens". Ohne die günstigen Bedingungen dieses Projektzusammenhanges, ohne die komfortable Ausstattung, die mir die Teilnahme an nationalen und internationalen Tagungen und damit zahlreiche inhaltliche Anregungen brachte, ohne eine studentische Hilfskraft, die mich in Person von Jens Scholten sehr effektiv und zuverlässig unterstützt hat, und ohne die freundliche und unbürokratische Hilfe von Frau Dr. Hiltgund Jehle von der Volkswagen-Stiftung hätte die Arbeit nicht in dieser konzentrierten Form durchgeführt werden können. Dafür meinen herzlichen Dank.

Mein besonderer Dank gilt auch den Leitern des Forschungsprojektes, Herrn Prof. Dr. Dietmar Petzina und Prof. Dr. Wolfhard Weber, die mich zu diesem Projekt ermutigt und mich damit nach mehrjähriger Abstinenz wieder an die Universität zurückgeholt haben. Darüber bin ich aus heutiger Perspektive sehr froh. Häufig bedarf es ja erst eines externen Anstoßes, um in einer Situation der Unsicherheit und der Neuorientierung „das Richtige" zu tun. Für diese Weichenstellung, aber auch für die weit darüber hinausreichende langjährige Unterstützung und die gute Zusammenarbeit möchte ich mich herzlich bedanken.

Vor allem möchte ich mich bei Prof. Dr. Werner Plumpe bedanken, mit dem ich nicht nur seit vielen Jahren freundschaftlich verbunden bin, sondern der mir über den gesamten Zeitraum meiner wissenschaftlichen Laufbahn einen intellektuell fruchtbaren, kritischen, bisweilen provokativen, jedenfalls immer anregenden Austausch geboten hat und der zudem unermüdlich gelesen, korrigiert und begutachtet hat – so auch für diese Arbeit. Dies gilt auch für unsere gemeinsame Arbeit im „Arbeitskreis für kritische Unternehmens- und Industriegeschichte e.V." (AKKU), für ein angenehmes Diskussionsklima, insbesondere mit Blick auf die Tagung zum Thema „Eine kulturalistische Wende in der Unternehmensgeschichtsschreibung?". Die vorliegende Arbeit versteht sich auch als ein Nachtrag zu dieser Diskussion.

Bedanken möchte ich mich auch sehr bei Frau Prof. Regine Mathias, die mich als Gutachterin auf die besonderen Tücken des „interkulturellen Verstehens" im Falle der deutsch-japanischen Unternehmenskontakte aufmerksam gemacht hat. Ohne sie wäre ich sicher so mancher Stereotype aufgesessen, die ich dann bei den von mir untersuchten Unternehmern beobachtet habe. Dies gilt auch für Prof. Dr. Erich Pauer und Prof. Dr. Hisashi Yano, deren Rat und Hinweise mir eine große Hilfe waren.

Dabei wird deutlich, daß eine solche Forschungsarbeit ein Gemeinschaftsprojekt ist, auch wenn der Autor letztlich allein für die Inhalte verantwortlich zeichnet. Aber ohne die vielen kleinen und großen fachkundigen Hinweise, Literaturtips, ohne die Herstellung von Kontakten, ohne Austausch und Diskussion, ohne die kritische Durchsicht einzelner Kapitel des Manuskriptes, aber auch ohne Ermutigung fehlten nicht nur der notwendige Ansporn wie inhaltliche Korrektive und konstruktive Kritik, das Produkt wäre insgesamt ein anderes, sicherlich deutlich schlechteres, geworden.

In diesem Zusammenhang möchte ich mich vor allem bei Prof. Dr. Heinz Hartmann bedanken, dessen persönliche Erfahrungen als Zeitzeuge wie als Soziologie in den 50er Jahren in den USA und der Bundesrepublik mir wichtige Anregungen für diese Arbeit geliefert haben. Mich freut besonders, daß er nun im doppelten Sinne – als handelnder wie auch als beobachtender Akteur – in und für diese Arbeit eine wichtige Rolle spielt. Mein Dank gilt auch Prof. Dr. Volker Berghahn, Prof. Dr. Harm Schröter, Dr. Matthias Kipping, Prof. Dr. Gary Herrigel, Dr. Thomas Bittner, Dr. Paul Erker, Dr. Thomas Welskopp und nicht zuletzt Prof. Dr. Alfred Kieser für zahlreiche Hinweise und Anregungen zu methodischen und theoretischen Fragen der Unternehmensgeschichte und zur „Amerikanisierungs“-Diskussion, die auch meinem „produktiven Blick“ zugute kamen.

Mein besonderer Dank gilt auch den Interviewpartnern aus Unternehmen und Wissenschaft, deren Aussagen eine ideale Ergänzung zu den schriftlichen Quellen darstellen und mich darüber hinaus zu einem ständigen Überdenken und zur Ergänzung meiner Ausgangsüberlegungen zwangen. Erwähnen möchte ich hier insbesondere Herrn Roland Altmann (REWE), Prof. Paul Gert von Beckerath (Bayer), Herrn Werner Bonfert (Freudenberg), Prof. Karl-Heinz Briam (Volkswagen), Dr. Frederico Engel (Hüls), Dr. Peter Fink (Krupp), Dr. Carl H. Hahn (Volkswagen und Continental), Prof. Dr. Kurt Hansen (Bayer), Dr. Wolfgang E. Wicht (Glanzstoff), Prof. Dr. Heinz Hartmann (Universität Münster) und Prof. Dr. Erich Staudt (Universität Bochum).

Wenn der Hinweis auf den Gemeinschaftscharakter dieser Arbeit einen Sinn macht, dann auch mit Hinweis auf die fachkundige Unterstützung der Unternehmens- und Wirtschaftsarchivarinnen und -archivare, ohne die eine zügige und zielgerichtete Auswertung von Massenquellen nicht möglich gewesen wäre. Mein Dank geht in diesem Zusammenhang an Herrn Wilkes (Archiv AKZO Nobel Faser AG, vorm. Vereinigte Glanzstoff Fabriken AG), Herrn Brinkmann (Archiv Bahlsen KG), an die Herren Pohlenz und Pogarell (Archiv Bayer AG), Herrn Grabe (Archiv Continental AG), Frau Dr. Schuster (Archiv Carl Freudenberg), Herrn Bügel (Archiv Henkel KgaA), Herrn Dr. Berendes (Archiv Hüls AG), Herrn Gutmann (Mitarbeiter bei Kienbaum und Partner), Herrn PD. Dr. Wessel (Archiv Mannesmann AG), Herrn Esser (ehem. REWE), Herrn v. Witzleben und Herrn Dr. Grieger (Auto Museum Volkswagen bzw. Archiv Volkswagen AG) sowie den Mitarbeiterinnen und Mitarbeitern des Hagley Museum and Library in Wilmington, Deleware und der National Archives II/Kollege Park, Maryland.

Schließlich möchte ich mich bei den Herausgebern des Jahrbuchs für Wirtschaftsgeschichte, Herrn Prof. Dr. Toni Pierenkemper und insbesondere bei Herrn Prof. Dr.

Reinhard Spree als dem Herausgeber der neuen Beihefte des Jahrbuchs sowie bei Herrn Manfred Karras vom Akademie Verlag für die Möglichkeit bedanken, die vorliegende Arbeit dort publizieren zu können.

1 EINLEITUNG

Erkenntnisinteresse – Fragestellung – Arbeitshypothesen

Amerikanische und japanische Management- und Produktionsmethoden hatten nach dem Zweiten Weltkrieg eine wichtige Leitbildfunktion für deutsche Unternehmen. Die Rückkehr auf den Weltmarkt in den fünfziger Jahren, die Behauptung der Wettbewerbsfähigkeit in den sechziger und siebziger Jahren und die zunehmende Flexibilität und Anpassungsfähigkeit der Unternehmen seit Beginn der achtziger Jahre ist ohne den Einfluß vornehmlich amerikanischer und japanischer Management- und Produktionsmethoden kaum vorstellbar. Während in der Wirtschaftsgeschichte der Erforschung auch externer Einflußfaktoren und Impulse der Rekonstruktion der westdeutschen Wirtschaft nach 1945, wie z.B. der Demontage und Entflechtung, dem Marshallplan, der Investitionshilfe oder dem Wettbewerbsrecht, also vornehmlich makroökonomischen und wirtschaftspolitischen Entwicklungen unter mehr oder weniger starkem amerikanischem Einfluß vergleichsweise viel Aufmerksamkeit zukam, wurde die mikroökonomische Perspektive unter Berücksichtigung des amerikanischen, später auch des japanischen Einflusses auf deutsche Unternehmen bislang kaum berücksichtigt. Schlagworte wie „Amerikanisierung", „amerikanische Herausforderung", „Japanisierung" und „japanische Herausforderung" sind bislang eher Hilfskonstruktionen einer journalistischen, populärwissenschaftlichen, zunehmend auch der historiographischen Auseinandersetzung mit einem Phänomen, das in der Sozial-, Wirtschafts- und Technikgeschichte, insbesondere im Bereich der Unternehmensgeschichte bislang kaum wissenschaftlich fundiert untersucht worden ist.[1] In der vorliegenden Arbeit werden deshalb die Einflüsse ausländischer, vornehmlich amerikanischer und japanischer Management- und Produktionsmethoden auf deutsche Unternehmer und Unternehmen erforscht, ausgehend von der Genese der Adaptionsprozesse, der Wahrnehmung, der Informationsbeschaffung, der inner- und zwischenbetrieblichen Informationsverarbeitung und Kommunikation bis hin zu deren praktischer betrieblicher Umsetzung. Wahrnehmung wird dabei in seinem doppelten Bedeutungszusammenhang verstanden, zum einen in dem Sinne, etwas zur Kenntnis zu nehmen (mental), zum anderen als praktisches Handeln in dem Sinne, eine Gelegenheit zu ergreifen. „Die Wahrnehmungstätigkeit als aktiver Prozeß von Informa-

---

[1] H. Schröter, Von der Teilung zur Wiedervereinigung (1945-2000), in: M. North (Hg.), Deutsche Wirtschaftsgeschichte. Ein Jahrtausend im Überblick, München 2000, S. 351-420. Der Beitrag zeigt, daß der Amerikanisierungsbegriff zunehmend auch in Standardwerke der Wirtschaftsgeschichte Einzug hält, ohne daß bereits ausreichend empirische Studien vorliegen.

tionsverarbeitung orientiert den Menschen über die Beschaffenheit seiner Umwelt, insbesondere bedeutsame Sachverhalte und Personen, und ermöglicht es ihm damit, sein Handeln entsprechend zu planen und zu steuern."[2] Das Ergreifen von Gelegenheiten hängt schließlich von den jeweiligen Bedingungen und Kontexten ab. Diese können „nahe liegen" oder auch „schwer greifbar" sein. Gelegenheiten können sich bieten, werden angeboten oder müssen ergriffen werden. Als eine bestimmte Form der unternehmerischen Wahrnehmung hat Francis Joseph Aguilar das „scanning" bezeichnet. „Scanning the environmet for strategic information" ist eine Aktivität der Informationsbeschaffung als Voraussetzung von Managemententscheidungen, die gleichzeitig eine Reduktion von Komplexität in einer riesigen Datenflut, das Erkennen der Relevanz von Informationen wie auch deren Kompatibilität mit bereits Bekanntem impliziert. Daß dies ein widersprüchlicher Prozeß ist, macht der Begriff „to scan" deutlich, der nämlich einerseits als scharfes Abtasten, als Punkt-für-Punkt-Übertragung der Umwelt, andererseits auch als flüchtiges Überblicken oder Überfliegen definiert ist. Dieser Prozeß des „scannens" ist nicht nur auf Individuen, sondern auch auf das Verhalten von Organisationen anwendbar und betrifft somit Fragen des Lernens von Organisationen.[3] Lernprozesse wiederum können in starkem Maße durch Leitbilder, als „Katalysatoren des Lernprozesses"[4] stimuliert werden. Wie diese Wahrnehmungs- und Lernprozesse in den Unternehmen aussehen, insbesondere mit Blick auf die Leitbilder amerikanischer und japanischer Management- und Produktionsprozesse, soll in der vorliegenden Studie dargestellt werden. Die USA und Japan wurden als Bezugspunkte unternehmerischer Wahrnehmung ausgewählt, weil sie als die führenden Wirtschaftsmächte der Nachkriegszeit eine dominierende Leitbildfunktion für deutsche Unternehmen inne hatten.

Es geht also nachfolgend um die Herausarbeitung eines Perzeptions- und Transformationsprozesses, um individuelle und kollektive Wahrnehmungen und Orientierungen von Unternehmern bzw. Managern an amerikanischen und japanischen Leitbildern im Bereich von Produktion, Technologie und Management, deren Akzeptanz und Relevanz und damit auch um unternehmerische Lernfähigkeit, Entscheidungsfindungs- und Durchsetzungsprozesse. Dabei wird davon ausgegangen, daß mentale Prozesse wie Wahrnehmungen, Einstellungen und Orientierungen zwar unabhängige, aber nicht von ökonomischen, politischen und sozialen Kräften losgelöste Kategorien sind, an die sie sich anpassen und von denen sie stimuliert werden, auf die sie jedoch gleichzeitig einen bestimmenden Einfluß ausüben.[5]

---

2 J.-J. Koch, Wahrnehmungsprozesse, in: E. Gaugler; W. Weber (Hg.), Handwörterbuch des Personalwesens, 2. Aufl., Stuttgart 1992, Sp. 2325.

3 F. J. Aguilar, Scanning the Business Environment, New York, London 1967, S. 1, 8 f., 22, 32.

4 M. Dierkes; L. Marz, Leitbilder als Katalysatoren des Organisationslernens, in: H. Albach; M. Dierkes; A. Berthoin Antal; K. Vaillant (Hg.), Organisationslernen – institutionelle und kulturelle Dimensionen, Berlin 1998, S. 373-397.

5 C. Geertz, Dichte Beschreibung. Beiträge zum Verstehen kultureller Systeme, Frankfurt am Main 1987, S. 134 f.

Zum einen stellt sich die Frage, auf welchen Gebieten der Unternehmensführung, der Produktion und des Managements, amerikanische oder japanische Einflüsse von Bedeutung waren. Welche ausländischen Management- und Produktionsmethoden setzten sich in deutschen Unternehmen durch, verdrängten oder ergänzten die bisherigen Methoden? Wo konnten sie sich nicht durchsetzen und warum? Wo gab es Widerstände und Hindernisse? Wie verliefen unternehmerische Wahrnehmungs- und Lernprozesse? Welche Quellen und Informationskanäle spielten dabei eine Rolle? Wie sahen schließlich die betrieblichen Diffusionsprozesse, die betrieblichen Kommunikations-, Diskussions- und Entscheidungsstrukturen aus? Wie groß waren individuelle unternehmerische Entscheidungsspielräume? Welche Rolle spielte das individuelle unternehmerische Engagement im Rahmen der Organisation „Unternehmung"?

Bei der Frage der Wahrnehmung und Umsetzung ausländischer Management- und Produktionsmethoden spielen sozio-kulturelle Faktoren eine wichtige Rolle. Vor allem die Unternehmenskulturforschung wie auch die interkulturelle Managementforschung haben in jüngster Zeit gezeigt, wie sehr kulturelle Faktoren, Mentalitäten und Stile die Unternehmensführung und -entwicklung fördern oder behindern können, wie schwierig und problematisch etwa die Kooperation oder Fusion unterschiedlicher Unternehmen selbst gleicher nationaler Herkunft aufgrund divergierender Unternehmenskulturen sein kann. Diese Probleme der Kooperation und Kommunikation können sich bei Unternehmen unterschiedlicher Nationalität oder bei multinationalen Konzernen noch verstärken.[6] Um so wichtiger wird die Beherrschung interkultureller Kompetenz bereits in der Frühphase unternehmerischer Entscheidungsfindung, Wahrnehmung und Informationsverarbeitung. Bei der hier vorliegenden Thematik stellt sich u.a. die Frage nach dem Einfluß der jeweils spezifischen nationalen kulturellen Traditionen, Normen und Werte bei der Wahrnehmung und Umsetzung ausländischer Management- und Produktionsmethoden. Insofern gilt es, das Verhältnis zwischen der „hardware" von Technik, Pro-

---

[6] J. Hogen, Organisation interkultureller Kompetenz – Kompetenz interkultureller Organisation. Dimensionen der Interaktion zwischen Eigenem und Fremdem, in: Wittener Jahrbuch für ökonomische Literatur 1996, hg. v. M. Hutter, Marburg 1996, S. 65-97; E. v. Keller, Die kulturvergleichende Managementforschung. Gegenstand, Ziele, Methoden, Ergebnisse und Erkenntnisprobleme einer Forschungsrichtung, Bern 1981; E. Dülfer, Internationales Management in unterschiedlichen Kulturbereichen, 3. Aufl., München, Wien, 1995; K. P. Hansen, Die Mentalität des Erwerbs. Erfolgsphilosophien amerikanischer Unternehmer, Frankfurt am Main, New York 1992; D. Dirks, Japanisches Management in internationalen Unternehmen. Methodik interkultureller Organisation, Wiesbaden 1995. Auch über die interkulturelle Managementforschung hinaus scheint die ökonomische Theorie die Bedeutung von Mentalitäten für die wirtschaftliche Entwicklung anzuerkennen, wie nicht nur die Arbeiten von D. C. North zeigen, sondern auch jüngere Arbeiten, die sich z.B. der Kategorie des „Vertrauens" widmen, s. T. Ripperger, Ökonomie des Vertrauens. Analyse eines Organisationsprinzips, Tübingen 1998. Auch D. Landes legt in seinem jüngsten Buch Wohlstand und Armut der Nationen, Berlin 1998, viel Wert auf die Tatsache, daß „Kultur den entscheidenden Unterschied (macht)" (S. 517) und für die unterschiedliche wirtschaftliche Entwicklung der einzelnen Staaten von größter Bedeutung ist.

duktion und Wirtschaft und der „software“ kultureller Phänomene genauer auszuloten. Im Bereich der „harten Universalität“ von Wirtschaft und Technik scheinen internationaler Austausch und Kommunikation leichter möglich zu sein als im lokal orientierten, „sanften“ Kulturbereich.[7] Welche Bedeutung messen Unternehmer und Manager kulturellen Unterschieden, Traditionen und Mentalitäten bei der Wahrnehmung ausländischer Management- und Produktionsmethoden überhaupt zu? Gibt es Unterschiede hinsichtlich der Adaption neuer Technologien auf der einen und Managementmethoden wie etwa dem Marketing, den Public Relations oder des Qualitätsmanagements auf der anderen Seite?

In der Literatur lassen sich immer wieder Äußerungen von Unternehmern finden, die davor warnen, ausländische Management- und Produktionsmethoden einfach zu kopieren. Die unternehmerische Erfahrung hat demnach gezeigt, daß einfache Übertragungen wenig erfolgversprechend und praktikabel sind. In welcher Form wurden neue Management- und Produktionsmethoden dann übernommen? Welches waren fördernde, welches behindernde Faktoren in diesem Prozeß? Gab es, etwa aufgrund der größeren kulturellen Nähe zwischen den USA und der Bundesrepublik, Unterschiede in der Wahrnehmung amerikanischer und japanischer Management- und Produktionsmethoden? Es ließe sich vermuten, daß die Übertragung japanischer Managementmethoden auf deutsche Unternehmensverhältnisse ungleich schwieriger war als im amerikanischen Fall. Beschäftigten sich deutsche Unternehmer und Manager über die Auseinandersetzung mit der Wirtschaft und Politik überhaupt mit den jeweiligen kulturellen und sozialen Gegebenheiten in den USA und Japan und ließen sie dies in ihre Entscheidungsfindung mit einfließen? Hier stellt sich die Frage nach dem Verhältnis von Fremdwahrnehmung und Selbstreflexion. Beispiele unternehmerischer Wahrnehmung aus den 1920er Jahren zeigen, daß diese zwar über den engen Bereich des Management, der Produktion und Technologie hinausreichten und auch kulturelle und gesellschaftliche Aspekte berücksichtigten, andererseits nahmen deutsche Unternehmer die Produktionskultur des anderen Landes oftmals nur sehr oberflächlich wahr, da der unternehmerische Blick wesentlich durch eigene Erfahrungen und Kompetenzen geprägt war und die Wahrnehmung des Fremden zumeist zur Bestätigung des Eigenen diente. Detailgetreue Beobachtung, Differenzierung, Idealisierung und Stereotypisierung verbanden sich zu einem realitätsfernen Wahrnehmungsmuster.[8] Unternehmerisches Lernen in Form der Wahrnehmung und Adaption ausländischer Management- und Produktionsmethoden war somit ein selektiver Prozeß. Die unternehmerische Wahrnehmung kon-

---

[7] G. Hofstede, Cultures and Organisations. Software of the mind, London 1991; R. Ohashi, Reflexion der nicht-europäischen Moderne, in: D. Lohmar (Hg.), Philosophische Grundlagen der Interkulturalität, Amsterdam, Atlanta 1993, S. 155 ff.; R. A. Mall, Begriff, Inhalt und Hermeneutik der interkulturellen Philosophie, in: ebd., S. 7.

[8] Chr. Kleinschmidt; Th. Welskopp, Amerika aus deutscher Perspektive. Reiseeindrücke deutscher Ingenieure über die Eisen- und Stahlindustrie der USA, 1900-1930, in: Zeitschrift für Unternehmensgeschichte 39, 1994, S. 73-103.

zentrierte sich auf diejenigen ökonomischen, technischen und personalpolitischen Aspekte, die für das eigene Unternehmen von Interesse waren und hatte somit ausschließlich instrumentellen Charakter. Ein umfangreiches „Verstehen" der fremden Kultur war damit nicht verbunden. Die Adaption ausländischer Methoden konnte schließlich nur dann erfolgreich verlaufen, wenn sie mit den eigenen Methoden und Traditionen der Unternehmensführung kompatibel war.

Für die Zeit nach dem Zweiten Weltkrieg stellt sich die Frage, ob die Fremdwahrnehmung, wie im Falle der 20er Jahre, im wesentlichen der Selbstvergewisserung und der Selbstbestätigung diente oder ob ihr darüber hinaus eine andere Funktion zukam. Das Muster von Perzeption und Stereotypenbildung dürfte auch für die Nachkriegszeit nicht an Wirkung verloren haben. Stereotypen als beständige, vereinfachte Bilder und Generalisierungen fungierten als Hilfsmittel zur Interpretation des Fremden und hatten gleichzeitig eine Filterfunktion, bei der nur willkommene Informationen den Filter passieren konnten. Wahrnehmung war immer stark selektiv, die perzipierte war also immer auch eine konstruierte Realität.[9] Für diese Einschätzung spricht eine jüngere, zu Beginn der 90er Jahre angefertigte Studie der Unternehmensberatungsfirma Roland Berger & Partner, in der davon ausgegangen wird, daß historisch gewachsene Bilder von anderen Nationen kaum an Stabilität verloren bzw. an Differenziertheit gewonnen haben und daß Manager vor allem das wahrnehmen, was ihren persönlichen Vorstellungen und Einstellungen entspricht.[10] Daß hieße, daß sich an den unternehmerischen Wahrnehmungsmustern gegenüber der Vorkriegszeit kaum etwas geändert hat. Allerdings läßt sich vermuten, daß individuelle und kollektive Wahrnehmungsmuster durch die jeweiligen ökonomischen und politischen und kulturellen Rahmenbedingungen geprägt waren und dementsprechend im Zeitverlauf variierten.

Das Phänomen externer bzw. ausländischer Einflüsse auf Technologie und Unternehmensführung ist schließlich nicht neu, im Gegenteil: Es ist ein konstituierendes Merkmal der Industriegesellschaft. Seit der Industrialisierung verläuft ein ständiger Informationsfluß zwischen den Staaten und Unternehmen, ein Austausch von Technologien und Patenten, von Produktions- und Managementmethoden, zumeist von den höher zu den weniger entwickelten Staaten bzw. Unternehmen. Der von England und Westeuropa ausgehende Industrialisierungsprozeß kann schließlich als eine Ausbreitung von Informationen, als ein sich ausbreitendes Netz von Informationsgebern und -nehmern, als grenzüberschreitende Diffusion des Wissens verstanden werden. Der Aufstieg und das dynamische Wachstum der industriellen Leitsektoren der Schwerindustrie, des Ma-

---

9 K. Krakau, Einführende Überlegungen zur Einstellung und Wirkung von Bildern, die sich Nationen von sich und anderen machen, in: W. P. Adams; K. Krakau (Hg.), Deutschland und Amerika. Perzeption und historische Realität, Berlin 1985, S. 12; H. Husemann, Stereotypes in Landeskunde – Shall we join them if we cannot beat them?, in: L. Bredelle (Hg.), Mediating a Foreign Culture: The United States and Germany. Studies in Intercultural Understanding, Tübingen 1991, S. 17 f.

10 Roland Berger & Partner; H. Simon; B. Bauer; F. Jägeler, Auf der Suche nach Europas Stärken. Managementkulturen und Erfolgsfaktoren, Landsberg 1993.

schinen- und Eisenbahnbaus vor dem Hintergrund des sich ausbreitenden Weltmarktes und der internationalen Konkurrenz wären ohne internationale Kommunikation und Informationsaustausch, ohne den Technologie- und Wissenstransfer aus den industriell führenden Ländern in diesem Tempo kaum möglich gewesen. Kuznets spricht in diesem Zusammenhang von einem „transnationalen Wissensbestand" als Voraussetzung des industriellen Wachstums. „In diesem Sinne, was immer die Väter der Ressourcen sind, das Wachstum jeder Nation hat ihre Basis irgendwo außerhalb seiner Grenzen – mit der einzigen Ausnahme der Pioniernation, und keine Nation bleibt lange der Pionier."[11] England hatte lange Zeit diese Pionierrolle inne und verfügte über ein großes technisches und unternehmerisches Wissenspotential. Während wir den Zeitraum, als England der Pionier war und von dort neue Technologien und Produktionsprozesse wie die Dampfkraft oder Methoden der Eisen- und Stahlherstellung den Kontinent und schließlich auch Deutschland erreichten vergleichsweise neutral als „Industrialisierung" bezeichnen, benutzen wir zur Kennzeichnung des amerikanischen Einflusses auf die Produktions- und Managementmethoden, aber auch auf kulturelle und soziale Phänomene spätestens seit der Zwischenkriegszeit den Begriff der „Amerikanisierung",[12] entsprechend für die jüngste Entwicklung seit den 1980er Jahren den davon abgeleiteten Begriff der „Japanisierung". Zweifellos verschob sich mit der Ablösung Englands als führender Industrienation seit der zweiten Hälfte des 19. Jahrhunderts das unternehmerische Interesse und die Orientierung an neuen Technologien, Produktionsverfahren und Methoden der Unternehmensführung von Europa nach Amerika und später auch nach Japan. Im Unterschied zum inzwischen fast inflationär gebrauchten Amerikanisierungsbegriff hat es jedoch für den Zeitraum der Industrialisierung keine vergleichbaren Begriffe etwa im Sinne von „Anglisierung", „Francisierung" oder „Belgisierung" gegeben, selbst wenn in der neueren Literatur von unterschiedlichen Wegen und Modellen der Industrialisierung gesprochen und stärker der regionale Charakter dieses Phänomens in den Vordergrund gestellt wird.[13] Die Industrialisierung führte zwar zu Angleichungen

---

11 S. Kuznets, Modern Economic Growth. Rate, Structure, and Spread, New Haven and London 1966, S. 286, 287.

12 Dazu A. Lüdtke; I. Marßolek; A. v. Saldern, Einleitung. Amerikanisierung: Traum und Alptraum im Deutschland des 20. Jahrhunderts, in: dies. (Hg.), Amerikanisierung: Traum und Alptraum im Deutschland des 20. Jahrhunderts, S. 7-33; Ph. Gassert, Amerikanismus, Antiamerikanismus, Amerikanisierung. Neue Literatur zur Sozial-, Wirtschafts- und Kulturgeschichte des amerikanischen Einflusses in Deutschland und Europa, in: Archiv für Sozialgeschichte 39, 1999, S. 531-561; jüngst auch A. Doering-Manteuffel, Wie westlich sind die Deutschen? Amerikanisierung und Westernisierung im 20. Jahrhundert, Göttingen 1999 und A. Schildt, Sind die Westdeutschen amerikanisiert worden?, in: Aus Politik und Zeitgeschichte B50/2000, S. 3-10.

13 Dazu jüngst T. Pierenkämper, Umstrittene Revolutionen. Die Industrialisierung im 19. Jahrhundert, Frankfurt am Main 1996; J. Komlos, Ein Überblick über die Konzeptionen der Industriellen Revolution, in: VSWG 84, 1997, S. 461-511; für das „deutsche Model" s. G. Herrigel, Industrial Constructions. The sources of German industrial power, Cambridge, N.Y, Melbourne 1996.

und Ähnlichkeiten der technologischen Entwicklung und der Unternehmensführung, gleichzeitig blieben jedoch regionale und Unterschiede auf Unternehmensebene bestehen. Vielleicht sollten wir in dieser Frage auch weniger deduktiv von der Makroperspektive bzw. der Ebene der Nationalstaaten ausgehen, also von nationalen Produktionskulturen, die dann „amerikanisiert" oder „japanisiert" wurden, als vielmehr induktiv von der Mikroperspektive, von der Unternehmensperspektive, von der Entstehung unternehmerischer Kommunikations- und Informationsnetze, die weltweit geknüpft wurden, aber auch gleichzeitig wieder durch staatliche, regionale und betriebliche Einflüsse beeinflußt wurden. Insofern ließe sich angemessener von einer Internationalisierung der Management- und Produktionsmethoden sprechen als von einer Konvergenz im Sinne einer allmählichen Vereinheitlichung. In der vorliegenden Arbeit sind sowohl die Amerikanisierungs- bzw. Japanisierungs- als auch die Konvergenzthese noch einmal zu überdenken und an empirischen Beispielen deutscher Unternehmen für den Zeitraum nach dem Zweiten Weltkrieg auf der Mikroebene zu überprüfen.

In der langfristigen Perspektive des transnationalen Wissenstransfers seit der Industrialisierung lassen sich Phasen unterschiedlicher Dichte und Intensität der Wahrnehmung und des Austausches von Informationen über Technologien und Managementmethoden beobachten, eine „Modernisierungsdynamik von Öffnung und Schließung".[14] Besonders in Zeiten des Krieges lassen sich im Bereich der Wirtschaft Abschließungsmechanismen beobachten, die durch politisch motivierte Autarkiebestrebungen gekennzeichnet sind und die den für zahlreiche Unternehmen notwendigen externen Informations- und Kommunikationsfluß unterbrechen. Zwar konnte die deutsche Autarkiewirtschaft hinsichtlich des Outputs oder auch mit Blick auf die Entwicklung synthetischer Ersatzprodukte z.T. bemerkenswerte Ergebnisse erzielen, doch gilt diese Aussage auch nur für die künstliche Situation der Abschließung. Sobald die Kontakte zum Weltmarkt hergestellt wurden, erwiesen sich diese Anstrengungen nur als „second best way", ein Phänomen, daß sich im übrigen auch auf die wirtschaftliche Entwicklung der sozialistischen Staaten nach 1945 übertragen läßt. Die Öffnungsphasen nach den beiden Weltkriegen führten dann für die deutsche Wirtschaft zu den jeweiligen Übergangs- und Anpassungsproblemen, die mit erheblichen Anstrengungen einhergingen, das Versäumte nachzuholen und wieder den Anschluß an das „Weltniveau" zu finden. Dies war eine Voraussetzung für die Überlebens- und Konkurrenzfähigkeit der deutschen Unternehmen. Dieser Prozeß der Öffnung und der verstärkten Fremdwahrnehmung westdeutscher Unternehmer muß, nach den Erfahrungen der Zwischenkriegs- und Kriegszeit, als Lernprozeß gewertet werden. Diente die Fremdwahrnehmung der Unternehmen zur Zeit der Weimarer Republik in erster Linie der Selbstbestätigung und Selbstvergewisserung, so kam es zur Zeit des Nationalsozialismus zu einer politisch gewollten, von den Unternehmen oftmals nur unfreiwillig akzeptierten internationalen Abschließung und Isolation. Dies sollte und mußte zum Zwecke der erfolgreichen Rückkehr deutscher Unter-

---

[14] J. Habermas, Die postnationale Konstellation und die Zukunft der Demokratie, in: Blätter für deutsche und internationale Politik 7, 1998, S. 812.

nehmen auf den Weltmarkt überwunden werden. Es ist davon auszugehen, daß diejenigen Unternehmen, die eine hohe Bereitschaft zeigten vom Ausland – und das hieß zunächst: von den USA – zu lernen, sich am besten auf die veränderten Umweltbedingungen einstellen konnten. Dabei stellt sich die Frage, welche Defizite aus Sicht der deutschen Unternehmen nach dem Krieg bestanden. Wie waren sie zu beheben? In welchen Bereichen orientierte man sich an amerikanischen Vorbildern? Gab es Anknüpfungspunkte an die Zeit vor der Abschließung? Welche Bedeutung hatten in diesem Zusammenhang persönliche Kontakte und Erfahrungen von Unternehmern? Gab es Einstellungs- und Wahrnehmungsunterschiede zwischen älteren und jüngeren Unternehmern, existierten also generationenspezifische Wahrnehmungsmuster, die sich auf die unternehmerischen Entscheidungen auswirkten? Es scheint plausibel, daß die jüngere Unternehmergeneration die Fehler einer zu starken Selbstorientierung – bis hin zur Isolation – eher zu überwinden suchte und ein höheres Maß an Aufgeschlossenheit und Flexibilität aufbrachte als die Führungskräfte der 20er und 30er Jahre. Diese Annahmen gilt es empirisch zu überprüfen.

Es ist davon auszugehen, daß nach den unternehmerischen Erfahrungen unter dem Nationalsozialismus unter zunächst unsicheren wirtschaftlichen Verhältnissen, dem über einen längeren Zeitraum unterbrochenen Informationsfluß aus dem Ausland und einer defizitären Organisation der Unternehmen ein geringeres Selbstvertrauen in die eigenen unternehmerischen Fähigkeiten bestand, zwischenzeitlich dominierende gesellschaftliche und kulturelle Werte und Normen in Frage gestellt und nach neuen Leitbildern und Orientierungsmustern gesucht bzw. externe Angebote bereitwillig aufgegriffen wurden. Neue, vor allem aus Amerika kommende, Lehr- und Glaubenssätze, Management- und Produktionsmethoden dürften in deutschen Unternehmen einen günstigen Nährboden gefunden haben. Dies hatte seine Ursachen zum einen im ökonomischen Sendungsbewußtsein der amerikanischen Besatzungsmacht, zum anderen in der bereitwilligen Übernahme erfolgreicher Management- und Produktionsmodelle einer Siegermacht, die nicht nur auf militärischem, sondern auch auf ökonomischem Gebiet ihre Überlegenheit nunmehr seit Jahrzehnten unter Beweis gestellt hatte. Die z.T. fast kritiklose Orientierung an amerikanischen Leitbildern zum Zwecke der Modernisierung der Wirtschaft erinnert an die Beziehung zwischen Entwicklungsländern und Industrienationen. Heinz Hartmann spricht in diesem Zusammenhang von der „Missionierung" durch die Siegermacht.[15] Ob diese in einen „kulturellen Imperialismus des Managements"[16] mündete, wird zu prüfen sein. Zumindest für die Phase der Marshallplanpolitik wird sich zeigen, daß die Politik der USA eine Unterstützung im technischen und Managementbereich beinhaltete, die, nicht nur gegenüber Deutschland, sondern auch gegenüber den anderen europäischen Staaten, Parallelen zur Entwicklungshilfe erkennen läßt, die im übrigen von den USA zeitgleich in zahlreichen Staaten Südamerikas, Afri-

---

15 H. Hartmann, Amerikanische Firmen in Deutschland, Köln und Opladen 1963, S. 195.

16 Chr. Deutschmann, Reflexive Verwissenschaftlichung und kultureller ‚Imperialismus' des Managements, in: Soziale Welt 40, 1989, S. 374-396.

kas und Asiens in Gang gesetzt wurde. Die These, daß sich dies mit dem zunehmenden wirtschaftlichen Erfolg deutscher Unternehmen änderte, daß deutsche Unternehmer wieder an Selbstbewußtsein gewannen und gleichzeitig die starke Amerikaorientierung bzw. -fixierung und damit auch vermeintliche Ansätze eines „kulturellen Imperialismus des Managements“ (Christoph Deutschmann) an Gewicht verloren, wird schließlich durch empirische Belege zu untermauern sein.

In seinen Studien über amerikanische Unternehmen in Deutschland sowie über Autorität und Organisation deutscher Unternehmer belegte Heinz Hartmann bereits vor 30 Jahren den starken amerikanischen Einfluß amerikanischer Tochterfirmen auf deutsche Unternehmen, die Managementimporte und den starken amerikanischen Einfluß auf das deutsche Wirtschaftsleben, der bis in den Sprachgebrauch hinein mit Amerikanismen wie „Manager“, „Public Relations“, „Human Relations“ oder auch „Teamwork“ die neudeutsche Alltagssprache und den Unternehmensalltag der 50er Jahre prägten, während bereits wenige Jahre später auch gegenläufige Tendenzen zu beobachten waren: „Teilweise in dem gewaltsamen Versuch, das Fremde und das Eigene zu versöhnen, und teilweise aus dem neu erwachenden Selbstbewußtsein werden Behauptungen laut, diese ‚Importe‘ seien in Wirklichkeit rückimportiert.“[17] Inzwischen war die unkritische und vielfache sogar euphorische Orientierung an amerikanischen Leitbildern einer zunehmenden Relativierung und Versachlichung im deutschen Managerdiskurs gewichen. Beispiele dafür sind der zunächst vieldiskutierte „Human-Relations“-Ansatz sowie die in zahlreichen Unternehmen eingeführten „Training-Within-Industry“-(TWI)Programme. Dabei stellt sich dann in der Tat auch die Frage, inwieweit es sich hier um Rückimporte oder zumindest Weiterentwicklungen von bereits in den 20er Jahren im Rahmen der deutschen Werksgemeinschaftsideologie formulierte Unternehmensstrategien handelt, wie es z.T. in der neueren soziologischen bzw. wirtschaftswissenschaftlichen Literatur angedeutet wird.[18] Die relative Erfolglosigkeit der amerikanischen Human-Relations- und TWI-Programme wirft anderseits die Frage auf, ob nicht die deutsche Gestaltung der industriellen Beziehungen, ihre langjährige Tradition, basierend auf tariflichen Aushandlungsprozessen und staatlichem Einfluß, die sich seit Beginn der 50er Jahre in Form der Mitbestimmungsgesetze manifestierten, als ein erfolgreiches deutsches Gegenmodell zur amerikanischen Gestaltung der industriellen Beziehungen und damit als ein Gegenargument zur Konvergenzthese verstanden werden kann.[19]

---

17 H. Hartmann, Der deutsche Unternehmer. Autorität und Organisation, Frankfurt am Main 1968, S. 101; ders., Amerikanische Firmen in Deutschland, Köln und Opladen 1963.

18 H. Kaste, Arbeitgeber und Humanisierung der Arbeit. Eine exemplarische Analyse, Opladen 1981; G. Krell, Vergemeinschaftende Personalpolitik. Normative Personallehren, Werksgemeinschaft, NS-Betriebsgemeinschaft, betriebliche Partnerschaft, Japan, Unternehmenskultur, München und Mering 1994.

19 R. R. Locke, The Collapse of the American Management Mystique, New York 1996, S. 55 ff., 101 f.; M. Warner; A. Campbell, German Management, in: D. J. Hickson (ed.), Management in Western Europe. Society, Culture, and Organization in Twelve Nations, Berlin, New York 1993, S. 92 f.

Dem ersten Nachkriegsjahrzehnt folgten strukturelle Veränderungen der internationalen wirtschaftlichen Entwicklung wie die zunehmende Globalisierung der Märkte, die Gründung der EWG und des GATT, die wachsende Konkurrenz amerikanischer und japanischer Unternehmen sowie der Wandel von Verkäufer- zu Käufermärkten, die schließlich auch zu einem Paradigmenwechsel der Managementmethoden führten, welche nunmehr weniger auf Produktionssteigerungen, sondern zunehmend auf Kostensenkung, Produktivitätssteigerung und eine Neuorientierung mit Blick auf die Markterschließung zielten. In diesem Zusammenhang gewannen Methoden des Controlling und des Marketing an Bedeutung. Nicht mehr allein die traditionelle Kostenrechnung, sondern eine umfangreiche Leistungsüberwachung verschiedener Funktionsbereiche begann sich nun auch in deutschen Unternehmen durchzusetzen. Marktforschung, Product-Management, Verkaufsförderung, eine stärkere Kundenorientierung sowie eine umfangreichere Öffentlichkeitsarbeit einer als typisch amerikanisch identifizierten „Mentalität des Erwerbs“[20] gingen über die bisherigen Methoden deutscher Unternehmensführung hinaus. Zeitgenössische deutsche Studien, basierend auf Studienreisen in die USA, sahen im Marketing einen „Höhepunkt der Marktorientierung von Unternehmen“, eine „neue Denkweise“, welche die Vorstellung aufbreche, daß es in deutschen Unternehmen ein Primat der Produktion gebe. Es gelte schließlich, in Europa und damit auch in Deutschland ein „tief verwurzeltes soziales Vorurteil“ abzubauen, welches Verkaufen als „niedrig“, Produktion dagegen als „ehrenhaft“ darstelle.[21]

Konnte diese „neue Denkweise“ auf die deutsche Wirtschaft und Gesellschaft übertragen werden? Wie tiefgreifend war die unternehmerische Wahrnehmung einerseits und die tatsächliche Adaption andererseits? Handelte es sich um eher oberflächliche „transkulturelle“ Phänomene oder um eine „Interkulturalität“ im Sinne einer weitgehenden Durchdringung und Verflechtung? Es gibt Hinweise darauf, daß diese über den engen Bereich des Unternehmens und der Wirtschaft hinausreichten und eine kulturelle Breitenwirkung entfalteten, denkt man etwa an den Gebrauch von Anglizismen in der deutschen Sprache oder an den Einstellungs- und Mentalitätswandel im Gefolge der sich entwickelnden Konsumgesellschaft seit den 50er Jahren.[22] Hier dürfte es große Unterschiede zwischen dem amerikanischen und dem japanischen Fall geben. Der ameri-

---

20 K. P. Hansen, Die Mentalität des Erwerbs, S. 12 f.; 152 f.

21 J. Jirasek; R. Münzel, Marktorientierte Unternehmensführung. Erfahrungen aus der amerikanischen Praxis, Stuttgart 1964, S. 14; H. Hartmann, Amerikanische Firmen in Deutschland, S. 207; H. G. Schröter, Erfolgsfaktor Marketing: Der Strukturwandel von der Reklame zur Unternehmenssteuerung, in: Wirtschaft-Gesellschaft-Unternehmen. Festschrift für Hans Pohl zum 60. Geburtstag, hg. von W. Feldenkirchen; F. Schönert-Röhlk; G. Schulz, Stuttgart 1995, S. 1099-1127.

22 A. Andersen, Der Traum vom guten Leben. Alltags- und Konsumgeschichte vom Wirtschaftswunder bis heute, Frankfurt am Main, New York 1997; M. Wildt, Vom kleinen Wohlstand. Eine Konsumgeschichte der fünfziger Jahre, Frankfurt am Main 1996. Jüngst W. König, Geschichte der Konsumgesellschaft, Stuttgart 2000, in der explizit die Entwicklung der Konsumgesellschaft in Deutschland und den USA berücksichtigt wird.

kanische Einfluß auf Unternehmen, Wirtschaft und Gesellschaft war ungleich stärker und tiefgreifender als der japanische. Der Erfolg der amerikanischen Wirtschaft, so ein Bericht junger deutscher Unternehmer nach einer Amerikareise in den 50er Jahren, beruhe nicht zuletzt auf der Tatsache, daß in den USA unternehmerisches Denken nicht auf wenige beschränkt bleibe, sondern „Allgemeingut jedes Bürgers ist" und Fragen der Erziehung und Ausbildung ebenso betreffe wie Aspekte des öffentlichen Lebens und der Managerschulung. Grundsätzlich zeichne sich die amerikanische Gesellschaft durch mehr Aufgeschlossenheit zum Erfahrungsaustausch aus, während in Deutschland ein „Kästchendenken" vorherrsche. Darüber hinaus ist von einer unterschiedlichen „Atmosphäre" im gesellschaftlichen Leben der USA die Rede sowie von einer anderen Einstellung der Menschen zu persönlicher Freiheit und Individualismus und dem aktiven Interesse an der Gestaltung des öffentlichen Lebens.[23] Hier hat sich innerhalb von zwanzig Jahren in der bundesrepublikanischen Gesellschaft ein deutlicher Wandel vollzogen, der sicherlich zu einem Großteil auf die politischen und sozialen Veränderungen innerhalb dieses Zeitraums, zu einem nicht geringen, hier näher zu bestimmenden Teil aber auch durch den Einfluß amerikanischer Unternehmen auf Wirtschaft und Gesellschaft bedingt sein dürfte und der schließlich in eine deutsche „Westbindung" auch in ökonomischer Hinsicht mündete.

Gegen Ende der 60er Jahre hatte der unternehmerische Amerikadiskurs seinen Höhepunkt bereits überschritten. Zwar bestimmte Servan-Schreibers Buch über die „Amerikanische Herausforderung" die öffentlichkeitswirksame Diskussion über die „technologische Lücke" und das „zerfallende Wirtschaftsgebäude" in Europa, doch löste die aufstrebende Wirtschaftsmacht Japan zunehmend die USA in der Rolle des unternehmerischen Leitbildes ab. Unternehmer im Wirtschaftswunderland Deutschland, welches soeben die erste Rezession der Nachkriegszeit erlebt hatte, mußten sich, vornehmlich in populärwissenschaftlichen Veröffentlichungen, Versäumnisse und Führungsdefizite auch auf dem Gebiet der Unternehmensführung vorwerfen lassen. Japan, welches einen ähnlich schwierigen Start nach dem Zweiten Weltkrieg gehabt hatte und sich anschickte, Deutschland als Wirtschaftsmacht zu überholen, habe auf dem Gebiet der Wachstumsindustrien des Schiffbaus, der Stahl- und Konsumgüterherstellung und der Elektroindustrie mehr erreicht als die Bundesrepublik, was nicht zuletzt auf die vorurteilsfreie Bereitschaft zurückzuführen sei, „von aller Welt zu lernen". In der journalistischen Literatur und der öffentlichen Diskussion wurde diese Diskussion mit großer Schärfe und z.T. martialischem Vokabular geführt, wenn etwa bei Servan-Schreiber von „Krieg" oder „Gegenoffensive" gesprochen wird. Dohnanyi geht von einer Verschiebung der Symbole nationalen Selbstbewußtseins „von den Paraden und Feldschlachten der Kriege zu den wirtschaftlichen Wachstumsraten, technologischen Erfol-

---

[23] Unternehmerisches Handeln und Ausbildung für die Unternehmensführung. Bericht junger Unternehmer über Studienreisen in USA (RKW-Auslandsdienst, H. 85), S. 16 f. u. S. 23.

gen und industriellen Großprojekten" aus.[24] Dabei stellt sich die Frage, inwieweit diese, die Öffentlichkeit und die Politik bestimmenden Diskurse, auch innerhalb der Unternehmen von Relevanz waren. Wurden japanische Technologie oder japanische Managementmethoden bereits zu diesem Zeitpunkt als Bedrohung, Herausforderung oder Konkurrenz betrachtet? Seit wann übernahm Japan von den USA die Rolle des „development model"? Welches waren die bevorzugten Objekte des Studiums japanischer Management- und Produktionsmethoden bei deutschen Unternehmern und Managern? In der Literatur taucht die unternehmerische Beschäftigung mit japanischen Management- und Produktionsmethoden erst zu Beginn der 80er Jahre auf. Wenn sich die „japanische Herausforderung"[25] jedoch bereits seit Ende der 60er Jahre ankündigte, und wenn man bereits seit den 50er Jahren von einer „managerial revolution" in Japan sprechen kann – wobei die japanischen Unternehmen nicht nur durch die Adaption fremder Technologien, sondern auch in Fragen der Personalrekrutierung und der Organisation von Produktlinien den amerikanischen und europäischen Konkurrenten überlegen war[26] –, so stellt sich die Frage, ob und warum deutsche Unternehmen diese Entwicklung nicht rechtzeitig erkannt bzw. die Tragweite des Phänomens unterschätzt haben. Dieses potentielle Wahrnehmungsdefizit sowie die Genese der Japanrezeption in deutschen Unternehmen gilt es genauer zu beleuchten.

Aus Sicht deutscher Unternehmer sollte der Blick nach Japan nicht zuletzt deshalb interessant sein, weil die japanische Wirtschaft seit Kriegsende zumindest auf einigen Gebieten vergleichbare Entwicklungen durchlaufen hatte wie die deutsche. Auch Japan hatte den Krieg verloren und stand in den ersten Nachkriegsjahren unter dem Einfluß alliierter Okkupation. Der Einfluß der amerikanischen Besatzung wirkte sich etwa auf dem Gebiet der Entflechtung, der Reorganisation und der Demokratisierung der traditionellen japanischen Unternehmensstrukturen aus. Darüber hinaus gab es von amerikanischer Seite, ähnlich wie im deutschen Fall, im Rahmen der Wirtschaftshilfe Anleitungen auf dem Gebiet moderner Managementmethoden. Diese wurden von japanischer Seite begierig aufgegriffen, weil auch dort in Folge der Niederlage Unsicherheiten im Bereich der traditionellen Kultur- und Moralvorstellungen auftraten, die sich auf Unternehmensebene widerspiegelten und eine hohe Bereitschaft zur Adaption amerikanischer Managementmethoden wie Human Relations, Training-Within-Industry und Qualitätskontrolle nach sich zogen. Diese ausgeprägte Amerikaorientierung nahm – ähnlich wie in der Bundesrepublik – mit dem Wiedererstarken der Wirtschaft und dem zunehmenden Selbstbewußtsein in den 50er Jahren ab. Der Aufstieg japanischer Unternehmen der Eisen- und Stahlindustrie, des Bergbaus, der Chemie- und der Automobilindustrie sowie des Maschinenbaus basierte – ähnlich wie in Deutschland – z.T. auf der Stimulanz

---

24 J.-J. Servan-Schreiber, Die amerikanische Herausforderung, Hamburg 1968; K. v. Dohnanyi, Japanische Strategien oder Das deutsche Führungsdefizit, München 1969, S. 79.

25 H. Hedberg, Die japanische Herausforderung, Hamburg 1970.

26 E. Abe; R. Fitzgerald, Japanese Economic Succes: Timing, Culture, and Organisationel Capability, in: Business History 37, 1995, S. 1-31.

des Korea-Krieges, der Neutralisierung der Arbeiterbewegung, der Aufgeschlossenheit einer neuen Managergeneration sowie der Adaption fremder, aber auch der Weiterentwicklung eigener Management- und Produktionsmethoden. Dem deutschen „Wirtschaftswunder“ entsprach insofern ein „Japanese Miracle“, welches seit Ende der 70er Jahre, wenn auch zunächst sehr zögerlich, für deutsche Unternehmer an Bedeutung gewann.

Im Unterschied zur Wahrnehmung amerikanischer Methoden der Unternehmensführung dürften bei der Wahrnehmung und Adaption japanischer Management- und Produktionsmethoden größere sozio-kulturelle Hürden zu überwinden gewesen sein. Dies betrifft etwa die in der Literatur vielfach dargestellte starke Bedeutung kollektiver japanischer Gesellschaftsformen wie der Familie oder der Dorfgemeinschaft, die starke Konsensorientierung und Konfliktgemeinschaft, die Dominanz vertikaler Beziehungen, die Bedeutung von Loyalitäts- oder Harmoniebestrebungen – teilweise Ausdruck konfuzianischer Tradition – und deren Auswirkungen auf die japanische Unternehmensführung in Form von lebenslänglicher Anstellung, dem Senioritätsprinzip, des „ringi“-Systems kollektiver Entscheidungsfindung oder der hohen Betriebsloyalität und -identifikation. Während die deutsche soziologische und wirtschaftswissenschaftliche und vor allem auch die populärwissenschaftliche Literatur ein breites Spektrum unterschiedlicher makro- und mikroökonomischer Faktoren zur Erklärung des japanischen Wirtschaftswunders und dessen vermeintlicher Überlegenheit heranzog, war das Interesse deutscher Unternehmer an Japan zunächst eher gering, die Wahrnehmung japanischer Managementmethoden selektiv und konzentrierte sich auf Fragen der Arbeitszeit und des Lohnes, wobei auch hier sozio-kulturelle Faktoren weitgehend ausgeblendet, grob vereinfacht dargestellt wurden und von Stereotypisierungen durchsetzt waren.[27] Im Zuge der Krisentendenzen in deutschen Unternehmen ab Mitte der siebziger Jahre, wobei Probleme der Planbarkeit und verzögerten Lieferzeiten ebenso deutlich wurden wie die Grenzen des Taylorismus und Fordismus, gewannen Fragen der Logistik, der Flexibilität, der Qualitätskontrolle und der Arbeitnehmermotivation und -beteiligung an Bedeutung. Die für deutsche Unternehmen interessanten Aspekte japanischer Management- und Produktionsmethoden wie „Quality Circles“, Gruppenarbeit, „Just-in-Time“-Produktion, „Profit-Center“, die Organisation von Forschung und Entwicklung sowie der Diversifikation hatte sich in Japan bereits seit den 50er Jahren entwickelt, bevor man in Deutschland mit erheblicher zeitlicher Verzögerung darauf aufmerksam wurde. So hatte Toyota schon seit Beginn der 50er Jahre – zunächst sogar mit Hilfe amerikanischer Experten – in mehreren Schritten Qualitätskontrollsysteme errichtet und mit dem System der „Lean-Production“ und „Just-in-Time“-Fertigung eine weitgehend eigenständige Produktionskultur geschaffen, selbst wenn sich hier bereits in den 20er Jahren amerikanische Vorläufer finden lassen. Auch die Diversifikation japanischer Großunternehmen

---

[27] Chr. Deutschmann, Arbeitszeit in Japan. Organisatorische und organisationskulturelle Aspekte der „Rundumnutzung“ der Arbeitskraft, Frankfurt am Main-New York 1987, S. 10 f.

begann bereits in den 50er Jahren und setzte sich in den 60er und 70er Jahren fort. Parallel dazu kam es zu einer Reform des Managements in Richtung multidivisionaler Strukturen, die mit einer stärkeren Dezentralisierung der Unternehmen korrespondierte.[28] „Lean-Production“, „Just-in-Time“-Produktion und „Quality-Circles“ sind seit den späten 70er Jahren nicht nur ein Synonym für japanische Produktionskultur, sondern auch für Modernisierung überhaupt und als solche, wenn auch mit zeitlicher Verzögerung, Bestandteil deutscher Managementstrategien geworden.

Neben den oben angedeuteten Fragen nach Inhalten und der vermeintlich verspäteten Wahrnehmung japanischer Management- und Produktionsmethoden und deren Folgen für deutsche Unternehmen sowie nach der Bedeutung sozio-kultureller Faktoren der Wahrnehmung und Adaption stellt sich auch hier die Frage nach Parallelen bzw. Anknüpfungspunkten an deutsche Traditionen. Die Hinweise auf amerikanische Vorläufer der japanischen Qualitätsbewegung machen schließlich deutlich, daß bestimmte Managementmethoden trotz großer sozio-kultureller Unterschiede eine hohe Durchlässigkeit aufweisen, und zwar über mehrere Grenzen und Systeme hinweg. Der Informationsfluß läuft also scheinbar nicht nur in eine Richtung, sondern gleichzeitig oder mit Verzögerung in mehrere Richtungen, vor und zurück, Managementmethoden werden exportiert und re-importiert, wobei sich Ursprünge und Originalität kaum mehr eindeutig zuordnen lassen. In diesem Interdependenzgeflecht kommt es zu Veränderungen, Modifikationen und Überlagerungen, also zu einem verzweigten System von Informationsübertragungen. Beispielsweise entwickelte sich das Qualitätsmanagement, ausgehend von den USA, schließlich in viel stärkerem Maße in Japan, wurde in den USA über den japanischen Umweg wiederentdeckt, um schließlich in deutschen Unternehmen sowohl über Japan als auch über die USA adaptiert zu werden. Im vorliegenden Falle bedeutet dies, die zu untersuchenden Wahrnehmungen deutscher Unternehmer nicht nur bilateral, zwischen der Bundesrepublik und den USA sowie zwischen der Bundesrepublik und Japan, sondern trilateral, im Dreieck bundesrepublikanischer, amerikanischer und japanischer Unternehmen zu betrachten.

So stellt sich einmal mehr die Frage nach einer allmählichen internationalen Angleichung oder Standardisierung der Management- und Produktionsmethoden im Sinne der Konvergenztheorie. Für zahlreiche Unternehmen und Unternehmensbereiche steht der amerikanische Einfluß in den 50er und 60er Jahren, etwa auf dem Gebiet des Marketing oder der Unternehmensorganisation, bzw. der japanische Einfluß auf dem Gebiet der Arbeitsorganisation und deren breite Durchsetzung in unterschiedlichen Staaten und Unternehmen, außer Zweifel. Es wird zu fragen sein, ob darüber in den führenden Industriestaaten mehr oder weniger gleiche Produktionskulturen entstanden, oder ob sich die zu beobachtenden Konvergenztendenzen mit der kulturalistischen These in Einklang

---

28 Y. Suzuki, Japanese Management Structures, 1920-1980, London 1991; M. Udagawa, The Development of Production Management at the Toyota Motor Corporation, in: Business History 37, 1995, S. 107-119; M. Schwatz; A. Fish, Just-in-Time Inventories in Old Detroit, in: Business History 40, 1998, No. 3, S. 48-71.

bringen lassen, daß zwar von einer zunehmenden Angleichung der Management- und Produktionsmethoden gesprochen werden kann, die jedoch vor dem Hintergrund der jeweiligen unternehmensspezifischen Traditionen, Normen und Werte unterschiedliche Ausprägungen erfahren und modifizierte Produktionskulturen entstehen ließen. Auf Basis empirischen Materials widmet sich die vorliegende Untersuchung also dem Wandel von Einstellungen und Orientierungen, kulturbedingten Verhaltensweisen und Wahrnehmungen deutscher Unternehmer und Manager, deren Akzeptanz und Relevanz hinsichtlich der Einführung neuer Management- und Produktionsmethoden, ausgehend von der Überlegung, daß eine erfolgreiche Unternehmensführung vor dem Hintergrund einer zunehmenden weltwirtschaftlichen Verflechtung von dem permanenten Informationsfluß, der Fremdwahrnehmung und Selbstreflexion, der Anpassungs- und Lernfähigkeit des „agilen Unternehmens" (Horst Wildemann), nicht nur mit Blick auf ökonomische und technologische, sondern auch auf sogenannte weiche, d.h. kulturelle Faktoren, also der Abstimmung von „Hardware" und „Software", abhängig ist.

Untersuchungsebenen – Untersuchungsmethode – theoretische Grundlagen

Dem Untersuchungsgegenstand der Fremdwahrnehmung ausländischer Management- und Produktionsmethoden durch deutsche Unternehmer angemessen, konzentriert sich die vorliegende Studie auf die Untersuchungsebene des Unternehmens und dabei insbesondere auf die leitenden Akteure des Unternehmens: die Unternehmer und Manager. Es handelt sich somit um eine „Geschichte von oben", wobei dieser Blickwinkel durch die Tatsache legitimiert ist, daß die Wahrnehmung amerikanischer und japanischer Management- und Produktionsmethoden eine Angelegenheit der Unternehmensleitung war. Nur diese hatte die Möglichkeit aufwendiger und kostspieliger Amerika- oder Japanreisen und nur sie verfügten über entsprechende Informationen als Grundlage der Fremdwahrnehmung und der darauf aufbauenden Unternehmensentscheidungen.

Unternehmen werden an dieser Stelle weniger als funktionale Organisationen denn als „soziale Systeme" bzw. als „offene sozio-technische Systeme" betrachtet, in denen Handlungen, Entscheidungen und Wahrnehmungen von Individuen unter den Bedingungen komplexer und veränderlicher Umwelten im Mittelpunkt stehen.[29] Innerhalb der Organisation „Unternehmung" richtet sich das Augenmerk dementsprechend auf die

---

[29] W. Plumpe, Unternehmen, in: Moderne Wirtschaftsgeschichte, hg. von G. Ambrosius; D. Petzina und W. Plumpe, München 1996, S. 47; ders., Das Unternehmen als soziale Organisation – Thesen zu einer erneuerten historischen Unternehmensforschung, in: AKKUMULATION. Informationen des Arbeitskreises für kritische Unternehmens- und Industriegeschichte Nr. 11, 1998, S. 1-7; W. H. Staehle, Management. Eine verhaltenswissenschaftliche Perspektive, 7. Aufl., München 1994, S. 390; U. Berger; I. Bernhard-Mehlich, Die verhaltenswissenschaftliche Entscheidungstheorie, in: A. Kieser (Hg.), Organisationstheorien, Stuttgart, Berlin, 2. Aufl., Köln 1995, S. 124.

Führungsebene. Diese wird hier gleichgesetzt mit Management, wobei dieser Begriff bereits ein Teilresultat dessen ist, was erst noch untersucht werden soll, nämlich des amerikanischen Einflusses auf deutsche Unternehmen nach dem Zweiten Weltkrieg. Während noch bis in die 1960er Jahre hinein die Frage nach der angemessenen Begrifflichkeit „Unternehmer oder Manager" kontrovers diskutiert wurde, hat sich der Begriff „Manager" bzw. „Management" in der deutschen Alltagssprache neben anderen Anglizismen, insbesondere im Bereich der Wirtschaft und der Unternehmen, weitgehend durchgesetzt und wird mit unterschiedlicher Akzentuierung als Unternehmensführung, Führung oder Leitung gleichgesetzt, ohne daß der Unternehmerbegriff dadurch vollständig verdrängt worden wäre.[30]

Das Management wiederum als Institution und als Kollektivakteur läßt sich untergliedern in ein oberes, ein mittleres und ein unteres Management. Während das obere Management die unternehmenspolitischen Ziele und Grundsätze formuliert und die unternehmerischen Führungsentscheidungen trifft, besteht die Aufgabe des mittleren Management darin, diese Entscheidungen und Vorgaben zu übersetzen und zu überwachen. Die Orientierung des mittleren Management ist nach oben, zur Leitungsebene gerichtet, die des unteren Management, etwa der Meister und Gruppenleiter, nach unten zu den ausführend tätigen Mitarbeitern. Zwar konzentriert sich die vorliegende Untersuchung auf die Betrachtung der oberen Managementebene, da sich hier entsprechend dem Erkenntnisgegenstand die Wahrnehmungsprozesse ausländischer Management- und Produktionsmethoden bündeln und schließlich auch verarbeitet und in Entscheidungen umgesetzt werden, doch finden auch die mittlere und untere Managementebene Berücksichtigung etwa dort, wo es um die Umsetzung von Entscheidungen in den nachgeordneten Instanzen geht. Schließlich gilt es auch den Blick über die Mikroperspektive des Unternehmens und seiner Akteure hinaus auf die Ebene der interpersonellen Beziehungen, der Informations- und Kommunikationsstrukturen zu werfen, die als Interdependenzgeflechte oder Netzwerke verstanden werden können. Netzwerke umfassen „horizontale Beziehungen individueller und/oder korporativer Akteure, die sich durch eine (relative) Autonomie der Akteure auszeichnen, interdependent sind, dennoch als eher ‚lose gekoppelt' gelten, auf weitreichende formale Strukturen und Hierarchien verzichten sowie dezentral organisiert sind".[31] Neben dieser Meso- und der Mikroebene

30 K. W. Boetticher, Unternehmer oder Manager. Grundprobleme industrieller Führerschaft, Köln, Berlin 1963; H. Hartmann, Der deutsche Unternehmer. Autorität und Organisation, Frankfurt am Main 1968; W. H. Staehle, Management. Eine verhaltenswissenschaftliche Perspektive, 7. Aufl., München 1994, S. 69 ff.; J. Winschuh setzte sich noch Mitte der 50er Jahre gegen die Benutzung des Manager- und für den Unternehmerbegriff ein, s. J. Winschuh, Das neue Unternehmerbild, Baden-Baden, Bonn, Frankfurt am Main 1954, S. 45.

31 J. Abel, Von der Vision zum Serienzug. Technikgenese im schienengebundenen Hochgeschwindigkeitsverkehr, Berlin 1997, S. 42; von internationalen Netzwerken – „Cross-National Modernizing Networks" spricht Marie-Laure Djelic in dem jüngst erschienenen Werk „Exporting The American Model. The Postwar Transformation of European Business", Oxford, New York 1998, S. 94 ff.

muß schließlich auch die Makroebene der internationalen politischen und ökonomischen Entwicklungen nach dem Zweiten Weltkrieg Berücksichtigung finden, auch wenn sie in dieser Arbeit nur die Rahmenbedingungen markiert, ohne die jedoch die Entwicklungen auf den beiden anderen Ebenen unverständlich blieben. Von der Makroebene gehen Signale aus, die wiederum Auswirkungen auf die Offenheit des „offenen sozio-technischen Systems" Unternehmung haben.

Ausgehend vom Untersuchungsgegenstand unternehmerischer Wahrnehmungs- und Entscheidungsprozesse und den Untersuchungsebenen Unternehmung, Akteure und Netzwerke sowie der politischen und ökonomischen Makroebene bieten sich als Untersuchungsmethode einzelfallbezogene empirische Studien auf der Basis der verhaltenswissenschaftlichen Managementforschung bzw. der interpretativen Organisationstheorie an, die schließlich plausible Verallgemeinerungen und Aussagen zum Unternehmer- bzw. „Managerhandeln" zulassen.[32] Verhaltenswissenschaftliche Managementtheorien „sind in dem Sinne verhaltenswissenschaftlich (‚behavioral'), daß sie die Entscheidungsprozesse nicht als Entscheidungslogik, sondern als menschliches Entscheidungsverhalten begreif(en), dessen empirische Merkmale und Bestimmungsgründe es zu untersuchen gilt".[33] Genau in diesem empirischen Nachweis des Managementverhaltens besteht ein wesentliches Anliegen der vorliegenden Arbeit. Zu diesem Zweck werden empirische Belege auf einer vergleichsweise breiten Untersuchungsbasis von 10 Großunternehmen unterschiedlicher Branchen zusammengetragen, aus denen wiederum Beispiele der Wahrnehmung und Übertragung ausländischer Management- und Produktionsmethoden aus einem breiten Spektrum der Unternehmenspraxis stammen, die schließlich ein großflächiges, matrixartiges Bild entstehen lassen. Ebenso ließe sich von einer Modularisierung sprechen, wobei aus zahlreichen Mikrobausteinen sich schließlich ein Makrobild zusammensetzt.

Bei den untersuchten Unternehmen handelt es sich neben der Volkswagen AG (kurz: Volkswagen bzw. VW) um die Continental AG (Continental), die Hüls AG (Hüls), die Vereinigte Glanzstoff Fabriken AG (Glanzstoff), Carl Freudenberg (Freudenberg), Bayer AG (Bayer), Henkel KGaA (Henkel), REWE, Bahlsen KG (Bahlsen) und um vereinzelte Beispiele der Eisen- und Stahlindustrie und des Schwermaschinenbaus anhand der Mannesmann AG und Krupp, wobei mit exemplarischen Fallstudien zu unterschiedlichen Themenbereichen wie Technologie und Produktion, Absatz und Marketing, Public Relations, Human Relations, Unternehmenskontrolle, Organisation, Managementausbildung, Qualitätswesen und Arbeitsorganisation nicht nur methodisch, sondern auch inhaltlich neue Akzente gesetzt werden. Bei den ausgesuchten Unternehmen liegt ein gewisser Schwerpunkt im Bereich der Chemieindustrie, wobei hier wie-

---

32 M. Wollnik, Interpretative Ansätze der Organisationstheorie, in: Kieser (Hg.), Organisationstheorien, S. 304; Staehle, Management, S. 81.

33 U. Berger; I. Bernhard-Mehlich, Die verhaltenswissenschaftliche Entscheidungstheorie, in: Kieser (Hg.), Organisationstheorien, S. 123.

derum darauf geachtet wurde, ein breites Spektrum von der Grundstoffindustrie über die Bereiche Pharma, Film, Waschmittel, Kunststoffe und Kunstfasern zu berücksichtigen.[34] Die Unternehmen werden dabei nicht als abgeschlossene Einheiten betrachtet, vielmehr bestehen zwischen ihnen z.T. zahlreiche Querverbindungen und Verflechtungen, sei es über personelle Beziehungen, sei es über Produktlinien, so daß auch hier der Vernetzungsgedanke zum Tragen kommt. Das Matrix- oder Modularisierungsmodell korrespondiert mit diesem Vernetzungsgedanken. Ausführliche unternehmenshistorische Studien sind allerdings ebensowenig intendiert wie umfangreiche Unternehmerbiographien bzw. Branchenvergleiche oder auch internationale Vergleiche zu amerikanischen oder japanischen Unternehmen. Statt von einem expliziten ließe sich jedoch von einem impliziten Vergleich sprechen, der sich schließlich aus der Frage nach der Orientierung an ausländischen Management- und Produktionsmethoden ergibt. In diesem Sinne definiert von Keller die Vorgehensweise der kulturvergleichenden Managementforschung: „Die kulturvergleichende Managementforschung befaßt sich mit sämtlichen Fragen und Problemen, die sich aus der Verschiedenartigkeit der kulturellen Umwelt und aus der Konfrontation von Personen und Institutionen mit unterschiedlichem kulturellen Hintergrund für den Managementprozeß, d.h. für die Lenkung produktiver sozialer Systeme, ergeben".[35] Dies muß, wie in der vorliegenden Arbeit, nicht zwangsläufig in einen Vergleich der internationalen Managementkulturen münden und würde auch den Rahmen der Arbeit sprengen. Zudem erlaubt auch die Quellenlage mit ihrer ungleich verteilten Überlieferungsdichte zu den einzelnen Themenbereichen über einen längeren Zeitraum weder eine durchgehende Vergleichbarkeit noch eine geschlossene Unternehmensdarstellung im Zeitverlauf. Nicht zu jedem Unternehmen lag gleichviel Material über die historische Entwicklung von Marketing, Public Relations, der Unternehmensorganisation etc. vor. Die für eine qualitative Untersuchung vergleichsweise große Zahl an Unternehmen gebot sich allein schon aus diesem Grund. Die an einem Matrixschema orientierte qualitativ-empirische Methode ermöglicht wenn auch keine Repräsentativität – eine solche wäre im statistischen Sinne erst unter Berücksichtigung einer weitaus größeren Zahl von Unternehmen und Unternehmern unterschiedlicher Größe und Branchenzugehörigkeit gegeben, wobei die dabei zur Anwendung kommenden quantitativen Methoden und die dabei entstandenen hoch aggregierten Daten auf Kosten qualitativer Genauigkeit gingen – so doch „plausible Verallgemeinerungen" und Aussagen zur Management- und Produktionsentwicklung in deutschen Großunternehmen nach dem Zweiten Weltkrieg.

Äußerungen von Unternehmern bzw. Managern zu deren Wahrnehmung ausländischer Management- und Produktionsmethoden wird ein vergleichsweise breiter Raum gewidmet. Neben der empirisch-qualitativen, auf der Auswertung schriftlichen Quellenmaterials basierenden Untersuchungsmethode wurde darüber hinaus auf die Auswer-

---

[34] Neben den genannten Unternehmen werden auch vereinzelt Beispiele aus weiteren Unternehmen wie etwa Hoechst mit herangezogen.

[35] E. v. Keller, Die kulturvergleichende Managementforschung, Bern 1981, S. 48.

tung einer begrenzten Zahl von Interviews[36] zurückgegriffen. Dabei handelt es sich nicht im Sinne der „Oral-History"-Methode um lebensgeschichtliche Interviews, sondern um zielgerichtete Experteninterviews von Managern der o.g. Unternehmen sowie Wissenschaftlern, die eher eine ergänzende oder korrektive Funktion haben.

Die theoretischen Grundannahmen der vorliegenden Arbeit können ebenfalls als eine Art Modularisierung verstanden werden. Da es keinen umfassenden Theorieansatz zur Erklärung des in diesem Zusammenhang interessierenden Erkenntnisinteresses zu Fragen von Fremdwahrnehmung, der unternehmerischen Entscheidungsfindung, dem Verhalten individueller Akteure im Unternehmen unter Berücksichtigung der Mikro- und Makroperspektive gibt, bietet sich der Rückgriff auf unterschiedliche aber gleichwohl kompatible Theorieansätze wie den Leitbild- oder Mikropolitikansatz, handlungs- und organisationstheoretische Erklärungen sowie verhaltenswissenschaftliche und interkulturelle Managementtheorien an. Dabei geht es weniger um eine eklektizistische Zusammenstellung oder gar eine beliebige Kombination von solchen Ansätzen, als um ein Ineinandergreifen anschlußfähiger Modelle.

Handlungstheorien und die verhaltenswissenschaftliche Managementforschung respektive die verhaltenswissenschaftliche Theorie der Unternehmung und Aspekte der Entscheidungstheorie wie auch die interpretative Organisationstheorie sind anschlußfähig an neuere Entwicklungen einer kulturalistisch orientierten Sozial- und Unternehmensgeschichte, die dann schließlich in eine sozial- und mentalitätshistorische Unternehmensforschung münden könnte. Dies wäre Ausdruck einer weiteren Ausdifferenzierung der Wirtschafts- und Unternehmensgeschichte, was nicht heißen soll, daß etwa eine stärkere Trennung der bisherigen Teildisziplinen Sozial-, Wirtschafts- und Technikgeschichte angestrebt werden soll, vielmehr geht es darum, durch die stärkere Einbeziehung bislang wenig berücksichtigter Fragestellungen – etwa aus dem Bereich der Mentalitäts- und Kulturgeschichte – zu einer Erweiterung durchaus im Sinne von Interdisziplinarität und Integration zu gelangen. Während die sozialhistorische Perspektive in der Unternehmensgeschichtsschreibung eine Tradition besitzt, sind dort mentalitätshistorische Fragen bislang weitgehend vernachlässigt worden. Die „sozialhistorische Wende" der 60er Jahre hin zu einer „Geschichte als historische Sozialwissenschaft" hatte schließlich auch Spuren in der westdeutschen Unternehmensgeschichtsschreibung hinterlassen. Kockas Arbeit über die Verwaltung und Angestelltenschaft bei Siemens konzentriert sich im wesentlichen auf die Analyse von

[36] Es handelt sich um insgesamt 11 Interviews von Managern aus dem oberen und mittleren Management sowie Experten aus dem Bereich der Hochschule, namentlich: Prof. Kurt Hansen und Prof. Paul Gert von Beckerath (Bayer), Dr. Frederico Engel (Hüls), Dr. Carl H. Hahn (Volkswagen und Continental); Prof. Karl-Heinz Briam (Volkswagen), Werner Bonfert (Freudenberg), Dr. Wolfgang E. Wicht (Glanzstoff), Dr. Peter Fink (Krupp), Roland Altmann (REWE), Prof. Heinz Hartmann (Universität Chicago bzw. Münster), Prof. Erich Staudt (Universität Duisburg, jetzt Bochum).

Strukturen und Prozessen der Unternehmensentwicklung und -organisation. Damit setzte sie Maßstäbe für weitere Arbeiten im Sinne einer „Unternehmens-Strukturgeschichte", die, verstärkt durch den Einfluß der Arbeiten Alfred D. Chandlers, zu dem „am weitesten entwickelten Bereich der Unternehmensgeschichte" gehören und die weitgehend die Methodendiskussion bestimmten.[37] Auch eine modifizierte und von der traditionellen Form der Unternehmerbiographie unterschiedene Unternehmergeschichtsschreibung war mit diesem Trend insofern vereinbar, als in entsprechenden Arbeiten vor allem Fragen des sozialen Hintergrundes der Unternehmer, religiöse und politische Einflüsse, Qualifikation und Karrieremuster sowie ihre Rolle in Organisationen und Verbänden thematisiert wurde.[38] Methodisch blieben diese Arbeiten der „Unternehmens-Strukturgeschichte" verpflichtet, auch wenn in der Folgezeit eine Erweiterung um organisations-, industriesoziologische oder geschlechterspezifische Fragestellungen zu beobachten ist.[39] Während die Unternehmensgeschichte so bis in die 90er Jahre hinein in der Struktur- und Prozeßorientierung verharrte, begehrte die nächste Generation der Sozialhistoriker gegen die Dominanz der inzwischen als „traditionell" betrachteten historischen Sozialwissenschaften auf, ohne daß dies sichtbare Konsequenzen für die Unternehmensgeschichte mit sich brachte.[40] In der sozialhistorischen Kulturalismus-Debatte traten neuere Ansätze einer Alltags-, Kultur-, Erfahrungs-, Mikro- und Mentalitätsgeschichte und der historischen Anthropologie, deren Methodik nicht immer trennscharf auseinandergehalten wurde, in den Vordergrund. Sie orientierten sich einerseits

---

[37] H. Jäger, Unternehmensgeschichte in Deutschland seit 1945, in: Geschichte und Gesellschaft 18, 1992, S. 118; J. Kocka, Unternehmensverwaltung und Angestelltenschaft am Beispiel Siemens 1847-1914, Stuttgart 1969.

[38] J. Kocka, Unternehmer in der deutschen Industrialisierung, Göttingen 1975; T. Pierenkämper, Die westfälischen Schwerindustriellen 1852-1913, Göttingen 1979; H. Kaelble, Berliner Unternehmer während der frühen Industrialisierung, Berlin 1972.

[39] H. Schomerus, Die Arbeiter der Maschinenfabrik Eßlingen, Stuttgart 1977; H. J. Rupieper, Arbeiter und Angestellte im Zeitalter der Industrialisierung. Eine sozialgeschichtliche Studie am Beispiel der Maschinenfabrik Augsburg und Nürnberg (M.A.N.) 1837-1914, Frankfurt am Main 1982; C. Sachse, Siemens, der Nationalsozialismus und die moderne Familie. Eine Untersuchung der sozialen Rationalisierung im 20. Jahrhundert, Hamburg 1990; dies., Unternehmensgeschichte als Geschlechtergeschichte. Ein Zugang zur Erforschung von Geschlechterverhältnissen im Wandel der industriellen Arbeit, in: Arbeit und Technik im sozialen Prozeß, hg. v. G. Hurrle u.a. (Geschichte und Zukunft der industriellen Arbeit, Bd. 1), Marburg 1991; D. Schmidt, Taylorismus und Geschlechterverhältnis – was der „Dritte Mann" mit dem „Tod des Gelernten" zu tun hat, in: ebd., S. 68 ff.

[40] Eine Ausnahme bilden hier die Arbeiten von Thomas Welskopp, der ausdrücklich aus dem Bereich der Sozialgeschichte kommt und entsprechend soziologische Methoden auf Fragen der Arbeiter- und Betriebsgeschichte anwendet. S. Th. Welskopp, Der Betrieb als soziales Handlungsfeld. Neuere Forschungsansätze in der Industrie und Arbeitergeschichte, in: Geschichte und Gesellschaft 22, 1996, S. 118-142, als empirische Studie ders., Arbeit und Macht im Hüttenwerk. Arbeits- und industrielle Beziehungen in der deutschen und amerikanischen Eisen- und Stahlindustrie von den 1860er bis zu den 1930er Jahren, Bonn 1994. S.a. weiter unten.

an sehr unterschiedlichen älteren Vorbildern der Kulturgeschichte, der französischen Annales-Schule oder am Lebenswelt-Konzept der Wissenssoziologie. Andererseits wiesen sie als Gemeinsamkeit die Infragestellung einer zu starken Fixierung der Sozialgeschichte auf makrohistorische und sozio-ökonomische Entwicklungen und Strukturen auf. Gefordert wurde demgegenüber eine stärkere Berücksichtigung kleinräumiger Entwicklungen, subjektiver Erfahrungen und Verhaltensweisen, alltäglicher Handlungen, Wahrnehmungen und Deutungen. Indem diese als Ausdruck von „Kultur" verstanden werden, sprechen die Autoren von einer „kulturalistischen Wende der Sozialgeschichte".[41] Nach zunächst unversöhnlichen Divergenzen zwischen „traditionellen" und „revisionistischen" Sozialhistorikern gab es jedoch auch Annäherungen, etwa indem Vertreter der „traditionellen" Linie – nicht zuletzt unter dem Eindruck der politischen Umbrüche von 1989 – die Bedeutung kultureller Dimensionen zunehmend anerkannten und Chancen einer sozialhistorischen Erweiterung durch eine Verknüpfung von Struktur- und Prozeßdarstellungen mit kulturalistischen Fragestellungen sahen.[42] Auf der anderen Seite betonten die Vertreter einer stärker kultur- und alltagshistorisch orientierten Historiographie auch die Bedeutung „ökonomischer und sozialer Logik kultureller Phänomene" (Wolfgang Kaschuba), die schließlich auch darin zum Ausdruck komme, daß „soziale Wirklichkeit als doppelt konstituiert" betrachtet werden müsse: einerseits durch die Strukturen des Sozialen, Politischen und Ökonomischen, andererseits durch das Handeln und Denken, durch Erfahrungen und Wahrnehmungen der Akteure, die diese Strukturen hervorbringen, reproduzieren und verändern.[43] Es kann schließlich nicht darum gehen, hinter die strukturgeschichtlichen Forschungsergebnisse zurückzufallen oder die historische Entwicklung nunmehr als kulturell determiniert zu betrachten.

---

41 R. Sieder, Sozialgeschichte auf dem Weg zu einer historischen Kulturwissenschaft?, in: Geschichte und Gesellschaft 20, 1994, S. 445 ff.; U. Daniel, „Kultur" und „Gesellschaft". Überlegungen zum Gegenstandsbereich der Sozialgeschichte, in: Geschichte und Gesellschaft 19, 1993, S. 69 ff.; H. Medick, Mikro-Historie, in: W. Schulze (Hg.), Sozialgeschichte, Alltagsgeschichte, Mikrohistorie, Göttingen 1994; W. Hardtwig, Alltagsgeschichte heute, in: ebd., S. 19 ff.; V. Sellin, Sozialgeschichte in Deutschland, Bd. 3, Göttingen 1987, S. 101 ff.; zu neueren sozialhistorischen Entwicklungen der Unternehmensgeschichte s.a. Chr. Kleinschmidt, Unternehmensgeschichte als Sozial- und Alltagsgeschichte, in: Der letzte Schliff. 150 Jahre Arbeit und Alltag bei Carl Zeiss, hg. v. F. Markowski, Berlin 1997, S. 282-298; P. Erker, Aufbruch zu neuen Paradigmen. Unternehmensgeschichte zwischen sozialgeschichtlicher und betriebswirtschaftlicher Erweiterung, in: Archiv für Sozialgeschichte 37, 1997, S. 321-365.

42 J. Kocka, Perspektiven für die Sozialgeschichte der 90er Jahre, in: W. Schulze (Hg.), Sozialgeschichte, Alltagsgeschichte, S. 33 ff.; W. Hardtwig; H.-U. Wehler (Hg.), Kulturgeschichte heute, Göttingen 1996, Einleitung, S. 7 ff.

43 W. Kaschuba, Kultur statt Gesellschaft?, in: Geschichte und Gesellschaft, 21, 1995, S. 83; Sieder, Sozialgeschichte, S. 448; neuerdings s.a. Th. Mergel; Th. Welskopp (Hg.), Geschichte zwischen Kultur und Gesellschaft. Beiträge zur Theoriedebatte, München 1997, darin u.a. ein Beitrag von Th. Welskopp, Der Mensch und die Verhältnisse. „Handeln" und „Struktur" bei M. Weber und A. Giddens, S. 39-70.

Nicht kulturelle Determinierungen, sondern kulturelle Prädispositionen und dementsprechende kontingente Situationen und Prozesse gilt es zu analysieren, auch für die Unternehmensgeschichte.

Tendenzen in Richtung einer kulturalistischen Wende lassen sich im übrigen nicht nur im Bereich der Sozialgeschichte, sondern auch in der Philosophie und an der Schnittstelle zwischen Philosophie und Ökonomie beobachten.[44] So ist es nicht verwunderlich, daß die Unternehmensgeschichte nicht über die direkte Nachbardisziplin der Sozialgeschichte als vielmehr über den Umweg der Sozial- und Wirtschaftswissenschaften neue methodische und theoretische Fragestellungen etwa zur Untersuchung mikropolitischer Entwicklungen in Unternehmen oder zur historischen Dimension der Unternehmenskultur adaptierte.

In einigen jüngeren unternehmenshistorischen Arbeiten wurde der aus der amerikanischen und französischen Industriesoziologie stammende Mikropolitikansatz aufgenommen, der mit der „Mikrohistorie", mit kultur- und alltagshistorischen Fragestellungen Gemeinsamkeiten der kleinräumigen Orientierung aufweist, etwa mit Blick auf Routinebeziehungen im Betrieb. Im Unterschied zu makrohistorischen „Unternehmens-Strukturgeschichten" wird dabei die Innenansicht des Betriebes mit den konkreten Arbeitsbeziehungen und Produktionsprozessen, das Handeln einzelner Akteure der Arbeiterschaft und der Unternehmensleitung dargestellt und als „weitgehend ungeplante, jedenfalls nicht einseitig geplante Gemengelage aus Konsensus und Konflikt, Kooperation und Kontrolle, Macht und Aushandlung, Allianzen und Gegnerschaften" verstanden und davon ausgegangen, „daß der Produktionsprozeß nicht nur auf Zwang und Kontrolle beruht, sondern in gewissem Maße auch immer die produktive Mitarbeit und Eigeninitiative der Arbeiter voraussetzt".[45] In Ergänzung zur traditionellen Betrachtung formaler Organisationsstrukturen und formalisierter Handlungen von industriellen und Arbeitsstrukturen spielt die Darstellung informeller Aktionsmuster eine zunehmend wichtige Rolle. Der Mikropolitikansatz geht nicht mehr von der Existenz handlungsdeterminierender Strukturen aus, die etwa den Akteuren in Form des Managements oder den Belegschaften bestimmte Handlungen oder Entscheidungen zwangsläufig zuordnet, sondern von der Kontingenz von Entscheidungsprozessen. Dabei wir gefragt, „wie aus Kontingenz Eindeutigkeit wird, wie also bestimmte Entscheidungen getroffen werden und andere Entscheidungen hingegen letztlich nicht berücksichtigt werden, wie groß der mögliche Entscheidungsspielraum ist, warum Gestaltungsalternativen nicht systema-

---

44 Dazu jüngst D. Hartmann; P. Janich (Hg.), Die kulturalistische Wende. Zur Orientierung des philosophischen Selbstverständnisses, Frankfurt am Main 1998; H. Steinmann; A. G. Scherer (Hg.), Zwischen Universalismus und Relativismus. Philosophische Grundlagenprobleme des interkulturellen Managements, Frankfurt am Main 1998.

45 K. Lauschke; Th. Welskopp, Einführung: Mikropolitik im Unternehmen: Chancen und Voraussetzungen beziehungsanalytischer Ansätze in der Industrie- und Arbeitergeschichte, in: dies. (Hg.), Mikropolitik im Unternehmen. Arbeitsbeziehungen und Machtstrukturen in industriellen Großbetrieben des 20. Jahrhunderts (Bochumer Schriften zur Unternehmens- und Industriegeschichte, Bd. 3), Essen 1994; s.a. Plumpe, Unternehmen, S. 58 ff.

tisch verfolgt werden, sondern nur noch eine Problemlösung entwickelt wird".[46] In diesem Zusammenhang stellt sich auch die Frage nach unternehmerischen Wahrnehmungen, Eindrücken, Erfahrungen und Kommunikationsprozessen, die die unternehmerischen Entscheidungen beeinflußt haben.

Im Unterschied zum Begriff des „Belegschaftshandelns" ist dieser methodische Weg mit Blick auf das „Managerhandeln" bislang von der Unternehmensgeschichte noch nicht beschritten, geschweige denn mit empirischen Belegen abgesichert worden. In der vorliegenden Arbeit werden deshalb die im mikropolitischen Ansatz formulierten Anregungen aufgegriffen und erweitert um Aspekte einer verhaltenswissenschaftlichen Theorie der Unternehmung, wobei sich zeigen wird, daß die Fragestellungen einer kulturalistisch orientierten Sozialgeschichte, der interpretativen Soziologie und der verhaltenswissenschaftlichen Managementlehre und -entscheidungstheorie – nicht zuletzt aufgrund z.T. gemeinsamer Wurzeln – kompatibel sind und als methodisches und theoretisches Fundament einer sozial- und mentalitätshistorischen Unternehmensgeschichte dienen können.

In der neueren verhaltenswissenschaftlichen Managementforschung wird auf die Vorläufer einer „Verhaltenswissenschaftlichen Theorie der Unternehmung" etwa von Richard M. Cyert und James G. March aus den frühen 60er Jahren oder Chester I. Barnards Arbeit über die „Functions of the Executive" verwiesen, welches bereits im Jahr 1938 veröffentlicht und erst 1970 ins Deutsche übersetzt wurde.[47] Ähnlich wie Cyert und March hatte Barnard bereits 25 Jahre zuvor bemängelt, daß ökonomische Theorien zu stark von Marktfaktoren und der Vorstellung eines „homo oeconomicus" ausgingen und darüber soziale Prozesse und die „Qualität der wirkenden Kräfte" und somit Motivation, Interessen und Verhalten von Akteuren und Organisationen vernachlässigten. Ähnlich wie Cyert und March, die von einem „Verhalten der Unternehmung" sprechen und damit soziale Aspekte der Organisationstheorie betonen, geht Barnard von „Organisationen als dem konkreten sozialen Prozeß, durch den Handlungen vollzogen werden", aus.[48] Diese Vorstellungen sind in den Wirtschaftswissenschaften bis heute umstritten und setzen sich in den Lehrbüchern nur langsam durch.[49] Insofern knüpfen

---

46 H. Minssen, Der soziale Prozeß des betrieblichen Wandels, in: Lauschke; Welskopp, Mikropolitik, S. 41.

47 R. M. Cyert; J. G. March, Eine verhaltenswissenschaftliche Theorie der Unternehmung, 2. Auflage, Stuttgart 1995 (Erstauflage 1963); C. I. Barnard, Die Führung großer Organisationen, Essen 1970. Die Übersetzung erfolgte von K. W. Boetticher, der in den 60er und 70er Jahren zahlreiche Publikationen zum Thema Unternehmer und Manager veröffentlichte. S.a. Kapitel weiter unten.

48 Cyert; March, Verhaltenswissenschaftliche Theorie, S. 21; Barnard, S. 15.

49 So taucht in dem 1976 erschienenen Buch von E. Heinen, Grundfragen der entscheidungsorientierten Betriebswirtschaftslehre, München 1976, die verhaltenswissenschaftliche Perspektive nur mit Bezug auf das Konsumentenverhalten, nicht jedoch hinsichtlich unternehmerischer Entscheidungen auf. Bei D. Schneider, Informations- und Entscheidungstheorie, München, Wien 1995 wird die verhaltenswissenschaftliche Entscheidungsorientierung zu-

jüngere Beiträge zur verhaltenswissenschaftlichen Managementtheorie und zur interpretativen Organisationstheorie an lange Zeit verschüttetes Wissen an und sind gleichzeitig kompatibel mit methodischen Ansätzen der Nachbarwissenschaften.

Interpretative Ansätze der Organisationstheorie konzentrieren sich auf die Darstellung subjektiver Wahrnehmungen und Deutungen sowie auf das Gesellschaftsverständnis der sozialen Akteure in Organisationen und unterscheiden sich damit deutlich von traditionellen strukturfunktionalistischen Modellen der Organisationstheorie. Sie stützen sich dabei u.a. auf Vorbilder der Soziologie, etwa auf Anthony Giddens' „Interpretative Soziologie“, deren zentrales Anliegen die Überwindung des Gegensatzes von „Struktur“ und „Handlung“ ist.[50] Giddens' Ansatz konnte bislang erfolgreich auf Fragen der Arbeiter- und Industriegeschichte[51] sowie der Techniksoziologie[52] angewandt werden und bietet auch zur Erklärung organisations- und entscheidungstheoretischer Probleme der Managementgeschichte zahlreiche Anregungen. Übertragen auf die hier interessierende Frage unternehmerischer Wahrnehmungen und Entscheidungen ist mit Giddens davon auszugehen, daß das Handeln in Organisationen von autonomen, wissensmächtigen Akteuren, hier: Managern, mitgestaltet und durch Strukturen, hier: Unternehmen, Verbände, Politik, beeinflußt wird, wobei gleichzeitig die Strukturen und Institutionen durch das Handeln der Akteure reproduziert und verändert werden. Giddens bezeichnet dieses Phänomen als „rekursiv“.[53] „Das zentrale Forschungsfeld der Sozialwissenschaften besteht – der Theorie der Strukturierung zufolge – weder in der Erfahrung des individuellen Akteurs noch in der Existenz irgendeiner gesellschaftlichen Totalität, sondern in den über Zeit und Raum geregelten gesellschaftlichen Praktiken.“[54]

Das Handeln der Akteure und somit auch das Managerhandeln erfolgt bewußt und reflexiv, z.T. aber auch fremdbestimmt und unbewußt und umfaßt nicht erkannte Hand-

---

mindest am Rande thematisiert. Staehles Darstellung über „Management“ und einige Beiträge in Kiesers „Organisationstheorien“ sind dem verhaltenswissenschaftlichen Ansatz verpflichtet. Auch die Bedeutung von Mentalitäten für die wirtschaftliche Entwicklung scheint in der ökonomischen Theorie – und hier nicht nur in der interkulturellen Managementforschung – zunehmend Anerkennung zu finden, wie neben den Arbeiten von D. C. North auch jüngere Arbeiten zeigen, die sich z.B. der Kategorie des „Vertrauens“ widmen, s. T. Ripperger, Ökonomie des Vertrauens. Analyse eines Organisationsprinzips, Tübingen 1998.

50 M. Wollnik, Interpretative Ansätze in der Organisationstheorie, in: A. Kieser (Hg.), Organisationstheorien, S. 304.

51 Th. Welskopp, Arbeit und Macht im Hüttenwerk. Arbeits- und industrielle Beziehungen in der deutschen und amerikanischen Eisen- und Stahlindustrie von den 1860er bis zu den 1930er Jahren, Bonn 1994, S. 41 ff.

52 J. Abel, Von der Vision zum Serienzug. Technikgenese im schienengebundenen Hochgeschwindigkeitsverkehr, Berlin 1997, S. 24 ff.

53 A. Giddens, Die Konstitution der Gesellschaft, Frankfurt am Main, New York 1988, S. 52.

54 Giddens, Konstitution der Gesellschaft, S. 52; in der jüngsten Auflage von A. Kieser (Hg.), Organisationstheorien, findet inzwischen auch Giddens' Theorie der Strukturierung Berücksichtigung, s., P. Walgenbach, Giddens' Theorie der Strukturierung, in: A. Kieser (Hg.), Organisationstheorien, Stuttgart, 3. Aufl., Berlin, Köln 1999, S. 355-375.

lungsbedingungen und nicht intendierte Handlungsfolgen. Methodisch konnte dieses Problem von Struktur und Handlung bis dahin nicht befriedigend gelöst werden: „Das Wissen über gesellschaftliche Konventionen, über sich selbst oder über andere menschliche Wesen, das in der Fähigkeit steckt, in der Vielfalt gesellschaftlicher Lebenskontexte sich ‚zurechtfinden‘ zu können, ist detailliert und verblüffend. Alle kompetenten Gesellschaftsmitglieder sind in der praktischen Durchführung sozialer Aktivitäten beträchtlich qualifiziert und ‚soziologische‘ Experten. Ihr Wissen bleibt der fortwährenden Strukturierung des sozialen Lebens nicht äußerlich, sondern fließt integral darin ein. Dieser Hinweis ist entscheidend, wenn die Fehler des Funktionalismus und des Strukturalismus vermieden werden sollen, welche die Gründe der Handelnden unterschlagen oder übersehen – damit auch die Rationalisierung des Handelns als einer beständig in die Strukturierung sozialer Praktiken – und die Ursprünge ihrer Aktivitäten in Phänomenen suchen, von denen diese Handelnden keine Kenntnis haben. Aber es ist auch ebenso wichtig, nicht in den gegenteiligen Irrtum der hermeneutischen Ansätze und verschiedenen Versionen der Phänomenologie zu verfallen, die dazu neigen, die Gesellschaft als eine beliebig formbare Schöpfung menschlicher Subjekte zu betrachten. Jede dieser Sichtweisen ist eine illegitime Form von Reduktionismus, die sich aus dem Unvermögen herleiten, die Dualität von Struktur angemessen zu konzeptualisieren.“[55] Gleichwohl verzichtet Giddens nicht gänzlich auf die Benutzung des Begriffs „Hermeneutik“, gerade weil es die Soziologie, anders als die Naturwissenschaften, mit „Subjekt-Subjekt-Beziehungen“ und deshalb mit einer „vor-interpretierten Welt“ zu tun habe, „in der die Bedeutungen, die von aktiven Subjekten entwickelt werden, tatsächlich in die reale Konstitution oder Produktion jener Welt Eingang finden; die Konstruktion von Gesellschaftstheorie schließt deshalb eine doppelte Hermeneutik ein, die nirgendwo eine Parallele findet“.[56] Der Hinweis auf eine „doppelte Hermeneutik“ ist nun gerade bei der Beschäftigung mit Wahrnehmungsmustern, im vorliegenden Falle der Fremdwahrnehmung von Management- und Produktionsmethoden, von besonderem Interesse in dem Sinne, daß sie „sich sowohl auf das Begreifen der Bedeutungsrahmen, die die Produktion des gesellschaftlichen Lebens durch die handelnden Laien enthält, als auch auf deren Nachbildung in den neuen Bedeutungsrahmen der wissenschaftlichen Begriffsschemata bezieht“.[57] Diese Bedeutungsrahmen gilt es mit Blick auf das Fremdverstehen von Managern und das „Managerhandeln“ abzustecken. Die doppelte Hermeneutik ermöglicht in diesem Zusammenhang ein angemesseneres Verstehen des Fremdverstehens unter Vermeidung der Illusion, auf der Basis des vorhandenen Quellenmaterials möglicherweise herausfinden zu können, was die Unternehmer und Manager „wirklich“ gedacht oder wahrgenommen haben. Sie bewahrt uns auf der anderen Seite davor, in einem Relativismus von Bedeutungen gefangen zu sein, der „aus der

---

55 Giddens, Konstitution der Gesellschaft, S. 78.

56 Giddens, Interpretative Soziologie. Eine kritische Einführung, Frankfurt am Main, New York 1984, S. 179.

57 Ebd., S. 95.

Überbetonung des ‚geschlossenen' Charakters des Bedeutungsrahmens besteht, wodurch die Übersetzung von Bedeutungen aus einem Rahmen in einen anderen als logisch unmöglich erscheint".[58]

Mit Giddens' Problematisierung des hermeneutischen Ansatzes sind Aspekte des Fremd- und Selbstverstehens angesprochen, die wiederum intensiver in den Nachbardisziplinen der Philosophie, der Anthropologie, der Ethnologie und der Psychologie thematisiert werden. Diese können an dieser Stelle nicht ausführlich behandelt, jedoch auf ihre Kompatibilität zum Untersuchungsgegenstand hin befragt werden.

Ausgehend von einer Definition von Wahrnehmung als „aktives Organisieren und Stiften von Ordnung zwecks Orientierung und Handlungsregulation", und weiter davon ausgehend, daß die so definierte Wahrnehmung dem „Sparsamkeitsprinzip" folgend, „möglichst einfach organisiert, die Vielfalt der Reizgegebenheiten auf eine begrenzte Zahl von Grundmustern zurückführt bzw. an diese angeglichen wird",[59] dürfte die Wahrnehmung ausländischer Management- und Produktionsmethoden durch deutsche Unternehmer durch diese „Tendenz zur Einfachstruktur" gekennzeichnet sein. Unternehmerisches Handeln ist instrumentelles Handeln. Es hat in diesem Sinne nicht das „Verstehen" ausländischer, d.h. fremder Kulturphänomene zum Ziel, sondern deren potentielle Aneignung und Verwertung. Unternehmer sind keine Ethnologen. Ihre Art der Bewältigung des Fremden „durch Aneignung" hat in der kulturwissenschaftlichen Fremdheitsforschung einen negativen Beigeschmack, weil dabei, ausgehend von zumeist eurozentrischen Einstellungen, das Fremde nicht im normativen Sinne zu einer Verschränkung des Eigenen und des Fremden führt.[60]

Tatsächlich kann ein solcher Ethnozentrismus etwa bei multinationalen Konzernen aufgrund mangelnder interkultureller Kompetenz zu Anpassungsproblemen oder Reaktionsschwierigkeiten auf veränderte Umweltbedingungen auf lokalen Märkten, zu Konflikten auf der Ebene der Organisations- bzw. Unternehmenskultur oder auch bei Verhandlungen mit Repräsentanten fremder Kulturkreise aus Politik und Wirtschaft führen.[61] Ethnozentrismus, die Ignoranz fremder Kulturzusammenhänge und mangelnde Sprachkenntnisse können dann Dysfunktionalitäten, mangelnde Kooperationsfähigkeit oder den Abbruch von Handelsbeziehungen zur Folge haben. Dies kann auch hinsicht-

58 Ebd., S. 176 f.

59 J.-J. Koch, Wahrnehmungsprozesse, in: E. Gaugler; W. Weber (Hg.), Handwörterbuch des Personalwesens, 2. Aufl., Stuttgart 1992, Sp. 2318.

60 Vgl. A. Wierlacher, Kulturwissenschaftliche Xenologie. Ausgangslage, Leitbegriffe und Problemfelder, in: Kulturthema Fremdheit, hg. von A. Wierlacher, München 1993, S. 58; B. Waldenfels, Topographie des Fremden. Studien zur Phänomenologie des Fremden, Frankfurt am Main 1997, S. 48 f.

61 J. Hogen, Organisation interkultureller Kompetenz – Kompetenz interkultureller Organisation, S. 71 ff.; s.a. H. Steinmann; A. G. Scherer, Interkulturelles Management zwischen Universalismus und Relativismus, in: dies. (Hg.), Zwischen Universalismus und Realismus, S. 23-87; E. Dülfer, Internationales Management in unterschiedlichen Kulturbereichen, München, Wien 1992, S. 190 ff.

lich der Wahrnehmung ausländischer Management- und Produktionsmethoden eine Rolle spielen, doch liegt der Akzent der vorliegenden Arbeit auf einer anderen Problematik: Die „Tendenz zur Einfachstruktur“ von Fremdwahrnehmungen führt u.a. zur Bildung von Stereotypen, die nicht allein negative Attribute aufweisen. Stereotype sind Generalisierungen, die von Individuen oder Kollektiven gemacht sind und deren Funktion in der Simplifizierung oder auch Systematisierung von komplexen Informationen bestehen. Sie sind somit Hilfsmittel der Orientierung und der Interpretation und als solche Grundlagen für Wertungen, Handlungen und Entscheidungen. Gleichzeitig sind Stereotype „Versuche kollektiver Selbstidentifikation“ und fungieren so als Gegenbild oder Modell.[62] Diese Modelle und (Leit-)Bilder haben zumeist positive Funktionen, indem sie zur Strukturierung des Denkens und Handelns beitragen. In der Psychologie wird dieses Phänomen folgendermaßen erklärt: „Je unstrukturierter eine Situation für ein Individuum ist, desto größer ist der erlebte Fremdheitscharakter. Daraus entsteht eine Tendenz zur Wiedergewinnung von Vertrautheit, Orientierungs- und Handlungssicherheit. Handlungen, die geeignet sind, dieses Ziel zu erreichen und den als bedrohlich erlebten Zustand der Unstrukturiertheit und Orientierungslosigkeit zu überwinden, wie z.B. soziales Anschlußhandeln, sozialer Vergleich, Konformität, Kategorisierung und Stereotypisierung, Akkomodation und Assimilation, Kontrastierung, Generalisierung usw. werden bevorzugt aktiviert und so lange beibehalten, bis ein befriedigender Zustand der Orientierung und Vertrautheit wieder hergestellt ist. Da Menschen in der Lage sind, über sich selbst und andere Menschen nachzudenken, können sie gleichsam wie ein außenstehender Beobachter ein Bild von sich selbst (Selbstbild) entwickeln und dies mit dem Bild, das sie sich von anderen Menschen machen (Fremdbild), entweder aus eigener Interaktionsforschung, durch Berichte von anderen, dritten Personen oder aus Phantasien entstanden, vergleichen. Mithilfe des Nachdenkens über Gedanken, Gefühle und Handlungsweisen anderer Personen (rekursives Denken) läßt sich eine Differenzierung, Strukturierung und Orientierung im Bereich verschiedener Fremdperspektiven gewinnen, bis hin zu deren Übernahme. Das so entstandene Fremdbild ist also nicht unstrukturiert, sondern z.T. hochgradig strukturiert und dem Beobachter wohlbekannt und vertraut. Ähnlich verhält es sich mit der Unterscheidung von Eigen- und Fremdgruppe. Die Fremdgruppe ist zunächst nicht durch ihre Strukturlosigkeit gekennzeichnet, sondern nur dadurch, daß man selbst einer anderen Gruppe angehört.“[63]

Fremdwahrnehmung und deren Reduktion durch Stereotypisierung haben u.a. die Tendenz zur Selektion und Interpretation des Fremden etwa zur Bestätigung des eige-

---

[62] K. Krakau, Einführende Überlegungen zur Entstehung und Wirkung von Bildern, die sich Nationen von anderen machen, in: W. P. Adams; K. Krakau (Hg.), Deutschland und Amerika. Perzeption und historische Realität, Berlin 1985, S. 9-11, 15; H. Husemann, Stereotypes in Landeskunde – Shall we join them if we cannot beat them?, in: L. Bredella, Mediating a foreign culture: The United States and Germany. Studies in international understanding, Tübingen 1991, S. 17.

[63] A. Thomas, Fremdheitskonzepte in der Psychologie als Grundlage der Austauschforschung und der interkulturellen Managerausbildung, in: Kulturthema Fremdheit, S. 259 f.

nen Verhaltens, von bereits Gewußtem oder Erwartetem oder auch zur Ausblendung von Unerwünschtem.[64] Die Ausprägung dieser Funktion hängt von den jeweiligen Kontexten und Rahmenbedingungen ab. Eine entsprechende Selbstbestätigungs- und Selbstvergewisserungsfunktion durch selektive Wahrnehmung läßt sich z.B. bei Unternehmern und Ingenieuren der Eisen- und Stahlindustrie der Zwischenkriegszeit beobachten.[65] Für die Zeit nach dem Zweiten Weltkrieg ist davon auszugehen, daß sich unterschiedliche Entwicklungen und Tendenzen der Fremdwahrnehmung beobachten lassen und daß sich die Einstellung, das Fremde „als das, worauf wir antworten und unausweichlich zu antworten haben, also als Aufforderung, Herausforderung, Anreiz, Anruf, Anspruch oder wie immer die Nuancen lauten mögen",[66] zu begreifen, durchsetzen wird. Unausweichlich scheint dies insofern, als deutsche Unternehmen nach der Phase der Abschließung unter dem Nationalsozialismus zunächst mit der Politik der alliierten Besatzung, deren Programmen und „Missions" und später mit dem Weltmarkt konfrontiert wurden, einer Entwicklung, der die nationalsozialistische Wirtschaftspolitik bewußt ausgewichen war, die nun aber auf die deutschen Unternehmen zukam bzw. von diesen gezielt gesucht wurde. Es ist anzunehmen, daß sich die neue Möglichkeit der Fremdwahrnehmung nach 1945, der Anreiz und die Herausforderung des Fremden – wobei auch für Unternehmen es „nicht ‚das Fremde', sondern verschiedene Fremdheitsstile gibt" – mit der unternehmerischen Erfahrung des Eigenen verband, so daß es schließlich zu Verschränkungen und Verflechtungen, zu Zwischenlösungen, zur Herausbildung von Hybriden, zu Nachahmungen und Anpassungen, im Sinne des Wortes also zu interkulturellen Entwicklungen kam, die als unternehmerischer Lernprozeß gewertet werden müssen. Es entwickelte sich so etwas wie der „produktive Blick" (Alois Wierlacher), der „Erstarrungen verhindert und Wandlungen möglicher macht"[67] bzw. zur Überwindung von „defensive routines"[68] in Unternehmen, also eingefahrenen, z.T. realitätsfernen und kontraproduktiven Verhaltensweisen, durch Einflüsse von außen beitrug. Fremde Einflüsse, eigene Erfahrungen und deren Verschränkungen als Ausdruck von Interkulturalität „widersetz(en) sich jeder Form von Reinheit".[69] Auch für die Wahrnehmung und Umsetzung ausländischer Management- und Produktionsmethoden bedeutet dies die Entstehung von Hybriden und Zwischenformen, die sich von den amerikanischen und japanischen Modellen und Vorbildern, die ebenfalls nicht in Reinheit existierten, unterschieden und gleichzeitig eine Verwischung von Grenzen bedeutete.

Vergleichbare und anschlußfähige Erklärungsmuster für diese Entwicklungen liefert auch das Leitbild-Modell, das, zunächst um die Jahrhundertwende, ausgehend von der Psychologie auch auf den Gebieten der Sozialwissenschaften, der Informatik, des Städ-

64 Thomas, Fremdheitskonzepte in der Psychologie, S. 266.
65 Kleinschmidt; Welskopp, Amerika aus deutscher Perspektive, S. 73-103.
66 Waldenfels, Topographie des Fremden, S. 109.
67 Wierlacher, Kulturwissenschaftliche Xenologie, S. 103.
68 C. Argyris, Strategy, Change and Defensive Routines, Boston etc. 1985.
69 Waldenfels, Topographie des Fremden, S. 67.

tebaus und der Techniksoziologie Eingang gefunden hat.[70] Der u.a. von Dierkes in die Technikgeneseforschung wieder eingeführte Begriff des „Leitbildes“ findet sich zudem bereits in den 50er Jahren bei Kenneth Boulding vom Center for Advanced Study in the Behavioral Science der Stanford University, der in der deutschen Übersetzung des Begriffs „image“ von Leitbildern im Sinne eines subjektiven Wissens über die Welt spricht, welches in starkem Maße durch frühere Erfahrungen geprägt sei.[71] Dierkes, wie auch andere Autoren, die sich mit Fragen der Technikentwicklung auseinandersetzen, greifen die Bedeutung sozio-kultureller und subjektiver Faktoren in Zusammenhang mit dem Leitbild-Modell auf: „Leitbilder haben wie gemeinsam geteilte Wahrnehmungen, Werte und Verhaltensweisen den Vorteil, die Kosten der Koordination zu reduzieren und die Energie der Organisation als erfolgreich erfahrende Strategien und Ziele zu fokussieren.“[72] Damit werden Leitbilder zu Führungsinstrumenten.[73]

Bezüglich der Technikgeneseforschung geht das Modell davon aus, daß „neues technisches Wissen durch die Interferenz vorhandener Wissenskulturen erzeugt wird“.[74] Unter „Interferenz von Wissenskulturen“ wird die Überlagerung unterschiedlicher wissenschaftlicher Bereiche wie der Physik, der Chemie, der Wirtschaftswissenschaften etc. verstanden. Übertragen auf die vorliegende Arbeit soll dies auch um den Aspekt fremder, d.h. aus ausländischen Kulturkreisen stammender, Wissenskulturen und damit fremder Leitbilder erweitert werden. „Die Interferenz von Wissenskulturen vollzieht sich stets auf zwei Ebenen – der ‚äußeren‘ Ebene der interpersonellen Kommunikation und Kooperation und der ‚inneren‘, der intrapersonellen Ebene personeller Erkenntnis- und Entscheidungsmuster, Denk- und Verhaltensweisen, Konflikt- und Kooperationsstrategien. Die Produktion von technischen (im vorliegenden Zusammenhang auch von Managementwissen, C.K.) hängt entscheidend davon ab, ob und wie diese Individuationsprozesse synchronisiert werden (können).“[75] Der Begriff der Interferenz wurde von Dierkes u.a. gewählt, um zu verdeutlichen, daß das so produzierte Wissen „mehr ist als

---

70 M. Dierkes; U. Hoffmann; L. Marz, Leitbild und Technik. Zur Entstehung und Steuerung technischer Innovation, Berlin 1992; auch der bereits o.g. J. Abel setzt sich in seiner Untersuchung der Technikgenese im schienengebundenen Hochgeschwindigkeitsverkehr mit diesem Ansatz auseinander.

71 K. Boulding, Die neuen Leitbilder, Düsseldorf 1958 (im engl. Original 1956: „The image“). S.a. S. Koolmann, Leitbilder der Technikentwicklung. Das Beispiel des Automobils, Frankfurt am Main, New York 1992, S. 20, 25.

72 M. Dierkes, Organisationskultur und Leitbilder als Einflußfaktoren der Technikgenese, in: ders. (Hg.), Die Technisierung und ihre Folgen. Zur Biographie eines Forschungsfeldes, Berlin 1993, S. 176-264, hier S. 272; auch A. Kieser hebt jüngst die Bedeutung von Leitbildern im Rahmen unternehmerischer Organisationsstrukturen hervor, A. Kieser, Über die allmähliche Verfertigung der Organisation beim Reden. Organisieren als Kommunizieren, in: Industrielle Beziehungen. Zeitschrift für Arbeit, Organisation und Management 5, 1998, S. 45-75, 47, 57.

73 Koolmann, Leitbilder der Technikentwicklung, S. 28.

74 Dierkes u.a., Leitbild und Technik, S. 11.

75 Ebd., S. 11.

die bloße Summe der daran beteiligten interferierenden Teile, sondern daß es vor allem etwas qualitativ neues ist. Im Interferenz-Bild wird die Entwicklung einer neuen Technik in Vernetzungsstrukturen verschiedener Wahrnehmungsweisen, Denk- und Konstruktionstraditionen, in Verflechtungsmustern von unterschiedlichen Wissensbeständen, Forschungsstilen und Diskursen, in Kreisläufen der Anziehung/Abstoßung, Verstärkung/Schwächung, Fusion/Dissoziation, Assimilation/Dissimilation usw. vorgestellt".[76]

Was nun die Stärke, die Anziehungskraft und Stabilität der Bildfunktion des Leit-Bildes anbelangt, so verweisen Dierkes u.a. auf deren dialektischen Charakter, der einerseits das Festhalten an einmal eingeschlagenen Pfaden und die Beibehaltung fester Orientierungsgrößen beinhaltet, wie wir sie auch bei Stereotypen beobachten können. Andererseits besitzen Leitbilder eine Katalysatorfunktion als neue, unkonventionelle Methoden zur Überwindung tradierter Denkmuster, die somit Lernprozesse initiieren (Leitbilder als „kognitiver Aktivator"). Darüber hinaus wird darauf hingewiesen, daß Leitbilder das Fühlen, Verhalten und die Affekte, mithin die gesamte Persönlichkeitsstruktur der Akteure berühren (Leitbilder als „personeller Mobilisator"). Als „interpersoneller Stabilisator" bewirken Leitbilder eine vergleichsweise kosten- und verlustarme alltägliche Kooperation und Internalisation. Es bedarf weder außergewöhnlicher sozialer Fremdzwänge, noch besonderer persönlicher Sympathiegefühle, um die Vertreter unterschiedlicher Wissenskulturen permanent zu Kooperations- und Internalisierungsleistungen zu stimulieren und sie Tag für Tag – über alle Konflikte und Rückschläge hinweg – zu stabilisieren. Was die Produzenten technischen (und Management-, C.K.) Wissens aller sachlichen und persönlichen Schwierigkeiten wieder und wieder zusammenarbeiten läßt, ist ein permanenter Selbstzwang zur Kooperation und Internalisation, ein Selbstzwang, der aus dem Bild resultiert, das sie leitet".[77]

Leitbilder ermöglichen und befördern demnach Lernprozesse, und so gibt es, ausgehend vom Leitbild-Modell, Anknüpfungspunkte zur Organisationstheorie bzw. zur Theorie des Organisationslernens, womit sich der Kreis der hier vorgestellten kompatiblen Theorieansätze schließt. Nach Dierkes und Marz fällt den Leitbildern die Funktion von „Katalysatoren des Organisationslernens" zu.[78] Der Begriff des Organisationslernens findet sich bereits bei Cyert und March im Jahr 1963 und wurde dann in den 70er Jahren u.a. von Chris Argyris und D. Schön in Anlehnung an psychologische Lerntheorien, verhaltensorientierte Aspekte und kognitive Dimensionen in Organisationen weiterentwickelt. In Verbindung mit den anderen hier vorgestellten Theorieansätzen, bietet sich eine Anwendung auf unternehmenshistorische Fragestellungen im Kontext dieser

---

76 Ebd., S. 36 f.

77 Ebd., S. 56.

78 M. Dierkes; L. Marz, Leitbilder als Katalysatoren des Organisationslernens, in: H. Albach; M. Dierkes; A. Berthoin Antal; K. Vaillant (Hg.), Organisationslernen – institutionelle und kulturelle Dimensionen, Berlin 1998, S. 373-397; s.a. Kieser, Über die allmähliche Verfertigung der Organisation beim Reden, S. 47, 57.

Arbeit an, zumal damit im doppelten Sinne Neuland beschritten wird, wie Ariane Berthoin Antal bemerkt: nämlich zum einen, weil der Beitrag der Historiker zum Thema „Organisationslernen" bisher gering ist, zum andern weil es zwar zahlreiche theoretische – vornehmlich aus dem anglo-amerikanischen Sprachraum – Beiträge, aber wenig empirische Forschungsergebnisse auf diesem Gebiet gibt, insbesondere mit Blick auf die Individualebene der Akteure, also der Führungskräfte in Unternehmen.[79]

„Praktisch und in der realen Welt können nur Individuen lernen", so Albach und Dierkes über die Frage des Organisationslernens, allerdings gebe es zwischen individuellem und organisationalem Lernen eine Wechselbeziehung. Organisationen setzen die Lernprozesse ihrer Mitglieder um.[80] Manager und Unternehmer als lernende Individuen spielen dabei, nicht zuletzt im Sinne von Schumpeters „dynamischem Unternehmer", die Rolle von „Machtpromotoren", die sich für die Schaffung neuen Wissens nachdrücklich einsetzen und evtl. vorhandene Widerstände im Unternehmen beseitigen: „Organisationslernen bewegt sich zwischen den Polen ‚Erzeugung neuen Wissens' und ‚Übernahme des Wissens anderer'. Neues Wissen ist ohne einen Bestand an altem Wissen, dem ‚Organisationswissen', nicht denkbar. Auch die Übernahme von Wissen ist ein kreativer Lernprozeß, weil das übernommene Wissen in den individuell variierenden Bestand an Organisationswissen integriert werden muß."[81] Wenn Hansjörg Siegenthaler zu einer skeptischen Beurteilung der „kulturalistischen Wende" insbesondere mit Blick auf die Wirtschaftsgeschichte gelangt, demgegenüber die Leistungen einer „ahistorischen Ökonomie gerade für die historische Interpretation"[82] hervorhebt und das Fehlen einer Lerntheorie im Bereich der Ökonomie beklagt,[83] so versteht sich diese Arbeit mit Hilfe der Theorie des Organisationslernens in Kombination mit anderen Theorieansätzen, insbesondere des Leitbildansatzes, als ein Plädoyer für die Vereinbarkeit von Ökonomie und Kulturalismus. Und wenn Siegenthaler der „Erfahrung" und dem „Erfahrungsbezug individuellen und kollektiven Lernens"[84] besondere Aufmerksamkeit zukommen lassen möchte, so gibt es hier doch auch gemeinsame Anknüpfungspunkte.

Übertragen auf die Frage der Wahrnehmung und die Aneignung und Umsetzung von Wissen über amerikanische und japanische Management- und Produktionsmethoden soll dies in der vorliegenden Arbeit empirisch überprüft werden.

---

[79] A. Berthoin Antal, Die Dynamik de Theoriebildungsprozesse zum Organisationslernen, in: Albach; Dierkes; Antal; Vaillant (Hg.), Organisationslernen, S. 31-52, 37, 44, 46. Zur Theorie des Organisationslernens s.a. C. Krebsbach-Gnath, Organisationslernen. Theorie und Praxis der Veränderung, Wiesbaden 1996.

[80] M. Dierkes; H. Albach, Lernen über Organisationslernen, in: dies.; Antal; Vaillant (Hg.), Organisationslernen, S. 15-30, 28.

[81] H. Albach, Kreatives Organisationslernen, in: Albach; Dierkes; Antal; Vaillant (Hg.), Organisationslernen, S. 55-77, 75. S.a. Krebsbach-Gnath, Organisationslernen, S. 15, 33, 37 ff.

[82] H. Siegenthaler, Geschichte und Ökonomie nach der kulturalistischen Wende, in: Geschichte und Gesellschaft 25, 1999, S. 276-301.

[83] Ebd., S. 295.

[84] Ebd., S. 296.

In diesem Zusammenhang können drei unterschiedliche Lerntypen voneinander unterschieden werden: 1. das Programm-Lernen, 2. das Erfahrungslernen und 3. das Meta-Lernen. Ersteres beschreibt die Anpassung an unterschiedliche Kontexte und neue Herausforderungen durch Versuch und Irrtum, wobei Erfahrungen keinerlei Einflüsse auf das Verhalten der Akteure haben. Diese spielen beim Erfahrungslernen eine entscheidende Rolle. Jeder Kontext wird so behandelt, als sei er eine Variante bereits erlernter Kontexte. Erfahrungslernen ist demnach sehr stark vergangenheitsabhängig. Das Meta-Lernen überwindet schließlich die rein schematischen und reflexartigen Lernprozesse des Programm-Lernens ebenso wie das vergangenheitsorientierte Erfahrungslernen zugunsten eines höherwertigen reflexiven Lernens, bei dem sich Manager und Unternehmer auch ein Bild über eigenes Verhalten und Wirkungszusammenhänge, ihre Aktivitäten und Reaktionen darauf machen müssen. Es geht also darum, auch die „Kontexte der Kontexte zu erlernen", mit anderen Worten: „zu lernen, wie man lernt".[85] Eine Hauptthese der vorliegenden Arbeit ist vor diesem Hintergrund, daß die Orientierung deutscher Unternehmer an amerikanischen und japanischen Leitbildern in der Nachkriegszeit bis weit in die 70er Jahre hinein im Sinne des Erfahrungslernens erfolgte und erst gegen Ende des Untersuchungszeitraums zu Beginn der 80er Jahre Ansätze von Metalernen in den Unternehmen erkennbar sind. Dabei kann es nicht darum gehen, von unternehmerischen Lernprozessen im Sinne eines linearen Fortschrittsdenkens auszugehen. Der Ansatz des Organisationslernens und der hier zu führende empirische Nachweis einer Entwicklung vom Erfahrungslernen zum Metalernen sagt etwas über die jeweiligen unternehmensinternen Entwicklungen, über unternehmerische Anpassungsprozesse, Anschlußfähigkeiten und die Institutionalisierung von Lernprozessen in Unternehmen aus, wobei jedoch noch nichts über den unternehmerischen Erfolg dieser Prozesse gesagt ist. Dabei spielen schließlich auch zusätzliche externe Faktoren wie Markt- und Wettbewerbsverhältnisse, Krisen etc. eine Rolle, deren Einflüsse hier nicht näher thematisiert werden.

Das Leitbildmodell zeigt Parallelen zum Modell der Interkulturalität, es ist kompatibel mit soziologischen Ansätzen zur Darstellung von Handlung und Struktur (Giddens), mit ethnologischen und psychologischen Ansätzen zur Fremdheitsforschung, mit verhaltenswissenschaftlichen Managementmethoden, der interpretativen Organisationstheorie (Organisationslernen) sowie dem Mikropolitikansatz und bietet, auf der Basis empirischer Studien, – genau in dem von ihm beanspruchten Sinne der Interferenz mit diesen Wissenskulturen – ein methodisches Leitbild für die vorliegende Arbeit.

---

85 Dierkes; Marz, Leitbilder als Katalysatoren, S. 374. S.a. H. Geißler, Einführung. Organisationslernen und Weiterbildung im Spannungsfeld zwischen den Paradigmen linearen Lernens, zirkulärer Kausalität und hermeneutischer Selbstreferentialität, in: ders. (Hg.), Organisationslernen und Weiterbildung, Neuwied 1995, S. 1-17.

Der Untersuchungszeitraum erstreckt sich über mehr als drei Jahrzehnte vom Ende der 40er bis zur Mitte der 80er Jahre. Dieser lange Zeitraum wurde gewählt, um einerseits – für den amerikanischen Fall – die Leitbildveränderungen, den Aufstieg, die Blüte und das Verblassen des amerikanischen Modells für deutsche Unternehmen, andererseits auch den Wechsel vom amerikanischen zum japanischen Leitbild nachzeichnen zu können. Erste Kontakte oder auch das Anknüpfen an die durch den Nationalsozialismus unterbrochenen Unternehmensverbindungen nach den USA können in die Jahre 1948/49 datiert werden. Entsprechende Bestrebungen fanden im Rahmen der Marshallplan-Hilfe statt oder gingen von den Großunternehmen selbst aus. In den 50er und 60er Jahren lassen sich dann verschiedene Wellen ausmachen, in denen amerikanische Leitbilder für deutsche Unternehmer und Manager auf jeweils unterschiedlichen Gebieten von Bedeutung waren. So fällt die Diskussion um Fragen der Automatisierung und der Human Relations größtenteils in die 50er Jahre, während der Marketinggedanke und die Thematisierung der Managementausbildung schwerpunktmäßig in den 60er Jahren liegen, ohne daß man dabei eine strikte chronologische Abfolge festlegen könnte. Vielmehr lassen sich im Zeitverlauf Überschneidungen und Parallelentwicklungen beobachten. Die späten 60er und vor allem die 70er Jahre markieren schließlich einen Wendepunkt der amerikanischen Leitbildfunktion und den Aufstieg eines neuen, des japanischen Leitbildes, das sich seit Ende der 60er Jahre langsam und zögerlich ankündigte, bevor es Ende der 70er und zu Beginn der 80er Jahre als regelrechter „Japan-Schock“ zunächst nur in wenigen Unternehmen praktische Reaktionen zur Folge hatte. Im Unterschied zu der bereits seit Mitte der 80er Jahre in großem Umfang existierenden wirtschafts- und sozialwissenschaftlichen Literatur zum Thema „Japan“ soll hier die Genese des Japan-Leitbildes vom Ende der 70er bis Mitte der 80er Jahre unternehmensnah analysiert werden, wobei Einschränkungen eines begrenzten Quellenzugangs aufgrund vorhandener Sperrfristen zu berücksichtigen sind.

Die Zweiteilung des Untersuchungsgegenstandes in amerikanische und japanische Leitbilder, der methodische Zugang in Anlehnung an ein Matrixmodell und der lange Untersuchungszeitraum lassen einen Aufbau der vorliegenden Arbeit als angemessen erscheinen, bei dem in einem ersten, umfassenderen Teil amerikanische, in einem kürzeren zweiten Teil japanische Leitbilder im Zentrum stehen. Allein aus der zeitlichen Einteilung – die im Sinne des Organisationslernens unternehmensrelevante Japanrezeption beginnt erst Ende der 70er Jahre – sowie aus der inhaltlichen Gewichtung der Arbeit ergibt sich eine Schwerpunktsetzung zugunsten der USA-Rezeption von etwa 3:1 gegenüber der Japan-Rezeption. Die Ungleichgewichtung rechtfertigt sich also schon allein aus der Tatsache, daß sie die Wahrnehmungsmuster im realen Zeitverlauf widerspiegelt. Bis Ende der 60er/Anfang der 70er Jahre kann von einer Japanrezeption durch deutsche Unternehmer kaum gesprochen werden. Die eigentliche Japanrezeption beginnt schließlich Ende der 70er/Anfang der 80er Jahre. Auf diese kurze Phase richtet sich – auch mit Blick auf die Frage des Organisationslernens – das besondere Augenmerk, in Abgrenzung zu dem Zeitraum der 50er und 60er Jahre, der merk, in Abgrenzung zu dem Zeitraum der 50er und 60er Jahre, der durch den „unproduktiven Blick" in Richtung Japan gekennzeichnet war.

Für den amerikanischen Fall werden, ausgehend von den politischen und ökonomischen Rahmenbedingungen der Nachkriegszeit, der Marshallplan-Hilfe und den frühen USA-Kontakten deutscher Großunternehmen, die Leitbilder unterschiedlicher Sachgebiete, von der Produktion und Technik bis hin zur Managementausbildung in jeweils einem Kapitel an Fallbeispielen der Unternehmen empirisch untersucht. Deren Reihenfolge entspricht zwar keiner zwangsläufigen Chronologie, folgt jedoch einer zu beobachtenden Wellenbewegung von den 50er bis in die frühen 70er Jahre, die durchaus auch gewissen Modetrends unterworfen ist.[86] Der Darstellung amerikanischer Leitbilder folgt dann im zweiten Teil – im Einklang mit den chronologischen Abläufen – die Analyse japanischer Leitbilder, insbesondere auf den Gebieten des Qualitätswesens, der „Just-in-Time"-Bewegung und der Gruppenarbeit, wobei die Anzahl der o.g. Unternehmen, die in nennenswertem Umfang innerhalb des Untersuchungszeitraums durch japanische Managementmethoden beeinflußt wurden, im Vergleich zum amerikanischen Fall deutlich geringer ist.

Auch wenn die Zahl der Beispiele gering ist, so ergibt sich doch in einigen Fällen (Volkswagen, Freudenberg, Continental) auch die Möglichkeit des unmittelbaren Vergleichs der Amerika- und Japanrezeption in ein und demselben Unternehmen und somit der empirische Beleg für ein „kreatives Organisationslernen" (Horst Albach).

Forschungsstand und Materialgrundlage

Das Thema der vorliegenden Arbeit läßt sich geradezu spiegelbildlich auf den Forschungsgegenstand übertragen. Eine Auseinandersetzung mit der „Wahrnehmung ausländischer Management- und Produktionsmethoden durch deutsche Unternehmer" setzt in großem Umfang die Wahrnehmung ausländischer, insbesondere anglo-amerikanischer Forschungsergebnisse voraus, da die deutsche Wirtschafts- und Unternehmensgeschichte auf dem Gebiet der historischen (vergleichenden) Managementforschung einen erheblichen Nachholbedarf hat und die anglo-amerikanische Literatur hier durchaus eine „Leitbild"-Funktion einnimmt.[87] International vergleichende Arbeiten, multi- bzw.

---

[86] Dazu A. Kieser, Moden und Mythen des Organisierens, in: Die Betriebswirtschaft 56, 1996, H. 1, S. 21-39.

[87] S. dazu vor allem R. R. Locke, Management and higher education since 1940. The influence of America and Japan on West Germany, Great Britain and France, Cambridge 1989; ders., The Collapse of the American Management Mystique, New York 1996; M. F. Guillen, Models of management. Work, Authority, and Organization in a comparative Perspective, Chicago, London 1994; M.-L. Djelic, Exporting the American Model. The Postwar Transformation of European Business, Oxford, New York 1998; M. Kipping; O. Bjarnar (Hg.), The Americanisation of European Business. The Marshall Plan and the transfer of US management models, London, New York 1998; W. Byrt (Hg.), Management Education. An Interna-

binationale Perspektiven, die Frage nach Einflüssen oder Abhängigkeiten sowie die Problematisierung von Leitbildern wird in der deutschen historischen Forschung vornehmlich vor dem Hintergrund des „Amerikanisierungs"-Paradigmas oder der „Catch-up"-Debatte thematisiert. So hat jüngst Ludger Lindlar das deutsche Wirtschaftswunder als Aufhol- und Konvergenzprozeß der deutschen Wirtschaft gegenüber den USA nach dem Zweiten Weltkrieg, insbesondere auf den Gebieten Kapitalbildung, Strukturwandel und Technologieimporte beschrieben.[88] Bis Mitte der 70er Jahre, so kann Lindlar anhand eines umfangreichen Datenmaterials nachweisen, kam es zu einer weitgehenden Annäherung des Produktivitätsniveaus der deutschen gegenüber der amerikanischen Wirtschaft. Allerdings setzt Lindlar sich auch kritisch mit der Aufholthese auseinander und bemerkt, daß diese ebensowenig wie die Rekonstruktionsthese erklären könne, warum Westeuropa erst nach dem Zweiten Weltkrieg gegenüber den USA aufgeholt habe. Lindlar plädiert deshalb für eine Ergänzung durch andere Erklärungsansätze, etwa der stärkeren Berücksichtigung der institutionellen Voraussetzungen des Wachstums.[89] Auch Moses Abramovitz hat die Defizite der traditionellen „Catch-up"-Theorie durch die Einführung neuer Erklärungsmuster zu korrigieren versucht. Dabei verweist er auf den Faktor „social capabilities" bzw. „social competence", worunter er u.a. „matters connected with social attitudes toward wealth and growth and to problems of incentives and opportunities" versteht.[90] Auch wenn Abramovitz diese „social capabilities" als „vague complex of matters, few of which can be clearly defined and subjected to measurement" charakterisiert,[91] so deutet er doch auf das Unbehagen im Umgang mit einer Theorie hin, die zur Erklärung wirtschaftlicher Prozesse ausschließlich makroökonomische Erklärungsansätze und Faktoren wie Kapitalbildung und Investitionen, Verfügung über Technologien und natürliche Ressourcen etc. heranzieht und den zu beschreibenden Aufhol- und Konvergenzprozeß unter Ausschluß der handelnden Akteure durch einen Ausgangs- und Endpunkt definiert, wobei die dazwischen liegende Entwicklung als quantitativ meßbarer Produktivitätsschub identifiziert wird, der jedoch in einer Art „black box" stattfindet und so weitgehend undefiniert bleibt. Es sollen an dieser Stelle nicht die Ergebnisse der Aufholthese in Frage gestellt werden, vielmehr geht es darum, die Kritik von Lindlar und vor allem von Abramovitz aufgreifend, bei einer umfangreichen Erklärung des wirtschaftlichen Wachstums und des Aufholprozesses neben den

---

tional Survey, London and New York 1989; L. Engwall; V. Zamagni (Hg.), Management Education in historical perspective, Manchester and New York 1998; G. P. Dyas; H. T. Thanheiser, The Emerging European Enterprise. Strategy and Structure in French and German Industry, London 1976.

88 L. Lindlar, Das mißverstandene Wirtschaftswunder. Westdeutschland und die westdeutsche Nachkriegsprosperität, Tübingen 1997.

89 Ebd., S. 95.

90 M. Abramovitz, Catch-up and Convergence in the Postwar Growth Boom and After, in: W. J. Baumol; R. R. Nelson; Edward N. Wolff (Hg.), Convergenz of Productivity, Oxford 1994, S. 97.

91 Ebd., S. 88.

makro- auch mikroökonomische Ursachen, und hier wiederum auch die Wahrnehmungs- und Handlungsebene der Akteure, zu berücksichtigen. In Abramovitz' Forderung nach einer stärkeren Berücksichtigung des Faktors „social capability" deutet sich hier eine Anschlußfähigkeit an, die nicht zwangsläufig von „vagen" Kategorien ausgehen muß, sondern etwa im Sinne der o.g. verhaltenswissenschaftlichen Managementtheorie sowie des Leitbild-Ansatzes konkreter ausgefüllt werden kann Es geht also nicht um ein „Entweder-Oder", sondern um ein „Sowohl-Als-auch", um die Berücksichtigung einer ergänzenden Perspektive, die mit der Betonung der Mikroperspektive in der vorliegenden Arbeit dann insgesamt zu einem realitätsnäheren Gesamtbild führt.

Neben der „Catch-up"-Theorie und makroökonomischen Betrachtungen zur Außenhandelspolitik[92] hat sich zur Erklärung des westdeutschen Wirtschaftswunders in der Literatur die Amerikanisierungsthese weitgehend durchgesetzt. Als Pilotstudien müssen hier die Arbeiten Heinz Hartmanns aus den 50er und 60er Jahren betrachtet werden. In seiner Untersuchung über „Amerikanische Firmen in Deutschland" analysiert Hartmann den Einfluß und die Übertragung amerikanischer Managementmethoden auf amerikanische Tochterunternehmen in der Bundesrepublik, wobei aus heutiger Sicht der Sozial-, Wirtschafts- und Unternehmensgeschichte vor dem Hintergrund der Kulturalismus-Debatte die Aktualität der Fragestellungen und Begrifflichkeiten ins Auge fällt, oder, andersherum gesehen, wie lange es gedauert hat, bis die Wirtschafts- und Unternehmensgeschichte sich entsprechender Fragestellungen annahm. Hartmann spricht beispielsweise von dem Export soziokultureller Errungenschaften bzw. von einem „Export von Wirtschaftskultur",[93] berücksichtigt Kategorien wie „Vorstellungen", „Wertesysteme" oder „Symbolwelt" und erwähnt die Wirkung „fremder Leitbilder".[94] Wenige Jahre zuvor hatte Hartmann im Rahmen einer internationalen Vergleichsstudie über unterschiedliche Managementsysteme eine Art verhaltenswissenschaftlicher Managementuntersuchung über deutsche Unternehmer erstellt, in der u.a. die Frage der Übertragbarkeit von Managementmethoden von amerikanischen auf deutsche Unternehmen vor dem Hintergrund der Kontinuität deutscher Werte und Leitvorstellungen, etwa von Autorität und Tradition, gestellt wird. Hartmann kommt zu dem Ergebnis, daß die deutliche Konzentration von Autorität in deutschen Unternehmen oftmals kontraproduktiv war, gleichzeitig jedoch auch Anstrengungen bei deutschen Unternehmen zu beobachten sind, sich an amerikanischen Mustern zu orientieren. Grundsätzlich geht er davon aus, „daß ein soziales System für diejenigen Werte und Verhaltensweisen eine besonde-

---

92 Chr. Buchheim, Die Wiedereingliederung Westdeutschlands in die Weltwirtschaft 1945-1958, München 1990; M. Medick-Krakau, Amerikanische Außenhandelspolitik im Wandel. Handelsgesetzgebung und GATT-Politik 1945-1988, Berlin 1995.

93 H. Hartmann, Amerikanische Firmen in Deutschland, Köln und Opladen 1963, S. 11.

94 Ebd., S. 194.

re Vorliebe zeigen wird, die seiner gegenwärtigen Ordnung am wenigsten widersprechen".[95]

Hartmanns Studien haben wichtige Anregungen, sowohl methodischer als auch inhaltlicher Art, für die vorliegende Arbeit gegeben. Das gilt auch für die daran anknüpfenden Arbeiten Berghahns. Dazwischen liegt ein Zeitraum von mehr als 20 Jahren und es ist bemerkenswert und wahrscheinlich nur wissenschaftspolitisch zu erklären, daß in dieser Phase nur wenige historische Arbeiten im Umfeld des Amerikanisierungsparadigmas erschienen sind.[96] Hier ist vor allem die Darstellung von Werner Link über deutsche und amerikanische Gewerkschaften und Geschäftsleute zu erwähnen, die zu einer Zeit entstand, in der zwar umfangreiche Forschungen zur Rekonstruktionsgeschichte, zur Besatzungszeit und zur Rolle des Marshallplans veröffentlicht wurden, dies jedoch kaum in unternehmenshistorischer Perspektive erfolgte. Auch Link geht es nicht um eine unternehmenshistorische Annäherung, gleichwohl widmet er sich ausführlich den transnationalen Wirtschaftsbeziehungen, dem unternehmerischen Informationsaustausch in Organisationen und Institutionen.[97] Aber erst in den 80er Jahren knüpft Volker Berghahns Arbeit „Unternehmer und Politik in der Bundesrepublik", zumindest in einigen Bereichen, an Hartmanns soziologische Pilotstudien an, insbesondere indem Berghahn sich explizit „Hartmanns Thesen industriekultureller Exporte und dem Generationenansatz verbunden" fühlt.[98] Berghahn kündigt an, den Wandel weltanschaulicher Positionen, von Einstellungen und Verhaltensweisen deutscher Unternehmer nachzuzeichnen, mithin einen „Beitrag zur Mentalitätsgeschichte" leisten zu wollen.[99] Dabei führt er das Amerikanisierungsparadigma in die deutsche Unternehmensgeschichte ein bzw. spricht von einer „Teilamerikanisierung der Industriekultur".[100] Die

---

95 H. Hartmann, Der deutsche Unternehmer: Autorität und Organisation, Frankfurt am Main 1968 (engl. Original, Princeton University Press 1959).

96 Dies gilt nicht nur für die deutsche Historiographie, auch auf internationaler Ebene wurden Fragen zur Amerikanisierung des Managements, zunächst unter aktuellen Gesichtspunkten von Soziologen und Politologen, erst wieder seit Beginn der 80er Jahre thematisiert, s. H. Hartmann, Aufstand der Zwerge. Eine neue Ära der Beziehungen zwischen dem Management in Westeuropa und in den USA, in: management revue 5, 1994, H. 4, S. 246-263, 249 f.

97 W. Link, Deutsche und amerikanische Gewerkschaften und Geschäftsleute 1945-1975, Düsseldorf 1978.

98 V. Berghahn, Unternehmer und Politik in der Bundesrepublik, Frankfurt am Main 1985, S. 18.

99 Ebd., S. 16.

100 Ebd., S. 251. Dies kommt auch in weiteren Publikationen Berghahns zum Ausdruck, s.a. ders., Deutschland im „American Century, 1942-1992. Einige Argumente zur Amerikanisierungsfrage, in: M. Frese; M. Prinz (Hg.), Politische Zäsuren und gesellschaftlicher Wandel im 20. Jahrhundert. Regionale und vergleichende Perspektiven, Paderborn 1996, S. 789-800; ders., Zur Amerikanisierung der westdeutschen Wirtschaft, in: L. Herbst (Hg.), Vom Marshallplan zur EWG, München 1990, S. 227-253; ders., O. A. Friedrich. Ein politischer Unternehmer, Frankfurt am Main 1993; ders., Technology and the Export of Industrial Culture: Problems of the German-American Relationsship 1900-1960, in: P. Mathias; J. A.

empirischen Belege Berghahns konzentrieren sich allerdings sehr stark auf die makroökonomische Perspektive, auf Fragen der Wirtschaftspolitik sowie die ordnungspolitischen Rahmenbedingungen der Bundesrepublik im Zuge von Entnazifizierung und Demontage, Marshallplan Entflechtung und Dekartellisierung, wobei die amerikanische Wirtschaft und Politik der Nachkriegszeit in der Tat erheblichen Einfluß auf die deutsche Entwicklung ausgeübt hat.[101] Die Analyse der Mikroebene, wie sie in der vorliegenden Arbeit angestrebt wird, bleibt bei Berghahn, nicht zuletzt aufgrund einer geringen Berücksichtigung unternehmensnaher Quellen, in weiten Teilen unberücksichtigt.

Die von Berghahn wiederaufgegriffene Amerikanisierungsthese erfreut sich seit Beginn der 90er Jahre im Bereich der Sozial- und Wirtschaftsgeschichte wachsender Beliebtheit. Es mag abwertend klingen, von einem Modethema zu sprechen, gleichwohl läßt sich im Konjunkturverlauf der historischen Forschung eine Häufung von Beiträgen dazu ausmachen,[102] die einerseits, ähnlich wie die Kulturalismusdebatte, durch die politischen Veränderungen nach 1989 und die damit zusammenhängende Reflexion über politische, ökonomische und kulturelle Wurzeln, Abhängigkeiten und Einflüsse der „Amerikanisierung und Sowjetisierung in Deutschland" bedingt ist,[103] andererseits aber auch nur dem Wandel von „Moden und Mythen"[104] einzelner Wissenschaftsdisziplinen

---

Davis (ed.), Innovation and Technology in Europe. From Eighteenth Century to the Present Day, Oxford, Cambridge/Mass. 1991, S. 142-161.

101 S. dazu auch die jüngsten Arbeiten zum Marshallplan und zur amerikanischen Besatzungspolitik von K.-D. Henke, Die amerikanische Besetzung Deutschlands, München 1995, G. Hardach, Der Marshall-Plan. Auslandshilfe und Wiederaufbau in Westdeutschland 1948-1952, München 1994.

102 Gassert, Amerikanismus, Antiamerikanismus, Amerikanisierung; Amerikanisierung. Traum und Alptraum im Deutschland des 20. Jahrhunderts, Hg. von A. Lüdtke, I. Marßolek, A. v. Saldern, Stuttgart 1996; K. Jarausch; H. Siegrist (Hg.), Amerikanisierung und Sowjetisierung in Deutschland 1945-1970, Frankfurt am Main, New York 1997; B. Greiner, Test the West. Über die „Amerikanisierung" der Bundesrepublik Deutschland, in: Blätter für deutsche und internationale Politik 11, 1997, S. 1367-1378; A. Doering-Manteuffel, Dimensionen von Amerikanisierung in der deutschen Gesellschaft, in: Archiv für Sozialgeschichte 35, 1995, S. 1-34. S.a. jüngere Publikationen zur Konsumgeschichte wie H. Siegrist; H. Kaelble; J. Kocka (Hg.), Europäische Konsumgeschichte. Zur Gesellschafts- und Kulturgeschichte des Konsums (18. bis 20. Jahrhundert), Frankfurt am Main, New York 1997; A. Andersen, Der Traum vom guten Leben. Alltags- und Konsumgeschichte vom Wirtschaftswunder bis heute, Frankfurt am Main, New York 1997; M. Wildt, Vom kleinen Wohlstand. Eine Konsumgeschichte der fünfziger Jahre, Frankfurt am Main 1996, in denen die Amerikanisierungsthese implizit oder explizit eine wichtige Rolle spielt; auch im internationalen Rahmen wird die Frage des amerikanischen Einflusses auf Wirtschaft, Technik und Gesellschaft diskutiert. Dazu ist jüngst erschienen: Americanization and its Limits. Reworking American Technology and Management in Post-war Europe and Japan, ed. by J. Zeitlin and G. Herrigel, Oxford 2000.

103 J. Kocka, Perspektiven für die Sozialgeschichte der 90er Jahre, in: W. Schulze (Hg.), Sozialgeschichte, Alltagsgeschichte, Mikro-Historie, Göttingen 1994, S. 33-39.

104 A. Kieser hat dies für die Wirtschaftswissenschaften in dem Aufsatz Moden und Mythen des Organisierens, in: Die Betriebswirtschaft 56, 1996, H. 1, S. 21-39 nachgewiesen.

unterworfen ist. Während Maase für einen zurückhaltenden Umgang mit dem Amerikanisierungsbegriff plädiert und ihn höchstens als heuristische, nicht jedoch als analytische Kategorie anerkennt, wird Amerikanisierung in anderen Zusammenhängen oftmals mit dem Modernisierungsparadigma in Verbindung gebracht, in zahlreichen Beiträgen gar synonym gebraucht, ohne daß dies methodisch und theoretisch ausreichend problematisiert wird.[105] Doering-Manteuffel möchte den Begriff der Amerikanisierung jüngst auch um ein den amerikanischen Einfluß relativierenden „Concept of Westernization" erweitert bzw. ergänzt wissen.[106]

Insgesamt gesehen liegt der Schwerpunkt der Amerikanisierungsforschung im Bereich der Politik- und Sozialgeschichte. Für die Wirtschafts- und Unternehmensgeschichte, so Bernd Greiner, sind „viele Fragen bis dahin ungenügend erforscht".[107] So ist auch bezeichnend, daß in dem kürzlich erschienenen Sammelband „Amerikanisierung und Sowjetisierung in Deutschland" zwar ein Literaturüberblick über den Stand der unternehmenshistorischen Amerikanisierungsforschung sowie ein Beitrag zur methodischen Annäherung an die Problematik, jedoch kein einziger empirischer Beitrag zur Amerikanisierung deutscher Unternehmen enthalten ist.

Ausnahmen bieten hier verstreute Aufsätze sowie einzelne Kapitel und Anmerkungen in Darstellungen zu Teilgebieten wie etwa dem Marketing und der Werbung,[108] zur Technologiepolitik in Unternehmen, zur deutschen Technologiepolitik allgemein sowie

---

105 K. Maase, ‚Amerikanisierung' der Gesellschaft, in: Jarausch; Siegrist, Amerikanisierung und Sowjetisierung, S. 221; zum Modernisierungsparadigma siehe z.B. Beiträge aus dem Band A. Schildt; A. Sywottek (Hg.), Modernisierung im Wiederaufbau. Die westdeutsche Gesellschaft der 50er Jahre, Bonn 1993.

106 Transatlantic Exchange and Interaction – The Concept of Westernization. Paper presented to the conference „The American Impact on Western Europe: Americanization and Westernization in Transatlantic Perspective", veranstaltet vom Deutschen Historischen Institut, Washington, 25.-27. März 1999; A. Doering-Manteuffel, Wie westlich sind die Deutschen? Amerikanisierung und Westernisierung im 20. Jahrhundert, Göttingen 1999.

107 B. Greiner, Test the West, S. 1374; Einen Literaturüberblick gibt P. Erker, „Amerikanisierung" der westdeutschen Wirtschaft? Stand und Perspektiven der Forschung, in: Jarausch; Siegrist, Amerikanisierung und Sowjetisierung, S. 137-145, über methodische Probleme informiert H. G. Schröter, Zur Übertragbarkeit sozialhistorischer Konzepte in die Wirtschaftsgeschichte. Amerikanisierung und Sowjetisierung in deutschen Betrieben 1945-1975, in: ebd., S. 147-165.

108 H. G. Schröter, Die Amerikanisierung der Werbung in der Bundesrepublik Deutschland, in: Jahrbuch für Wirtschaftsgeschichte 1997/I, S. 93-115; ders., Erfolgsfaktor Marketing: Der Strukturwandel von der Reklame zur Unternehmenssteuerung, in: Wirtschaft, Gesellschaft, Unternehmen, Festschrift für Hans Pohl zum 60. Geburtstag, hg. von W. Feldenkirchen; F. Schönert-Röhlk; G. Schulz, Stuttgart 1995, S. 1099-1127; D. Schindelbeck, „Asbach Uralt" und „Soziale Marktwirtschaft". Zur Kulturgeschichte der Werbeagentur in Deutschland am Beispiel von Hanns W. Brose (1899-1971), in: Zeitschrift für Unternehmensgeschichte 40, 1995, S. 235-252.

zu bestimmten Unternehmensstrategien einzelnen Großunternehmen[109] und zum Zeitraum vor 1945.[110]

Amerikanische Einflüsse und deutsche Traditionen auf dem Gebiet der Public Relations werden bei Binder, Dyk und in Lehmings Biographie über Carl Hundhausen thematisiert.[111] Eine historische Annäherung an Fragen der Human Relations ist bislang nur von wirtschafts- und sozialwissenschaftlicher Seite geleistet worden, wobei an den Arbeiten von Kaste und Krell vor allem die langfristige Perspektive interessiert.[112] Gertraude Krell bemüht sich, von einem organisationskulturellen Ansatz ausgehend, um einen intertemporären und interkulturellen Vergleich einer „vergemeinschaftenden Personalpolitik". Von unternehmenshistorischer Seite sind entsprechende Fragestellungen

---

109 R. G. Stokes, Opting for Oil. The political economy of technological change in the West German chemical industry, 1945-1961, Cambridge, New York 1994; V. Wellhöner, „Wirtschaftswunder", Weltmarkt, Westdeutscher Fordismus. Der Fall Volkswagen, Münster 1996; P. Erker, Wachsen im Wettbewerb. Eine Zeitgeschichte der Continental AG, Düsseldorf 1996; W. Bührer, Technologischer Wandel, Industrie- und Beschäftigungsstruktur in der Bundesrepublik Deutschland, in: Archiv für Sozialgeschichte 35, 1995, S. 91-113; J. Bähr, Die „amerikanische Herausforderung". Anfänge der Technologiepolitik in der Bundesrepublik Deutschland, in ebd., S. 115-130; Americanization and ist Limits, ed. by J. Zeitlin and G. Herrigel.

110 M. Nolan, Visions of Modernity. American Business and the Modernization of Germany, New York, Oxford 1994; A. Reckendrees, Die Vereinigte Stahlwerke A.G. 1926-1933 und „das glänzende Beispiel Amerika", in: Geschichte und Gesellschaft, H. 2, 1996, S. 159-186; Th. Welskopp, Arbeit und Macht im Hüttenwerk. Arbeits- und industrielle Beziehungen in der deutschen und amerikanischen Eisen- und Stahlindustrie von den 1860er bis in die 1930er Jahre, Bonn 1994; ders., Chr. Kleinschmidt, Amerika aus deutscher Perspektive. Reiseeindrücke deutscher Ingenieure über die Eisen- und Stahlindustrie der USA, 1900-1930, in: Zeitschrift für Unternehmensgeschichte 39, 1994, S. 73-103; zu Amerikanisierungstendenzen im NS s.a. R. Hachtmann, „Die Begründer der amerikanischen Technik sind fast lauter schwäbisch-allemannische Menschen": Nazi-Deutschland, der Blick auf die USA und die „Amerikanisierung" der industriellen Produktionsstrukturen im „Dritten Reich", in: Amerikanisierung, S. 37-66; Ph. Gassert, Amerika im Dritten Reich. Ideologie, Propaganda und Volksmeinung 1933-1945, Stuttgart 1997, sowie etwa für den Fall „Volkswagen" einzelne Hinweise in H. Mommsen; M. Grieger, Das Volkswagenwerk und seine Arbeiter im Dritten Reich, Düsseldorf 1996, insbes. Kap. 4.4. Das deutsche „River Rouge": Die Entstehung von Werk und Stadt, S. 250-282.

111 E. Binder, Die Entstehung unternehmerischer Public Relations in der Bundesrepublik Deutschland, Münster 1983; I. J. Dyk, Wissenschaftstransfer: Die Beziehung zwischen Theorie, Forschung und Praxis am Beispiel der Human Relations, Linz 1975; E.-M. Lehming, Carl Hundhausen: Sein Leben, sein Werk, sein Lebenswerk. Public Relations in Deutschland, Wiesbaden 1997.

112 H. Kaste, Arbeitgeber und Humanisierung der Arbeit. Eine exemplarische Analyse, Opladen 1981; G. Krell, Vergemeinschaftende Personalpolitik. Normative Personallehren, Werksgemeinschaft, NS-Betriebsgemeinschaft, Betriebliche Partnerschaft, Japan, Unternehmenskultur, München und Mering 1994.

unter Berücksichtigung der interkulturellen Perspektive[113] bislang kaum aufgegriffen worden, so daß hier einmal mehr eine Orientierung an amerikanischen wissenschaftlichen Leitbildern gefordert ist.

Es ist nicht zuletzt die vergleichende Perspektive, durch die sich zahlreiche jüngere anglo-amerikanische Arbeiten zur historischen Management- und Unternehmensforschung unter Einbeziehung der deutschen Entwicklung auszeichnen. Dabei gibt es deutliche Schwerpunkte etwa für den Bereich der Marshallplan-Phase und der ordnungspolitischen Weichenstellungen,[114] der Managementausbildung[115] sowie im weiteren Sinne, z.T. unter Berücksichtigung der Thematik industrieller Beziehungen, zur Konvergenzfrage.[116] Im Vergleich zur deutschen Literatur bemerkenswert ist die z.T. divergierende Einschätzung und Bewertung von Amerikanisierungstendenzen. Während in den Darstellungen deutscher Autoren, ausgehend von den frühen Studien Hartmanns in den 50er und 60er Jahren über die Arbeiten Berghahns in den 80er Jahren bis hin zu den jüngsten Arbeiten zur Amerikanisierung von noch aufzuholenden Defiziten oder einem vergleichsweise positiven und erfolgreichen Trend zur Adaption bzw. Angleichung an amerikanische Vorbilder ausgegangen wird, betont die anglo-amerikanische Literatur in viel stärkerem Maße einen eigenständigen deutschen Weg des Managements und geht

---

113 Zum Problemkomplex Interkulturalität und Ökonomie s. E. v. Keller, Eine kulturvergleichende Managementforschung, Bern 1981; E. Dülfer, Internationales Management in unterschiedlichen Kulturbereichen, 3. Aufl., München, Wien 1995; G. Hofstede, Cultures and Organisations. Software of the mind, London 1991.

114 M.-L. Djelic, Exporting the American Model. The Postwar Transformation of European Business, Oxford, New York 1998; M. Kipping; O. Bjarnar (Hg.), The Americanisation of European Business. The Marshall Plan and the transfer of US management models, London 1998; J. McGlade, The Illusion of Consensus: American Business, Cold War Aid and the Industrial Recovery of Western Europe, 1948-1958, Diss. Univ. of Nebraska 1995 (unveröff.); A. Booth, J. Melling; Chr. Dartmann, Institutions and Economic Growth: The Politics og Productivity in West Germany, Sweden, and the United Kongdom, 1945-1955, in: The Journal of Economic History 57, 1997, S. 416-443.

115 R. R. Locke, Management and higher education since 1940. The influence of America and Japan on West Germany, Great Britain, and France, Cambridge 1989; ders., The Collapse of the American Management Mystique, New York 1996; P. Lawrence, Management Education in West Germany, in: W. Byrt (Hg.), Management Education. An International Survey, London and New York 1989, S. 151-171; M. Kipping, The hidden Business Schools. Management Training in Germany since 1945, in: V. Zamagni; L. Engwall (Hg.), Management Education in Historical Perspective, Manchester, New York 1998; R. P. Amdam (Hg.), Management Education and Competitivness. Europe, Japan and the United States, London, New York 1996.

116 M. F. Guillen, Models of Management. Work, Authority, and Organization in a comparative Perspective, Chicago, London 1994; D. J. Hickson (Hg.), Management in Western Europe. Society, Culture and Organization in Twelve Nations, Berlin, New York 1993; P. Lawrence, Managers and Management in West Germany, London 1980; Locke, Management Mystique, 1996.

sogar von einem erfolgreichen „German Model of Management“[117] aus und stellt fest: „German Management is not americanised“.[118] Seinen stärksten Ausdruck findet diese Einschätzung in der jüngsten Arbeit von Robert R. Locke, der in umgekehrter Perspektive sogar einen „Collaps of the American Management Mystique“ ausmacht. Zwar unterstellt auch Locke eine Amerikanisierung des internationalen Managements in der Zeit nach dem Zweiten Weltkrieg, insbesondere in der Phase des Marshall-Plans und der Gründung der NATO,[119] doch betont er etwa hinsichtlich der industriellen Beziehungen und des Mitbestimmungsmodells einen eigenständigen deutschen Weg der kooperativen Ausgestaltung der Betriebspolitik, die sich u.a. auch im Ausbildungswesen bewährt und die in bestimmten Bereichen zu einer „German Obstinacy“ gegen amerikanische Vorbilder geführt habe. Ähnliche Entwicklungen beobachtet Locke mit Blick auf das japanische Management. Den Erfolgen des deutschen und des japanischen Managements steht demnach seit den 70er Jahren der Niedergang des amerikanischen Management-Modells gegenüber, so daß sich die Vorbildfunktion umzukehren beginnt. Locke spricht schließlich sogar von einer „Germanization“ als zu beachtendem und nachahmenswerten Managementmodell für westliche Industriestaaten und als Chance für ein zu reformierendes amerikanisches Management. Dagegen wendet Hartmann allerdings zu recht kritisch ein: „Bei der Betrachtung entsprechender Aussagen könnte man glauben, zumindest in Europa stünde demnächst eine Ablösung des amerikanischen Modells durch das deutsche zu erwarten.“[120]

Während also die deutsche Forschung die Amerikanisierungstendenzen der deutschen Unternehmen betont, werden in der anglo-amerikanischen Literatur in viel stärkerem Maße Tendenzen einer „German Obstinacy“ oder ein eigenständiges und erfolgreiches „German Model“ hervorgehoben, ein Phänomen, welches wahrscheinlich nur „kulturalistisch“ sowie vor dem Hintergrund der jeweiligen Forschungstraditionen zu erklären ist. Es ist dies ein weiterer Hinweis darauf, daß die Methoden, die zur Bearbeitung des vorliegenden Themas herangezogen werden, sich auch auf die Forschung bzw. die Forscher selbst beziehen. Insofern betrifft dies eine „Strukturierung“ der Forschung im Giddenschen Sinne von Rekursivität.

Die größten Ähnlichkeiten zur vorliegenden Arbeit scheinen auf den ersten Blick in der jüngst erschienenen Darstellung von Djelic „Exporting the American Model“ zu bestehen. Djelic geht von der Existenz „nationaler Systeme industrieller Produktion“ aus, die sich im Zuge des Exports des „amerikanischen Modells“ einerseits angleichen, andererseits als lokale Besonderheiten und „nationale Modelle“ eigene Konturen aufweisen. Djelic betont also das Nebeneinander von Konvergenztendenzen und einer weiter-

---

117 Warner; Campbell, German Management, S. 92 f.

118 Lawrence, Managers and Management in West Germany, S. 99.

119 Locke, Management Mystique, S. 49.

120 Ebd., S. 208, 250; H. Hartmann, Aufstand der Zwerge. Eine neue Ära in den Beziehungen zwischen dem Management in Westeuropa und in den USA, S. 254.

bestehenden Differenzierung.[121] Ausgehend von der Herausbildung von Netzwerken beschreibt sie die Expansion des amerikanischen Modells eines „corporate capitalism" in Form veränderter Besitz-, Produktions- und Organisationsstrukturen sowie von Arbeitsmethoden in Richtung Europa. Für den deutschen Fall konstituierten sich entsprechende Netzwerke um die Person Ludwig Erhards, der seit etwa 1950 eine Art „task force" bildete, mit deren Hilfe entsprechende Maßnahmen auf dem Gebiet der Entflechtung und Dekartellisierung und der Herausbildung einer Wettbewerbsökonomie, ganz im Sinne des amerikanischen Vorbildes, umgesetzt wurden.[122] Zusammen mit den Maßnahmen im Rahmen des ERP und der Technical-Assistance-Programme sowie dem dahinter stehenden amerikanischen Produktivitätsgedanken spricht Djelic von einem umfangreichen „cross-national, structural transfer process from the USA to Western Europe", der allerdings auch in einigen Bereichen, etwa der Mitbestimmung, auf Widerstand gestoßen sei und zur Etablierung eines eigenen erfolgreichen deutschen Modells geführt habe.[123]

Insgesamt gesehen bewegt Djelic sich jedoch ausschließlich auf der Makroebene. Das amerikanische Modell wird gleichgesetzt mit den ordnungspolitischen Rahmenbedingungen zur Durchsetzung einer Wettbewerbsökonomie nach amerikanischem Vorbild, wobei der Eindruck entsteht, daß diese Entwicklung in sehr starkem Maße an die Person Ludwig Erhards und mithin an politische Entscheidungsträger gekoppelt ist. Djelic wird dabei jedoch ihrem eigenen Anspruch nicht gerecht, der von der Existenz von Netzwerken bei der Ausbreitung des amerikanischen Modells ausgeht. Unternehmerische Netzwerke sind jedoch meist komplexer und dürften sich kaum auf einige wenige Personen im Umkreis Ludwig Erhards beschränkt haben, die hier gleichsam als politische Brückenköpfe auf dem Gebiet der deutschen Wirtschaft gesehen werden.

Der Anspruch an eine Darstellung der „Transformation of European Business", so wird einmal mehr deutlich, muß um die Mikroperspektive unter Berücksichtigung entsprechender, d.h. unternehmensnaher, Quellen, erweitert werden; ein Schritt, der mit Blick auf deutsche Unternehmen bislang weder von der anglo-amerikanischen noch von der deutschen Forschung geleistet wurde.[124] Die Thesen der Amerikanisierung bzw. Teilamerikanisierung oder des „Exports des amerikanischen Modells" klingen zwar plausibel, empirisch belegt sind sie jedoch bislang bestenfalls für die Makroebene. Hier soll die vorliegende Arbeit, quasi in einem zweiten Schritt, die empirische Basis erweitern und die bisher dominierende Makro- durch eine stärkere Berücksichtigung der Mikroperspektive ergänzen.

---

121 Djelic, Exporting the American Model, S. 1.

122 Ebd., S. 167 ff.

123 Ebd., S. 215, 259 ff.

124 Sowohl bei Djelic, Exporting the American Model, noch bei Berghahn, Unternehmer und Politik werden Quellen aus Unternehmensarchiven herangezogen.

Über die Darstellung der Wahrnehmung und Adaption amerikanischer Management- und Produktionsmethoden hinaus wird in der vorliegenden Studie auch der japanische Einfluß auf deutsche Unternehmen, zumindest die Genese japanischer Leitbilder, zwischen Ende der 70er und Mitte der 80er Jahre, Berücksichtigung finden. Damit wird für den Bereich der Wirtschafts-, Technik- und Unternehmensgeschichte Neuland beschritten. Dementsprechend liegen im Bereich der historischen Forschung keine Publikationen vor. Die deutschsprachige Literatur hat sich bislang stärker mit der Geschichte deutsch-japanischer Wirtschaftsbeziehungen für die Zeit vor 1945 auseinandergesetzt, wobei zahlreiche Studien die Orientierung der japanischen Wirtschaft an deutschen Vorbildern thematisieren.[125] Für den Zeitraum nach 1945 ist die Literaturlage zu den deutsch-japanischen Wirtschaftsbeziehungen schlechter.[126] Eine Auseinandersetzung mit dem Einfluß japanischer Management- und Produktionsmethoden auf deutsche Unternehmen bleibt zumeist der sozial- und wirtschaftswissenschaftlichen Forschung überlassen, die der historischen Perspektive nur geringen Raum bietet. Abgesehen von einigen frühen Arbeiten[127] setzt die eigentliche „Japan-Welle"[128] in der wirtschaftswissen-

---

[125] E. Pauer (Hg.), Technologietransfer Deutschland – Japan von 1850 – zur Gegenwart, München 1992; ders., Japan-Deutschland. Wirtschaft und Wirtschaftsbeziehungen im Wandel, Düsseldorf 1985; ders., Die wirtschaftlichen Beziehungen zwischen Japan und Deutschland 1900-1945, in: J. Kriener (Hg.), Deutschland – Japan. Historische Kontakte, Bonn 1984; ders., Japanischer Geist – westliche Technik: zur Rezeption westlicher Technologie in Japan, in: Saeculum XXXVIII, H. 1, 1987, S. 19-51; ders., Die Rolle des Staates beim Aufstieg Japans in den Kreis der hochindustrialisierten Länder, in: A. Hermann; H.-P. Sang (Hg.), Technik und Staat (Technik und Kultur IX), Düsseldorf 1992, S. 161-191; ders., Menschen, Muster und Motoren. Die technische Zusammenarbeit zwischen Deutschland und Japan zwischen 1930-1945, in: G. Krebs; B. Martin (Hg.), Formierung und Fall der Achse Berlin – Tokyo, Tokyo 1994, S. 95-125; R. Matthias-Pauer, Deutsche Meinungen zu Japan – Von der Reichsgründung bis zum Dritten Reich, in: J. Kriener (Hg.), Deutschland – Japan. Historische Kontakte, Bonn 1984, S. 115-140; M. Rauck, Die Beziehungen zwischen Japan und Deutschland 1859-1914 unter besonderer Berücksichtigung der Wirtschaftsbeziehungen, Diss. Nürnberg 1988. Daneben gibt es einige Aufsätze über die Beziehung deutscher Unternehmen nach Japan, vornehmlich für die Zeit vor dem Ersten Weltkrieg. Stellvertretend sei hier auf die Arbeit von T. Takenaka, Siemens in Japan. Von der Landesöffnung bis zum Ersten Weltkrieg, Stuttgart 1996 (Zeitschrift für Unternehmensgeschichte, Beiheft 91), hingewiesen.

[126] S. u.a. einige Beiträge in den Sammelbänden D. Petzina; R. Ruprecht (Hg.), Wendepunkt 1945? Kontinuität und Neubeginn in Deutschland und Japan nach dem Zweiten Weltkrieg, Bochum 1991; G. Schmidt; C. F. Doran (Hg.), Amerikas Option für Deutschland und Japan. Die Positionen und Rolle Deutschlands und Japans in regionalen und internationalen Strukturen. Die 1950er und 1990er Jahre im Vergleich, Bochum 1996; I. Botskor, Japanische Unternehmen produzieren in der Bundesrepublik Deutschland. Wieviel Technologietransfer findet tatsächlich statt?, in: E. Pauer (Hg.), Technologietransfer Deutschland-Japan, S. 296-310.

[127] E. Gutenberg, Über japanische Unternehmungen, Wiesbaden 1960; F. Fürstenberg, Japanische Unternehmensführung, Zürich 1972.

[128] W. H. Goldberg, Auf der Japan-Welle, in: Die Betriebswirtschaft 43, 1983, H. 1, S. 113 ff.

schaftlichen Literatur erst zu Beginn der 80er Jahre infolge des „Japan-Schocks“ ein und konzentriert sich dann auf die Frage nach den Erfolgsfaktoren japanischer Unternehmen und entsprechenden Managementmethoden, wie „Lean Production“, „Quality Circles“, „Just-in-Time“-Produktion, Gruppenarbeit etc., wobei zunehmend auch nach dem kulturellen Hintergrund dieses Erfolges gefragt wird.[129] Mit anderen Worten: Die historische Forschung konzentriert sich auf die deutsch-japanischen Wirtschaftsbeziehungen vor 1945, die sozial- und wirtschaftswissenschaftliche Forschung auf den Zeitraum ab den frühen 80er Jahren, so daß für die hier vorliegende Frage nach der Genese von japanischen Leitbildern für deutsche Unternehmen seit Ende der 70er Jahre eine Forschungslücke besteht.

Dies hat nicht zuletzt mit der Quellenlage zu tun, die aufgrund der 30jährigen Sperrfrist Unternehmensakten nach dem Stichjahr 1969/70 unzugänglich macht. Hinzu kommt, daß im Vergleich zum amerikanischen Beispiel die Materiallage auch dahingehend schlechter ist, daß nicht in allen hier untersuchten Unternehmen die Rezeption und Umsetzung japanischer Managementmethoden im Untersuchungszeitraum eine Rolle spielte. Am deutlichsten lassen sich japanische Leitbilder im Falle Freudenberg, Continental und Volkswagen beobachten, die im übrigen in der gesamten Bundesrepublik mit zu den Vorreitern auf diesem Gebiet zählten.

Als Quellengrundlage der vorliegenden Arbeit dienen in erster Linie Unternehmensarchive und dabei besonders Reiseberichte über Studien- und Geschäftsreisen – wobei vor allem interne, nicht veröffentlichte, Reiseberichte einen hohen Aussagewert besitzen-, Vorstandsakten, Materialien aus Verbindungs- und Kontaktbüros deutscher Unternehmen in den USA und Japan, Berichte über Konferenzen und Besprechungen, technische Berichte, Gutachten und Denkschriften, Materialien und Jahresberichte einzelner Abteilungen wie der Marketing-, PR- oder Controllingabteilungen etc. An gedruckten Materialien liegen zahlreiche Werkzeitschriften und unternehmensinterne Periodika und Berichte vor. Ausgewertet wurde darüber hinaus ein breites Spektrum vornehmlich ökonomischer Fachzeitschriften, Veröffentlichungen von Verbänden (z.B.

---

[129] Für die 80er Jahre s. u.a. S.-J. Park (Hg.), Japanisches Management in der Praxis, Berlin 1985; ders., Welche Bedeutung hat für die Bundesrepublik und Frankreich die Auseinandersetzung mit dem japanischen Modell wirtschaftlicher und sozialer Entwicklung?, in: C. Deubner; L. Kißler; R. Lasserre (Hg.), Modell Japan, Frankfurt am Main, New York 1990, S. 9-14; Chr. Deutschmann, Arbeitszeit in Japan. Organisation und organisationskulturelle Aspekte der „Rundumnutzung“ der Arbeitskraft, Frankfurt am Main, New York 1987; E. Staudt; M. Rehbein, Innovation durch Qualifikation. Personalentwicklung und neue Technik, Frankfurt am Main 1988; an jüngeren Arbeiten s. u.a. M. Wannöffel, Sachzwang Japan. Zum organisatorischen Umbruch in der internationalen Automobilindustrie, Münster 1991; D. Dirks, Japanisches Management in internationalen Unternehmen. Methodik interkultureller Organisation, Wiesbaden 1995; H. Rudolph, Erfolgsfaktoren japanischer Großunternehmen. Die Bedeutung von Wettbewerb und individuellen Leistungsanreizen, Frankfurt am Main, New York 1996. Dort speziell zur Frage der Übertragbarkeit japanischer Methoden auf deutsche Unternehmen s. S. 214 ff.

VDI, RKW), Biographien und Autobiographien von Unternehmern und Managern sowie die zeitgenössische industriesoziologische und die entsprechende Managementliteratur. Experteninterviews haben, wie weiter oben angedeutet, ergänzenden Charakter und dienen in erster Linie als Korrektiv im Sinne einer Bestätigung oder Infragestellung des schriftlichen Quellenmaterials.

2 Amerikanische Leitbilder

2.1 Wahrnehmungs- und Transformationskanäle: Mittler, Medien und Multiplikatoren

Die Beschaffung von Informationen über ausländische Management- und Produktionsmethoden war für deutsche Unternehmer nicht nur während der Kriegszeit, sondern auch in den ersten Nachkriegsjahren beschränkt, oftmals sogar fast unmöglich. Direkt nach Kriegsende sanken die unternehmerischen Handlungsspielräume auf ein Minimum, dies gilt für die Beweglichkeit und Gestaltungsfreiheit innerhalb wie außerhalb der Unternehmen. Unternehmer waren zunächst Objekte alliierter Besatzungspolitik bis hin zu der Tatsache, daß im Dezember 1945 in der britischen Besatzungszone 76 führende Vorstands- und Aufsichtsratsmitglieder verhaftet und in einem Lager bei Bad Nenndorf in der Nähe von Hannover interniert wurden. Henke wertet dies als Schock, als „Schlüsselerlebnis" für die Betroffenen und bezeichnet es als ein „Lehrstück der Alliierten". Es war zugleich ein symbolischer Ausdruck dafür, daß die industrielle Elite zu diesem Zeitpunkt „die Initiative vollständig verloren hatte".[1] Der Schock saß vor allem deshalb so tief, weil zahlreiche Unternehmer dem Kriegsende zunächst gelassen entgegengesehen hatten in dem Glauben, der Übergang von der Kriegs- zur Friedenswirtschaft könnte vergleichsweise harmonisch verlaufen und sie selbst würden dabei – in Kooperation mit den Besatzungsmächten – eine wichtige Rolle spielen.

Spätestens im Herbst 1944 waren viele Unternehmer dazu übergegangen, sich mental und auch in der Unternehmenspraxis von der NS-Kriegswirtschaft ab- und der erwarteten Friedenswirtschaft zuzuwenden. Bei Glanzstoff bemühte sich die Unternehmensleitung um eine finanzielle Absicherung für die Nachkriegszeit sowie um eine Sicherung der Maschinenbestände und Ausrüstungen insbesondere in den von der Sowjetunion und Frankreich bedrohten Werken, wobei sie geradezu „seismographisch" auf die militärische Entwicklung reagierte. Die wertvollen gold-platin-legierten Spinndrüsen der Werke in Breslau und Colmar wurden in die Safes von Banken und Sparkassen und in die Tresore der in den westlichen Regionen gelegenen Werke verbracht. Der Vorstandsvorsitzende Ernst Hellmut Vits kümmerte sich nicht mehr um die Erfordernisse des „totalen Krieges", sondern nur noch um die Interessen des eigenen Unternehmens.

Für einen Großteil der Unternehmer war absehbar, daß Deutschland den Krieg verlieren und damit die deutsche Wirtschaft gegenüber der amerikanischen innerhalb einer neuen Nachkriegsordnung deutlich an Gewicht verlieren würde. In dem im Frühjahr

1 K.-D. Henke, Die amerikanische Besetzung Deutschlands, S. 463 ff.

1944 vom Reichswirtschaftsministerium gegründeten „Arbeitskreis für Außenwirtschaftsfragen“, in dem neben Hermann Josef Abs und Karl Blessing u.a. auch Walther Roland und Philipp F. Reemtsma vertreten waren, wurde ganz offen von einer künftigen Dominanz der USA in der Weltwirtschaft ausgegangen. Die Mitglieder des Arbeitskreises glaubten allerdings an eine dem Kriegsende 1918 vergleichbare Situation, in der es nicht zu einer Totalbesetzung Deutschlands gekommen war.[2] Unsicherheit herrschte direkt nach Kriegsende angesichts von Plünderungen in den Unternehmen, angesichts der zu erwartenden Produktionsmöglichkeiten und der Absatzlage. Es war nicht klar, welche Maßnahmen der Denazifizierung, der Demontagen oder der Dekartellisierung die einzelnen Unternehmen zu erwarten hatten. Für die Produktion waren ebenso alliierte „permits“ notwendig wie für Reisen zwischen den Besatzungszonen, was im Falle der Glanzstoff-Werke zu Problemen führte.[3] Ludwig Vaubel berichtet von anglo-amerikanischen Kommissionen, die etwa das Glanzstoff-Werk in Obernburg inspizierten und die damit verbundene Ungewißheit über die Zukunft des Unternehmens. Dies war auch Gegenstand der Gespräche mit Ernst Hellmut Vits: „Abends bei Vits in Laudenbach. Er erzählt, wie schwierig die zwei Monate in Coburg für ihn waren ... Dazu die Unsicherheit über das künftige Schicksal!“[4] Unsicherheit herrschte über die zu erwartenden eigenen Handlungsspielräume, wobei aber auch Äußerungen einer großen Selbstsicherheit überliefert sind. So wandte sich der Geschäftsführer von Carl Zeiss Jena, Paul Heinrichs, im Herbst 1944 an den deutsch-amerikanischen Wirtschaftsverband, dem u.a. auch Hermann Josef Abs und Hellmut Vits angehörten, und der im Jahr 1914 zum Zwecke der Förderung der wirtschaftlichen und wirtschaftspolitischen Verbesserungen zwischen Deutschland und den USA gegründet worden war, mit der Äußerung: „... daß auch ich in meinen Gedankengängen für die Zukunft mich von der Überlegung leiten lasse, daß besonders die Amerikaner mit ihrer überwiegend wirtschaftlichen Einstellung wissen oder sehr bald zur Kenntnis kommen werden, daß ein wirtschaftlich darnieder liegendes Europa für sie von enormem wirtschaftlichen Schaden sein würde und umgekehrt ein gesundes Europa wesentlich zum Wohlstand Amerikas mit beitragen kann, daß ein gesundes Europa aber undenkbar ist ohne ein wirtschaftlich gesundes Deutschland“.[5]

Deutsche Unternehmer waren sich also frühzeitig der Tatsache bewußt, daß sie zu den Verlierern zählen würden, wobei sie aber gleichzeitig von der Abhängigkeit der Sieger ihnen gegenüber ausgingen. Wollten die Siegermächte die zur Besatzung notwendigen Importe nicht selbst aufbringen, so war davon auszugehen, daß sie sich zur Förderung der deutschen wirtschaftlichen Entwicklung entschließen mußten. In den er-

---

2 Henke, Die amerikanische Besetzung Deutschlands, S. 471; L. Herbst, Der totale Krieg und die Ordnung der Wirtschaft, Stuttgart 1982, S. 352 ff.

3 L. Vaubel, Zusammenbruch und Wiederaufbau, S. 45 f., 58 f.

4 Ebd., S. 40.

5 P. Heinrichs an H. E. Müncks, in: D. Eichholtz; W. Schumann, Anatomie des Krieges, Berlin-Ost 1969, S. 466 f.; s.a. Henke, Die amerikanische Besetzung Deutschlands, S. 472.

sten Wochen der Besetzung legten die deutschen Unternehmer dementsprechend einen „verhaltenen Optimismus" und Selbstbewußtsein im Umgang mit den Alliierten an den Tag, wobei sie sich einerseits selbst als Opfer der nationalsozialistischen Zwangswirtschaft darstellten, andererseits in zahlreichen Memoranden und Denkschriften die vielfältigen Möglichkeiten einer Zusammenarbeit zwischen Siegern und Besiegten im Sinne des „Gesamtinteresses" skizzierten.[6]

Die mit einer etwa halbjährigen Verzögerung folgende Welle alliierter Unternehmensbeschlagnahmungen und Verhaftungen führender Unternehmerpersönlichkeiten im Dezember kam deshalb aus deren Sicht vollkommen unerwartet. Das Kriegsende 1945 hatte insofern eine doppelte Signalfunktion: Es zeigte deutlich die Fronten zwischen Siegern und Besiegten auf, die in der unternehmerischen Wahrnehmung mehr und mehr verschwommen zu sein schienen, markierte eindeutig die zukünftigen Machtverhältnisse und beförderte gleichzeitig einen Zustand unternehmerischer Unsicherheit und Einschüchterung, ja selbst von Angst, der laut Henke nicht nur bei den z.T. bis 1952 Inhaftierten zu einem „Wohlverhalten gegenüber der Besatzungsmacht", sondern auch zu einer Bereitschaft umzudenken und sich „westlichen Werten und Ideen anzunähern" führte.[7] Neben dieser erzwungenen Umorientierung gab es jedoch auch, wie im Rahmen dieser Arbeit gezeigt werden soll, ein mentales Anknüpfen der Unternehmer an die Kontakte und die Erfahrungen der Zwischenkriegszeit und damit den Wunsch nach Austausch und der Kooperation mit den USA, die noch vor Ausbruch der Weltwirtschaftskrise begonnen und teilweise sogar bis in die ersten Kriegsjahre angedauert hatte und erst im Fortgang des Zweiten Weltkriegs unterbrochen worden war.[8] Mit Djelic ist davon auszugehen, daß durch die Brüche und Krisen der direkten Nachkriegszeit die bisherigen Institutionen und strukturellen Arrangements in Frage gestellt und bislang fremde Produktionssysteme in ein Modell oder Leitbild verwandelt wurden, welches sowohl vertraut als auch überlegen war. In diesen Fällen asymmetrischer Abhängigkeiten kommt es in stärkerem Maße zu Transfers, die unter Zwang oder Druck erfolgen, während in Phasen größerer Stabilität die freiwillige Nachahmung und Orientierung an Leitbildern eine größere Rolle spielt.[9] Im ersten Fall steht die Exportperspektive im Vordergrund, verlaufen die Informationsflüsse einseitig von den USA in Richtung Deutschland, im zweiten Fall geht die Initiative stärker von deutschen Unternehmern und Managern aus und damit von einem gezielten Nachfrage- und Importbedürfnis. In Ergänzung zu den Darstellungen von Henke und Djelic sollte dabei auch die längerfristige, in die Vorkriegszeit zurückreichende Tradition des deutsch-amerikanischen Wirtschaftsaustausches berücksichtigt werden.

---

6 Ebd., S. 472, 492 ff.

7 Ebd., S. 570 f.

8 G. Kümmel, Transnationale Wirtschaftskooperation und der Nationalstaat (Zeitschrift für Unternehmensgeschichte, Beiheft 89), Stuttgart 1995.

9 Djelic, Exporting the American Model, S. 131 ff.

Nachfolgend werden zunächst die Wahrnehmungs- und Transfermechanismen während der Besatzungszeit und des ERP-Programms beleuchtet, wobei dem US Technical Assistance and Productivity Program (USTA&P) besondere Aufmerksamkeit gewidmet wird. Dementsprechend rückt für diese Phase die Exportperspektive in den Vordergrund. Anschließend wird die Rolle von Verbänden und Institutionen als „Transmissionsriemen" und Informationsdrehscheibe bei der Vermittlung amerikanischer Management- und Produktionsmethoden untersucht. Schließlich wird an einigen Beispielen auf die individuelle unternehmerische Wahrnehmung und Informationsbeschaffung und die Suche nach Orientierungen und Leitbildern über den klassischen Weg der Informationsreise sowie der Lektüre von Druckerzeugnissen eingegangen.[10]

2.1.1 Entwicklungshilfe für Deutschland: das US Technical Assistance and Productivity Program (USTA&P)

Voraussetzung für einen fruchtbaren deutsch-amerikanischen Wirtschaftsaustausch und für die Bereitschaft der Alliierten, insbesondere der Amerikaner, zur Unterstützung des deutschen Wirtschaftsaufbaus, war eine Abkehr von der restriktiven Politik der direkten Nachkriegszeit hin zu konstruktiveren wirtschaftspolitischen Konzepten, die sich ebenso an der Steigerung der Produktion und der Produktivität deutsche Unternehmen orientierte wie an deren Wiedereingliederung in die Weltwirtschaft. Dies war nicht zuletzt das Ergebnis inneramerikanischer Kontroversen, die bereits in den letzten Kriegsjahren, vor allem im Zeitraum zwischen 1946 und 1948 zu einer allmählichen Durchsetzung der „progressiven", in der Tradition des New Deal stehenden „Internationalisten" führte, die ein amerikanisches Engagement für eine europäische Rekonstruktion gegen die Konservativen „Isolationisten" unterstützten.[11] Die Frontstellung zwischen „Internationalisten" und „Isolationisten" betraf die Einstellung zum europäischen Wiederaufbau insgesamt. Darüber hinaus ging es um die Bedeutung Deutschlands innerhalb dieser Entwicklung und die Durchsetzung derjenigen Kräfte, wie etwa William Draper oder George C. Marshall, die dem Aufbau der deutschen Wirtschaft und der Stärkung der deutschen Exportfähigkeit im Rahmen der europäischen Entwicklung eine große Bedeutung beimaßen. Dies implizierte eine Abkehr von wirtschaftspolitischen Konzeptionen, die in der Tradition des Morgenthau-Plans eine Verbindung sicherheitspolitischer Motive mit Reparationsforderungen und einer Einschränkung der deutschen Industrieproduktion verband, wie sie in der Besatzungsdirektive JCS 1067 zum Aus-

---

10 Zur Frage der „transfer channels" s.a. O. Bjarnar; M. Kipping, The Marshall Plan and the Transfer of US Management Models to Europe. An introductory Framework, in: Kipping; Bjarnar (Hg.), The Americanisation of European Business, S. 4 f.

11 J. McGlade, From Business Reform Programme to Production Drive. The transformation of US Technical assistance to Western Europe, in: The Americanisation of European Business. The Marshall Plan and the transfer of US management models, ed. by. M. Kipping and O. Bjarnar, London, New York 1998, S. 18-34.

druck kam. Eine Modifizierung dieser Direktive erfolgte allerdings bereits zum Jahreswechsel 1945/46 und war begleitet von den Überlegungen zum Ersten Industrieniveauplan, zum Demontagestopp und einer zunehmenden Ablehnung der restriktiven sowjetischen Besatzungspolitik. Zusammenfassend stellte Außenminister Byrnes dann im September 1946 dieses Bild einer konstruktiven Deutschlandpolitik mit dem Ziel des Wiederaufbaus der deutschen Industrie und deren Eingliederung in die wirtschaftliche Stabilisierung Westeuropas in seiner Stuttgarter Rede vor.[12] Der Wechsel von Byrnes zu Marshall beschleunigte diese Entwicklung, die Deutschland im Rahmen des Marshall-Plans schließlich sogar als eines der Kernländer des amerikanischen Hilfsprogramms betrachtete.[13]

Im Zusammenhang der vorliegenden Arbeit interessiert vor allem ein Teilaspekt des Marshall-Plans. Nachdem dessen Bedeutung, insbesondere die ökonomische Wirkung für den Wiederaufstieg der westdeutschen Wirtschaft in der Historiographie der 70er und 80er Jahre zwischenzeitlich in Frage gestellt wurde,[14] betonen jüngere Arbeiten wieder stärker die positiven Wirkungen des Marshall-Plans,[15] wobei zunehmend einzelne Teilbereiche und vermeintliche Randphänomene ins Zentrum des Interesses rücken. So mißt McGlade dem USTA&P der European Cooperation Administration eine große Bedeutung für die Schließung der kriegsbedingten transatlantischen Produktions- und Produktivitätslücke zu[16] und William F. Sanford spricht vom USTA&P als einem der „nachhaltigsten Beiträge des Marshall-Plans".[17] Für die deutsche Entwicklung ist die Bedeutung des USTA&P als Teilprogramm des ERP bislang nicht untersucht worden. Nach Hardach ist dessen Wirkung auch „schwer einzuschätzen", da der finanzielle

---

12 W. Mausbach, Zwischen Morgenthau und Marshall. Das wirtschaftspolitische Deutschlandkonzept der USA 1944-1947, Düsseldorf 1996, S. 41 ff. Mausbach weist darauf hin, daß die Byrnes-Rede nicht unbedingt einen Wendepunkt der amerikanischen Deutschlandpolitik markiert, sondern eine Bestätigung des seit Ende 1945/Anfang 1946 eingeschlagenen Weges, ebd., S. 275 f.; J. H. Backer, Die Entscheidung zur Teilung Deutschlands. Amerikas Deutschlandpolitik 1943-1948, München 1981, S. 37 ff., 103 ff.

13 Mausbach, Zwischen Morgenthau und Marshall, S. 336 ff.

14 Für die deutsche Wirtschaftsgeschichtsschreibung vor allem durch W. Abelshauser, Wirtschaft in Westdeutschland 1945-1948: Rekonstruktion und Wachstumsbedingungen in der amerikanischen und britischen Zone, Stuttgart 1975; ders., Wiederaufbau vor dem Marshall-Plan: Westeuropas Wachstumschancen und die Wirtschaftspolitik in der zweiten Hälfte der vierziger Jahre, in: VfZ 29, 1981, S. 545-578.

15 G. Hardach, Der Marshall-Plan. Auslandshilfe und Wiederaufbau in Westdeutschland 1948-1952, München 1994.

16 McGlade, The Illusion of Consensus, S. 18; dies., From business reform program to production Drive. The Transformation of US technical assistance to Western Europe, in: Kipping; Bjarnar, The Americanisation of European Business, S. 18-34. McGlade analysiert das USTA&P an zahlreichen europäischen Staaten, allerdings nicht am deutschen Beispiel.

17 W. F. Sanford, The American Business Community and the European Recovery Program, 1947-1952, New York, London 1987, S. 255.

Aufwand von 117,8 Mio. DM nicht sehr umfangreich war und nicht in erster Linie aufwendige, sondern eher exemplarische Projekte und Kontakte gefördert wurden. Gleichwohl sieht er darin einen „Beitrag zur ‚Amerikanisierung' der westdeutschen Wirtschaft".[18]

Im folgenden soll gezeigt werden, daß in der Tat weniger der materielle als vielmehr der mentale Ertrag der USTA&P von katalysatorischer Bedeutung für deutsche Unternehmen war, und daß es sich dabei zunächst um ein Instrument der Amerikaner handelte, die mit diesem Programm eine Art ökonomischer „re-education" oder auch Management-Nachhilfe verbanden, daß sich nicht nur auf den engen Bereich der Technik konzentrierte. Insofern stand hier die Idee einer „Hilfe zur Selbsthilfe" Pate, wie sie auch der Entwicklungshilfe für unterentwickelte Staaten zugrunde liegt, und bei der schließlich ebenfalls asymmetrische Abhängigkeiten eine Rolle spielen. Nicht zufällig entstand das USTA&P fast zeitgleich mit dem „Bold New Plan", der als „Point Four Program" 1949 unter Präsident Truman ins Leben gerufen wurde. Sein Ziel war die Erhöhung des Lebensstandards durch „technical assistance" und die Förderung von „Productivity"-Programmen mit Hilfe privater Institutionen insbesondere in den Regionen Südamerikas, Südostasiens und Afrikas, die als „unterentwickelt" galten.[19] In einer Broschüre zum Technical Assistance Program für die unterentwickelten Länder in Asien und Südamerika werden die amerikanischen Motive dazu deutlich: „The billion or more people of the underdeveloped areas of the yet free world, representing about half the world's total population and over half of its land area, are the major producers of the raw materials on which depend the peace-time economy and the wartime strength of the United States and the rest of the free world."[20]

Das USTA&P für Europa wurde im Jahr 1948 verabschiedet und war Ausdruck eines Sieges der „progressiven", an internationaler Zusammenarbeit und Kooperation interessierten Fraktion um George C. Marshall, die von Repräsentanten führender amerikanischer Unternehmen wie General Electric, Heinz & Co., Kodak, Goodyear, Standard Oil, United Fruit u.a. unterstützt wurde und sich gegen eine Politik des Protektionismus, des Containment und des Kalten Krieges durchgesetzt hatte. Zu dieser Fraktion gehörte auch Paul G. Hofmann, Präsident der Studebaker Automobilfabrik und später Leiter der European Cooperation Administration (ECA), dessen Einstellungen und Bereitschaft zur Förderung der europäischen Wirtschaft nicht nur im technischen, sondern auch im Managementbereich, sich bereits während eines Europaaufenthaltes Ende der 20er Jahre herauskristallisiert hatten: „I never forget what I had seen in London and throughout

---

[18] Hardach, Der Marshall-Plan, S. 202.

[19] Hagley Museum and Library, Archiv d. National Association of Manufacturers (NAM), Access No. 1411, Series I, Box 76, „Bold New Plan".

[20] National Archives (N.A.), Record Group (R.G.) 469, Mission to Germany. Productivity and Technical Assistance Division, Management, Engineering & Distribution Services. Subject Files of the Chief 1953-1956, 112, Broschüre zum Technical Assistance Program für unterentwickelte Länder, Dez. 1953.

the years that followed, the conviction kept burning within me that the adoption of American labor management practices would be a great boon to European labor, European Management and European consumers."[21] Im Rahmen des ERP kam es dann 1948/49 zur Gründung des „Anglo-American Productivity Council" als Keimzelle des USTA&P mit dem Ziel eines technologischen und Managementtransfers von den USA nach Großbritannien, der den „triumphant peak of progressive power in U.S. foreign aid policymakers" symbolisierte.[22] Ziel dieser Politik waren die Durchsetzung des amerikanischen Modells einer liberalen und offenen Weltwirtschaft und die dazu notwendige Produktions- und Produktivitätssteigerung der europäischen Wirtschaft, und, spätestens seit Beginn des Korea-Krieges, zunehmend auch militärische Aspekte der Wirtschaftsförderung.[23] Schon bald drängten auch Franzosen und Italiener zur Einrichtung eigener „Productivity Programs" im Rahmen der Marshall-Plan-Hilfe. Weitere Staaten wie die Niederlande, Norwegen, Österreich, Belgien, Dänemark und schließlich auch die Bundesrepublik folgten zu Beginn der 50er Jahre.

Die mit der Durchführung des Europäischen Wiederaufbauprogramms betraute ECA wurde zu Beginn der 50er Jahre von der Mutual Security Agency (MSA) abgelöst, die ab 1953 auch in stärkerem Maße die militärische Wirtschaftshilfe für europäische Staaten förderte und deren Arbeit schließlich von der Foreign Operations Administration (FOA) übernommen wurde, die eine bessere Koordinierung der amerikanischen Auslandshilfe und Außenwirtschaftspolitik garantieren sollte.[24] Stellvertretend für die Ziele dieser Organisationen im Rahmen des USTA&P sei hier aus dem Programm der MSA/Special Mission to Germany for Economic Cooperation zitiert, in dessen Vorwort der Begriff der Produktivität an erster Stelle steht: „Productivity is the great dynamic idea that the Mutual Security Agency is emphazising in its economic and social programs in Europe for 1952 and beyond. In technical terms, productivity means more output per man-hour with a given quantity of labor, materials and equipment. In broader terms, however, productivity provides an effective medium for lifting everybody's living standards. It's underlying assumption is that larger earnings from increased output will be equitably shared out in the form of higher wages for the worker, lower prices for the consumer, and greater rewards for owners and management. These are the driving forces of a dynamic expanding economy which leads to social health, political stability

[21] Zit. nach W. Sanford, The American Business, S. 257. Ausführlicher zur inneramerikanischen Diskussion über das ERP s.a. McGlade, The Illusion of Consensus, 1995 sowie jüngst W. Mausbach, Zwischen Morgenthau und Marshall. Das wirtschaftspolitische Deutschlandkonzept der USA 1944-1947, Düsseldorf 1996, S. 336 ff.; L. Frühbrodt; C. L. Holtfrerich, Die Neugestaltung der US-Wirtschaftspolitik nach 1945. Die Erfahrungen der Zwischenkriegszeit als Argument, in: Jahrbuch für Wirtschaftsgeschichte 1998/1, S. 85-123.

[22] McGlade, The Illusion of Consensus, S. 193 f.; s.a. Link, Deutsche und amerikanische Gewerkschaften und Geschäftsleute, S. 130 ff.

[23] McGlade, The Illusion of Consensus, S. 546 ff.

[24] Hardach, Der Marshall-Plan, S. 95, 130 ff.

and strength in a free worlds challenged by communism."[25] Die deutsche Vertretung der MSA bzw. FOA hatte ihren Sitz in Bad Godesberg, Mehlemer Aue. Ihren Briefkopf zierte ein Logo mit dem Sternenbanner und der Aufschrift: „Strength for the free world from the United States of America".

In Europa selbst sollten die Ziele einer liberalen Wirtschaftsordnung, die Steigerung der Produktion und der Produktivität sowie die Kooperation und Koordination zwischen den europäischen Staaten durch die Gründung der OEEC im Jahr 1947 forciert werden.[26] Im Rahmen der OEEC und des USTA&P wurde 1953 auf amerikanische und OEEC-Initiative die European Productivity Agency (EPA) als halbautonome Organisation mit Sitz in Paris ins Leben gerufen, um das amerikanische Produktivitätsmodell von dort über zahlreiche Projekte in Nord-, West- und Südeuropa zu verbreiten. In den neun Jahren ihres Bestehens versuchte die EPA „to seek, develop and promote the most suitable and effective methods for increasing productivity in individual enterprises, in the various sectors of economic activity in the member countries, and over the whole field of their economies".[27] Von Anbeginn lagen die Schwerpunkte der EPA-Aktivitäten entsprechend dem USTA&P weniger im engen technischen Bereich als bei der Vermittlung von Einstellungen, insbesondere bezüglich Fragen der industriellen Beziehungen sowie eines modernen Managements auf dem Gebiet des Absatzes und des Marketing: „The EPA Advisory Board has recommended that the EPA throughout its program plan emphasis on improving human relations and on changing attitudes. This recommendation, we believe, should be reflected in the second annual program. This means, in our judgement, that projects in the areas of technology or technical industrial process should be limited and that projects in the managements, marketing and labor fields should couple modern methods with the philosophy behind their use. Specifically, they should be designed to produce an understanding of the attitudes and human relations practices necessary for their employment in the drive to increase productivity and production."[28] Darüber hinaus waren sich die Organisatoren der Produktivitätsprogramme darüber im klaren, daß diese den jeweiligen nationalen und regionalen Bedingungen angepaßt werden mußten und daß der Erfolg der Programme nur in einer langfristigen Perspektive und auf „self-help-basis" gewährleistet werden konnte: „To change the attitude of both management and labor, a long-term-policy is called for

---

25 N.A., R.G. 469, Assistant Administration for Production. Prod. and Technical Assistance Division, Country and Regional File 1949-1954 (Germany, um 1953).

26 Zur OEEC s. W. Bührer, Erzwungene oder freiwillige Liberalisierung? Die USA, die OEEC und die westdeutsche Außenhandelspolitik 1949-1952, in: L. Herbst; W. Bührer; H. Sowade (Hg.), Vom Marshall-Plan zur EWG: Die Eingliederung der Bundesrepublik Deutschland in die westliche Welt, München 1990, S. 139-162.

27 Zit. nach B. Boel, The European Productivity Agency: a faithful prophet of the American model?, in: Kipping; Bjarnar (Hg.), The Americanisation of European Business, S. 39 f.

28 N.A., R.G. 469, Mission to Germany. Productivity and T.A. Div. Labor Advisor, Subject Files of the Chief 1952-1954. T.A. Work, Program suggestions of PTA/FOA for the EPA second annual Program, April 1954.

which will take into account teaching institutions, thus ensuring that the Agency's work will be carried out beyond its expected span of life ... The emergence of the concept of productivity and its means of expression are linked with psycho-sociological reactions strongly influenced by local circumstances. The Agency must not ignore the circumstances and must adept its actions to requirements in different member countries. Even more important is that it should allow each country to benefit from the experience of others, rather than apply unchanged methods developed in a different economic and social environment."[29] Formulierungen wie „factors affecting the economic climate", „create a psychological climate in which productivity will increase" oder „change of attitudes" tauchen in den USTA&P bzw. EPA-Programmen wiederholt auf und sind damit auch Ausdruck des Selbstverständnisses wie des wissenschaftlichen Backgrounds der amerikanischen wirtschafts- und sozialwissenschaftlichen Forschung, auf denen sie beruhten.

Der EPA standen wiederum auf nationaler Ebene jeweils eigene nationale Produktivitätszentralen gegenüber. Im deutschen Falle wurde diese Aufgabe vom Rationalisierungskuratorium der deutschen Wirtschaft (RKW), welches in Deutschland bereits eine lange Tradition insbesondere auf dem Gebiet der Rationalisierung und Produktivitätsförderung besaß und auf Erfahrungen aus der Zeit der Weimarer Republik zurückblikken konnte, ausgefüllt. Hardach sieht darin eine geschickte Politik der Bundesregierung, über die Integration des RKW die seit der Weltwirtschaftskrise stark kritisierte Rationalisierungsbewegung in der Wiederaufbaupolitik nach 1945 zu rehabilitieren.[30] Diese Beurteilung trifft jedoch nur z.T. zu, da sie die Rationalisierungserfolge der Kriegswirtschaft außer acht läßt. Nachdem der Rationalisierungsbegriff in der Tat im Anschluß an die Weltwirtschaftskrise bis zum Ende der dreißiger Jahre desavouiert war, erzielten die Unternehmen im Rahmen der Kriegswirtschaft im Jahr 1944 ihre größten Rationalisierungserfolge.[31] In diesem Jahr erschien auch die Erstausgabe von Kurt Pentzlins „Rationelle Produktion. Methodik, Grundregeln und praktische Beispiele", worin er grundlegende Aspekte einer „totalen Rationalisierung" für die „kommende vollbeschäftigte Friedenswirtschaft ebenso wie für die gegenwärtige Kriegswirtschaft" skizzierte. In der Einleitung weist Pentzlin darauf hin, daß das Buch auf der Grundlage intensiver persönlicher Kontakte in der deutschen und amerikanischen Industrie entstanden sei. Im Literaturverzeichnis finden sich zudem zahlreiche Hinweise auf amerikanische Fachliteratur.[32]

---

29 N.A., R.G. 469, Agency for International Development ... Productivity and T.A. Div. 1953-1956, EPA-General, „States Report" über die jeweiligen Programme.

30 Hardach, Der Marshall-Plan, S. 202.

31 L. Budraß, Flugzeugindustrie und Luftrüstung in Deutschland 1918-1945, Düsseldorf 1998; T. Siegel; Th. v. Freyberg, Industrielle Rationalisierung unter dem Nationalsozialismus, Frankfurt am Main, New York 1991.

32 K. Pentzlin, Rationelle Produktion. Methodik, Grundregeln und praktische Beispiele, Gera 1945 (2. Aufl., Kassel 1950).

Der 1903 geborene Pentzlin hatte Rechts- und Wirtschaftswissenschaften in Kiel studiert und im Jahr 1929 ein Stipendium für Harvard erhalten. 1931 war er als eines der ersten deutschen Mitglieder in die amerikanische „Taylor-Society" aufgenommen worden und hatte sich seitdem mit Fragen der Rationalisierung und Automatisierung beschäftigt, was nicht zuletzt dem Unternehmen Bahlsen zugute kam, wo er von 1931 bis 1971 beschäftigt war. Darüber hinaus war Pentzlin nach dem Zweiten Weltkrieg Mitbegründer u.a. des BDA, des REFA, des DIHT und des RKW, als dessen Vorstandsmitglied er eine führende Rolle bei der Wiederherstellung von Wirtschaftskontakten und der Vermittlung amerikanischer Produktions- und Managementmethoden spielte.[33] Anknüpfend an seine US-Erfahrungen aus der Weimarer Republik forderte er 1950 eine stärkere Orientierung an amerikanischen Leitbildern: „Man braucht kein Amerika-Enthusiast zu sein, um zu erkennen, daß man drüben doch noch manches lernen kann." Zwar dürfe man Amerika „nicht copieren, man muß es kapieren", und dazu bedürfe es zahlreicher Informationen, die bislang nur unzureichend seien. Doch trotz der „Katastrophe", so Pentzlin, bestehe kein Grund zur Resignation: „Wenn wir selbstverständlich auch noch nicht unter gleichen Bedingungen arbeiten oder unter gleichen Bedingungen starten können wie die amerikanische Wirtschaft, so müssen und können wir uns diese Bedingungen eben langsam und sicher schaffen."[34] In diesem Zusammenhang spielten seine Aktivitäten beim RKW eine wichtige Rolle. Die einjährige Zwischenbilanz der deutschen Produktivitätszentrale (RKW) deutet denn auch auf einen sehr pragmatischen Umgang mit amerikanischen Vorbildern hin: „Für die westdeutsche Industrie, die jahrelang von der Zusammenarbeit mit den übrigen Industrieländern ausgeschlossen war, ist ein reger Erfahrungsaustausch von besonderer Bedeutung. Denn ein Studium der wirtschaftlichen Verhältnisse der anderen Länder, insbesondere von USA, kann der deutschen Wirtschaft viel unnötigen Zeit-, Arbeits- und Kapitalaufwand sparen", wobei davon ausgegangen wurde, daß das RKW sich „zunächst auf das Nehmen beschränken" werde.[35]

Das RKW war 1921 gegründet und nach dem Zweiten Weltkrieg zunächst als „Rationalisierungsausschuß der Deutschen Wirtschaft" (RAW), 1950 dann als Rationalisierungskuratorium der Deutschen Wirtschaft (RKW) unter Beteiligung von Wirtschaft, Gewerkschaften und Verwaltung gegründet worden und fungierte zudem als Deutsche Produktivitätszentrale der EPA in Zusammenarbeit mit dem USTA&P.[36] Der Übergang

---

[33] E. H. Wolf und E. Mittelsten Scheid, Dr. Kurt Pentzlin 70 Jahre alt, in: Rationalisierung, Monatsschrift des Rationalisierungs-Kuratoriums der Deutschen Wirtschaft (RKW), 24, 1973, S. 62-64.

[34] Pentzlin, Rationelle Produktion, 2. Aufl. 1950, S. 16, 28.

[35] W. E. Atzbach; W. Swoboda, Ein Jahr deutsche Produktivitätszentrale, in: Rationalisierung 2, 1951, S. 225.

[36] Taschenbuch der Rationalisierung 1962. In Zusammenarbeit mit dem Rationalisierungs-Kuratorium der Deutschen Wirtschaft, hg. v. F.-W. Engel, Frankfurt am Main 1962, S. 229 f.; W. E. Atzbach; W. Swoboda, Ein Jahr deutsche Produktivitäts-Zentrale, in: Rationalisierung 2, 1951, H. 9, S. 225-229.

von der deutschen Rationalisierungsbewegung der Zwischenkriegs- und Kriegszeit zur Amerikaorientierung der Nachkriegszeit war also fließend und es bedurfte nicht erst geschickter Schachzüge der Bundesregierung (Hardach) oder einer erzwungenen Umorientierung deutscher Unternehmer (Henke), sondern vollzog sich – so soll an dieser Stelle zunächst angedeutet und später vertieft werden – als Ausdruck personeller und institutioneller Kontinuitäten aus der Vorkriegszeit. Wie stark die Amerikaorientierung des RKW in den 50er und 60er Jahren war, zeigt auch die von ihm herausgegebene Schriftenreihe „RKW-Auslandsdienst", in der auf der Basis von Reiseberichten Erfahrungen deutscher Unternehmer und Manager mit ausländischen Management- und Produktionsmethoden einer breiteren Öffentlichkeit vorgestellt werden sollten. Die etwa 90 Hefte dieser Reihe widmeten sich fast ausschließlich den USA. „Ausland" und USA waren somit deckungsgleich, und die Reihe hätte statt „RKW-Auslandsdienst" genauso gut „RKW-Amerikadienst" heißen können.

Die Bundesregierung selber war über das 1949 gegründete Bundesministerium für den Marshall-Plan unter Franz Blücher mit Vertretungen bei der ECA und der OEEC Ansprechpartner für das USTA&P. Zwei Jahre später wurde unter beratender Teilnahme der MSA der „Deutsche Produktivitätsrat" gegründet. Darin waren unter Federführung der vier Bundesministerien für Finanzen, Arbeit, Wirtschaft und den Marshallplan sechs Unternehmervertreter (Fritz Berg, Kurt Pentzlin, Walter Raymond, D. Haverbeck, W. Alexander Menne und Erich Mittelsten-Scheid) und sechs Gewerkschafter vertreten.[37] Als Beratungsorgan der Arbeitgebervertreter gründeten BDI und BDA einen gemeinsamen Produktivitätsausschuß. Zur Förderung der Produktivitätsprogramme gab es somit auf deutscher, europäischer und amerikanischer Seite entsprechende Organisationen und Ansprechpartner.

Im Rahmen der EPA waren deutschen Projekte innerhalb Europas vor den Niederlanden, Belgien, Italien und Frankreich zahlenmäßig am stärksten vertreten.[38] Deutsche Unternehmen, die am USTA&P teilnehmen wollten, hatten sich einer umfangreichen Evaluation durch amerikanische und deutsche Stellen zu unterziehen. Zunächst mußte ein Antrag gestellt werden, um in den Genuß von Krediten aus dem ERP-„Counterpart-Fund" zu kommen. Gleichzeitig verpflichteten sich die antragstellenden Unternehmen zur Einhaltung bestimmter Richtlinien des Bundesministeriums für Wirtschaft, des RKW und der MSA (bzw. FOA). Dazu gehörten u.a. die genaue Formulierung von Projektzielen sowie die Verpflichtung zur Einsetzung eines „Produktivitäts-Ausschusses", der sich aus Vertretern der Unternehmensleitung, des Betriebsrates und der Belegschaften zusammenzusetzen hatte. Auf die Kooperation zwischen Arbeitgebern und Arbeitnehmern und auf die Berücksichtigung von Fragen der Human Relations legten insbe-

37 Jahresbericht des Bundesverbandes der Deutschen Industrie 1. Juli 1951 bis 30. April 1952, S. 26; K. Albrecht, Steigerung der Produktivität, in: Rationalisierung 3, 1952, S. 49-52; Link, Deutsche und amerikanische Gewerkschaften und Geschäftsleute, S. 132.

38 N.A., R.G. 469, Agency for International Development. Mission to Germany. Prod. and T.A. Div. 1953-1956. EPA General. EPA-Statistik über aktuelle Situation, Laufzeiten etc.

sondere die amerikanischen Stellen (MSA bzw. FOA) großen Wert. Dies spiegelt zum einen den Einfluß der amerikanischen Gewerkschaften auf die US Operations Mission (einige Repräsentanten waren AFL-Mitglieder), andererseits den Stand der amerikanischen sozial- und betriebswissenschaftlichen Forschung Ende der 40er/Anfang der 50er Jahre wider, die noch ganz unter dem Einfluß der Hawthorne-Experimente von Elton Mayo und F.J. Roethlisberger aus den 20er und 30er Jahren stand.[39]

1953 bestand der gesamte FOA-Stab für den Bereich „Productivity" in Deutschland aus elf amerikanischen und acht deutschen Mitarbeitern, wobei die deutschen so weit angeleitet werden sollten, daß sie nach dem Abzug der Amerikaner die anstehenden Aufgaben selbständig übernehmen konnten. Dieses Gremium unternahm Begutachtungen und Besichtigungen der deutschen antragstellenden Unternehmen, die sich schließlich auch zu einem einführenden Gespräch mit Vertretern des Produktivitätsprogramms bereit zu finden hatten, sowie zur Anfertigung eines Schlußberichtes nach Beendigung des Projektes. Die Antragsteller mußten sich also umfangreichen Formalitäten und Kontrollen unterziehen[40] und standen zudem vor dem Problem, daß auf der Gutachterseite die amerikanischen und deutschen Vertreter nicht immer einer Meinung waren. Die Entscheidung über die Unterstützung der Projekte lag zwar formal beim Bundeswirtschaftsministerium, jedoch war eine Zustimmung durch die MSA bzw. FOA notwendig, die somit über eine Art Vetorecht verfügte und davon auch durchaus Gebrauch machte. Eine Begutachtung von Projektanträgen konnte etwa folgenden Verlauf nehmen: zwei Vertreter der FOA lassen sich von sechs deutschen Gutachtern, u.a. vom Bundeswirtschaftsministerium, Informationen über das antragstellende deutsche Unternehmen, dessen Größe, Beschäftigtenzahl, Produktionsziele und Antragsvolumen geben. Die deutschen Gutachter berichten über ihre dreitägige Werksprüfung, über die anvisierte Verwendung der Gelder für Kapitalinvestitionen sowie über die Tatsache, daß das Unternehmen offen für Fragen der Human Relations sei, wissend, daß dies für die US-Seite ein wichtiges Signal ist. Da die deutsche Schilderung in diesem Fall für die FOA-Vertreter nicht überzeugend klingt, wird die Entscheidung über die Mittelvergabe mit der Auflage einer erneuten Betriebsprüfung vertagt. Danach wird über den nächsten Antrag beraten. Vermuten die Amerikaner, daß im Rahmen des geplanten Projektes durch Rationalisierung Arbeitskräfte freigesetzt werden, hat das antragstellende Unternehmen kaum eine Chance auf Erfolg. Ähnliches gilt für die Nichtberücksichtigung von Fragen zu Human Relations oder der Schaffung eines guten „Betriebsklimas". Reine Investitionsprogramme wurden nicht gefördert. So kam es auch des öfteren zu Konflik-

39 N.A., R.G. 469. Mission to Germany. Prod. and T.A. Div. Subject Files of the Chief 1952-1954, Correspondence. Die Schriften von Mayo und Roehtlisberger wurden zu Beginn der 50er Jahre auch ins Deutsche übersetzt, u.a. von K. Hax, der F. J. Roethlisberger, Betriebsführung und Arbeitsmoral, Köln u. Opladen 1954 übersetzte und mit einem Vorwort versah.

40 Im Bundesanzeiger Nr. 154, 13.8.1953 lassen sich die Richtlinien des Produktivitätsprogramms der Bundesregierung zur „Steigerung der Leistungsfähigkeit der deutschen Wirtschaft" nachlesen.

ten zwischen amerikanischen und deutschen Gutachtern, etwa in dem überlieferten Fall eines Antragstellers, der aus Sicht der FOA die Arbeitnehmerinteressen nicht ausreichend berücksichtigt hatte. Daraufhin wies der Vertreter des Bundeswirtschaftsministeriums darauf hin, daß alle anderen Stellen, also auch die Landesministerien und die Kreditanstalt für Wiederaufbau das Projekt positiv beurteilt hätten. Damit gab sich jedoch die FOA nicht zufrieden. Ihr ging es darum, „den Betrieben die Kunst der Human Relations beizubringen". Weiter hieß es ausdrücklich: „Es geht nicht in erster Linie um Kredite, sondern es soll der Versuch gemacht werden, Beispiele herauszuholen. Die Versuche sollen auf dem Gebiet der Zusammenarbeit liegen ... Man spricht immer nur oder zuviel von den technischen Rationalisierungsmaßnahmen. Das ist notwendig, aber wir wollen über das Technische hinaus wissen, was geschehen soll." Der Vertreter des Bundeswirtschaftsministeriums konterte daraufhin, bei dem entsprechenden Unternehmen liege noch „ein besonderes Gutachten dabei in Bezug auf menschliche Beziehungen. Halten Sie es denn für möglich, daß wir Sie über's Ohr hauen wollen? Sollten wir nicht lieber auf der Basis gegenseitigen Vertrauens arbeiten?" Daraufhin die Antwort des FOA-Vertreters: „Nein, das glauben wir nicht, daß Sie das wollen, wissen aber auf Grund mehrerer Unterhaltungen, daß Sie nicht dieselben Auffassungen über das Programm haben."[41]

Das vergleichsweise ausführlich geschilderte Projektprocedere zeigt also zum einen die Schwerpunkte des USTA&P sowie die deutlichen Differenzen zwischen deutschen und amerikanischen Stellen bei der Begutachtung des Programms. Entgegen der Begrifflichkeit des USTA&P boten die Zielformulierungen der Technik- und Produktivitätsförderung zwar eine notwendige, aber nicht hinreichende Grundlage bei der Entscheidung der Kreditvergabe für die Antragsteller. Ausschlaggebend war vielmehr die Berücksichtigung von Fragen der Human Relations und der Schaffung eines guten „Betriebsklimas" in den Unternehmen, die die Amerikaner mit großem Sendungsbewußtsein in deutschen Betrieben als Weg zur Neugestaltung der industriellen Beziehungen, der Demokratisierung der Wirtschaft und als eine Art ökonomischer „re-education" durchsetzen wollten und dabei auch ihr Veto einlegten. Die meisten deutschen Antragsteller stellten sich unter Berücksichtigung der Antragsmodalitäten darauf ein und berücksichtigten bei der Antragsformulierung entsprechende Begrifflichkeiten und Schlagworte. Unterstützt wurden sie von den deutschen Vertretern in den Gutachtergremien, die ihre Anträge gegenüber den Amerikanern wohlwollend prüften und verteidigten. Ihre ökonomisch-pragmatische Einstellung mit dem Ziel der raschen Rekonstruktion der deutschen Wirtschaft traf dabei oftmals auf politisch-moralisch motivierte MSA bzw. FOA-Vertreter, deren Einschätzungen und Urteile zwar formal gleichwertig, de facto jedoch entscheidend waren und in dieser Phase den Zustand „asymmetrischer Abhängigkeiten" zwischen deutschen und amerikanischen Stellen verdeutlichten und zu einem erzwungenen Export des amerikanischen Modells (Djelic) führten.

---

[41] N.A., R.G. 469, Mission to Germany. Productivity and T.A. Div. Subject Files of the Chief 1953-1956, 116.4, Minutes of Meeting on Pilot Plant Projects, held in October, 7th, 1954.

Das USTA&P war in erster Linie zur Unterstützung kleiner und mittlerer Unternehmen gedacht, doch zeigt eine Liste der Antragsteller aus dem Jahr 1954 sowie der späteren Projektteilnehmer etwa der mit Hilfe des RKW durchgeführten USA-Reisen, daß auch zahlreiche größere und Großunternehmen ganz unterschiedlicher Branchen in den Genuß der Produktivitätsprogramme kamen. Unter den 117 Antragstellern des Jahres 1954 waren u.a. die Firma Freudenberg, Henschel & Sohn in Kassel, August Klönne in Dortmund, das Henkels Zwillingswerk in Solingen, die REWE eGmbH in Dortmund, Miele & Cie. in Gütersloh. Vertreter der AEG, der Hüttenwerke Salzgitter AG, des Textilunternehmens van Delden oder von Continental nahmen neben Teilnehmern von Verbänden, Gewerkschaften und Universitäten an den organisierten Amerikareisen teil.[42] Allein zwischen 1950 und 1954 organisierte das RKW 32 Studienreisen in die USA mit 208 Teilnehmern. Insgesamt reisten zwischen 1950 und 1956 im Rahmen des Technical Assistance Program 1899 deutsche Teilnehmer in die USA. Darüber hinaus waren durch Betriebsuntersuchungen und andere Formen der Informationsvermittlung eine weitaus größere Zahl deutscher Firmen in den Wissenstransfer involviert. Insgesamt gesehen profitierten im Jahr 1952 laut BDI über 2500 deutsche Betriebe vom Erfahrungsaustausch mit dem USTA&P, zumeist über die Bezirksgruppen des RKW.[43] Zwei Jahre später waren es sogar mehr als 3500. Allein in der Bezirksgruppe Hannover gab es im Jahr 1955 200 betriebliche Kurzuntersuchungen durch RKW-Spezialisten. Das Spektrum der Projekte sowie der antragstellenden Unternehmen und Branchen war weit gefächert. Die Verteilung der Projekte auf die einzelnen Industriezweige zeigt eine Dominanz der Bauindustrie, gefolgt vom Handel, der Textil- und Bekleidungsindustrie, dem Maschinen- und Apparatebau und der Holz- und Möbelindustrie, wobei deutlich wird, daß klein- und mittelständisch strukturierte Branchen deutlich überrepräsentiert und die klassische Großindustrie wie die Eisen- und Stahlindustrie oder die Chemische Industrie kaum vertreten waren. Diese hatten, wie später noch zu zeigen sein wird, ihre eigenen Kontakte in die USA, die z.T. in die Vorkriegszeit zurückreichten und nach dem Zweiten Weltkrieg neu aufgebaut wurden. Sie waren auf die organisierte Entwicklungshilfe des USTA&P kaum angewiesen. Aus dem gesamten Fördervolumen von 117,8 Mio. DM aus den Counterpart-Funds der amerikanischen Wirtschaftshilfe floß der größte Teil in Projekte mit einem Kreditvolumen unter 50.000 DM (37,4%), ein Drittel der Kredite bewegte sich im Rahmen zwischen 75.000 und 100.000 DM und nur gut 10% lagen über der 100.000 DM-Grenze. Diese Kredite dienten z.B. einer Offenburger Spinnerei zur Modernisierung ihrer technischen Ausrüstung, einer Lethmater

42 Archiv Continental AG, 6500 Zg. 1/67, A. 32. RKW-ECA Studienreise 25.7.-14.9.1952; Human Relations. Die menschlichen Beziehungen. Beobachtungen einer deutschen Studiengruppe (= RKW-Auslandsdienst, H. 51), München 1956; Produktivität in USA. Eindrücke einer deutschen Studiengruppe von einer Reise durch USA (= RKW-Auslandsdienst, H. 20), München 1953; N.A., R.G. 469, Mission to Germany. Productivity and T.A. Div. Management, Engineering & Distribution Service, Subject Files of the Chief, 1953-1956, 116.

43 Jahresbericht des Bundesverbandes der Deutschen Industrie, 1. Mai 1954 - 30. April 1955, S. 28; Locke, The Collapse of the American management Mystique, S. 72.

Kettenfabrik zur Einführung neuer Schweißverfahren oder einem Neheim-Hüstener Stahltürenhersteller zur Verbesserung der Rostschutzmöglichkeiten.[44] Neben diesen eher technisch orientierten Fördermaßnahmen kristallisierten sich im Rahmen des USTA&P vier Schwerpunkte heraus: 1. Maßnahmen zur Erhöhung der Arbeits- und Kapitalproduktivität durch „Industrial Engineering, 2. Explizite Projekte zum Themenbereich Human Relations und Industrielle Beziehungen, 3. Projekte zu Fragen der unternehmerischen Aus- und Weiterbildung und 4. Projekte zum Themenbereich Absatz, Verkauf und Marketing.

zu 1) Im Rahmen einer Erhebung zur Ermittlung des Standes der Arbeitsvorbereitung in unterschiedlichen Industriezweigen des Landes Baden-Württemberg wurden im Jahr 1955 von der dortigen RKW-Bezirksgruppe 44 Betriebe der Metall-, Elektro-, Textil-, Leder-, Holz-, Möbel- und Papierindustrie auf den aktuellen Stand und die Verbesserungsmöglichkeiten der Fertigungsplanung und -steuerung hin analysiert, wobei deutlich wurde, daß auf diesem Gebiet „wesentliche Möglichkeiten einer Produktivitätssteigerung" liegen, da dort noch erhebliche Defizite bei der Erfassung der Durchlaufzeiten und der Terminkontrolle der Fertigung sowie bei der Qualitätsprüfung, der Kostenerfassung und -kontrolle zu verzeichnen seien.[45] In mehrwöchigen Trainingsprogrammen äußerten sich amerikanische und deutsche Fachleute zu Fragen der Betriebsführung, der Arbeitswissenschaften des betrieblichen Förderwesens (z.B. Gerhard Kienbaum), zu Problemen der Produktivität (z.B. Kurt Pentzlin) oder zu Aspekten der Gruppenbildung im Betrieb (z.B. Ernest Bornemann). Selbst bei ausschließlich von deutschen Stellen und mit deutschen Referenten durchgeführten Seminaren waren amerikanische FOA-Fachleute über Inhalt und Ablauf der Veranstaltungen informiert und versuchten in ihrem Sinne Einfluß zu nehmen: „While the eight weeks program is an ambitious one, I am hoping that they have made some changes in the program, which we suggested recently to Dr. Krueger and Dr. Boehrs. I think the engineering job they do is very well but, I believe, we should keep hammering that our main theme is cooperation and a more equitable devision of profits. I believe it would be benefitiary for us to have a part in this program", kommentierten die FOA-Vertreter eine deutsche Veranstaltung.[46]

Für das Düsseldorfer Werk der Auto-Union GmbH erstellte die Mead Carney International Corporation einen „Survey-Report", basierend auf einer viertägigen Unternehmensanalyse im Rahmen des USTA&P, der den Geschäftsführern Bruhn und Hahn die Möglichkeiten der Erhöhung der Arbeits- und Kapitalproduktivität mit Hilfe des „Industrial Engineering" aufzeigen sollte. Auf der Basis von Maßnahmen der „Statistical

---

44 N.A., R.G. 469, Mission to Germany. Prod. and T.A. Div., Div. Labor Advisor, Subject Files of the Chief, T.A.-Work.

45 N.A., R.G. 469, Productivity and T. A. Div. Subject Files of the Chief 1953-1956, EPA General.

46 N.A., R.G. 469, Mission to Germany, Prod. and T.A. Div. Management, Engineering and Distrib. Services. Subject Files of the Chief 1953-1956, 120, Schreiben Mahder/Zulauf vom 4.11.52 und 6.11.52 betr. „Tentative Training Program Outline Submitted by REFA".

Quality Control", der Verbesserung der Zulieferung und der Verringerung der Materialverschwendung sollte das Unternehmen in die Lage versetzt werden, die Produktqualität zu verbessern, die Herstellungskosten zu senken, die Einkommens- und Arbeitsbedingungen für die Beschäftigten zu verbessern und so insgesamt jährlich Nettoeinsparungen von 2,4 Mio. DM zu erzielen. Diese Ergebnisse beruhten auf einem Kurzgutachten des amerikanischen Unternehmensberaters und waren als eine Art Appetithappen gedacht. Ein umfangreiches und detailliertes Gutachten der Consultingfirma sollte die Auto-Union knapp 340.000 DM kosten.[47] Neben der Tatsache, daß auch größere Unternehmen in den Genuß des USTA&P kamen, zeigt sich hier ein frühes Beispiel einer US-Consultant-Firma, die auf dem sich langsam entwickelnden deutschen Markt Fuß zu fassen versuchte. Bemerkenswert sind jedoch vor allem die Hinweise auf Vorschläge zur Einführung einer statistischen Qualitätskontrolle sowie zu einer Verbesserung der Zulieferung, die bereits wesentliche Elemente einer „Lean Production" enthalten, die sich dann erst in den 80er Jahren über den Umweg japanischer Managementmodelle, schließlich ebenfalls zuerst in der Automobilindustrie durchsetzten. Auch wenn auf dieses Problem in Fallbeispielen an späterer Stelle ausführlich eingegangen wird, so soll hier bereits darauf hingewiesen werden, daß die Methode der statistischen Qualitätskontrolle ursprünglich in den USA, namentlich von W. Edward Deming, entwickelt wurde und über den Umweg der japanischen Industrie, wo Demings Methode bereits in den 50er Jahren breite Zustimmung und praktische Umsetzung erfuhr, schließlich mehr als 20 Jahre später in die USA reimportiert wurde und schließlich auch nach Deutschland gelangte.[48]

zu 2) Fragen der Human Relations bildeten, wie bereits angedeutet, das Rückgrat zahlreicher USTA&P-Projekte. Darüber hinaus gab es noch spezielle Human Relations- und Training-Within-Industry- (TWI) Programme, an denen auf deutscher Seite neben dem RKW u.a. der Verband für Arbeitsstudien (REFA), die Arbeitsgemeinschaft für soziale Betriebsgestaltung e.V. in Heidelberg (ASB) und das Forschungsinstitut für Arbeitspsychologie und Personalwesen der TH Braunschweig (FORFA) beteiligt waren, also Institutionen, die z.T. auf eine Tradition seit der Zeit der Weimarer Republik und umfassende Erfahrungen der Rationalisierungsbewegung zurückblicken konnten. Das Technical Assistance (T.A.) Projekt Nr. 315 z.B. umfaßte zwei internationale Konferenzen zum Thema „Human Relations in Industry". Außerdem startete eine zehnköpfige Teilnehmergruppe im Auftrag des RKW vom 10. März bis zum 21. April 1954 zum Zwecke des „Study of Human Relations and Psychology in Management" in die USA, darunter neben Vertretern des RKW auch Mitglieder des DGB, des REFA, des FORFA, der ASB, des Max-Planck-Instituts für Arbeitsphysiologie in Dortmund, des Bundesmi-

47 N.A., R.G. 469, Mission to Germany ... Subject Files of the Chief 1953-1956, Labor Advisor, Survey Report der Mead Carney Int. Corp. für Auto-Union GmbH, Werk Düsseldorf (DKW), 12.1.1955.

48 R. Aguayo, Dr. Deming. The Man who taught the Japanese about Quality, London 1991; M. Walton, Deming Management at Work, London 1991.

nisteriums für Arbeit sowie der AEG in Berlin. Das von der FOA zusammengestellte Programm ging von folgenden Gesichtspunkten aus: „Ebenso wie in andern industrialisierten Gebieten Europas hat in Deutschland die jahrhundertealte Tradition mit ihrer sozialen Schichtung und dem Klassenbewußtsein eher eine hemmende als eine fördernde Wirkung auf das Nachkriegsprogramm ausgeübt, das den Wiederaufbau der Industrie, die Steigerung der Produktivität und die Erhöhung des Lebensstandards zum Ziele hat. Die allgemeine Verwirklichung dieses Plans hat zur Aufstellung eines tiefgreifenden und umfassenden Programms der Zusammenarbeit zur Verbesserung der menschlichen Beziehungen in der Industrie geführt. Betriebsführung, Arbeiterschaft, Regierungsstellen und Ausbildungseinrichtungen sind in das Programm eingeschlossen."[49] Als Ergebnis der Reise konnte festgehalten werden, „daß der Erforschung, Ausbildung und Anwendung der Human Relations in der Wirtschaft der USA ein viel breiterer Raum gewährt wird, als es in Deutschland der Fall ist" und daß die „Wirtschaft der USA dadurch beachtliche Erfolge erzielt". Zwar ließen sich entsprechende amerikanische Konzepte nicht einfach auf deutsche Unternehmen übertragen, „sondern müssen sich den jeweiligen Bedingungen anpassen. Übertragbar scheint uns aber der Grundgedanke, dem Menschen in der Wirtschaft eine weitaus größere Bedeutung beizumessen, als es bisher trotz aller theoretischen Erklärungen und Vorträge geschehen ist".[50] Der Direktor des ASB, Rudolf Werner, beurteilte das Projekt denn auch als erfolgversprechend. Er knüpfte u.a. Kontakte zu Prof. Harbison an der Universität Chicago, der bei einem Gegenbesuch in der Bundesrepublik Vorträge über Human Relations vor Gewerkschaftern, Arbeitern und Angestellten hielt und die „fruitful interrelations" mit deutschen Unternehmen hervorhob, z.B. mit der Zellstoff Waldhof AG, die wiederum Belegschaftsmitglieder zu entsprechenden ASB-Trainingskursen schickte.[51] Harbison sollte im übrigen später auch als Lehrer von Heinz Hartmann und dessen Untersuchungen zur Ausbildung von Führungskräften an deutschen Hochschulen, ein Projekt unter Beteiligung des RKW, der EPA sowie der Ford-Foundation, eine Rolle spielen.[52] Diese Beispiele zeigen, wie im Verlaufe der USTA&P Fäden zwischen deutschen und amerikanischen Stellen geknüpft und inwieweit individuelle Aktivitäten von Unternehmern, Politikern, Verbandsfunktionären und Wissenschaftlern dabei eine Rolle spielten, die sich in der

---

49 Human Relations (= RKW-Auslandsdienst, H. 41), München 1956, S. 7 f.; Hinweise auf den amerikanischen Einfluß von TWI- und Human Relations-Programmen auf deutsche Unternehmen s.a. bei Berghahn, Technology and the Export of Industrial Culture, S. 159 f.; ders., The United States and the Shaping of West Germany's Social Compact, 1945-1966, in: International Labor and Working-Class History, No. 50, Fall 1996, S. 125-132.

50 Human Relations (= RKW-Auslandsdienst, H. 41), München 1956, S. 96 f.

51 N.A., R.G. 469, ... Subject Files of the Chief 1953-1956. Statistics Work, T.A. Assist. Evaluation Report. Interview mit Dr. Rudolf Werner, Participant in T.A. Project 09-239 „Human Relations".

52 H. Hartmann, Unternehmerausbildung. Die Rolle der deutschen Hochschulen (= RKW-Auslandsdienst, H. 55), München 1958 (im Original: Education for Business Leadership. A study prepared by Heinz Hartmann, published by the OEEC, Paris 1953).

Folgezeit zu umfangreicheren Netzwerken entwickelten. Die Beispiele ließen sich fortsetzen. Über den ASB ergaben sich Kontakte und Wirkungsmöglichkeiten in die Industrie u.a. über Albrecht Weiß, der 25 Jahre lang die Abteilung Personal- und Sozialwesen der BASF leitete, sowie über Karl-Friedrich Diedrich, der als Personalchef eines süddeutschen Industrieunternehmens 1950 mit einer Arbeit über Human Relations an der Universität Mannheim promoviert wurde. Diedrich stützte sich vornehmlich auf Forschungen der amerikanischen Human Relations-Bewegung sowie u.a. auf die Arbeiten Peter F. Druckers, der sich in den 50er und 60er Jahren zu einem der meistgelesenen Managementtheoretiker und -publizisten entwickeln sollte. Die ASB, dessen Mitglied Diedrich auch war, bot in den 50er und 60er Jahren Kurse zur Ausbildung von Führungskräften des mittleren und oberen Managements, auch über den engen Bereich der Menschenführung hinausgehend, an, verfügte über gute Kontakte in die USA, etwa durch Mitgliedschaft in der American Management Association (AMA) oder dem International University Contact (IUC) und brachte diese Erfahrungen schließlich auch als korporatives Mitglied des „Wuppertaler Kreises" ein, der einen Versuch darstellte, überbetriebliche Einrichtungen der unternehmerischen Weiterbildung zusammenzufassen. Auch dabei spielten Namen wie Ludwig Vaubel (Glanzstoff) oder Herbert Studders (BDI) eine Rolle.[53] Albrecht Weiß und Guido Fischer gaben schließlich seit 1948 zusammen das Periodikum „Mensch und Arbeit. Zeitschrift für betriebliche Sozial- und Wirtschaftspraxis" heraus, in der dem Themenbereich „Human Relations und industrielle Beziehungen" breiter Raum gewidmet wurde. Fischer arbeitete seit Beginn der 20er Jahre an der Universität Mannheim und hatte sich Anfang der 30er Jahre in Veröffentlichungen mit den betriebspsychologischen Studien beim US-Unternehmen Western Electric auseinandergesetzt. Daran anknüpfend gründete er nach dem Zweiten Weltkrieg das „Institut für betriebliche Sozialpraxis" und die „Forschungsstelle für Betriebswirtschaft und Sozialpraxis". Zu seinen Assistenten zählten u.a. Eduard Gaugler und Franz Goosens, die in den 50er und 60er Jahren diese Diskussion weiterführen sollten.[54]

Darüber hinaus engagierte sich die ASB auch auf dem der Human Relations-Thematik benachbarten Gebiet des Training-Within-Industry (TWI). TWI-Kurse auf der Basis amerikanischer Unterlagen dienten ebenfalls zur Förderung der innerbetrieblichen Arbeitsbeziehungen, vornehmlich zur Verbesserung des Verhältnisses zwischen Vorgesetzten und Mitarbeitern, zur „Mitarbeiterunterweisung", zur Vermittlung von Arbeitsmethoden und technischen Kenntnissen etc. Neben der Einrichtung von Kursen wurden Gelder aus den T.A.-Fonds zum Druck von Publikationen, zur Herausgabe von Zeit-

---

53 S. Faßbender, Überbetriebliche Weiterbildung von Führungskräften. Der Wuppertaler Kreis und seine Mitglieder, Essen 1969, S. 54 ff.; K.-F. Diedrich, „Human Relations" als sozialpolitisches und wirtschaftliches Potential im Betrieb, Diss. Mannheim 1950 (als Buchtitel: Entwicklung und Stand der sozialen Betriebsgestaltung, München, Düsseldorf 1951).

54 R. Wanderer, Guido Fischer – Zur Person, in: E. Gaugler (Hg.), Verantwortliche Betriebsführung. Prof. Dr. Guido Fischer zum 70. Geburtstag, Stuttgart 1969, S. 301-308.

schriften und zur Übersetzung amerikanischer Literatur benutzt. TWI, so hieß es dort, „das unter diesem Namen fast in die ganze Welt hinausgedrungen ist, ..., das sind gründlich erarbeitete und wissenschaftlich unterbaute Methoden zur Bessergestaltung innerbetrieblicher Arbeitsbeziehungen. Es ist also nicht ein amerikanisches Programm, das kritiklos angewendet wird. Es ist auch nicht populär gemachte Wissenschaft. Es sind alte Erkenntnisse und Erfahrungen, die hier in klarer, knapper und einprägsamer Form Arbeitsvorgesetzten nahe gebracht werden".[55] Diese Bemerkungen und die Preisung der weltweiten Anerkennung der TWI zeigen jedoch gleichzeitig die Vorbehalte, die ihm gegenüber in deutschen Unternehmen zu bestehen schienen. Immer wieder sahen sich die TWI-Protagonisten veranlaßt, die Verträglichkeit des amerikanischen Programms mit der deutschen betrieblichen Praxis zu belegen. TWI komme zwar aus den USA, sei jedoch der deutschen Mentalität angepaßt worden, und „wenn hier gefragt wird, warum man dann überhaupt ein fremdes Programm als Vorlage genommen hat und nicht ein eigenes aufgestellt hat, so ist darauf zu sagen, daß der Grundgedanke des TWI so gut und die methodische Vorbereitung so gelungen ist, daß es mit den erforderlichen Anpassungen hervorragend verwendbar erschien". Insbesondere die Idee, „den deutschen Hang zur Tiefe und Gründlichkeit mit der amerikanischen praktischen Methodik zu kombinieren", werde ein „brauchbares Werkzeug für die Betriebe" abgeben.[56]

Der quantitativ meßbare Erfolg der TWI-Programme im Rahmen des USTA&P lag in Deutschland, gemessen an anderen europäischen Staaten, deutlich niedriger. Während in der Bundesrepublik zwischen Herbst 1948 (Westzonen) und dem Sommer 1952 insgesamt 134 TWI-Lehrgänge durchgeführt wurden, waren es im gleichen Zeitraum in den Niederlanden über 6.000, in Großbritannien sogar mehr als 30.000 und auch die Mitgliedschaft deutscher Unternehmen war vergleichsweise gering.[57] Darüber hinaus verfestigt sich der Eindruck, daß neben dem RKW einige der o.g. Institutionen die Beteiligung an Human Relations- und TWI-Programmen der USTA&P vor allem dazu nutzten, um an entsprechende Gelder zu gelangen und die eigene Existenz zu legitimieren und zu sichern. Die inhaltliche Beschäftigung mit Fragen zu den Themenbereichen „Zusammenarbeit im Betrieb" oder „soziale Partnerschaft" und die Benutzung entsprechender Begrifflichkeiten und Schlagworte fiel auf Grund der Kompatibilität der amerikanischen Vorbilder mit ihren deutschen Vorläufern aus den 20er und 30er Jahren, wie sie etwa in Form der Werksgemeinschaftsidee propagiert worden war, nicht schwer.[58]

zu 3) Parallelen zu den Human Relations- und TWI-Programmen zeigen auch die von der MSA bzw. FOA geförderten Projekte zur Managementaus- und weiterbildung. Auch hier bestand die Überlegung, amerikanische Vorbilder nach Deutschland übertragen zu können, doch ergaben sich auch auf diesem Gebiet Transformationsprobleme.

---

55 Zit. nach einer TWI-Broschüre, Ex. vorhanden in N.A., R.G. 469, T.A. Div., Subject Files of the Chief 1953-1956, 125.

56 Ebd., E. Hiller und G. Schretzmayer, Die TWI-Arbeit in Deutschland (masch. schriftl., o.J.).

57 Ebd., Stuttgarter Arbeitskreis TWI, Mitteilungsblatt Nr. 7 vom 21.7.1952.

58 Vgl. dazu G. Krell, Vergemeinschaftende Personalpolitik.

In dem bereits erwähnten EPA-Projekt zur Unternehmerausbildung, das mit Unterstützung der FOA und der Ford-Foundation als international vergleichende Studie an der Universität Chicago unter Prof. Harbison angefertigt wurde, bearbeitete Heinz Hartmann den deutschen Teil. Dabei kam er zu dem Ergebnis, daß es einerseits in der Bundesrepublik einen erheblichen Bedarf an Führungskräften gebe, andererseits die universitären Ausbildungsmöglichkeiten, ein mangelndes Bewußtsein für eine Führungskräfteausbildung sowie die Eliteneinstellung und das Selbstbild deutscher Unternehmer alternative Formen der Managerausbildung, wie sie etwa in den USA praktiziert wurden, in Deutschland kaum eine Chance hätten. Zwar gäbe es positive Ansätze einer Führungskräfteausbildung durch Institutionen wie die ASB, FORFA, REFA, die Technische Akademie Wuppertal sowie einige RKW-Seminare, doch seien insgesamt gesehen die Kontakte zwischen der Industrie und den entsprechenden Bildungseinrichtungen zu wenig entwickelt.[59] Hartmanns Studie erschien schließlich in der Reihe des RKW-Auslandsdienstes, ebenso wie weitere Arbeiten zu diesem Thema, die vom USTA&P und der EPA besonders gefördert wurden. Auch der spätere Unternehmensberater und NRW-Wirtschaftsminister Gerhard Kienbaum nahm an einer von der deutschen Produktivitätszentrale, der International Cooperation Administration (ICA) und dem Council for International Progress in Management (CIPM) durchgeführten Studienreise in die USA teil, um sich vor Ort über Fragen der Managementausbildung zu informieren, die später auch in seiner eigenen Unternehmenspraxis von Bedeutung sein sollten.[60]

Die MSA hatte bereits im Jahr 1953 Pläne zur Gründung eines Management „Training Center for Germany“ erarbeitet. Das Ziel bestand darin, die bestehenden separaten Managementausbildungsaktivitäten, etwa der Technischen Akademie Wuppertal, des ASB, des FORFA und des RKW zu bündeln und in ein starkes „Productivity Center“ einzubringen. Den Unternehmen sollte diese neue Einrichtung dann als Anlaufstelle in Fragen der Ausbildung von Führungskräften zur Verfügung stehen. Zunächst wandten sich die Vertreter der MSA mit ihren Plänen deshalb an das RKW und den BDI, namentlich an Ludwig Vaubel und Dr. Aretz von den Vereinigten Glanzstoff Fabriken in Wuppertal.

Der 1908 geborene Ludwig Vaubel gehörte, wie Ernst Hellmut Vits, der dritten Generation der Glanzstoff-Unternehmensleitung an. Er war 1934 als juristischer Berater zu Glanzstoff gekommen und hatte sich seit 1939 das Vertrauen von Vits und dem Aufsichtsratsvorsitzenden Hermann Josef Abs erworben. Im gleichen Jahr stieg Vaubel zum Leiter der Rechtsabteilung bei Glanzstoff auf und wurde 1953 in den Vorstand berufen. Drei Jahre zuvor hatte er – im Anschluß an eine USA-Reise – einen 13wöchigen Aufenthalt an der Harvard Business School absolviert, wo er an einem Advanced Ma-

---

59 H. Hartmann, Unternehmerausbildung, S. 10 f., 14 ff.

60 Ausbildung von Führungskräften in der amerikanischen Wirtschaft. Beobachtungen einer deutschen Studiengruppe (= RKW-Auslandsdienst, H. 45), München 1956. Die ICA war 1955 im Sinne des Mutual Security Act gegründet worden.

nagement Program teilgenommen hatte. Dabei war Vaubel unter 145 Amerikanern und fünf Europäern der erste Deutsche, der in den Genuß dieser Ausbildung kam. Die Harvard-Erfahrungen prägten nicht nur Vaubels persönliches Denken und Handeln, sondern flossen auch, wie später am Fallbeispiel Glanzstoff zu zeigen sein wird – in die Unternehmenspolitik bei Glanzstoff sowie in die Gründung zahlreicher Institutionen zur Förderung von Führungskräften und des unternehmerischen Nachwuchses ein. Einem breiten Publikum machte Vaubel seine Amerikaerfahrungen in dem 1952 erschienenen Buch „Unternehmer gehen zur Schule" zugänglich. Erwähnenswert sind in diesem Zusammenhang auch Vaubels Initiativen Mitte der 50er Jahre bei der Gründung der „Gesellschaft zur Förderung des industriellen Nachwuchses", die gleichzeitig Trägerin der „Baden-Badener Unternehmergespräche" war, sowie die Gründung des „Ausschusses für Nachwuchs- und sozialpolitische Jugendarbeit" und der Walter-Raymond-Stiftung, die zugleich Diskussionsforen und Einrichtungen zur Verbreitung amerikanischer Managementmethoden in der Bundesrepublik waren.[61] Insofern war gerade Ludwig Vaubel die erste deutsche Adresse für die MSA und deren Vorstellungen eines „Deutschen Instituts für Produktivitätstraining". Im Herbst 1953 konnten diese Pläne weiter konkretisiert werden. Unter der Leitung eines Direktors und der Mitarbeit von zwei Assistenten sollten das RKW, REFA, TWI, ASB, FORFA u.a. unter Beteiligung des BDI, der Bundesministerien für Wirtschaft, Inneres und Arbeit und der MSA ein gemeinsames Managementausbildungsprogramm erarbeiten. Informationsveranstaltungen dazu wurden u.a. in Frankfurt am Main und Siegen unter Beteiligung von Vertretern von Bayer und Siemens durchgeführt. Im Anschluß an eine dieser Veranstaltungen formulierte einer der Teilnehmer, Nels Anderson, Direktor des UNESCO-Instituts für Sozialwissenschaften in Köln, seine Bedenken gegenüber den Plänen eines deutschen Management-Training-Centers, die sich im nachhinein als mitentscheidend für das Scheitern einer solchen Einrichtung bewahrheiten sollten. In einem Brief an Harold F. Zulauf von der MSA kommentierte Anderson einen der Tagungsbeiträge mit den Worten, „that management is a profession that can be transferred from one situation to another, and the idea that management learning in a changing situation must be continuous, also that training in a management field is a good investment. He displayed, it seems to me, an unwillingness to recognize that management in Germany is limited by certain traditional and social influences that do not exist in the United States. These are too real, as his German audience knows, to be brushed aside by epigrammatic answers. These influences appear in different form in others countries where the MSA productivity pro-

61 L. Vaubel, Unternehmer gehen zur Schule. Ein Erfahrungsbericht aus USA, Düsseldorf 1952; L. Vaubel, Zusammenbruch und Wiederaufbau. Ein Tagebuch aus der deutschen Wirtschaft 1945-1949, hg. von W. Benz, München 1984, Vorwort S. 12; N.A., R.G. 469, Mission to Germany ... Subject Files of the Chief 1953-1956, 113.2, Memorandum M. Standish to A. M. Lederer, 12.3.1953.

gram is being propagated".[62] Traditionelle und soziale Einflüsse sollten sich in der Tat in der Bundesrepublik als Hindernisse bei der Einrichtung von Managementaus- und -weiterbildungseinrichtungen nach amerikanischem Vorbild erweisen. So scheiterte auch der erste Versuch zur Einrichtung eines zentralen Management „Training Center for Germany" an den dezentralen Strukturen des deutschen Bildungswesens. Ebenso scheiterte sechs Jahre später die Errichtung der ersten deutschen Business-School nach US-Vorbild, wie sie im Rahmen amerikanischer Hilfeleistung für Berlin auf Initiative des amerikanischen Botschafters Conant und der Ford-Foundation geplant war. Statt dessen wurde dann 1959 das Berliner Institut für Berufsbildung e.V. ins Leben gerufen, bei dem sich zumindest die Weiterbildungsinhalte an amerikanischen Managementmethoden orientierten.[63] Somit änderte sich zunächst wenig an der separaten und dezentralen Organisation der deutschen Managementaus- und -weiterbildung. Was sich allerdings änderte, waren Art und Inhalte der unternehmerischen Weiterbildung. So trafen sich beispielsweise Fachleute und Praktiker des mittleren und höheren Managements zu ein- oder mehrwöchigen Seminaren, wo Vorträge über die neuesten amerikanischen Managementmethoden gehalten und diskutiert wurden. Auf einer dieser Veranstaltungen sprach Ludwig Vaubel über die Heranbildung leitender Mitarbeiter in den USA, Kurt Pentzlin über internationale Verflechtungen und Produktivitätsprobleme und der Wirtschaftsschriftsteller Herbert Gross über US-Management.[64] Die Liste bekannter Unternehmer, die, wie etwa Gerhard Kienbaum, in der Folgezeit auf ähnlichen Veranstaltungen als Multiplikatoren amerikanischen Managementwissens fungierten, ließe sich weiter fortsetzen. Sie trafen auf eine große Nachfrage nach Informationen über amerikanische Managementmethoden auf seiten der deutschen Unternehmen und ihrer Führungskräfte. Nicht nur deutsche Unternehmer und Fachleute berichteten über ihre amerikanischen Erfahrungen, auch amerikanische Unternehmer und Management-Consultants kamen im Rahmen der USTA&P in die Bundesrepublik und verbreiteten hier ihre Ideen. Nach einem Vortrag des Unternehmensberaters Harry F. Gracey über „Management Development" in Berlin vor ca. 30 Managern aus 26 Klein- und Großunternehmen schrieb sich sogleich ein Großteil der Teilnehmer für ein achtwöchiges Fortbildungsseminar unter Leitung des RKW ein. Die Bedeutung der amerikanisch unterstützten Ausbildungs- und Nachwuchsförderung spiegelte sich auch auf politisch-symbolischer Ebene wider. Nach der Rückkehr der Teilnehmer eines von der MSA unterstützten einjährigen Auslandspraktikums unter dem Motto „Werkarbeit in USA" fand an der Universität Bonn eine Kundgebung statt, bei der neben Kurt Pentzlin als Mit-

---

62 N.A., R.G. 469, Mission to Germany, Prod. and T.A. Div., Management, Engineering & Distrib. Services. Subject Files of the Chief 1953-1956, 113.2, Brief Anderson an Zulauf, 2.9.1953.

63 Faßbender, Überbetriebliche Weiterbildung von Führungskräften, S. 69.

64 N.A., R.G. 469, Mission to Germany, ... Subject Files of the Chief 1953-1956, Management, Productivity. Bericht über die erste Woche des Seminars für Betriebsleitung und Arbeitskunde in Hannoversch-Münden v. 2.-7. Feb. 1953.

glied der „Vereinigung ehemaliger Amerika-Werkstudenten" auch Michael Harris, Leiter der MSA-Mission in Deutschland und der stellvertretende Bundeskanzler und Bundesminister für Angelegenheiten des Marshall-Plans, Franz Blücher, auftraten und den Erfolg der entsprechenden Projekte und die deutsch-amerikanische Zusammenarbeit würdigten.[65]

zu 4) Am erfolgreichsten waren die amerikanischen Bemühungen des USTA&P auf dem Gebiet der Absatzwirtschaft und des Marketing. Dies dürfte, vergleichbar mit den Überlegungen der Wachstumstheorie, daß die Wachstumsraten bei niedrigem Ausgangsniveau stärker sind als bei höherem, auf den niedrigen Stand und die fehlende, z.T. auch durch den NS unterbrochene Tradition einer dem amerikanischen Marketingkonzept vergleichbaren Verkaufspolitik deutscher Unternehmen zurückzuführen sein. Es erklärt umgekehrt auch die vergleichsweise geringe Wirkung amerikanischer „Entwicklungshilfe" auf dem Gebiet der Industriellen Beziehungen (Human Relations, TWI) und der unternehmerischen Ausbildung, insbesondere vor dem Hintergrund einer langen Tradition betrieblicher Sozialpolitik in deutschen Unternehmen.

Anläßlich seiner Reise durch Berlin bemerkte der MSA-Business-Management Spezialist F. E. Scheven, daß nach 12 Jahren Nationalsozialismus, kontrollierten Preisen und Verkaufsquoten in der Nachkriegszeit und dem Vorherrschen von Verkäufermärkten die Deutschen das Wissen über Verkauf und Marketing verloren hätten.[66] Repräsentanten des USTA&P wollten den Europäern und somit auch den Deutschen eine neue, erweiterte Vorstellung von Produktivität vermitteln, die über die traditionelle Definition von Arbeits- und Kapitalproduktivität hinausreichte und auch Aspekte von Verkauf und Absatz mit berücksichtigte. Die MSA-Vertreter waren sich einig darüber, daß deutsche Unternehmen ihre Kompetenz auf technischem Gebiet längst unter Beweis gestellt hatten und es dort in der Nachkriegszeit rasche Fortschritte gegeben habe: „Progress however, was slower in braking the shackels binding and preventing the fuller utilization of this technical capacity to produce more goods and services and to assure the distribution to the consumer at cheaper prices. Much still remains to be done to bringabout the interplay and relationship of economic forces and conditions into an arrangement and constallation automatically compelling free enterprise and competition ... A competitive and purposeful industrial democracy will bring to its people in a larger measure the fruits of their work and cooperation."[67] Dementsprechend sei die Einrichtung von Produktivitätsprogrammen der USTA&P unter Berücksichtigung der Themen Verteilung, Verkauf und Marketing zu forcieren. Gespräche mit deutschen Unternehmern wie Harro Tigges und PR- bzw. Werbefachleuten wie Hubert Strauf und Carl Hundhausen bestätigten den MSA-Spezialisten die Defizite auf diesem Gebiet: „... there is no open mind

65 N.A., R.G. 469, Mission to Germany, ... Subject Files of the Chief 1953-1956, 112.

66 Ebd., Office of Economic Affaires. Program Subject Files of the Chief 1951-1953, EWT-EER, F. E. Scheven, Report on trip to Berlin, Feb. 19-21, 1953.

67 Ebd., Labor Advisor, Subject Files of the Chief, 1952-1954 Synopsis Briefing for use of Mr. Harris at Mission Chiefs Conference 27.-31.8.1953 on Prod. and T.A. Program.

for marketing research, for promotion, or for new innovations in advertising. This is simply a result of top management's belief that production and the product are the only real factors to be considered and that improved marketing methods and tools are interesting gimmicks".[68]

Als Konsequenz dieser Analysen förderte die USTA&P zahlreiche Programme zum Thema Marketing, Verkauf und Absatz, wie etwa die deutsch-amerikanischen absatzwirtschaftlichen Gespräche oder RKW-Seminare wie zum Thema „Besser Verkaufen" für Berliner Unternehmer und Verkaufsleiter, wobei einmal mehr deutlich wurde, daß diese mit „neuzeitlichen absatzwirtschaftlichen Kenntnissen und Methoden nur sehr ungenügend" vertraut waren. Amerikanische Absatzfachleute erklärten, daß es „dringlichst notwendig ist, der Berliner Industrie bessere Instrumente zur Planung und Überwachung ihrer Absatzbemühungen in die Hand zu geben".[69]

Diese Lücken konnten aus amerikanischer Sicht nicht allein mit Hilfe absatzwirtschaftlicher Literatur und Vorträge geschlossen werden, sondern sollten durch spezielle Marketing & Distributions-Programme sowie durch in den USA erprobte „check-lists" ergänzt werden. Im Rahmen eines „Technologischen Informationsdienstes", wie er in den USA seit Jahrzehnten beim Department of Commerce als „Office of Technical Services" (OTS) existierte und mit dem RKW als deutscher Vermittlungsstelle gab es die Möglichkeit für deutsche Unternehmen, praktische Fragen zu bestehenden Vertriebs- und Absatzproblemen, zum Aufbau von Vertriebsorganisationen, zur Werbeplanung etc. zu stellen, um so betriebliche Fehlerquellen zu vermeiden. In einem speziellen „Question and Answer Service" wurden aus den USA mehr als 1000 Antworten an deutsche Unternehmen zurückgesandt, wobei aus amerikanischer Sicht bemerkenswert war, daß gerade auch von größeren Unternehmen, von denen man annahm, daß sie über gute Informationsquellen verfügten, mehr Anfragen gestellt wurden als von mittleren und kleinen Firmen.[70] Darüber hinaus fanden zahlreiche Programme zum Thema Absatzförderung, spezielle Veranstaltungen über „Food Distribution", „Marketing Techniques in the Paper Industry", „Wholesale and Retail Trades" etc. statt. Das Themenspektrum reichte von Fragen zum Marketing über Verpackung, Lagersysteme, Rechnungswesen, Finanzierung, PR u.v.m. Auch auf ungewöhnliche PR-Methoden wurde dabei zurückgegriffen. Ein „Caravan of modern food service" verbreitete die Ideen moderner Absatz- und Verteilungsmethoden im Lebensmittelhandel, die schließlich der Senkung der Lebensmittelkosten und damit der Steigerung des Lebensstandards zugute kommen sollten. Ein Lastwagen tourte durch Europa, in dem Filme zum Thema „Shopping is a

---

68 Ebd., Subject Files of the Chief 1953-1956, 113.1, S. Cutler an R. C. Mahder/MSA, 10.4.1953.

69 Ebd., Subject Files of the Chief 1953-1956, 121, RKW-Zweigstelle Berlin an RKW-Zentrale Frankfurt, betr. Projektvorschlag Follow-up-Programm zu TA-B-09-215 „Erarbeitung eines Systems von Kontroll-Listen für die Entwicklung von Verlustquellen im industriellen Betrieb", 25.3.1955.

70 Ebd.; Atzbach; Swoboda, Ein Jahr deutsche Produktivitätszentrale, S. 228.

pleasure" sowie auf 55 Quadratmetern Ausstellungsfläche ein moderner „self-service grocery store" sowie US-Kühlschränke, Packmethoden, Lagersysteme und Literatur vorgestellt wurden. Nach Berichten der Veranstalter übernahmen von den ca. 4000 Besuchern einer solchen zweimonatigen Aktion ca. 20% das dort vorgestellte Lager-Planungs-System. Amerikanische Verkaufsmanager, etwa von DuPont, kamen in die Bundesrepublik und hielten Vorträge, Mitteilungsblätter und Broschüren wurden verteilt. Die MSA warb in den USA regelrecht um Fachreferenten mit der Bemerkung, daß dies schließlich auch für US-Unternehmen gute Chancen böte: „This is a rare opportunity for American speakers to put across American concepts in these fields to a very selected group of highly placed German industrialists."[71]

Infolge der Fülle der Veranstaltungen und Programme zur Vermittlung amerikanischer Absatz- und Marketingmethoden, insbesondere auch durch amerikanische Fachleute, konnte der Eindruck entstehen, daß dies der amerikanischen Seite mehr nütze als den deutschen Ansprechpartnern, so daß einige Veranstalter sich zu der Bemerkung veranlaßt sahen, daß es nicht darum gehe, „für Verkaufsmethoden Propaganda zu machen, die in den USA angewendet werden, sondern ihre Vertriebserfahrungen mit denen der europäischen Kollegen auszutauschen".[72] Im übrigen hofften die MSA-Repräsentanten, daß über das amerikanische Angebot der Technical Assistance (T.A.) Programme hinaus auch von deutscher Seite eine zunehmende Nachfrage nach Absatz- und Marketinginformationen bestünde: „As we all know, it is not enough for Americans, either at Paris or Mehlem (interne Kurzform für den Sitz der MSA in Bad Godesberg, Mehlemer Aue, C.K.) level, to feel the necessity for T.A. projects: it is more important that the desire for these projects comes from the German friends ..."[73]

Auf der anderen Seite finden sich auch Beispiele, daß MSA-Spezialisten sehr dezidierte Vorstellungen amerikanischer Produktions- und Managementmethoden hatten, die sie direkt auf die deutschen Verhältnisse übertragen wollten und damit im Rahmen der USTA&P massiv in die deutsche Unternehmenspolitik intervenierten.[74] Der bereits erwähnte MSA- Business Management Spezialist F. E. Scheven beispielsweise machte den Berliner Siemens-Schuckert-Werken genaue Vorgaben für ihr Haushaltwarenprojekt und machte davon auch die Kreditvergabe an das Unternehmen abhängig, was

[71] Ebd., Subject Files of the Chief 1953-1956, 119.6 und 113.2, W. R. Geisinger/MSA an den Council for International Progress in Management in New York, 25.5.1955.

[72] Ebd., Subject Files of the Chief 1952-1954, BDI/Abt. Absatzförderung, E. H. P. Meyer an Mitglieder des Präsidiums u. d. Ausschuß f. Absatzförderung, 15.10.1954.

[73] Ebd., Subject Files of the Chief 1953-1956, 119.6. A. M. Posterman an C. R. Mahder, 20.8.1953.

[74] Die amerikanische Intervention war nach 1953 vor allem auch im militärischen Bereich spürbar, wo bereits zu Beginn der 50er Jahre Missions unter deutscher Beteiligung (Transport, Logistik etc.) geplant waren. Darauf soll jedoch an dieser Stelle nicht weiter eingegangen werden. Auf den militärischen Aspekt des USTA&P und den Einfluß der NATO weist McGlade, The Illusion of Consensus, Chapter eight, S. 546 ff., allerdings nicht für den deutschen Fall, hin.

schließlich Änderungen im Produktionsprogramm für Kühlschränke zur Folge hatte. Die Siemens-Schuckert-Werke hatten zunächst drei Kühlschranktypen mit einem Fassungsvermögen von 50, 75 und 100 l und einem Verkaufspreis von 420, 550 und 750 DM geplant. Scheven machte daraufhin folgende Empfehlungen, die er zugleich an den Kreditwunsch koppelte: Zunächst einmal sollte die Herstellung des 50 l-Kühlschranks überdacht werden. Ein solches Gerät sei zu klein und entspreche nicht den Einsparmöglichkeiten, die eine amerikanische Hausfrau einplane, wenn sie nicht täglich, sondern nur einmal wöchentlich einkauft. Zweitens sollte eine Studie erstellt werden über die Möglichkeiten, einen 100 l-Kühlschrank statt für 750 DM für 500 DM zu verkaufen und drittens sollte das Unternehmen zunächst eine Marktanalyse erstellen, auf deren Basis dann die genaue Produktionszahl ermittelt werden könne. Die Tatsache, so Scheven, daß die Stückzahl der herzustellenden Kühlschränke durch die Direktoren des Werkes und ohne Einfluß der Marketingabteilung festgelegt werde, entspreche kaum einem modernen Managementverständnis: „Here seems to be a splendid opportunity to introduce American methods of market analysis. I believe we can assume that the refrigerators will be functionally correct. The importance of design and sales appeal must not be ignored.“[75] Hier zeigte sich einmal mehr der amerikanische Eindruck, daß sich die Deutschen zwar technisch, nicht jedoch hinsichtlich von Verkauf und Absatz auf dem neuesten Stand befänden und das die Bedeutung von Produktion gegenüber der Konsumtion deutlich überwiege und dementsprechend amerikanische Entwicklungshilfe angebracht sei.

Insgesamt gesehen läßt sich bislang festhalten, daß die USTA&P-Aktivitäten Beispiele für amerikanische Managementexporte unter „asymmetrischen Abhängigkeiten“ (Djelic) darstellen. Die Programme und Projekte waren durch ein starkes amerikanisches Sendungsbewußtsein im Sinne einer unternehmerischen re-education geprägt, die nicht nur für die Bundesrepublik, sondern ebenso für zahlreiche andere europäische Staaten entworfen wurde und dementsprechend nicht in erster Linie rückwärtsorientiert war und eine Überwindung der NS-Folgen zum Ziel hatte, sondern eine starke Zukunftskomponente im Sinne einer Westbindung der europäischen Wirtschaft durch den Export amerikanischer Leitbilder beinhaltete.

Der Programmablauf von der Antragstellung durch deutsche Unternehmen über die Durchführung der Projekte bis hin zu deren Abwicklung und Evaluation wurde von den amerikanischen Stellen (ECA bzw. der MSA und der FOA) auf Schritt und Tritt begleitet und kontrolliert. Auch wenn die Entscheidungen über die Mittelvergabe letztendlich bei deutschen Stellen lagen, so verfügten die Amerikaner doch über ein Vetorecht. Sie erwarteten nach Abschluß der Projekte einen ausführlichen Bericht, der dann beispielsweise mit Unterstützung des RKW gedruckt und einer größeren Öffentlichkeit zugänglich gemacht wurde. Die Publikation und eine breite Zugänglichkeit sowie ein prakti-

---

75 N.A., R.G. 469, Office of Economic Affaires Program Subject Files, 1951-1953, EWT-EER Scheven, Report on trip to Berlin, 3.-8.3.1953.

sches Verwertungsinteresse lagen ebenfalls im Interesse amerikanischer Stellen. Zu diesem Zweck wurde ein eigenes MSA-Mitteilungsblatt „Productivity-News from Germany“ herausgegeben. Selbst die deutschen Reaktionen auf die MSA-Programme wurden durch diese, etwa in Form der Presseauswertung, registriert.

Mit Blick auf die Übertragbarkeit amerikanischer Managementmethoden auf deutsche Verhältnisse waren sich die Zeitgenossen der Bedeutung indirekter Effekte bewußt: „The indirect effect seem to be of even greater importance: participants have seen that the USA owe their considerable start over other countries as regards volume of production and living standards not only to better geographic and political conditions but also to hard, indefatigable work in every individual economic field, with the aim of making it possible for all concerned to perticipate in the results of that work.“[76] Dies deckt sich mit der aktuellen Einschätzung der Marshall-Plan-Wirkungen, die nicht allein am finanziellen Aufwand oder am materiellen Gehalt der US-Hilfe, sondern auch an ihrer mentalen Wirkung gemessen werden müssen.

Das USTA&P war eine Art Entwicklungshilfe im Sinne einer „Hilfe zur Selbsthilfe“. Auch wenn in einigen Bereichen die Unterstützung (Kredite) von der Einhaltung amerikanischer Vorgaben und Interventionen abhängig gemacht wurde, so bestand das Ziel doch darin, Vorschläge und neue, über den engen technischen Bereich hinausreichende, Wege der Produktivitätssteigerung zu eröffnen, die dann möglichst auf freiwilliger Basis von deutscher Seite angenommen und nachgeahmt werden sollten. Und selbst auf Gebieten wie den Human Relations, der TWI-Programme oder der Manageraus- und -weiterbildung, bei denen die direkte Umsetzung amerikanischer Vorbilder, wie noch zu zeigen sein wird, z.T. an deutschen Traditionen und an betrieblichen Realitäten scheiterten, wirkten die amerikanischen Programme und Projekte durch deren Netzwerkbildung zwischen amerikanischen und deutschen Unternehmen, Verbänden, politischen Institutionen, Hochschuleinrichtungen und individuellen Mittlern und Multiplikatoren als Kommunikations- und Informationsgrundlage zur Verbreitung amerikanischer Management- und Produktionsmethoden für zukünftige Entwicklungen. Inwieweit dabei der Übergang vom Zustand „asymmetrischer Abhängigkeiten“ zur freiwilligen Nachahmung gelang, soll in späteren Kapiteln an Fallbeispielen gezeigt werden.

---

[76] N.A., R.G. 469, Mission to Germany, Subject Files of the Chief 1953-1956, Statistics Work. Technical Assistance Evaluation. Summary of Report proposed by. Dipl. Ing. J. Aengeneyndt, Industrial Consultant, Köln, Nov. 1954.

2.1.2 Management-Diffusion durch Verbände, Organisationen, Institutionen

Wie am Beispiel der deutschen Produktivitätszentrale (RKW), dem REFA und der ASB gezeigt werden konnte, waren die Verbände wichtige Ansprechpartner des USTA&P und entsprechender amerikanischer Organisationen (ECA bzw. MSA oder FOA) und somit auch Teil eines sich allmählich entwickelnden Netzwerkes zum Austausch von Managementwissen. BDA und BDI bildeten, wie gezeigt, einen gemeinsamen Produktivitätsausschuß im „Deutschen Produktivitätsrat", der auf Unternehmerseite durch Fritz Berg, Pentzlin, Raymond, Haverbeck, Menne und Mittelsten-Scheid vertreten und unter beratender Teilnahme der MSA gegründet worden war. Insbesondere über seinen langjährigen Vorsitzenden Fritz Berg verfügte der BDI über weitreichende Amerikaerfahrungen sowie über gute Verbindungen zur Bundesregierung.[77]

Berg war 1901 als Sohn des Drahtfabrikanten Wilhelm Berg in Altena geboren worden und hatte ein volks- und handelswissenschaftliches Studium bei Eugen Schmalenbach in Köln absolviert, der ihn schließlich auch zu einem dreijährigen Amerikaaufenthalt Mitte der 20er Jahre animierte. So sammelte Berg praktische Erfahrungen als Fließbandarbeiter bei Ford in Detroit und als Exportkaufmann in den USA und Kanada, die ihm schließlich auch in der Nachkriegszeit von Nutzen sein sollten. 1946 stieg Berg zum Präsidenten der Südwestfälischen IHK in Hagen auf und avancierte drei Jahre später zum Präsidenten des BDI. Es gilt als sein Verdienst, nach dem Krieg frühzeitig Kontakte in die USA geknüpft zu haben, so daß auf seine Initiative im Jahr 1951 die erste deutsche Industriedelegation in die Vereinigten Staaten reiste.[78] Daraus entwickelten sich umfangreiche deutsch-amerikanische Wirtschaftskontakte und auf zahlreichen Gebieten eine Orientierung an amerikanischen Leitbildern im Bereich des Management und der Produktion, was auf der anderen Seite nicht ausschloß, daß der BDI mit Fritz Berg an der Spitze sowie der DIHT zu den schärfsten Kritikern des amerikanischen Einflusses auf die deutsche Wettbewerbsordnung und das geplante Kartellverbot zählte.[79] Die Amerikaorientierung des BDI sowie bei Fritz Berg war ebenso pragmatisch begründet wie die Kritik der amerikanischen Einflußnahme auf die deutsche Wettbewerbsordnung. Doch überwog in der unternehmerischen wie auch in der verbandspolitischen Praxis die positive Einstellung zu amerikanischen Leitbildern, die sich bei Unternehmern wie Fritz Berg einerseits aus den Amerikaerfahrungen der Vorkriegszeit wie auch aus den aktuellen US-Kontakten speisten. Hier spielte Bergs Amerikareise im Jahr 1951 eine Rolle, die zu einem Zeitpunkt stattfand, als das Auslaufen der Marshallplan-Hilfe absehbar, der Korea-Krieg ausgebrochen war und in der Bundesrepublik

---

77 Berghahn, Unternehmer und Politik, S. 180 ff.

78 K.-H. Herchenröder, Fritz Berg – der Mann und sein Werk, in: F. Berg: Die westdeutsche Wirtschaft in der Bewährung. Ausgewählte Reden 1950-1965, Hagen 1966, S. 11-22; Persönlichkeiten der Gegenwart. Fritz Berg, Freudenstadt 1966, S. 24 f., 30.

79 Berghahn, Unternehmer und Politik, S. 152 ff.

Probleme der Rohstoffversorgung und eine mangelnde Kapazitätsauslastung der Industrie spürbar wurden. Spätestens in dieser Situation, so kommentierte Berg die US-Reise der deutschen Industriedelegation 1951, „gingen wir dabei von der Erkenntnis aus, daß in den USA die großen Entscheidungen in den politischen und wirtschaftlichen Fragen fallen".[80] Dies betraf in der Zeit des Kalten Krieges auch die militärische Stärke der USA, die sich wiederum auf die wirtschaftliche Entwicklung in Europa und der Bundesrepublik auswirken sollte. Dementsprechend war Berg an US-Investitionen in der Bundesrepublik interessiert, die im Rahmen von US-Aufträgen mit einem Gesamtvolumen von 5 Mrd. US-Dollar an NATO-Mitgliedstaaten vergeben werden sollten. Darin sah Berg auch eine Chance für die westdeutsche Wirtschaft: „Ich bin mit der festen Überzeugung zurückgekommen (aus den USA, C.K.), daß Deutschland versuchen muß, so schnell wie möglich in das NATO-System einbezogen zu werden, sowohl aus politischen Gründen der eigenen Sicherheit wie aus wirtschaftlichen Gründen – denn wir können auf die damit zusammenhängenden Aufträge, die Beschäftigung unserer Werke und Arbeiter und auf die Rohstoffe nicht verzichten."[81]

Der BDI spielte auch eine nicht unwesentliche Rolle bei der Konstituierung der Deutsch-Amerikanischen Kapital-Kommission, die sich zwischen 1951 und 1954 mit der Frage amerikanischer Direktinvestitionen in der Bundesrepublik beschäftigte. Eine gemeinsame deutsch-amerikanische Kommission sollte den deutschen Kapitalbedarf und die Möglichkeiten amerikanischer Investitionen in der Bundesrepublik prüfen, wobei die Frage der Exportsteigerung durch die Ausweitung der USTA&P ebenso diskutiert wurde wie eine Beteiligung der deutschen Industrie am Rüstungsprogramm der NATO. Die aus je drei deutschen und amerikanischen Industriellen bestehende Deutsch-Amerikanische Kapitalkommission beauftragte Erik T.H. Kjellström, Associate Director of the Research Department of the National Association of Manufacturers (NAM) mit der Erarbeitung eines Berichtes über den westdeutschen Kapitalbedarf und die Möglichkeiten amerikanischer Investitionen.[82] Nach den positiven Anstößen des Marshall-Plans und den Möglichkeiten, die die NATO und der Schuman-Plan für weitere Investitionen boten, sah Kjellström auch einige wirtschaftliche Hindernisse, die es auf dem Weg zu mehr Auslandsinvestitionen in der Bundesrepublik abzubauen galt: „The Marshall-Plan has unquestionable been succesful in restoring production beyond pre-war levels. The North Atlantic Treaty Organization (NATO) is like the Benelux idea an inspiring yet unimponderable factor in Western World Cooperation ... Although the road blocks interfering with foreign investment are certain economic problems which are important deterrents such as: the limitation on remittance of profits, export as

---

80 F. Berg, Deutsche und amerikanische Wirtschaft. Eindrücke einer Amerikareise, 7.8.1951, in: ders., Die westdeutsche Wirtschaft in der Bewährung, S. 25.

81 F. Berg, Deutsche und amerikanische Wirtschaft, S. 31 f.

82 Link, Deutsche und amerikanische Gewerkschaften und Geschäftsleute, S. 135 ff.

import quotas, and the control of capital movements."[83] Auch drei Jahre später waren diese Hindernisse noch nicht zur Zufriedenheit der Kommission gelöst worden. Anläßlich eines Treffens in Essen, an dem der BDI u.a. durch W. Alexander Menne vertreten war, wurde darauf hingewiesen, daß die Produktivität der deutschen Wirtschaft noch deutlich hinter der amerikanischen zurückliege, daß nach wie vor ein hoher Kapitalbedarf bestehe und dementsprechend die Notwendigkeit von Steuerreformen und einer entschlossenen Politik der Zentralbank angemahnt wurde.[84]

Neben der aktiven Rolle des BDI in der Deutsch-Amerikanischen Kapital-Kommission entwickelte sich unter Fritz Bergs Präsidentschaft ein reger Austausch zwischen deutschen und amerikanischen Verbänden und Unternehmen. Im selben Jahr der ersten deutschen Industriellendelegation in die USA fanden auch die ersten „Deutsch-Amerikanischen Betriebsführerzusammenkünfte" in Zusammenarbeit mit dem BDI, dem RKW, der ECA und dem National Management Council 1951 in Baden-Baden statt. Unter Beteiligung österreichischer, schweizerischer, niederländischer und türkischer Gäste wurden auf einem zweiwöchigen Seminar Fragen der allgemeinen Betriebsführung, der Produktivitätssteigerung, der Absatzwirtschaft und der Human Relations diskutiert. Ein ähnliches Themenspektrum umfaßte der ebenfalls 1951 stattfindende Internationale Industriellenkongreß in New York.[85] Der New Yorker Kongreß war nicht die erste Veranstaltung dieser Art, sicherlich aber eine der größten, bei der die amerikanischen Gastgeber mehr als 300 Teilnehmern aus 17 europäischen Staaten ihr Verständnis und ihr Modell der Produktivität, der Wettbewerbs- und Konsumgesellschaft vermittelten. Als Veranstalter und Unterstützer dieses intern als „Operation Impact" bekannten Kongresses fungierten neben der National Association of Manufacturers (NAM), des National Management Council auch die ECA, die EPA und die Ford-Foundation. Als Gastgeber trat u.a. Henry Ford II auf, hochrangige Vertreter der US-Wirtschaft von General Motors, General Electric, IBM, Dow-Chemicals waren ebenso anwesend wie der ehemalige ECA-Chef und aktuelle Direktor der Ford-Foundation, Paul G. Hoffman.[86] Von deutscher Seite war u.a. der BDI durch Fritz Berg vertreten.

Weitere internationale Industriellenkongresse folgten in den 50er Jahren, jeweils organisiert von amerikanischen und europäischen Organisationen wie der ECA, MSA, EPA, NAM, NMC etc. und jeweils mit dem Ziel der Vermittlung des „American way" der Produktivitätssteigerung sowie entsprechender Leitbilder der Markt-, Wettbewerbs-,

---

83 Hagley Museum and Library, Archiv der National Association of Manufacturers (NAM), Acc. No. 1411, Series I, Box 76. International Relations, German-American Capital. A priliminary Report to the German-American Capital Commission, prepared by E. T. H. Kjellström (NAM), November 1951.

84 Ebd., Commission Meeting, Essen, 17.5.1954.

85 Jahresbericht des Bundesverbandes der deutschen Industrie, 1. Juli 1951-30. April 1952, S. 25; E. Hafer, Die Industriellen in New York, in: Der Volkswirt Nr. 48, 1951, S. 12-14. Link, Deutsche und amerikanische Gewerkschaften und Geschäftsleute, S. 132 ff.

86 M. Kipping, ‚Operation Impact'. Converting European Employers to the American creed, in: Kipping; Bjarnar, The Americanisation of European Business, S. 55 ff.

Personal- und Produktionspolitik.[87] Inhalte und Art dieser Veranstaltungen wurden auch auf nationale Ebene in Form von Seminar- und Diskussionsveranstaltungen über Betriebsführung und Managementmethoden übertragen. Dabei sind es immer die gleichen Namen führender Unternehmerpersönlichkeiten, die als Repräsentanten von Unternehmen oder Verbänden aktiv waren. Sei es Fritz Berg oder Herbert Studders vom BDI, Ludwig Vaubel von Glanzstoff oder Kurt Pentzlin von Bahlsen bzw. als Vorstandsmitglied des RKW. Auf diesen Tagungen liefen die Fäden zusammen, und von dort liefen sie auch wieder netzwerkartig auseinander, etwa in Richtung der einzelnen Unternehmen oder zu anderen Verbänden bzw. Institutionen wie den Baden-Badener Unternehmergesprächen, die schon von ihrer Bezeichnung her den Kommunikationscharakter in den Vordergrund stellten. Berg, Vaubel, Pentzlin u.a. wirkten so auf institutionalisierter wie auch auf informeller Ebene als Multiplikatoren amerikanischer Managementmethoden. Anläßlich der deutsch-amerikanischen Betriebsführergespräche ging Vaubel sogar so weit zu behaupten, daß die „Beherrschung der Methoden" wichtiger sei „als die Kenntnis des Produkts der Firma".[88]

Die Baden-Badener Unternehmergespräche sind Ausdruck einer solchen Einstellung wie auch des Versuchs, „Versäumtes nachzuholen".[89] Anders als bei dem durch das deutsche obrigkeitsstaatliche Denken stark hierarchisch ausgerichteten Führungsstil bei der traditionellen Ausbildung von Führungskräften sollte es bei den Baden-Badener Unternehmergesprächen weniger um strenge Schulung und Unterrichtung, sondern um ein Gespräch, um einen kritischen Dialog, um Diskussionen und um offene Kritik gehen. Zu diesem Zweck war 1952 ein Präsidialausschuß durch den BDI mit Dietrich von Witzleben (Siemens), Ludwig Vaubel (Glanzstoff) und Carl Neumann (Dt. Industrieinstitut) unter Beteiligung des BDA, des DIHT und der Arbeitsgemeinschaft selbständiger Unternehmer (ASU) ins Leben gerufen worden, der wiederum einen „Arbeitskreis zur Förderung des Unternehmernachwuchses" unter Beteiligung von Heinz Scherf (Degussa), Josef Winschuh (Firma Marx) und Theodor Wuppermann (Wuppermann) gründete und schließlich zum ersten Baden-Badener Unternehmergespräch in Baden-Baden als Ort der Deutsch-Amerikanischen Betriebsführergespräche einlud. In einem Brief an deutsche Unternehmer formulierte Herbert Studders als erster des „Arbeitskreises zur Förderung des Unternehmernachwuchses" 1955 dessen Ziele: „Hauptaufgabe dieser Gesellschaft soll es sein, die finanzielle und organisatorische Grundlage für die künftigen Arbeiten zu schaffen, die sachlich in einem Institut geleistet werden sollen, wie es in anderen europäischen Ländern und in den Vereinigten Staaten bereits besteht und in

---

[87] F. Blumrath, Die internationale Arbeit des BDI von 1949 bis 1954, in: Fünf Jahre BDI, hg. vom BDI, Bergisch-Gladbach 1954, S. 169-202.

[88] Deutsch-amerikanische Betriebsführergespräche, in: Der Arbeitgeber 1952, H. 19, S. 752.

[89] H. Hellwig, Die Baden-Badener Unternehmergespräche, in: Unternehmer und Bildung. Festschrift zum 60. Geburtstag von Ludwig Vaubel, Köln und Opladen 1968, S. 97-105, 103.

dem das Interesse der deutschen Industrie an der Führung ihres Unternehmernachwuchses sichtbaren Ausdruck findet.“[90]

In einer ihrer ersten großen Veranstaltungen widmeten sich die Baden-Badener Unternehmergespräche 1955 dem Thema „Absatzwirtschaft“. Unter Beteiligung des BDI, des RKW und der FOA beschäftigten sich 140 Teilnehmer mit der steigenden Bedeutung von Absatz- und Verkaufsproblemen in einer Wirtschaft, die sich im Übergang vom Verkäufer- zum Käufermarkt befand. Der starke amerikanische Einfluß resultierte dabei nicht allein aus der Themenwahl, sondern kam auch im Verlauf der Veranstaltung zum Ausdruck, da sich deutsche und amerikanische Referenten mit ihren Vorträgen ablösten und diese anschließend zur Diskussion stellten.[91] Curt Becker vom BDI bzw. RKW kam schließlich zu dem Ergebnis, das auch als Resümee über der gesamten Tagung hätte stehen können: „Absatz und Transport sind also wesentlich wichtiger in volkswirtschaftlicher Sicht als die Produktion. Wenn diese Erkenntnis sich in Deutschland verbreitet, dann können die wirtschaftlichen Probleme leichter gelöst werden ... Nicht die Grundindustrie ist die Schlüsselindustrie: Der Konsument hat den Schlüssel der Wirtschaft in der Hand. Der Erfolg der amerikanischen Wirtschaft liegt in dieser Grundauffassung.“[92]

Die Multiplikatorfunktion von Verbänden und Unternehmerorganisationen wird vor allem auf dem Gebiet der Weiterbildung von Führungskräften deutlich, wie das bereits erwähnte Beispiel der Gründung des „Wuppertaler Kreises“ belegt. Neben dem RKW, dem REFA und dem Ausschuß für wirtschaftliche Fertigung (AwF) waren es einmal mehr Unternehmerpersönlichkeiten wie Dietrich von Witzleben, Herbert Studders oder Ludwig Vaubel, die die Initiative ergriffen, möglichst viele Organisationen der überbetrieblichen Weiterbildung 1955 an einen „runden Tisch“ nach Wuppertal zu bekommen.[93]

Weniger als Weiterbildungseinrichtung im engeren Sinne denn als Institution zur „Bildungs- und Aufklärungsarbeit“, in der auch aktuelle Fragen der politischen, sozialen und wirtschaftlichen Ordnung diskutiert werden sollten, muß die Gründung der Walter-Raymond-Stiftung im Jahr 1959 betrachtete werden. Auch daran waren zahlreiche Großunternehmen wie Bayer, Hoechst, SEL, Karstadt u.a. sowie Kurt Pentzlin vom

---

90 H. Hellwig; J. Bertsch, Ursprung und Werden einer Erfolgsgeschichte, in: J. Bertsch; P. Zürn (Hg.), Führen und Gestalten – 100 Unternehmergespräche in Baden-Baden, Berlin, Heidelberg 1997, S. 13-24; W. Guth, Die Baden-Badener Unternehmergespräche – Kontinuität im Wandel, in: ebd., S. 5-12.

91 Absatzwirtschaft. Betriebsführung auf neuen Wegen. Gespräche in Baden-Baden und Bad Neuenahr, München 1955.

92 C. Becker, Konsumgüterindustrie, in: Absatzwirtschaft. Betriebsführung auf neuen Wegen, S. 128.

93 S. Faßbender, Überbetriebliche Weiterbildung von Führungskräften. Der Wuppertaler Kreis und seine Mitglieder, Essen 1969, S. 171 f.

RKW bzw. von Bahlsen und Ludwig Vaubel als Vorsitzender des Kuratoriums beteiligt.[94]

Neben den Dachverbänden der Industrie- und Arbeitgeberorganisationen waren auch die einzelnen Fachverbände der Wirtschaft Mittler, Multiplikatoren und „Transmissionsriemen“ amerikanischer Management- und Produktionsleitbilder. Stellvertretend für vergleichbare Verbände und deren Aktivitäten sei hier auf den „Wirtschaftsverband der deutschen Kautschukindustrie“ (W.d.K.) hingewiesen, der im September 1949 erste Kontakte in die USA knüpfte und im Rahmen eines ECA-Projektes ein Jahr später eine Studienreise mit zwei Studiengruppen („Reifen“ u. „Technische Gummiwaren“) organisierte, um sich einen „umfassenden Überblick über den derzeitigen Stand der Fertigungstechnik (zu) verschaffen und wertvolle Erkenntnisse (zu) sammeln“.[95] Unternehmer und Ingenieure der Phoenix-Gummiwerke, von Dunlop, Englebert, Vorwerk & Sohn, Metzeler u.a. besichtigten anläßlich eines mehrwöchigen Aufenthaltes zahlreiche amerikanische Großunternehmen und Forschungszentren, knüpften persönliche Kontakte und suchten nach Möglichkeiten einer technischen und wirtschaftlichen Zusammenarbeit mit amerikanischen Unternehmen. Nach der Rückkehr aus den USA nutzten die Teilnehmer der Studienreise die Möglichkeit, im Dunlop-Erholungsheim in der Rhön den Abschlußbericht der Reise auszuarbeiten.[96]

Die Orientierung an amerikanischen Leitbildern, die Suche nach Kontakten und Informationen bei amerikanischen Unternehmen führte seit den 50er Jahren zu einer Professionalisierung von Beratungstätigkeiten in Form von amerikanischen und deutschen Managementberatungsunternehmen. Auch hier setzten amerikanische Firmen Maßstäbe. Zwar sind die Ursprünge professioneller Beratungsaktivitäten nicht eindeutig festzustellen, doch lassen sich entsprechende Tätigkeiten unabhängiger Experten bis ins letzte Viertel des 19. Jahrhunderts zurückverfolgen. Seit Beginn des 20. Jahrhunderts gab es auch in Deutschland sogenannte Berater-Ingenieure, die sich 1903 im Verein beratender Ingenieure zusammenschlossen. Neue Akzente kamen dann nach dem Ersten Weltkrieg wiederum aus den USA, wo etwa F. W. Taylor nicht nur die theoretischen Grundzüge der wissenschaftlichen Betriebsführung formulierte, sondern diese auch gegen Bezahlung in den Unternehmen in die Praxis umsetzte und damit ein Vorbild für vergleichbare Aktivitäten von „efficiency engineers“ in der ganzen Welt gab. Vergleichbare Tätigkeiten wurden in der Weimarer Republik vom RKW, REFA oder dem AWF ausgeführt. Mitte der zwanziger Jahre konstituierte sich ein „Verein beratender

---

94 Eigentum und Eigentümer in unserer Gesellschaft (= Veröffentlichung der Walter-Raymond-Stiftung, Bd. 1), Köln und Opladen 1960.

95 Archiv Continental AG, 6500/3, Zg. 1/56, A13. Bericht der deutschen ECA-Studienkommission über die kautschukverarbeitende Industrie in den USA, Okt.-Dez. 1950.

96 Ebd., S. 6.

Organisationen“ sowie frühe Formen privater Unternehmensberaterfirmen wie Koch & Kienzle oder Eduard Michel.[97]

Im Rahmen des USTA&P boten dann nach dem Zweiten Weltkrieg amerikanische Unternehmensberater ihre Dienste in der Bundesrepublik an, um, wie am Beispiel der Auto-Union gezeigt werden konnte, auf dem sich entwickelnden deutschen Markt Fuß zu fassen. Diese sollten dann allerdings erst in größerem Umfang ab den 60er und 70er Jahren aktiv werden, so etwa McKinsey oder Booz-Allen & Hamilton, die für die 14 der 23 größten deutschen Industrieunternehmen Ende der 60er/Anfang der 70er Jahre unter Vertrag standen und massiv an der Umsetzung amerikanischer Managementmethoden in deutschen Unternehmen beteiligt waren.[98] Ende der 60er Jahre boomte der Unternehmensberatungsmarkt, angeführt von amerikanischen Unternehmen, die inzwischen auch in der Bundesrepublik Niederlassungen eröffnet hatten. Das amerikanische Magazin „Fortune“ sprach von einer „real invasion“ amerikanischer Beraterfirmen, die auf diesem Weg neue Managementmethoden nach Europa gebracht hätten. Aus amerikanischer Sicht verbanden sich damit auch erfolgversprechende Geschäftsaussichten: „The first American consultant to make a business trip to Europe must have felt somewhat like the first man to drill an oil well in Kuwait“, so ein „Fortune“-Autor, „The situation could hardly have been more promising. American companies were scoring some marvellous success in the late 1950s and everywhere the model of business succes was an American model: the American economy, the American Corporation“.[99] Zur Verbreitung dieses amerikanischen Modells trugen schließlich auch deutsche Unternehmensberater bei, wie das Beispiel Kienbaum & Partner in Gummersbach zeigt. Gerhard Kienbaum hatte, wie bereits angedeutet, zu Beginn der 50er Jahre an einer von der EPA organisierten USA-Reise teilgenommen und war auch darüber hinaus in entsprechende Management- und Produktivitätsprogramme involviert. Die dort gewonnenen Erfahrungen nutzte er auch für sein eigenes Unternehmen. Dies gilt sowohl für inhaltliche Fragen wie auch für die Gestaltung der eigenen Unternehmenspolitik und Mitarbeiterverhältnisse. Neben seinen Amerikaerfahrungen bildete für Kienbaum seine Ausbildungs- und Assistenzzeit an der TH Danzig das Rückgrat seiner späteren Tätigkeit als Unternehmensberater. Dort hatte er sich 1944 mit Fragen der Fabrikorganisation und schnelleren Fertigungsverfahren beschäftigt und in Pommern Produktionsabläufe in Unternehmen rationalisiert. Die Erfahrungen der Kriegszeit und die Amerikareisen der Nachkriegszeit ergänzten sich. Wichtige inhaltliche Anregungen aus den USA betrafen den Aspekt des innerbetrieblichen Informationsflusses: „Die Bestrebungen nahezu aller amerikanischer Unternehmensleitungen“, so Kienbaum im Anschluß an eine USA-

---

97 M. Kipping, Consultancies, Institutions and the Diffusion of Taylorism in Britain, Germany and France 1920s to 1950s, in: Business History 39, 1997, S. 67-83.

98 Siehe z.B. Booz-Allen & Hamilton, Herausforderungen des deutschen Managements und ihre Bewältigung, Göttingen 1973.

99 R. C. Albrook, Europe's Lush Market for Advice – American Preferred, in: Fortune, July 1969, S. 128-131, 128.

Studienreise, „zielen auf die Verkürzung der Durchlaufzeit des Materials sowohl innerhalb der Produktion als auch im Gesamtbereich des Unternehmens. Da nahezu alle Funktionsbereiche eines Unternehmens mit dem Materialfluß bzw. der Durchlaufzeit in wechselseitiger Beziehung stehen, wird mit dieser Zielsetzung ein Kernproblem der deutschen und darüber hinaus der europäischen Wirtschaft berührt. Diese Grunderkenntnis fehlt vielfach noch in europäischen Betrieben. Jedoch wird das Schwergewicht der Beratungsarbeit für die nächste Zeit bei der Verbesserung des Materialflusses sowie der Verkürzung der Durchlaufzeit liegen. Daher wird es erforderlich, die für unsere europäischen Verhältnisse zweckmäßigen Untersuchungsmethoden zu entwickeln, wobei allerdings in vielen Fällen auf die drüben beobachteten Verfahren zurückgegriffen werden konnte."[100]

Kienbaums erste größere Projekte nach 1948 waren schließlich auch Materialflußuntersuchungen, beispielweise ein „Gutachten über die Wirtschaftlichkeit der Rahmenmontage in der Elektroschweißerei des Werks Brackwede der Ruhrstahl AG", wobei es um die Verbesserung des Arbeitsablaufs und des Materialflusses bei der Herstellung von Unterbau-Teilen für Automobile ging. Auf dem Gebiet des Materialflusses gab es schließlich auch eine Zusammenarbeit mit Verbänden wie dem RKW und dem VDI, wobei Gerhard Kienbaum zwischen 1963 und 1972 den Vorsitz der VDI-Gesellschaft „Fördertechnik und Materialfluß" bekleidete.[101] In den 60er und 70er Jahren weitete Kienbaum seine Beratungstätigkeit auch auf andere Gebiete aus, wobei die Orientierung an amerikanischen Leitbildern immer auch eine Rolle spielte. Dies betrifft etwa die Organisation einer Marketing- und Werbekampagne für ein Textilunternehmen oder Fragen der Personalplanung, der Unternehmensorganisation oder der Kostenanalyse.[102]

Ebenfalls auf die Amerikaerfahrungen zurückzuführen war zu einem nicht geringen Teil die Gestaltung des Mitarbeiterverhältnisses bei „Kienbaum und Partner" selbst. Nach seiner Amerikareise zu Beginn der 50er Jahre hatte Kienbaum hervorgehoben, daß keiner der namhaften US-Unternehmensberater allein arbeitet, sondern mehrere Spezialisten verschiedener Bereiche sich zu einem Team zusammenschließen, um komplexe Zusammenhänge zu erfassen. Teamarbeit, die Einbeziehung von Mitarbeitern, das Abhalten von Konferenzen, die Information und Weiterbildung der Mitarbeiter wurde so zum Vorbild für sein eigenes Unternehmen.[103]

---

100 G. Kienbaum, Ein Industrieberater nutzt die Erfahrungen seiner Amerika-Studienreise, in: Rationalisierung 5, 1954, S. 42 f.; Geschichte einer Unternehmensberatung. 50 Jahre Kienbaum und Partner, Gummersbach 1995, S. 4.

101 Ebd., S. 8 ff., 17.

102 Archiv Kienbaum und Partner. Abschließender Bericht über Organisation und Verkauf der Werbekampagne Winter 1960 für die Firma Benedikt Mäser, Wirk- und Strickwarenfabrik Dornbirn/Österreich, 15.4.1961, Bericht Nr. 773/1; Geschichte einer Unternehmensberatung, S. 33, 102, 107.

103 Kienbaum, Ein Industrieberater nutzt die Erfahrungen seiner Amerika-Studienreise, in: Rationalisierung, S. 42 f.

2.1.3 Unternehmerreisen

Reisen waren die direkteste Form, sich über die neuesten amerikanischen Management- und Produktionsmethoden zu informieren. Reisen boten, im Unterschied zur Informationsbeschaffung über Literatur, eine Art Primärerfahrung und die Möglichkeit, sich vor Ort Produktionsanlagen anzuschauen, Kontakte zu knüpfen, persönliche Gespräche zu führen und schließlich die in den USA gemachten Erfahrungen als Anregungen mit nach Hause zu nehmen oder aber auch die amerikanischen Modelle als nicht übertragbar abzulehnen.

Doch bevor deutsche Unternehmer in der Nachkriegszeit überhaupt Reisen in die Vereinigten Staaten antreten konnten, waren zahlreiche Hindernisse zu überwinden. Die ersten Amerikareisen deutscher Unternehmer nach dem Krieg fanden dementsprechend nicht vor 1948 statt. Dabei handelte es sich zum einen um die bereits erwähnten, im Rahmen des USTA&P bzw. der EPA oder dem RKW unterstützten Kollektivreisen, also quasi offizielle Studienreisen, die in erster Linie kleineren und mittleren Unternehmen Kontaktmöglichkeiten in die USA vermitteln sollten. Daneben versuchten Großunternehmen von sich aus, auf eigene Initiative und oftmals in Anknüpfung an Kontakte und Geschäftsbeziehungen aus der Vorkriegszeit, die für sie wichtigen Verbindungen in die USA neu zu knüpfen. Dabei stießen sie, trotz der offiziellen amerikanischen Politik der Wirtschaftshilfe noch häufig auf Skepsis, Vorbehalte und Ablehnung. Deutsche Unternehmen und ihre Repräsentanten, allen voran Krupp und die IG Farben, galten in der amerikanischen Öffentlichkeit, Wirtschaft und Politik als Mitschuldige und Mitverantwortliche für den Zweiten Weltkrieg und den Holocaust, was nicht nur in der amerikanischen bzw. alliierten Besatzungspolitik und den Kriegsverbrecherprozessen der Nachkriegszeit, sondern auch im direkten Kontakt und der Behandlung deutscher Unternehmer auf internationalen Veranstaltungen zum Ausdruck kam. Bevor deutsche Unternehmer in den 50er Jahren fast wie selbstverständlich an internationalen Industriellenkongressen teilnahmen, mußten sie bis Ende der 40er/Anfang der 50er Jahre mit Problemen bei der Einreise in die USA oder der Teilnahme an Fachtagungen rechnen. Nicht alle deutschen Unternehmer verfügten über so gute Kontakte und ein Vertrauensverhältnis zur Besatzungsmacht wie Ernst Hellmut Vits als Vorstand bei Glanzstoff oder Paul Baumann von den Chemischen Werken Hüls. Baumann verfügte über gute englische Sprachkenntnisse und war nach eigener Aussage „in der Lage, der Besatzungsbehörde das, was wir wollten, ohne Dolmetscherin – ohne falsche Übersetzung und ohne verschobene Auslegung, – sagen zu können“.[104] Das auf den guten Sprachkenntnissen aufbauende Vertrauensverhältnis zu den Alliierten war schließlich mit ein Grund dafür, daß Baumann zum Leiter der Abteilung Chemie des German Economic Advisory Board in Minden berufen wurde und darüber Einfluß auf die zukünftige Entwicklung der deutschen Chemieindustrie nehmen konnte. Ein ähnliches Vertrauensver-

---

[104] Archiv Hüls AG, I-4-13/2, P. Baumann, Entstehungsgeschichte der CWH (1964).

hältnis zu den Alliierten konnte Ernst Hellmut Vits aufbauen, der 1947 als einziger Deutscher bei der Combined Control Group (CCCG) auf der Villa Hügel als „Financial Advisor“ eingesetzt wurde.[105] Anders erging es Karl Winnacker, seit 1933 bei der IG Farben und nach dem Krieg auf Initiative der US-Besatzungsmacht fristlos entlassen, der nach dem Krieg zunächst bei der Duisburger Kupferhütte und der Chemiefirma Knapsack Beschäftigung fand, wo er eine für 1951 geplante Amerikareise aufgrund von Visumsproblemen absagen mußte. Selbst persönliche Gespräche mit dem US-Generalkonsul in Bremen „verliefen so unerfreulich, daß ich wenigstens für meine Person auf einen Visumsantrag verzichtete“. Statt dessen flog Winnacker dann nach Kanada, aber auch die dortigen Gespräche verliefen seinem Eindruck nach äußerst „kühl“, „wir hatten uns nicht viel zu sagen“.[106] Auf der anderen Seite ergab sich schon kurze Zeit nach diesen Vorfällen eine Kontaktaufnahme zwischen Winnacker und Randolph Newman, amerikanischer Kontrolloffizier für die IG Farben und die Anklagebehörde im Nürnberger IG Farben-Prozeß, der Winnacker 1951/52 für den Vorstandsposten bei Hoechst ins Gespräch brachte, den dieser schließlich auch im Jahr 1952 antrat. So ergaben sich in der Folgezeit intensivere Kontakte zwischen Winnacker und Newman, es kam zu persönlichen Einladungen und zu gemeinsamen Treffen, auf denen auch erst kürzlich aus der Haft entlassene ehemalige IG Farben-Vorstandsmitglieder eingeladen waren.[107] Seit 1954 verfügte Winnacker schließlich über regelmäßige US-Kontakte und Reisemöglichkeiten. Die jährlich zur gleichen Zeit stattfindenden Amerikareisen wurden in vertrautem Kreise als „Oktoberfest“ bezeichnet.[108] Die Veränderung der internationalen Konstellationen trugen zu diesem Wandel bei. Vor diesem Hintergrund spielten dann persönliche Begegnungen und auch Zufälligkeiten eine Rolle.

Ähnlich verlief die Entwicklung für die deutschen Teilnehmer einer internationalen „Rubber Technology Conference“ im Jahr 1948 in London, an der insgesamt 500 Teilnehmer aus Großbritannien, den USA, Frankreich und Deutschland teilnehmen sollten. Zunächst war die Teilnahme der mit fünf Teilnehmern sowieso sehr kleinen deutschen Delegation in Frage gestellt, dann sollten die geplanten deutschen Vorträge wieder abgesetzt werden, bevor schließlich die Veranstaltung dann doch noch einen „normalen“ Verlauf nahm und aus Sicht der deutschen Teilnehmer sogar noch zu einem positiven Abschluß gebracht wurde, da sie „sowohl auf der Konferenz und den damit zusammenhängenden gesellschaftlichen Veranstaltungen und auch sonst überall freundliche und entgegenkommende Behandlung erfahren haben ... Alles in allem hat die Reisegruppe

---

105 E. H. Vits, von Theodor Langenbruch, in: Wuppertaler Biographien, 9. Folge, 1970.

106 K. Winnacker, Nie den Mut verlieren. Erinnerungen an Schicksalsjahre der deutschen Chemie, Düsseldorf, Wien 1971, S. 171. Ohne daß Winnacker dies ausführlicher kommentiert, könnten seine Visumsprobleme mit der NSDAP-Parteimitgliedschaft zu tun haben, die bei der Einreise in die USA eine wichtige Rolle spielte und zur Ablehnung führen konnte.

107 Ebd., S. 171 f., 191.

108 Ebd., S. 9.

gezeigt, daß der Brückenschlag der deutschen zu der bisher feindlichen Kautschukwelt als gelungen angesprochen werden kann".[109]

Die Begegnung mit der bislang „feindlichen" Außenwelt bereitete deutschen Unternehmern aber auch auf anderen Gebieten Schwierigkeiten, angefangen bei Sprachproblemen über Verhaltensweisen und Etikette bis hin zu finanziellen Engpässen. So litten selbst Unternehmen wie Bayer noch zu Beginn der 50er Jahre unter Devisenknappheit, was die geplante Reisetätigkeit nach den USA deutlich einschränkte. Reisen mußten z.T. abgesagt werden und diejenigen Reisen, die schließlich durchgeführt wurden, waren entweder exklusive Veranstaltungen für Vorstandsmitglieder oder fanden auf der Basis eines äußerst knapp bemessenen Budgets statt. Der spätere Bayer-Vorstandsvorsitzende Kurt Hansen verfügte bei seinem ersten längeren USA-Aufenthalt nach dem Zweiten Weltkrieg über 20 Dollar pro Aufenthaltstag in New York, wobei ein Zimmer neun, mit „tip" zehn Dollar kostete: „Wenn ich morgens aufwachte, war die Hälfte weg", so Hansen rückblickend.[110] Für kleinere und mittlere Unternehmen waren USA-Reisen nur mit Hilfe der Zuschüsse im Rahmen des USTA&P und des RKW möglich. Doch selbst dann spielte die Geldknappheit der Teilnehmer immer noch eine große Rolle, was nicht zuletzt dadurch zum Ausdruck kam, daß das RKW den Teilnehmern entsprechender Reisen ein Merkblatt mit Tips und Verhaltensregeln an die Hand gab, in dem auch über Formalitäten wie Reisekosten, Visumsfragen, Impfbescheinigungen und Transportmittel informiert wurde. Schließlich rechnete das RKW wohl mit zahlreichen Reiseneulingen und unerfahrenen Amerikabesuchern, die man mit einer Art Reise-„Knigge" auf ein Abenteuer, auf Unbekanntes und Fremdes vorbereiten mußte. So wurden die Reiseteilnehmer darauf hingewiesen, daß sie in erster Linie Vertreter der deutschen Wirtschaft und nicht ihrer Firma seien. Sie wurden ermahnt, im Umgang mit amerikanischen Reportern Zurückhaltung insbesondere bei Äußerungen zu den politischen Verhältnissen in Deutschland, aber auch in den USA, zu üben: „Enthalten Sie sich auch der öffentlichen Kritik amerikanischer Einrichtungen, man empfände sie in Amerika als taktlos."[111] Selbst Kleider- und Trinkgeldfragen wurden bis ins Detail geregelt wohl ausgehend von der Tatsache, daß Etikette bei US-Reisen eine maßgebliche Rolle spielen, ausreichende Kenntnisse darüber jedoch nicht von allen Reiseteilnehmern erwartet werden konnten. So sei es z.B. in den USA „üblich, bei Besuchen die Namen durch das Überreichen von Besuchskarten mit Namen und Anschriften auszutauschen. Es empfiehlt sich daher, eine genügende Anzahl geeigneter Besuchskarten mitzunehmen".[112] Trinkgelder seien in den USA vergleichsweise hoch und betrügen auf Schiffs-

---

[109] Archiv Continental AG, 6500/3, Reiseberichte Dez. 1935-Dez. 1956. Besuch Rubber Technology Conference, London, 23.-25.6.1948 durch Dr. Baumann, Dr. Hainbach.

[110] Interview K. Hansen, 24.10.1997.

[111] RKW-Merkblatt für die Teilnehmer an nationalen Studienreisen nach USA im Rahmen des Programms für Technische Hilfeleistung (o.J.), Ex. vorhanden in N.A., R.G. 469, Mission to Germany. Prod. and T.A. Division. Labor Advisor, Subject Files of the Chief 1952-1954.

[112] Ebd.

reisen fünf bis sieben Dollar, während in den Flugzeugen die Stewardessen keine Trinkgelder annehmen dürften. Für Zimmerjungen würden üblicherweise 25 Cents, für Taxifahrer und Schuhputzer 10 Cents Trinkgeld bezahlt. Mit Blick auf die Devisenknappheit deutscher US-Reisender empfahl das Merkblatt statt in Hotels das Frühstück in Cafeterias, Drugstores oder in Automatenrestaurants einzunehmen, da sich so Geld sparen ließe. Was die Kleidung anbelangte, so wurde darauf hingewiesen, daß ein dunkler Anzug in den USA nicht gebraucht werde, bei „Schiffsreisen I. Klasse kommt man allerdings insbesondere auf englischen Schiffen ohne Smoking nicht aus".[113] Schließlich schien auch folgender Hinweis für deutsche US-Reiseteilnehmer vonnöten zu sein: „In den USA ist es üblich, daß der Herr im Aufzug den Hut abnimmt, wenn eine Dame anwesend ist."[114]

Während das RKW offensichtlich mit zahlreichen unerfahrenen Reiseteilnehmern konfrontiert war, verfügten die Vorstandsmitglieder und Vertreter traditioneller Großunternehmen wie Ludwig Vaubel, Kurt Pentzlin oder die Gebrüder Bahlsen, Paul Baumann von Hüls (früher IG Farben) oder Richard Freudenberg zumeist über einen kosmopolitischen Hintergrund, über entsprechendes „kulturelles Kapital" (Pierre Bourdieu) und nicht zuletzt über US-Erfahrungen aus der Vorkriegszeit, so daß sie sich auf internationalem Parkett auch souveräner bewegen konnten. Hans Bahlsen hatte in den 20er und 30er Jahren nicht nur die USA, sondern auch Großbritannien, die Niederlande, Finnland und Kanada bereist und nach dem Zweiten Weltkrieg, einige Jahre später als Ludwig Vaubel, am Advanced Management Program der Harvard Business School teilgenommen. Auch Werner und Klaus Bahlsen hatten nach ihrem Eintritt ins Unternehmen 1922 bzw. 1930 Reisen nach den Niederlanden, nach Großbritannien, Spanien, Schweden, Frankreich und den USA unternommen. Richard Freudenberg war 1928 in den USA gewesen, und die Firma Freudenberg verfügte bereits seit den 1870er Jahren über gute Amerika-Kontakte. Der Geheimrat Ernst Freudenberg hatte zwischen Mai 1874 und Januar 1876 die USA bereist. Weitere Amerikareisen von Freudenberg-Familienmitgliedern gab es vor und nach dem Ersten Weltkrieg. Die letzte USA-Reise vor dem Zweiten Weltkrieg fand im Rahmen einer Veranstaltung der Wirtschaftsgruppe Lederindustrie im Jahr 1937 statt. An diese Kontakte konnte Freudenberg nach dem Zweiten Weltkrieg anknüpfen. Zwar waren einige US-Unternehmen „zugeknöpfter als früher", andererseits wurden aber auch „alte Bekanntschaften aufgewärmt und man verstand sich besser".[115] Selbst bei seiner ersten USA-Reise nach dem Zweiten Weltkrieg im Jahr 1948, konnte Richard Freudenberg berichten, daß die dortige Aufnahme „überaus freundlich" verlief: „Plötzlich war es mir wieder, wie wenn ich gestern erst hier gewesen wäre", und es sei „erstaunlich, wie viele erste Firmen sich um eine Zusammenarbeit mit uns bemühen". Ebenso bemerkenswert erschien ihm, daß, „was ich von allen Seiten höre, keinerlei Abneigung gegen deutsche Ware mehr besteht, wenn

113 Ebd.

114 Ebd.

115 Archiv Freudenberg, 3/01046, Bericht USA-Reise 19.11.1959

sie gleich gut und nicht teurer als die hiesige ist. Der Widerstand sei viel geringer als nach 1918. Rußland ist eben Feind I".[116]

Der Versuch, an die Kontakte der Vorkriegszeit nach dem Abbruch der Beziehungen im Zweiten Weltkrieg wieder anzuknüpfen, die zunächst ablehnende Haltung gegenüber einer Zusammenarbeit durch die Amerikaner in der direkten Nachkriegszeit und der mühsame Wiederaufbau der Beziehungen seit Ende der 40er Jahre, läßt sich auch für andere Unternehmen belegen, so etwa für Phoenix-Rheinrohr, wo man alte Verbindungen aus der Zeit der Vereinigte Stahlwerke AG fortsetzte und ein neues Vertrauensverhältnis zu amerikanischen Partnern aufzubauen hoffte: „Aus der Offenheit der Amerikaner in allen geschäftlichen Verhandlungen mir gegenüber ergibt sich weiter für uns Deutsche die Forderung, bei weiteren Verhandlungen mit amerikanischen Firmen auf ein Vertrauensverhältnis zwischen beiden Partnern hinzuweisen und alles zu vermeiden, was diesem Verhältnis schaden könnte."[117] Auch Henkel verfügte über eine lange Tradition an US-Kontakten, die man nach dem Zweiten Weltkrieg zu reaktivieren gedachte. Insbesondere die Reisen von Familienmitgliedern stellten dabei ein wesentliches Kontinuitätsmoment dar. Hugo Henkel war bereits 1909 und 1912 in die USA gereist und hatte dort Kontakte zu Procter & Gamble geknüpft, die in den folgenden Jahren und Jahrzehnten die Basis einer vertrauensvollen Zusammenarbeit bilden sollten. Weitere Amerikareisen von Fritz, Jost und Hugo Henkel folgten in den 20er und 30er Jahren. Neben den Besuchen bei Colgate Palmolive, der Solvay Process Company, der Southern Alkali Corporation u.a. betonten die Henkel-Repräsentanten immer wieder die positive Zusammenarbeit, das Vertrauen und das Freundschaftsverhältnis zu Procter & Gamble bis kurz vor Ausbruch des Zweiten Weltkrieges, dem „alle anderen Verbindungen unterzuordnen sind".[118] Selbst unter zunehmend schwierigen politischen Bedingungen im Frühjahr 1939 bereiste eine Delegation unter Führung von Hugo Henkel die USA und betonte die Notwendigkeit enger Beziehungen zu Procter & Gamble, die man, zumindest aus Sicht von Henkel, gerne intensiviert hätte: „Das Ergebnis der Reise zeigt, daß seit unserem letzten Besuch eine Entwicklung eingesetzt hat, die es dringend erforderlich macht, enge Verbindung zu halten. Wir hatten auch den Eindruck, daß es notwendig ist, mindestens einmal im Jahr durch einen persönlichen Besuch die bestehenden Beziehungen aufrecht zu erhalten, um die Entwicklung vom technischen und kaufmännischen Standpunkt aus sorgfältig beobachten zu können ... Künftige Besuche sind um so notwendiger, als zwangsweise die Entwicklung (Rohstoffgrundlage) sich so geändert hat und ebenfalls die Denkweise und die Art, Probleme anzufassen, so ver-

---

116 Archiv Freudenberg, 3/01659, Amerikareise 1948, Briefe an Carl Freudenberg v. 27.5.1948 und 5.6.1948; Richard Freudenberg an Billa, 30.4.1948; ebd., 3/01034, Berichte über Amerika-Fahrten 1904, 1914, 1928, 1937; ebd., 3/01035, Amerikareise Geheimrat Ernst Freudenberg Mai 1874-Jan. 1876.

117 Archiv Mannesmann AG, PR 4 72 45, Amerikareise E. Weber 1949.

118 Archiv Henkel, Zug. Nr. 413/1, Bericht über die Amerika-Reise im Herbst 1936 von Jost Henkel u. Dir. Erbslöh.

schieden geworden sind, daß eine fortlaufende Orientierung erforderlich ist ... Die Stimmung ist allgemein so, daß es nicht immer einfach ist, für die deutschen Verhältnisse Verständnis zu finden. Der Export nach USA ist durch die letzten Ereignisse sehr schwierig geworden, da besonders Fertigfabrikate durch die in jüdischen Händen befindlichen USA-Importhäuser gehen."[119] Mit anderen Worten: Die negativen Begleiterscheinungen der nationalsozialistischen Wirtschaftspolitik forderten im Falle Henkel geradezu zu einer noch engeren Orientierung und Zusammenarbeit mit amerikanischen Unternehmen, allen voran Procter & Gamble, heraus. Das Interesse an einer Kooperation und Zusammenarbeit führte auch bei anderen Unternehmen dazu, die Kontakte zu amerikanischen Unternehmen so lange wie möglich aufrecht zu erhalten, z.T. bis in die ersten Kriegsjahre hinein. Spätestens 1941 waren dann auch die letzten deutsch-amerikanischen Wirtschaftsbeziehungen unterbrochen.[120] Nach dem Krieg bemühten sich die deutschen Unternehmen, wie hier am Beispiel von Freudenberg, Hüls und Henkel gezeigt wurde, an die guten Vorkriegsbeziehungen anzuknüpfen. Die erste Nachkriegsbesprechung zwischen Henkel und Procter & Gamble fand im Jahr 1950 auf neutralem kanadischem Boden statt. Tatsächlich setzten sich die freundschaftlichen Beziehungen zwischen beiden Unternehmen zunächst fort. Dies betraf u.a. den Austausch von chemischen und technischen Erfahrungen, die Aufteilung der Märkte und das Interesse an einer Bekämpfung des gemeinsamen englischen Konkurrenten Lever-Brothers. Schließlich führte jedoch aus Sicht von Henkel die Nichtbeachtung mündlicher Absprachen und eines „Gentleman Agreement" in Form der Einführung eines neuen Waschmittels durch Procter & Gamble auf dem europäischen Markt zu Beginn der 50er Jahre erstmals zu einer Konkurrenzsituation zwischen beiden Unternehmen und zum „Ende einer mehr als 30 Jahre dauernden Freundschaft".[121] Trotz dieser negativen Entwicklung der speziellen Beziehungen zu Procter & Gamble spielte die Amerikaorientierung für Henkel, wie auch für andere deutsche Unternehmen, in der Nachkriegszeit eine große Rolle.

Der Mannesmann-Direktor Bungeroth kam – fast schon resignierend – 1950 zu dem Ergebnis: „Im übrigen scheint es notwendig zu sein, daß wir uns nicht ganz von der Reisewut ausschließen, die nun einmal die deutsche Industrie befallen hat."[122]

Ganz in diesem Sinne wurden US-Kontakte und Amerikareisen auch für den Vorstandsvorsitzenden der Chemischen Werke Hüls GmbH, Paul Baumann, seit den 50er Jahren zu einer Routineangelegenheit. Baumann, der bereits zu Beginn der 30er Jahre mehrjährige Erfahrungen im Auftrag der IG Farben in Baton Rouge und in Zusammenarbeit mit Standard Oil zur Frage der Synthese-Kautschukerzeugung gesammelt hatte, setzte diese Kontakte in den 50er Jahren fort. Die Reisen wurden dann etwa so geplant,

---

[119] Archiv Henkel, Zug. Nr. 413/7, Amerika-Reise Frühjahr 1939 v. Herrn Dr. Schmidt, Jost Henkel, Dr. Bertsch.

[120] S. Kümmel, Transnationale Wirtschaftskooperation und Nationalstaat.

[121] Archiv Henkel, 0 22, Wohltat, betr.: Entwicklung der Beziehungen zu Procter & Gamble, 23.12.1953.

[122] Archiv Mannesmann AG, M 40.099. Reiseberichte, K. Bungeroth an G. Wagner, 12.1.1950.

daß die Hinfahrt mit dem Flugzeug, die Rückfahrt in angenehmer Atmosphäre mit dem Schiff ab New York erfolgte, nicht zuletzt um die Zeit zu ersten Besprechungen und Auswertungen der Reiseerfahrungen mit den Vorstandskollegen zu nutzen.[123] Doch selbst die Flugreisen waren nicht immer direkte „Non-Stop"-Flüge, sondern dauerten z.T. noch Mitte der 50er Jahre bis zu 24 Stunden, wie Frederico Engel berichtet, der 1955 als einer der ersten Hüls-Mitarbeiter ins Ausland geschickt wurde: „... ich bin 1955 geflogen. Und zwar mit einem Klipper der Pan-American. Ein umgebautes Transport-Flugzeug. Der flog allerdings in Stückchen. Er flog von Shannon nach Neufundland und von Neufundland nach New York, und wenn das Wetter schlecht war, wie das bei uns der Fall war, dann flog man von Shannon nicht nach Neufundland, sondern dann flog man von Shannon – dem Gewitter ausweichend – erstmal nach Rejkjavik und dann nach Neufundland und dann nach New York".[124]

Trotz der zunehmenden Routine – mancher Unternehmer war während seines Berufslebens 60mal in den USA[125] – blieben Amerikareisen für viele Unternehmer in den 50er Jahren etwas Besonderes. Die meist als mehrwöchige Aufenthalte geplanten Reisen bedurften einer intensiven Vorbereitung. Im Vorfeld seiner Amerikareise im Jahr 1961 nahm Hans Erich Freudenberg Kontakte zu Otto Proksch von Krupp auf, um sich Hinweise, Kontaktadressen und Anlaufmöglichkeiten, etwa zur American Management Association und zu McKinsey & Company sowie zahlreiche andere Informationen zu verschaffen. Über das RKW erhielt Freudenberg Literaturhinweise zum Thema US-Management sowie über die RKW-Auslandshilfe Material über USA-Reisen. Außerdem bereitete er einen umfangreichen Fragenkatalog vor, den er in den USA abarbeitete, zum Beispiel zu Aspekten der Unternehmensplanung, des Controlling, der Mitarbeiterinformation etc.[126] Zur Reisevorbereitung gehörte u.a. auch die Verbesserung der englischen Sprachkenntnisse, über die selbst die aus entsprechenden sozialen Verhältnissen stammenden Unternehmer nicht automatisch verfügten. „Als Humanist habe ich bis heute Schwierigkeiten mit der englischen Sprache", so Karl Winnacker anläßlich seiner Amerikareise zu Beginn der 50er Jahre. Erleichtert konnte er jedoch feststellen, daß die Amerikaner darauf sehr wohlwollend und geduldig reagierten und daß die Anrede mit „You" den Umgang miteinander erleichterte.[127] Selbst der spätere Vorstandsvorsitzende von Bayer, Kurt Hansen, ein in Japan geborener Kaufmannssohn, der nach eigener Einschätzung über „ein gewisses Gefühl für das Ausland verfügte" und Erfahrung im Umgang mit Ausländern hatte, mußte seine nicht ausreichenden Schulenglischkenntnisse vor seinem Amerikaaufenthalt mit Hilfe eines Schnellkurses auffrischen.[128]

---

123 Archiv Hüls AG, IV 6-62-2, Reiseplan Prof. Baumann, Brasilien-USA, Mai 1957.

124 Interview F. Engel, 13.8.1997.

125 Interview F. Engel, 13.8.1997.

126 Archiv Freudenberg, 3/01049. Vorbereitung der Studienreise Hans Erich Freudenberg nach USA 1961.

127 Winnacker, Nie den Mut verlieren, S. 229.

128 Interview K. Hansen, 24.10.1997.

In den USA angekommen, waren die Eindrücke individuell sehr unterschiedlich und bewegten sich auf einer Scala zwischen Erstaunen, Bewunderung, ja selbst Überwältigung auf der einen und gelassener Selbstbestätigung, Stereotypen und enttäuschten Erwartungen auf der anderen Seite, wobei insgesamt die positiven und fruchtbringenden Eindrücke deutlich überwogen.

Vor allem diejenigen, die erstmals in die USA reisten, waren voll von neuen Eindrücken, die sich in den entsprechenden Reiseberichten für den Vorstand oder auch für die Belegschaften in den Werkzeitschriften niederschlugen. „Jeder, der Amerika zum ersten Mal bereist, wird beeindruckt sein von den Ausmaßen der Industriebetriebe und der Aufgeschlossenheit der Amerikaner für alles Neue", so Hermann Rathert, Vorstandsmitglied bei Glanzstoff, nach seiner USA-Reise im Jahr 1953. „Die auffällige Natürlichkeit und Hilfsbereitschaft, sowie der enge Kontakt zwischen Führungs- und Arbeitskräften schalten das Trennende weitgehend aus und ermöglichen eine gute Zusammenarbeit und rasche Entwicklungen, so daß das Betriebsklima als gut zu bezeichnen ist."[129] Das Zitat zeigt auf der einen Seite Verallgemeinerungen als ein häufig zu beobachtendes Charakteristikum der Amerikareisenden, die häufig von „dem Amerikaner" im Kollektivsingular sprachen, auf der anderen Seite die gerichtete Aufmerksamkeit auf Phänomene und Themenbereiche wie das „Betriebsklima" oder die Human Relations, die nicht zuletzt auch im Rahmen der USTA&P und RKW-Programme zu Beginn der 50er Jahre große Aktualität besaßen. Weitere, von deutschen Unternehmern immer wieder hervorgehobene Beobachtungen und Eindrücke betrafen die amerikanische Ordnung und Sauberkeit, die hohe Produktivität, den fortgeschrittenen Stand der Automatisierung, die Qualität der Produkte, die Bedeutung von Wettbewerb, Absatz und Marketing sowie des Rechnungswesens etc. Die hohen Erwartungen auf deutscher Seite, der vielfach schon vor der Reise bezeugte „achtungsvolle, staunende Respekt" vor den Leistungen amerikanischer Unternehmen, wie ihn etwa der Geschäftsführer der REWE in Dortmund zum Ausdruck brachte,[130] wurde schließlich nicht in allen Fällen bestätigt. Hermann Rathert von Glanzstoff mußte feststellen: „Es trifft nicht zu, daß in Amerika alles bis zu den neuesten Erkenntnissen vollklimatisiert und mit modernsten Maschinen ausgerüstet ist ...",[131] sondern daß in einigen Betrieben die Maschinen aus der Vorkriegszeit stammen und kaum auf dem neuesten technischen Stand seien. Während eine Delegation von Bahlsen im Jahr 1960 noch von der Größe, der technischen Ausstattung und der Sauberkeit bei der „National Biscuit Company" in Chicago begeistert war, machten Bahlsen-Mitarbeiter vier Jahre später gegenteilige Erfahrungen in den USA: „Die maschinelle Ausstattung sowie die Fabrikations-Methoden waren größtenteils so rückständig, daß man sich fragte, ob denn die USA für eine Studiengruppe

129 H. Rathert, Industriebetriebe in USA, in: Wir vom Glanzstoff 13, 1953, H. 11, S. 3.

130 M. Nixdorf, Der Lebensmitteleinzelhandel in den USA, in: REWE-Echo Nr. 1, 1954, S. 6.

131 Rathert, Industriebetriebe in USA, S. 3.

der europäischen Süßwaren-Industrie nichts Besseres zu bieten hätten."[132] Die Amerikaeindrücke einer Gruppe deutscher Betriebswirte brachte dieses Phänomen auf den Punkt: „Es mag manchen überrascht haben, daß auch in Amerika mit Wasser gekocht wird", wobei diese verallgemeinerbare Äußerung sich in diesem Falle auf die Tatsache bezog, daß mindestens die Hälfte der amerikanischen Betriebe nach Einschätzung der deutscher Besucher nur über ein ungenügendes Rechnungswesen verfügte.[133]

In manchen dieser Beobachtungen kommt eine stark selektive Wahrnehmung zum Ausdruck, die z.T. in grob vereinfachende Darstellungen und Stereotypenbildung mündeten, verstärkt durch entsprechende Alltagsbeobachtungen in den USA. So bestätigte sich das Bild vom „Land der unbegrenzten Möglichkeiten", dessen wirtschaftlicher Erfolg auf dem Reichtum der Bodenschätze, der Größe des Landes, dem riesigen Binnenmarkt, der überlegenen Technik (trotz z.T. gegenteiliger Beobachtungen), einer leistungsfähigen und -willigen Arbeiterschaft und einem guten Betriebsklima sowie unerschöpflicher Kapitalquellen basiert, woraus häufig die banale Feststellung gezogen wurde: „Amerika ist ganz anders".[134] Insbesondere bei der Veröffentlichung der Amerika-Reiseberichte für ein breiteres Publikum, sei es in Werkzeitschriften oder in populärwissenschaftlichen Darstellungen, wurden entsprechende Stereotypen gepflegt. Wenn diese Berichte dann auch noch von Autoren verfaßt wurden, die erstmals in die USA gereist waren, ergab sich ein geradezu überschwengliches Bild von Amerika. Berichte in Werkzeitschriften wurden reich, z.T. mit selbstgemachten Fotos der Reisenden, bebildert und ausgeschmückt und zeichneten sich durch einen unterhaltsamen und blumigen Sprachstil aus. Es gab kaum einen Reisebericht in den Werkzeitschriften ohne ein Foto mit den Wolkenkratzern in New York oder Chicago und dem Flugzeug oder Schiff, mit dem die Reisenden ihr Ziel erreicht hatten. Dem Reisebericht der Henkel-Direktoren Fuchs und Kobold war gar ein Goethe-Gedicht vorangestellt:

> „Amerika,
> Du hast es besser
> Als unser Kontinent, der alte
> Hast keine verfallenen Schlösser
> Und keine Basalte.
> Dich stört nicht im Innern,
> zu lebendiger Zeit,
> kein unnützes Erinnern
> und vergeblicher Streit."[135]

---

132 H. Bartels, Siebzehn Tage in der „Neuen Welt", in: Leibniz-Blätter, Juli 1960, o.P.; H. C. Meinecke, In Amerika ist manches anders, in: Leibniz-Blätter, Okt. 1964.

133 Deutsche Betriebswirte in Amerika, in: ZfB 26, 1956, S. 535.

134 P. G. v. Beckerath, Ein Blick nach Amerika, in: Unser Werk 1954, Nr. 1, S. 14; s.a. K. Pentzlins Kritik an diesen Stereotypen in: Rationelle Produktion, S. 18 ff.

135 Zit. nach: Unser Verkaufschef spricht aus USA, v. K. A. Fuchs; W. Kobold, in: Blätter vom Hause 28, 1950, H. 5/6, S. 78.

Das Goethe-Zitat wies nicht nur auf die langjährige Amerika-Verbundenheit der Deutschen und deren humanistische Tradition hin, sondern brachte gerade in der Nachkriegszeit den Wunsch und das Bedürfnis deutscher Unternehmer zum Ausdruck, die Vergangenheit hinter sich zu lassen und die Gestaltung der Zukunft in einer friedlichen Atmosphäre, insbesondere auch im „Innern" der Betriebe, in Angriff zu nehmen. In variierter Form wurde das Zitat auch von anderen amerikareisenden Unternehmern aufgegriffen. In einem ebenfalls mit Fotos von New York und Chicago bebilderten Werkzeitschriftenartikel stellte eine aus Mitarbeitern und Geschäftsführern zusammengesetzte REWE-Delegation 1963 die eher rhetorische Frage: „Amerika – hast Du es besser?", um dies anhand zahlreicher Beispiele aus dem Lebensmittelhandel sogleich zu bejahen.[136]

Das Titelbild der Henkel-Werkzeitschriftenausgabe vom Mai/Juni 1950 schmückte eine Landkarte der USA mit der Reiseroute der beiden Direktoren Fuchs und Kobold, deren Bericht in der folgenden Ausgabe unter der Überschrift: „25.000 km in sechs Wochen – zu Lande – zu Wasser und in der Luft" eine Erweiterung erhielt und der damit den Charakter eines Abenteuer-Fortsetzungsberichtes annahm. Als Abenteurer schienen sich auch die beiden Autoren gefühlt zu haben: „Wir sitzen in der wundervollen, großen, viermotorigen Maschine, wir sind über den Wolken, haben herrlichen Sonnenschein und müssen die grünen Brillen aufsetzen. Flug nach Amerika! Vor zehn Jahren schon war eine solche Reise geplant, damals allerdings mit dem Schiff. Fahrkarten lagen schon in der Schublade ... aber es kam anders ... Krieg nämlich. Und nun, nach zehneinhalb Jahren, sind wir soweit. Mein Freund und Kollege Kobold und ich fliegen. Endlich!"[137] Jedes Detail des Fluges wird genau beschrieben, vom „Fasten Belt" vor dem Start über die „schönen Stewardessen" bis hin zur Landung in New York. Dort beeindruckte das Empire State Building, das gute Essen, das „special American Breakfast", die Bedienung und vor allem die Zigarrenverkäuferinnen, „sehr reizende, sehr schöne, rassige und ansprechende junge Mädchen, die in vollendeten Damenkleidern – wir wünschten, unsere Muttis hätten auch solche! – in der graziösesten Weise die Zigarren und Zigaretten anzubieten pflegen".[138] Vergleichbare Reiseberichte, angereichert mit stereotypen Amerika-Bildern, die den alltäglichen Beobachtungen Vorzug vor den engen beruflich orientierten Interessen gaben und vor allem dazu dienten, den daheimgebliebenen Mitarbeitern ein positives Amerikabild zu vermitteln, finden sich in fast allen Werkzeitschriften deutscher Großunternehmen der 50er Jahre. Ähnliche Beobachtungsmuster lassen sich auch in Privatkorrespondenzen von Unternehmern an Familienmitglieder, aus denen ebenfalls der „ethnologische Blick", das Interesse für das Fremde und Neue und der Vergleich mit Vertrautem und Heimischem spricht, wiederfinden. „Wer nicht in der Stadt wohnt", so berichtet Richard Freudenberg von seiner Amerikareise 1948 an seine Frau, „und das sind die Meisten, lebt so schön wie meistens

---

136 Amerika – hast Du es besser?, in: REWE-Echo v. 15.7.1963.

137 Fuchs; Kobold, Unser Verkaufschef spricht aus USA, S. 79.

138 Dies., 25.000 km in sechs Wochen, S. 134.

in den modernsten Einsiedlungen in Berlin. Gearbeitet wird knapp 40 Stunden. Sonntags ist allerdings geschlossen; Auto hat jeder; ja sogar die Negerinnen, die im Haus arbeiten."[139]

Diese Art der Alltagsbeobachtungen, der Vereinfachungen und Stereotypenbildung waren Ausdruck des Respekts und nicht selten der Bewunderung für ein Land, das auf allen Gebieten, vom Militär über die Wirtschaft und die Unternehmen bis hinein in den Alltag für deutsche Besucher Neues, Außergewöhnliches und Spitzenleistungen zu bieten hatte und damit seinen weltweiten Erfolg und seine Überlegenheit auf all diesen Gebieten bewies. Dies mußte somit auch für das amerikanische Management gelten. Die Darstellung Amerikas in Form von Vereinfachungen und Stereotypenbildung wurde nur noch übertroffen von den zahlreichen populärwissenschaftlichen Publikationen der 50er und 60er Jahre, die in vergleichsweise großen Auflagen an ein breites Publikum gerichtet waren. Stellvertretend sei hier auf einige Kapitelüberschriften eines Buches von Günther Höckel vom „Deutschen Institut für Betriebswirtschaft" zum Thema: „Führen ohne Befehl. Warum Amerikas Management erfolgreich ist" verwiesen, die u.a. lauten: „Die Amerikaner sind anders", „Denk positiv", „Können ist wichtiger als Wissen". Deutsch-amerikanische Mentalitätsunterschiede, die Höckel als „Schlüssel" des amerikanischen Managementerfolges ansah, werden in Form von einfachen Gegenüberstellungen schlagwortartig präsentiert: „Wir sind statisch eingestellt, die Amerikaner dynamisch", „Wir haben Ideologien, sie eine ‚philosophy'", „Wir sind analytisch, sie pragmatisch" oder auch „Wir sind kritisch, sie positiv".[140]

Differenziertere Einschätzungen und Beobachtungen und sogar Ansätze zu einer Selbstreflexion finden sich durchaus in den Reiseberichten deutscher Unternehmer, die, wenn auch zurückhaltend und mit einiger Vorsicht auf die Mentalitätsunterschiede zwischen Deutschen und Amerikanern eingehen: „Wenn man in Europa über USA spricht, denkt man unwillkürlich an ein Land unbegrenzter Möglichkeiten, überdimensionaler Fortschritte, ungeheurer Produktivität, großzügiger Bauwerke und moderner vollautomatischer Fabrikeinrichtungen. Dieses Bild entsteht im wesentlichen wohl dadurch, daß die Besucher meist immer nur die Besonderheiten schildern, und das Normale mit Europa Gleichartige kaum zur Geltung kommt. Man darf nicht vergessen, daß die industrielle Entwicklung in USA und Europa im Grunde genommen denselben Verlauf genommen hat, nur daß sie in USA vielleicht rascher verlief. So finden wir dort genauso wie in Deutschland veraltete Fabrikanlagen neben modernsten. Unterschiede sind zwar vorhanden, aber nicht in dem Ausmaß, wie man vielleicht denkt. Äußerlich gesehen ist sicherlich vieles mächtiger und eindrucksvoller, aber das hängt mit den vielfältigen Möglichkeiten des Landes zusammen, das man besser als Kontinent bezeichnet, um die Größenordnung richtig zu stellen. Die Unterschiede liegen vielmehr in der Denkweise, die sachlicher, nüchterner, objektiver und mehr am Materiellen orientiert ist als im tra-

---

139 Archiv Freudenberg, 3/01659, Richard Freudenberg an Billa, 30.4.1948.

140 G. Höckel, Führen ohne Befehl. Warum Amerikas Management so erfolgreich ist, Düsseldorf, Wien 1967.

ditionsbeladenen Europa."[141] Ähnlich argumentierten die Teilnehmer einer Amerikareise zum Thema „Produktivität in USA", die zur „Zurückhaltung verallgemeinernder Feststellungen" mahnten, dazu rieten „Amerika nicht nur durch die Brille des Europäers zu sehen" und schließlich auch zu der Überzeugung kamen, „daß jeder Vergleich unserer Verhältnisse mit denen ‚drüben' hinken wird". So stand im Mittelpunkt ihrer Reise auch „nicht die technischen Leistungen, die auf irgendeinem Gebiet erreicht wurden, sondern die Geisteshaltung, die hierzu die Voraussetzung bildet".[142]

„Amerika denkt anders", hieß es auch in einem vom RKW im Rahmen des Technical Assistant Program erstellten Reiseberichts über amerikanische Betriebsführung, in dem die unterschiedliche amerikanische Mentalität, die amerikanische Selbständigkeit, die Wettbewerbsfreudigkeit und der Zukunftsglaube als „vielleicht sogar das große Geheimnis des beispielhaften amerikanischen Wirtschaftserfolges"[143] stilisiert wurde.

Immer häufiger lassen sich im Verlauf der 50er und 60er Jahre entsprechende Einstellungen bei Unternehmern finden, deren Reiseprogramm sich im übrigen durch einen zunehmenden Pragmatismus und ein gezieltes Verwertungsinteresse unter Berücksichtigung der heimischen Verhältnisse auszeichnete. Dementsprechend wurden auch die Reiseberichte immer sachlicher. Die blumigen Schilderungen der 50er Jahre finden sich selbst in den Werkzeitschriften in den 60er Jahren kaum noch, und auch die internen Berichte an den Vorstand verzichten vollkommen auf ausschmückende Einleitungen über Land und Leute. Sie gewinnen mehr und mehr den Charakter technischer und wirtschaftlicher Fachberichte. Bei der Häufung der Amerikareisen und der steigenden Zahl von Teilnehmern – REWE organisierte 1963 gleich zwei Studienreisen mit insgesamt 40 Geschäftsführern und Mitarbeitern in die USA[144] – die in zahlreichen Unternehmen ein- bis zweimal jährlich stattfanden, ist dies auch anders kaum möglich. Es fand eine Professionalisierung statt, die sich in den Unternehmen durch die Einrichtung von Verbindungsbüros organisatorisch niederschlug, die sich auch als Informationszentren zur Übermittlung von Daten und Fakten über die US-Industrie, Produktionsmethoden einzelner Unternehmen, Marktenwicklungen und Handelsbeziehungen bewährten. Eine solche Verbindungsstelle war etwa die von Bayer 1953 ins Leben gerufene „Metachem" in New York, die von dem späteren Vorstandsvorsitzenden Kurt Hansen geleitet wurde oder das Beraterbüro von Freudenberg in Acron/Ohio.[145]

---

141 Betriebsführung in amerikanischen Mittel- und Kleinbetrieben. Eine Studienreise junger Unternehmer in die Vereinigten Staaten von Amerika (RKW-Auslandsdienst, H. 88), München 1959, S. 12.

142 Produktivität in USA. Einige Eindrücke einer deutschen Studiengruppe von einer Reise durch USA (RKW-Auslandsdienst, H. 20), München 1953.

143 Betriebsführung durch Planung und Kontrolle (RKW-Auslandsdienst, H. 51), München 1957, S. 67.

144 REWE-Archiv, REWE-Zentralorganisation, Geschäftsbericht 1963, S. 9.

145 Archiv Bayer AG, 302-0600, Sekretariat Hansen, US-Verbindungsbüro Metachem Inc. New York; ebd., 81/2.3, Zur Frage einer Bayer-Verbindungsstelle in New York, gez. Loehr, 17.3.1953; Interview W. Bonfert, 3.12.1997.

Die Professionalisierung der Amerikakontakte bedeutete schließlich auch, daß zunehmend private Reiseanbieter den seit den 50er Jahren rasch ansteigenden Bedarf nach Unternehmerreisen ins Ausland, speziell in die USA, zu befriedigen suchten. Einer dieser Anbieter war die Deutsche Studienreisen Gesellschaft e.V. zur Förderung des Austauschs wirtschaftlicher und kultureller Beziehungen für das In- und Ausland. Diese hatte sich zum Ziel gesetzt, die durch den Nationalsozialismus unterbrochenen Auslandsverbindungen, der ihrer Einschätzung nach einen erheblichen „Rückschlag" für die deutsche Wirtschaft bedeutet hatte, zu überwinden und warb bei den Unternehmen damit, bei der Wiederherstellung der offensichtlich notwendigen Auslandsbeziehungen zu helfen. Organisierte Unternehmerreisen mit unterschiedlichen Themenschwerpunkten boten auch die Carl Duisberg Gesellschaft e.V. und der Wirtschaftsdienst der Hapag Lloyd an, die quasi Pauschalreisen mit gezielten inhaltlichen Programmen offerierten. Bedingt durch die Tatsache, daß der Teilnehmerkreis sich nicht mehr allein aus Mitgliedern des Vorstands, sondern zunehmend auch aus dem mittleren Management rekrutierte, stieg die Zahl der USA-Reisen in den 60er Jahren weiter an und führte zu einem regelrechten Unternehmer- und Managertourismus, was ein deutsches Wirtschaftsmagazin Ende der 60er Jahre folgendermaßen kommentierte: „Wie auch immer er (der Reisende, C.K.) sich entscheidet, in der Bundesrepublik gibt es Institute und Organisationen, die seine Wünsche erfüllen können und Kombinationen von Arbeit, Studium und Touristik zusammenstellen. Jede dieser Reisen, die der beruflichen Bildung dient – und sei sie de facto 60% Touristik – ist vom Teilnehmer oder seiner Firma, die ihn schickt, steuerlich absetzbar."[146]

Doch nicht nur die Art und die Organisation der USA-Reisen änderte sich, auch die thematischen Schwerpunkte verlagerten sich zwischen den 50er und 70er Jahren. So läßt sich beispielsweise an dem Besuchsprogramm der Firma Henkel bei unterschiedlichen amerikanischen Unternehmen wie Procter & Gamble, Colgate Palmolive, Hercules Powder, DuPont oder Standard Oil über einen Zeitraum von etwa 30 Jahren ablesen, daß das Hauptinteresse noch in den 50er Jahren der Herstellung von Waschmitteln sowie technischen Fragen galt. In den 60er Jahren rückten dann stärker Fragen der Marktentwicklung, des Verkaufs und des Marketing in den Vordergrund, während in den 70er Jahren Henkel sich zunehmend für die amerikanische Umweltschutzdiskussion, deren betriebliche Relevanz und deren potentielle Bedeutung für die deutschen Verhältnisse interessierte.[147]

Bevor in der vorliegenden Arbeit detailliert auf konkrete Aspekte unternehmerischer Wahrnehmung und deren betriebliche Umsetzung eingegangen wird, stellt sich zunächst die Frage, welche – auch subjektive – Bedeutung den Amerikareisen aus zeitgenössischer Sicht und aus der Perspektive der Beteiligten beigemessen wurde. Denn auf der einen Seite läßt sich eine rasche Zunahme der Amerikareisen seit Beginn der 50er

---

[146] M. Bunte, Studienreisen in die USA I, in: PLUS 1/1969, S. 45; Archiv Bayer AG, 700-453/3, Rundschreiben Deutsche Studienreisen Gesellschaft e.V., Okt. 1957.

[147] Archiv Henkel, Zug. Nr. 458, Nr.1.31, US-Reiseberichte ab 1949.

Jahre beobachten, andererseits wurde deren praktischer Nutzen auch in Zweifel gezogen. „Lohnen sich Amerikareisen?“ oder „Geht es nur über Amerika?“ waren entsprechende Fragen, die um die Mitte der 50er Jahre in den Fachzeitschriften gestellt wurden. Etwa mit Blick auf Fragen der Human Relations und anläßlich einer RKW-Tagung fragten sich die Teilnehmer, „ob es wirklich notwendig ist, daß der deutsche Unternehmer erst nach Amerika gehen muß, um den Menschen im Betrieb zu entdecken. Ist es wirklich nicht bekannt, daß das RKW eine besondere ‚Rationalisierungsgemeinschaft Mensch und Arbeit‘ eingerichtet hat, um für dieses Gedankengut zu werben und eine besondere Schrift herausgab, in der die verschiedenen einschlägigen Institutionen mit ihren Programmpunkten aufgeführt sind“?[148] Schließlich erschien es auch schwierig, den Erfolg der Reisen in Zahlen zu messen, aber, so die vage Vermutung, „die Amerikareisen lohnen sich bestimmt und man darf die Verzinsung des darin investierten Kapitals getrost sehr hoch ansetzen“.[149] Mit Hinweis auf den Erfahrungsaustausch über Fachtagungen und Reisen, Diskussionen und die Rezeption von Publikationen wurde auf deren erwartete Langzeitwirkung verwiesen: „Es kann ja durchaus sein, daß einem Teilnehmer erst in drei oder vier Jahren ein genialer technischer oder mutiger organisatorischer Einfall auf Grund seiner Amerikareise kommt, der aber so gewichtig ist, daß er allein die Waagschale mit dem Aufwand der ganzen Studienreise für jeden sichtbar aufwiegt.“[150] Von den Unternehmern selbst und innerhalb der Unternehmen wurde, bis auf wenige Einschränkungen, eine positive Bilanz der Amerikareisen gezogen. Nach mehreren Jahren der Isolation gab es nun erstmals wieder die Möglichkeit zum Informationsaustausch mit Vertretern der führenden Wirtschaftsmacht. Dieser Austausch galt gerade „in den Zeiten der Devisen- und Zollhemmnisse (als) die beste Entwicklungshilfe für das noch schwer unter den Kriegseinwirkungen leidende Nachkriegsdeutschland“.[151] Neben den jeweils unternehmensspezifischen technischen und ökonomischen Erkenntnissen waren es Anregungen grundsätzlicher Art sowie die Zukunftsperspektiven, die viele Unternehmer aus den USA mitbrachten. So war etwa, verglichen mit den USA, auch in Deutschland von einem zukünftig veränderten Verbraucherverhalten und Konsumgewohnheiten auszugehen, von einem Warenaustausch, der über den deutschen Binnenmarkt hinaus sich europaweit ausweiten müßte, von einer Umstellung der Energie- und Grundstoffbasis sowie von einem verstärkten wirtschaftlichen Konkurrenzkampf und einer Marktanpassung der Unternehmen.[152] Die Bereitschaft, dies in der unternehmerischen Praxis zu berücksichtigen, war bei den Unternehmern vorhanden: „Wir sind nach den USA gereist, um zu lernen und um das

---

148 Geht es nur über Amerika?, in: Der Arbeitgeber, 1953, H. 19, S. 851.

149 H. W. Flemming, Lohnen sich Amerikareisen?, in: Rationalisierung 5, 1954, S. 139-141, 139.

150 Ebd., S. 139.

151 H. Fabricius, Von Weinheim in die Welt, in: Richard Freudenberg 70 Jahre, Heidelberg 1962, S. 22.

152 Winnacker, Nie den Mut verlieren, S. 238 f.

Gelernte an die vielen weiterzugeben ...",[153] so läßt sich die Einstellung vieler Amerikareisender in den 50er Jahren charakterisieren. „Der Wert einer Reise sollte nicht allein daran gemessen werden, welche konkreten Anregungen und Vorschläge dieser Bericht zur sinnvollen Übertragung amerikanischer Erfahrungen und Entwicklungen auf deutsche Verhältnisse enthält. Zumindest ebenso fruchtbringend dürfte unser Aufenthalt in USA dadurch geworden sein, daß wir eine andere als die uns gewohnte Einstellung zu manchen Problemen der praktischen Arbeit kennengelernt haben ...", so das Fazit einer Studienreise Berliner Verbandsgeschäftsführer.[154] Damit ist zum einen ein deutlicher Unterschied zu den Reiseerfahrungen und -konsequenzen von Eisen- und Stahlindustriellen in den 20er Jahren angesprochen. Deren Amerikaorientierung diente seinerzeit in erster Linie der Selbstbestätigung und Selbstvergewisserung der eigenen Unternehmensstrategien.[155] Für die hier erwähnten Unternehmer und Unternehmen handelte es sich in den 50er Jahren um das Anknüpfen an Erfahrungen, Austauschmöglichkeiten sowie insgesamt um Lernprozesse, die durch die Kriegszeit zwangsweise unterbrochen waren. Insofern handelt es sich hier weniger um die erzwungene Bereitschaft umzudenken (Henke), um eine Umorientierung oder einen Mentalitätswandel, sondern um eine pragmatische Einsicht in die Notwendigkeit des permanenten Informationsaustauschs und des Lernens, wie man es bereits in der Vorkriegszeit praktiziert hatte. Eine Selbstbezogenheit oder Selbstzufriedenheit hätten sich deutsche Unternehmen und Unternehmer nach 1945 schließlich noch weniger leisten können als vor dem Krieg. Wie diese Lernprozesse im einzelnen aussahen, soll weiter unten gezeigt werden.

2.1.4 Medien und „Management Gurus"

Im Rahmen der Produktivitäts- und Technical Assistance-Programme waren amerikanische und deutsche Stellen an einer raschen Verbreitung von Informationen interessiert. Dies geschah zum einen, wie bereits gezeigt, über hauseigene Periodika, Mitteilungen und Broschüren wie etwa die ein- bis zweimal monatlich erscheinenden „Productivity News From Germany" der MSA, die „Productivity News and Notes" der EPA oder die Reiseberichte der aus USTA&P-, EPA- bzw. RKW-Mitteln geförderten USA-Reisen, die in der mehr als 90 Bände umfassenden Reihe des RKW-Auslandsdienstes erschienen. Als deutsche Produktivitätszentrale diente das RKW darüber hinaus als Zentrum zur Beschaffung, Auswertung und Übersetzung amerikanischer Fachliteratur und Fachzeitschriften. Hier bestanden Kontakte zum Technologischen Informationsdienst (Of-

---

153 Produktivität in USA, S. 7.

154 Wirtschaftsorganisationen in USA. Bericht über eine Studienreise Berliner Verbandsgeschäftsführer (RKW-Auslandsdienst, H. 61), München 1958, S. 9.

155 Dazu Kleinschmidt; Welskopp, Amerika aus deutscher Perspektive.

fice of Technical Services: OTS), um dort neben der Literatur auch direkt Informationsmaterial über amerikanische Firmen zu erhalten.[156]

Neben dieser Möglichkeit der Informationsbeschaffung über das USTA&P, die europäische und die deutsche Produktivitätszentrale (RKW), die in erster Linie als Service für kleine und mittlere Unternehmen gedacht war, bemühten sich die Großunternehmen auf eigene Initiative um Materialien über amerikanische Management- und Produktionsmethoden. Die Frage der Informationen und der entsprechenden Medien hatte insofern eine Angebots- und eine Nachfrageseite. Kleine und mittlere Unternehmen waren stärker auf das Informationsangebot amerikanischer und deutscher Stellen angewiesen, während Großunternehmen aufgrund bestehender Kontakte ihre Nachfrage direkt an amerikanische Unternehmen richten konnten.

Auf der Angebotsseite spielte zwecks Verbreitung des Produktivitäts- und Rationalisierungsgedankens bei der MSA bzw. der FOA in Zusammenarbeit mit der OEEC und dem RKW neben der Informationsvermittlung über Reisen und Literatur das neue Medium Film eine Rolle. Das RKW richtete mit Unterstützung amerikanischer Stellen einen RKW-Filmdienst im Sinne einer „Audio-Visual Aid“ ein, der in der Bundesrepublik 20 RKW-Filmdienststellen umfaßte, wobei über 100 Filmtitel mit mehr als 1600 Kopien zur Verfügung standen. Diese „Productivity Film Library“ ermöglichte den Verleih von Filmen an Unternehmen, staatliche Institutionen, Hochschulen und Verbände. Die mit USTA&P-Mitteln synchronisierten amerikanischen Filme deckten ein breites Themenspektrum von der Darstellung der Produktion und Produktivität in US-Unternehmen bis zur „modernen Büroarbeit“ sowie allgemeine Fragen über „vernünftiger arbeiten – besser leben“ oder den „Motor des Fortschritts“ ab. Allein in der ersten Hälfte des Jahres 1953 wurden in Nordrhein-Westfalen 200, in Baden-Württemberg 300 Filmveranstaltungen mit ca. 28.000 Besuchern durchgeführt. Außerdem legten die Veranstalter Wert auf ein Begleitprogramm zur Wirkungsforschung der Filme, basierend auf Umfragen nach den Filmvorführungen. Danach beantworteten 93% der Befragten, die Filme enthielten Anregungen zur Verbesserung der Arbeitsplatzgestaltung und des Arbeitsablaufs, 51% sagten, die Filme regten zu Gesprächen mit Kollegen an und 30% erkannten direkte Auswirkungen auf betriebliche Veränderungen.[157] Neben diesen Filmen waren es auf der Angebotsseite vor allem Zeitschriften – wissenschaftlich ausgerichtete Fachzeitschriften wie auch populäre Werkzeitschriften – die zur Verbreitung des amerikanischen Gedankengutes beitrugen. Wie bereits angedeutet, verging in den ersten Jahren kaum eine Ausgabe der z.T. neu- oder wiedergegründeten Werkzeitschriften der großen Unternehmen ohne Berichte oder Hinweise über amerikanische Technologie- oder Managementmethoden. In den ersten Jahrgängen von „Wir vom Glanzstoff“ (Glanzstoff), „Der Lichtbogen“ und „Blick vom Hochhaus“ (Hüls), „REWE-Echo“

---

[156] Atzbach; Swoboda, Ein Jahr deutsche Produktivitätszentrale, S. 228 f.

[157] N.A., R.G. 469, ... Subject Files of the Chief 1953-1956, 130. Office of the High Commissioner for Germany. Press Attache's Office, Mehlem, 22.12.1954; Atzbach und Swoboda, Ein Jahr deutsche Produktivitäts-Zentrale, S. 229.

(REWE), „Blätter vom Hause“ (Henkel), „Leibniz-Blätter“ (Bahlsen) u.a. erschienen Monat für Monat Artikel über Amerikareisen und amerikanische Managementmethoden. Ähnliches gilt für Verbands- und Fachzeitschriften. Hervorzuheben sind in diesem Zusammenhang die Zeitschrift „Rationalisierung“, die als monatlich erscheinendes Periodikum im Zentrum der deutschen Produktivitätsbewegung stand sowie die vom ASB, verantwortlich von Guido Fischer und Albrecht Weiß herausgegebene Zeitschrift „Mensch und Arbeit“, die zu Beginn der 50er Jahre ein Forum und Multiplikator der Human Relations und TWI-Diskussion bildete.[158] Eine ähnliche Multiplikator- und Forumsfunktion übernahm das REFA-Periodikum „Fortschrittliche Betriebsführung“ ab Mitte der 50er Jahre, wobei die einzelnen Ausgaben mit zahlreichen Aufsätzen aus US-Zeitschriften und Themenschwerpunkten wie „Führung und menschlicher Kontakt“, „Führung und soziale Verantwortung“ amerikanisches Gedankengut der Human Relations erkennen ließen.[159] Entsprechende Tendenzen lassen sich für diesen Zeitraum in fast allen deutschen wirtschaftswissenschaftlichen und Managementzeitschriften beobachten, angefangen bei „Der Volkswirt“, der „Zeitschrift für Betriebswirtschaft“ über „Der Arbeitgeber“, „Die Absatzwirtschaft“ u.a., in denen eine Dominanz amerikanischer bzw. amerikaorientierter Beiträge zum Ausdruck kommt.

Auf der Angebotsseite der US-Informationen waren es schließlich auch Verlage wie Econ in Düsseldorf, Girardet in Essen oder der Westdeutsche Verlag in Köln und Opladen, die eine Marktlücke der amerikanischen Managementliteratur, insbesondere in deutscher Übersetzung ausmachten und dementsprechend Werke von E. Mayo, F.J. Roethlisberger, Peter F. Drucker sowie auch populärer deutscher Autoren wie Herbert Gross oder Kroeber-Keneth verlegten, die schließlich auch von amerikanischen Einflüssen geprägt waren. Der Econ-Verlag druckte die wichtigsten Veröffentlichungen der American Management Association (AMA) in deutscher Sprache, während der REFA sämtliche Zeitschriftenaufsätze der AMA auswertete und eine Auswahl davon in der Zeitschrift „Fortschrittliche Betriebsführung“ veröffentlichte.[160] Herbert Gross, ehemaliger wissenschaftlicher Angestellter beim Institut für Weltwirtschaft in Kiel und späterer Mitarbeiter beim Handelsblatt, der noch 1943 in einer Darstellung über die wirtschaftspolitische Entwicklung in den Vereinigten Staaten die dortige Wirtschaft aufgrund des seiner Meinung nach fehlenden „nationalwirtschaftlichen Denkens“ als „amorph“, die amerikanische Großindustrie als „Blender“ bezeichnet und starke „Män-

---

158 Die frühen Beiträge lauten z.B. von W. Danker, TWI – etwas Altes oder ein Fortschritt?, in: Mensch und Arbeit 1, 1949, S. 178 f.; G. Aigner, Das Aussprache-Forum, in: ebd., 2, 1950, S. 105 f.; F. Hecht, Das TWI-Programm in der deutschen Wirtschaft, in: ebd., 2, 1950, S. 194-196; K. Kitzke, Menschliche Beziehungen in Deutschland und in den USA, in: ebd., 2, 1950, S. 247 f.

159 Fortschrittliche Betriebsführung, hg. v. Arbeitswissenschaftlichen Institut des REFA e.V., Darmstadt.

160 Revolution der betrieblichen Ausbildung (Report Nr. 72 der American Management Association), Düsseldorf 1964 ist ein solches Beispiel für eine Publikation, die bereits ein Jahr nach Erscheinen in den USA auf Deutsch übersetzt und von ECON verlegt wurde.

gel der wirtschaftlichen Gesamtorganisation" ausgemacht hatte,[161] entwickelte sich nach dem Krieg zu einem der stärksten Propagandisten amerikanischer Managementmethoden, insbesondere des Marketing. Seine Publikationen gehörten zu den ersten, die den seinerzeit noch umstrittenen „Manager"-Begriff in den bundesrepublikanischen Wortschatz einführten. Gross übernahm auch die Formulierung einer „Managerial Revolution" in Anlehnung an amerikanische Human Relations-Konzepte einer partnerschaftlichen und harmonischen Betriebsführung. In der zweiten Auflage zu seinem bereits 1949 erschienen Buch „Manager von Morgen" plädierte Gross für eine Orientierung an amerikanischem Gedankengut, weil das dortige Management schließlich am weitesten fortgeschritten sei und auch für deutsche Verhältnisse greifbare Lösungsvorschläge biete.[162]

Die Rezeption und Verbreitung amerikanischer Managementliteratur wurde in der Bundesrepublik von kaum einem anderen Autoren so stark beeinflußt wie von Peter F. Drucker. Zwar wurden nach dem Zweiten Weltkrieg neben Mayos und Roethlisbergers Arbeiten auch zahlreiche andere amerikanische Managementwerke wie Gardner/Moores „Praktische Menschenführung im Betrieb" oder Louis Allens „Management und Organisation"[163] und andere ins Deutsche übersetzt, kaum einer dieser Autoren hat jedoch die öffentlichkeitswirksame Managementdiskussion so intensiv und über einen so langen Zeitraum mitgestaltet wie Peter F. Drucker, der sich zu einem der führenden „Management-Gurus"[164] entwickelte und den das Manager-Magazin 1974 als „bekanntesten Management-Theoretiker der Welt" bezeichnete.[165] Der aus Österreich stammende Drucker hatte u.a. als Journalist beim Frankfurter General-Anzeiger und als Mitarbeiter und Mitherausgeber – zusammen mit Karl Polanyi – beim „Der Österreichische Volkswirt" gewirkt, bevor er 1927 Österreich verließ und über Großbritannien schließlich im Jahr 1937 in die USA kam. Dort erschien zwei Jahre später sein erstes Buch „The End of Economic Man", in dem er sich über die Wurzeln des Nationalsozialismus und den Zerfall der liberalen und humanistischen Traditionen in Europa ausbreitete. Als Lehrer am Bennington College befand er sich wiederum in enger Nachbarschaft zu Karl Polanyi, der dort an seinem Buch „The Great Transformation" arbeitete. 1943 erreichte Drucker eine Anfrage von General-Motors, aus der sich schließlich eine Zusammenarbeit und eine Publikation über die Managementstruktur und -politik des Automobilkon-

---

161 H. Gross, Wirtschaftspolitische Tendenzen in den Vereinigten Staaten von Amerika, Jena 1943.

162 H. Gross, Manager von Morgen. Partnerschaft als Wirtschaftsform der Zukunft, Düsseldorf 1949, S. 8, 39 f., 207 ff. (2. Aufl. 1952); ders., Neues Wirtschaftsdenken. Erfahrung durch Marketing, Düsseldorf 1967.

163 B. Gardner; D. G. Moore, Praktische Menschenführung im Betrieb, Köln und Opladen 1957 (Original: Human Relations in Industry, 1945); L. A. Allen, Management und Organisation, London 1958.

164 A. A. Huczynski, Management gurus. What makes them and how to become one, London 1993.

165 Manager-Magazin 4, 1974, S. 74.

zerns ergab, dargestellt in dem Buch „Concept of the Corporation“, einem Meilenstein der modernen Managementliteratur, welches 20 Jahre später auch ins Deutsche übersetzt wurde.[166] Noch unter dem Eindruck des Nationalsozialismus und des sich entwikkelnden Kalten Krieges formulierte Drucker in seinem Buch „The New Society“ die These, daß weder der Nationalsozialismus noch der Kommunismus eine wirkliche „Weltrevolution“ entfacht hätten, sondern einzig und allein amerikanische Management- und Massenproduktionsmethoden dazu in der Lage seien. So lautete der erste Satz in „The New Society“: „The world revolution of our time is ‚made in USA‘. It is not Communism, Fascism, the new nationalism of the non-Western peoples, or any of the other ‚isms‘ that appear in the headlines. They are reactions to the basic disturbance, secondary rather than primary. The true revolutionary principle is the idea of mass production. Nothing ever before recorded in the history of man equals in speed, universality and impact, the transformation this principle has wrought in the foundations of the society in the fourty short years since Henry Ford turnded out the first ‚Model T‘.“[167] Diese amerikanische „Revolution“ erhebt Drucker zum Modell und weltweiten Vorbild, das allein Frieden und Freiheit garantiere: „Without such a model to imitate and learn from, the mass production revolution can only produce decades of world war, chaos, despair and destruction.“[168] Drucker publizierte in den folgenden Jahren eine Fülle von Aufsätzen und Büchern, die u.a. auch im Econ-Verlag erschienen. Diese fügten sich, wie zahlreiche andere populärwissenschaftliche Publikationen, in eine Reihe von Managementliteratur ein, die durch ihre provokanten Thesen, ihre gute Lesbarkeit und Verständlichkeit, durch Reduktion von Komplexität, durch Selektion von Informationen und eine gewisse Plausibilität eine leichte Konsumierbarkeit durch das Publikum ermöglichte und so für eine breite Leserschaft, auch unter Managern, sorgte. Huczynski rechnet zu diesem Genre auch die Arbeiten von Mayo und Roethlisberger zum Themenbereich Human Relations, von Douglas McGregor, Chris Argyris oder Rensis Likert, die einleuchtend vermittelten, das Produktivität und menschliche Verhaltensweisen im Betrieb zusammengehörten, dies jedoch in einer Mischung aus Halbwahrheiten, Übertreibungen, Einseitigkeiten und einem Kern von Wahrheit täten und dabei sowohl die ökonomischen und sozialen Interessen der Unternehmen berücksichtigten.[169] Argyris, der an der Yale-University lehrte, leitete im Rahmen des EPA-Programms Kurse in Psychologie, Soziologie und Business Administration.[170] „Management-gurus“, „Guru-

[166] Zu Druckers Biographie s. P. F. Drucker, Zaungast auf Zeit. Ungewöhnliche Erinnerungen an das 20. Jahrhundert, Düsseldorf, Wien 1981, S. 15, 97, 111, 227; ders., Das Großunternehmen. Sinn, Arbeitsweise und Zielsetzung in unserer Zeit, Düsseldorf, Wien 1966 (Original: Concept of the Corporation, 1946).

[167] P. F. Drucker, The New Society. The Anatomy of the Industrial Order, New York 1950, S. 1.

[168] Drucker, The New Society, S. 16.

[169] Huczynski, Management gurus, S. 10, 18.

[170] N.A., R.G. 469, Agency for International Development. Mission to Germany. Productivity and Technical Assistance Division 1953-1956. EPA-General, Bio-Data of EPA Type „B“ Consultants.

Theorien" und „Guru-Bücher" stellten ein Sammelsurium von Managementthemen zusammen, aus denen sich jeder nach Belieben bedienen könne, und aus der so entstehenden breiten Nachfrage Verkäufer, Agenturen und Verlage kommerzielle Vorteile zögen. Der Erfolg Druckers bestehe darin, wichtige Aspekte seiner Thesen in eine Form zu bringen, die Managern nützlich ist sowie in der Bestätigung ihrer Arbeit, ausgehend von der Tatsache, daß sie sehr wohl wissen, daß es keine universelle Erfolgsmethode gibt. Druckers, wie auch andere populäre Managementbücher, erfüllten schließlich das Bedürfnis nach Verständlichkeit, Kontrolle, Ordnung, nach Goldenen Regeln und nach Schritt-für-Schritt nachvollziehbaren Gedankengängen.[171] Diesem Bedürfnis kam Drucker über einen Zeitraum von mehr als drei Jahrzehnten entgegen. 1980 beantwortete eine Management-Zeitschrift die Frage „Why read Peter Drucker?" mit dem Hinweis, daß man von seiner Art des integrativen Denkens unter Berücksichtigung organisatorischer, technisch- kultureller und historischer Aspekte viel lernen könne.[172] In den 70er Jahren füllte Drucker die Säle bei öffentlichkeitswirksamen Vortragsveranstaltungen zum Thema „Management" in der ganzen Welt, und auch bei deutschen Managern war er noch Ende der 80er Jahre als Autor zum Thema Personalwesen gefragt.[173]

Dieses breite literarische Angebot an amerikanischem Managementwissen sagt jedoch zunächst wenig über dessen unternehmerische Wahrnehmung und Rezeption aus. Bei genauerer Betrachtung zeigt sich allerdings, daß deutsche Unternehmer und Manager in der Tat amerikanische Managementliteratur bzw. deutschsprachige Literatur über amerikanische Management- und Produktionsmethoden rezipierten, und das nicht nur zur Vorbereitung von Amerikareisen. Dabei handelte es sich zum einen um spezifische Fachliteratur und gezielte Informationen und Anregungen des jeweiligen Aufgabenbereichs. Glanzstoff-Manager beobachteten beispielsweise detailliert die Entwicklungen auf dem amerikanischen Nylonmarkt durch die Lektüre entsprechender Zeitungsartikel in der „Financial Times" oder der deutschen „Textil-Zeitung" oder ließen sich DuPont-Anzeigen aus dem US-Magazin „Fortune" übersetzen.[174] Mannesmann-Direktor Bungeroth bat den US-Repräsentanten Wagner um Zusendung von US-Werkzeitschriften und Materialien zum Thema „Public Relations" sowie über amerikanische Produktionsverfahren, Maschinen etc.[175] Der Vorstandsvorsitzende der Cornelius Stüssgen Handelskette (später zu REWE gehörend), Joseph Wickern, studierte Fragen der Sortimentspräsentation in Selbstbedienungsläden u.a. in der US-Zeitschrift „Progressive Grocer".[176]

171 Huczynski, Management gurus, S. 20 ff., 39-43, 181 ff.

172 A. M. Kantrow, Why read Peter Drucker?, in: HBR, Jan./Feb. 1980, S. 74-82.

173 P. F. Drucker, Das Personalwesen – auf dem Weg zu neuen Ufern, in: P. G. v. Beckerath (Hg.), Verhaltensethik im Personalwesen. Prinzipien und Regeln für die Konzeption einer betrieblichen Personalpolitik, Stuttgart 1988, S. 1-9; Wenn's funktioniert, ist's sinnvoll, in: Manager-Magazin 4, 1974, S. 74-78.

174 Archiv AKZO Nobel Faser AG (Glanzstoff), L 7-7-4, Nylon I.

175 Archiv Mannesmann, M 40.099. Reiseberichte. K. Bungeroth an G. Wagner, 13.2.1950.

176 J. Wickern, Probleme des Lebensmittel-Filialbetriebs – eine Einführung, in: R. Nieschlag; Dudo von Eckardstein (Hg.), Der Filialbetrieb als System, Köln 1972, S. 41-61, 51.

Neben dieser speziellen rezipierten viele deutschen Unternehmer auch allgemeine US-Managementliteratur, insbesondere auch des „Management-Gurus“ Peter F. Drucker. Hinweise und Zitate von Drucker finden sich bei Joseph Wickern ebenso wie bei Managern der Stahlindustrie oder Fritz Jacobi und Paul Gert von Beckerath vom Chemiekonzern Bayer.[177] Hans Bahlsen setzte sich beim Studium der Human Relations ausführlich mit dem Werk Elton Mayos auseinander,[178] während sich Heinrich Nordhoff stärker an Henry Ford orientierte. Die Rezeption der „Guru-Literatur“ führte zwar nicht zwangsläufig zu einer direkten Verwertbarkeit im praktischen Unternehmensalltag, gehörte jedoch ebenfalls zum Prozeß der Wissensdiffusion amerikanischer Managementmethoden, die parallel über mehrere Kanäle verlief und eine Öffnung zu Themenbereichen beförderte, mit denen sich deutsche Unternehmer bis dahin kaum auseinandergesetzt hatten.

Unternehmer beschäftigten sich schließlich auch mit derjenigen Literatur, die die Unternehmer selbst und ihr Verhalten, die Frage nach unternehmerischen Organisationsstrukturen und Autoritäten, nach Modernisierungen und amerikanischen Einflüssen auf deutsche Unternehmen zum Gegenstand hatte und damit ein bestimmtes Unternehmerbild in die Öffentlichkeit trug, wie es etwa die soziologischen Untersuchungen Heinz Hartmanns in den 50er und 60er Jahren taten. Eine intensive unternehmerische Auseinandersetzung mit Hartmanns Arbeiten, die schließlich sogar zu einer Art Gegendarstellung herausforderten, sind nicht nur Ausdruck der unternehmerischen Bemühungen um ein positiveres Bild in der Öffentlichkeit und damit einer entsprechenden PR-Strategie, sie sind auch ein Beleg unternehmerischer Reflexion und Selbstreflexion, wie sie ihr von seiten der soziologischen Forschung kaum zugetraut wurde. So gehen Helge Pross und Karl W. Boetticher davon aus, daß Vorstandsmitglieder, Direktoren und Prokuristen offenbar selber nicht wissen, „welchen Entscheidungsweisen und welchen Autoritäten sie den Vorzug geben. In ihrem Bewußtsein liegen überkommene und neuere Grundsätze miteinander im Streit ... Der in unserem Befund zutage getretene Mangel an Reflexion über wichtige soziale Bezüge der eigenen Tätigkeit kennzeichnet nicht allein leitende Angestellte in großen Unternehmen.“ Schließlich wittern sie „Widersprüche in den Ansichten über wichtige Umstände und Inhalte der eigenen Tätigkeit sowie der Mangel an theoretischer Reflexion, der in ihnen zum Ausdruck kommt, induzieren eine gewisse Unsicherheit gegenüber den nicht rein ökonomischen Problemen, die sich bei der Wahrnehmung der eigenen Funktionen ergeben“.[179] Die Auseinandersetzung um

---

177 P. G. v. Beckerath, Über die Frage der Ausbildung von Meistern in der amerikanischen Industrie, in: Der Arbeitgeber, 1954, H. 21, S. 807-809; F. Jacobi, Personalpolitik – Heute und Morgen, Düsseldorf, Wien 1963, S. 21; Archiv Bayer AG, Direktions Abt. 737/740, Jacobi an Zwiste, 1.12.1954; Archiv Mannesmann, PR 4 72 67, Sonderdruck aus: P. F. Drucker, Amerika in den nächsten 20 Jahren, hg. v. US-Informationsdienst (1954).

178 Archiv Bahlsen, Veröffentlichungen von Mitarbeitern, H. Bahlsen, Leistungssteigerung durch „Good Will“, 23.3.1975.

179 H. Pross; K. W. Boetticher, Manager des Kapitalismus. Untersuchung über leitende Angestellte in Großunternehmen, Frankfurt am Main 1971, S. 88 f.

Hartmanns soziologische Untersuchungen über deutsche Unternehmer, die die Vorstände zahlreicher deutscher Großunternehmen auf den Plan rief, ist jedoch ein Beleg für die Tatsache, daß auch wissenschaftliche Literatur in den Vorstandsetagen rezipiert wurde und entsprechende Reaktionen auslöste, auch wenn diese sicherlich nicht im Zentrum des unternehmerischen Alltagshandelns standen.

Heinz Hartmanns Buch über „Authority and Organization in German Management"[180] wurde von führenden Vertretern deutscher Großunternehmen bereits kurz nach seinem Erscheinen in den USA Ende der 50er/Anfang der 60er Jahre rezipiert, wobei man sich sogleich herausgefordert sah, dem dort verbreiteten Unternehmerbild durch eine entsprechende Öffentlichkeitsarbeit zu begegnen. Die Herausforderung bestand vor allem darin, daß Hartmann die seiner Meinung nach mangelnde Professionalisierung innerhalb deutscher Geschäftsleitungen zum Ausdruck brachte, die sich unter anderem in der Zentralisation von Autorität in der Unternehmensspitze, oftmals in Gestalt nur einer Person, zeigte, während in den USA und einigen westeuropäischen Ländern auch dem mittleren und unteren Management eine weitaus größere Bedeutung sowie Verantwortungs- und Entscheidungskompetenz überlassen wurde.[181] Mit Ausnahme der mitbestimmten Unternehmen sei in Deutschland „Autorität in großen Maße zentralisiert", die Rolle des Unternehmers sei deutlich von dem Rest des Managements hervorgehoben. Der Unternehmer „kümmert sich gern um alles", während die Belegschaften ein untertanenhaftes Verhältnis zu ihren Vorgesetzten hätten und eine „übergroße Loyalität" an den Tag legten, mit anderen Worten: das Verhältnis zwischen Unternehmensleitung und Belegschaften sei charakterisiert durch „Befehl und Gehorsam".[182] Hartmann unterschied zwei Idealtypen von Autorität: die „funktionale Autorität" als eine auf Fachwissen und Fähigkeiten beruhende Autorität auf der einen und „kreditive Autorität", die unhinterfragt und selbstverständlich in Anspruch genommen würde, und deren Modell von Gehorsam und Unterordnung keiner Rechtfertigung bedürfe, auf der anderen Seite.[183] Deutsche und amerikanische Unternehmensführung wichen – nicht nur in diesem Punkt – deutlich voneinander ab, wobei deutsche Unternehmer ihre Position vornehmlich in Form der „kreditiven Autorität" absicherten, was zu erheblichen Diskrepanzen der deutschen und amerikanischen „Wirtschaftskultur"[184] führe. In amerikanischen Unternehmen reichten beispielsweise die Verantwortungs- und Entscheidungsbereiche bis auf die Ebene der Vorarbeiter hinab. Die Dezentralisation von Entscheidungen und die Einrichtung von Stabsstellen sei in den USA weit fortgeschritten, während deutsche Unternehmensleiter sich nicht selten weigerten, einen Stab Funktio-

---

180 Die deutsche Übersetzung unter dem bisher zitierten Titel „Der deutsche Unternehmer: Autorität und Organisation" erschien erst im Jahr 1968.

181 Hartmann, Der deutsche Unternehmer, S. 47.

182 Ebd., S. 72, 13.

183 Ebd., S. 16 f.

184 Ebd., S. 11. Hartmann benutzt den Begriff der „Wirtschaftskultur" im Sinne des heutigen „Unternehmenskultur"-Begriffs.

nen übernehmen zu lassen, die traditionell Privileg der Führungsebene seien.[185] Die Kontinuität traditioneller Normen und Wertvorstellungen von Autoritäten und Hierarchien sowie des Betriebsgemeinschaftsdenkens, so Hartmann resümierend, verhinderten die Herausbildung eines modernen, an amerikanischen Vorbildern orientierten deutschen Managements: „Die Gemeinsamkeitsideologie bildet noch immer ein mächtiges Hindernis auf dem Weg zur funktionalen Unpersönlichkeit und zum Formalismus, die mit dem ausgeglichenen Gleichgewicht zwischen rivalisierenden Werten oder mit dem prototypischen professionellen Management entstehen."[186] Anders ausgedrückt: Hartmann sah in der Art der deutschen Unternehmensleitung einen Sonderweg und forderte eine stärkere Westbindung auch im Bereich des Managements. „Eine größere Quelle der Veränderung", so Hartmann, „liegt sicherlich im Kontakt des deutschen Unternehmertums mit amerikanischen Managern und Managementfachleuten."[187]

Ein solcher Rat war im Jahr 1959, zehn Jahre nach Beginn des USTA&P, einer umfangreichen Reisetätigkeit und der Rezeption amerikanischer Management- und Produktionsmethoden eine Provokation für deutsche Unternehmer. Ebenso das Bild des autoritären Unternehmers und des hierarchisch und zentralistisch organisierten Unternehmens, welches hier von Hartmann gezeichnet wurde, und das mehr an ein Eigentümer-Unternehmen des 19. denn an ein modernes Manager-Unternehmen des 20. Jahrhunderts erinnerte. „Die starke Betonung des Autoritären, Militaristischen u.s.w. in der deutschen Unternehmensleitung", so Ludwig Vaubel an Karl W. Boetticher, Journalist und Leiter des „Büro für Wirtschaftsforschung" in Baden-Baden, über Hartmanns Buch, „wie es früher sicher da und dort eine Rolle spielte, rührt an Komplexe, die – wie Sie ja wohl ebenfalls wissen – im Ausland heute noch weitgehend bei der Beurteilung deutscher Verhältnisse wirksam werden. Hier kann das Buch meiner Ansicht nach einen unheilvollen Einfluß üben."[188] Unternehmensintern hatte sich Vaubel mit dem Glanzstoff-Vorstandsvorsitzenden Vits darauf verständigt, das Hartmann-Buch und die darin vertretenen Thesen nicht auf sich beruhen zu lassen: „Ich halte an sich eine derartige grundlegende Klärung des Komplexes für die ganze Öffentlichkeitsarbeit der Industrie, insbesondere für die Großindustrie, in Deutschland für entscheidend und würde der Meinung sein, daß man zumindest mit Herrn Boetticher den Fragenkomplex einmal gründlicher bespricht."[189] Dieser bot sich als Partner für eine Art Gegendarstellung zu Hartmanns Buch an, wobei er von sich aus seit Ende der 50er Jahre Kontakte zu zahlreichen Großunternehmen geknüpft hatte, um von ihnen einerseits finanzielle Unterstützung für sein neu gegründetes „Büro für Wirtschaftsforschung", andererseits Stellungnahmen aus der unternehmerischen Praxis zu seinem in der „Deutsche Zeitung"

[185] Ebd., S. 91, 75, 78.
[186] Ebd., S. 281.
[187] Ebd., S. 285.
[188] Archiv AKZO Nobel Faser AG, B 6-12-(2-4), Ludwig Vaubel an Karl W. Boetticher, 6.12.1960.
[189] Ebd., Notiz Vaubel an Vits, 6.5.1960.

1959 veröffentlichten Artikel „Ihre Pflicht ist, das Haus zu bestellen. Die Stellung der Manager in der modernen Industriegesellschaft" zu erbitten.

Aus Sicht der Unternehmen war Boetticher jemand, der den Wandel der deutschen Unternehmer nach dem Zweiten Weltkrieg und die Entwicklung der Unternehmen zu modernen Managerunternehmen zu würdigen wußte, und der als Journalist und Wissenschaftler nicht nur über die nötigen Grundkenntnisse, sondern auch über große Öffentlichkeitswirksamkeit verfügte. Zwar war Boetticher einigen Industriellen wegen seiner Mitherausgebertätigkeit bei den linksliberalen „Frankfurter Hefte" unter Walter Dirks und Eugen Kogon anfangs suspekt, doch nicht zuletzt aufgrund der Vermittlungstätigkeit Ludwig Vaubels kam es schließlich zu einer institutionalisierten Zusammenarbeit zwischen zahlreichen Großunternehmen und Boettichers Forschungsinstitut, wobei man von seiten der Industrie davon ausging, „daß man Herrn Boetticher mit seinem Aktivitätsdrang wenn möglich etwas an die Hand zu nehmen" habe.[190] Schließlich kam es in diesem Zusammenhang zur Gründung des „Arbeitskreises Unternehmensführung", in dem neben Ludwig Vaubel Vorstandsmitglieder führender deutscher Großunternehmen wie Winkhaus (Mannesmann), Pohle (Friedr. Flick KG), von Linde (Siemens & Halske), Otto A. Friedrich (Phoenix-Gummiwerke), Winnacker (Hoechst), Burneleit (Daimler-Benz), Röchling, sowie Vertreter von Krupp, BASF, Hoesch, BBC, Degussa, Salamander u.a. vertreten waren. Die Unternehmen unterstützten Boettichers „Büro für Wirtschaftsforschung" mit jeweils bescheidenen 3000 DM jährlich und erhofften sich von ihm eine Art außerbetrieblicher Öffentlichkeitsarbeit, also der Public Relations im Sinne der Darstellung eines neuen und modernen Unternehmerbildes.

Einer der ersten Diskussionspunkte des „Arbeitskreises Unternehmensführung" zu Beginn der 60er Jahre war die Diskussion eines von Boetticher vorbereiteten Papiers zu Hartmanns Buch „Deutsche Unternehmer". Dabei wurde Hartmann aufgrund seiner „persönlichen Voreingenommenheit" und „vorgefaßten Ideologie" die Kompetenz zur Beurteilung der unternehmerischen Wirklichkeit in Deutschland abgesprochen. Im übrigen sei die Studie nicht repräsentativ, da sie sich im wesentlichen auf Interviews in nur vier Unternehmen stütze. Zudem beruhe die empirische Basis auf Untersuchungen des Zeitraums 1953-1955 und sei schon allein deshalb veraltet. Gerade in den letzten fünf Jahren habe es deutliche Veränderungen in den Führungsmethoden deutscher Unternehmer gegeben, während in den frühen 50er Jahren noch Fragen des industriellen Wiederaufbaus im Vordergrund gestanden hätten. Andererseits sei die Arbeit insofern ernst zu nehmen, als sie in den USA von der Ford-Foundation unterstützt und herausgegeben würde und deshalb dort einige Beachtung finden dürfte.[191] In der Tat gehörten Hartmanns Forschungen in den USA zu den auch von der USTA&P geförderten Projekten. In diesem Zusammenhang hatte Hartmann zusammen mit seinem Mentor Prof. Harbison von der Princeton-University auch Ludwig Vaubel aufgesucht. Nach Erschei-

[190] Ebd., Vaubel an Carl Wurster/BASF, 5.1.1961.

[191] Ebd., Büro für Wirtschaftsforschung. Protokoll der Zusammenkunft des Arbeitskreises Unternehmensführung, 17.4.1961.

nen von „Authority and Organization in German Management" hatte sich Vaubel dann dahingehend geäußert, daß man Hartmann nach einigen Jahren noch einmal einladen solle, um ihm zu zeigen, „was sich inzwischen als Realität bei uns ergeben hat".[192] Dies betraf nicht nur Glanzstoff, sondern viele der im „Arbeitskreis Unternehmensführung" vertretenen Unternehmer und Unternehmen, deren Interesse an amerikanischen Management- und Produktionsmethoden sich im Laufe der 50er Jahre mehrfach und an ganz unterschiedlichen Stellen gezeigt hatte und in der vorliegenden Arbeit bereits geschildert wurde.

Der Arbeitskreis beschloß schließlich, eine eigene Studie zur Praxis der deutschen Unternehmensführung in Auftrag zu geben: „Die eigene Untersuchung sollte nicht davon ausgehen, eine Kontroverse mit Hartmann zu führen, weil eine solche Beachtung seiner Arbeit nicht zukommt",[193] so Carl Wurster von der BASF. Für eine Zusammenarbeit bot sich Karl W. Boetticher an, der mittelfristig an einem Buch über die Methoden deutscher Wirtschaftsführung arbeitete und dabei vom Arbeitskreis ebenso unterstützt wurde wie bei der gelegentlichen Abfassung von Zeitungsartikeln in Tages- und Wochenzeitungen. So erschien im September 1961 ein Boetticher-Artikel in der FAZ zum Thema: „Auf der Suche nach dem Inhalt industrieller Führung", der von Ludwig Vaubel gegengelesen und vor seinem Erscheinen mit Anmerkungen und Anregungen versehen wurde. So war Vaubel mit der Formulierung des „überkommmenen Unternehmer-Begriffs", mit dem „nichts mehr anzufangen" sei, ebenso wenig einverstanden wie mit Boettichers Forderung nach einer neuen Führungsmentalität und einer stärkeren Anlehnung an amerikanische Prinzipien der Unternehmensführung: „Wir wenden in der Tat", so Vaubel an Boetticher im Herbst 1961, „wenn auch verstärkt vielleicht erst seit fünf oder zehn Jahren – die in Amerika entwickelten Prinzipien und Einsichten über industrielle Führung in erheblichem Umfang in unseren Betrieben an. Auch der ‚überkommene Unternehmerbegriff' spielt in der Praxis bei weitem nicht mehr die Rolle, wie es von außen offenbar manchmal noch den Anschein hat oder aufgrund nicht ganz zureichender Kenntnis der Wirklichkeit angenommen wird."[194] Die Entwicklung bei Glanzstoff sollte dazu als Beleg dienen und nicht zuletzt auch als eine praktische Widerlegung der Hartmannschen Thesen.

Drei weitere Boetticher-Artikel erschienen im Jahr 1962, zwei davon in der „ZEIT", einer in den „Frankfurter Heften", in denen der Wandel und die Modernisierung der industriellen Führungsmethoden in deutschen Unternehmen, die Abkehr von „feudalistisch-militärischen" Methoden, die Orientierung an amerikanischen Vorbildern und die Durchsetzung des Prinzips der Delegation von Verantwortung, durchaus im Sinne Vaubels und des „Arbeitskreises Unternehmensführung", einem vorwiegend linksliberalen

---

192 Ebd., Vaubel an Boetticher, 6.12.1960.

193 Ebd., B 6-12-(2-2), Carl Wurster/BASF an Ludwig Vaubel, 13.1.1961.

194 Ebd., Vaubel an Boetticher, 13.9.1961.

Lesepublikum nahe gebracht wurde.[195] Gleichzeitig zielten diese Artikel auf eine Widerlegung von Hartmanns Thesen über die autoritäre deutsche Unternehmensführung, ohne explizit darauf einzugehen. 1963 dann erschien Boettichers Untersuchung „Unternehmer oder Manager – Grundprobleme industrieller Führerschaft",[196] die mit maßgeblicher Unterstützung des „Arbeitskreises Unternehmensführung" veröffentlicht wurde. Im Vorwort betont Boetticher zwar die kritische Distanz zu Ludwig Vaubel in einigen Punkten, im Kern transportiert er jedoch die wesentlichen Aspekte des Wandels deutscher Unternehmensführung, den „neuen Typ" von Unternehmer im modernen Industriebetrieb.[197] Ohne wiederum auf Hartmanns Buch explizit einzugehen, werden – ganz im Sinne Vaubels – die neuen Managementmethoden wie kooperativer Führungsstil und Delegation von Verantwortung hervorgehoben, die in deutschen Unternehmen laut Boetticher sogar besser funktionierten als in den USA. Ein autoritärer Führungsstil sei in deutschen Unternehmen kaum noch anzutreffen: „Beim Stande des heute wirksamen gesellschaftlichen Bewußtseins ist Einmannführung ein Prinzip, das in Widerspruch zu allen Erfahrungen über das Unternehmen und seine gesellschaftliche Natur steht ... Diese generellen Feststellungen sind das Ergebnis von konkreten Untersuchungen, die ich im Jahre 1961 begonnen habe". Schließlich legt Boetticher sich bei der Frage „Unternehmer oder Manager" – ganz im Unterschied zu Hartmann – auf den bislang in Deutschland eher diskreditierten Managerbegriff zur Kennzeichnung der Unternehmensführer fest, wobei nach seiner Definition gleichzeitig der humanitäre über den autoritären Geist obsiegt: „Manager kommt gar nicht von ‚manu agere', es stammt von ‚mansionem agere', und das heißt: ‚das Haus bestellen'. Was für ein feiner, fairer, genau passender, was für ein ausgezeichneter Begriff und ein humanistischer dazu."[198]

Boettichers Buch – als Gegendarstellung zu Hartmanns Studie gedacht – war schließlich mehr eine populäre denn eine wissenschaftlich fundierte Schrift über die Methoden der deutschen Unternehmensführung. Dies war schließlich auch den Mitgliedern des „Arbeitskreises Unternehmensführung", allen voran Ludwig Vaubel, bewußt. Bereits im Vorfeld der Veröffentlichung schrieb er an Karl W. Kiefer, den Vorstandsvorsitzenden der Pfaff AG, daß von Boetticher keine umfassende Darstellung zum Thema „Unternehmensführung" zu erwarten sei, da Boetticher als einzelner damit überfordert wäre. Trotzdem zog Vaubel eine positive Bilanz von Boettichers Arbeit, da dessen Verbindungen zu Presse und Rundfunk das Anliegen des Arbeitskreises, über diesen Weg eine breite Öffentlichkeit zu erreichen, erfüllt hätte.[199]

---

195 K. W. Boetticher, Unternehmer in seiner Zeit. Noch fehlt uns für die industrielle Führung ein eigenes Konzept, in: Die ZEIT v. 29.6.1962; ders., Leiten – nicht befehlen! Delegation von Verantwortung, das neue Stichwort industrieller Führung, in: Die ZEIT v. 14.12.1962; ders., Führung und Autorität, in: Frankfurter Hefte, August 1962.

196 K. W. Boetticher, Unternehmer oder Manager – Grundprobleme industrieller Führerschaft, Köln, Berlin 1963.

197 Ebd., S. 11.

198 Ebd., S. 72, 169.

199 Archiv AKZO Nobel Faser AG, B 6-12-(2-4), Vaubel an Karl W. Kiefer, 7.12.1962.

Nicht zuletzt deshalb unterstützte Vaubel Boetticher auch bei dessen weiteren Führungskräfte-Forschungen, auch wenn einige seiner Vorstandskollegen wie etwa Fritz Jacobi von Bayer, bemerkte, daß sich „der Wissensdrang der Soziologen zu einer Landplage auszuwachsen“ drohe.[200] Bei Hanns-Martin Schleyer setzte sich Vaubel für eine Unterstützung Boettichers bezüglich einer gemeinsam mit Helge Pross durchgeführten Untersuchung über deutsche Manager ein: „Herr Boetticher, den ich seit Jahren kenne, und der Ihnen vielleicht durch sein Buch ‚Unternehmer oder Manager‘ bekannt ist, steht etwas zwischen den Fronten, ist aber im Grunde für uns gewonnen. Die mitbeteiligte Frau Dr. Helge Pross gehört daher eindeutig zur Linken. Umso wichtiger wäre es, wenn diese beiden Personen, die über erhebliche Resonanz verfügen, durch das m.E. nicht zweifelhafte Ergebnis der begonnenen Untersuchung im Sinne der Realität beeindruckt würden.“[201] Das Ergebnis dieser Untersuchung war das weiter oben zitierte, 1971 veröffentlichte, Buch von Helge Pross und Karl W. Boetticher über „Manager des Kapitalismus. Untersuchung über leitende Angestellte in Großunternehmen“. Es war im Suhrkamp Verlag erschienen und fragte, mit durchaus kritischen Untertönen in der Einleitung, nach dem Demokratisierungspotential der deutschen Unternehmensverfassung sowie zu Zeiten der Studentenbewegung bzw. der „linken“ Theoriediskussionen nach einer möglichen Interessenidentität zwischen Kapitalismus und Faschismus, wobei Pross/Boetticher einer solchen Interpretation entschieden entgegentraten, nicht ohne jedoch die Möglichkeit „interessenirrationalen politischen Handelns“ bei Unternehmern ganz auszuschließen.[202] „Manager des Kapitalismus“ war insofern ein moderater, auf empirischem Material beruhender, Gegenentwurf zur linken „Kapitalismus-Faschismus“-Literatur, wie man ihn beispielsweise bei Vertretern der Kritischen Theorie oder in Form der „Stamokap“-Version finden konnte.

Im September 1971 wandte sich Boetticher erneut an Ludwig Vaubel und warnte: „Von den Universitäten, diesen ‚sozialistischen Kaderveranstaltungen‘, kommen jetzt mehr und mehr ‚wissenschaftliche‘ Arbeiten streng marxistischer Observanz, deren Aufgabe sicher nicht ‚Wissenschaft‘, sondern ‚Agitation‘ ist. Ich meine, man darf das so einfach nicht stehen lassen oder nur mit Gegenagitation reagieren. Diese Gesellschaft wird unter den gegebenen Bedingungen von den Arbeitern durchaus akzeptiert. Dies wäre zu beweisen und zu sagen ... Die Gegenwehr muß jetzt aktiviert werden, denn es droht Gefahr.“[203] Boettichers Brief war, wie viele seiner Briefe zuvor, mit einer Bitte um finanzielle Unterstützung verbunden. Doch aus Sicht des „Arbeitskreises Unternehmensführung“ hatte Boetticher seine Funktion erfüllt, die darin bestand, auch in vermeintlichen „linken“ Kreisen und bei der „skeptischen Generation“ (Helmut Schelsky) das Bild eines modernen deutschen Unternehmertums zu propagieren. In den 70er Jahren trat Boetticher in der wissenschaftlichen Öffentlichkeit zu Fragen der Un-

200 Ebd., Jacobi an Vaubel, 31.12.1964.
201 Archiv AKZO Nobel Faser AG, B 6-12-(2-4), Vaubel an Schleyer, 28.12.1964.
202 Pross; Boetticher, Manager des Kapitalismus, S. 109.
203 Archiv AKZO Faser Nobel AG, B 6-12-(2-4), Boetticher an Vaubel, 1.9.1971.

ternehmensführung kaum mehr in Erscheinung. Ähnliches gilt für Heinz Hartmann.[204] Hartmanns Amerikakenntnisse waren allerdings zu Beginn der 70er Jahre noch einmal gefragt, als es darum ging, ein vom „Arbeitskreis Automation" an die amerikanische Unternehmensberatungsfirma Booz-Allen & Hamilton vergebenes Gutachten über den Stand und die Entwicklung der Einführung neuer Management-, Planungs- und Organisationsmethoden in deutschen Unternehmen zu kommentieren. Booz-Allen & Hamilton konstatierte zwar noch immer eine deutsche „Managementlücke" und sah „sehr wesentliche Unterschiede in der Führungswirksamkeit zwischen deutschen und amerikanischen Managern", doch wurde andererseits auch betont, daß aufgrund der „bereits eingeleiteten Änderungen im Management-Stil und in der Anwendung neuzeitlicher Führungsmethoden im deutschen Management erhebliche Fortschritte erzielt wurden ..."[205] Dies gelte etwa für die Anwendung des Prinzips der Delegation von Verantwortung, des Marketing, der Kostenkontrolle und mit Abstrichen auch für die Unternehmensorganisation.[206] Im übrigen sei es inzwischen eine „Mode, dem deutschen Management vorzuwerfen, daß es das Entstehen eines ‚management-gaps' gegenüber den Vereinigten Staaten zugelassen habe", so ein Vertreter von McKinsey und Company, einer anderen großen amerikanischen Unternehmensberatungsfirma, die sich inzwischen auf dem deutschen Markt etabliert hatte.[207] Wie sehr Moden und aktuell wechselnde Diskurse die Management-Diskussion in den 60er Jahren bestimmten – mitbeeinflußt durch professionelle amerikanische Unternehmensberater – zeigt auch die zu diesem Zeitpunkt auftretende Frage der „Einmann-Führung" im Unternehmen. Trotz und parallel zu den laufenden Diskussionen um eine Delegation von Verantwortung, von „Management by Participation" oder der Pflege eines „kooperativen Führungsstils" kam aus den USA zu Beginn der 70er Jahre der „Trend zur Einmann-Führung", der sich in den letzten Jahren zunehmend gegenüber dem strickten Kollegialsystem an der Unternehmensspitze abzeichnete.[208] Heinz Hartmann, der in seinen Schriften der 50er und 60er Jahre immer die Defizite deutscher Unternehmensführungen hinsichtlich der Einführung moderner amerikanischer Managementmethoden beklagt hatte, sah sich angesichts dieser, durch vermeintlich aktuelle Modeströmungen beeinflußter, Berichte amerikanischer Unternehmensberater zu einer Stellungnahme veranlaßt, die schon fast antiamerikanische Züge aufwies. Nach Hartmann fehlten z.B. dem Bericht von Booz-Allen & Hamilton wesentliche empirische Belege, zudem vernachlässigte er spezielle deutsche Aspekte

[204] Hartmann widmete sich Ende der 70er Jahre noch einmal der Frage der betrieblichen Personalarbeit, s. H. Hartmann; P. Meyer, Soziologie der Personalarbeit, Stuttgart 1980.

[205] Booz-Allen & Hamilton, Herausforderungen des deutschen Managements und ihre Bewältigung, Göttingen 1973, S. 5.

[206] Ebd., S. 19 f., 35, 39.

[207] J. McDonald, Systematische Top-Management-Ausbildung, in: Die Herausforderung des Managements im internationalen Vergleich (USW-Schriften für Führungskräfte, Bd. 4), hg. v. H. Albach u.a., Wiesbaden 1970, S. 41.

[208] J. B. Rhodes, Die deutsche Unternehmensführung, von außen gesehen, in: Die Herausforderung des Managements, S. 34 f.

wie etwa die Mitbestimmungsfrage und sei insgesamt stark durch eine einseitige „amerikanische Sichtweise" geprägt. Wer wisse, so Hartmann, „wie sehr in amerikanischen Unternehmen hinter der Fassade demokratischen Umgangs miteinander fast immer die Einheit des Befehlsweges vorherrscht, der wird gerade in der Vernachlässigung des Kollegialitätsprinzips und jeglicher Mitbestimmungsproblematik unschwer erkennen, wie sehr sich der Berichterstatter am Modell des einheitlich geführten, straff hierarchisch gegliederten amerikanischen Unternehmens ausgerichtet hat".[209] Dieser Hinweis deutet bereits eine Entwicklung in den 70er Jahren an, in der sich die deutsche Unternehmensführung nicht mehr in gleichem Maße an amerikanischen Leitbildern orientierte wie zwanzig Jahre zuvor, wobei diese inzwischen weitgehend in die deutsche Unternehmenspraxis adaptiert worden waren und eine strikte Trennung in deutsche und amerikanische Managementmethoden kaum mehr angemessen war. Wie es dazu kam, soll nachfolgend gezeigt werden.

---

209 Gutachten H. Hartmann, in: Booz-Allen & Hamilton, Herausforderungen, S. 78.

2.2 Technologie und Produktion – Die „Technologische Lücke"

Die Frage der Entwicklung von Technologie und Produktion in den Unternehmen der Bundesrepublik ist wissenschaftlich bislang vornehmlich auf der Makroebene behandelt worden, wobei im Vergleich mit den USA die Diskussion um die „technologische Lükke" bzw. den Technologietransfer zwischen den USA und der Bundesrepublik im Mittelpunkt stand. Dabei wurden zumeist quantitative Erhebungen zu Aufwendungen im F&E-Bereich, zu Patenten und Lizenzen mit hoch aggregierten Zahlen zugrunde gelegt.[1] Makrodaten und quantifizierte Aussagen allein sind jedoch dann wenig aussagekräftig, wenn es darum geht, die Genese des unternehmerischen Technologietransfers nachzuzeichnen.

Die öffentliche Diskussion um die „technologische Lücke" zwischen den USA und Europa bzw. der Bundesrepublik wurde nicht zu dem Zeitpunkt geführt, als sie tatsächlich existierte, nämlich seit der direkten Nachkriegszeit sowie in den 50er bis etwa Mitte der 60er Jahre, also zu einer Zeit, als das „Wirtschaftswunder" im wesentlichen als deutscher Erfolg gefeiert wurde. Die Frage nach der „technologischen Lücke" spielte erst später in der öffentlichen Diskussion eine Rolle, erreichte ihren Höhepunkt zwischen Mitte der 60er und zu Beginn der 70er Jahre und wurde auf der Basis von OECD-Statistiken sowie auf populärwissenschaftlicher und publizistischer Ebene im Zusammenhang mit Jean-Jaques Servan-Schreibers Buch „Die amerikanische Herausforderung" nicht nur in Frankreich und Deutschland, sondern auch weit darüber hinaus geführt und entwickelte sich schließlich zu einem Politikum. Servan-Schreiber war Herausgeber des französischen Magazins „L'Express" und galt als ausgezeichneter Kenner amerikanischer Verhältnisse. Das amerikanische Wirtschaftsmagazin „Fortune" bescheinigte ihm, wie ein Amerikaner zu arbeiten und zu denken, was ihm in Frankreich den Namen „Kennedillon", also „Little Kennedy", einbrachte. Zwar sei sein Buch „far from profound", so ein Artikel in der „Fortune" im September 1968, „either as economics or as sociology. But Servan-Schreiber has done a great service by lifting the whole discussion of the gap between Europe and the U.S up from the level of medieval incantations uttered by General de Gaulle".[2] Servan-Schreiber hatte sein Buch zunächst für das französische Publikum geschrieben, doch waren seine provozierenden Thesen gleichermaßen für die deutsche Öffentlichkeit von Interesse. Er warnte vor dem Zerfallen des „Wirtschaftsgebildes Europa" und vor der ökonomischen Dominanz der USA. „Es könnte sehr gut sein", so Servan-Schreiber, „daß in fünfzehn Jahren die dritte industrielle Weltmacht, nach den USA und der UdSSR, nicht Europa, sondern die amerika-

---

1 H. Majer, Die „Technologische Lücke" zwischen der Bundesrepublik Deutschland und den Vereinigten Staaten von Amerika, Tübingen 1973; O. Börnsen; H. H. Gleitsmann; E.-J. Horn, Der Technologietransfer zwischen den USA und der Bundesrepublik, Tübingen 1985.

2 J. Main, The European who thinks the U.S. has all the answeres, in: Fortune 1.9.1968.

nische Industrie in Europa ist."[3] An dieser Stelle gab es durchaus Überschneidungen mit Hartmanns Darstellung über amerikanische Firmen in Deutschland, insbesondere der Beschreibung eines „managerial gap", wobei deutlich wurde, daß die „Lücken"-Diskussion über den Bereich der Technologie hinaus auch Fragen des allgemeinen Managements erfaßte. Im Unterschied zu Hartmanns sachlicher Analyse mündete Servan-Schreibers publizistische Darstellung jedoch in ein martialisches Szenario: „Das amerikanische Expeditionskorps wird Vietnam verlassen, wo es nichts mehr zu gewinnen und alles zu verlieren hat. Aber die amerikanische Industrie wird nicht Europa verlassen, wo sie nicht aufhört, ihre Eroberungen voranzutreiben und ihre Macht zu erhöhen."[4]

Neben diesem drastischen, aber gleichsam spannenden und unterhaltsamen Sprachstil erklärt sich der Erfolg von Servan-Schreibers Buch in der Bundesrepublik vor dem Hintergrund der politischen und ökonomischen Situation ab Mitte der 60er Jahre, aus der der Autor mittels Extrapolation ein düsteres Zukunftsbild malte. Es waren die Krisenerfahrungen der Jahre 1966/67, die über die ökonomische Bedeutung hinaus einen psychologischen Schock für die erfolgsgewohnte bundesrepublikanische Gesellschaft darstellten, die nicht zuletzt daraus abgeleitete oder zumindest beschleunigte Diskussion über eine technologische und eine Managementlücke der deutschen Wirtschaft, sowie Fragen der schleppenden europäischen Integration, der EWG und der Rolle, die Deutschland und Frankreich in diesem Zusammenhang spielen sollten. Und über all dem schwebte die Frage der „amerikanischen Herausforderung", das amerikanische Beispiel oder Vorbild, das man nachahmen, oder dem man sich entgegenstellen mußte. Dies galt für die Steigerung der industriellen Produktivität ebenso wie für die Orientierung an US-Managementmethoden oder die Herstellung eines gemeinsamen Marktes. Frankreich und Deutschland sollte im Rahmen der EWG eine Schlüsselrolle zufallen. Dabei spielte das Verhältnis zwischen der Bundesrepublik und den USA eine besondere Rolle. Innerhalb der deutschen Regierungskoalition hatte es über das Verhältnis zwischen der Bundesrepublik und den USA – vornehmlich in außenpolitischen Fragen – bereits zu Beginn der 60er Jahre eine Auseinandersetzung gegeben, bei der sich „Atlantiker" und „Gaullisten" gegenüberstanden.[5] Zu letzteren zählte auch Franz-Josef Strauß, der wohl nicht zufällig das Vorwort zur dritten Auflage von Servan-Schreibers Buch „Die amerikanische Herausforderung" im Jahr 1968 verfaßte. Dabei stellte er die Frage, ob Europa sich in der modernen Welt von morgen überhaupt noch behaupten könne oder ein „Satellit der Vereinigten Staaten wird, die ihm nicht nur in Rohstoffen, was eine geringere Rolle spielt, sondern an Ideen, Planungsinstitution, organisatorischen Fähigkeiten, Management, gesellschaftsbildender Kraft, durch Größe und Bevölkerungszahl eines politisch und wirtschaftlich integrierten Raumes, die Fortschrittlichkeit des

---

3 J.-J. Servan-Schreiber, Die amerikanische Herausforderung, 3. Aufl. 1968, S. 28.
4 Ebd., S. 278.
5 P. Borowsky, Deutschland 1963-1969, Hannover 1983, S. 24 ff.

Erziehungs- und Bildungswesens, Wirtschaftskraft, Finanzstärke, durch die größeren Dimensionen auf allen zukunftsgestaltenden Gebieten überlegen wird".[6]

Die zeitgenössische sozial- und wirtschaftswissenschaftliche Forschung bemühte sich, Servan-Schreibers politisch motivierte publizistische Aussagen als „Effekthascherei" und „Uninformiertheit" abzutun und mit Hilfe quantitativer Belege nachzuweisen, daß zwar in bestimmten Bereichen wie der Raumfahrt-, der Atom- und Militärtechnologie eine Lücke zwischen den USA und Europa bzw. der Bundesrepublik bestünde und man sicherlich auch von einer Managementlücke sprechen könne, aber „daß von einer generellen ‚technologischen Lücke' zwischen der Bundesrepublik und den Vereinigten Staaten nicht gesprochen werden kann ..."[7]

Jüngere wirtschafts- und technikhistorische Forschungen greifen die Begrifflichkeit der 50er und 60er Jahre wieder auf, um ebenfalls nachzuweisen, daß die Unterstellung einer „technologischen Lücke" für die zweite Hälfte der 60er Jahre eine „Fehlinterpretation" sei, da der amerikanische Vorsprung sich auf einige Hochtechnologien konzentrierte und daher nicht verallgemeinert und überbewertet werden dürfe.[8] Im folgenden soll gezeigt werden, daß die „technologische Lücke" zwischen den USA und der Bundesrepublik gegen Ende der 60er Jahre langsam geschlossen werden konnte, dies jedoch den Endpunkt einer sich über zwei Jahrzehnte hin ziehenden Entwicklung markierte, an dessen Beginn die Lücke tatsächlich existierte, und zwar auf unterschiedlichen Gebieten in unterschiedlichen Branchen und Unternehmen. Dort wurde diese seit Kriegsende auch subjektiv als erhebliche Belastung bei der Rekonstruktion der Unternehmen empfunden, zumeist als kriegsbedingtes Defizit, welches es zu beheben galt. Der sich anschließende Aufholprozeß in Anlehnung an amerikanische Leitbilder begann in den 50er Jahren und setzte sich in den 60er Jahren fort, an deren Ende die „technologischen Lücken" dann weitgehend geschlossen werden konnten. Es war derjenige Teil des „Wirtschaftswunders", der sich, für die Öffentlichkeit weitgehend unbemerkt, hinter den Fabrikmauern vollzog und der, ebenfalls wenig öffentlichkeitswirksam, zu einem Großteil von amerikanischer „Entwicklungshilfe" abhing.

Zunächst soll am Beispiel von Hüls nachfolgend gezeigt werden, daß ein Unternehmen, welches vor dem Zweiten Weltkrieg auf der Basis von Spitzentechnologie gegründet und einer Branche angehörte, in der deutsche Unternehmen weltweit führend waren, nach nur wenigen Jahren der Abschließung im Zug der nationalsozialistischen Autarkiepolitik technologisch den Anschluß zu verlieren drohte und deshalb eine Orientie-

---

[6] Vorwort F.-J. Strauß, in: Servan-Schreiber, Die amerikanische Herausforderung, S. 11.

[7] H. Majer, Die „Technologische Lücke", S. 322 f.

[8] J. Bähr, Die „amerikanische Herausforderung". Anfänge der Technologiepolitik in der Bundesrepublik Deutschland, in: Archiv für Sozialgeschichte 39, 1995, S. 115-130, 117. Jüngst zur Großforschung in Deutschland als Reaktion auf die „amerikanische Herausforderung" s. G. A. Ritter; M. Szöllösi-Janze; H. Trischler (Hg.): Antworten auf die amerikanische Herausforderung. Forschung in der Bundesrepublik und der DDR in den „langen" siebziger Jahren, Frankfurt am Main, New York 1999.

rung an amerikanischen Leitbildern und Unternehmen, die, ebenfalls kriegsbedingt, inzwischen im Chemiebereich weltweit die Führung übernommen hatten, geradezu zu einer Überlebensnotwendigkeit wurde.

Die Geschichte der Chemischen Werke Hüls ist eng mit den Interessen der IG Farben und der nationalsozialistischen Autarkiepläne im Rahmen des Vierjahresplanes verknüpft, die im Jahr 1938 in die Gründung eines Werkes in Marl zur Herstellung von Synthesekautschuk (Buna) mündeten.[9] Die technischen Voraussetzungen dazu basierten auf Entwicklungen, die sich bis zur Jahrhundertwende zurückverfolgen lassen und die dann verstärkt nach Gründung der IG Farbenindustrie nach 1925 in Deutschland sowie etwa zeitgleich in den USA und der UdSSR betrieben wurden. Zwischen 1928 und 1935 kam es dabei zu einer engen Zusammenarbeit zwischen der IG Farben und dem amerikanischen Chemiekonzern Standard Oil in Baton Rouge, wobei auf der Basis des sogenannten Lichtbogenverfahrens eine innovative Methode der Kautschuksynthese erprobt wurde, die nach Gründung der Chemischen Werke Hüls in Marl zur Anwendung kam und dort den Vorteil besaß, daß der beim Lichtbogenverfahren als Nebenprodukt freiwerdende Wasserstoff von den benachbarten Hydrierwerken in Scholven im Sinne einer Verbundwirtschaft genutzt werden konnte. Zudem gab es auch bei der Kohlehydrierung eine Zusammenarbeit zwischen der IG Farben und Standard Oil.[10]

An der Entwicklung des Lichtbogenverfahrens hatte von seiten der IG Farben Paul Baumann maßgeblichen Anteil. Baumann hatte nach dem Chemie- und Physikstudium in Karlsruhe und Heidelberg 1923 eine Stelle bei der BASF im Werk Oppau angenommen und fünf Jahre später bei der IG Farben die Leitung einer Versuchsanlage zur Erzeugung von Acetylen aus Kohlenwasserstoff nach dem Lichtbogenverfahren übernommen. Im Auftrag der IG Farben ging er dann 1930 für fünf Jahre in die USA nach Baton Rouge, wo er in Zusammenarbeit mit Standard Oil in einer größeren Versuchsanlage seine Kenntnisse erweiterte und auf dieser Grundlage den Bau einer Lichtbogenan-

---

9 Ausführlicher zur Vorgeschichte von Hüls s. P. Kränzlein, Chemie im Revier – Hüls, Düsseldorf 1980; R. Esser, Diversifikation der Hüls AG im Spiegelbild wirtschaftlicher, politischer und unternehmensstrategischer Interessen von der Gründung im Jahre 1938 bis 1960, Magisterarbeit Ms. Bochum 1991.

10 Ausführlicher zur Kautschuksynthese der Vorkriegszeit s. G. Plumpe, Industrie, technischer Fortschritt und Staat: Die Kautschuksynthese in Deutschland 1906-1944/45, in: Geschichte und Gesellschaft 9, 1983, S. 564-597 sowie entsprechende Kapitel in: ders., Die I.G. Farbenindustrie AG. Wirtschaft, Technik und Politik 1904-1945, Berlin 1990; R. Karlsch, Entscheidungsspielräume und Innovationsverhalten in der Synthesekautschukindustrie – Die Einführung des Kaltkautschukverfahrens in den Chemischen Werken Hüls und im Buna-Werk Schkopau, in: J. Bähr; D. Petzina, Innovationsverhalten und Entscheidungsstrukturen. Vergleichende Studien zur wirtschaftlichen Entwicklung im geteilten Deutschland 1945-1990, Berlin 1997, S. 79-108; Esser, Diversifikation, S. 30 ff.; zur Zusammenarbeit IG Farben und Standard Oil bei der Kohlehydrierung s. Kümmel, Transnationale Wirtschaftskooperation, S. 162 ff.

lage in Leuna im Jahr 1935 begleitete. Zwischen 1938 und 1945 übernahm er schließlich die Leitung der neu errichteten Chemischen Werke Hüls GmbH in Marl.[11]

Die Kontakte der IG Farben nach den USA beschränkten sich in den 20er und 30er Jahren nicht allein auf Standard Oil und die Kautschuksynthese bzw. die Kohlehydrierung, sondern umfaßten auch Fragen der Petrochemie, der Farbstoff- und Sprengstoffproduktion u.a. unter Einbeziehung von DuPont, Goodyear, Hercules Powder auf amerikanischer sowie u.a. der Dynamit AG, Continental und der Degussa auf deutscher Seite und führten auf zahlreichen Gebieten zu einem intensiven Erfahrungs- und Patentaustausch, der bis kurz vor Kriegsbeginn fortgesetzt und erst aufgrund politischer Interventionen und des Kriegsausbruchs unterbrochen wurde, wobei stillschweigendes Einverständnis bei den Beteiligten darüber herrschte, die bestehenden Absprachen nicht anzutasten und die Beziehungen nach dem Krieg wieder aufzunehmen.[12]

Nach dem Krieg war die Produktion bei Hüls durch alliierte Verbote zunächst stark eingeschränkt. Die Kautschuksynthese mußte 1948 ganz eingestellt werden. Als aus dem Konzernverbund der IG Farben herausgelöstes eigenständiges Werk unter der Leitung von Paul Baumann versuchte sich Hüls mit Hilfe von Waschrohstoffen, der PVC-Produktion und, unter Umgehung des Buna-Produktionsverbotes mit dem „Produkt 1073", unternehmensintern als „umgekehrtes Buna" als Ausgangsmaterial für Fußbodenbeläge sowie bei der Papier- oder der Textilveredelungsindustrie über Wasser zu halten. Als Einschub sei an dieser Stelle angemerkt, daß Hüls nach 1945 größter Produzent von Waschmittelrohstoffen in Deutschland war und sich als solcher in den 50er Jahren stark an amerikanischen Verfahren zur Herstellung sogenannter Syndets orientierte, die den dortigen Markt gegenüber den traditionell auch in Deutschland üblichen Fettseifen beherrschten.[13] Neben diesen Diversifikationsbestrebungen bemühte sich Hüls, auf seinem angestammten Produktionsgebiet der Bunaherstellung wieder aktiv zu werden. Doch Produktionsverbote, die schließlich auch das „umgekehrte Buna" betrafen und als alliiertes Signal galten, die Synthesekautschukherstellung in Hüls auf keinen Fall wieder zuzulassen, drohende Demontagen und die daraus resultierenden Entlassungen führten zu entsprechenden Reaktionen auf deutscher Seite, etwa bei Paul Baumann, der seinen Ärger über die alliierte Politik wie auch über die verpaßten deutschen Chancen zum Ausdruck brachte. Buna sei schließlich „eine deutsche Erfindung größten Formats" und dürfe nun ausgerechnet in Deutschland nicht mehr hergestellt werden. Statt dessen erzeugten die Vereinigten Staaten – „unter Verwendung von deutschen Forscherleistungen" – jährlich etwa 300.000 t Synthesekautschuk, und selbst der „Siegerstaat" Italien, so Baumann ironisch, plane eine Anlage zur Bunaherstellung für den Reifenproduzenten Pirelli.[14] Gleichzeitig war Baumann sich darüber im klaren, daß

[11] Curriculum Vitae, in: Der Lichtbogen, 1963/2, S. 6 f.

[12] Kümmel, Wirtschaftskooperation und der Nationalstaat, S. 159-202.

[13] Esser, Diversifikation der Hüls AG, S. 90 ff.; Kränzlein, Chemie im Revier, S. 162 ff.

[14] Hüls-Archiv, I-4-13/1, P. Baumann, Verschiedene Ausarbeitungen über das Werk 1945-1952, Neue Produktionsgenehmigung C. W. H., 30.7.1948, S. 140-142.

auch im Falle einer amerikanischen Produktionserlaubnis zur Bunaherstellung die technischen Möglichkeiten bei Hüls inzwischen weit hinter denjenigen der amerikanischen Produzenten zurückblieben. Die gewaltigen Kapazitäten der Synthesekautschukherstellung, die während des Zweiten Weltkriegs in den USA nicht zuletzt mit massiver staatlicher Unterstützung und auf der Basis von Erdöl wesentlich umfangreicher und preiswerter zur Verfügung standen, basierten auf technologisch überlegenen Standards: „Es ist den Fachleuten in Deutschland klar, daß unter diesen Gesichtspunkten die Erzeugung von synthetischem Kautschuk in Hüls in Anbetracht der beschränkten Rohstofflage des Werkes ohne staatliche Subventionen hätte zum Erliegen kommen müssen“, so eine Stellungnahme der Chemischen Werke Hüls Ende der 40er Jahre.[15] Deutschland mußte nicht nur den für die inzwischen in geringen Mengen erlaubte Bunaherstellung notwendigen Rohstoff Steinkohle teilweise aus den USA importieren, sondern bezog auch größere Mengen Synthesekautschuk, etwa zur Reifenherstellung, aus den USA und Kanada. Doch war man sich bei Hüls im klaren, daß selbst bei einer Verhinderung umfangreicher Demontagen die traditionelle Methode der Bunaherstellung wie auch das neue „Produkt 1073“ nicht mehr die technischen Voraussetzungen boten, um auf einem zukünftigen Weltmarkt gegenüber der amerikanischen Konkurrenz bestehen zu können: „Die von Hüls erbetene Belassung der Anlagenteile von drei Polymerisationsstraßen und drei Aufarbeitungsstraßen der früheren Buna-Erzeugung ist ebenfalls nach dem heutigen Stand der in den USA großtechnisch entwickelten Tieftemperaturpolymerisations-Verfahren für Buna-Erzeugung uninteressant, da das in den USA nach diesem Verfahren hergestellte Produkt qualitativ viel besser ist und die von Hüls erbetenen Apparaturen zur Herstellung dieses Tieftemperaturpolymerisates nicht geeignet sind.“[16]

Der technologische Stand der deutschen und amerikanischen Kautschuksynthese hatte sich innerhalb von etwa zehn Jahren nahezu umgekehrt. Deutsche Unternehmen hatten ihre Vorreiterrolle aus der Vorkriegszeit eingebüßt und diese uneingeschränkt an die amerikanische Industrie abgeben müssen, die, aufgrund ihrer quantitativen und qualitativen Erfolge während des Krieges und gestärkt durch die politische Siegermachtstellung, nun sogar den Schlüssel für die Rückkehr der deutschen Unternehmen auf dem Weltmarkt in den Händen hielt. „In Deutschland konnte“, so W. Klein von der Deutschen Kautschuk Gesellschaft zu Beginn der 50er Jahre, „bedingt durch die Kriegs- und Nachkriegsverhältnisse, etwa seit 1944 keine ins Gewicht fallende technische Entwicklung auf dem Buna-Gebiet betrieben werden. In Auschwitz war zwar in einem gewissen Maß die saure Buna-Polymerisation vorgesehen, zur Produktion kam es aber nicht mehr.“[17] Mit anderen Worten: Trotz der großen kriegswirtschaftlichen Bedeutung der

---

[15] Hüls-Archiv, I-4-13/1, Stellungnahme der CWH zum Abkommen der westlichen Militärregierungen über die in Deutschland verbotene und beschränkte Industrie, 13.4.1949, S. 143.

[16] Ebd., S. 146.

[17] W. Klein, Stand der Kautschuksynthese in Amerika und Deutschland, in: Kautschuk und Gummi 6, 1953, H. 4, S. 68 (Sonderdruck-Ex. vorhanden im Hüls-Archiv).

Buna-Herstellung im Rahmen der Autarkiepolitik und trotz des zunächst massiven Forschungs- und Mitteleinsatzes selbst unter Ausnutzung der Kapazitäten in Auschwitz, wie Klein lapidar bemerkt, konnte die deutsche Synthesekautschukentwicklung ihre internationale Spitzenstellung nicht halten und geriet sogar gegenüber den Amerikanern ins Hintertreffen. „Kein deutscher Buna-Experte wird sich anmaßen", so Klein weiter, „den amerikanischen Vorsprung in der technischen Entwicklung der Buna-Synthese in kürzester Zeit einholen zu wollen. Wir müssen die amerikanischen Arbeitsrichtungen der letzten Jahre kritisch betrachten und versuchen, das oder die Verfahren für deutsche Buna-Neuanlagen zu aktivieren, die nach dem augenblicklichen Stand der Entwicklung die besten sind."[18]

Die Voraussetzungen zur Wiederaufnahme einer nennenswerten deutschen Buna-Produktion wie auch für eine deutsch-amerikanische Zusammenarbeit wurde – wie deren Aufkündigung in der Vorkriegszeit – auf politischer Ebene geschaffen. Formal erfolgte die deutsche Buna-Herstellung im Rahmen des Gesetzes Nr. 24 auf Initiative der amerikanischen Besatzungsbehörde vor dem Hintergrund des Koreakrieges und der Indochina-Krise. Dadurch war nämlich die Naturkautschukversorgung aus dem südostasiatischen Raum, die für die westlichen Industriestaaten nach wie vor von großer Bedeutung war, zunehmend in Frage gestellt und der Bedarf an Synthesekautschuk unter Einbeziehung deutscher Kapazitäten gefragt. In diesem Zusammenhang wandte sich der Hüls-Vorstand an die Bundesregierung, um eine Aufhebung des Buna-Produktionsverbotes zu erreichen. Für die Bundesregierung eröffneten sich darüber Möglichkeiten der Deviseneinsparung, so daß das Interesse der Wiederaufnahme der Synthesekautschukproduktion, die schließlich 1951 genehmigt wurde, sowohl auf seiten der Alliierten, insbesondere der Amerikaner, der Bundesregierung und auch des Unternehmens lag.[19]

Ausgehend von der Tatsache der technologischen Überlegenheit der Amerikaner hatte man bei Hüls erst gar nicht die Buna-Herstellung nach dem traditionellen Warmkautschukverfahren in Erwägung gezogen, sondern orientierte sich gleich an der amerikanischen Kaltkautschuksynthese des „cold-rubber"-Verfahrens. „Falls eine erhöhte Buna-Erzeugung ins Auge gefaßt werden soll", so eine Hüls-Stellungnahme schon im Jahr 1950, „erscheint es aus wirtschaftlichen Gründen zweckmäßig, ein neues und billiger arbeitendes Verfahren zur Herstellung des Vorproduktes Butadien in Hüls anzuwenden. Die bisher angestellten Wirtschaftlichkeitsberechnungen ergeben, daß der z.Z. wirtschaftlichste Herstellungsweg ein in den USA im Großen angewandtes Verfahren ist, was von Butan bzw. Butylen als Ausgangsstoff zum Butadien führt."[20] Der Vorteil des amerikanischen „cold-rubber"-Verfahrens lag zum einen in der verfahrenstechnischen

---

18 Ebd.

19 Karlsch, Entscheidungsspielräume und Innovationsverhalten, S. 89 f.; Kränzlein, Chemie im Revier, S. 113, 117.

20 Hüls-Archiv, I-4-13/1, Baumann, Verschiedene Ausarbeitungen über das Werk 1945-1952. Stellungnahme der CWH zur Wiederaufnahme der Buna-Produktion, 18.8.1950, S. 202.

Vereinfachung und der guten Qualität, vor allem aber auch in der günstigeren Rohstoffgrundlage, die allerdings für deutsche Unternehmen eine Umstellung von der Kohle- zur Petrochemie implizierte. Dies bedeutete nicht mehr und nicht weniger als den Übergang von der traditionellen deutschen Rohstoffgrundlage – basierend auf Steinkohle – zu einem neuen Rohstoff und Energieträger, der nicht nur für Hüls, sondern schließlich für die gesamte deutsche Chemieindustrie im Verlauf der 50er Jahre zu einer vollkommenen Neuorientierung und Umstellung führte und schließlich auch andere Industriezweige wie den Bergbau und die Energieversorgung stark beeinflußte.[21]

Frühe Versuche zur Herstellung preiswerten Butadiens auf Erdölbasis hatte es bereits in der Vorkriegszeit gegeben, und in den frühen 50er Jahren versuchte sich Hüls auch auf dem Gebiet, doch zeichnete sich schon bald ab, daß es günstiger sei, bezüglich der neuen Technologie mit amerikanischen Firmen in Kontakt zu treten: „Zur Verhinderung von überflüssigen Entwicklungsarbeiten für die Technik des neu anzuwendenden Verfahrens und um qualitativ direkt den Anschluß an das heute in den USA in größtem Ausmaß im Reifensektor eingesetzte Syntheseprodukt zu bekommen, haben wir bereits mit maßgeblichen Firmen in den USA Absprachen getroffen, die uns deren Erfahrungen über die Durchführung der Butadienerzeugung und auch über das Tieftemperaturkautschukverfahren sichern", so Baumann.[22] Die für das Verfahren benötigten Rohstoffe sollten laut Baumann mit Blick auf die in Deutschland projektierten Erdölraffinationsanlagen in ausreichendem Maß zur Verfügung stehen. Damit war ein entscheidender Schritt zur Umstellung der Rohstoffbasis von Kohle auf Erdöl getan, den Baumann bereits 1949 erwogen hatte: „Die Umstellung ist jedoch noch nicht gemacht worden, weil durch den Marshall-Plan in Deutschland kein Mensch sieht, was auf lange Sicht sein wird."[23] Grundlage für die weiteren Planungen bei Hüls bildeten zudem Überlegungen und Extrapolationen der zukünftigen Weltchemiewirtschaft im allgemeinen und der Kautschuk- und Erdölentwicklung im besonderen, die sich sehr stark am amerikanischen Markt orientierten. Der Verband der Chemischen Industrie mit seinem Organ „Chemische Industrie" entwickelte sich in diesem Zusammenhang zu einem Forum, auf dem führende Unternehmer seit Ende der 40er Jahre die Bedeutung der USA und des internationalen Erfahrungsaustauschs für die zukünftige Entwicklung der Chemischen Industrie in der Bundesrepublik auf zahlreichen Gebieten hervorhoben.[24] Die Erfolge

---

21 Dazu ausführlich R. G. Stokes, Opting for Oil. The political economy of technological change in the West German chemical industry, 1946-1961, Cambridge, New York 1994; P. Baumann, Vorschau auf die neue großtechnische Kautschuksynthese-Anlage bei den Chemischen Werken Hüls, in: Der Lichtbogen 3, 1954, H. 12, S. 180 f.

22 Ebd., S. 181.

23 Hüls-Archiv, IV-1-44/1, Paul Baumann zu Carbide & Carbon Chemicals Corporation, 14.12.1949; ebd., I-4-13/1, Stellungnahme der CWH zur Wiederaufnahme der Buna-Produktion, 18.8.1950, S. 202; F. Zobel, Unsere Produktion, in: Der Lichtbogen 1, 1952, H. 2, S. 4.

24 A. Metzner, Entwicklungstendenzen der Weltchemiewirtschaft, in: Chemische Industrie 2, 1950, H. 12, S. 597-604; Welt-Erdölwirtschaft, in: ebd., 1, 1949, S. 23; W. A. Menne, Inter-

und die Dominanz der Amerikaner erschienen auf diesen Gebieten total. Vergleichbare Entwicklungen wie auf dem amerikanischen Markt wurden schließlich auch für den deutschen Markt erwartet. Im Falle des Synthesekautschuks ging man deshalb von einer deutlichen Bedarfssteigerung aus, basierend auf der fortschreitenden Motorisierung und der damit verbundenen Nachfrage nach Autoreifen und Benzin. Um diesen Bedarf befriedigen zu können, müsse die deutsche Kautschukindustrie „Mindestreserven" und Kapazitäten schaffen, deren Berechnungen wiederum Zahlen des amerikanischen Marktes zugrunde lagen.[25] Damit orientierten sich Baumann und die Chemischen Werke Hüls sowie große Teile der Chemischen Industrie nicht nur hinsichtlich der engeren Technologie der Kaltkautschuksynthese, sondern auch mit Blick auf die Rohstoffgrundlage und die Marktverhältnisse, vollständig an amerikanischen Leitbildern. Die verschiedentlich von deutschen Unternehmern geäußerten Hinweise auf die deutschen Wurzeln und die Pionierarbeit der Kautschuksynthese vor dem Krieg sowie auf die eigenständigen Entwicklungen auf dem Kaltkautschukgebiet sind allenfalls als eine Frage der Ehre zu werten, die jedoch gegenüber den amerikanischen Erfolgen zunehmend in den Hintergrund traten, wobei als Fazit im Jahr 1953 festzuhalten blieb: „Wenn man die amerikanische Buna-Entwicklung betrachtet, dann ist die technische Ausarbeitung des Tieftemperaturverfahrens bewundernswert."[26] Als Konsequenz dieser Überlegungen erwog Hüls, Kontakte zur Houdry Process Corporation, zu Standard Oil und zu Firestone zu knüpfen und damit die Vorkriegskontakte in die USA wieder herzustellen.

„Wie man aus den USA weiß ..." wurde nicht nur bei Hüls zu einer feststehenden Formulierung, die in zahlreichen unternehmerischen Überlegungen und Strategien Einzug hielt und die Bedeutung der USA bzw. amerikanischer Unternehmen als Referenzgröße für deutsche Unternehmer zum Ausdruck brachte. Wenn diese sich Gedanken über deutsche Entwicklungen auf dem Gebiet der Kautschuk, Reifen- oder Automobilentwicklung machten, hatten sie dabei die amerikanische Entwicklung im Hinterkopf. Im Unterschied zur Einschätzung von Raymond Stokes, der die Neuorientierung hin zur Petrochemie als eine Abkehr von der „Block-Mentalität" der Kohleorientierung kennzeichnet und diese als langwierigen Ablösungsprozeß vom Autarkiedenken charakterisiert,[27] deuten die hier genannten Beispiele auf eine flexible und rasche Anpassung an amerikanische Leitbilder hin, die manchem Unternehmer nicht einmal schnell genug ging, da die politischen Rahmenbedingungen entsprechende Fortschritte blockierten. Daß bei den vorliegenden Beispielen weniger der Umbruch als der Kontinuitätsgedanke im Vordergrund steht, belegen zudem die biographischen, organisatorischen und tech-

nationaler Erfahrungsaustausch, in: ebd., 4, 1952, H. 1, S. 1 f.; G. H. Lehmann, Entwicklung der Erdölchemie als Bilanz zweier Weltkriege, in: ebd., 4, 1952, H. 4, S. 190-196.

25 Baumann, Die neue deutsche Kautschuk-Synthese-Anlage der Buna Werke Hüls GmbH, in: Der Lichtbogen 5, 1956, H. 9, S. 131 ff.

26 Klein, Stand der Kautschuksynthese in Amerika und Deutschland, S. 71; s.a. P. Baumann, Aussichten der synthetischen Kautschukerzeugung in Deutschland, in: Der Lichtbogen 2, 1953, H. 1, S. 3.

27 Stokes, Opting for Oil, S. 247 f.

nologischen Anknüpfungspunkte, die zwischen deutschen und amerikanischen Unternehmen und Unternehmern seit der Vorkriegszeit bestanden und die in der Nachkriegszeit fortgesetzt wurden. Weniger eine „neue Managermentalität“ als vielmehr die Fortführung der durch die nationalsozialistische Autarkiepolitik unterbrochenen Erfahrungen und Einstellungen zur internationalen Zusammenarbeit deuten sich hier an und kommen allerdings erst dann zum Vorschein, wenn rückwirkend nicht nur die Zeit des Krieges und der Autarkiewirtschaft, sondern die gesamte Zwischenkriegszeit in die Bewertung einfließen. Das folgende Zitat von Wilhelm Alexander Menne, dem Präsidenten des Verbandes der Chemischen Industrie aus dem Jahr 1952, sollte deshalb nicht als ein Versuch der Chemischen Industrie interpretiert werden, sich nachträglich von der NS-Autarkiepolitik zu distanzieren. Das Zitat deckt sich vielmehr mit den Einstellungen führender Chemieindustrieller am Vorabend des Zweiten Weltkriegs, die, wie auch Paul Baumann, von der Notwendigkeit eines intensiven Erfahrungsaustausches überzeugt waren, diesen so lang wie möglich aufrecht erhalten wollten und entsprechende Vereinbarungen, wie bereits angedeutet, sogar während des Krieges und für die Nachkriegszeit stillschweigend aufrecht erhielten. „Es ist ein Irrtum zu glauben“, so Menne, „ – und dieser Irrtum ist nicht nur im Ausland weit verbreitet – daß die Chemische Industrie aus den Autarkiemaßnahmen des Naziregimes besondere Vorteile gezogen hätte. Das Gegenteil ist richtig: denn durch diese zwangsweise Ausrichtung auf ein enges Ziel blieb uns die Möglichkeit versperrt, Forschung auf breiter Basis zu treiben. So verloren wir den Anschluß an den internationalen Entwicklungsstand, und die Nachkriegsverbote hatten zur Folge, daß wir weit zurückgeworfen wurden.“[28]

Auf dem Gebiet der Kautschuksynthese konnte dieser Anschluß acht Jahre nach Kriegsende durch die Errichtung der Buna Werke Hüls GmbH hergestellt werden. Dabei war dies nicht nur eine Frage von Hüls allein, sondern ein intra-industrielles Projekt der deutschen Chemischen Industrie, an dem neben der Grundstoffindustrie auch nachgeordnete Produktionszweige wie die Gummi- bzw. Reifenindustrie sowie die Bundesregierung beteiligt waren. Auf Initiative Paul Baumanns kam es 1953 zu einem Treffen westdeutscher Kautschukproduzenten mit Ludwig Erhard. Die Gummiindustrie verwies dabei auf mögliche Engpässe der Naturkautschukversorgung, denen es durch die Errichtung einer neuen deutschen Synthesekautschukanlage vorzubeugen gelte. Insbesondere Otto A. Friedrich von den Phoenix-Gummiwerken drängte auf den Erfahrungsaustausch und den Know-How-Erwerb amerikanischer Technologie und brachte dabei die guten Kontakte von Phoenix zu Firestone ins Gespräch. Phoenix-Reifen wurden von Firestone auf der ganzen Welt vertrieben, und so hatten sowohl Firestone als auch die Phoenix-Gummiwerke großes Interesse an einem deutschen synthetischen Kautschuk höchster Qualität. Auf Vermittlung Friedrichs reiste Baumann 1954 in die USA. Er nahm dort Gespräche mit Firestone auf und knüpfte Kontakte zur Petrochemischen Industrie. Eine weitere Reise Baumanns ein Jahr später brachte eine zusätzliche Unterstützung der

---

28 W. A. Menne, Aufstieg und Sorgen der Chemischen Industrie, in: Vortragsreihe des Deutschen Industrieinstituts, No. 42, 20.10.1952.

deutschen Pläne zum Bau einer Kautschuksyntheseanlage durch Firestone, so daß Baumann die Amerikareise als eine Art Rückversicherung seiner Pläne betrachten konnte: „Mit Mr. Trainer und Dr. Street hatte ich lange Diskussionen über Risiko und Zweckmäßigkeit der deutschen Syntheseanlage. Nach der neuen Weltverbrauchsstatistik soll im Jahre 1960 der Weltkautschukverbrauch bei 3,65 Mio. t liegen. Davon beträgt der Syntheseanteil 1,9 Mio. t, d.h. 1 Mio. t mehr als heute!! Man muß also jetzt bauen. Mr. Trainer rechnete mir den Verlust vor, den Deutschland hat, wenn es anstatt 45.000 t Synthesekautschuk herzustellen diesen durch Naturkautschuk ersetzt, bei einer Preisdifferenz von DM 1,40. Er würde uns als Wirtschaftsminister einsperren lassen."[29] Da der Wirtschaftsminister aus finanziellen wie auch aus strategischen Gründen ein Interesse an der Förderung des Projektes haben mußte, setzte er sich bei Adenauer dafür ein, der wiederum mit Regierungsvertretern der USA über das geplante Werk in Hüls sprach. Damit wurde auch auf politischer Ebene der Weg für Verhandlungen zwischen Hüls und Firestone geebnet. Von Firestone erwarb Hüls die Technologie für das eigentliche Tieftemperaturkautschuk-Verfahren und bot dem amerikanischen Unternehmen im Gegenzug Informationen über die Herstellung von Styren, Polyamid und PVC an, wobei deutlich wird, daß der Know-How-Transfer nicht einseitig von den USA nach Deutschland verlief, sondern durchaus auf Gegenseitigkeit beruhte. Über das Know-How zur engeren Kaltkautschukherstellung hinaus erwarb Hüls die Technologie zur Dehydrierung von Butan zu Butadien in einem Arbeitsgang vom amerikanischen Hersteller Houdry sowie zur Butadienkonzentrierung von Standard Oil, so daß die bei Hüls schließlich neu installierte Synthesekautschukproduktion als ein politisch sanktioniertes deutsch-amerikanisches Gemeinschaftsprojekt betrachtet werden kann. Die Genehmigung zu einer deutschen Kaltkautschukherstellung wurde schließlich durch den Military Security Board am 30.4.1955 erteilt. Drei Jahre später nahmen die Buna Werke Hüls GmbH als Gemeinschaftsunternehmen der BASF, Bayer, Höchst und Hüls die Produktion von Kaltkautschuk auf. Ein intensiver Informationsaustausch, vor allem zwischen Vertretern von Hüls und Firestone, begleitete den Bau der Anlage. In permanenter Absprache kam es zu Änderungs- und Verbesserungsvorschlägen auf beiden Seiten. An dieser Entwicklung war maßgeblich Friderico Engel beteiligt, der sich zwischen April 1955 und April 1956 in den USA aufhielt. Nach seiner Rückkehr betreute er zunächst den Bau einer Versuchsanlage und schließlich auch der neuen Großanlage zur Kaltkautschukherstellung. Engel hatte nach dem Krieg die staatliche Ingenieurschule in Essen besucht und anschließend in Münster Chemie studiert. Er war ein enger Vertrauter und seit 1954 auch der Schwiegersohn Paul Baumanns. Wie Baumann verfügte auch er über Auslandserfahrungen und eine gewisse Weltoffenheit. Seine Eltern waren nach dem Ersten Weltkrieg nach Brasilien ausgewandert, bevor sie nach Deutschland zurückkamen und

---

29 Hüls-Archiv, IV-1-45/2, Bericht Paul Baumann v. 25.11.55; ebd., IV-1-45/1. Besprechungsbericht Firestone, Phoenix u. Chemische Werke Hüls betr. synthet. Kautschuk Hüls, 13. u. 14.7.1953; ebd., Notiz Zobel zu Phoenix-Generaldirektor Friedrich, 10.6.53; Karlsch, Entscheidungsspielräume und Innovationsverhalten, S. 100.

Engel nach dem Kriegsdienst und kurzer Kriegsgefangenschaft bei Hüls eine Anstellung fand und sich dort langsam hocharbeitete. Als die Verhandlungen mit Firestone anstanden, war Engel von einem Firestone-Vertreter namens Handley angesprochen worden, der bereits kurz nach dem Krieg als einer der „Analysatoren" bei Hüls war, die im Auftrag der Alliierten Informationen über deutsche Unternehmen sammelten. Diese Kontakte, die guten US-Verbindungen von Hüls aus der Vorkriegszeit und ein „bißchen der Zufall" ermöglichten Engel dann den längeren USA-Aufenthalt. Engel bestätigt auch aus heutiger Sicht die Notwendigkeit des Erwerbs amerikanischer Technologie, die durch den „Bruch" des Nationalsozialismus entstanden war: „Es war zu Kriegsende die führende Technologie. Es wäre bei kontinuierlicher Entwicklung in Deutschland wahrscheinlich das gleiche gewesen. Auch in Deutschland hätte man diese Technologie eingeführt, aber die deutsche Industrie durfte ja bekanntlich nicht weiter tätig sein. Sie durfte schließlich in kleinem Maßstab ein bißchen produzieren, aber forschen durfte man nicht. Infolgedessen entstand da ein Bruch. Als man in Deutschland wieder Kautschuk machen wollte, gab es die Möglichkeit, den Entwicklungsvorsprung wieder abzubauen auf der Basis dessen, was man hatte, oder sich diesen in Amerika gewonnenen Vorsprung durch Erwerb von Know-How zurückzuholen ... Dieser Know-How-Vorsprung, den die Amerikaner durch unsere Zwangspause hatten, den nachholen zu wollen, wäre unmöglich gewesen. Daß man ihn sich holt, wenn man ihn bekommt, das war eigentlich selbstverständlich. Firestone hat ihn uns gegeben, und wir haben dafür ein Styrol Know-How gegeben."[30]

Mit der neuen Anlage, die zunächst auf 45.000 t projektiert und in den folgenden Jahren auf 180.000 t Bunakapazität ausgebaut wurde, verfügte Hüls über die größte und modernste Kaltkautschukanlage Europas und fand damit wieder Anschluß an den Weltmarkt. Damit verbunden war schließlich auch der Schritt hin zur Petrochemie, der auch die anderen deutschen Chemieunternehmen betraf sowie die Auswirkungen auf die nachgelagerten Produktionszweige wie die Gummi- und die Automobilindustrie. So urteilt Karl Winnacker, daß die Buna-Herstellung eine „lebenswichtige Voraussetzung für die Motorisierung in der Bundesrepublik" gewesen sei.[31]

Die neue Kautschuksyntheseanlage von Hüls war jedoch nicht eine 1:1-Kopie amerikanischer Vorgaben, wie Frederico Engel ausführt: „Nein, ein Know-How übernehmen und danach bauen heißt: das sehen wir, das machen die dort und wir machen genau dasselbe. Und das haben wir nicht getan. Sondern wir haben das, was wir genommen haben, schon modifiziert, und wir haben dann bei Hüls eine Technologie installiert, die an einigen Stellen die Amerikaner nun wiederum interessierte ..." Das betraf u.a. die Rezeptur des Kautschuk, weil etwa die Abnehmer wie Continental einen anderen Kau-

---

30 Interview F. Engel, 13.8.1997.

31 Winnacker, Nie den Mut verlieren, S. 267, 239; Stokes, Opting for Oil, S. 137 ff., 198 ff.; Karlsch, Entscheidungsspielräume und Innovationsverhalten, S. 100 ff.; Baumann, Vorschau auf die großtechnische Kautschuksyntheseanlage, S. 181; Kränzlein, Chemie im Revier, S. 122 ff.

tschuktyp bevorzugten. Schließlich „verfügten wir über das modernste Kautschukwerk der Welt, in dem auch schon Neuigkeiten etabliert waren ...Wir haben jedenfalls in der Zeit nach dem Kautschuk-Produktionsbeginn in Amerika und zunehmend auch in anderen Ländern an Ansehen gewonnen wegen unserer wissenschaftlich-technischen Position. Hüls war damals zweifellos langsam in eine Führungsposition gelangt, und wir waren überall gern gesehene Gesprächspartner".[32]

Der Know-How-Transfer mit den USA wurde auch in den folgenden Jahren fortgesetzt. 1960 kam es zur Gründung einer gemeinsamen Tochterfirma „Katalysatorenwerke Houdry-Hüls GmbH" und ein Jahr später mit der Eastman Kodak Company zur Gemeinschaftsgründung der „Faserwerke Hüls GmbH", die den Einstieg von Hüls in die Polyesterfaserproduktion ermöglichte. Die Zusammenarbeit mit Eastman Kodak ergab sich aus dem Wunsch von Hüls Ende der 50er Jahre, in die Synthetikfaserproduktion einzusteigen, wobei das Unternehmen in der Bundesrepublik durch die IG Farben-Nachfolgegesellschaften ausgebootet worden war und nun mit Hilfe einer Lizenz zur Herstellung der „Kodel-Faser" von Eastman-Kodak die Chance zur Alleinherstellung der Polyesterfaser „VESTAN" in Europa erhielt.[33]

Die synthetische Faserherstellung war ein weiteres Gebiet mit großer deutscher Tradition auf dem es, vergleichbar der Entwicklung beim Synthesekautschuk, infolge der NS-Autarkiepolitik, zu einem Informations- und Technologiedefizit in Deutschland einerseits und andererseits zu einem Aufstieg amerikanischen Know-Hows seit dem Zweiten Weltkrieg gekommen war, der von deutscher Seite nach dem Krieg nur mühsam und mit amerikanischer Unterstützung aufzuholen war, wie das nachfolgende Beispiel von Glanzstoff zeigt.

Auch Glanzstoff besaß eine lange Tradition internationaler Kontakte und Kooperationen auf dem Gebiet der Faserherstellung. Das 1899 gegründete Unternehmen produzierte auf der Basis englischer und französischer Patente der Chemiefaserproduktion aus den 1850er bis 1880er Jahren. Durch den Ausbau der Auslandsbeziehungen, vor allem nach Frankreich, die Gründung der ersten Tochtergesellschaft in Österreich und den Erwerb weiterer Produktionsstätten und neuer Produktionsverfahren – etwa das in England patentierte Viskoseverfahren – konnte Glanzstoff in dem Jahrzehnt vor Ausbruch des Ersten Weltkriegs seine Jahresproduktion von 86 t im Jahr 1902 auf 820 t im Jahr 1912 fast um das Zehnfache steigern und so zu einem der führenden Chemiefaserproduzenten der Welt aufsteigen.[34] Der Erste Weltkrieg brachte eine Hinwendung zur Sta-

---

32 Interview F. Engel, 13.8.1997.

33 Kränzlein, Chemie im Revier, S. 154 ff.; Blick vom Hochhaus, Ausg. Jan. 1961; Hüls-Archiv, IV-1-104/1, Aktennotiz, Was kann Hüls unternehmen, um in die Faserherstellung zu kommen?, 29.6.1951.

34 Ausführlicher zu den Anfängen der Glanzstoff-Geschichte s. W. E. Wicht, Glanzstoff. Zur Geschichte der Chemiefaser, eines Unternehmens und seiner Arbeiterschaft, Neustadt/Aisch 1992; Th. Langenbruch, Glanzstoff 1899-1949, Wuppertal 1985.

pelfaser, die ab den 1930er Jahren als Zellwolle firmierte und, als Streckmaterial mit Wolle oder Baumwolle versponnen, als wichtiger textiler Rohstoff diente. Mit dem Inkrafttreten des Versailler Vertrages wurde der seit der Jahrhundertwende andauernde wirtschaftliche Aufschwung von Glanzstoff zunächst unterbrochen. Das Unternehmen büßte seine Auslandsbeziehungen ein, verlor seine Stellung auf dem Weltmarkt und war auf dem Inlandsmarkt zunehmender Konkurrenz ausgesetzt. Die Rekonstruktion nach dem Ersten Weltkrieg, der Neuaufbau von Auslandsbeziehungen, die Angliederung von Mehrheitsbeteiligungen an Textil- und Chemiefaserunternehmen führte schließlich dazu, daß Glanzstoff seine führende Stellung im Bereich der Viskose- und Kupferseidenherstellung wiedererlangte. Kontakte zu Courtaulds in England, nach Italien und der Tschechoslowakei, das Engagement in Japan und die Gründung von Tochterunternehmen in den USA sowie schließlich der Zusammenschluß mit der Nederlandse Kunstzijdefabriek in Arnheim (Enka, später AKU) 1929 sicherte Glanzstoff noch vor der 1925 gegründeten IG Farben die führende Stellung in der deutschen Chemiefaserproduktion.[35]

Die Zeit der Weltwirtschaftskrise, des Nationalsozialismus und der Autarkiepolitik brachten Glanzstoff einerseits technische Neuerungen und einen Produktionsanstieg im Zuge der Kriegsvorbereitungen, andererseits – wie bereits im Ersten Weltkrieg – eine zunehmende Abschottung vom Weltmarkt und von den in der Zwischenkriegszeit mühsam wiederaufgebauten internationalen Beziehungen, was gleichzeitig einen Abbruch des internationalen Informations- und Kommunikationsflusses bedeutete. Damit setzte im Bereich der Chemiefaser ein ca. 10 Jahre dauernder Sonderweg ein, der erst wieder mit der Aufnahme internationaler Kontakte, insbesondere zu den USA in den späten 40er Jahren, endete. Noch in den 20er Jahren hatte es einen regen Technologietausch mit amerikanischen Chemiefaserproduzenten gegeben, der jedoch im Nationalsozialismus durch den Generalreferenten für Sonderaufgaben des Reichswirtschaftsministeriums, Hans Kehrl, der sich zum wesentlichen Gegenspieler des Vorstandsvorsitzenden Herrmann entwickelte, ebenso zurückgedrängt wurde wie die Zusammenarbeit mit den niederländischen Partnern, die im Krieg schließlich dem deutschen Besatzungsregime unterworfen wurden. Zwischen 1933 und 1941 erhöhte sich die Glanzstoff-Produktion um das Sechsfache. Dies betraf den kriegswichtigen Rohstoff Zellwolle, aber auch die neue, auf der Herstellung künstlicher Fäden basierende Reifenkordherstellung, die auf Anforderung des Amtes für deutsche Roh- und Werkstoffe seit 1937 in Großproduktion angelaufen war. Die Divergenzen der Glanzstoff-Unternehmensleitung mit den Nationalsozialisten führten schließlich zum Ausscheiden des Vorstandsvorsitzenden Hermann. Mit Unterstützung von Hermann Josef Abs, Vorstandsmitglied der Deutschen Bank und seit 1939 Aufsichtsratsvorsitzender von Glanzstoff, kam es Ende der dreißiger Jahre zu einem Machtwechsel, bei dem Ernst Hellmut Vits in den Vorstand gelangte, der zusammen mit Ludwig Vaubel in den nächsten 30 Jahren die Entwicklung bei

---

35 Wicht, Glanzstoff, S. 40-56; Langenbruch, Glanzstoff, S. 36-50.

Glanzstoff wesentlich mitgestalten sollte. Als wichtigste Unternehmensziele galten zunächst die Sicherung der führenden Stellung von Glanzstoff als Chemiefaserunternehmen sowie die Erzielung technischer Fortschritte und Innovationen.[36] Letzteres betrifft vornehmlich die Synthesefaserherstellung. Dabei spielten die Forschungsarbeiten der IG Farben und DuPonts eine bedeutende Rolle, wobei die Wahrnehmung der amerikanischen Entwicklung in der Zeit des Nationalsozialismus weitgehend unterbrochen war. In Deutschland hatten sich Hermann Staudinger von der Universität Freiburg und Paul Schlack von der IG Farben parallel zu den Forschungsarbeiten von Wallace H. Carothers von DuPont mit der Herstellung vollsynthetischer Fasern auseinandergesetzt, die 1934 in die Produktion der ersten synthetischen Spinnfaser namens „Pe-Ce-Faser" mündete. 1938 erreichten Nachrichten aus den USA über eine Faser von „größerer Reinheit als Seide", großer Widerstandsfähigkeit gegen Chemikalien sowie guter Eigenschaften für technische und textile Zwecke die deutschen Hersteller. Während die USA auf dem Gebiet der Chemiefaserherstellung noch vor dem Ersten Weltkrieg für deutsche Unternehmen in erster Linie als Absatzgebiet interessant gewesen waren und in den 20er Jahren sich deutsche Tochterunternehmen und Ingenieure dort niedergelassen hatten (American Glanzstoff Corp., American Bemberg Corp.), konnten amerikanische Firmen innerhalb von zwei Jahrzehnten zu den führenden Chemiefaserproduzenten der Welt aufsteigen, die bei den deutschen Konkurrenten großes Interesse hinsichtlich der Herstellung vollsynthetischer Fasern hervorriefen. Im Forschungsinstitut von Glanzstoff bemühte man sich daher nicht nur, eigene Forschungen auf diesem Gebiet voranzutreiben, sondern auch gleichzeitig Kontakte zur europäischen DuPont-Vertretung in London zum Zwecke der Lizenznahme zu knüpfen, was jedoch nicht zum Erfolg führte. Statt dessen war es im Mai 1939 zu einem Vertragsabschluß zwischen DuPont und den IG Farben gekommen, der letzterer das Recht zur weiteren Lizenzerteilung der neuen, bei DuPont entwickelten Faser „Nylon" sicherte. Im Ausgleich dagegen erhielt DuPont die Patente zur Herstellung von Buna. DuPont sah sich gezwungen, seine Nylon-Patente an die IG Farben zu lizensieren, da die IG Farben ein vergleichbares Produkt „Nylon 6" (Perlon) entwickelt hatte. Obwohl DuPont-Forscher davon ausgingen, daß Perlon qualitativ dem Nylon aufgrund höherer Herstellungskosten und einem niedrigeren Schmelzpunkt unterlegen sei, fürchtete DuPont die neue Konkurrenz und vergab die „Nylon 66"-Lizenz für exklusive Rechte in Deutschland und andere Teile Europas, wohingegen sich die IG Farben verpflichtete, sich aus dem DuPont-Markt in den USA sowie den verbleibenden europäischen und asiatischen Märkten herauszuhalten. Infolge des Kriegsausbruchs stoppten die Vertragsverhandlungen schließlich, so daß es nicht in vollem Umfang zu dem geplanten Informationsaustausch zwischen der IG Farben und DuPont kam. Während sich DuPont vor dem Ersten Weltkrieg und noch bis Mitte der zwanziger Jahre an den deutschen Chemieunternehmen, etwa deren Organisation von Forschung und Entwicklung, orientiert hatte und in

36 Wicht, Glanzstoff, S. 60-76; Langenbruch, Glanzstoff, S. 67 ff.

der Farbenherstellung auf deutsche Technologie angewiesen war, hatte es sich – nicht zuletzt als Folge der Nylon-Herstellung – seitdem zu einem weltweit führenden Chemiekonzern entwickelt, an dem sich nun wiederum deutsche Unternehmen in Vorbild nahmen.[37]

Über die IG Farben gelangte schließlich auch Glanzstoff an die neue Technologie der Nylon-Herstellung, indem beide Unternehmen im Jahr 1943 einen Lizenzvertrag abschlossen. Glanzstoff hatte sich vor allem in der Person Julius Funckes mit der Entwicklung vollsynthetischer Garne beschäftigt, war jedoch noch nicht zum entscheidenden Durchbruch gelangt. Funcke war seit 1927 bei Glanzstoff und verfügte über umfangreiche Auslandserfahrungen durch Aufenthalte in Schweden, Kanada, Japan und vor allem in den USA, wo er 1928 als Leiter der American Glanzstoff Corporation in Elisabethton/Tennessee arbeitete, bevor er als Leiter der Werke in Breslau und Kelsterbach wieder nach Deutschland zurückkehrte, um 1940 die Führung der Glanzstoff-Forschungs- und Patentabteilung in Teltow-Seehof zu übernehmen, wo er an die Synthesefaserforschung von Hermann Staudinger anknüpfte. Trotz eigener Erfolge kam er jedoch zu dem Ergebnis: „Die Vereinigte Glanzstoff-Fabriken AG hat sich seit einer Reihe von Jahren mit dem Problem vollsynthetischer Fasern forscherisch beschäftigt. Als einzig brauchbarer Weg hat sich jedoch bisher die Erzeugung der Nylonfaser von DuPont bzw. Perlonfaser der I.G. herausgestellt."[38] Dieser Weg wurde schließlich auch von Glanzstoff beschritten. Noch vor Kriegsende konnten im Werk Elsterberg einige Meter Perlonseide hergestellt werden, basierend auf Rohstoffen und Maschinen, die im Rahmen des Lizenzvertrages von den IG Farben geliefert worden waren. Hinsichtlich der Informationen über amerikanisches Nylon war Glanzstoff zusätzlich auf die Auswertung amerikanischer Fachzeitschriften und des „technischen Feindschriftentums" mit Unterstützung der Wehrmacht angewiesen. Als weitere Informationsquelle diente in den Kriegsjahren die Analyse amerikanischer Beutereifen und Fallschirme aus Nylonseide mit Hilfe des Oberkommandos der Luftwaffe, welches dem neuen Material eine „bemerkenswerte Festigkeit und Beanspruchungsfähigkeit" bescheinigte.[39]

Trotz der schwierigen Informationslage versuchten die deutschen Chemiefaserhersteller über die Produktion des selbstentwickelten Perlon hinaus Anschluß an die technisch und wirtschaftliche Entwicklung in den USA zu halten. In Anbetracht des Kriegsendes notierte die Glanzstoff-Verkaufsabteilung mit Blick auf die USA die scheinbar unbegrenzten Möglichkeiten hinsichtlich des Absatzes vollsynthetischer Materialien auch für den Zivilbereich: „Die Nylon-Garnindustrie in den USA hat in den letzten beiden Jahren einen gewaltigen Aufschwung erlebt ... Alle Vorkehrungen sind getroffen,

---

[37] D. A. Hounshell; John Kenly Smith Jr., Science and Corporate Strategy. DuPont R&D, 1902-1980, New York etc. 1988, S. 205 ff.; 4 ff., 65 ff., 89 ff. S.a. U. Tschimmel, Aus der Retorte in den Krieg. Entwicklung und Nutzung von Nylon und Perlon vor 1945, in: Künstliche Versuchung. Nylon-Perlon-Dederon, Köln 1999, S. 16-29.

[38] Archiv AKZO, Perlon. Verschiedenes, J. C. Funcke an H. Rathert, 5.5.1944.

[39] Ebd., Oberkommando der Luftwaffe, Chef der technischen Luftrüstung, Berlin 15. 10. 1944.

um die Nylon-Werke innerhalb kürzester Frist auf Friedensbedarf umzustellen. Vorkehrungen sind auch getroffen, um die technische Umstellung für die Produktion von Zivilgütern innerhalb von wenigen Wochen durchzuführen. Aufgrund der wissenschaftlichen Entwicklungen auf dem Gebiet des Nylon-Produktes glauben wir voraussagen zu dürfen, daß folgende Industrien in einem bisher unbekannten Umfang zur Verbreitung von Nylon übergehen werden: Kleiderfabriken, Herrenwäsche, Vorhangstoffe, Wandbekleidungen, Teppiche, Polsterwaren, Markisenstoffe und erweiterte Verwendung in der Strumpf-Industrie."[40] Die Zukunft von Glanzstoff in der Nachkriegszeit, das schien sicher, war eng mit der Produktion von Perlon und Nylon verknüpft. Dabei zeichnete sich noch vor Kriegsende eine starke Orientierung an den USA und am amerikanischen Absatzmarkt ab.

Die letzte Kriegsphase sowie die direkte Nachkriegszeit brachten jedoch zunächst, bedingt durch Kriegszerstörungen und alliierte Auflagen, Produktionseinschränkungen der Glanzstoff-Werke, deren Schwerpunkte sich auf die westlichen Besatzungszonen konzentrierten. Die wichtigsten Glanzstoff-Produktionsstätten waren gegen Kriegsende stillgelegt worden, bevor sie Ende 1945/Anfang 1946 die Produktion wieder aufnahmen. Das Werk Oberbruch im Aachener Raum als Stammwerk des Unternehmens konnte sogar erst im Jahr 1947 wieder in Betrieb gehen. Die in der amerikanischen Zone gelegenen Werke Obernburg und Kelsterbach waren ebenfalls kriegsbedingt geschlossen worden, wobei in Kelsterbach 1946 die Herstellung von Kunstseide wieder aufgenommen wurde. Das Werk Elsterberg in der sowjetischen Besatzungszone nahm zwar schon 1945 die Kunstseidenproduktion wieder auf, spielte aber aufgrund der neuen politischen Situation der Nachkriegszeit ebenso wie das Werk Sydowsaue in der polnischen Zone bei Stettin für das westdeutsche Unternehmen kaum noch eine Rolle. Im Zuge der alliierten Dekartellisierungs- und Entflechtungsbestrebungen stand die Verbindung zum niederländischen AKU-Konzern sowie eine evtl. Verselbständigung der Glanzstoff-Werke im Mittelpunkt des Interesses. Der deutschen Seite war an einer Erhaltung der Selbständigkeit von Glanzstoff gelegen. Zunächst einmal rückte jedoch seit 1947 jeweils ein niederländischer Vertreter in den Glanzstoff-Vorstand. Eine vertragliche Regelung wurde dann erst im Jahr 1953 gefunden.[41]

Noch in der direkten Nachkriegszeit hatte Ludwig Vaubel eine starke Einschränkung der Produktionsmöglichkeiten durch die Alliierten gefürchtet: „Im amerikanischen Besatzungsregime versuchen sich die Baumwollinteressen aus USA durchzusetzen. Laut Befehl der amerikanischen Militärregierung Berlin soll die Kunstfaserproduktion ganz eingestellt werden. Die regionalen Instanzen kämpfen noch dagegen. Obernburg hat vielleicht noch eine Chance mehr wegen der Möglichkeit, Reifengarn und Erntebindegarn herzustellen, aber die Sorgen wollen immer wieder überhand nehmen."[42] Diese

---

[40] Archiv AKZO, Verkaufsabteilung Glanzstoff. Notiz betr. Nylon-Industrie in USA, 15.12.1944.

[41] Ausführlicher dazu L. Vaubel, Zusammenbruch und Wiederaufbau, S. 242.

[42] Ebd., S. 65.

Sorgen erwiesen sich im nachhinein als unbegründet. Bereits im Jahr 1947 wurden im Werk Obernburg wieder 3.647 t Kunstseide hergestellt, ein Jahr später 7.840 t und im Jahr 1949 waren die Kapazitäten weitgehend ausgelastet. Von den textilen Garnen wurden auf der Basis eines Export/Importvertrages zwischen Glanzstoff und einer US-Firma über die Joint Export/Import Agency (JEIA) in Frankfurt am Main 25% in die USA exportiert.[43]

Die günstige Unternehmensentwicklung war nicht zuletzt bedingt durch die personellen Kontinuitäten im Bereich der Glanzstoff-Unternehmensleitung über das Kriegsende hinaus sowie durch die frühzeitig hergestellten guten Kontakte zu den Alliierten. Die britische Militärregierung hatte Ernst Hellmut Vits zum „Custodian“ des Unternehmens ernannt, nachdem dieses laut Gesetz Nr. 52 der alliierten Kontrolle unterstellt worden war. Vits wurde schließlich, wie bereits gezeigt, als einziger Deutscher bei der Combined Control Group of Germany (CCCG) auf die Villa Hügel in Essen berufen, wo er als Financial Advisor das Vertrauen der Alliierten genoß.[44]

Die Wiederingangsetzung der Glanzstoff-Produktion konzentrierte sich zunächst auf die Herstellung von Kunstseide, wobei jedoch schon bald an die im Krieg begonnene Weiterentwicklung vollsynthetischer Fasern angeknüpft wurde. Nachdem im Werk Elsterberg bereits zu Kriegszeiten Perlon zu Versuchszwecken hergestellt worden war, wurden die Maschinen des inzwischen unter sowjetischer Besatzung stehenden Werkes in das Werk Obernburg gebracht, welches sich schließlich zur „Keimzelle der deutschen Synthesefaser-Produktion“[45] entwickeln sollte, da die Nachfolgegesellschaften der IG Farben auf diesem Gebiet nur langsam Fortschritte machten. Der Leiter des Werkes Elsterberg konnte 1946 Teile einer modifizierten DuPont-Maschine und deren Konstruktionszeichnungen nach Obernburg schaffen, wo sie fortan zur Perlonherstellung diente. Nach anfänglichen technischen Problemen bei der Durchkonstruktion der DuPont-Maschine gab es bei der Errichtung einer Versuchsanlage für Nylon und Perlon in Obernburg auch Probleme der Rohstoffversorgung. Auf eine Anfrage antwortete das hessische Wirtschafts- und Verkehrsministerium im Juli 1946, daß die vorhandenen Mengen Phenol nicht ausreichend zur Verfügung ständen, um Caprolactam, den Perlon-Rohstoff, zu produzieren. Außerdem müßte zunächst der Bedarf der Elektroindustrie und der feinmechanisch-optischen Industrie befriedigt werden. In seinem Bericht beurteilte deshalb Julius Funcke im Jahr 1946 die Aussichten zur Herstellung vollsynthetischer Fasern bei Glanzstoff skeptisch und hoffnungsvoll zugleich: „Alles in allem ist die Entwicklung auf diesem Gebiet bei Glanzstoff ganz zweifellos mit erheblichem Risiko verbunden und hat auch von vorne herein mit erheblicher Konkurrenz zu kämpfen. Die Teilnahme an der zukünftigen Entwicklung aber und die Wichtigkeit dieses ganz neuen Produktionszweiges rechtfertigt ohne Zweifel einen größeren Einsatz auf diesem

43 Ebd., S. 202.
44 Ebd., S. 18.
45 Wicht, Glanzstoff, S. 83.

Gebiet."[46] Zu diesem Zeitpunkt war die Produktion vollsynthetischer Fasern bei Glanzstoff wie auch bei anderen deutschen Produzenten in der Tat – insbesondere gegenüber den amerikanischen Herstellern – kaum mehr auf dem neuesten Stand der Technik und dementsprechend auch nicht mehr international konkurrenzfähig. Das bestätigten auch die Einschätzungen auf amerikanischer Seite, wo man sich während des Krieges und vor allem in der direkten Nachkriegszeit ausführlich über den technischen Stand der deutschen Anlagen informierte. In der Kriegszeit gelangten Informationen über die deutsche Rayon-, Viskose- und Perlonproduktion über die Schweiz in die USA und direkt nach Kriegsende gab es mehrere „Missions" unter Beteiligung von Chemikern großer US-Unternehmen wie DuPont, Goodyear, Goodrich, Monsanto u.a. mit Bereisungen und detaillierten Untersuchungen deutscher Kunstfaserhersteller, wobei umfangreiche Unterlagen, Fotos, Pläne, Maschinenzeichnungen etc. angefertigt wurden. Ein Bericht der Combined Intelligence Objectives Subcommittees (C.I.O.S.), ein Zweig der Combined Anglo-American Chief of Staff, kam im Herbst 1945 nach der Besichtigung von Werken der IG Farben und von Glanzstoff zu dem Ergebnis, daß die deutsche Kriegsproduktion in erster Linie an Quantitäten und weniger an Qualitäten orientiert war und daß die Herstellung vollsynthetischer Fasern vergleichsweise langsam verlief. Von mechanischer Seite her gesehen habe es kaum Verbesserungen gegenüber dem Stand der späten 30er Jahre gegeben.[47] Auch den Verantwortlichen bei Glanzstoff war zu diesem Zeitpunkt klar, daß ein Engagement auf dem von den Amerikanern dominierten Synthesefasergebiet nur dann erfolgreich sein konnte, wenn man sich an der neuesten Nylon-Technologie orientierte.

Der Leiter der Glanzstoff-Forschungsabteilung, Funcke, reiste deshalb im Jahr 1948 als einer der ersten deutschen Unternehmer in die USA, um die Herstellungs-, Verwendungs- und Absatzmöglichkeiten von Nylonfasern zu studieren. Als er ein Jahr später, zusammen mit dem Vorstandsvorsitzenden Vits, erneut in die USA fuhr, konnte er feststellen, daß die Anwendungsmöglichkeiten von Nylon sich auf dem textilen und technischen Gebiet „rapide" erweitert hatten. Neben Damenstrümpfen, die bei der Nylonproduktion von Beginn an eine dominierende Rolle gespielt hatten, wurde die Nylonfaser in unterschiedlichen Bereichen des Bekleidungssektors eingesetzt, für Damen-Unterwäsche ebenso wie für Herrensocken, bei der Herstellung von Bändern, Schläuchen u.v.m. Die Reiseeindrücke und die daraus resultierenden positiven Aussichten für die zunächst geplante Errichtung einer Perlon-Fabrik bei Glanzstoff führten dort zu über-

---

46 Archiv AKZO, D2-2-5-7, Bericht Funcke: Stand der Produktion vollsynthetischer Seide, Borsten und Fasern, 31.12.1946, S. 5 f.

47 Hagley Museum and Library, Acc.No. 1410, Box 52, DuPont Public Affairs Dept. (German Postwar study), Bericht der C.I.O.S. vom Herbst 1945; ebd., Acc. No. 500, Series II/72, Box 948, DuPont Rayon Dept. Interests 1945, Office of the Publication Board Dept. of Commerce, Washington D.C.-Continous and staple fibre plants of Germany, Okt. 1945; ebd., Acc. No. 500, Series II/2, Box 947, DuPont, Rayon Dept. Interests Germany, memorandum Talk by Dr. H. Mark on Recent German Scientific Publications, 26.3.1943; ebd., Memorandum for file, Subject „PERLON", 1.12.1942.

schwenglichen Reaktionen: „Seit Ihrer Rückkehr von Amerika", so Funcke an Vits Ende 1949, „ist ganz Glanzstoff ‚perlon-conscious'. Die wesentliche Politik scheint zu sein, so schnell wie möglich eine größere Fabrik für Perlon zu erstellen. Daß ich diesen neuen Schwung auf das herzlichste begrüße, kann wohl keinem Zweifel unterliegen."[48] Ähnlich äußerte sich Vits etwa ein Jahr später, wobei deutlich wird, daß seine Amerikareise maßgeblich den Entschluß zum Bau einer Perlonfabrik bei Glanzstoff beeinflußt hat: „Nach dem Glanzstoff-Jubiläum fuhr ich in die Vereinigten Staaten und kam mit dem Entschluß zurück, unsere langjährige Entwicklungsarbeit auf dem Gebiet der vollsynthetischen Faser in einer Großproduktion auszunutzen. Vorstand und Aufsichtsrat unseres Unternehmens waren daraufhin Anfang dieses Jahres einmütig zu dem Entschluß gekommen, eine Perlonseidefabrik zu errichten. Hierbei war der Gedanke maßgebend, den deutschen Markt mit vollsynthetischem Material zu versorgen, daß in Amerika und auch in vielen europäischen Ländern mit großem Erfolg produziert und verwendet wird."[49] Mit einem Artikel zur Frage „Warum bauen wir eine Perlon-Fabrik" wandte sich Vits über die Werkzeitschrift an die Belegschaft, um auch dort seine „überwältigenden" Eindrücke der Amerika-Reise widerzugeben: „... innerhalb kurzer Zeit hatten sich die textilen und technischen Anwendungsgebiete des Nylon in einem ungeahnten Ausmaße vermehrt, und es wurde offenbar, daß Nylon nunmehr im Begriff steht, nicht nur einige bisher von Reyon beherrschte Anwendungsgebiete abzulösen, sondern darüber hinaus gänzlich neue, der Chemiefaser bisher versagt gebliebene Verwendungsbereiche zu eröffnen".[50] Perlon als das „deutsche Nylon" war somit eine Art Garant für den zukünftigen wirtschaftlichen Erfolg von Glanzstoff. „Ein solcher technisch-wirtschaftlicher Entwicklungsprozeß darf von der deutschen Industrie nicht übersehen werden. Sie muß heute, da sie mehr denn je auf die Pflege der Verbindung zur Außenwelt angewiesen ist, allen technischen Entwicklungstendenzen in der Welt ihre ganze Aufmerksamkeit schenken, um jederzeit wettbewerbsfähig zu sein."[51]

Damit könne schließlich auch ein Aufholprozeß abgeschlossen werden, so Vits an anderer Stelle, in dem die deutsche Faserproduktion durch Krieg und Zusammenbruch um etwa zehn Jahre zurückgeworfen worden sei und in der amerikanische Hersteller wie DuPont sich zu weltweit führenden Herstellern entwickelt hätten.[52]

Wesentliche Motive zur Errichtung eines neuen Glanzstoff-Werkes rührten also aus der Beobachtung amerikanischer Produzenten wie des amerikanischen Marktes und der

---

[48] Archiv AKZO, D2-2-5-7, Funcke an Vits, 23.11.1949.

[49] E. H. Vits, Glückliche Fahrt für Nefa-Perlon. Festrede zur feierlichen Einweihung der Perlonfabrik Oberbruch am 6.11.1950, in: Wir vom Glanzstoff 10, 1950, H. 7.

[50] E. H. Vits, Warum brauchen wir eine neue Perlon-Fabrik?, in: Wir vom Glanzstoff 10, 1950, H. 5.

[51] Ebd.

[52] Archiv AKZO, L9-9, Perlonprojekt, Referat E. H. Vits, Pressekonferenz zur Einweihung des Werkes Oberbruch am 6.11.1950.

Übertragungsmöglichkeiten auf deutsche Verhältnisse her,[53] wie etwa am Beispiel von Damenstrümpfen deutlich wird. Bis 1950 wurden Damenstrümpfe in Deutschland aus Baumwolle, Viskose, Seide oder Wolle hergestellt. Die Entwicklung von „Nylons" bei DuPont im Jahr 1939 begründete rasch einen Mythos, der sich in der Nachkriegszeit auch auf Deutschland übertrug. Damit war nicht nur eine Übertragung von Produktions- und Absatzmethoden, sondern auch kultureller Muster und Verhaltensweisen, nicht zuletzt auch der Sprache, verbunden. Zwar wurde in Deutschland von Perlon als dem „deutschen Nylon" gesprochen. Anders als von „Nylons" sprach man aber nicht von „Perlons" als den deutschen Damenstrümpfen, die sich vielmehr als amerikanisches Phänomen auf dem deutschen Markt durchsetzten. Sie entwickelten sich schließlich zu einem Symbol des Neuanfangs nach dem Krieg, in dem sie auch auf dem Gebiet der Kleidung ein Gefühl von Leichtigkeit, verbunden mit der „Sehnsucht nach dem Neuen, Bunten, gar Extravaganten" vermittelten.[54] Die „Perlonzeit" wurde schließlich zum symbolischen Ausdruck des Wirtschaftswunders und der beginnenden Konsumgesellschaft in der Bundesrepublik. Nicht nur die Entwicklung der „Nylons" kam aus den USA, sondern auch deren Verbesserung zu Beginn der 60er Jahre, die in Form der laufmaschensicheren Strümpfe den deutschen und europäischen Markt eroberten.[55]

Das neue Glanzstoff-Perlon-Werk in Oberbruch konnte schließlich im November 1950 mit einem großen Festakt feierlich eingeweiht werden. Zu Ehren des Glanzstoff-Vorstandsvorsitzenden wurde ein neues Straßenschild mit dem Aufdruck „Dr. Vits-Straße" enthüllt, an der sich das neue Werk befand. Es spielte das Kölner Gürzenich-Orchester und die Festrede hielt Bundeswirtschaftsminister Erhard: „Es ist mir eine stolze Freude", so Erhard, „dieser Feierstunde beiwohnen zu können! Nicht deshalb, weil ich selbst mit einem bescheidenen Rat zu ihrem Gelingen beitragen konnte, sondern deshalb, weil ich hier den Geist und die Kraft spüre, die unser deutsches Volk allein retten und erlösen können. Gerade in einer Zeit voller weltpolitischer Spannungen erscheint es mir vonnöten zu sein, daß wir uns auf die gesunden Grundlagen jeder volklichen Gemeinschaft und jedes Staates besinnen. Und diese Grundlagen heißen: menschliche Arbeit. Nehmen Sie meinen Besuch in diesem Werk als Huldigung an den deutschen Erfindergeist, an den Gestaltungswillen und die Schöpferkraft des deutschen Unternehmers, an den Fleiß und die Tüchtigkeit des deutschen Arbeiters. Denn aus al-

---

53 Chr. Kleinschmidt, An Americanised company in Germany: the Vereinigte Glanzstoff Fabriken AG in the 1950s, in: Kipping/Bjarnar (Hg.), Americanisation of European Business, S. 171-189.

54 S. Weißler, Fahnen des Neubeginns. Perlonstrümpfe, in: Perlonzeit. Wie die Frauen ihr Wirtschaftswunder erlebten, Berlin 1988, S. 147 f.; A. Döpfner, Textiltechnik: Zwei „Karrieren", in: Ich diente nur der Technik. Sieben Karrieren zwischen 1940 und 1950 (Schriftenreihe des Museums für Verkehr und Technik Berlin, Bd. 13), Berlin 1995, S. 112; Tschimmel, Aus der Retorte in den Krieg, S. 17 ff.

55 Ebd.

len zusammen, aus dieser untrennbaren Gemeinschaft erwächst die neue Leistung!"[56] Abgesehen von der durch nationales Pathos und seine Begrifflichkeit geprägten Rede, die ähnlich auch zehn Jahre früher hätte gehalten werden können, spielte Erhard im weiteren Verlauf auf die drohende alliierte Entflechtung deutscher Unternehmen an, von der auch Glanzstoff betroffen war: „Ich frage mich: Ist das, was hier entstanden ist, ist das, was Glanzstoff in der deutschen Wirtschaft und in der Weltwirtschaft bedeutet, ist das nun etwa ‚wirtschaftliche Macht'? Ist das vor allen Dingen eine gefährliche wirtschaftliche Macht, die gebrochen werden müßte, die aufgeteilt und aufgelöst werden müßte? Ich glaube, wenn wir diese Frage stellen, dann sind wir um die Antwort nicht verlegen. Was sich hier manifestiert, das ist nicht wirtschaftliche Macht im Bösen. Es ist Macht, soweit aus ehrlicher Leistung Macht erwächst. Aber es ist vor allen Dingen Kraft, die hier entfaltet wird. Und diese Kraft, diese schöpferische menschliche Kraft kann nie und nimmer etwas gefährliches sein!"[57] Doch Erhard nahm seine Festrede nicht nur zum Anlaß, sich kritisch über die alliierten Entflechtungspläne zu äußern, sondern er betonte an anderer Stelle ausdrücklich die Unterstützung der Alliierten, insbesondere der Amerikaner, beim Aufbau des Werkes, denn, so Erhard, „zu einem Teil wurde das Werk erbaut aus Gegenwertmitteln, aus der Marshallplanhilfe, also aus Opfern, die das amerikanische Volk gebracht hat, um Deutschland bei seinem Wiederaufbau zu helfen".[58] Dabei zeigt sich die ambivalente Haltung, die, von deutscher Seite, nicht nur von Politikern wie Ludwig Erhard, der amerikanischen Politik entgegengebracht wurde. Im Falle von Glanzstoff und der Gründung des Perlonwerkes Oberbruch heißt das: Die Marshallplanhilfe wurde gewürdigt, die Entflechtungspläne kritisiert und die technische Hilfe und Vorbildfunktion der USA zugunsten einer „Wir-sind-wieder-wer"-Einstellung und des Lobes deutscher Arbeits- und Erfinderleistungen – zumindest in der Außendarstellung – weitgehend verschwiegen. Das Wirtschaftswunder basierte auch auf amerikanisch-technischer „Entwicklungshilfe", ein Aspekt, der in der deutschen Öffentlichkeit kaum angemessen dargestellt wurde.

Dabei bestand bei Glanzstoff intern kein Zweifel darüber, daß eine erfolgreiche Unternehmensstrategie sich nicht allein auf die Herstellung von Perlon verlassen dürfe. Zwar hatte Glanzstoff mit dem Werk Oberbruch bei der Herstellung von Damenstrümpfen und anderen textilen und technischen vollsynthetischen Produkten noch ausschließlich auf dieses Material gesetzt, doch wies die Forschungsabteilung mit Blick auf die USA bereits im Jahr 1950 darauf hin, daß in Zukunft auch andere synthetisch Stoffe wie Orlon größere Bedeutung erlangen könnten und deshalb nicht außer acht gelassen werden dürften. Immer wieder wurde auch die Herstellung von Nylon diskutiert, über das man trotz der Lizenzen der IG Farben noch keine ausreichenden Kenntnisse besaß. Vor-

---

56 Prof. Erhard, Freie Bahn für Leistung und Wettbewerb, in: Wir vom Glanzstoff 10, 1950, H. 7.

57 Ebd.

58 Archiv AKZO, L9-4-4, Rede Bundeswirtschaftsminister Erhard bei der Eröffnungsfeier des Werks Oberbruch, 6.11.1950.

standsmitglied Hermann Rathert bemerkte unter Abwägung der Vor- und Nachteile der Nylonherstellung bei Glanzstoff und unter dem Vorbehalt, daß die Nylonherstellung dort noch nicht „schubladenreif" sei, daß für bestimmte Gebiete die Verwendung von Nylon vorteilhafter sei als Perlon. Glanzstoff könne deshalb in naher Zukunft aus Konkurrenzgründen zur Herstellung von Nylon gezwungen sein. Das Unternehmen war auf diese Situation insofern vorbereitet, als der zur Verfügung stehende Maschinenpark ohne Probleme für die Nylonproduktion gerüstet war.[59] Zur Erlangung der entscheidenden Patente war Glanzstoff abermals auf amerikanische Unterstützung angewiesen. Dies war in erster Linie eine formale Frage, da DuPont nach dem Krieg darauf bestand, daß seine Patente, die vor dem Krieg an die IG Farben abgegeben wurden, auch das Perlon umfaßten. DuPont bestand nun darauf, diese Patente zurück zu erhalten, um dann erneut deutsche Unternehmen zu lizensieren, die in der Zwischenzeit damit begonnen hatten, Perlon als Konkurrenzprodukt zu Nylon in die USA zu exportieren. Bemerkenswert an diesem Vorgang war vor allem, daß sich die ECA in diese Angelegenheit einmischte, und zwar als Anwalt der europäischen und „übergeordneter" amerikanischer Interessen im Rahmen des European Recovery Program. Für die europäische Wirtschaft sei es außerordentlich wichtig, so die ECA-Repräsentanten an den DuPont-Präsidenten Greenewalt, Waren zu exportieren, Dollars zu verdienen und so schließlich auch den amerikanischen Steuerzahler zu entlasten. Im übrigen böte die gegenwärtige große Nachfrage nach Nylon in den USA und die Knappheit des Angebots eine gute Gelegenheit Perlon zu importieren, ohne daß dies dem DuPont-Geschäft wesentlich schade. Schließlich appellierte die ECA an den Patriotismus und die weltweite Verantwortung von DuPont: „I have no knowledge of the complexities of the patent situation involved. However on the face of the facts presented, it would appear that this is an opportunity for your company to exercise a high level of business statesmanship without harm to itself and with considerable benefit to the world economic situation and the interests of the United States."[60] Zwar kam es aufgrund des Einschaltens der ECA zunächst zu inneramerikanischen Irritationen, bei denen DuPont der ECA unterstellte, sich gegen die Rückgabe der Patentrechte deutscher Unternehmen an DuPont zu stellen, doch scheint die politische und ökonomische Argumentation der ECA, die die eigentliche Patentfrage als Nebensächlichkeit betrachtete, schließlich auch die Verantwortlichen von DuPont überzeugt zu haben. Im Jahr 1952 lizensierte DuPont schließlich sieben westdeutsche Unternehmen, darunter Bayer, Höchst, BASF und auch Glanzstoff, die nun auch in der Lage waren, Nylon zu produzieren und auch in die USA zu exportieren.[61]

---

59 Archiv AKZO, D2-2-5-7, Rathert, Notiz betr. Entwicklung der vollsynthetischen Faser, 14.11.1952.

60 Hagley Museum and Library, Acc. No. 1814, Series II, Box 26. DuPont Papers of C. H. Greenewalt, Textile Fibres Dept. 1951, ECA-Schreiben an Greenewalt v. 16.6.1950 u. 3.11.1950.

61 Ebd., Acc. No. 1410, Box 50, Foreign Affairs Dept. Nylon Patents & Licensing PR-Telegram, 16.1.1952.

Glanzstoff war, wie gezeigt, auf diese Situation vorbereitet. Die Notwendigkeit zur Herstellung von Nylon ergab sich dann u.a. durch die amerikanische Herausforderung auf dem Reifenmarkt, wobei sich die Verwendung von Nylon als vorteilhafter gegenüber allen anderen, bislang von Glanzstoff verwendeten Fasern, herausstellte. Glanzstoff produzierte seit 1937 Reifenseide aus Reyon und sah sich aufgrund der neuesten Entwicklung in den USA gezwungen, die Nylonproduktion aufzunehmen. In einem DuPont-Rundschreiben, welches neben Glanzstoff auch die deutschen Automobilhersteller erreichte, sprach der US-Hersteller von einer neuen Cordeinlage aus DuPont-Nylon namens „Super-Cordura", welches eine „sensationelle Verbesserung" der Reifenqualität zur Folge habe.[62] Glanzstoff reagierte auf diese amerikanische Innovation sehr schnell. Auf einer Besprechung in Obernburg über die Errichtung einer Nylon-Kord-Fabrik war sich der Vorstand einig, daß im Hinblick auf die Entwicklung in den USA keine Zeit zu verlieren sei, insbesondere vor dem Hintergrund der Tatsache, daß in- und ausländische Reifenfirmen Patenschaftsverträge mit amerikanischen Reifenfirmen eingingen. Hinsichtlich der Frage, ob bei der Reifenherstellung Perlon oder Nylon das geeignete Material sei, entschied Vits sich nach einer erneuten USA-Reise Mitte der 50er Jahre für die Verwendung von Nylon. Nach dem Strumpfsektor, so Vits, habe Nylon in den USA inzwischen auch den Reifensektor erobert. Perlon werde dort zwar nicht unbedingt abgelehnt, aber „alle befragten Stellen" äußerten sich positiver bezüglich der Nylon-Verwendung und auch der Ruf von „Nylon 66" gegenüber „Nylon 6" (Perlon) spiele offenbar psychologisch eine große Rolle. Vor allem sei Nylon jedoch einfacher und billiger herzustellen und verfüge über eine höhere Qualität bei der Herstellung von Autoreifen. Aufgrund des niedrigeren Schmelzpunktes weise Perlon Nachteile bei der Vulkanisierung auf, und bei hohen Fahrgeschwindigkeiten würden Temperaturen nahe dem Schmelzpunkt erreicht, was einen Unsicherheitsfaktor darstelle. Im übrigen sei auch der Export deutscher Autos in die USA zu berücksichtigen. Daraus schloß Vits, daß das dominierende Material für die zukünftige Reifenherstellung „voraussichtlich Nylon sein wird".[63] Es sei sogar „mit Sicherheit anzunehmen, daß auch in Deutschland die gleiche Entwicklung zum vollsynthetischen Reifenkord vor sich gehen wird, wenn auch das Tempo und Ausmaß naturgemäß noch nicht zu erkennen sind. Hierfür spricht nicht nur die allgemeine Erfahrung über die Gleichartigkeit neuer internationaler Entwicklungen, sondern speziell auch die Tatsache, daß alle bedeutenden deutschen Reifenerzeuger Erfahrungsaustausch-Verträge mit amerikanischen Reifenfirmen haben".[64] In den USA selber war zu beobachten, daß einige amerikanische Hersteller wie etwa Goodrich neben „Nylon 66" zunächst auch „Nylon 6", also Perlon, bei

---

62 Archiv AKZO, K-13-5-8, DuPont-Rundschreiben v. 4.7.1955 (Abschrift).

63 Archiv AKZO, L-7-7-1, Vits, Notiz für den Vorstand, 4.8.1956 (Abschrift). Ergebnisse der USA-Reise; ebd., K-13-5-8, Denkschrift über die Errichtung einer Nylonkord-Fabrik in Obernburg (Entwurf), 12.10.1955.

64 Ebd., K-13-5-8. Denkschrift über die Errichtung einer Nylonkord-Fabrik in Obernburg (Entwurf), 12.10.1955.

der Autoreifenherstellung verwendeten. Aufgrund zahlreicher Reklamationen bekam „Nylon 6“ einen „bad name“, und nicht zuletzt bedingt durch die erfolgreiche Nylon-Kord-Werbung von DuPont setzte sich schließlich auf dem amerikanischen Reifenmarkt Nylon gegenüber Perlon durch.[65]

Die zunächst für Glanzstoff geplante Nylon-Produktion von einer Tagestonne wurde schon bald mit Blick auf die zu erwartende Nachfrage als zu gering erachtet. „Wir stellten fest“, so Vits rückblickend, „daß in den USA Nylon neben RT-Reyon eine immer größere Rolle spielte. Der Einsatz von Nylon in der Reifenkord- und Gewebe-Produktion in den USA stieg vom Jahre 1951 von 2.000 Jahrestonnen bis zum Jahr 1954 auf 13.000 Jahrestonnen. Wir gewannen daher die Überzeugung, daß sich hier eine Entwicklung anbahnte, die wir auch für Deutschland in Rechnung stellen mußten und die eine große Gefahr für Obernburg bedeuten konnte, wenn wir sie nicht mitmachten.“[66] Mit anderen Worten: Die Entscheidung von Glanzstoff zum Einstieg in die Nylon-Produktion und zur Errichtung einer neuen Nylon-Kord-Fabrik wurde in Orientierung an amerikanischen Verhältnissen getroffen, die auf die deutsche Entwicklung übertragen wurden. Als Konsequenz daraus hatte sich der Glanzstoff-Vorstand zur „sofortigen“ Errichtung der Anlage entschlossen. Dabei ging er davon aus, daß die Kapazitäten der neuen Technologie zunächst nicht voll ausgelastet sein würden. Dieses Risiko müsse jedoch aus „höheren Gesichtspunkten bewußt getragen werden“.[67] Die Orientierung am amerikanischen Vorbild reichte schließlich über die Produktions- und Absatzfrage hinaus bis in Details wie etwa die Lagerung des Nylon-Rohstoffs „AH-Salz“, welche mit Blick auf die Verhältnisse bei DuPont erfolgte. Selbst die Verkaufspreise wurden zunächst aus den amerikanischen Preisen abgeleitet. Mit Stolz konnte bei Glanzstoff schließlich festgestellt werden, daß „in Kürze der neueste Stand der DuPont Nylonkord-Qualität erreicht werden wird“.[68] Auch wenn die Hauptabnehmer dieses Produktes, wie etwa die Continental-Gummiwerke AG als einer der größten deutschen Reifenhersteller, noch 1956 keinen „dringenden Bedarf“ an Nylonkord sahen, so zeigte der an amerikanischen Verhältnissen geschulte Weitblick bei Glanzstoff, daß wenige Jahre später die großen Automobilhersteller wie Mercedes-Benz u.a. bei ihren neuen Modellen nach und nach Reyon-Reifen durch Nylon-Reifen ersetzten, um den gestiegenen Belastungen durch höhere Geschwindigkeiten und dem größeren Sicherheitsbedarf gerecht zu werden.[69]

---

65 Hüls-Archiv, IV-1-80/2, Besuchsbericht Goodrich Gulf Chemicals, 15.3.1963; ebd., IV-83/1, USA-Reisen. Broich/Moenkemeyer 1962, Besuchsbericht Goodrich-Gulf-Chemicals Inc. 1.11.1962.

66 E. H. Vits, Die Kordnylonfabrik in Obernburg hat angesponnen, in: Wir vom Glanzstoff 17, 1957, H. 5.

67 Archiv AKZO, K-13-5-8. Denkschrift über die Errichtung einer Kordnylonfabrik in Obernburg, 12.10.1955.

68 Ebd.

69 Ebd., K-13-5-8, Rathert, Notiz betr. Aussprache mit Prof. Nallinger von Daimler-Benz am 13.8.1959.

Die Entscheidung von Glanzstoff zur Errichtung einer Nylon-Reifenkord-Fabrik hatte sich als richtig erwiesen. Die in den USA beobachtete Entwicklung trat wenige Jahre später auch in der Bundesrepublik ein, so daß auch die Gefahr von Überkapazitäten nicht akut wurde. Ende der 50er Jahre produzierte Glanzstoff 90% des gesamten deutschen Reifenkords, einen Großteil davon unter Verwendung von Nylon, und exportierte 25% seiner Eigenproduktion. Die Reifenkordherstellung war zu einem wichtigen Stützpfeiler der Glanzstoffproduktion geworden. Das Unternehmen war damit gleichzeitig das einzige in Deutschland, welches sowohl Perlon als auch Nylon herstellte.

Ähnlich stark war die Orientierung an amerikanischen Leitbildern bei Glanzstoff hinsichtlich der Produktion von Folien. Diese wurden vornehmlich bei der seit 1924 mehrheitlich zu Glanzstoff gehörenden J. P. Bemberg AG produziert. Bemberg stellte seit Mitte der 30er Jahre Folien nach dem eigenen Cuprophan-Verfahren her. Dabei handelte es sich um cellophanähnliches Material, welches jedoch als Verpackungsmaterial von Butter, Seifen, Silber oder Stahl chemische Reaktionen auslöste und zudem wegen seiner Schrumpfungserscheinungen in der Nachkriegszeit vor dem Hintergrund neuer Verpackungsmaterialien aus den USA kaum mehr konkurrenzfähig war. US-Hersteller produzierten vollsynthetische Polyäthylen-Folien, wie sie etwa von Union Carbide, Milprint oder Visking hergestellt wurden. Nach mehrfachen USA-Besuchen bei Unternehmen und Messen zum Thema „Verpackung“ war man bei Bemberg der Ansicht, daß synthetische Folien im Verpackungsbereich auch in der Bundesrepublik zukünftig eine große Rolle spielen würden und daß die amerikanische Firma Visking die „beste und wirtschaftlichste Erzeugung von Polyäthylen-Folien auf der Welt“ betreibe. „Wir haben es daher für richtig gehalten, die Verarbeitung von Polyäthylen mit in unser Programm aufzunehmen, um auf diese Weise einen für uns sinnvollen Eingang auf dem Markt zu finden und ihn abzutasten.“[70] Das neue Material wies eine höhere Durchsichtigkeit, Formstabilität und Temperaturbeständigkeit auf als herkömmliches Cellophan. Es war zudem Ausdruck eines gestiegenen amerikanischen Lebensstandards und der Umstellung des Einzelhandels auf Selbstbedienungsläden und „Super-Markets“ sowie eines selbständigeren Konsumentenverhaltens bei der Auswahl der Waren, wie es sich auch in Deutschland abzuzeichnen begann.[71] Der Pro-Kopf-Verbrauch an entsprechenden Folien lag in Deutschland Ende der 50er Jahre jährlich bei 300 Gramm, in den USA dagegen bei 1,5 Kilogramm und sei in Deutschland dementsprechend ausbaufähig. Der Gesamtumsatz an Verpackungsmaterialien betrage in Deutschland 77 DM, in den USA 400 DM. „Der in Amerika vertretene Optimismus einer weiteren Ausweitung des Verpackungsmarktes“, so war man sich bei Glanzstoff bzw. Bemberg sicher, „berechtigt auch uns zu einer gleichen positiven Betrachtung.“[72] Julius Funcke, der sich schon bei der Glanzstoff-Nylon-Produktion stark an amerikanischen Leitbildern orientiert hatte,

---

[70] Archiv AKZO, D3-3-4-3, Die Folien-Fabrikation bei Bemberg, 28.8.1956.

[71] Ebd., H. Hennecke, Zur Situation im Polyäthylen-Geschäft, 8.1.1958; ders., Zur Frage der Ausweitung der Zellglasproduktion in Deutschland, 27.1.1958.

[72] Ebd., J. C. Funcke, Bericht über die Amerika-Reise April 1957.

war auch von der amerikanischen Folien-Herstellung „sehr beeindruckt". Nach Besuchen bei führenden Herstellern wie Visking, Union Carbide und Koppers notierte er 1957: „Es ist einer der wesentlichsten Eindrücke meiner Reise, daß auch wir das ganze Problem unter diesen neuen Gesichtspunkten durchdenken müssen, ob nicht eine Änderung unserer Politik zweckmäßig ist. Für uns käme dabei letzten Endes nur die Herstellung hochwertiger Ware, die bedruckt werden kann, infrage, während die Aussichten für den Masseneinsatz von Polyäthylen in der Landwirtschaft, für Isolation, Straßenbau und dergleichen nach wie vor wenig attraktiv sind." Die Entscheidung von Milprint, Polyäthylenfolien in großem Umfang herzustellen, „hat zu diesem Gedankengang sehr erheblich beigetragen".[73] Funcke setzte dabei auch auf die Fortschritte der Petrochemie in der Bundesrepublik. Sobald das Großprojekt der Olefin GmbH zwischen Shell und der BASF abgeschlossen sei, würden auch die Marktpreise für Polyäthylen sich dem US-Inlandspreis annähern und einer raschen Verbreitung des neuen Materials dienlich sein.[74]

Am Beispiel der vollsynthetischen Faser- und Folienproduktion bei Glanzstoff konnte gezeigt werden, daß die Orientierung an amerikanischen Leitbildern für die Zeit nach dem Zweiten Weltkrieg eine Voraussetzung für die Überlebensfähigkeit und die Konkurrenzfähigkeit auf dem sich entwickelnden Weltmarkt bedeutete. Im Laufe der 50er Jahre konnte Glanzstoff die durch die NS-Autarkiepolitik und die Kriegswirtschaft entstandenen Lücken zu den USA auf technologischem Gebiet weitgehend schließen. Auf der Basis eines vergleichbaren technologischen Niveaus, wie es Ende der 50er/Anfang der 60er Jahre bestand, zeichnete sich ein neues Verhältnis deutscher und amerikanischer Produzenten ab. Ein Gradmesser dafür war die geringere Auskunftsfreudigkeit der Amerikaner gegenüber deutschen Unternehmen, die mehr und mehr als ernst zu nehmende Konkurrenten auf dem Weltmarkt auftraten. Während man ihnen noch 1959 bereitwillig Auskunft erteilt hätte, so bemerkten die Herren Kind und Siggel in ihrem Bericht über eine Amerika-Reise im Jahr 1960 enttäuscht, sei diese Haltung nun stark rückläufig. Der Empfang sei in einigen Unternehmen „ausgesprochen kühl" gewesen und man habe den Glanzstoff-Vertretern „ziemlich brüsk" mitgeteilt, „daß man nicht bereit sei, einem Konkurrenten Auskünfte zu erteilen".[75] Dies beruhte allerdings auf Gegenseitigkeit, denn auch bei Besuchen aus den USA verhielt sich Glanzstoff in seiner Informationspolitik zurückhaltend. Es war dies gleichzeitig Ausdruck eines Normalisierungsprozesses, bei dem sich nicht mehr Lehrende und Lernende im Rahmen einer der technischen Entwicklungshilfe vergleichbaren Situation, sondern weltweit konkurrierende Unternehmen gleichberechtigt gegenüberstanden. Für Glanzstoff war diese Situation etwa 15 Jahre nach Kriegsende um das Jahr 1960 erreicht.

---

73 Ebd.
74 Ebd.
75 Archiv AKZO, G4-43, Otto Kind, Bericht USA-Reise 26.7.-12.8.1960, v. 19.8.1960.

Ähnlich stark war die Amerikaorientierung bei den Continental Gummiwerken,[76] wobei diese sich allein schon über das Produkt und aus der Nähe und der Zusammenarbeit mit den Vorlieferanten Hüls und Glanzstoff ergab. Der Blick über die deutschen Grenzen hinaus begleitete das Unternehmen seit seiner Gründung im Jahr 1871. Dies betrifft Ende des 19. Jahrhunderts zunächst den britischen Reifenhersteller Dunlop und dessen Luftreifenpatent, durch dessen Erwerb sich Continental auf dem deutschen Reifenmarkt deutliche Vorteile verschaffen konnte. Auf französischer Seite war es der Reifenproduzent Michelin, an dessen technischen Innovationen sich Continental vor dem Ersten Weltkrieg orientierte. Wie in anderen Branchen auch führte der Erste Weltkrieg zum Aufstieg der amerikanischen Reifenindustrie, dessen Unternehmen wie Goodyear oder Goodrich im Zuge der Mechanisierung und der rationellen Massenfertigung zu den führenden in der Welt aufstiegen. Es war vor allem die Kordreifentechnologie, aber auch die neuesten Verarbeitungsmaschinen und Rationalisierungsmethoden, neue Rezepturen und Kenntnisse des Reifendesigns, die bereits in den 20er Jahren eine starke Amerikaorientierung und Reisetätigkeit bei Continental zur Folge hatte. Continental wurde zum „‚amerikanischsten‘ und damit weiterhin führenden Reifenunternehmen in Deutschland".[77] Während der NS-Autarkiepolitik und der Kriegswirtschaft machte Continental zwar Fortschritte auf dem Gebiet der Reifentechnologie, etwa durch die Entwicklung des schlauchlosen Reifens oder den Einsatz von Kunstseide im Cordgewebe, doch konnte man nicht verhindern, daß nach dem Krieg wiederum die amerikanischen Unternehmen in der Reifentechnologie den Ton angaben. In Zusammenarbeit u.a. mit Hüls und Glanzstoff bemühte sich, wie weiter oben dargestellt, die deutsche Reifenindustrie erfolgreich, Anschluß an die amerikanische Technologie auf dem Gebiet der Reifenchemie zu finden. Darüber hinaus wurden im engeren Bereich der Reifenkonstruktion und Reifenfertigung Kontakte aus der Vorkriegszeit wiederhergestellt, so etwa bei Phoenix zu Firestone und bei Continental zu General Tire, mit dem man 1949 ein Kooperationsabkommen unterzeichnete, welches Continental den Zugang zu Lizenzen und Patenten der Amerikaner sicherte. Auf diesem Wege erhielt Continental auch Kenntnisse über die Diagonal-Reifen-Technologie, die in den 50er Jahren die Reifenproduktion beherrschte und die Voraussetzung für ein erfolgreiches Agieren auf den nationalen und

---

76 Dem widerspricht die Aussage von H. Schröter, Von der Teilung zur Wiedervereinigung, in: North (Hg.); Deutsche Wirtschaftsgeschichte, S. 366, wo Schröter davon ausgeht, daß es keine Amerikanisierungstendenzen in der deutschen Reifenindustrie gegeben habe. Bei aller Vorsicht im Umgang mit dem Amerikanisierungsbegriff soll hier jedoch gezeigt werden, daß zumindest im Falle von Continental der amerikanische Einfluß recht stark war. S. auch Berghahns Studie über Otto A. Friedrich.

77 Erker, Wachsen im Wettbewerb, S. 29, 13-28. Dort auch ausführlicher zur Geschichte der Continental AG vor dem Zweiten Weltkrieg; zur Reifentechnik s.a. O. v. Fersen, Ein Jahrhundert Automobiltechnik. Personenwagen, Düsseldorf 1986, S. 428 ff.

internationalen Märkten darstellte.[78] Damit hatte Continental spätestens Mitte der 50er Jahre mit den amerikanischen Produzenten gleichgezogen, allerdings hinkte man im Bereich der Fertigung und der Arbeitsmethoden nach eigener Einschätzung noch hinter den führenden amerikanischen Unternehmen hinterher. Schon 1948 wurde anläßlich des ersten Continental-Besuchs der Nachkriegszeit im Vergleich zu General Tire deutlich, daß die Arbeitsproduktivität bei Continental deutlich hinter derjenigen amerikanischer Werke zurückblieb: „Ein Vergleich mit unserer Fabrik fällt für uns sehr ungünstig aus, da wir pro Mann und Stunde etwa nur ein Drittel der angeblich erforderlichen Mindestleistung von 20 Pfund pro Mann und Stunde erreicht haben."[79] Vier Jahre später fiel dem Continental-Teilnehmer einer vom RKW und der ECA organisierten Studienreise in die USA der breite Einsatz von Transportanlagen und -geräten in amerikanischen Unternehmen auf, den er bislang nur aus der Literatur kannte. Besonders beeindruckt war er von dem in amerikanischen Betrieben zu beobachtenden Bestreben, auf dem Gebiet der Materialbewegung Handarbeit so weit wie möglich durch Maschinen zu ersetzen.[80] Weitere fünf Jahre später – Continental hatte seine Kooperation mit General Tire inzwischen zugunsten einer Zusammenarbeit mit Goodyear aufgekündigt – schienen Fragen der Automatisierung noch immer den größten Unterschied zwischen deutschen und amerikanischen Reifenherstellern auszumachen. „Es kann gesagt werden", so der Bericht über eine Amerikareise zu Goodyear aus dem Jahr 1957, „daß die prinzipiellen Arbeitsmethoden in den Goodyear Mischsälen dieselben sind wie unsere, d.h. es gibt dort also keine Fertigungsverfahren, die man als wesentlich über den unsrigen stehend bezeichnen könnte. Wir gebrauchen bzw. planen die gleichen Typen von Maschinen und Aggregaten zur Herstellung unserer Mischungen, wie sie auch in Amerika verwendet werden. Nur in einem allerdings sehr entscheidenden Punkt ist man in den amerikanischen Mischsälen weiter als bei uns: in Fragen des Materialflusses. Man schenkt diesem Problem eine ganz außerordentliche Beachtung und scheut keine Kosten, in die Arbeitsmethoden und -verfahren in den Mischsälen unter größtmöglicher Ausschaltung von Handarbeit Fluß hineinzubringen. Während wir also mit der Verwirklichung solcher bei uns aufgestellten Pläne, die im Prinzip aber den amerikanischen Anlagen entsprechen, noch am Anfang stehen ..., sind diese Anlagen bei der Goodyear bereits in größerem Umfang in Betrieb."[81] Kurz zuvor waren anläßlich einer Amerikareise den Besuchern von Continental ebenfalls der hohe Automatisierungsgrad und das amerikanische Bemühen, „menschliche Fehlerquellen bei den einzelnen Prozessen weitgehend auszuschalten", aufgefallen. Und auch wenn es angeraten erschien, „aus Amerika nicht

[78] Erker, Wachsen im Wettbewerb, S. 48; W. Treue, Gummi in Deutschland. Die deutsche Kautschukversorgung und Gummiindustrie im Rahmen weltwirtschaftlicher Entwicklungen, München 1955, S. 325.

[79] Archiv Continental, 6500/3 Zg. 1/56 - A8/2, Bericht über Amerikareisen und Amerika-Auskünfte, Bd. II: 1948-1955, Besuch der General Tire Co./Akron am 26./27.6.1948.

[80] Ebd., 6500 Zg. 1/67, A32, RKW-ECA Studienreise 25.7.-14.9.1952.

[81] Ebd., 6500 Zg. 2/69 - A4.1, USA-Reise Dipl. Ing. Kost 25.4.-23.5.1957.

alles unbesehen zu übernehmen", so listeten die Besucher in ihrem Abschlußbericht 25 Punkte auf, deren Übernahme bei Continental sie als empfehlens-, zumindest als bedenkenswert ansahen. Dabei handelte es sich um sehr detaillierte und gezielte Vorschläge wie etwa die Einführung einer automatischen Entgrat-Maschine, der Balgfabrikation nach Goodyear-Vorbild, dem kontinuierlichen Fluß des Gewebes u.Ä.[82]

Die Wahrnehmung amerikanischer Vorbilder garantierte nicht automatisch den unternehmerischen Erfolg. Die Vernachlässigung von Fragen der Produktivität und Rentabilität zugunsten einer hohen technischen Innovationsfähigkeit durch die ausschließliche Orientierung an amerikanischen Leitbildern sollten in der Folgezeit zu Problemen bei Continental führen. Personal- und Lohnkosten stiegen gegenüber der Produktivität überproportional an, und mit zunehmender nationaler und internationaler Konkurrenz auch auf dem deutschen Reifenmarkt geriet Continental in den 60er Jahren weiter ins Hintertreffen. Diese Entwicklung wurde durch die starke Amerikaorientierung bei Continental, die in der direkten Nachkriegszeit den Wiederaufstieg des Unternehmens erst ermöglicht hatte, noch verstärkt. Inzwischen hatte sich der Stahl-Radial-Reifen von Michelin als die führende Technologie im Reifensektor herausgestellt, mit der das französische Unternehmen seinen Marktanteil innerhalb weniger Jahre von 10% (1970) auf 37% (1972) erhöhen konnte. Zwar hatte auch Continental den Übergang vom Diagonal- zum Radialreifen mitgemacht, blieb jedoch „ganz der Nylon-Cord-Philosophie der Amerikaner verschrieben" (Erker), um in den folgenden Jahren dem Vorsprung von Michelin hinterherzulaufen.[83]

Als Carl H. Hahn 1973 den Vorstandsvorsitz bei Continental übernahm, befand sich das Unternehmen in einer schweren Krise. Rückblickend führt Hahn diese zu einem nicht geringen Teil auf die Tatsache zurück, daß sich, beruhend auf den Erfolgen der 50er und frühen 60er Jahre bei Continental eine Mentalität durchgesetzt hatte, die darauf beruhte, daß man „von anderen nichts zu lernen brauchte oder könnte" und die wichtige Signale nicht zur Kenntnis nahm wie etwa die Tatsache, daß französische Konsumenten sich weigerten, ohne Stahlgürtelreifen ausgerüstete deutsche Autos zu kaufen. Man „lebte in einer sehr abgeschlossenen Welt".[84] In dem Augenblick, wo Continental den Weg und die Bereitschaft, von anderen zu lernen, aufgegeben hatte, so läßt sich resümierend festhalten, drohte die Gefahr, den technologischen Anschluß und damit auch die Konkurrenzfähigkeit zu verlieren. Nur wenige Unternehmen und Pioniere wie etwa Michelin konnten es sich leisten, den „Weg der Abgeschlossenheit" erfolgreich zu gehen. Die „second mover", so Hahn, waren gezwungen, eine „hohe Bereitschaft zum Lernen" aufzubringen, immer auf der Suche nach neuen und besseren Methoden.[85]

---

[82] Ebd., 6500 Zg. 2/69 - A4.1, Amerikareise Behr, Richter u. Warnecke 17.8.-17.9.1956.

[83] Erker, Wachstum im Wettbewerb, S. 54 ff.

[84] Interview C. H. Hahn, 20.2.1998; zur Continental-Entwicklung nach 1973 s.a. Erker, Wachsen im Wettbewerb, S. 90 ff.

[85] Interview C. H. Hahn, 20.2.1998.

Eine starke Amerikaorientierung ist auch im Falle des 1829 gegründeten Lederunternehmens Carl Freudenberg in Weinheim spätestens seit Ende des 19. Jahrhunderts zu beobachten. Auf dem Wege von einer handwerklich geprägten Gerberei zu einem der modernsten Lederunternehmen in Deutschland spielte das in den USA entwickelte Chromgerbungsverfahren eine große Rolle, welches Freudenberg als erstes europäisches Unternehmen im Jahr 1900 aus den USA übernahm. „Boxcalf"-Leder aus Weinheim wurde an die deutsche Schuhindustrie verkauft und zu einem großen Teil exportiert. Bei der Entwicklung von Chromlack- oder Chromfarbleder kam es dann zu einer engen Zusammenarbeit mit den Farbwerken Cassella, wobei die Nähe der Lederindustrie zur Chemischen Industrie deutlich wird, die sich dann in den 30er Jahren im Zuge der Zusammenarbeit mit der IG Farben intensivierte.[86] Vorausgegangen war die Reise eines Beraters von Hans Freudenberg, Prof. Elöd, im Jahr 1929 in die USA. Von dort brachte Elöd den Vorschlag zur Produktion von Ledermanschetten mit, die bislang aus den USA nach Deutschland importiert werden mußten, und die mit vergleichsweise einfachen Mitteln aus Lederabfällen auch bei Freudenberg hergestellt werden sollten. Dieser Vorschlag bot zur Zeit der Weltwirtschaftskrise, von der Freudenberg aufgrund der hohen Exportabhängigkeit besonders betroffen war, die Möglichkeit zur Überwindung der wirtschaftlich schwierigen Situation sowie zum Einstieg in ein stärker diversifiziertes Produktionsprogramm, das bis dahin stark auf die Oberlederproduktion konzentriert war. Der Freudenberg-Ingenieur Walter Simmer entwickelte aus den Ledermanschetten in Blechgehäuse eingerollte und mit einer Feder versehene Dichtungsringe nach einem US-Patent, welches jedoch nicht in Deutschland angemeldet war. Das neue Produkt wurde seitdem in Anspielung auf seinen Namen als „Simmerring" (Radialwellendichtung) verkauft und vor allem von der Maschinen- und Automobilindustrie in großer Stückzahl nachgefragt. Zu den frühen Kunden von Freudenberg gehörten beispielsweise die Firmen Adler und Daimler-Benz. Die „Simmerringe" wurden seit Mitte der 30er Jahre im Zuge der Zusammenarbeit mit der IG Farben nicht mehr aus Leder, sondern aus dem Synthesekautschuk „Buna" in Form von „Perbunan" produziert. Die sukzessive Umstellung von Leder auf Synthesekautschuk und Kunstleder betraf auch andere Freudenberg-Produkte wie etwa Schuhsohlen oder die Weiterentwicklung von Faservliesstoffen ab 1938 in den Abteilungen „SIMRIT" und „VILEDON", zu dessen wichtigstem Produkt sich nach dem Zweiten Weltkrieg die „Vileda"-Tücher entwickeln sollten.[87]

---

86 Firmen- und Familienarchiv Carl Freudenberg Weinheim, 3/03822, L. Suhling, Die Freudenberg in Weinheim, S. 2 ff.; P. Bräutigam, Mittelständische Unternehmer im Nationalsozialismus. Wirtschaftliche Entwicklung und soziale Verhaltensweisen in der Schuh- und Lederindustrie Badens und Württembergs, München 1997, S. 55 ff.

87 Archiv Freudenberg, 3/01256, „SIMRIT"; ebd., 3/01250, Das SIMRIT-Werk 1929-1978. Die Entwicklung seiner Produktionsstätten, 18.12.1978.

Nach dem Krieg bemühte sich die Freudenberg-Unternehmensleitung um ein gutes Verhältnis zur Besatzungsmacht und um eine rasche Wiederaufnahme der Produktion. Während Richard F. Freudenberg zunächst von den Amerikanern als Weinheimer Bürgermeister ernannt wurde, war er als Aufsichtsratsmitglied der Deutschen Bank vorübergehend inhaftiert, und auch Walter F. Freudenberg mußte zeitweise aus der Betriebsführung ausscheiden. Beide wurden im Jahr 1947 jedoch rehabilitiert. Bereits ein Jahr zuvor war die Produktion von Dichtungen, zunächst für die US-Army, aufgenommen worden. Zwei Jahre später lieferte man auch an Volkswagen. Das alliierte Buna-Herstellungsverbot traf allerdings auch Freudenberg, so daß nun bei der Produktion von Dichtungen das Unternehmen wieder auf die Verarbeitung von Abfällen angewiesen war. 1953 produzierte Freudenberg dann Dichtelemente aus Silikon-Kautschuk, wobei das Rohmeterial aus den USA bezogen werden mußte, bevor es schließlich auch von deutschen Firmen geliefert werden konnte.[88]

Zunächst hatte Freudenberg, ähnlich den bislang dargestellten Unternehmen, seine führende technologische Stellung an amerikanische Produzenten verloren. Dies war nicht zuletzt an den Inspektionen der Freudenberg-Betriebe durch Amerikaner und Engländer in der direkten Nachkriegszeit abzulesen. Die Alliierten konnten weder für sie bislang unbekanntes bzw. verwertbares Know-How noch interessante Demontageobjekte entdecken und zogen unverrichteter Dinge wieder ab. Selbst die Engländer, die vor dem Krieg noch starkes Interesse an Freudenberg-Produktionsmethoden bekundet und Lizenzen für Buna-Dichtungen erworben hatten, orientierten sich nun in Richtung USA. Dies galt auch für Freudenberg selbst, insbesondere für die Leder- und Schuhherstellung.[89] Richard Freudenberg reiste 1948 erstmals nach dem Krieg wieder in die USA. Seitdem wurden die Kontakte verstetigt und intensiviert. Amerikareisen waren seit den 50er Jahren eine Gewohnheit, die Orientierung an amerikanischen Herstellungsmethoden und der hohen Lederqualität eine wichtige Grundlage der Freudenberg-Geschäftspolitik. Die Rolle der USA, etwa im Rahmen des Marshall-Plans, sah Freudenberg zu diesem Zeitpunkt nicht nur als vorteilhaft an. Als Zonenbeirat der Gerbereiverbände wandte sich Richard Freudenberg 1948 an Ludwig Erhard, den damaligen Direktor des Verwaltungsamtes für Wirtschaft des Vereinigten Besatzungsgebietes. Er wies Erhard darauf hin, daß die Einfuhr fertigen Leders aus den USA eine Bedrohung für die deutschen Gerber darstellte. Zwar sei der Import von Leder aufgrund der Mangelsituation in Deutschland wünschenswert, nicht jedoch die mengenmäßige Einfuhr von Halb- und Fertigfabrikaten, die die gesamte Jahresproduktion von Freudenberg deutlich übertreffe.[90] Auf der anderen Seite war Freudenberg stark daran interessiert, auf dem amerikanischen Markt Fuß fassen zu können, wobei Informationen über amerikanische Produktions- und Verarbeitungsmethoden wiederum eine wichtige Voraussetzung bildeten.

---

88 Ebd., 3/01256, SIMRIT; ebd., Suhling, Die Freudenberg in Weinheim, S. 18; H. Freudenberg, Mein Bruder Richard, in: Richard Freudenberg 70 Jahre, Heidelberg 1962, S. 4.

89 Interview W. Bonfert, 3.12.1997.

90 Archiv Freudenberg, 3/02658, Richard Freudenberg an Ludwig Erhard, 24.12.1948.

Freudenberg war an Fragen der amerikanischen Schuhmode ebenso interessiert wie an der Verwendbarkeit amerikanischer Appretiermaschinen, an der Behandlung von Lackfellen wie an Rezepturen aus Gerbereien. Die Übernahme des amerikanischen „Pasting-Verfahrens" zur Verbesserung der Oberlederqualität ermöglichte eine raschere Umstellung auf die sich wandelnden Modetrends und eine verbesserte Stellung im internationalen Wettbewerb. Das Weinheimer Unternehmen erwarb auch für die anderen Produktionsbereiche amerikanisches Know-How, etwa Maschinen für die Simrit-Produktion sowie amerikanische Werkzeugtechnik und Vulkanisierungsverfahren. „Die Entwicklung drüben geht so schnell", so der Freudenberg-Bericht einer Amerikareise, „daß es u.E. falsch ist, die Besuchspausen länger als eineinhalb Jahre werden zu lassen. Dabei ist es deprimierend, daß wir eher als die Nehmenden denn als die Gebenden auftreten müssen."[91]

Die Freudenberg-Informationskanäle aus und nach den USA wurden als Konsequenz daraus in den 50er Jahren – neben der regelmäßigen Reisetätigkeit – insofern institutionalisiert, als mit Alfred H. Hermanns und dessen Kontaktbüro in Akron/Ohio sowie mit Otto Ambros, dem ehemaligen stellvertretenden Leiter des IG Farben-Werkes in Ludwigshafen, Beraterverträge abgeschlossen wurden. Hermanns und Ambros verfügten über gute Kontakte zu amerikanischen Unternehmen der Branche und versorgten Freudenberg mit Informationen über neueste amerikanische Technologie und Produktionsmethoden, über amerikanische Konkurrenten sowie über Absatzmöglichkeiten und Erfolgsaussichten von Freudenberg-Produkten in den USA. Otto Ambros versorgte während seines bis 1982 dauernden Beratervertrages Freudenberg mit Informationen vornehmlich zur amerikanischen Kunststoffproduktion und stellte Kontakte zu US-Unternehmen her.[92]

Im Jahr1953 schloß Freudenberg ein Erfahrungsaustausch-Abkommen mit der US-Firma Greer-Hydraulics, von der erstere die Lizenz zur Herstellung von Hydraulikblasen für Flugzeugfahrwerke erwarb. Im Gegenzug gab Freudenberg Kunststoff Know-How an Greer-Hydraulics ab. Bereits zwei Jahre später wurde das amerikanische Unternehmen zu 100% von Freudenberg übernommen. In einem Vertrag mit der amerikanischen Downing Trading Corporation trat Freudenberg als Lizenzgeber für Faservliesstoffe auf und gründete mit der Pellon Corporation 1951 die erste Auslandsproduktionsgesellschaft, die dann 1960 ganz in der Freudenberg-Gruppe aufging.[93] Spätestens zu diesem Zeitpunkt war aus Freudenberg, das noch bis in die erste

---

[91] Archiv Freudenberg, 3/01046, Bericht v. 19.11.1959.

[92] Ebd., 3/01895, Alfred H. Hermanns Admiral Equipment Corp.; ebd. 3/04711, Briefwechsel Otto Ambros. Ambros war wegen seiner Mitverantwortung bei der Errichtung des Werkes in Auschwitz vom US-Militärgerichtshof zu einer Freiheitsstrafe von acht Jahren verurteilt worden und arbeitete ab Mitte der 50er Jahre als Berater für zahlreiche Unternehmen, u.a. auch für die amerikanische Firma W. R. Grace and Company.

[93] Ebd., 3/03822, Suhling, Die Freudenberg in Weinheim, S. 20; ebd., 3/01333, Über den Ursprung der „PELLON", aus einer Laudatio von Richard Freudenberg auf Carl Ludwig Nottebohm v. 31.1.1970, 20.9.1976.

Hälfte der 50er Jahre die amerikanische „Entwicklungshilfe" als notwendige Voraussetzung für den wirtschaftlichen Wiederaufstieg genoß und sich dabei vornehmlich in der Rolle des „Nehmenden" sah, ein gleichberechtigter Partner und ein weltweit erfolgreich agierendes Unternehmen geworden.

Die bisherigen Beispiele der Amerikaorientierung deutscher Unternehmen konzentrierten sich stark auf die chemische Grundstoff- und weiterverarbeitende Industrie. Um die Breite des amerikanischen Einflusses auf die Produktion und Technologie deutscher Unternehmen zu dokumentieren, soll deshalb aus den zahlreichen Tätigkeitsbereichen des Chemieunternehmens und IG Farben-Nachfolgers Bayer einer hervorgehoben werden, welcher bislang in historischen Untersuchungen weniger Berücksichtigung fand: der Pharmabereich. Auch dieses Beispiel reiht sich, wie zu zeigen sein wird, in die bereits dargestellten Fälle ein, bei denen ein vor dem Krieg erfolgreiches deutsches Unternehmen infolge des Nationalsozialismus und des Weltkrieges international den Anschluß zu verlieren drohte und nach 1945 deshalb auf amerikanische Hilfe angewiesen war.

Die pharmazeutische Abteilung von Bayer konnte seit 1888 auf eine erfolgreiche Geschichte zurückblicken, die vor allem mit der Entwicklung des Aspirin im Jahr 1899 verbunden war. Ein weiterer Höhepunkt der Bayer-Pharma-Forschung war die Entwicklung von Sulfonamid-Präparaten in den 30er Jahren, für die Gerhard Domagk 1939 mit dem Nobelpreis für Medizin ausgezeichnet wurde. Zu diesem Zeitpunkt waren jedoch die wissenschaftlichen Forschungsmöglichkeiten auf dem Pharmagebiet in Deutschland und somit auch bei Bayer schon seit drei Jahren deutlich eingeschränkt worden, was zur Folge hatte, daß die deutsche Pharmaforschung im internationalen Vergleich zurückfiel, während in den USA, in England und der Schweiz wichtige Fortschritte zu verzeichnen waren. Dies gilt vor allem für das 1941 zunächst in England entwickelte Penicillin, dessen Erforschung dann während des Krieges in den USA fortgeführt und entscheidend vorangetrieben werden konnte.[94] Das Penicillin als wichtigste Arzneimittelentwicklung der 40er Jahre resultierte nicht zuletzt aus der Suche nach antibakteriell wirksamen Mitteln, die aufgrund der unterbrochenen Einfuhr von Sulfonamiden aus Deutschland nun in England und den Vereinigten Staaten forciert wurde. Die Großforschung und -produktion verlagerte sich dann zunehmend in die USA. Penicillin bildete schließlich auch die Grundlage für den Ausbau des Auslandsgeschäfts der amerikanischen pharmazeutischen Industrie, das bis dahin wenig ausgeprägt war. Von den USA aus wurde Penicillin weltweit exportiert und in zahlreichen Staaten produziert.

Während also die amerikanische Pharmaforschung und -entwicklung seit dem Zweiten Weltkrieg expandierte, verlief die Entwicklung bei Bayer umgekehrt. Nach den Einschränkungen während des Nationalsozialismus litt die Bayer-Forschung nach 1945 unter der Entflechtung, die den engen Forschungsverbund der ehemaligen IG Farben-

[94] Archiv Bayer AG, 1/6.6.36, H. A. Baum, Geschichte der Pharma nach dem Zweiten Weltkrieg (1951-1980), Leverkusen 1983, S. 25 ff.

Werke auseinanderriß. Insgesamt gesehen sank der Anteil Deutschlands an der Pharma-Produktion von 40% im Jahr 1938 auf ca. 7,5% im Jahr 1951.[95] Wollte Bayer nach dem Krieg Anschluß an die Penicillin-Herstellung und die internationale Pharma-Forschung bekommen, so ging dies nur über amerikanische Kontakte. Eine wichtige Funktion kam in diesem Zusammenhang Kurt Hansen zu, der zu Beginn der 50er Jahre nach eigener Aussage als eine Art „Liaison officer" von Bayer in die USA geschickt wurde, um dort zunächst einmal den Namen Bayer als eines der Nachfolgeunternehmen der IG Farben wieder ins Gespräch zu bringen, um für Bayer und seine Produkte zu werben, um sich über amerikanische Produktionsmethoden – u.a. auf dem Gebiet der Petrochemie – zu informieren und um Kontakte und Kooperationsmöglichkeiten mit US-Firmen auszuloten. Da die Amerikaner aufgrund politischer Vorbehalte zunächst nicht nach Deutschland kamen, schickte Bayer ihn als Vertreter in die USA.[96] Hansen war 1910 als Sohn eines Hamburger Kaufmanns in Yokohama geboren worden, hatte an der TH München Chemie studiert und nahm 1936 eine Tätigkeit in der Photofabrik des Werkes Leverkusen der damaligen IG Farben an, bevor er 1938 in der Alizarin-Abteilung arbeitete und 1943 in die Direktions-Abteilung versetzt wurde. Die Entscheidung von Bayer, gerade ihn nach dem Krieg als Bayer-Vertreter in die USA zu schicken, führt Hansen darauf zurück, daß er „ein gewisses Gefühl für das Ausland" hatte, über Englischkenntnisse verfügte und Erfahrung im Umgang mit Ausländern besaß.[97]

Aufgrund von Devisen- und Kapitalmangel hatte Bayer in den USA Ausschau nach einem finanzkräftigen Partner gehalten, um über diesen Weg auch eigene Projekte, etwa auf dem Gebiet der Isozyanide, vorantreiben zu können, ohne sich zugleich in finanzielle Abhängigkeiten zu begeben. Der kaufmännische Leiter der Abteilung „Pharma und Pflanzenschutz", Wilhelm R. Mann, ging zunächst von seinen Vorkriegserfahrungen aus, wobei die Zusammenarbeit mit der amerikanischen Firma Sterling eine große Rolle spielte. Doch eine engere Zusammenarbeit mit bekannten amerikanischen Firmen, wie z.B. mit Monsanto, scheiterte zunächst. Mann stellte schließlich auf der Basis seiner IG-Vorkriegskontakte eine Verbindung zu einem Berater von Schenley Industries her. Schenley war kein Pharmaunternehmen, sondern ein Spirituosenhersteller, hatte jedoch im Rahmen der US-Kriegsgesetzgebung Erfahrungen und Know-How zur Penicillinherstellung erworben und darauf aufbauend in der Nachkriegszeit einen eigenen Pharmabereich mit der Tochterfirma Schenley Laboratories aufgebaut. Bayer schloß schließlich mit Schenley 1949 einen Vertrag zum Austausch von Know-How und Patenten pharmazeutischer Produkte sowie zum Verkauf von Bayer-Produkten auf dem US-Markt ab. In diesem Zusammenhang erhielt Bayer von Schenley auch das Produktionsverfahren für Penicillin. Auf dem Gebiet des Antibiotika-Geschäfts verfügte bis dahin als deutscher Produzent allein Hoechst über das notwendige Know-How. Mit Hilfe von Schenley sollte nun auch Bayer der Einstieg in die Penicillin-Herstellung ermög-

---

95 Ebd., S. 30 ff.

96 Interview K. Hansen, 24.10.1997.

97 Ebd.

licht werden. Allerdings sollte sich das von Schenley erworbene Verfahren als kaum konkurrenzfähig herausstellen und Schenley selbst stellte 1954 die Penicillinproduktion ein.[98] Das Verhältnis zwischen Bayer und Schenley verschlechterte sich zusehends, da nun Schenley Rechtsansprüche an Bayer-Pflanzenschutzprodukte stellte und diese in Zusammenhang mit den Penicillin-Lizenzen brachte. Kurt Hansen schildert diese Verhandlungen in der Endphase als ein zähes und durch enge persönliche Kontakte zu dem damaligen Schenley-Präsidenten geprägtes Ringen zweier Verhandlungspartner, an dessen Ende Bayer aufgrund von Hansens Verhandlungsgeschick zum Erfolg kam. Nach stundenlangen Verhandlungen mit dem Schenley-Chef in dessen Privatwohnung, die bis nach Mitternacht dauerten und bisweilen auch sehr persönlichen und intimen Inhalts waren, gelang es Hansen schließlich, die Penicillin-Lizenz zu behalten, ohne im Gegenzug die für Schenley interessanten Informationen über eines der wenigen wichtigen Bayer-Produkte der Nachkriegszeit, das Pflanzenschutzmittel „E-605“, „herauszurükken“. Daß dies gelang, konnte Hansen schließlich für sich als Erfolg verbuchen.[99] Der Kontakt zu Schenley hatte, trotz aller Probleme, schließlich eine doppelte Brückenkopffunktion: zum einen als Know-How-Erwerb für das für Bayer wichtige Penicillin, zum anderen als Einfallstor für Bayer-Produkte auf dem amerikanischen Markt. Auch in der Folgezeit orientierte sich Bayer an der amerikanischen Penicillin-Forschung und übernahm unterschiedliche, in den USA entwickelte Penicillinsorten bzw. -salze wie etwa Procain-Penicillin zur Behandlung bakterieller Infektionen in sein Sortiment auf.[100]

Kurt Hansen übernahm auf seinem weiteren Karriereweg 1953 die Leitung des neu gegründeten Bayer-Verbindungsbüros Metachem in New York, über das u.a. wichtige Informationen über amerikanische Produktions- und Managementmethoden, über US-Chemieunternehmen und -märkte sowie über Absatzmöglichkeiten von Bayer-Produkten nach Deutschland gelangten.[101] In die Bundesrepublik zurückgekehrt, übernahm Hansen 1956 die Bayer-Werksleitungen in Uerdingen und Elberfeld sowie die Oberleitung der Pharmazeutisch-Wissenschaftlichen- und der Pharma-Fabrikations-Abteilungen sowie der Pflanzenschutz-Produktion und -Forschung, bevor er ein Jahr später in den Vorstand und 1961 zum Vorsitzenden des Vorstands berufen wurde. Im gleichen Jahr titelte die US-Zeitschrift „Chemical Week“ ein Portrait über Kurt Hansen: „Bay-

98 Archiv Bayer AG, Baum, Geschichte der Pharma, S. 82 ff.; in der Bayer-Festschrift des Jahres 1988 heißt es zum Erwerb von Penicillin nur lapidar, daß Bayer 1951 von einem amerikanischen Unternehmen den Ableger eines Penicillin-Stammes erworben und damit den Anschluß an die technische Entwicklung gefunden habe, s. G. Plumpe; H. Schultheiß, Meilensteine, Leverkusen 1988, S. 510.

99 Interview K. Hansen, 24.10.1997.

100 Archiv Bayer AG, Baum, Geschichte der Pharma, S. 40.

101 Nach Fertigstellung dieser Arbeit wurde im Bayer-Archiv der Nachlass von Max Wojahn verzeichnet, der seit den 1920er Jahren Leiter des (Pharma-)Export-Departments New York war. Ähnlich wie bei Metachem kam Wojahn u.a. die Aufgabe zu, für Bayer den amerikanischen Markt zu erkunden und das Unternehmen mit neuesten Informationen über Literatur, Patentschriften und Produkte zu informieren, s. Bayer-Archiv 321-001 bis 321-006.

er's New 'Americanized' Chief". Der Tenor des Artikels lautete: „He proved an enthusiastic and astute student of U.S. methods. Hansens's orientation in U.S. business methods and conditions should stand him in good stead. As he suggested in a Chemical Week interview recently, the German industry is entering what might be described as its 'U.S. period' ... This, and the increasing demand for more-sophisticated products will affect marketing, business techniques and technology. Moreover, the very presence of U.S. companies is revolutionizing the European chemical industry."[102]

Diese amerikanisch beeinflußte „Revolutionierung", besser als evolutionäre Anpassung an neueste Standards zu bezeichnende Entwicklung, der deutschen Chemieindustrie nach 1945 konnte für den Bereich der Produktion und Technologie an den bisherigen Beispielen belegt werden und wird sich auch auf anderen Gebieten, wie noch zu zeigen sein wird, bestätigen.

Die Automobilindustrie zählt zu denjenigen Branchen, in denen amerikanische Unternehmen bereits seit den 20er Jahren eine Leitbildfunktion auch für deutsche Hersteller hatten. Im Zuge der Rationalisierungsbewegung und zahlreicher Kontakte und Reisen deutscher Automobilunternehmer in die USA kam amerikanische Technologie auch nach Deutschland, wie nicht nur das vielzitierte Beispiel der Fließbandproduktion des General-Motors-Tochterunternehmens Opel zeigt.[103] In den 30er Jahren orientierte sich Volkswagen bereits bei der Planung des neuen Werks stark an amerikanischen Leitbildern. Das Ford-Werk in River Rouge galt dabei als großes Vorbild, und aus den USA abgeworbene Fachleute wurden an der Umsetzung der Planung beteiligt, wie etwa der von Porsche aus Detroit geholte Diplomingenieur Fritz Kuntze, der erste Lagepläne zu Produktionshallen nach dem Grundriß der Ford-Werke in River Rouge projektierte. Auch die Planungen für das Preßwerk, das Karosseriewerk, die Mechanische Werkstatt bis hin zum Hochofen- und Stahlwerk sowie der Gummi- und Glasfabrik ähnelten sehr stark den Fordschen Anlagen. Überlegungen zur Automatisierung der Produktion und des Materialflusses sowie die Gestaltung der Sozialeinrichtungen lehnten sich an amerikanische Vorbilder an.[104] Mit dem Bau des Volkswagenwerks glaubte Hitler, der be-

---

[102] Zit. nach Chemical Week, November 4, 1961 (vor. im Bayer-Archiv).

[103] Ausführlicher dazu s. M. Stahlmann, Die Erste Revolution in der Autoindustrie. Management und Arbeitspolitik von 1900-1940, Frankfurt am Main, New York 1993, insbes. Kap. 2 sowie Fallbeispiele zu Opel und Daimler-Benz; A. Kugler, Von der Werkstatt zum Fließband. Etappen der frühen Automobilproduktion in Deutschland, in: Geschichte und Gesellschaft 13, 1987, S. 304-339; O. v. Fersen, Ein Jahrhundert Automobiltechnik. Personenwagen, Düsseldorf 1986, S. 510 ff.; H. Edelmann, Vom Luxusgut zum Gebrauchsgegenstand. Die Geschichte der Verbreitung von Personenkraftwagen in Deutschland, Frankfurt am Main 1989, S. 70 ff.

[104] H. Mommsen; M. Grieger, Das Volkswagenwerk und seine Arbeiter im Dritten Reich, Düsseldorf 1996, S. 250 ff.; S. Tolliday, Enterprise and State in the West-German Wirtschaftswunder: Volkswagen and the Automobile Industry, 1939-1962, in: Business History Review, Autumn 69, 1995, S. 273-350, 282.

kanntlich ein großer Anhänger Henry Fords war, Anschluß an die technologische Entwicklung in den USA gewinnen zu können. Und auch wenn der „Traum des ‚deutschen River Rouge'" unter dem Nationalsozialismus nicht verwirklicht wurde, so bildet die Amerikaorientierung eine über den Zweiten Weltkrieg hinausreichende Konstante bei Volkswagen. Dabei spielten auch personelle Kontinuitäten eine Rolle, wie die Beispiele der ehemals bei amerikanischen Automobilherstellern beschäftigten Manager deutscher Herkunft zeigen, die ihre Erfahrungen auf den Gebieten der Technologie, der kaufmännischen Leitung, des Energie- oder Rechnungswesens auch nach 1945 in die Unternehmensleitung einbrachten.[105] Vor allem steht Heinrich Nordhoff für die Kontinuität amerikanischer Leitbilder bei Volkswagen über den Zweiten Weltkrieg hinaus, auch wenn er selbst nicht aus dem Unternehmen kam, sondern sein Wissen als Quereinsteiger über seine Erfahrungen bei General Motors und Opel bei Volkswagen einbrachte. Nordhoff war Anhänger der Ein-Produkt-Strategie, wie sie Ford mit seinem „Model-T" vorgemacht hatte, und an der Nordhoff und Volkswagen mit der auf die Produktion des Käfers konzentrierten Strategie bis weit in die 60er Jahre hinein festhielten.

Nordhoff war 1899 als Sohn eines Bankbeamten geboren worden und hatte Schiffs- und Maschinenbau an der TH Charlottenburg studiert, bevor er Mitte der 20er Jahre als Konstrukteur für Flugzeugmotoren bei BMW arbeitete. Die weitere berufliche Entwicklung sollte seinem Wunsch nach bei einem amerikanischen Automobilunternehmen fortgesetzt werden. Eine Bewerbung bei Nash Motors im Jahr 1929 wurde jedoch abgelehnt und so versuchte er, wenigstens bei einem amerikanischen Unternehmen in Deutschland unterzukommen. Schließlich wurde er in der Kundendienstabteilung bei Opel/Rüsselsheim angestellt. Bei Opel vertrat er dann dessen Interessen im RDA-Komitee beim Volkswagen-Projekt und ging 1936 zu Opel/Brandenburg. 1942 wurde er Vorstandsmitglied in der inzwischen rein deutschen Adam Opel AG. Dieser Karrieresprung sollte sich nach dem Krieg zunächst als Hindernis herausstellen, denn die US-Militärregierung blockierte durch ihren Einspruch die Wiedereinstellung des ehemaligen „Wehrwirtschaftsführers" Nordhoff nach der Rückgliederung von Opel in den amerikanischen Konzern trotz der Entlastung des Entnazifizierungsausschusses und mehrerer Ehrenerklärungen, u.a. des Vizepräsidenten von General Motors. Nordhoffs Wunsch nach einer Tätigkeit bei einem amerikanischen Autokonzern war damit zum zweitenmal gescheitert, seine Amerikaerfahrung und -orientierung aber blieb und sollte sich bei seinem nächsten Arbeitgeber Volkswagenwerk auch als sehr vorteilhaft erweisen. Dort wurde er am 1.1.1948 auf Vorschlag der britischen Kontrollkommission als Generalmanager bestellt.[106] Etwa zeitgleich war die Entscheidung gefallen, Volkswagen als

105 Mommsen; Grieger, Das Volkswagenwerk, S. 920 f.

106 Jüngst H. Edelmann, Heinrich Nordhoff: Ein deutscher Manager in der Automobilindustrie, in: Deutsche Unternehmer zwischen Kriegswirtschaft und Wiederaufbau. Studien zur Erfahrungsbildung von Industrie-Eliten, hg. von P. Erker und T. Pierenkemper, München 1999, S. 19-52; Wellhöner, „Wirtschaftswunder", S. 104 f.; L.-U. Kubisch, Ohne Blitz kein ‚Blitzkrieg'. Heinrich Nordhoff und seine Karriere vom Opel-Rüstungsmanager zum Wolfsburger

selbständiges deutsches Unternehmen und nicht als Tochterunternehmen von General Motors oder Ford weiterzuführen, wie dies in den ersten Nachkriegsjahren zur Diskussion stand. Nordhoff hatte sich im März 1948 mit Henry Ford getroffen, um Gespräche zu einer Übernahme von Volkswagen durch die Fordwerke zu führen, die jedoch letztendlich am Veto des alliierten „Porperty Control Branch" scheiterten.[107] So vollzog sich der amerikanische Einfluß auf Volkswagen ab 1948 zunächst auf indirektem Wege. 1948 war nicht nur das Jahr von Nordhoffs Amtsantritt, sondern auch der Währungsreform. Im gleichen Jahr reiste Nordhoff auch erstmals nach dem Krieg wieder in die USA. Die Währungsreform war nach Nordhoffs Einschätzung eines der wichtigsten Ereignisse für den Aufstieg des Volkswagen. Transportmittel waren gefragt, und insbesondere „Geschäftsinhaber mit leeren Regalen und vollen Bankkonten wollten Transportmittel kaufen, nicht nur privat, sondern auch für ihr Geschäft", so beschrieb Arthur Railton, ehemaliger US-Journalist und späteres Vorstandsmitglied bei Volkswagen of Amerika, die Lage Ende der 40er Jahre.[108] Die rasch ansteigende Nachfrage nach Automobilen erforderte jedoch Devisen für notwendige Investitionen. Beides zog eine enge Anbindung an die amerikanische Wirtschaft nach sich. Die Devisen in Form von Dollar mußten erst einmal erwirtschaftet werden, und da dazu der Verkauf an die aufstrebenden deutschen Geschäftsleute ebenso wenig ausreichte wie die Massenkaufkraft deutscher Konsumenten zu diesem Zeitpunkt, orientierte sich Nordhoff auch in dieser Frage nach den USA, die er als einen möglichen Absatzmarkt für den Volkswagen betrachtete. Seine Amerikareisen im September 1948 und zu Ostern 1949 nutzte Nordhoff dazu, amerikanische Werkzeugmaschinen und Pressen zu kaufen, die er als notwendige Investitionen in den Maschinenpark bei Volkswagen betrachtete, da der technologische Vorsprung der amerikanischen Automobilindustrie zu einem nicht geringen Teil von der Überlegenheit auf diesem Gebiet herrührte. Der Import amerikanischer Werkzeugmaschinen erfolgte zu diesem frühen Zeitpunkt im Rahmen von Marshallplan-Lieferungen.[109] Auch in den folgenden Jahren beruhte die technologische Reorganisation des Volkswagen-Werks auf dem „systematischen Technologietransfer" aus den Verei-

---

Käfer-König, in: Ich diente nur der Technik. Sieben Karrieren zwischen 1940 und 1950, Berlin 1995, S. 41-52.

107 Dazu ausführlicher Tolliday, Enterprise and State, S. 291 ff., 298, 308; M. Lupa, Das Werk der Briten. Volkswagenwerk und Besatzungsmacht 1945-1949 (Historische Notate. Schriftenreihe des Unternehmensarchivs der Volkswagen AG, H. 2, Wolfsburg 1999, S. 79; Mommsen; Grieger, Das Volkswagenwerk, S. 978. Außerdem zur VW-Nachkriegsgeschichte S. Reich, The Fruits of Fascism. Postwar Prosperity in Historical Perspective, Ithaca and London 1990, S. 147-201, insb. zum Verhältnis von Staat, Besatzungsmächten, Banken und Politik.

108 A. Railton, Der Käfer. Der ungewöhnliche Weg eines ungewöhnlichen Automobils, Pfäffikon 1985, S. 129.

109 Railton, Der Käfer, S. 133; Wellhöner, „Wirtschaftswunder", S. 164; K. A. Schenzinger; H. Simon; A. Zischka, Heinrich Nordhoff, München 1969, S. 145, 192.

nigten Staaten.[110] 1952 besuchte eine „Studiengruppe für Härterei-Technik“ im Auftrag des Volkswagenwerks 27 amerikanische Firmen und Forschungsinstitute, von denen sie Anregungen für die eigenen Einrichtungen mitbrachten. Eine USA-Reise im Jahr 1954 war mit dem Ziel verbunden, „eine Vorstellung davon zu gewinnen, wie unser Werk etwa in zehn Jahren aussehen soll und kann“.[111] Aufbauend auf diese Erfahrungen begann ab Mitte der 50er Jahre bei Volkswagen die eigentliche Massenproduktion und Fließfertigung, nachdem die Produktionstechnologie bis dahin vergleichsweise rückständig und noch stark durch Einzelfertigung geprägt war. Neben der Koppelung einzelner Bearbeitungsstufen durch Fertigungsstraßen betraf dies vor allem die Automatisierungen im Preßwerk, die Verbesserung des Fabrikationsflusses in der Lackiererei, der Härterei, der Galvanik und des Karosseriebaus, unterstützt durch den weiteren Einsatz amerikanischer Spezialmaschinen. Anläßlich eines Besuchs der Chicagoer Machine Tool Show im September 1955 berichtete J. Werner an Heinrich Nordhoff: „In allen automatisierten Straßen stand jeweils nur ein Mann ... Eine Modernisierung unserer Fertigung nach den Gesichtspunkten der Chicagoer Ausstellung würde in unserem Werk eine Ersparnis von mindestens 20% der jetzt eingesetzten Arbeitskräfte bedeuten ... Der Besuch dieser Ausstellung war außerordentlich wertvoll und hat gezeigt, in welcher Richtung die Entwicklung der Fertigung in den nächsten Jahren gehen wird.“[112] Die Automatisierung vollzog sich bei Volkswagen sukzessive in den Jahren ab 1954, z.T. unter Hinzuziehung amerikanischer Spezialisten, und erreichte bald amerikanische Verhältnisse, während die noch unter dem Nationalsozialismus anvisierte Produktionstiefe der Ford-Werke in River Rouge bei Volkswagen nie erreicht wurde. Dennoch konnte bereits im Fünfjahresbericht des Zeitraums 1951-1955 als Erfolg vermerkt werden, daß der Produktionsanstieg im Automobilbau weltweit nur noch von den USA übertroffen werde. Als eines der Erfolgsrezepte von Volkswagen erklärte Nordhoff bei seiner USA-Reise anläßlich der Herstellung des millionsten Volkswagens im Jahr 1962 vor amerikanischem Publikum: „One of the rules of Volkswagen organization is that wherever we go, when we find technique that is good, we adopt it.“[113] Diese Strategie war in Bezug auf die USA so erfolgreich, daß spätestens Mitte der 60er Jahre Nordhoff davon ausgehen konnte, daß Volkswagen sich technologisch „durchaus auf dem Niveau amerikanischer Automobilfabriken“ befände.[114] In dieser Zeit nahm Volkswagen dann weit-

---

110 Wellhöner, „Wirtschaftswunder“, S. 105.

111 Brief von Nordhoff an Höhne, Dorls und Schuld vom 13.7.1954, zit. nach Wellhöner, „Wirtschaftswunder“, S. 111.

112 Unternehmensarchiv der Volkswagen AG (vorm. Auto-Museum Volkswagen), Produktionsleitung – 1964, J. Werner an Nordhoff, Bericht über den Besuch der Chicago Machine Tool Show 3.-12.9.1955; Wellhöner, „Wirtschaftswunder“, S. 199 ff.

113 Ebd., USA-Reise Nordhoff 1962, Remarks by Prof. Nordhoff at Dealers advisory Council, Breakfast, 19.10.1962.

114 Zit. nach Wellhöner, „Wirtschaftswunder“, S. 128, s.a. S. 122 ff.; Unternehmensarchiv der Volkswagen AG (vorm. Auto-Museum Volkswagen), Volkswagen GmbH Fünfjahresbericht 1951-1955, S. 3.

weitgehend selbst entwickelte hochmechanisierte Transferstraßen im Karosseriebau in Betrieb und konnte sich damit von der engen Anbindung an amerikanische Vorbilder lösen.

Eine ähnliche Entwicklung vollzog sich in den 70er Jahren auf dem Gebiet des Robotereinsatzes bei Volkswagen. Die Entwicklung von Industrierobotern begann Mitte der 60er Jahre in den USA. Eine Vorreiterrolle in der Automobilindustrie nahm auch hier General Motors ein, wo 1970 Robotor der Marke „Unimate" an einer Schweißtransferstraße zum Einsatz kamen. Bereits ein Jahr später wurde ein „Unimate"-Roboter für den Punktschweißeinsatz im Rohbau bei Volkswagen getestet. Grundsätzlich gingen die Überlegungen bei Volkswagen davon aus, daß bei zukünftigen häufigeren Modellveränderungen, kürzeren Umrüstzeiten etc. ein „erhöhter Flexibilitätsbedarf" entstünde, dem man mit Hilfe der Robotertechnik erfolgreich begegnen könne.[115] Aufgrund des für seine Bedürfnisse unbefriedigenden Entwicklungsniveaus entschloß sich Volkswagen ab 1972, die Weiterentwicklung der Industrieroboter-Technologie selbst in die Hand zu nehmen. Bereits Mitte der 70er Jahre waren 19 selbstentwickelte Industrieroboter beim Punktschweißen, im Preßwerk, in der Gießerei und im Rohbau im Einsatz. Bis zum Jahr 1979/80 erhöhte sich der Roboter-Einsatz auf 240 Einheiten. Volkswagen hatte sich zu einem „prozeßtechnischen leader" in der Automobilindustrie entwickelt.[116]

Die Automatisierung stand auch im Mittelpunkt der technischen Reorganisation bei Bahlsen, und sie war eng verknüpft mit dem Namen Kurt Pentzlin. Pentzlin war nicht nur, wie bereits gezeigt, eine wichtige Persönlichkeit, wenn es um die Amerikaorientierung und die Verbreitung amerikanischen Gedankenguts inner- und außerhalb großer Wirtschaftsorganisationen und Verbände wie dem RKW ging, sondern er bemühte sich auch, diese „tragenden Ideen" der „rationellen Produktion" in „seinem" Unternehmen, also bei Bahlsen, durchzusetzen, und zwar bereits seit seinem Eintritt in das Unternehmen zur Zeit der Weltwirtschaftskrise. „Ich bin ursprünglich, nachdem ich in Amerika gewesen war, zu diesem Hause der Dauerbackwarenindustrie gekommen mit der Absicht, freiberuflich als Berater den Betrieb in der großen Wirtschaftskrise zu reorganisieren, zu amerikanisieren. Heute würde man vielleicht auch ‚automatisieren' sagen."[117] Bereits dieser, in der Nachkriegszeit formulierte, Satz zeigt die von Pentzlin persönlich empfundene Kontinuität seiner Tätigkeit bei Bahlsen, die gerade in der Unschärfe der benutzten Begriffe „amerikanisieren" und „automatisieren" liegen, die im Falle Pentzlins noch um den von ihm vielbenutzten Begriff des „Rationalisierens" erweitert werden

---

[115] H.-J. Warnecke; R. D. Schraft, Industrieroboter, 2. Aufl., Mainz 1979; O. Mickler u.a., Bedingungen und soziale Folgen des Einsatzes von Industrierobotern. Sozialwissenschaftliche Begleitforschung zum Projekt der Volkswagen AG, Wolfsburg: Neue Handlungssysteme als technische Hilfen für den Arbeitsprozeß, März 1980, S. 134 ff.

[116] Ebd., S. 145 f., 169 ff.

[117] K. Pentzlin, Tragende Ideen im Unternehmen, o.O., o.J., S. 105 (Textkopie vorhanden im Bahlsen-Archiv).

könnte. Die amerikanischen Vorstellungen von Rationalisierung vor und von Automatisierung nach dem Zweiten Weltkrieg haben Pentzlin ein Leben lang beschäftigt, und bei deren praktischer Umsetzung ging es ihm nicht nur um die Anwendung einer bestimmten Technologie, sondern um eine „andere Denktechnik", in der er „das Geheimnis des Erfolgs führender amerikanischer Unternehmen" sah.[118] Voraussetzung dafür war eine vergleichsweise große Unabhängigkeit, eine große Offenheit, das Vorhandensein großzügiger Experimentier- und Arbeitsmöglichkeiten mit entsprechender finanzieller Ausstattung, die ein unkonventionelles und kreatives Arbeiten ermöglichten. All dies konnte Pentzlin bei Bahlsen gewährleistet werden.[119] An persönlichen Voraussetzungen brachte Pentzlin eine hohe Lernbereitschaft mit, die aus seiner Sicht in den ersten Jahren nach dem Zweiten Weltkrieg nicht selbstverständlich war. „Wir mußten annehmen", so Pentzlin rückblickend, „daß sich in den letzten fünfzehn bis zwanzig Jahren, in denen wir den Kontakt mit der Außenwelt etwas verloren hatten, vielleicht im allgemeinen nicht viel, im wesentlichen doch manches geändert hat."[120] Dieses „Annehmen" kann durchaus im doppelten Bedeutungssinn interpretiert werden. In der ersten Nachkriegsphase und vor dem Hintergrund mangelnder Informationen aus den USA verfügten deutsche Unternehmer nur über vage Vorstellungen dessen, was sich dort in der Zwischenzeit im Bereich der Technologie getan hatte. Doch Pentzlin geht es vor allem auch um das „Annehmen" im Sinne von „Akzeptieren". In Gesprächen zwischen deutschen und amerikanischen Unternehmern, so Pentzlins Beobachtungen, saßen die Deutschen „anfangs auf einem ziemlich ‚hohen Pferde'. Wir hatten uns hineingesteigert in die Vorstellung, daß alles, was Amerika uns heute an Anregungen bieten kann, eigentlich reimportiertes deutsches Gedankengut sei", anstatt die konkreten Erfolge, das „andersartige" amerikanischer Unternehmen zu benennen und sich daran zu orientieren. Dazu gehörten auch die amerikanischen Automatisierungsbestrebungen. Die fehlende Automatisierung stellte zu Beginn der 50er Jahre einen Teil der „technologischen Lükke" dar, die sich schließlich auch auf andere Faktoren wie Kapital, Arbeit, Organisation, Absatz u.a. auswirkte.[121] Bei Bahlsen wurde diese Automatisierungs-„Lücke" unter dem Einfluß von Kurt Pentzlin in den 50er und 60er Jahren auf den Gebieten des Bakkens, der Verpackung und der Lagerhaltung geschlossen.

Die Errichtung einer kontinuierlichen Waffelbackanlage bedeutete die Durchsetzung eines neuen Produktionsprinzips bei Bahlsen, und zwar die Abkehr von der handwerklichen und lohnintensiven Stückfertigung zur Massenerzeugung. Auf der Basis von drei Trommelbackmaschinen war nun die gleichzeitige und kontinuierliche Herstellung von drei Waffelbändern von je einem Meter Länge möglich. An seinem Ende durchlief der

---

118 K. Pentzlin, Das Geheimnis des Erfolgs führender amerikanischer Unternehmungen, in: Rationalisierung 3, 1952, H. 1, S. 13-17, 16.

119 C. M. Dolezalek, Dr. Kurt Pentzlin und die Automatisierung von Produktionsvorgängen, in: Rationalisierung 24, 1973, H. 3, S. 65-68, 67.

120 Pentzlin, Das Geheimnis des Erfolgs, S. 14.

121 H.-U. Preuß, Die Automation in betriebswirtschaftlicher Sicht, Berlin 1970.

Waffelstrang einen Kühlkanal, um anschließend in Einzelwaffeln zerschnitten und schließlich den Packmaschinen zugeführt zu werden. Lizenzen dieser Waffelbackmaschine wurden auch an andere Unternehmen vergeben, die dann nach denselben Methoden arbeiteten. In den 60er Jahren stellte Bahlsen diese „modernste Waffelbackmaschine der Welt" auf elektronische Steuerung um, was in der Werkzeitschrift mit der Überschrift angekündigt wurde: „Ein ‚Roboter' backt Waffelbänder in Barsinghausen".[122] Neben der eigentlichen Produktion konnte auch die Verpackung, zunächst für „Leibniz-Kekse", automatisiert werden. Dabei ging es zum einen darum, ein feuchtigkeitsundurchlässiges Packmaterial zu finden, um dann mit Hilfe von Formmaschinen das Verpackungsmaterial zu falten, die Kekse einzulegen und luftdicht zu versiegeln. Durch diesen Schritt wurden Arbeitsplätze eingespart und die Keksqualität verbessert. Auf dem Gebiet des Verpackungswesens war Bahlsen besonders stolz auf seine Neuentwicklungen. Und auch dies drückte sich durch das Messen und Vergleichen mit amerikanischen Standards aus: „Es ist bezeichnend, daß bisher selbst in den USA der aufgezeigte Weg nicht zuende gegangen worden ist."[123]

Schließlich erfaßte die Automatisierung auch die Liefer- und Lagerpolitik bei Bahlsen. Ausgangspunkt war dabei u.a. die Überlegung, den Konsumenten vor der Belieferung mit alter Ware zu bewahren, über die Direktbelieferung des Einzelhandels den Großhandel zu überspringen und insgesamt Kosten einzusparen. Zunächst mußten zu diesem Zweck erhebliche Investitionen in Stapelmaschinen und Fahrzeuge zur Be- und Entladung sowie in mehretagige, automatisch gesteuerte, Durchlaufregale getätigt werden, die nach dem „FiFo"-Prinzip („First in First out") funktionierten. Was zuerst in die Regale hineinkam, ging auch zuerst wieder hinaus. Das neue Bahlsen-Zentrallager war kein Lager im üblichen Sinn, sondern eine „große Umschlagmaschine", die eine permanente Materiallieferungsbereitschaft bei minimalen Beständen ermöglichte. Ein weiterer Modernisierungsschritt erfolgte Ende der 60er Jahre mit der Umstellung auf elektronische Datenverarbeitung.[124]

Insgesamt gesehen urteilte der langjährige Weggefährte Pentzlins und Automatisierungsfachmann Prof. Dolezalek zu Beginn der 70er Jahre über die Automatisierungsbestrebungen bei Bahlsen: „Es gibt wenige Unternehmen, in denen der gesamte Produktionsablauf mit allen seinen Teilen so eng nebeneinander verzahnt ist und bei denen eine so umfassende Automatisierung aller Einflußfaktoren gelungen ist."[125] Auch wenn die Automatisierungsbestrebungen bei Bahlsen zu diesem Zeitpunkt und in dieser Geschlossenheit noch eine Ausnahme bildeten, so zeigen die in der vorliegenden Arbeit

[122] W. Wendt, Ofen 341. Ein ‚Roboter' backt Waffelbänder in Barsinghausen, in: Leibniz-Blätter, April 1962; Dolezalek, Pentzlin und die Automatisierung, S. 67.

[123] 50 Patente für die thermoplastische Steifverpackung, in: Leibniz-Blätter, Oktober 1956; Dolezalek, Pentzlin und die Automatisierung, S. 67.

[124] Dolezalek, Pentzlin und die Automatisierung, S. 68; Unser neues Zentrallager, in: Leibniz-Blätter, Dezember 1965; W. Stinau, Materialwirtschaft und elektronische Fertigungsregelung, in: Leibniz-Blätter, Oktober 1967.

[125] Dolezalek, Pentzlin und die Automatisierung, S. 68.

bereits genannten wie auch die nachfolgenden Unternehmensbeispiele, daß deutsche Unternehmen in Orientierung an amerikanischen Leitbildern in den 50er und 60er Jahren auf dem besten Wege waren, den Vorsprung der Amerikaner auf technologischem Gebiet aufzuholen und die „technologische Lücke" zu schließen. Dies nicht zuletzt, weil Persönlichkeiten wie Kurt Pentzlin ihren Blick nicht nur auf das eigene Unternehmen richteten, sondern durch ihre Tätigkeit in Verbänden und Organisationen auch zu deren netzwerkartiger Verbreitung beitrugen.

Die im Zusammenhang mit der Automatisierung bei Bahlsen thematisierten Fragen der Lagerwirtschaft und des Materialflusses fanden Eingang in fast alle Gewerbe- und Industriezweige. Dabei waren Innovationen auf diesem Gebiet nicht unbedingt amerikanischen Ursprungs, aber die amerikanische Unternehmenspraxis war im Vergleich zur deutschen auch auf diesem Gebiet in der Nachkriegszeit weiter fortgeschritten und hatte eine Vorbildfunktion für deutsche Unternehmer, die entsprechende Einrichtungen anläßlich ihrer Amerikabesuche mit großem Interesse zur Kenntnis nahmen. Ein wichtiges Betätigungsfeld sah hier auch, wie bereits angedeutet, der Unternehmensberater Gerhard Kienbaum, der, basierend auf seinen Amerikaerfahrungen, in der Verbesserung des innerbetrieblichen Materialflusses ein „Kernproblem der deutschen Wirtschaft" sah und dies auch zu einem Schwerpunkt seiner Beratungstätigkeit machte. Dies umfaßte Aspekte der Lagerhaltung und der Fördertechnik ebenso wie der Automatisierung, der Steuerung und Logistik, bei denen ab den 60er Jahren die elektronische Datenverarbeitung einen immer größeren Stellenwert einnahm. Insofern trug Kienbaum als Unternehmensberater zur Verbreitung und Durchsetzung des Automatisierungs- und Materialflußgedankens, vor allem auch in der mittelständischen Industrie, maßgeblich bei.[126]

Amerikanische Beispiele der Lagerhaltung und Transportwirtschaft beeindruckten auch die Vertreter des deutschen Lebensmitteleinzelhandels, wie etwa den Dortmunder REWE-Geschäftsführer Max Nixdorf, der geradezu begeistert über entsprechende Einrichtungen in den USA berichtete, die mit Hilfe des IBM-Lochkartenverfahrens zu erheblichen Einsparungen an Arbeitskräften und Zeit führten.[127] Auch die später zum REWE-Konzern gehörende Cornelius-Stüssgen AG orientierte sich auf dem Gebiet der Logistik, des Transport- und Lagerwesens an amerikanischen Vorbildern. Von 2.800 Stüssgen-Beschäftigten arbeiteten zu Beginn der 70er Jahre allein 2.000 im Bereich der „Warenmanipulation", also der Lieferung, Lagerung, Verteilung etc. Dementsprechend

---

[126] G. Kienbaum, Ein Industrieberater nutzt die Erfahrungen seiner Amerika-Studienreise, S. 43; Geschichte einer Unternehmensberatung, S. 8 ff.; Archiv Kienbaum, Bericht über die Ergebnisse einer Untersuchung im Produktionsbereich der Firma Niemann GmbH & Co. KG Wuppertal, Bericht Nr. 3614/1 v. 4.2.1977 bietet ein Beispiel von vielen für Verbesserungsvorschläge im Bereich des Materialflusses und der Lagerhaltung.

[127] M. Nixdorf, Der Lebensmitteleinzelhandel in den USA, in: REWE-Echo, Nr. 3, 1954.

bestand dort ein großer Bedarf an Rationalisierung, Leistungssteigerung und Arbeitskräfteeinsparung.[128]

Im übrigen bietet der (Lebensmittel-)Einzelhandel Beispiele dafür, wie die Produkte zahlreicher bislang genannter Unternehmen, deren Herstellung wiederum auf der Nutzung neuester amerikanischer Technologie basierte, zum deutschen Konsumenten gelangten und somit veralltäglicht wurden. Dies betrifft u.a. Klarsichtfolien und Polyäthylenbeutel, die als Verpackungsmaterialien zunehmend Holz, Pappe, Glas und Blech verdrängten. Die neuen Kunststoff-Verpackungsmaterialien stammten, wie auch weitere Kunststoffartikel, die seit den 60er Jahren im Lebensmitteleinzelhandel – zunehmend in Form von Selbstbedienungsläden bzw. „Super-Markets" – als „Non-Food"-Artikel ebenso Ausdruck amerikanischer Verkaufsstrategien waren wie ihre Präsentation, u.a. von Hüls, Bayer oder Hoechst, die sich, wie noch ausführlicher zu zeigen ist, ebenso stark an amerikanischen Vorbildern orientierten.[129]

Von der Verpackungsfrage im Lebensmitteleinzelhandel ist es nur ein kleiner Schritt zu den neuen, aus den USA stammenden Methoden der Konservierung auf der Basis von Kühltruhen, die sich wiederum auf die Nahrungs- und Eßgewohnheiten der Amerikaner und schließlich auch der Deutschen auswirkten. Zwar ist die Tiefkühltechnik keine amerikanische Entwicklung (das erste Gefrierhaus wurde 1882 in Argentinien errichtet, wichtige Impulse kamen aus Dänemark und vor allem auch aus Deutschland von der Firma Linde[130]), allerdings wurde in den USA in der Zwischenkriegszeit die Methode des Schnellgefrierens entwickelt, die für die Lebensmittelkonservierung von großer Bedeutung war. Parallel dazu gab es in Deutschland auf diesem Gebiet keine vergleichbaren Fortschritte, vielmehr ergaben sich, trotz der Förderung der Gefrierkostforschung im Rahmen des Vierjahresplans durch das Reichsernährungsministerium und die Reichsgruppe „Ernährung", Probleme hinsichtlich der Qualität der Lebensmittel, der Verpackung und des Transports.[131] Dementsprechend orientierte sich der deutsche Lebensmittel-Einzelhandel nach dem Krieg bei der Frage des Angebots von Tiefkühlware an amerikanischen Vorbildern. „Frozen foods" seien in den USA nicht nur in großer Auswahl zu kaufen, sie seien auch wohlschmeckend, nahrhaft und preisgünstig. Da viele Amerikanerinnen einem Beruf nachgingen, böten tiefgekühlte Nahrungsmittel auch Vorteile bei der raschen Zubereitung der Mahlzeiten im Sinne eines „heat and serve", so berichtete 1961 „unser Amerika-Korrespondent" im REWE-Echo, das regelmäßig über die neueste Entwicklung in den USA informierte. „Heat and

[128] R. Bäurle, Operating im Zentralbereich, in: R. Nieschlag; D. v. Eckardstein (Hg.), Der Filialbetrieb als System. Das Cornelius-Stüssgen-Modell, Köln 1972, S. 306-326, 318.

[129] Die bunte Welt der Thermoplastik, in: REWE-Echo 12, 1962, H. 5, S. 35-37; M. Wildt, Vom kleinen Wohlstand. Eine Konsumgeschichte der fünfziger Jahre, Frankfurt am Main 1996, S. 168 ff.

[130] Zur Kältetechnik s. H.-L. Dienel, Ingenieure zwischen Hochschule und Industrie. Kältetechnik in Deutschland und Amerika, 1870-1930, Göttingen 1995. Dort auch ausführlicher zur deutschen (Carl Linde) und US-Kälteindustrie vor dem Zweiten Weltkrieg.

[131] K. v. Linden, Im dritten Anlauf, in: REWE-Echo 11, 1961, H. 8, S. 33-35.

serve" sei zu einem regelrechten „Slogan der Amerikanerinnen" geworden. Da amerikanische Unternehmen auch bei der Herstellung von Tiefkühlmöbeln für Supermärkte führend waren, orientierten sich auch deutsche Unternehmen auf diesem Gebiet nach den USA. Die Firma Linde schloß einen Lizenzvertrag zur Produktion von Kühl- und Tiefkühlmöbeln mit dem amerikanischen Hersteller Hill Refrigeration. Die neue Tiefkühltechnik im Supermarkt und darauf aufbauend die veränderten Einkaufs- und Eßgewohnheiten erreichten ab Mitte der 50er Jahre auch den deutschen Lebensmitteleinzelhandel. Während im Jahr 1956 REWE noch „Tiefkühltests" in seinen Geschäften im Raum Köln/Bonn durchführte, um die Akzeptanz der Tiefkühlware bei den deutschen Konsumenten zu erforschen und im gleichen Jahr etwa 5.000 Tiefkühltruhen in deutschen Einzelhandelsgeschäften gezählt wurden, erhöhte sich deren Anzahl innerhalb von vier Jahren um das achtfache auf etwa 40.000 im Jahr 1960. Damit waren ca. 25% aller Geschäfte mit der neuen Tiefkühltechnik ausgestattet. Auch in den Privathaushalten hielt die neue Technik rasch Einzug. Während 1955 erst 10% aller deutschen Haushalte einen Kühlschrank besaßen, waren es 1958 bereits 21% und 1962/63 51,8%.[132]

Das letzte Beispiel der Amerikaorientierung deutscher Unternehmer und Unternehmen betrifft die Hüttentechnologie. Dabei geht es weniger darum zu zeigen, daß deutsche Stahlunternehmen nach dem Zweiten Weltkrieg überlebensnotwendig auf amerikanische Technologie angewiesen waren. Vielmehr soll an einem Beispiel des Kruppschen Anlagenbaus gezeigt werden, daß, im Unterschied zur Zeit vor dem Zweiten Weltkrieg, in der Eisen- und Stahlindustrie die Amerikaorientierung nicht mehr in erster Linie der Selbstbestätigung und Selbstvergewisserung deutscher Unternehmer diente,[133] sondern daß Austausch und Kooperation auf technologischem Gebiet spätestens seit den 60er Jahren zum betrieblichen Alltag und zur geschäftlichen Selbstverständlichkeit gehörten. Betrachtet man deren Genese vor biographischen Hintergründen, so fällt zweierlei auf: 1. die Entwicklung einer bestimmten Technologie läßt eine Trennung in nationale Bestandteile kaum mehr zu. 2. Technisches Wissen wird über Generationengrenzen hinweg weitergegeben, so daß, wie auch schon im Falle von Paul Baumann und Frederico Engel bei Hüls gezeigt werden konnte, die Generationenfrage des Managements auch unter dem Kontinuitätsaspekt als eine Art „Mentoren-Kultur"[134] betrachtet werden muß und nicht allein, wie im Zusammenhang mit der Amerikanisierungsthese bislang geäu-

---

[132] K. v. Linden, Im dritten Anlauf, S. 33-35; Unser Amerika-Korrespondent berichtet: ‚Heat and serve', in: REWE-Echo, Nr. 8, 1961, S. 36; H. Finkenhauer; P. Schippers, Auf die Kühlung kommt es an. Zur Geschichte der gewerblichen Linde-Kühlmöbel, in: 48, 98 Tante Emma – Megastore. 50 Jahre Lebensmittelhandel in Deutschland, hg. v. A. Stickel und M. Tröscher, Ingelheim a. Rhein 1998, S. 36-40, 37; K. Schlegel-Matthies, Gefrierkühlkost und Mikrowelle. Die Eß-Revolution, die aus der Kälte kam, in: ebd., S. 77-80, 77. Zur Veränderung der Essensgewohnheiten s.a. König, Geschichte der Konsumgesellschaft, S. 136 ff.

[133] Kleinschmidt; Welskopp, Amerika aus deutscher Perspektive.

[134] H. Sendele, Wege an die Unternehmensspitze, in: FAZ, 28.12.1998.

ßert, als Bruch bzw. „generationsbedingte Veränderungen der sechziger Jahre“[135] gesehen werden sollte.

Zwischen den deutschen und amerikanischen Eisen- und Stahlindustriellen bestanden seit Ende des 19. Jahrhunderts Kontakte, die insbesondere nach dem Ersten Weltkrieg in eine intensive Reisetätigkeit deutscher Unternehmer und Ingenieure nach den USA mündeten. Dabei zeigte sich, daß sich die Produktionsanlagen in beiden Ländern etwa auf gleichem technologischen Niveau befanden, wobei amerikanische Unternehmen auf dem Gebiet der Walzwerktechnik führend waren. Hier bildeten amerikanische Hersteller auch nach dem Zweiten Weltkrieg einen wichtigen Orientierungsrahmen für deutsche Unternehmen und sei es nur, um bei Planung und Bau der eigenen Walzstraße eine Bestätigung des eingeschlagenen Weges zu erhalten oder auch „kleine Einzelheiten“ zu übernehmen.[136] Die Selbstvergewisserung spielte also nach wie vor eine wichtige Rolle bei deutschen Amerikareisenden, doch war diese nicht länger Ausdruck von Selbstzufriedenheit als vielmehr eines inzwischen routinemäßigen Informationsaustauschs, der in manchen Gebieten auch in eine enge Zusammenarbeit und Kooperation mündete. So etwa beim Bau einer Gieß-Walzanlage der Firmen Krupp und Hazelett, bei dem der in Österreich geborene Franz Platzer eine wichtige Rolle spielte.

Platzer hatte an der TH Graz Maschinenbau studiert und nach dem Ersten Weltkrieg als Betriebskonstrukteur der Firma Fried. Krupp AG in Niederösterreich eine Anstellung gefunden. 1923 ging er in die USA zur Southwork Foundry and Machine Comp. in Philadelphia. Während seiner Zeit in den USA sammelte er Erfahrungen bei zahlreichen US-Unternehmen, u.a. bei der Westinghouse Electric Comp. und bei der Carnegie Steel Comp., vornehmlich auf dem Gebiet des Schwermaschinenbaus. 1926 war Platzer in das Projektierungsbüro der renommierten amerikanischen Walzwerksbaufirma United Engineering and Foundry Comp. in Pittsburgh eingetreten, um dort an der Planung einer der ersten kontinuierlichen Breitbandwalzstraßen für die Weirton Steel Comp. mitzuwirken. Im folgenden Jahr war er für die Montage und Inbetriebsetzung dieser Anlage verantwortlich und verblieb dort noch für einige Zeit als Direktionsassistent. 1929 wurde ihm dann eine leitende Stelle zur Überwachung sämtlicher Neubauten von Hochofen-, Stahlwerks- und Walzwerksanlagen innerhalb der Direktion der Firma Jones & Laughlin Steel Corp. in Pittsburgh angeboten. Eine Delegierung nach Europa zu Forschungsarbeiten beim Eidgenössischen Materialprüfungsamt Zürich nutzte er zur Einreichung seiner Dissertation an der Montanistischen Hochschule Leoben, wo er 1932 promoviert wurde. Anschließend führte er bis zum Jahr 1934 Forschungsaufgaben in Großbritannien aus. Da er inzwischen keine dauernde Aufenthaltsgenehmigung für die USA erhielt, war er gezwungen, in Europa zu bleiben. Dort konnte er seine in den USA gemachten Erfahrungen an deutsche und österreichische Unternehmen weiterge-

---

135 Berghahn, Unternehmer und Politik in der Bundesrepublik, S. 257.

136 Archiv Mannesmann AG, PR 4 72 444, Besuch USA/Kanada v. 23.4.-5.5.1962 (Brandi, Wulffert, Inden);. ebd., PR 4 72 67, P. H. Inden, Bericht über die API-Tagung in Denver und den Aufenthalt in USA vom 4.-15.6.1955, S. 3.

ben. Er trat zunächst als Oberingenieur für die Abteilung Breitbandwalzwerke in die Firma Krupp-Grusonwerke in Magdeburg ein, wo er 1938 als Leiter der Abteilung Walzwerke in das Berliner Büro des amerikanischen Planungsexperten H. A. Brassert berufen wurde, welches die Planungen für die Reichswerke Hermann Göring in Salzgitter-Watenstedt und in Linz ausarbeitete. 1942 wurde Platzer als Professor an die Montanistische Hochschule Leoben berufen, war aber gleichzeitig weiterhin für Planung und Bau des Werkes in Linz tätig. Hochschule. Bis zu seinem Tod im Jahr 1961 war er sowohl als Hochschullehrer als auch als Planer und Berater für die Industrie tätig und konnte in diesem Zeitraum von seinen Amerikaerfahrungen, insbesondere im Bereich der überlegenen Technik kontinuierlicher Walzstraßen und der neuentwickelten Stranggießanlagen zehren und dieses Wissen an nachfolgende Generationen weitergeben.[137]

Nach dem Verlust des Gruson-Werkes für Krupp infolge der Teilung Deutschlands engagierte sich Platzer in der Nachkriegszeit beim Wiederaufbau des Krupp-Werkes in Rheinhausen und verkaufte seine Walzwerks-Patente Mitte der 50er Jahre an Krupp. In dieser Zeit holte Platzer seinen ehemaligen Assistenten von der Montanuniversität Leoben nach Essen, der ihn bei der Konstruktion eines kontinuierlichen Walzwerks, welches besonders zur Kombination mit einer Stranggießanlage geeignet war, unterstützte. Peter Fink, ebenfalls in Österreich geboren, war Sohn eines kaufmännischen Leiters bei Felten & Guilleaume, das u.a. Kupferdraht herstellte. Nach dem Abitur und dem Studium der Eisenhüttenkunde in Leoben hatte Fink 1954 eine Assistentenstelle bei Platzer angenommen. Platzer stellte seine ehemaligen USA-Kontakte wieder her, insbesondere zur Firma Concast, deren Gründer Amerikaner war und die in den USA an der Einführung der – ursprünglich in Deutschland durch Siegfried Junghans federführend entwickelten[138] – Stranggußtechnik beteiligt war und in der Zwischenzeit auch Lizenzen an weitere deutsche Firmen vergab. Darüber, und durch die Übernahme des Konstruktionsbüros Junghans nach dessen Tod gelangte schließlich durch Platzers Empfehlung auch Krupp-Industriebau an Kenntnisse über die Stranggußtechnik, die allerdings nicht für Anlagen der Stahlverarbeitung, sondern für NE-Metalle genutzt werden sollte. Krupp baute bereits Walzstraßen zur Herstellung von Kupferdraht, war jedoch bei der Drahtherstellung auf die Verarbeitung sog. „wire-bars" angewiesen, die in der Walzstraße ausgewalzt wurden. Fink suchte nach einer technischen Lösung, den Umweg

137 F. Platzer, Nachruf in: Stahl und Eisen 81, 1961, S. 1436; Interview P. Fink, 28.1.1998. Aus einem Skript der Vorlesung von Platzer und einer Seminararbeit von 1953 geht hervor, daß die Studenten in Leoben damals bereits gut über die neue Stranggußtechnik informiert waren und diese beurteilen konnten (für die Überlassung des Skriptes bedanke ich mich bei Dr. Peter Fink).

138 Die Stranggußtechnik wie das neue Oxygen-Stahlherstellungsverfahren waren ursprünglich in Österreich entwickelt wurden. s. dazu, K. Z. Poznanski, International Diffusion of Steel Technologies, in: Technological Forecasting and Social Change 23, 1983, S. 305-323. Hier zeigt sich, auf welch verschlungenen Pfaden der Technologietransfer verlaufen konnte. Jüngst als Firmenfestschrift zu Concast erschienen: A. H. Tanner, Revolution der Stahlindustrie. Strangguß. Die weltweite Erfolgsgeschichte der Concast AG, Zürich 1997.

über die Verarbeitung von „wire-bars“ zu vermeiden und das Ausgangsmaterial direkt zu vergießen und auszuwalzen. Dabei trieben ihn auch seine persönlichen Erfahrungen, da er als studentischer Hilfsarbeiter die schweren „wire-bars“ von LKWs abladen mußte und erhebliche Antipathien gegen diese „unmögliche und unmenschliche Arbeit“ entwickelte, die auch seine spätere berufliche Tätigkeit beeinflußten.[139] Finks Überlegungen gingen in Richtung einer Gießmaschine, die, wie sich über Platzers US-Kontakte herausstellte, von der amerikanischen Firma Hazelett Casting Corp. hergestellt wurde. In Zusammenarbeit zwischen Hazelett und Krupp wurde nun auf der Basis der amerikanischen Stranggußtechnik und der Kruppschen Walzwerkstechnik eine Methode des Gieß-Walzens für NE-Metalle entwickelt, bei der neben dem vorgeschalteten Schmelzofen die Stranggußanlage und das Walzwerk miteinander kombiniert wurden und die Verarbeitung von „wire-bars“ überflüssig machten. Die grenz- und generationenübergreifende Entwicklungsarbeit von Platzer, Fink und weiteren Mitarbeitern, deren jahrzehntelange Erfahrungen insbesondere auch in der amerikanischen Hüttentechnologie, die schließlich in die Kooperation von Krupp und Hazelett einfloß, ermöglichte die anschließenden Exporterfolge der neuen Gieß-Walzanlage, die Krupp in den 70er Jahren als Marktführer schließlich weltweit verkaufte.[140] Dabei wird an diesem Beispiel deutlich, daß bei dem grenzüberschreitenden Technologietransfer die (nationalen) Grenzen zunehmend verwischten. Platzer und Fink arbeiteten als Österreicher vornehmlich für deutsche Unternehmen, wobei insbesondere Platzers Erfahrungen zu einem nicht geringen Teil auf seiner Tätigkeit bei amerikanischen Unternehmen und bei dem amerikanischen Konstrukteur deutscher Herkunft (H. A. Brassert) basierten, die schließlich auch in Deutschland und Österreich zur Anwendung kamen. Diese Erfahrungen flossen schließlich in die Arbeiten Finks ein, der als Leiter der Entwicklungsabteilung bei Krupp bis zu Beginn der 90er Jahre arbeitete.

Es bleibt festzuhalten, daß amerikanische Technologien und Produktionsmethoden deutschen Unternehmern unterschiedlicher Branchen nach dem Zweiten Weltkrieg als Leitbilder und Orientierungsrahmen dienten. Einerseits aufbauend auf die Hilfe des USTA&P, begleitet von amerikanischem Sendungsbewußtsein im Sinne einer Entwicklungshilfe nicht nur auf technischem Gebiet, die als solche durchaus mit dem Begriff „Amerikanisierung“ bezeichnet werden kann, andererseits anknüpfend an die Vorkriegskontakte deutscher Unternehmer, gelangten diese seit Ende der 40er Jahre über eine umfangreiche Reisetätigkeit, die Rezeption von Literatur, die Teilnahme an internationalen Tagungen und durch Vermittlung von Verbänden und Organisationen an die überlebenswichtige neueste amerikanische Technologie. Deren Wahrnehmung und be-

---

139 Interview P. Fink, 28.1.1998. Fink war 1960 in die Dienste von Krupp Industriebau eingetreten.

140 P. Fink; E. Buch, K. Hassel; K. Siebel, Beiträge zur Erneuerung beim Gießen und Walzen metallischer Werkstoffe, in: Technische Mitteilungen Krupp. Werksberichte, Bd. 42, 1984, H. 1, S. 25-44; Interview P. Fink, 28.1.1998.

triebliche Umsetzung war selbst für ehemals technologisch führende deutsche Unternehmen, die ihre internationale Spitzenstellung im Zuge der Autarkie- und Kriegswirtschaft eingebüßt hatten, nach 1945 zu einer Voraussetzung für die Überlebens- und Konkurrenzfähigkeit geworden. Eine konservative Unternehmermentalität, die die amerikanische Technologie als „Re-Import" ehemals deutscher Entwicklungen ansah oder in einer Blockadehaltung gegenüber Neuerungen verharrte, blieb daher die Ausnahme in einer Situation, in der aus pragmatischen Gründen hohe Flexibilität, Anpassungs- und Lernbereitschaft gefragt waren. Eine solche Einstellung brachten die meisten hier vorgestellten Unternehmer bereits aufgrund ihrer Vorkriegskontakte zu US-Unternehmen mit und gaben diese auch an nachfolgende Generationen weiter, so daß die Kontinuitätsmomente unternehmerischen Lernens gegenüber den Brüchen, seien sie mentaler oder generationsspezifischer Art, bei weitem überwogen. Im Verlauf der 50er und 60er Jahre entwickelte sich der amerikanisch-deutsche Technologietransfer zunehmend aus der einseitigen Schieflage des amerikanischen „Gebens" und des deutschen „Nehmens" zu einem gleichberechtigten Technologieaustausch vor dem Hintergrund der Tatsache, daß die Unternehmen beider Länder auf dem Weltmarkt zunehmend als Konkurrenten und als Geschäftspartner auftraten. Innerhalb von zwei Jahrzehnten verlief die Entwicklung also von der „Amerikanisierung" vor dem Hintergrund asymmetrischer Abhängigkeiten über die freiwillige Nachahmung bis hin zum Technologieaustausch zweier ebenbürtiger Wirtschaftspartner. Innerhalb dieses Zeitraums konnte bis spätestens Ende der 60er Jahre die seit der Nachkriegszeit bestehende „technologische Lücke" der deutschen gegenüber den amerikanischen Unternehmen weitgehend geschlossen werden, hatten sich die Produktionsmethoden und Technologien innerhalb deutscher Unternehmen – nach außen hin und vor dem Hintergrund des „deutschen" Wirtschaftswunders weitgehend unbemerkt – stark verändert und amerikanischen Standards angepaßt. Die chemische Grundstoffindustrie und die weiterverarbeitende Industrie z.B. des Kunststoffsektors, die Automobil- und die (Schwer-)Maschinenbauindustrie, die Nahrungsmittelindustrie und der Einzelhandel hatten wichtige amerikanische Schlüsselinnovationen der Automatisierung und der Massenproduktion übernommen, die sich auf der Grundlage der deutschen Vorkriegstechnologie problemlos adaptieren und weiterentwickeln ließen. Voraussetzung dafür war eine permanente Lernbereitschaft der Unternehmer und Manager. Wo diese in Frage gestellt wurde, drohte, wie im Falle Continental, die Gefahr einer erneuten technologischen Rückständigkeit. In Anlehnung vornehmlich an eine verhaltenswissenschaftliche Theorie der Unternehmung sowie an den Mikropolitik- und Leitbildansatz konnte gezeigt werden, daß die Wahrnehmungen, Erfahrungen, Deutungen und letztlich das Handeln einzelner Akteure, das Unternehmer- bzw. Managerhandeln in kontingenten Situationen und nicht vornehmlich handlungsdeterminierende Strukturen innerhalb der Unternehmen die jeweiligen Entscheidungsprozesse vorantrieben. Technische Leitbilder wirkten in diesem Zusammenhang als „kognitiver Aktivator" bzw. „personeller Mobilisator" (Dierkes), die einerseits zur Überwindung traditioneller Denkmuster als auch zur Aktivierung und Mobilisierung der handelnden Individuen im Sinne „dynamischer" und „agiler Unternehmer" (Schumpeter bzw. Wildemann) beitrugen und so etwa bei Hüls den Übergang zu neuen Methoden der Kautschuksynthese, bei Glanzstoff die Einführung von Nylon und Kunststoffolien, bei Bayer die Penicillin-Produktion und bei Volkswagen und Bahlsen die Automatisierung beförderten. Amerikanische Leitbilder der Technik initiierten individuelle und auch organisatorische Lernprozesse, deren Wirkung schließlich weit über die Unternehmen hinausreichte.

Wie sehr die deutsche Nachkriegsindustrie, aber auch der Konsumentenalltag sich veränderten, läßt sich an dem konstruierten Beispiel einer in Nylons und Synthetikfaser gekleideten Kundin versinnbildlichen, die in den 60er Jahren mit dem Auto zum Supermarkt fährt, den „trolley“ durch die Gänge schiebt und in Klarsichtfolie verpackte Lebensmittel und Tiefkühlware kauft sowie zahlreiche andere Produkte, deren Herstellung nicht zuletzt auf der Basis amerikanischer Technologien erfolgte und deren Konsumentenverhalten, Tagesablauf und Lebensgestaltung sich deutlich von demjenigen der Hausfrau aus der Vorkriegszeit, die ihre Ware im Tante-Emma-Laden erwarb, unterschied. Daß dieses Beispiel nicht allein mit Hinweis auf die Orientierung an amerikanischer Technologie und amerikanischen Produktionsmethoden festgemacht werden kann, sondern darüber hinaus auch weitere wirtschaftliche und soziale Aspekte wie gestiegene Realeinkommen etc. von Bedeutung sind, sei unbenommen. Der Hinweis auf amerikanische Leitbilder und Einflüsse auf die deutsche Industrie und darüber auf das Alltagsleben bietet insofern einen notwendigen, wenn auch nicht vollständig hinreichenden Erklärungshintergrund, der jedoch in den nachfolgenden Kapiteln noch weiter erhärtet werden wird. Ein weiteres, auf der symbolischen Ebene angesiedeltes Bild, soll dieses Kapitel über die Adaption amerikanischer Technologie durch deutsche Unternehmen abschließen mit dem Hinweis, daß dies ein nach außen wenig wahrgenommener, wenig spektakulärer Prozeß war, der als Teil des deutschen Wirtschaftswunders von deutscher Seite bewußt nicht hervorgehoben wurde. Das 1950 errichtete Glanzstoff-Perlonwerk in Oberbruch war mit einem großen Festakt mit viel nationaler Symbolik und Festreden von Unternehmern und Politikern eingeweiht worden. Dabei wurde neben der deutschen auch die nordrhein-westfälische Flagge gehißt. Konsequent wäre es gewesen, auch das Sternenbanner zu zeigen, wäre doch ohne die amerikanischen Einflüsse das Werk in der Form kaum gebaut worden. Nur hätte diese Symbolik wohl nicht zum Selbstverständnis des deutschen Wirtschaftswunders gepaßt.

Das zunehmende Selbstbewußtsein deutscher Unternehmer auf internationalem Parkett zeigen schließlich auch Beispiele ihres Auftretens gegenüber amerikanischen Unternehmern. So begrüßte Hans-Günther Sohl Mitte der 60er Jahre die Mitglieder einer NAM-Delegation in Düsseldorf mit den Worten: „Good morning gentlemen, colleagues from America.“[141] Die Ansprache als „Kollegen“ wäre fünfzehn Jahre zuvor ebenso unwahrscheinlich gewesen wie die Tatsache, so Sohl, daß die NAM-Delegation als

[141] Hagley Museum and Library, Acc. No. 1411, Box 77. NAM, International Economic Affaires NAM Trade Mission to Europe. A welcoming adress by Hans-Günther Sohl an eine NAM-Delegation in Düsseldorf, 9.10.1964.

„Trade Expansion Mission“ und nicht als „Good-Will“-Mission nach Deutschland kam und von einem deutschen Unternehmer als „partner-nation“ begrüßt wurde. Gleichzeitig stellte Sohl klar: „Partnership – yours particularly – has rebuilt our country. But on the other hand we want to take precautions, like any community of responsible businessmen, against a disproportionate amount of foreign ownership of our economic undertakings.“[142] Dies war schließlich Ausdruck einer zunehmenden Normalisierung des Verhältnisses zweier führender Industrienationen und Wettbewerber auf dem Weltmarkt.

2.3 Human Relations – Amerikanische und deutsche Modelle

Während im Bereich der Technologie und Produktion bei deutschen Unternehmern eine starke Amerikaorientierung zu beobachten ist und amerikanisches Know-How seit Anfang der 50er Jahre auf breiter Ebene Einzug in deutsche Unternehmen hielt, ohne daß dies in der deutschen Öffentlichkeit gleichermaßen zur Kenntnis genommen wurde, verhielt es sich um die Diskussion und die Praxisrelevanz zum Thema „Human Relations" genau umgekehrt. Wohl in keinem anderen Managementbereich war die Diskrepanz zwischen dem Anspruch, amerikanische Vorbilder der industriellen Beziehungen bzw. der Gestaltung der Arbeitsbedingungen auf der einen und der betrieblichen Wirklichkeit auf der anderen Seite so groß wie hier. Dabei gab es gerade auf dem Gebiet der Human Relations und des TWI im Rahmen des USTA&P, wie gezeigt, von amerikanischer Seite intensive Bemühungen einer „Amerikanisierung",[1] wobei die technische Hilfe zur Produktivitätssteigerung eng mit der Gestaltung der industriellen Beziehungen gekoppelt werden sollte und sogar mit entsprechenden Sanktionsmechanismen für die geförderten deutschen Unternehmen verbunden war. Der eher mit Vorsicht zu genießende Begriff „Amerikanisierung" trifft in diesem Falle insofern den Kern der Sache, als von amerikanischer Seite der Umsetzung von Human Relations-Konzepten in Form entsprechender Programme und Projekte große Aufmerksamkeit gewidmet wurde und ein massives, z.T. mit politischem und ökonomischem Druck verfolgtes, Interesse an dessen praktischer Umsetzung bestand. Human Relations waren aus amerikanischer Sicht ein wichtiger Bestandteil eines umfangreichen politischen Auftrags, einer „Mission" bzw. einer Art von „Entwicklungshilfe" auf einem Gebiet, wo man bei deutschen Unternehmen nach dem Zweiten Weltkrieg deutliche Defizite, Unterentwicklungen und dementsprechend einen Handlungsbedarf sah. Dies betraf die politischen Verantwortlichen ebenso wie amerikanische Wissenschaftler und Repräsentanten von Verbänden und Unternehmen. In den USA selbst waren spätestens seit den Forschungen von Mayo und Roethlisberger Fragen der Human Relations auf breiter Ebene akzeptiert und nicht zuletzt als Mittel der Produktions- und Produktivitätssteigerung galten diese, wie bereits im Zusammenhang mit dem USTA&P und den Zielen der MSA bzw. FOA gezeigt werden konnte, als exportfähiges amerikanisches Managementmodell. Dessen Inhalte wurden schließlich durch den Einfluß und die Mitarbeit amerikanischer Soziologen, Unternehmer und Gewerkschafter mitgeprägt, die wiederum die Aktivitäten entsprechender deutscher Organisationen wie des RKW, der ASB, FORFA und REFA beeinflußten.

---

1 Das Thema wurde in der Literatur bislang kaum aufgegriffen. Human Relations und TWI als Teilbereich von Amerikanisierung finden zumindest Erwähnung bei Berghahn, Technology and the Export of Industrial Culture, S. 159 f.; ders., The United States and the Shaping of West Germany's Social Compact, S. 125 ff.

Während der Wissenstransfer von den amerikanischen politischen Institutionen zu den deutschen Wirtschaftsorganisationen noch vergleichsweise gut funktionierte und bei letzteren auch auf großes Interesse stieß, läßt sich auf der nächsten Stufe, nämlich bei der Übertragung in die Unternehmenspraxis, ein Transferbruch erkennen. Zwar ist es nicht angebracht, wie Guillen es in seinem internationalen Vergleich unterschiedlicher „Models of management" formuliert, daß „there is no evidence of German firms implementing human relation techniques during the 1950s and 1960s",[2] doch haben in der Tat die Einstellungen der Belegschaften und deren Interessenvertretungen, die seit Ende der 40er Jahre virulente Mitbestimmungsdiskussion sowie die gesellschaftlich und betrieblich verankerte Tradition deutscher industrieller Beziehungen dazu beigetragen, daß an amerikanischen Vorbildern orientierte Fragen der Human Relations nur in geringem Umfang Einzug in deutsche Unternehmen hielten.

Deutsche Unternehmer und Manager jedenfalls waren durchaus offen für diese Fragen. Zum einen orientierten sie sich dabei an der Möglichkeit der Gestaltung der industriellen Beziehungen im amerikanischen Sinne einer direkten Kommunikation zwischen Belegschaften und Unternehmensleitung möglichst unter Ausschaltung gewerkschaftlicher oder gesetzlich geregelter Zwischeninstanzen, zum anderen waren Human Relations-Ansätze auch kompatibel mit vergleichbaren deutschen Vorläufern aus der Zwischenkriegszeit, wie sie etwa in Form der Werksgemeinschaftsideologie zum Ausdruck kam.[3]

Von „Amerikanisierung" sollte jedoch nur in sehr eingeschränktem Maße und mit Blick auf den begrenzten Zeitraum der USTA&P-Programme gesprochen werden, bei denen das amerikanische Interesse an der betrieblichen Umsetzung entsprechender Programme in deutschen Unternehmen z.T. mit politischem und ökonomischem Druck durchgesetzt wurde. Insofern besteht hier ein Unterschied zur jüngeren wirtschaftshistorischen Forschung, bei der die Bezeichnung „Amerikanisierung" oder „Export des amerikanischen Modells" ohne diese Einschränkungen benutzt wird. Dabei wird gerade mit Blick auf die industriellen Beziehungen und die Human Relations einmal mehr die Dominanz der makroökonomischen Betrachtungsweise der o.g. Autoren deutlich, die die betrieblichen Realitäten weitgehend aussparen. Der Blick auf die Unternehmensebene wird nämlich zeigen, daß zwar der Wille zur „Amerikanisierung" sowohl bei amerika-

---

[2] Guillen, Models of Management, S. 136 f. Guillen kann zu einer solch verkürzten Aussage nur aufgrund der Nichtberücksichtigung deutscher Unternehmensquellen kommen.

[3] C. Rauh-Kühne, H. C. Paulssen: Sozialpartnerschaft aus dem Geiste der Kriegskameradschaft, in: Deutsche Unternehmer zwischen Kriegswirtschaft und Wiederaufbau, S. 189 ff. betont in einem Aufsatz über Hans-Constantin Paulssen die patriarchalisch-autoritären Wurzeln des sozialpartnerschaftlichen Denkens deutscher Unternehmer und grenzt sich von Berghahns Vorstellung einer stärkeren Bedeutung der Human-Relations-Konzepte als amerikanische Vorbilder für deutsche Unternehmer ab. Beides war jedoch durchaus miteinander vereinbar bzw. kompatibel, wie die Beispiele in dieser Arbeit zeigen. Zu Werksgemeinschaftskonzepten in der Flugzeugindustrie jüngst L. Budraß, Flugzeugindustrie und Luftrüstung in Deutschland 1918-1945, Düsseldorf 1998, S. 462-466.

nischen Politikern und Unternehmern bestand, allein deren Umsetzung in die deutsche Unternehmenspraxis an den betrieblichen Realitäten der 50er Jahre weitgehend scheiterte. Wie es dazu kam, soll nachfolgend gezeigt werden.

Die „freie", marktwirtschaftlich orientierte Wettbewerbswirtschaft war nur die eine Seite des „amerikanischen Modells". Die andere Seite bestand in der Ausgestaltung von „good human relations within the enterprise" als einem „bulwork of freedom", so eine Verlautbarung der NAM anläßlich einer internationalen Unternehmerkonferenz unter deutscher Beteiligung Mitte der 50er Jahre in Paris. „Private enterprise and competition should always give consideration to the defense and respect due to human personality; if the common effort is to receive the full support of workers at all stages of production, economic progress must constantly go hand in hand with moral and social progress; then by securing a fair balance between economic requirements and the respect of human dignity, the free world will justify the confidence of men feel respect to its principles."[4] Zu diesen Prinzipien gehörte auch die Ausgestaltung der Human Relations, die aus Sicht der NAM universellen Charakter hatten, auch wenn die Ideale und Traditionen Europas und Amerikas sich in einigen Punkten unterschieden: „While the ideals and tradition of Europe and America may differ in certain respects, the basic principles of good human relations apply universally. It is neither feasible nor desirable to formulate any single rigid or arbitrary code of human relations policies for all enterprises within these nations. To do so would fail to recognize the different circumstances that prevail within each nation, within each different segment of industry, and within each enterprise."[5] Ein wichtiges Prinzip, auf dem der Erfolg der Human Relations beruhe, sei das Vorhandensein einer unternehmerischen „Managementphilosophie", die die Würde der Mitarbeiter und deren Existenz als menschliche Individuen respektiere und die Umsetzung entsprechender Arbeitsbedingungen und sicherer Arbeitsplätze fördere. Zu „good human relations" zählten zudem „a spirit of cooperation between employees and management", eine Methode „for selecting the right worker for the right job", angemessene Löhne, eine gute Ausbildung und Qualifikation der Belegschaften und des Management, eine ausreichende Information und Kommunikation innerhalb des Unternehmens sowie umfangreiche betriebliche Sozialleistungen.[6] Dieses breite Verständnis von Human Relations war nach dem Verständnis der NAM Teil eines amerikanischen Modells bzw. des amerikanischen Wirtschaftssystems, dem nach dem Zweiten Weltkrieg „the mantle of world leadership has fallen upon".[7] Amerikanisches Selbst- und Sendungsbewußtsein als Konsequenz nicht nur des Ausgangs des Zweiten Weltkriegs, son-

---

4 Hagley Museum and Library, Acc. No. 1412, Box 16. NAM, Human Relations. A guide to human relations within the enterprise. As adopted by the second International Conference of manufacturers, Paris, May 23-25, 1954.

5 Ebd.

6 Ebd.

7 Ebd., L. Teplow, It's the Individual who counts. Rede vor dem Toledo Formen's Club, 21.12.1949.

dern auch als Begleiterscheinung des Kalten Krieges, ließ sich also nicht nur auf der Ebene der Politik und bei den amerikanischen Besatzungsinstitutionen in Deutschland beobachten, sondern auch bei US-Verbänden und Unternehmen. „This economic system", so ein Vertreter der NAM, „is the greatest generator of human effort – mental effort and physical effort – that the world has ever known."[8] Davon waren auch die großen amerikanischen Unternehmen überzeugt, die vergleichbare Botschaften sowohl an die Öffentlichkeit wie auch an die eigenen Belegschaften richteten. Dabei spielte nach dem Zweiten Weltkrieg nicht nur das patriotische Bekenntnis zur amerikanischen Wettbewerbswirtschaft, sondern insbesondere auch die Ausgestaltung der industriellen Beziehungen, der „industrial relations" und der „human relations" zwischen Belegschaften und Unternehmensleitungen eine Rolle. In dem im Jahr 1950 beim amerikanischen Chemiekonzern DuPont formulierten Programm „How Our Business-System-Operates", intern als „HOBSO" abgekürzt, hieß es dazu: „The American Business system is different from any other system in the world. All the many little differencies come from one single basic difference: in America the individual is free to do what is best for his own interests. Because we are free and do provide for our own interests, we are constantly competing with one another. This desire to compete seems to be the driving force in our American business system. It eliminates the inefficient and urges others to do better. This has given us the highest standard of living in the world."[9] Hinter den propagandistisch angereicherten Formulierungen verbarg sich die nicht nur bei DuPont nach dem Krieg empfundene Notwendigkeit, bei der Umstellung von der Kriegs- auf die Friedenswirtschaft den damit verbundenen Deregulierungen in Form des Abbaus von Preiskontrollen, Rationierungen und Einschränkungen zu begegnen, gleichzeitig den Belegschaften gegenüber Verständnis und Verständigungsbereitschaft zu signalisieren und aus der Sicht von DuPont Erklärungen zur ökonomischen Entwicklung des Unternehmens, zum Zusammenhang zwischen Profiten, Einkommen und Verteilungsfragen zu liefern, die bei den Belegschaften nur unzureichend ausgeprägt waren und möglicherweise zu Unzufriedenheit hätten führen können. Gute „industrial relations" und die Gestaltung der Human Relations in Form von Diskussionsangeboten, Aufklärung, Gruppenarbeit im Sinne von Gesprächsgruppen, die Schaffung eines guten „Betriebsklimas", akzeptable Arbeitsbedingungen und ein umfangreiches betriebliches Wohlfahrtswesen sollten einer potentiellen Unzufriedenheit der Belegschaften vorbeugen. Begleitet wurde das „HOBSO"-Programm bei DuPont durch entsprechende Evaluierungsmaßnahmen, die schließlich auch dessen Erfolg bestätigten.[10] So verstanden waren Human Relations eine Managementmethode, die auf wirtschaftsfriedlichem Wege Elemente einer betrieblichen Sozialpolitik mit der Gestaltung der industriellen Beziehungen als individuellen Aushandlungsprozessen selbstverantwortlicher Individuen mit

---

8 Ebd.

9 Hagley Museum and Library, Acc. no. 1410, Box 52. DuPont, „How-Our-Business-Sytem-Operates"-Programm (1950).

10 Ebd.

der Unternehmensleitung kombinierten. Vom Selbstverständnis ihrer amerikanischen Protagonisten konnten sie damit Universalität beanspruchen, denn vergleichbare Probleme des Übergangs ergaben sich nach Kriegsende in allen europäischen Staaten. Vor allem bot das Human Relations-Modell jedoch eine Alternative zum Klassenkampfdenken, dem aus amerikanischer Sicht die meisten Belegschaften und ihre Vertretungen in Europa noch verfallen waren. „Wir haben einen Vorsprung von 20 Jahren nachzuholen, in denen sich die Wirtschaft weiterentwickelt hat von den alten Formen des Klassenkampfes zu neuen Formen des Zusammenlebens und -arbeitens im Betrieb ...“, so ein RKW-Bericht über eine USA-Reise im Rahmen des USTAP Mitte der 50er Jahre. „... Wichtiger noch als das Studium fremder Methoden ist dabei das Aufgeben alter, bequemer Denkgewohnheiten“.[11] Der Weg der Human Relations eröffnete demgegenüber einen friedlichen Weg zur Gestaltung der innerbetrieblichen Beziehungen und nicht zuletzt zur Marktwirtschaft, zu Freiheit und Wohlstand. Insofern sollte es nicht nur für die Sender, sondern auch für die Empfänger, also die deutschen Unternehmer, von großer Attraktivität sein. Dies zeigten nicht nur die zahlreichen Tagungen, Unternehmerkongresse und Amerikareisen, die sich im Rahmen des USTA&P und mit Hilfe des RKW und anderer Organisationen dem Thema „Human Relations“ gewidmet hatten, wie beispielweise eine Bemerkung Ernest Bornemanns zeigt, der im Anschluß an eine Amerikareise resümierte: „Um so mehr überraschte uns eine Erkenntnis, die sich – einem roten Faden gleich – durch fast alle Reiseberichte zieht: der Produktivitätsvorsprung der USA läßt sich mit dem Hinweis auf bessere technische und betriebsorganisatorische Rationalisierung, also bedingt durch leistungsfähigere Fertigungsmethoden allein nicht erklären. Übereinstimmend bringen die Beobachter die Ansicht zum Ausdruck, daß hierfür nicht zuletzt die ‚soziale Rationalisierung‘ verantwortlich zeichnet, also die größere Fähigkeit und der bewußte Wille zur menschlich-mitmenschlichen Anpassung sowie die Bereitschaft zur sachlichen, von gegenseitigem Vertrauen getragenen Zusammenarbeit aller am Produktionsprozeß Beteiligten. Mit anderen Worten: ein entscheidender Erklärungsgrund für die hohe Produktivität und Rentabilität liegt – das war auch aus dem Munde prominenter amerikanischer Wirtschaftsführer immer wieder zu hören – in der bewußten Pflege der menschlichen Beziehungen (Human Relations).“[12] Der Begriff der „sozialen Rationalisierung“ war schließlich ein Signal für deutsche Adressaten wie das RKW, den ASB oder den REFA, die als Teil der Rationalisierungsbewegung der Zwischenkriegszeit nun eine Chance sahen, sich an die Human Relations-Bewegung – quasi als Fortsetzung der deutschen Rationalisierungsbewegung – anzuhängen. Formulierungen wie „den richtigen Mann an den richtigen Arbeitsplatz“, „Hebung der Arbeitsfreude“, Forderungen nach einer Verbesserung der betrieblichen Arbeitsplatz- und Sicherheitsbedingungen und nach der Stärkung einer produktivitätsorientierten betrieb-

---

11 Betriebsführung durch Planung und Kontrolle (RKW Auslandsdienst, H. 51), München 1957, S. 16.

12 E. Bornemann u.a., Gruppenarbeit und Produktivität. Bericht über eine Studienreise in USA (RKW-Auslandsdienst, H. 72), München 1958, S. 9.

lichen Sozialpolitik finden sich sowohl bei den Angehörigen der amerikanischen Human Relations-Idee wie auch bei deutschen Werksgemeinschafts-Ideologen der 20er Jahre, die auf dem Wege zu einer „sozialen Betriebspolitik" das Verhältnis zwischen Unternehmensleitung und Belegschaften und damit das Betriebsklima verbessern und zugleich die Produktivität der Unternehmen erhöhen wollten. Das „Ringen um die Seele jedes einzelnen unserer Arbeitnehmer", so Walter Raymond nach dem Krieg in Anlehnung an eine gleichlautende Formulierung des Dinta-Ideologen Paul Osthold, „findet in dem, was die Amerikaner Human Relations nennen ... seine deutsche Eigenart".[13]

In der neueren Forschung hat Gertraude Krell darauf hingewiesen, daß manche Unternehmenskonzepte, die mit Blick auf die USA oder Japan selbst noch in den 1980er Jahren formuliert wurden, ihre Vorläufer in der Werksgemeinschaftsidee und der normativen Personallehre im Deutschland der 20er Jahre hätten.[14] Und in der Tat: So wie die „soziale Betriebspolitik als Reaktion auf den Weimarer Interventionsstaat" können auch die Human Relations-Konzepte als unternehmerische Reaktion auf den bundesrepublikanischen Interventionsstaat interpretiert werden. Um jedoch zunächst einmal die Leitbildfunktion der Human Relations für deutsche Unternehmer und in einem zweiten Schritt deren Praxisrelevanz belegen zu können, bedarf es eines genaueren Blicks auf die Unternehmensebene und die unternehmerischen Wahrnehmungsstrukturen.

In den Unternehmen waren es in erster Linie die Manager aus dem Bereich Personal- und Sozialwesen, die sich mit Fragen der Human Relations auseinandersetzten und für die andererseits auch die Vorbilder einer „sozialen Rationalisierung" aus der Zwischenkriegszeit von Bedeutung waren. Paul Gert von Beckerath, der 1951 als stellvertretender Leiter der Sozialabteilung zu Bayer nach Leverkusen kam, orientierte sich nach eigenen Aussagen gleichermaßen an amerikanischen Human Relations-Methoden wie auch an deutschen Werksgemeinschaftsvorstellungen der 20er Jahre. Von Beckerath bezieht sich ausdrücklich auf diese „deutsche Tradition" der Personalführung, die er etwa durch die Lektüre industriesoziologischer Literatur der Zwischenkriegszeit rezipiert hatte, so etwa mit Hilfe der Arbeit von K. Vorwerck aus dem Jahr 1928 über die „Werksgemeinschaft in historischer und soziologischer Beleuchtung".[15] Von Beckerath war 1917 geboren worden und hatte nach dem Abitur im Jahr 1935 eine Lehre bei der Deutschen Bank und anschließend ein Praktikum in der Textilindustrie absolviert, bevor seine berufliche Laufbahn durch den Arbeitsdienst, die Kriegsteilnahme und eine

---

13 Zit. nach H. Kaste, Arbeitgeber und die Humanisierung der Arbeit. Eine exemplarische Analyse, Opladen 1981, S. 20.

14 Krell, Vergemeinschaftende Personalpolitik, S. 26; dies., Organisationskultur – Renaissance der Betriebsgemeinschaft, in: E. Dülfer (Hg.), Organisationskultur, Stuttgart 1991, S. 147-160. Zur „sozialen Betriebspolitik" s. Chr. Kleinschmidt, Betriebliche Sozialpolitik als „soziale Betriebspolitik". Reaktionen der Eisen- und Stahlindustrie auf den Weimarer Interventionsstaat, in: W. Plumpe; Chr. Kleinschmidt (Hg.), Unternehmen zwischen Markt und Macht. Aspekte deutscher Unternehmens- und Industriegeschichte im 20. Jahrhundert, Essen 1992, S. 29-41.

15 Interview P. G. v. Beckerath, 16.3.1998.

sechsmonatige Gefangenschaft zunächst einmal unterbrochen wurde. Nach dem Krieg nahm er dann das Studium der Volkswirtschaft in Bonn auf, promovierte im Jahr 1949 und strebte eine Sekretärstätigkeit bei Ludwig Erhard oder Hermann Josef Abs an. Letzteres gelang schließlich auch, und nach einer kurzen Tätigkeit bei der Kreditanstalt für Wiederaufbau wechselte v. Beckerath dann zu Bayer, wo er sich in der dortigen Sozialabteilung seinem eigentlichen Interessengebiet der „Menschenführung" und der „Soziologie" widmen konnte. Darüber hinaus kam er in Kontakt mit der amerikanischen und deutschen soziologischen Literatur und sammelte anläßlich mehreren Reisen Erfahrungen im englischsprachigen Ausland. 1949 hatte er drei Monate in Großbritannien verbracht und 1954 reiste v. Beckerath mit Hilfe eines Stipendiums des State Department im Rahmen des Re-Education-Programs in die USA. In dieser Zeit, so erinnert sich v. Beckerath, lagen Fragen der Human Relations „in der Luft", so daß auch bei Bayer viel darüber diskutiert wurde.[16] Ähnlich verlief auch der berufliche Werdegang von Fritz Jacobi, v. Beckeraths Vorgänger als Leiter der Personal- und Sozialabteilung zwischen 1948 und 1952. Jacobi, Jahrgang 1902, hatte nach dem Abitur ebenfalls eine Banklehre absolviert, bevor er in Göttingen das Jura-Studium aufnahm. Während seiner Studienzeit sammelte er als Werksstudent u.a. in New York Erfahrungen bei unterschiedlichen amerikanischen Unternehmen. Nach dem Examen im Jahr 1926 und der Promotion zwei Jahre später wurde Jacobi zunächst Richter beim Oberlandesgericht Düsseldorf und schlug dann eine Verwaltungslaufbahn ein, um schließlich nach dem Krieg eine Stelle als Direktions-Assistent bei der Duisburger Kupfer-Hütte anzunehmen, bevor er 1948 zu Bayer kam. In einer Abhandlung zum Thema „Personalpolitik" bezieht sich Jacobi ebenfalls sowohl auf amerikanische wie auf deutsche Vorbilder, etwa auf Peter F. Drucker oder auf Kroeber-Keneth. Schließlich verweist er aber auch auf die Gestaltung der industriellen Beziehungen im „Dritten Reich", wobei er die dortigen Formen der friedlichen Zusammenarbeit zwischen Unternehmensführung und Belegschaften als Alternative zu dem Konfliktmodell der Nachkriegszeit betrachtet und gleichzeitig den Gewerkschaften eine zu kritische und kämpferische Haltung vorwirft. „Auf die Gefahr hin, gründlich mißverstanden zu werden", so Jacobi zu Beginn der 60er Jahre, „möchte ich eine Entwicklung im Dritten Reich nennen, die zunächst durchaus erfreulich schien. Durch den Zwang für Werksleitung und Belegschaft, im Rahmen der Arbeitsfront zusammenzuarbeiten, sind auf beiden Seiten viele Vorurteile abgebaut worden und ist vielerorts ein echtes Partnerschaftsverhältnis entstanden. Ich bin mir darüber klar, daß die von den Machthabern beabsichtigte Entwicklung über eine immer straffere Planwirtschaft zur Verapparatung und Entmenschlichung in den Betrieben geführt hat, wie das auch bei der späteren Planwirtschaft unter ursprünglich demokratischen Vorzeichen geschehen würde. Nun, zu dieser Entwicklung ist es glücklicherweise nicht mehr gekommen. Mir scheint es kein Zeichen echter Demokratie zu sein, daß das gute Verhältnis in den Betrieben, nur weil es z.T. im Dritten Reich erwachsen ist, z.B. durch gewerk-

---

16 Ebd.

schaftliche Betriebszeitungen gestört wird. Diese Zeitungen enthalten, soweit ich sie kenne, fast nur negative Kritik an den Maßnahmen der Unternehmensleitungen und manchmal auch an diesen persönlich. Sie können damit, ob gewollt oder nicht, nur den Betriebsfrieden stören."[17] Jacobis Vorstellung von betrieblicher Personalpolitik beruhte demgegenüber auf der Schaffung einer friedlichen „Betriebsatmosphäre", der Förderung der „Arbeitsfreude" sowie „selbstverantwortlicher Mitarbeiter" und einer „verantwortlichen Unternehmensführung". Dies wiederum setzte eine „betriebliche Berufsausbildung im Sinne von Berufs- und Menschenbildung" ebenso voraus wie eine ausreichende Information der Mitarbeiter, „weil das Mitwissen die Vorstufe ist für das Mitdenken und Mitverantworten".[18]

Jacobi ist sicher kein nazistisches Gedankengut zu unterstellen und er weist in seiner Darstellung zur „Personalpolitik" auch darauf hin, daß er sich mit seiner Einschätzung der Deutschen Arbeitsfront in die Gefahr begibt, mißverstanden zu werden. Daß er es trotzdem tut, macht deutlich, wie sehr er sich diesem wirtschaftsfriedlichen Modell auf der Basis der Betriebsgemeinschaftsideologie verbunden fühlt. Es zeigt auch eine Form von selektiver Wahrnehmung, die davon ausgeht, daß Teile einer politischen und Gesellschaftsideologie isoliert und als solche in ein anderes System übertragen werden können. Im Rahmen eines solchen Baukastendenkens ist es schließlich auch möglich, Aspekte der Betriebs- oder Werksgemeinschaftsideologie mit Fragen der Human Relations zu verknüpfen, da es dort bis in die Begrifflichkeit hinein Parallelen hinsichtlich der Gestaltung der industriellen Beziehungen und der betrieblichen Sozialpolitik gibt. Dies sollte sich in der betrieblichen Aus- und Weiterbildung, der Informationspolitik, der Gestaltung des „Betriebsklimas" und der „menschlichen Beziehungen" im Zeitraum der Leitung der Personalpolitik unter Fritz Jacobi und Paul Gert von Beckerath – wie noch genauer zu zeigen sein wird – widerspiegeln.

Die Verbindung von betriebsgemeinschaftlichem Denken der 40er Jahre und Human Relations-Ansätzen findet sich auch in einem ehemals von der DAF herausgegebenen Handbuch zur „innerbetrieblichen Werbung um Mitarbeit". Der Autor Paul Michligk konnte im Jahr 1953, etwa zehn Jahre nach dem Ersterscheinungsdatum, die Darstellung der „Pflege menschlicher Gemeinschaft im Betrieb" und der „Fürsorge des Betriebsführers" mit dem Ziel der Beseitigung betrieblicher Spannungen mit Hinweisen auf amerikanische Human Relations und TWI-Programme verbinden, ohne an der von ihm benutzten Begrifflichkeit der Erstausgabe viel zu ändern.[19]

---

17 F. Jacobi, Personalpolitik. Heute und morgen, Düsseldorf und Wien 1963, S. 144 f.

18 Ebd., S. 7 f., 20, 102, 125; s.a. v. Beckerath, Materialien zur Geschichte des Personalwesens, Bd. III - Bd. V (abgeschlossen im Jahr 1989, Ex. vorhanden im Bayer-Archiv).

19 P. Michligk, Innerbetriebliche Werbung um Mitarbeit. Ein Handbuch für die Praxis, Essen 1953 (Erste Aufl. um 1942). Guillen weist darauf hin, daß in der wissenschaftlichen Auseinandersetzung zum Thema Human Relations in Deutschland, anders als in USA oder Großbritannien, die katholische Soziallehre eine große Rolle spielte und vor allem Katholiken wie Guido Fischer, Wilhelm Kalveram oder Oswald v. Nell-Breuning dabei in den Vordergrund traten, während z.Z. der Weimarer Republik die Anhänger des „Scientific Management"

Eine Mischung aus Amerika- und Vorkriegsorientierung bezüglich der Personal- und Sozialpolitik läßt sich auch bei Glanzstoff beobachten, wobei auch dort Aspekte der Human Relations, die u.a. von Ludwig Vaubel aus den USA importiert wurden, sowie der Arbeitsforschung und der „Psychotechnik" der 20er Jahre, die ergänzend ineinandergriffen. Mit Kroeber-Keneth war Vaubel der Meinung, daß der „Begriff ‚Human Relations' einer übermäßigen Gefühlsbewertung entkleidet" und „zurück in die Sphäre der Sachlichkeit und der Zweckmäßigkeit, allerdings nicht einer rein nüchternen Zweckmäßigkeit, sondern einer menschlich gestalteten", geführt werden müsse.[20] Dies bedeutete auch für Glanzstoff, das Verhältnis zwischen Belegschaften und Management zu verbessern, das Vertrauen und die innerbetrieblichen Kommunikationsmöglichkeiten zu stärken, den Informationsfluß zu erhöhen sowie die Aus- und Weiterbildungsmöglichkeiten und die betrieblichen Sozialleistungen auszuweiten. Dabei bezog sich Vaubel ausdrücklich auf Vorbilder der Human Relations.[21] Verbindungen zwischen Human Relations Ideen und dem Gedankengut der 20er Jahre ergaben sich bei Glanzstoff durch die Neueinrichtung eines betriebspsychologischen Dienstes mit Hilfe des FORFA im Jahre 1949. Das FORFA gehörte, wie gezeigt, zu denjenigen Institutionen, die sich nach ihrer Gründung im Jahr 1945 stark an amerikanischen Vorbildern der Human Relations und des TWI sowie der Führungskräfteausbildung orientierten. Einer seiner Mitarbeiter, Gustav Spengler, wurde von der FORFA zu Glanzstoff entsandt und half dort beim Aufbau des werkspsychologischen Dienstes. Die Methoden der Mitarbeiterauswahl, der Eignungsbegutachtung, die Entwicklung eines „Anlagen- und Leistungsprofils" der Mitarbeiter, um „den richtigen Mann an den richtigen Platz" zu stellen, standen ganz in der Tradition der „Psychotechnik", die bei Glanzstoff in der Zwischenkriegszeit in der Form des „Bedeaux-Systems" praktiziert worden war.[22] Wolfgang E. Wicht, der nach dem Krieg zunächst als Pressereferent im Glanzstoff-Werk in Obernburg eine Anstellung fand, kam 1948 in das neugeschaffene Direktionssekretariat zur Hauptverwaltung nach Wuppertal, wo er seine Aufgabe darin sah, innerbetrieblich für Verständnis und Akzeptanz der neuen personalwirtschaftlichen und Human-Relations-Methoden zu werben. Er sah sich als Schüler und Botschafter Vaubels, über den er viele Informationen und Anregungen aus den USA erhielt, und für deren Umsetzung er ein entspre-

---

vornehmlich Protestanten waren. S. Guillen, Models of Management, S. 129. Eine intensivere Erforschung religiöser Motive in dieser Frage steht allerdings noch aus.

20 Vaubel, Unternehmer gehen zur Schule, S. 80.

21 Ebd.

22 W. E. Wicht, Glanzstoff, S. 213-218; ders., Interview, 3.2.1998; zum „Bedeaux-System", welches nach dem Amerikaner Charles Bedeaux benannt wurde, und zum Thema Psychotechnik s. K. Linne, ein amerikanischer Geschäftsmann und die Nationalsozialisten: Charles Bedeaux, in: Zeitschrift für Geschichtswissenschaft 44, 1996, H. 9, S. 809-826; M. Kipping, Institutions and the Evolution of Modern Business, in: Business History, Vol. 39, 1997, S. 73 ff.; P. Hinrichs; L. Peter, Industrieller Friede. Arbeitswissenschaften, Rationalisierung und Arbeiterbewegung in der Weimarer Republik, Köln 1976; P. Hinrichs, Um die Seele des Arbeiters. Arbeitspsychologie, Industrie- und Betriebssoziologie in Deutschland, Köln 1981.

chendes „positives Umfeld" bzw. „Klima" mitgestalten sollte, nicht zuletzt durch eine enge Zusammenarbeit mit dem Betriebsrat. Wicht hatte insofern eine doppelte Übersetzungsaufgabe und bewegte sich dabei im Raum zwischen Unternehmensleitung und Belegschaftsvertretern. Die neuen Methoden der Personalführung und der Human Relations konnten schließlich nicht verordnet oder als geplante Aktion in den Betrieben umgesetzt werden, sondern dazu bedurfte es eines intensiven Austauschs aller Beteiligten. Ein weiteres Problem bei Glanzstoff war, daß die Personal- und Sozialwirtschaft in den zahlreichen Einzelwerken – bedingt durch die historische Entwicklung – nach dem Krieg mühsam koordiniert und aufeinander abgestimmt werden mußte.[23]

Die Verschränkung von Human Relations und personalwirtschaftlicher Methoden in Anlehnung an Vorkriegstraditionen setzte sich in der Nachkriegszeit bei Glanzstoff in einem längerfristigen Diffusionsprozeß durch, an dem das obere und mittlere Management ebenso beteiligt war wie die Belegschaftsvertretungen. Amerikanische Einflüsse „schlichen sich eher unmerklich" ins Unternehmen ein, so Wicht, und selbst für Zeitgenossen war die vergleichsweise starke Amerikaorientierung im Vorstand von Glanzstoff kaum als Bruch zur bisherigen Unternehmenskultur wahrnehmbar. Dies war nicht zuletzt bedingt durch die Kompatibilität amerikanischer Human Relations-Ansätze mit den Methoden der Personalpolitik und der Psychotechnik der Zwischenkriegszeit.

Beim Hannoveraner Unternehmen Bahlsen war es vornehmlich Hans Bahlsen, der sich in der Nachkriegszeit ausführlich mit Fragen der Human Relations auseinandersetzte. Er verfaßte dazu auch einige Texte, die jedoch weniger für die Öffentlichkeit als vielmehr zum unternehmensinternen Gebrauch bestimmt waren. Hans Bahlsen war von Hause aus Techniker bzw. Ingenieur und hatte seit 1928 die technische Leitung des Unternehmens inne. Die Beschäftigung mit Human Relations-Fragen gehörte dementsprechend weniger zu seinem Ressort und war wohl vor allem auf einen Harvard-Business-School-Aufenthalt im Jahr 1954 zurückzuführen, bei dem er an einem Advanced Management Program teilnahm. Amerikareisen hatten bei Bahlsen Tradition, und auch Hans Bahlsen hatte bereits zu Beginn der 20er Jahre mehrere Amerikaaufenthalte absolviert. Vor seinem Harvard-Besuch war er zuletzt 1952 in den USA gewesen, wo er sich nicht nur mit technischen und ökonomischen Problemen auseinandergesetzt, sondern sich bereits intensiver mit Fragen der industriellen Beziehungen und mit der Rolle der Belegschaften und des Mitarbeiterverhältnisses im Unternehmen beschäftigt hatte. Dies faßte er in Texten u.a. zur Frage: „Wie ziehe ich mir zufriedene und tüchtige Mitarbeiter heran?" zusammen, wobei er davon ausging, daß fähige Mitarbeiter und unterstützende Führungskräfte keine „Ja-Sager" oder „Radfahrer" sein sollten, sondern verantwortungsvolle und mitdenkende Mitarbeiter.[24] Neben der richtigen Auswahl der Mitarbeiter

---

23 Interview W. E. Wicht, 3.2.1998.

24 Archiv Bahlsen AG, Veröffentlichungen von Mitarbeitern. H. Bahlsen, Wie ziehe ich mir zufriedene und tüchtige Mitarbeiter heran? (o.J.); ders., Reiseberichte Amerikareise 16.8.-10.10.1952.

widmete sich Hans Bahlsen auch der Frage der Gestaltung der Arbeitsbedingungen und beschäftigte sich mit Problemen des „Wohlbefinden(s) am Arbeitsplatz“, der „Bereitwilligkeit zur Zusammenarbeit“ und eines guten „Betriebsklimas“. Auch die Förderung der Kreativität der Mitarbeiter lag ihm am Herzen. Unbequeme Mitarbeiter mit guten Ideen hätten Anspruch auf ausreichende Bewegungsfreiheit und ein möglichst geringes Maß an Kontrolle und Überwachung. „Könner“, auch wenn sie Ecken und Kanten hätten, so Bahlsen, der hier möglicherweise an Kurt Pentzlin dachte, sollten von einem verantwortungsvollen „Betriebsführer“ großzügig gefördert werden. Dabei spiele der „good-will“ eine große Rolle. Der Begriff „Good-will“ entstammte dem Public-Relations-Jargon und meinte dort soviel wie „Schaffung von Vertrauen“. „Amerikanische Untersuchungen haben ergeben“, so Hans Bahlsen, „daß bei der richtigen Anwendung des ‚good-will‘ eine 30%ige Leistungssteigerung ohne Schwierigkeiten zu erreichen ist. Ich glaube nicht, daß in Europa diese Möglichkeiten von den amerikanischen stark abweichen“.[25] Man müsse nur den entsprechenden Mitarbeitern so viel Freiheit lassen, wie irgend möglich. Das bedeute schließlich auch, daß der Chef nicht immer alles selber machen müsse. Dazu seien Vertrauen und Offenheit notwendig. Schließlich sollten sich die Mitarbeiter ihrem Chef gegenüber „gewissermaßen als Gefolgsmann verbunden und verantwortlich fühlen“.[26] Überlegungen dieser Art, angereichert durch sprachliche Amerikanismen, finden sich in auffälliger Häufung nach Hans Bahlsens Harvard-Aufenthalt ab Mitte der 50er Jahre. Er setzte sich in dieser Zeit ausführlich mit amerikanischer Literatur auseinander, studierte Arbeiten von Henry Ford ebenso wie die Schriften Elton Mayos. Als gelernter Ingenieur war Bahlsen auf diesem Gebiet Autodidakt. Seine eigenen Texte sind eine Mischung aus pseudowissenschaftlichen Anmerkungen zur „Stellung des Menschen im Industrialisierungsprozeß“, zur Entwicklung des Menschen als „Einzelpersönlichkeit“ und „Gemeinschaftswesen“ und Verknüpfungen zu wissenschaftlich- industriesoziologischen Vorbildern. Zusammen mit seinen Beobachtungen in den USA ergeben sich daraus Vorstellungen einer betrieblichen Personalpolitik, die einerseits im Sinne der Human Relations die „Förderung der menschlichen Beziehungen“ und des „Teamwork“ zum Ziel hatten, andererseits sprachlich und damit auch mental der Rollenverteilung des „Betriebsführers“ und des „Gefolgsmannes“ verhaftet blieben.[27] In einem der letzten Texte vor seinem Tod im Jahr 1959 setzte sich Hans Bahlsen mit dem Thema „Teamwork“ auseinander, wobei seine Neigung für amerikanische Vorbilder deutlich zum Ausdruck kommt: „Die heutige, moderne Zusammenarbeit haben wohl die Amerikaner am besten ausgebildet und zu beachtlichen Erfolgen geführt.“[28] Während des Krieges seien die Deutschen zu sehr daran gewöhnt

---

[25] Ebd., H. Bahlsen, Leistungssteigerung durch „Good-Will“, 23.3.1957.

[26] Ebd., ders., Die Arbeit des Chefs (1958).

[27] Ebd., ders., Womit kann man die tätige Mitarbeit einer Belegschaft lenken und fördern? (Okt. 1957); ders., Theorie und Praxis im Betrieb (Okt. 1957); ders., Die Zusammenarbeit (Team- Work) (April 1958).

[28] Ebd., ders., Die Zusammenarbeit (Team-Work).

gewesen, Befehlen der Wehrmacht, der Partei oder anderen Organisationen zu gehorchen, wodurch die Entfaltung der Persönlichkeit und des Individuums „gehemmt und unterdrückt" worden sei. Jetzt seien neue Formen der Zusammenarbeit, eben des „Team-Works", gefragt. „Die Zeit des ‚Einmann-Betriebes' ist vorbei".[29]

Die Auslassungen Hans Bahlsens belegen einerseits die durch amerikanische Einflüsse beförderte Beschäftigung deutscher Unternehmer mit Fragen der Human Relations, andererseits die geringe Trennschärfe eines Konzeptes, welches für die jeweiligen Akteure scheinbar eher heuristischen Charakter hatte. Das schloß nicht aus, daß jeder unter Human Relations etwas anderes verstehen konnte, sei es in Anlehnung an die Werksgemeinschaftsideologie der 20er Jahre, sei es als positiv gewendetes Modell einer Zusammenarbeit zwischen Belegschaften und Unternehmensleitung im Sinne der Deutschen Arbeitsfront, sei es als unverbindliches Bekenntnis zu einem „gemeinschaftlichen Verantwortungsbewußtsein" wie bei Richard Freudenberg oder schließlich auch in Form einer ablehnenden Haltung wie bei Heinrich Nordhoff, welcher betonte, daß die Methode der Human Relations „kein Evangelium" und nicht so ohne weiteres auf deutsche Verhältnisse übertragbar sei, schließlich unterschieden sich die Deutschen in ihrer Mentalität deutlich von den Amerikanern, insbesondere durch ihre „tiefen Wurzeln und andere Wertbegriffe".[30] Eine geradezu poetische Definition von Human Relations stammt aus dem Jahr 1960 von Otto Neuloh, der jedoch statt des Human Relations-Begriffs von „menschlichen Verhaltensweisen im Betrieb" spricht. Neulohs Arbeit zeigt zudem, daß der Human Relations-Ansatz auch die deutsche industriesoziologische Forschung mitbeeinflußt hat. „Im Gegensatz zu den Randerscheinungen des betrieblichen Lebens", so Neuloh, „die in der sozialpolitischen Tradition der deutschen Industrie im Mittelpunkt des Denkens stehen, liegt der Problembereich der Human Relations mitten im Betrieb und läuft wie ein unsichtbarer Strom parallel zum Werksfluß, zu den Anordnungen der Werksleitung an die Belegschaft, zur Einführung von Neulingen, zu den Verhaltensweisen der Führungskräfte und zu den vielfältigen Formen der Zusammenarbeit im vertikalen und horizontalen Betriebsgefüge. Man könnte die Human Relations mit allem Vorbehalt mit dem Blutkreislauf im menschlichen Körper vergleichen, der ständig, von der Zentrale aus, dem Herzen, betrieblich gesprochen der Werksleitung, gereinigt werden und neue Impulse erhalten muß. Wo der Blutkreislauf erschwert oder unterbrochen wird (z.B. durch mangelhafte Information und Kommunikation, durch Anwendung unverstandener Ordnungsmittel, durch Mißachtung von Sozialnormen und Gewohnheiten im täglichen zwischenmenschlichen Verkehr oder durch Verletzung gesetzlicher oder kaufvertraglich festgelegter Rechte), dort ist das Aufgabengebiet der Human Relations, um soziale und betriebliche Krankheitserscheinungen zu erkennen

---

29 Ebd.

30 R. Freudenberg, Von der Verantwortung des Unternehmers (Referat 1949), in: Richard Freudenberg 80 Jahre, Weinheim 1972, S. 48; H. Nordhoff, Probleme der betrieblichen Menschenführung, in: Leibniz-Blätter, Juli 1955.

und nach Möglichkeit die daraus erwachsenen Schädigungen zu vermeiden."[31] Bei den Human Relations handelte es sich insofern um ein Querschnittsthema, daß zahlreiche Gebiete der Unternehmensentwicklung umfaßte und somit zu deren Unternehmenskultur maßgeblich beitrug. Dazu paßt schließlich eine Äußerung aus den 50er Jahren, die den Betrieb als soziales Gebilde verstand: „Die moderne Fabrik ist nicht nur ein Werk der Technik, sie ist auch ein zweites Heim für Millionen von Menschen."[32]

Vor dem Hintergrund der vagen und verschwommenen, z.T. einem persönlichen Ideologiemix entsprungenen Human Relations-Vorstellungen deutscher Unternehmer und der breit ausgelegten Definition Neulohs stellt sich nun die Frage, ob und wie entsprechende Maßnahmen in die betriebliche Praxis umgesetzt wurden. Im Unterschied zu Guillen, der keine Hinweise für die Implementierung von Human Relations-Techniken in deutschen Unternehmen sieht, soll nachfolgend gezeigt werden, daß diese sowie vergleichbare TWI-Programme sehr wohl zur Anwendung kamen, und zwar vor allem auf dem Gebiet der Meisterschulung, bei den Bemühungen um eine Verbesserung des Betriebsklimas in Form von neuen Aussprache- und Kommunikationsmöglichkeiten sowie durch eine effektivere Informationspolitik zugunsten der Mitarbeiter. Deren Einführung war jedoch keineswegs selbstverständlich und stieß oftmals auf erhebliche Akzeptanzprobleme, wie bereits das Beispiel von Glanzstoff zeigte, wo Wolfgang E. Wicht als Vermittler von Vaubels Vorstellungen erhebliches Verhandlungs- und Vermittlungsgeschick aufbringen mußte. Neben der unternehmensinternen Aufklärungsarbeit holte sich beispielsweise Bayer auch Referenten von außen, wie etwa Prof. Arthur Mayer von der Wirtschaftshochschule Mannheim, der vor leitenden Angestellten und Meistern das Konzept der Human Relations erläuterte. Mayer betonte, „daß die ganzen Bemühungen um die menschlichen Beziehungen in der Wirtschaft nicht eine Modetorheit sind, sondern daß dies die zentrale Gegenwartsaufgabe der Wirtschaft ist. Wer nur technisch und ökonomisch denkt, ist von gestern. Es ist dem einzelnen Unternehmen auch gar nicht anheimgestellt, ob es diese Dinge mitmachen will oder nicht. Wer sie heute nicht mitmachen will, muß es morgen tun. Die Bewegung zieht durch die ganze westliche Welt. Genau wie in der Technik die Kultur mit der schönen Form entstand, so entsteht innerhalb der Arbeitswelt in der Pflege des Menschlichen, in der Neuorientierung nach der Menschlichkeit das, was innerhalb der Zivilisation und Wirtschaft Kultur sein wird".[33] Doch trotz solcher Vorträge konnten viele Bayer-Manager mit dem Thema Human Relations nicht viel anfangen. Die geplante Einrichtung von Meisterkursen beispielsweise traf auf erheblichen Widerstand von Vorstandsmitgliedern und in den Ingenieurabteilungen, die mit diesem „Quatsch" nichts zu tun haben wollten. Dies hing zum einen damit zusammen, daß in den Vorstandsetagen der großen deutschen Chemieunternehmen – und somit auch bei Bayer – bis in die 60er Jahre hinein vornehmlich Che-

31 O. Neuloh, Der neue Betriebsstil, Tübingen 1960, S. 254 f.

32 N. Müller u.a., Das betriebliche Informationswesen, München 1954.

33 Archiv Bayer AG, 210 - 001, Vortrag Prof. Arthur Mayer (Wirtschaftshochschule Mannheim) (o.J.).

miker vertreten waren, deren „anderes Denken“ eine deutliche Distanz zu Fragen personal- und sozialwirtschaftlicher Art und damit auch zu Human Relations signalisierte. Hinzu kamen „Eigenständigkeitsbedürfnisse“ vor allem der technischen Abteilungen, die einer zunehmenden Einmischung der Personal- und Sozialabteilungen skeptisch gegenüberstanden, was nicht selten zu Kompetenzstreitigkeiten führte. Ähnliche Widerstände lassen sich auch in anderen Unternehmen beobachten, in denen traditionelle Pfade oder historisch gewachsene Strukturen zwischen einzelnen Abteilungen oder Werken nur schwer mit Hilfe neuer Denkmodelle durchbrochen werden konnten.[34]

Widerstände kamen schließlich auch von seiten der Belegschaftsvertretungen und der Gewerkschaften,[35] wobei nicht zufällig die innerbetrieblich und auch öffentlich geführte Diskussion über Human Relations, TWI, die Gestaltung des Mitarbeiterverhältnisses auf der einen und die Mitbestimmungsfrage auf der anderen Seite zwischen Anfang und Mitte der 50er Jahre einen vorläufigen Höhepunkt erreichte. Auch dabei spielten deutsche und amerikanische Traditionen und Einflüsse eine Rolle.

In den Berichten über ihre Amerikareisen hoben deutsche Unternehmer gerne das von ihnen beobachtete gute Verhältnis zwischen Arbeitern und Betriebsleitung hervor – wobei ihnen der durch den Betrieb laufende schulterklopfende Chef oftmals schon als ausreichender Beleg genügte –, nicht ohne gleichzeitig zu erwähnen, daß amerikanische Unternehmen die Einführung einer Mitbestimmungsregelung nicht für nötig hielten.[36] Schließlich werde die „Demokratisierung auch in den amerikanischen Betrieben bewußt gepflegt. Das Wichtigste hierbei ist der Klub des Betriebes. In den großen Betrieben stehen den Gefolgschaftsmitgliedern (sic!, C.K.) Klubhäuser zur Verfügung, die zum Teil geradezu großartig sind mit Golfplätzen, Tennisplätzen, Kegelbahnen und Schießplätzen usw.“[37] Der Hilfsarbeiter spiele Tennis gegen den Generaldirektor, „und bei Feierabend kommen in den Klubs 1000 bis 2000 Autos mit lauter fröhlichen Menschen angefahren und es ist unmöglich zu unterscheiden, ob es sich um den Direktor, einen Angestellten oder Arbeiter handelt“.[38] Die Darstellung des Betriebsklimas in amerikanischen Unternehmen, die Gestaltung der menschlichen Beziehungen zwischen Arbeitgebern und Arbeitnehmern sowie der betrieblichen Sozialeinrichtungen wurde von den deutschen Reisenden als geradezu paradiesisch dargestellt. Die Klassengegensätze im Unternehmen waren weitgehend verschwunden, die Beschäftigten vom Hilfsarbeiter bis

---

34 Interview P. G. v. Beckerath, 16.3.1998; Interview W. E. Wicht, 3.2.1998.

35 Die Rolle der Gewerkschaften wird an dieser Stelle nicht ausführlicher behandelt. Zum amerikanischen Einfluß, insbesondere zum Verhältnis der amerikanischen Besatzungsmacht zu deutschen Gewerkschaften in der direkten Nachkriegszeit s. M. Fichter, Besatzungsmacht und Gewerkschaften. Zur Entwicklung und Anwendung der US-Gewerkschaftspolitik in Deutschland 1944-1948, Opladen 1982, insbes. S. 244 ff.

36 Archiv Hüls AG, IV-6-62/2. Allgemeine Bemerkungen zu der USA-Reise Paul Baumanns im Mai/Juni 1957, Baumann 24.6.1957.

37 Betriebsführung durch Planung und Kontrolle (= RKW-Auslandsdienst, H. 51), S. 14.

38 Ebd., S. 14.

zum Generaldirektor „fröhlich“ und unbeschwert. Wozu brauchte es da noch Mitbestimmungsrechte für die Belegschaften?

Neben den individuellen Beobachtungen und Einstellungen zum Thema Mitbestimmung gab es im Vorfeld der Verabschiedung der Mitbestimmungsgesetze deshalb noch einmal deutliche Stellungnahmen der Arbeitgeber gegen eine solche gesetzliche Regelung, bei denen auch auf amerikanische Erfahrungen verwiesen wurde. In „Der Arbeitgeber“ vom 1.9.1950 wurde ein Ausschnitt aus Peter F. Druckers „Concept of the Corporation“ in deutscher Übersetzung abgedruckt, in dem es u.a. hieß: „Ohne eine einheitliche Betriebsleitung, die unter einer geschlossenen Autorität steht, die nach dem gleichen Erfolgsmaßstab arbeitet und die sich um den gleichen Brennpunkt der Loyalität sammelt, kann die Industrie einfach nicht funktionieren, in Sowjetrußland ebensowenig wie in Cleveland, Ohio.“[39] Drucker wurde im „Arbeitgeber“ also gleichermaßen als Kronzeuge für die Human Relations und gegen die betriebliche Mitbestimmung instrumentalisiert, die quasi als zwei Seiten der gleichen Medaille betrachtet wurden. Auf amerikanischer Seite konnten die deutschen Unternehmer auf Unterstützung zählen, da bereits die amerikanischen Besatzungsbehörden dem deutschen Mitbestimmungsmodell skeptisch gegenüberstanden. Zwar sollten endgültige Entscheidungen darüber einer zukünftigen deutschen Regierung überlassen sein und die im Rahmen der Entflechtung zustande gekommene Mitbestimmungsregelung von 1947 wurde von den Alliierten durchaus geduldet,[40] Vertreter der amerikanischen Politik und Wirtschaft standen diesem Modell jedoch weitgehend ablehnend gegenüber. So hatten Vertreter der OMGUS-„Manpower-Division“ in Berlin sich bereits erstmals 1948 mit dieser Thematik auseinandergesetzt. In einem von Charles E. Shaw für die „Manpower-Division“ verfaßten Bericht zum Thema „Human Relations in Industry“ sprach dieser sich dezidiert gegen die betriebliche Mitbestimmung und für die Anwendung von Human Relations- und TWI- Programmen in deutschen Betrieben aus. Shaw war „General Labor Counsellor“ der Standard Oil Company gewesen und arbeitete nach 1945 u.a. als „Technical Advisor“ für die International Labor Organization (ILO). Sein Bericht über deutsche „employee-management relations“ diente dem Ziel „to secure maximum production in relation to the European Recovery Program goods“ und führte ihn u.a. nach Bonn, Frankfurt am Main, München, Stuttgart und ins Ruhrgebiet, wo er ausführliche Gespräche mit Unternehmensleitungen und Belegschaften führte. Darüber hinaus gibt er in seinem Bericht eine aktuelle Lagebeurteilung sowie einen historischen Überblick über betriebliche Mitbestimmungs- und Kontrollfragen, wobei er auch ausführlicher auf die Traditionen seit der Russischen Revolution von 1917 und deren Folgen verweist. Die von deutschen Gewerkschaften der Nachkriegszeit geforderten Mitbestimmungsrechte wurden von Shaw als wenig erfolgversprechende Experimente abgelehnt: „we urged them not to embark on an experiment which history shows has no hope of succes. The

39 Zit. nach Der Arbeitgeber, 1.9.1950, S. 5.

40 Ausführlicher dazu s. G. Müller, Strukturwandel und Arbeitnehmerrechte. Die wirtschaftliche Mitbestimmung in der Eisen- und Stahlindustrie 1945-1975, Essen 1991, S. 134 ff.

present German economy cannot afford the strain of such an experiment. It was pointed out that it made no difference, theoretically, whether Germany eventually became a democracy with free labor and free enterprise, a co-operative state, a Socialist state or a Communist state. Industrial production should not be effective with divided management responsibility. General Clay has, on several occasions, said that the united Germany eventually can decide by the democratic process what form of economic system it shall have. The present paramount problem its production, and the united efforts of all Germans should be applied toward the primary objective for the immediate future".[41] Gleichzeitig lieferte Shaw in seinem Bericht Alternativvorschläge zur Gestaltung der industriellen Beziehungen unter Berücksichtigung des Ziels der Produktivitätssteigerung deutscher Unternehmen, die auf eine Umsetzung amerikanischer Human Relations- und TWI-Programme hinausliefen. „There is considerable interest among German industrialists in the American techniques of training developed during World War II which the Manpower-Division, OMGUS, is now making available. This is a program of foreman training designed to each foreman."[42] Neben dem Hinweis auf entsprechende TWI-Methoden ging der Bericht auf Fragen der Mitarbeiterschulung und -auswahl ein, auf Aspekte der menschlichen Behandlung von Beschäftigten sowie auf die Gestaltung einer offenen Arbeitsatmosphäre und der betrieblichen Kommunikationsmöglichkeiten im Sinne einer „open-door-policy".[43] Bei seiner Deutschlandreise war Shaw allerdings beeindruckt vom Besuch eines Stahlwerks im Ruhrgebiet und den dort praktizierten regelmäßigen Treffen zwischen Management- und Arbeitnehmervertretern, die aus seiner Sicht in vorbildlicher Weise die Diskussion betrieblicher Probleme und eines offenen Informationsaustausches ganz im Sinne guter „industrial relations" zeigten sowie „a major factor in the good relations and productive record achieved in the steel industry".[44] Was Shaw hier beobachtete, ohne es allerdings in seinem Bericht beim Namen zu nennen, war genau die Form der Montanmitbestimmung, die in der Eisen- und Stahlindustrie seit 1947 praktiziert wurde und die er selbst im gleichen Bericht, nur wenige Seiten zuvor, als wenig erfolgversprechend abgelehnt hatte. Im übrigen hatte eine deutsche Studiengruppe anläßlich einer RKW-Reise in die USA (nach Verabschiedung des deutschen Mitbestimmungsgesetzes) bemerkenswerte Parallelen zwischen den Aufgaben eines Personalmanagers in amerikanischen Betrieben, der sich vor allem Fragen der Human Relations, der Labor Relations, des Sicherheits- und Ausbildungswesens widmete, und denen eines deutschen Arbeitsdirektors, festgestellt: „Es ist bemerkenswert, wie sehr dieser Funktionskomplex (des Personalmanagers, C.K.) dem des Arbeitsdirek-

---

41 Hagley Museum and Library, Acc. No. 1412, Box 19, Office of Military Government for Germany (U.S.), Manpower Division, Human Relations in Industry, by C. E. Shaw, December 1948, S. 4 f.

42 Ebd., S. 6.

43 Ebd., S. 6 f., 10.

44 Ebd., S. 9.

tors in Deutschland gleicht, der hier erst in den letzten Jahren aufgekommen ist."[45] Auch wenn dieser Hinweis nicht als Gleichsetzung von Human Relations und Mitbestimmung verstanden werden darf, so zeigen sich doch Berührungspunkte, zumindest hinsichtlich der betrieblichen Aufgabenbereiche.

Daß die amerikanische Haltung in diesem Punkt nicht eindeutig war, zeigt auch die Aussage des MSA Business-Management-Spezialisten F. E. Scheven, der, in einer vergleichbaren Situation und mit dem Ziel der Unterstützung der Produktivitätssteigerung deutscher Unternehmen – allerdings einige Jahre später im Rahmen des ERP nach Verabschiedung des Betriebsverfassungsgesetzes –, auf der Anwendung desselben bestand und sich dabei gegen die Haltung der Unternehmensleitung durchsetzen mußte. Beim Besuch der Zigarettenfabrik „Muratti" im Februar 1953 sah Scheven sich mit einer Unternehmensleitung konfrontiert, die keine Notwendigkeit darin sah, Arbeitnehmervertreter in den Aufsichtsrat zu berufen. „I pointed out to them", so Scheven, „Section 6 of Paragraph 76 of the BVG of October 11th, 1952, and was able to convince them that they cannot deny their workers co-determination."[46]

Große Bedenken gegenüber der betrieblichen Mitbestimmung hatten demgegenüber amerikanische Großunternehmen und Verbände, die einen Machtzuwachs der deutschen Gewerkschaften befürchteten, der wiederum auf die amerikanischen Verhältnisse zurückzuwirken drohte. „This law is certain to have far reaching consequences in Germany, in Europe, and possibly in America. Never before has a nation, while rejecting Socialism, given such great powers to trade unions", so ein Report der NAM-„Mission to Germany" im Frühjahr 1951.[47] Die NAM beließ es jedoch nicht nur bei dieser Warnung, sondern mischte sich massiv in die deutsche öffentliche Diskussion um das Mitbestimmungsgesetz ein. Einen Tag vor der zweiten Lesung des geplanten Gesetzes im Bundestag veranstaltete die NAM, zusammen mit dem „National Foreign Trade Council" eine große Pressekonferenz in Bonn, bei der beide Organisationen vor den Folgen der Verabschiedung des Gesetzes warnten. Die betriebliche Mitbestimmung stünde der weiteren Entwicklung einer freien Wettbewerbswirtschaft in Deutschland entgegen, sei ein Schritt auf dem Weg zum Sozialismus, fördere die Monopolbildung und verhindere eine Effektivierung der Wirtschaft. Ein entsprechendes Statement wurde in den großen deutschen Tageszeitungen verbreitet. Die Tatsache, daß das Mitbestimmungsgesetz schließlich den Bundestag passierte, wertete die NAM als „Sieg der Linken" und als Niederlage der „Rechten" in Deutschland, deren einzig verbleibende Stimme sie, die NAM, sei: „The voice of the Right is practically dead in Germany ... The only expression from the Right was voiced by the NAM and the National Foreign Trade Council of

---

45 Produktivität in USA. Einige Eindrücke einer deutschen Studiengruppe von einer Reise durch USA (= RKW Auslandsdienst, H. 20), München 1953, S. 46.

46 N.A., R.G. 469. Mission to Germany. Office of Economic affairs. Program subject files, 1951-1953, EWT-EER, Scheven, Besuch Zigarettenfabrik Muratti, 20.2.1953.

47 Hagley Museum and Library, Acc. No. 1412, Box 19, NAM, Labor Participation in Management Germany, Report of the NAM Mission to Germany, March-April 1951, S. 1.

the U.S.A."[48] Daran seien die Alliierten aber selbst schuld, so die Analyse der NAM: „... practically every important businessman in Germany had joined the Nazi Party, voluntarily or otherwise. These men know that when they make a public statement they are called Nazis. We must remember that the Allies, until recently, were pushing the denazification-program, and supported the Left, including the SPD ... The net result is that the Left dominates the channels of communication in Germany".[49] Vor diesem Hintergrund sei eine Gesundung der deutschen Wirtschaft in den nächsten Jahren kaum zu erwarten. Dies liege nicht nur an den Gewerkschaften, sondern insgesamt an einem „psychological road block to greater productivity in Germany", von der sowohl die Einstellungen der Gewerkschaften wie auch der Unternehmer betroffen seien. Zwar anerkennten die Deutschen die Bedeutung des Privateigentums, aber „free, competitive capitalism is not understood, or is shunned by both management and labor".[50] Im Jahr 1951 zog die NAM aus diesen Überlegungen heraus die Konsequenzen im Sinne einer Stärkung der amerikanisch-deutschen Zusammenarbeit u.a. im Rahmen des USTA&P. „The initiative should come from the U.S. industry. In the crisis of our time, industry is the dynamic international force ... Meantime the world, and particularly Germany, looks to America for leadership. Manifestly, it should be given."[51]

Mit der Verabschiedung des Mitbestimmungsgesetzes war jedoch – zumindest hinsichtlich der Gestaltung der industriellen Beziehungen in Deutschland – die Übertragung des amerikanischen Modells der Human Relations und damit eine „Amerikanisierung" der Unternehmenskultur, wie sie von seiten der MSA, der Unternehmen und Verbände und schließlich auch von deutschen Unternehmern favorisiert worden war, weitgehend gescheitert. Als Ausdruck einer „German obstinacy" (Robert R. Locke) hatte sich demgegenüber ein in der korporatistischen Tradition stehendes, unter Einbeziehung der Gewerkschaften auf gesetzlichen Regelungen beruhendes „deutsches Modell" der industriellen Beziehungen durchgesetzt, welches den Belegschaften der Unternehmen weitgehende Mitbestimmungsrechte auch auf den Gebieten der Ausbildung, Entlohnung, Arbeitssicherheit und anderen Fragen der betrieblichen Sozialpolitik garantierte und somit weit über das amerikanische Modell hinausging.[52]

---

48 Ebd., S. 8.

49 Ebd.

50 Ebd., S. 10.

51 Ebd.

52 Zur betrieblichen Mitbestimmung s. u.a. H. Kotthoff, Betriebsräte und Bürgerstatus. Wandel und Kontinuität betrieblicher Mitbestimmung, München u.a. 1994; speziell zur Montanmitbestimmung G. Müller, Strukturwandel und Arbeitnehmerrechte. Die wirtschaftliche Mitbestimmung in der Eisen- und Stahlindustrie 1945-1975, Essen 1991; als frühe Studien s. E. Potthoff; O. Blume; H. Duvernell, Zwischenbilanz der Mitbestimmung, Tübingen 1962; T. Pirker; S. Braun; B. Lutz; F. Hammelrath, Arbeiter-Management-Mitbestimmung. Eine industriesoziologische Untersuchung der Struktur, der Organisation und des Verhaltens der Arbeiterbelegschaften in Werken der deutschen Eisen- und Stahlindustrie, für die das Mitbestimmungsgesetz gilt, Düsseldorf 1955.

Einen Zusammenhang zwischen der Mitbestimmungs- und der Human Relations-Diskussion in der Form zweier konkurrierender Modelle, von denen sich schließlich die deutsche Variante der Mitbestimmung durchsetzte, sahen auch die Zeitgenossen. Franz Goossens, Schriftleiter der Zeitschrift „Mensch und Arbeit" und als solcher auch Anhänger der Human Relations, schrieb im Jahr 1950: „Erst die sich zuspitzende Diskussion um das Mitbestimmungsgesetz brachte fast über Nacht die Human Relations in die Wirtschaftspresse und in die Überlegungen der Unternehmer."[53] Bereits drei Jahre später, also nach der Verabschiedung des Montanmitbestimmungsgesetzes und des BVG, urteilte Kroeber-Keneth: „Die enthusiastische Entdeckerfreude über den importierten, in vielen Farben schillernden und gewissermaßen zum Spielen einladenden Ball der Human Relations ist mittlerweile verrauscht."[54]

In der Tat hatte das amerikanische Vorbild innerhalb weniger Jahre seinen Modellcharakter verloren. Das hieß aber nicht, daß einzelne Bestandteile der Human Relations für deutsche Unternehmer nicht weiterhin von Interesse waren und schließlich auch in die betriebliche Praxis übernommen wurden. Insofern muß Kroeber-Keneths Aussage modifiziert werden, zumal auch die wissenschaftliche, vor allem die ökonomische und soziologische, Diskussion und Publikation des Themas Human Relations erst im Jahrzehnt zwischen Mitte der 50er und Mitte der 60er Jahre ihren Höhepunkt erreichte, wie auch das nachfolgende Schaubild zeigt.

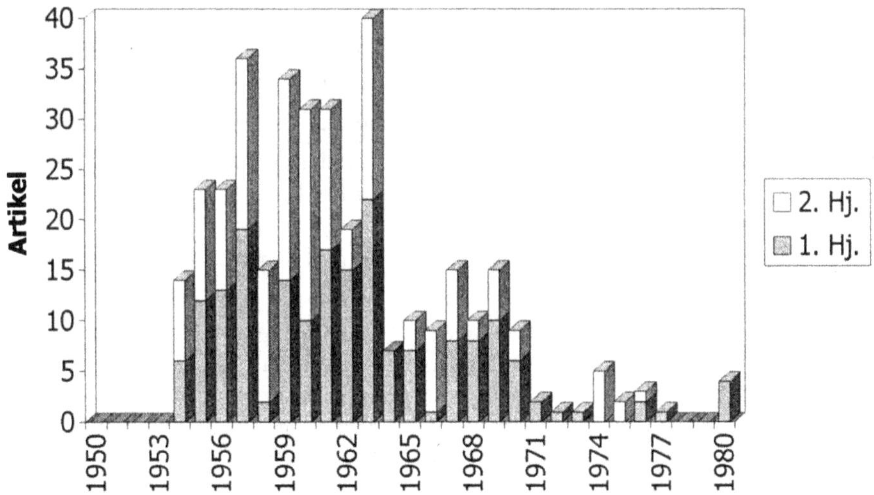

Veröffentlichungen zum Thema Human Relations
Quelle: Zusammenstellung aus IBZ 1950-1980.

Die praktische Anwendung von Human Relations in den Unternehmen konzentrierte sich zunächst auf Fragen, die auf der Basis formaler bzw. gesetzlicher Regelungen der

53 Zit. nach Kaste, Arbeitgeber und Humanisierung der Arbeit, S. 36.

54 Kroeber-Keneth, Menschenführung, S. 218.

Mitbestimmung nicht automatisch gelöst werden konnten. Dazu zählte die Gestaltung der Beziehungen der Meister zu seinen Mitarbeitern. Die Stellung der Meister in der betrieblichen Hierarchie zwischen Unternehmensleitung und Belegschaften warf immer wieder Autoritäts- und Kompetenzprobleme auf, so daß gerade auf diesem Gebiet eine Verbesserung der „menschlichen Beziehungen" und des „Betriebsklimas" gefragt war. Dies galt selbst für Unternehmen, die dem Montanmitbestimmungsgesetz unterlagen und in denen die Meister oftmals einen selbstherrlichen Ton an den Tag legten.[55] Dementsprechend zitierte Fritz Jacobi auch Peter F. Drucker mit dem Satz: „Die Meisterfunktion ist die Schlüsselstellung in der Industrie."[56] Bemerkenswert an diesem Satz ist nicht dessen inhaltliche Aussage, sondern die Bezugnahme auf Drucker, denn um zu dieser Erkenntnis zu gelangen, hätte es nicht des Hinweises auf den amerikanischen „Management-Guru" bedurft. Das Zitat zeigt jedoch einmal mehr die Amerikaorientierung, ja teilweise sogar die Amerikafixierung deutscher Manager, die letztlich davon ausgehen konnten, daß sich die Durchsetzung innerbetrieblicher Ziele mit dem Verweis auf amerikanische Vorbilder und Autoritäten leichter erreichen ließ. Konnten diese zudem noch durch eigene betriebliche Erfahrungen aus der Vergangenheit ergänzt werden, so war dies schon fast eine Erfolgsgarantie.

Bereits im Jahr 1950 war bei Bayer beschlossen worden, einen Versuch zur Einführung von TWI-Kursen zu starten. Dabei wurde nicht nur auf die amerikanische Herkunft des Programms verwiesen, sondern auch auf die „deutschen Vorarbeiten" dazu: „Ziel des TWI-Systems ist es, die Vorgesetzten, insbesondere die Meister und Vorarbeiter, mit den Methoden vertraut zu machen, wie sie ihre Untergebenen einfach und schnell in ihre Arbeit einweisen und sie menschlich richtig führen können."[57] Dazu sollten Lehrgänge zu Fragen der Menschenführung und der Arbeitsgestaltung durchgeführt werden. 1954 kam es dann zur Einrichtung von „Meister-Arbeits-Gemeinschaften", die sich in der Folgezeit zu einer ständigen Einrichtung der Fortbildung von Führungskräften weiterentwickelten. Ähnliche Programme unter Einbeziehung von Fragen der Human Relations und der innerbetrieblichen Weiterbildung des mittleren Managements

---

[55] Zu dieser Frage gibt es bislang kaum historische Untersuchungen. Lauschke spricht die Stellung der Meister in der Eisen- und Stahlindustrie im Zusammenhang mit dem betrieblichen Vorschlagswesen an in: K. Lauschke, Mobilität und Aufstieg in der Eisen- und Stahlindustrie nach dem Zweiten Weltkrieg, in: ders.; Th. Welskopp (Hg.), Mikropolitik im Unternehmen. Arbeitsbeziehungen und Machtstrukturen in industriellen Großbetrieben des 20. Jahrhunderts (Bochumer Schriften zur Unternehmens- und Industriegeschichte, Bd. 3), Essen 1994, S. 186-213, 189 ff.; s.a. Chr. Kleinschmidt, „Wir wollten im Betrieb nicht nur Befehlsempfänger sein." – Arbeitsbedingungen, Mitbestimmung und Mitgestaltung in der Eisen- und Stahlindustrie des Ruhrgebiets in den 1950er und 60er Jahren, in: Arbeiter und Unternehmer in der Hüttenindustrie an Saar und Ruhr. Innerbetriebliche Beziehungen im zeitlichen und regionalen Vergleich (kultur-dokumente 1, Arbeit und Kultur Saarland GmbH), 1995, S. 71-87.

[56] Archiv Bayer AG 737/740, Direktionsabteilung, Jacobi an Zwiste, 1.12.1954.

[57] Ebd., 210-001, Rundschreiben der Sozial- und Personalabteilung (Fritz Jacobi) an die Direktoren, 27.9.1950.

gab es auch in anderen Unternehmen wie Glanzstoff, VW, Henkel, Bahlsen, Continental etc.[58] Diese waren z.T. auch überbetrieblich organisiert wie etwa in Hannover, wo die erste Arbeitstagung des TWI-Arbeitskreises Hannover im Jahr 1952 von Hans Bahlsen eröffnet wurde, oder aber nach Branchenzugehörigkeit, wie das Beispiel des „Arbeitsring Chemie" zeigt. Dieser war aus den Meisterarbeitsgemeinschaften unterschiedlicher Chemieunternehmen aus der gesamten Bundesrepublik hervorgegangen und entwickelte sich schließlich zu einer bis in die Gegenwart hinein existierenden Management-Weiterbildungseinrichtung.

Continental orientierte sich an dem ausführlich bei Goodyear studierten „Supervisional Training", das jedoch nicht in allen Einzelheiten übernommen wurde. Die Stellung des Konferenzleiters, der Personalbedarf und die Länge des Programms waren aus Sicht von Continental auf die dortigen Verhältnisse nicht direkt übertragbar. Unter Vermeidung der „Nachteile des Goodyear-Systems" wurden bei Continental schließlich in Zusammenarbeit mit dem FORFA in einer „abgewandelten Übertragung" des amerikanischen Vorbilds regelmäßige „Meisterschulungen" eingeführt. Neben regelmäßigen Meisterbesprechungen, bei denen innerbetriebliche Probleme diskutiert wurden, richtete Continental Lehrgänge für den Meisternachwuchs mit Erfolgskontrolle und Beurteilung ein.[59]

So sehr bei der Einführung dieser TWI- bzw. Meisterkurse in den 50er Jahren auch amerikanische Einflüsse mitbestimmend waren, lassen sich andererseits auch wiederum deutsche Vorläufer aus der Zeit vor 1945 ausmachen, wie das Beispiel Bayer zeigt, worauf von Jacobi in den entsprechenden Kommissionssitzungen auch immer wieder hingewiesen wurde. So hatte die IG Farben bereits im Krieg im Werk Ludwigshafen sogenannte Meisterkurse eingerichtet, bei denen in kleinem Teilnehmerkreis Fragen der menschlichen Beziehungen im Betrieb besprochen wurden. Im Werk Leverkusen war zu Beginn der 40er Jahre eine Vortragsreihe für Bürovorsteher, Betriebsleiter und Meister zur „Nationalsozialistischen Menschenführung" sowie zur beruflichen Fortbildung ins Leben gerufen worden, die dann kriegsbedingt 1944 eingestellt werden mußte.[60]

---

58 Archiv Continental AG, 6500 Zg. 2/69 - A4. Bericht USA-Reise der Herrn Birn, Hahne, Otte und Voigt 19.8. - 16.9. bzw 6.10.1957; ebd., 6555 Zg. 1/85 - A3. Auswertung der in der Abt. 5220 durchgeführten Arbeitsunterweisung, 1.12.1960; Archiv AKZO, S 12-3, Fortbildungsseminare für Meister; Unternehmensarchiv der Volkswagen AG (vorm. Auto-Museum Volkswagen), Jahresberichte der Personalleitung 1947-1968, Jahresberichte 1953, 1960, 1963; Archiv Henkel, K 160, Betriebliche Ausbildung und Bildungsarbeit, 5.7.1960; Personal- und Sozialarbeit bei Henkel (Schriften des Werksarchivs 15), S. 51, 65; Blätter vom Hause, Okt. 1958, S. 11.

59 Archiv Continental AG, 6500 Zg. 2/69 - A4, Bericht USA-Reise der Herren Birn, Hahne u.a. 15.8.-16.9. bzw. 6.10.1957.

60 Archiv Bayer AG, 221/6, Sozialkommission 1947-1965, K 45, K 46, K 49, K 53; P. G. v. Beckerath, Monographien zur Geschichte des Personalwesens, Bd. III, Die Entwicklung der betrieblichen Fortbildung bei Bayer (Bayer-Archiv Unt. 149, S. 27 f.).

Die Meister-Arbeitsgemeinschaften und Weiterbildungskurse, die ab Mitte der 50er Jahre bei Bayer, Glanzstoff, Henkel, Bahlsen, Volkswagen u.a. eingeführt wurden, unterschieden sich allerdings, bedingt durch amerikanische Einflüsse, nicht nur inhaltlich, sondern auch der Form nach von ihren Vorgängern aus der Kriegszeit. Das gilt z.B. für den organisatorischen Rahmen, in dem die Arbeitsgemeinschaften stattfanden. Dabei spielte der Begriff des „Teamwork" eine zunehmend wichtige Rolle. Unter „Teamwork" oder „Gruppenarbeit" wurde in erster Linie die Mitarbeiterbesprechung in der Gruppe als „neue Methode der Menschenführung" verstanden, zu der sich Meister und Vorarbeiter zum Erfahrungsaustausch zusammenfanden. Die Mitarbeiterbesprechung sollte jedoch „keine Form der Mitbestimmung" sein, aber auch keine Dienstbesprechung, in der Vorgesetzte lediglich über ihre Pläne und Entscheidungen berichteten, sondern ein Forum für Meinungs- und Informationsaustausch, sie sollte Diskussionsmöglichkeiten bieten, um die Beziehungen zwischen Vorgesetzten und Mitarbeitern zu verbessern und die stärkere Ausnutzung der kreativen Potentiale der Beschäftigten zu fördern. „Initiative und Mitdenken kann man nicht befehlen", so hieß es in einem Papier über die Methode der Mitarbeiterbesprechung bei Continental. „Die Mitarbeiterbesprechung ist ein ständig zu benützendes Mittel zu ihrer Entfaltung und Erhaltung."[61] Indem dies in Form von „Gruppenarbeit" geschah, sollte sie ein Mittel zur Erhöhung der Arbeitszufriedenheit und des Betriebsklimas bieten und helfen, „den Typ des denkenden Mitarbeiters heranzubilden".[62]

Auch unterhalb der Meisterebene und des mittleren Managements gab es Versuche, durch „Aussprachestunden" die innerbetriebliche Kommunikation und das Betriebsklima zu verbessern, indem den Mitarbeitern eine Möglichkeit gegeben werden sollte, direkt gegenüber der Unternehmensleitung Probleme und Sorgen zu artikulieren, Vorschläge zu machen oder auch Kritik zu äußern. Aus unternehmerischer Sicht waren dies wesentliche Momente einer innerbetrieblichen Demokratie.

Bei Freudenberg wurde in diesem Rahmen Mitte der 50er Jahre etwa das Problem der „Halbstarken" oder der „Kontakt zwischen Meister und Arbeiter" innerbetrieblich diskutiert. Auch Themen wie „Gegenseitiges Vertrauen" oder „Was denkt der Arbeiter über seinen Betriebsführer" waren Gegenstand der Aussprachestunden.[63] Schon bald wurde jedoch in der Werkzeitung die Klage laut, daß sich an der „innerbetrieblichen Aussprache ... aktiv leider im wesentlichen nur Meister, Betriebsräte und einschlägige Sachbearbeiter" beteiligten. Auch bei Bayer war nur eine geringe Resonanz auf das An-

---

61 Archiv Continental AG, 6555 Zg. 1/85 - A3, Zum Thema Mitarbeiterbesprechung, 29.9.1959.

62 Ebd., Gruppenarbeit, 26.11.1958. Zu „Teamwork" s. z.B. Team-Work-Tagung von Freudenberg in Badenweiler v. 8.-9.8.1955, in: Archiv Freudenberg 3/03143; zu TWI s.a. Archiv AKZO S. 12-3.

63 Das Gespräch miteinander, in: Der Freudenberger 2, 1952, H. 6, S. 25 ff. Innerbetriebliche Aussprache in Schönau, in: Der Freudenberger 6, 1956, H. 3, S. 10 ff.

gebot der „Aussprachestunden“ zu verzeichnen, so daß das Projekt schließlich eingestellt wurde.[64]

Die Werkzeitung selbst wurde jedoch von den Unternehmen zunehmend als wichtiges Medium der Mitarbeiterinformation und der „Pflege menschlicher Beziehungen“ betrachtet. Auch auf diesem Gebiet konnten deutsche Unternehmen auf die Traditionen und Erfahrungen der Vorkriegszeit zurückgreifen, als insbesondere in Verbindung mit der Werksgemeinschaftsidee das Dinta die Verbreitung von Werkzeitschriften förderte. Gleichzeitig orientierten sich die Unternehmen in den 50er Jahren bei der Neugründung der in der Kriegs- und Nachkriegszeit zumeist eingestellten Blätter an amerikanischen Vorbildern. Die Themenbreite der Werkzeitschriften reichte schließlich von den bereits erwähnten Reiseberichten in die USA und andere Teile der Welt über technische und Personalinformationen aus den Betrieben bis hin zur Veröffentlichung von Freizeittips und Kochrezepten.

Das Spektrum der innerbetrieblichen Informationskanäle und -medien wurde in den 50er Jahren darüber hinaus sukzessive erweitert und umfaßte neben den Mitarbeitergesprächen und Fortbildungsseminaren sowie den Werkzeitschriften auch regelmäßig erscheinende Merkblätter und Informationsbroschüren. In einigen Unternehmen wurden zudem auch Filme zur Information der Mitarbeiter über die Grundlagen der Personalführung, der betrieblichen Mitbestimmung und der Gestaltung der Mitarbeiterverhältnisse gezeigt.[65] Auch in quantitativer Hinsicht erhielt die Mitarbeiterinformation in den folgenden Jahren neue Impulse. So erschienen etwa bei Bayer oder Hüls und anderen Unternehmen neben der Werkzeitschrift ab Ende der 60er Jahre spezielle Mitteilungsblätter für leitende Angestellte, und in den 70er Jahren wurden regelmäßige Informationsblätter für betriebliche Vertrauensleute, Publikationen für Führungskräfte sowie für junge und ausländische Mitarbeiter verteilt, ausgehend von der Überlegung, daß die ständig komplexer werdende Arbeitswelt nach ausführlichen Informationen verlange.[66]

All diese Bemühungen der Unternehmen zur Verbesserung der menschlichen Beziehungen im Betrieb, der Mitarbeiterinformation und -weiterbildung sowie des „Betriebsklimas“ standen seit den 50er Jahren unter dem Einfluß amerikanischer Vorbilder der Human Relations- und der TWI-Bewegung. Ihre Legitimation zur Durchsetzung innerhalb der Unternehmen bezogen sie zu einem Großteil nicht zuletzt aus dieser Tatsache. Die Übertragbarkeit auf deutsche Verhältnisse wiederum war zu einem nicht geringen

---

64 Innerbetriebliche Aussprache in Schönau, in: Der Freudenberger 6, 1956, S. 10 ff.; Unser Werk, H. 2, 1956.

65 Archiv Bayer AG, 210-001, Zum Film „Menschen im Werk“ 11.9.1957; Interview P. G. v. Beckerath, 16.3.1998. Bereits 1950 hatte es bei Glanzstoff einen Vorstandsbeschluß gegeben zur regelmäßigen Unterrichtung der Führungskräfte über die gesamtwirtschaftliche Entwicklung, über Fragen der Produktion, des Absatzes, der Belegschaftsentwicklung etc., Archiv AKZO B-0-21, Führungskräfte.

66 P. G. v. Beckerath, Monographien zur Geschichte des Personalwesens, Bd. V: Stufen der Ausweitung der Personalfunktion bei Bayer, S. 90 ff.; Reichlich Information für jeden Mitarbeiter, in: Blick vom Hochhaus, Sept. 1969.

Teil darauf zurückzuführen, daß die Unternehmen bereits in den 20er und 30er Jahren eigene Erfahrungen auf den Gebieten der Mitarbeiterinformation, der betrieblichen Ausbildung und der Gestaltung der industriellen Beziehungen gemacht hatten, an die sie in der Nachkriegszeit anknüpfen konnten und die – wenn sie von seiten der Unternehmer nicht sogar als „Re-Import" betrachtet wurden – eine hohe Kompatibilität mit den amerikanischen Managementmethoden aufwiesen. Gleichzeitig ergänzten sie die betriebliche Mitbestimmung, die auf gesetzlichem Wege ebenfalls Fragen der „industrial relations" regelte und den deutschen Belegschaftsvertretern weitaus mehr Mitsprachemöglichkeiten bot als ihren amerikanischen Kollegen. Da mit Hilfe von Gesetzen ein gutes Betriebsklima nicht verordnet werden konnte, boten hier Human Relations-Maßnahmen Gestaltungsspielräume zur Verbesserung der „menschlichen Beziehungen" im Betrieb. „Die Kunst der Menschenbehandlung", so hieß es gar bei Volkswagen, sei „die beste Art der Mitbestimmung."[67] Die Gewerkschaften verhielten sich demgegenüber sehr zurückhaltend und lehnten, wie bereits in den 20er Jahren, eine Gemeinschafts- und Partnerschaftsideologie ab, die sie nicht zuletzt als eine Konkurrenz zur betrieblichen Mitbestimmung sahen. Nach der Hochzeit der Human Relations-Diskussion im Umfeld der Verabschiedung der Mitbestimmungsgesetze spielte das Konzept – zumindest unter dem Begriff „Human Relations" – spätestens ab Mitte der 60er Jahre in deutschen Unternehmen wie auch in der wissenschaftlichen Öffentlichkeit kaum noch eine Rolle. Das Konzept der Human Relations hatte sich als „kaum exportables Produkt amerikanischer Wirtschaftskultur" (Heinz Hartmann) herausgestellt. Inhaltliche Grundlagen und Prinzipien der Human Relations-Diskussion überlebten aber in den darauffolgenden Jahren und tauchten in verändertem Gewand und in unterschiedlichen Zusammenhängen wieder auf.[68]

Anknüpfungspunkte bzw. Kontinuitäten lassen sich dabei etwa an der Frage eines „kooperativen Führungsstils" festmachen, bei der es ebenfalls um die Gestaltung des Mitarbeiterverhältnisses zwischen Management, Meistern und Belegschaften ging sowie um Fragen des Betriebsklimas, der „Teamarbeit", der Informationspolitik und der Weiterbildung von Führungskräften. Im Zuge der Neugestaltung der Personalpolitik und der Personalplanung galt schließlich das Prinzip der „Delegation von Verantwortung" als Instrument moderner Unternehmensführung, in deren Zusammenhang der Leiter der Hüls-Personalabteilung, Rolf Stöcker, auch noch Ende der 60er Jahre von einer „Harmonisierung der bestehenden betrieblichen Verhältnisse" und der „Verbesserung der menschlichen Beziehungen im Betrieb" sprach.[69] Das ist insofern bemerkenswert,

---

67 Unternehmensarchiv der Volkswagen AG (vorm.Auto-Museum Volkswagen), VW Information, Nr. 14, August 1953 (= Sonderheft: Die hohe Kunst des Verkaufens und des Umgangs mit Menschen), S. 78.

68 Zum Kontinuitätsaspekt der Human Relations s. Krell, Vergemeinschaftende Sozialpolitik u. Kaste, Arbeitgeber und Humanisierung der Arbeit.

69 R. Stöcker, Personalplanung als Instrument moderner Unternehmensführung, in: Lichtbogen 18, 1969, Nr. 153, S. 19, 22.

als in diesen Gedankengängen – bewußt oder unbewußt – zwei Denkschulen miteinander verknüpft werden, die ganz unterschiedlichen Traditionen entstammen, gleichwohl in der betrieblichen Praxis sich als kompatibel erwiesen. Die Formulierung „Verbesserung der menschlichen Beziehungen" steht als deutsche Variante der Human Relations ganz in der amerikanischen Tradition der Gestaltung der industriellen Beziehungen, während der Begriff der „Delegation von Verantwortung" dem Vokabular des „Harzburger Modells" entstammt, welches an der „Akademie für Führungskräfte der Wirtschaft" in Bad Harzburg gelehrt wurde. Die Harzburger Akademie für Führungskräfte war 1956 als Nachfolgeorganisation der 1946 ins Leben gerufenen „Deutsche Volkswirtschaftliche Gesellschaft" unter der Federführung von Reinhard Höhn gegründet worden und entwickelte sich rasch zu einer der führenden Einrichtungen auf diesem Gebiet. Das „Harzburger Modell" basierte im wesentlichen auf den von Höhn entwikkelten Vorstellungen der Menschenführung und Betriebsorganisation, die dann schlagwortartig als „Delegation von Verantwortung" und „Führung im Mitarbeiterverhältnis" weite Verbreitung fanden. Ausgehend von der Überzeugung, daß die traditionelle, auf Befehl und Gehorsam beruhende Methode der Betriebsführung in Deutschland mit zunehmender Unternehmensgröße, der Technikentwicklung und Arbeitsteilung nicht länger auf der Basis eines autoritären Führungsstils aufbauen konnte, konzipierte Höhn neue Formen der Personalführung und Unternehmensorganisation, wonach die Unternehmensleitung aus funktionalen und pragmatischen Gesichtspunkten heraus Verantwortung an das mittlere und untere Management delegieren sollte.[70] Höhn selbst stand ganz in der Tradition militärischer Führungsmethoden, mit denen er sich wissenschaftlich vor 1945 ausführlich auseinandergesetzt hatte.[71] Daß man Höhns Texten und Führungsmodellen nach 1945 diese militärische Tradition kaum noch anmerkt und die Begriffe „Delegation von Verantwortung" und „Führung im Mitarbeiterverhältnis" genauso populär waren wie der Begriff der Human Relations und, wie das Beispiel des Hüls-Personalleiters Stöcker zeigt, durchaus auch im gleichen Atemzug genannt wurden, spricht für die Flexibilität und Anpassungsfähigkeit Höhns sowie des gesamten Harzburger Modells, das eine Verknüpfung mit amerikanischen Methoden der wissenschaftlichen Betriebsführung durchaus erlaubte. Höhn selbst hob jedoch demgegenüber die deutsche Tradition seines Modells hervor, etwa indem er darauf hinwies, daß eine Führung mit Stäben, die in der Zeit nach dem Zweiten Weltkrieg häufig als Besonderheit amerikanischer Wirtschaftsorganisationen hervorgehoben würde, eigentlich auf

70 R. Höhn, Die Führung mit Stäben in der Wirtschaft, Bad Harzburg 1961; ders. Die Stellvertretung im Betrieb. Ein Führungs- und Organisationsproblem im modernen Unternehmen, Bad Harzburg 1964; ders. (Hg.), Das Harzburger Modell in der Praxis. Rundgespräch über die Erfahrungen mit dem neuen Führungsstil in der Wirtschaft, Bad Harzburg 1967.

71 Dazu ausführlicher R. Hickel, Eine Kaderschmiede bundesrepublikanischer Restauration. Ideologie und Praxis der Harzburger Akademie für Führungskräfte der Wirtschaft, in: M. Greiffenhagen (Hg.), Der neue Konservatismus der siebziger Jahre, Reinbek 1974, S. 108-154; Höhn hatte z.B. 1944 ein umfangreiches Werk zum Thema: Revolution – Heer – Kriegsbild, Darmstadt 1944 veröffentlicht.

deutsche Vorbilder zurückzuführen sei. Es sei nämlich in Vergessenheit geraten, „daß es sich bei der Stabsorganisation um typisch deutsches Gedankengut handelt, das sich die amerikanische Wirtschaft zunutze gemacht hat".[72] Auch bei Höhn taucht hier implizit das „Re-Import"-Argument auf, welches, wie bereits an anderen Beispielen gezeigt, für deutsche Unternehmer und Manager anscheinend ein wichtiges Element ihres Selbstbewußtseins in einer Zeit ausmachte, in der amerikanische Managementmethoden international dominierten und die eigenen, deutschen Traditionen und Erfolge kaum mehr gewürdigt wurden. Doch auch für Höhn schließt das nicht aus, daß das vermeintlich in der deutschen Tradition stehende Prinzip der „Delegation von Verantwortung" in Zusammenhang mit der Schaffung neuer Stabsstellen wie etwa des „Marketing" oder des „Operations Research" und dem Einsatz von Arbeits-„Teams" nach amerikanischem Vorbild neue Möglichkeiten der Unternehmensführung eröffnete.[73] Es spricht einiges dafür, das Harzburger Modell nicht allein mit Hinweis auf Höhns Vergangenheit im Nationalsozialismus zu betrachten, sondern auch auf die Kompatibilität der Harzburger Führungsgrundsätze mit amerikanischen Managementmethoden hinzuweisen, deren Akzeptanz gerade bei deutschen Unternehmern in der Nachkriegszeit auf diese Weise erklärt werden kann. Borkel weist darauf hin, daß es kaum Schwierigkeiten gibt, amerikanische Managementtechniken wie „Management by exeption" oder „Management by objectives" in „das Harzburger Modell einzufügen".[74] Die Methode des „Management by exeption" mit der Zielsetzung, obere Führungskräfte von Routineentscheidungen weitgehend zu entlasten und entsprechende Verantwortungs- und Entscheidungskompetenzen an das mittlere Management zu delegieren, was wiederum eine ausreichende Information der Mitarbeiter voraussetzt, sei schließlich auch „ein wesentlicher Bestandteil des Harzburger Modells".[75] Auch die „Führung durch Zielsetzung", so die deutsche Übersetzung des Begriffs „Management by objectives", bei der die Mitarbeiter nicht mehr ausschließlich Weisungen „von oben" und damit auch gleichzeitig die Arbeitsmethode vorgegeben bekommen, sondern bei einer bestimmten Zielvorgabe die Auswahl der Mittel und Methoden nur noch durch das Budget vorgegeben wird, finde sich vergleichbar im Harzburger Modell der „Führung im Mitarbeiterverhältnis" wieder.[76]

Vor diesem Hintergrund war das Harzburger Modell für viele deutsche Unternehmen attraktiv. Seit den 50er/60er Jahren entwickelte es sich zum meistverbreiteten Füh-

---

72 Höhn, Die Führung mit Stäben, S. 16.

73 Ebd., S. 21 ff.; auch im Rahmen eines Referates anläßlich eines Grundlehrgangs u.a. vor Continental-Führungskräften ging Höhn auf amerikanische Managementmethoden wie Human Relations, Public Relations etc. ein. S. Archiv Continental 6555 und 6556, Zg. 1/67. Akademie für Führungskräfte der Wirtschaft, Referat R. Höhn, Menschenführung in der industriellen Gesellschaft (1961).

74 W. Borkel, Amerikanische Management-Techniken und das Harzburger Modell, in: Harzburger Hefte, Nr. 5/6, 1969, S. 266-276, 266.

75 Ebd., S. 267.

76 Ebd., S. 270.

rungsmodell in der Bundesrepublik. Während 1956 in 19 Lehrgängen 381 Teilnehmer – zumeist des mittleren Managements – geschult wurden, waren es 1972 bereits 1399 Lehrgänge mit 29.495 Teilnehmern u.a. von Continental, Bayer, VW, Opel, Hoesch, Mannesmann, BMW, AEG.[77]

Bei Glanzstoff spielte das Harzburger Modell allerdings keine Rolle. Die militärische Tradition machte es für Vaubel wenig attraktiv. Das mag auch persönliche Gründe gehabt haben, da Vaubel während des Krieges u.k. gestellt worden war, so daß vor diesem Hintergrund nur wenig Anknüpfungspunkte bestanden.[78] Doch auch bei Unternehmen, die ihre Mitarbeiter zu Schulungen nach Bad Harzburg schickten, war das Modell nicht unumstritten. Gert Paul von Beckerath hielt es für eine „modische Erscheinung" ohne nachhaltige Wirkung und mit nur geringen Effekten auf die betriebliche Personalpolitik. Seiner Meinung nach spielte das Harzburger Modell bei Bayer vor allem deshalb eine Rolle, weil einige Vorstandsmitglieder und Abteilungen dahinter standen. Wie erfolgreich das Harzburger Modell insgesamt war, ist auch in der Wissenschaft umstritten. Eine Studie aus den frühen 70er Jahren kommt zu dem Ergebnis, daß die angestrebte Verhaltensänderung der Mitarbeiter in den untersuchten Unternehmen kaum nachzuweisen sei und das Modell weitgehend versagt habe.[79]

In der vorliegenden Untersuchung geht es jedoch zunächst darum, den Einfluß amerikanischer Managementmethoden auf die deutsche Unternehmensführung zu analysieren. Dabei bleibt festzuhalten, daß im Falle der Human Relations vor dem Hintergrund der betrieblichen Realität der 50er und 60er Jahre, maßgeblich beeinflußt durch die Mitbestimmungsgesetze, nur auf wenigen Gebieten (TWI, Meistergespräche, „Teamwork", Informationspolitik) amerikanische Vorbilder in deutschen Unternehmen von Bedeutung waren. Äußerungen von Unternehmern sowie schriftlich fixierte Unternehmens- und Führungsgrundsätze weisen darauf hin, daß die in den 50er und 60er Jahren geprägten Schlagworte der Human Relations wie auch des Harzburger Modells das unternehmerische Denken stark beeinflußt haben. Häufig lassen sich dabei die Wurzeln deutscher oder amerikanischer Managementmethoden kaum noch auseinanderhalten. So bedient sich selbst Ludwig Vaubel von Glanzstoff, wo das Harzburger Modell keine Rolle spielte, Ende der 60er Jahre des Begriffs der „Delegation von Verantwortung".[80] In den Führungsgrundsätzen von Bayer Mitte der 70er Jahre finden sich Formulierungen wie „Achtung vor Recht und Würde des Menschen", „Vertrauensvolle Zusammenarbeit", „Delegation von Sachaufgaben und Kompetenzen", „Information der Mitarbeiter"[81] etc., die sowohl Bestandteile des Human Relations wie des Harzburger Modells

---

77 R. Guserl, Das Harzburger Modell. Idee und Wirklichkeit, Wiesbaden 1973, S. 37; Hickel, Eine Kaderschmiede bundesrepublikanischer Restauration, S. 110 f.; Kaste, Arbeitgeber und Humanisierung der Arbeit, S. 64 f.

78 Interview W. E. Wicht, 3.2.1998.

79 Guserl, Das Harzburger Modell, S. 233.

80 Archiv AKZO, B 6-12-15, Referat Ludwig Vaubel beim ersten Betriebsrätegespräch in Schmallenberg, 10.11.1969.

81 Archiv Bayer AG, 210-001, 1961-1984, Führungsgrundsätze der Bayer AG 1974 bzw. 1979.

enthalten, dementsprechend für deren Austauschbarkeit sprechen und insofern auch Gertraude Krells Kontinuitäts- bzw. „Pendelbewegungs“-These einer „vergemeinschaftenden Personalpolitik“ stützen.[82] Festzuhalten bleibt jedoch auch, daß neben diesen Pendelbewegungen und trotz der Hinweise auf vermeintliche „Re-Importe“ amerikanischer Managementmethoden und der geringen Durchsetzungsfähigkeit des Human Relations-Modells diese im unternehmerischen Denken als Referenzgröße immer präsent waren – im positiven wie im negativen.

Rudimente der Human Relations-Diskussion lassen sich in einigen Bereichen auch noch in den 70er Jahren ausmachen, etwa im Zusammenhang mit dem unter der sozialliberalen Koalition initiierten Programm „Humanisierung der Arbeit“ (HdA) und dem „Teamwork“-Gedanken, wobei amerikanische Vorbilder jedoch immer stärker zurücktraten. Anregungen zu einer „humaneren“ Gestaltung der Arbeitswelt kamen vornehmlich aus Nord- und Westeuropa, und ihre Umsetzung in Form des HdA-Programms kann vielmehr als Teil des „Modell Deutschland“[83] betrachtet werden denn als Orientierung an amerikanischen Vorbildern. Im Reformklima der frühen 70er Jahre tauchte die Formulierung „Menschenwürde im Betrieb“ in der bundesrepublikanischen Diskussion u.a. anläßlich einer Veranstaltung der Hamburger Hochschule für Wirtschaft und Politik 1972 auf, bei der es um Konzepte gegen die „menschenunwürdige Fremdbestimmung und Monotonie in der industriellen Arbeitswelt“ und für eine Erweiterung der Handlungs- und Entscheidungsspielräume sowie neue Formen der betrieblichen Partizipation und Autonomie ging.[84] Die Bezeichnung „menschengerechte Gestaltung der Arbeit“ fand bei der Reform des BVG im Jahr 1972 Berücksichtigung. Dabei trafen sich wiederum zwei Traditionsstränge. Zum einen derjenige der deutschen Gewerbeordnungen seit Ende des 19. Jahrhunderts und der Arbeitsschutzgesetze, nach denen die Unternehmer verpflichtet waren, die Arbeitnehmer gegen die Gefahren für Leben und Gesundheit zu schützen. Zweitens flossen in die Gesetzesnovellierung die Erfahrungen betrieblicher Arbeitsgestaltung in Skandinavien (z.B. Volvo), in den Niederlanden und den USA zu Fragen der Erweiterung und Verselbständigung von Arbeitsaufgaben („job enlargement“ und „job enrichment“) sowie der Gruppenarbeit („Teamwork“) ein. Dabei spielten Überlegungen zur Problemlösung und Entscheidungsfindung in Gruppen, die Verbesserung der Kommunikation am Arbeitsplatz, die Ausschöpfung kreativer Mitarbeiterpotentiale und die verbesserte Zusammenarbeit zwischen Ingenieuren, Meistern und Belegschaften eine große Rolle, weshalb diese Methoden auch als „eine neue Vari-

---

82 Krell, Vergemeinschaftende Personalpolitik, S. 24.

83 Der Begriff „Modell Deutschland“ war ursprünglich für den sozialdemokratischen Bundestagswahlkampf 1976 geprägt worden und steht seitdem für das sozialdemokratisch-korporatistische Wirtschafts- und Gesellschaftsmodell der sozialliberalen Regierung vornehmlich der 70er Jahre. Siehe F. W. Scharpf, Sozialdemokratische Krisenpolitik in Europa. Das „Modell Deutschland“ im Vergleich, Frankfurt am Main, New York 1987.

84 D. Gottschall, Management optimal. Die Psychodynamik erfolgreicher Unternehmensführung, Berlin 1992, S. 10 f.

ante der Human Relations-Bewegung" (Fritz Vilmar) gedeutet wurden.[85] Im Unterschied zur Neo-Human Relations-Schule, wie sie etwa von Douglas McGregor oder dem englischen Tavistock-Institut vertreten wurde, spielte sich die deutsche Diskussion um neue Formen der Arbeitsgestaltung, der Partizipation und „Demokratisierung" der Arbeitswelt in den 70er Jahren unter starker Einbeziehung des Staates und der Gewerkschaften ab und mündete schließlich im Jahr 1974 in das vom Bundesministerium für Forschung und Technologie initiierte „Aktionsprogramm Forschung zur Humanisierung des Arbeitslebens", an dem sich auch Unternehmen wie Continental oder Volkswagen beteiligten.[86]

1975 richtete Continental in den Werken Stöcken und Korbach ein HdA-Projekt über „altersstabile Wicklerarbeitsplätze" ein, bei dem Mitsprachegruppen zur Problemlösung am Arbeitsplatz installiert und der Dialog zwischen Belegschaften und Unternehmensleitung nach dem Motto: „Gespräche auf allen Ebenen" geführt werden sollte.[87] Bei VW wurde auf freiwilliger Basis „teilautonome Gruppenarbeit" im Rahmen des HdA-Programms eingeführt, wobei diese Gruppen von der Materialbereitstellung über die Motorenmontage bis hin zu Kontrollaufgaben über zwei Jahre hinweg als neue Form der Arbeitsorganisation getestet wurden. Dabei ging es auch um Fragen der Ergonomie, der Arbeitszufriedenheit und der Mitarbeiterqualifizierung.[88]

Der Einfluß des Staates, die Nähe zur sozialliberalen Regierungskoalition, die Rolle der Gewerkschaften und der betrieblichen Mitbestimmung machten das HdA-Programm für Unternehmer wenig attraktiv. Sie wandten sich gegen umfangreiche Kollektivlösungen des Humanisierungsprogramms und verstanden unter „Humanisierung der Arbeit" in erster Linie Bemühungen zur Verbesserung der individuellen Arbeitsplätze und der Selbstverwirklichung des einzelnen Beschäftigten sowie betriebsbezogene produktivitätsorientierte Konzepte, die die Humanisierung einerseits und die Erhöhung der Wirtschaftlichkeit im Sinne einer partnerschaftlichen Regelung zwischen Arbeitgeber und Arbeitnehmer miteinander verknüpften.[89] Kurt Pentzlin sah in dem Programm zur Humanisierung der Arbeit und in den Experimenten zur Gruppenarbeit gar eine neue „Periode des Maschinensturms", in der, wie zur Zeit der Automatisierung

---

85 F. Vilmar (Hg.), Menschenwürde im Betrieb. Modelle der Humanisierung und Demokratisierung der industriellen Arbeitswelt, Reinbek 1973, S. 15 ff., S. 106; Gottschall, Management optimal; Kaste, Arbeitgeber und Humanisierung der Arbeit, S. 85 ff.; Th. Ellinger, Humane Gestaltung von Arbeitsplätzen in der industriellen Produktion, in: Humanisierung der Arbeitswelt, hg. von W. Kraus, Tübingen und Basel 1979, S. 163-197, 164.

86 Gottschall, Management optimal, S. 307 ff.; Gruppenarbeit in der Motorenmontage. Ein Vergleich von Arbeitsstrukturen (Schriftenreihe Humanisierung des Arbeitslebens, Bd. 3), Frankfurt am Main, New York 1980; M. Schumann, Gruppenarbeit und neue Produktionskonzepte, in: R. Seltz (Hg.), Entwicklung der Gruppenarbeit in Deutschland, Frankfurt am Main, New York 1993, S. 186-203.

87 Gottschall, Management optimal, S. 310.

88 Gruppenarbeit in der Motorenmontage, S. 24 ff., 40 ff.

89 Arbeitgeber und Humanisierung der Arbeit, S. 105, 114.

der 50er und 60er Jahre, wieder einmal der Versuch unternommen würde, das bewährte Prinzip der Fließarbeit zu beseitigen. „Richtig gestaltete Fließarbeit", so hielt Pentzlin dagegen, sei jedoch „eine Erholung". Im übrigen hätten die auf der deutschen Sozialgesetzgebung erzielten Arbeitsschutz-, Arbeitszeit- und Pausenregelungen bereits viel zu einer Humanisierung der Arbeit beigetragen.[90]

Amerikanische Leitbilder der Gestaltung der industriellen Beziehungen und der Human Relations, im Rahmen des USTA&P bis zu Beginn der 50er Jahre noch Teil des von den USA geförderten ERP-Programms zum Wiederaufbau der deutschen Wirtschaft und als solcher auch Ausdruck amerikanischer politischer und ökonomischer Interessen bzw. von Amerikanisierungsstrategien, verloren seit Ende der 50er Jahre in deutschen Unternehmen zunehmend an Einfluß. Auch wenn deutsche Unternehmer weiterhin an Managementmodellen einer unmittelbaren Kommunikation zwischen Unternehmensleitung und Belegschaften im Sinne einer „betrieblichen Partnerschaft" interessiert waren, so gestalteten die industriellen Beziehungen sich unter dem starken Einfluß gesetzlicher Regelungen und staatlicher Intervention, wie am Beispiel der Mitbestimmungsgesetze und des HdA-Programms gezeigt werden konnte. Damit waren sie zugleich ein wichtiger Bestandteil des „Modell Deutschland", das zur Zeit der sozialliberalen Koalitionsregierung seit Ende der 60er Jahre auch auf Unternehmensebene wirksam wurde. Hier zeigen sich durchaus strukturelle Begrenzungen des Managerhandelns, wie durch die kulturvergleichende Managementforschung deutlich wird. Die Verschiedenartigkeit der amerikanischen und deutschen, kulturellen und politischen Umwelt führte zu einer sehr unterschiedlichen Ausgestaltung der industriellen Beziehungen. Für die jüngere angloamerikanische unternehmenssoziologische und -historische Literatur sind die deutschen Mitbestimmungsmodelle und die korporatistischen Strukturen ein Beleg dafür, daß deutsche Unternehmen „nicht amerikanisiert" waren und seit den 70er Jahren gerade deshalb so erfolgreich seien. Von einem „mystique of authority in German companies" könne ebenfalls kaum die Rede sein, vielmehr gebe es einen technikorientierten deutschen Managementstil, der aufgrund gesellschaftlich-kultureller Traditionen zu einer Dominanz von Ingenieuren in den deutschen Führungsetagen geführt habe und der im internationalen Vergleich sehr erfolgreich sei.[91] Dies gilt selbst für einen Vergleich mit amerikanischen Managementmethoden, so spricht Robert R. Locke von einem „Collaps of the American Management Mystique", dessen ursprüngliche Vorbildfunktion er seit den 70er Jahren deutlich verblassen sieht. Demgegenüber sieht er in deutschen und japanischen Wegen der Unternehmensführung erfolgreiche Alternativen zum „american

---

[90] K. Pentzlin, Humanisierung der Arbeit, in: Industrial Engineering 4, 1974, S. 367-369, 368.

[91] P. Lawrence, Manager and Management in West Germany, London 1980, S. 99, 183. Dagegen sieht Berghahn trotz des „German Model" deutliche amerikanische Einflüsse im Bereich der Human Relations. S. Berghahn, The United States and the Shaping of West Germany's Social Compact, S. 131.

management way".[92] Warner und Campbell sprechen sogar von einem „German Model of Management".[93] Dieses Modell besteht, im Unterschied zum amerikanischen, im korporatistischen Weg der Einbeziehung von Arbeitgebern, Arbeitnehmern und Staat, wobei das deutsche Mitbestimmungsmodell eine hervorragende Stellung einnimmt. Eine „Germanization" des Managements biete deshalb auch Orientierungsmöglichkeiten für amerikanische Unternehmen.[94]

Am Beispiel der Adaption des amerikanischen Human Relations-Modells konnte jedoch auch gezeigt werden, daß zumindest einige Elemente dieser amerikanischen Leitbilder in deutsche Unternehmen einflossen und sowohl Kommunikations- bzw. informelle Strukturen, vornehmlich im Verhältnis zwischen Belegschaften und Vorgesetzten auf der unteren Managementebene der Meister und Vorarbeiter, und damit auch das Betriebsklima in den Unternehmen im Sinne des Mikropolitikansatzes beeinflußten. In Anlehnung an die Theorie der Strukturierung (Giddens) wurde deutlich, daß das Wissen und Handeln der Akteure über amerikanische Leitbilder der industriellen Beziehungen vor dem Hintergrund deutscher gesetzlicher Regelungen die unternehmerischen Strukturen gleichzeitig reproduzierte und veränderte. Amerikanische Leitbilder der Human Relations ergänzten auf diesem Wege die Gestaltung der industriellen Beziehungen in deutschen Unternehmen. Trotz einer „German Obstinacy" gegen eine stärkere Amerikanisierung auf diesem Gebiet kann von der Beibehaltung eines reinen „German Model of Management" mit Blick auf die Gestaltung der industriellen Beziehungen deshalb nur in eingeschränktem Maße gesprochen werden.

---

92 R. R. Locke, The Collapse of the American Management Mystique, New York 1996, S. 55.

93 M. Warner; A. Campbell, German Management, in: Hickson (Hg.), Management in Western Europe, S. 92 f.

94 Locke, Collapse, S. 101 ff., 250; D. Fairris, Shopfloor Matters. Labor-management relations in twentieth-century American manufacturing, London and New York 1997, S. 178 ff., geht auch auf deutsche Modelle der Mitbestimmung und Mitwirkung ein und sieht dort Nachahmenswertes auch für amerikanische Unternehmen. Hinter dieser jüngsten Beschäftigung anglo-amerikanischer Wissenschaftler mit korporatistischen Modellen und Vorbildern aus Europa und Deutschland verbergen sich sicherlich auch die politische Einstellung der Autoren in Reaktion auf die wirtschaftsliberale Politik in den USA. Sie geben insofern auf politischem Gebiet auch gewisse wissenschaftliche „Modetrends" wieder, so wie sie Kieser in seinem Aufsatz: Moden und Mythen, beschrieben hat.

2.4 Public Relations – Neue Wege der Öffentlichkeitsarbeit

„Public Relations ist weder Kunst noch Handwerk und ist so wenig ein Beruf wie Souffleur oder Zirkusdirektor ...“, so glaubte noch im Jahr 1959 ein Autor in der Zeitschrift „Die Absatzwirtschaft“ seine Leser aufklären zu müssen.[1] Tatsächlich herrschte bis in die 60er Jahre in der Bundesrepublik Unklarheit darüber, was unter „Public Relations“ zu verstehen sei. In Fachzeitschriften wurde betont, daß Public Relations weder mit Werbung noch mit „Publicity“ gleichzusetzen sei, wohl aber mit der „Meinungspflege“ in der Öffentlichkeit und der innerbetrieblichen Verbesserung des Betriebsklimas,[2] wobei letzteres eher auf eine Verwechselung mit dem Begriff „Human Relations“ hindeutet. Daß dies keine Ausnahme war und das Aufkommen zahlreicher neuer Amerikanismen zu Unklarheiten führen, zeigt das Beispiel des Mannesmann-Direktors Bungeroth, der den US-Repräsentanten Wagner im Jahr 1950 mit der Bitte anschrieb, ihm doch amerikanisches Informationsmaterial über „Public Relations“ zukommen zu lassen, „worunter man hier versteht die Aufklärung und Zusammenarbeit zwischen Manager und Belegschaft ... Ich glaube bestimmt, daß die Pflege der Beziehungen zwischen Leitung und Gefolgschaft außerordentlich wichtig ist“.[3] Der erste Leiter der Public Relations-Abteilung von Hüls, Hans Henning Kunckel, stellte zwar auch eine Beziehung zwischen „Public“- und „Human Relations“ her, doch sah er die Gemeinsamkeiten beider Konzepte in der Herstellung einer „Betriebsöffentlichkeit“ nach dem Motto: „Public Relations begins at home“, was für ihn bedeutete, daß eine erfolgreiche Public Relations nach außen durch eine „Human Relations“ nach innen ergänzt werden müsse.[4] Eine Gleichsetzung von „Human Relations“ und Public Relations“ war jedoch nach amerikanischem Vorbild ebenso unmöglich wie auf der anderen Seite das Auseinanderdividieren von Public Relations und Werbung oder eine strikte Abgrenzung zum Marketingkonzept.[5] Als ein aus den USA stammendes Konzept deutete sich jedoch bei seiner Rezeption in der Bundesrepublik in den 50er und 60er Jahre eine erhebliche Diskrepanz zwischen dem Verständnis, der Definition sowie der mangelnden Trennschärfe des Begriffs und den Erwartungshaltungen an, die mit dem Blick nach Amerika verbunden waren: „Mit dem Begriff ‚Public Relations‘ verbindet sich beim Amerikaner der Gedanke an eine neue, man kann sagen, revolutionäre Unter-

---

1 J. F. G. Grosser, Public Relations als geistige Verkaufsförderung, in: Die Absatzwirtschaft 2, 1959, S. 287-290, 287.

2 Ebd.

3 Archiv Mannesmann, M 40.099. Reiseberichte. K. Bungeroth an G. Wagner, 13.2.1950.

4 Archiv Hüls AG, VIII-15-1, Hans Henning Kunckel, Public Relations-Arbeit (1955).

5 F. H. Korte, Gute Public Relations fördern das Marketing, in: Der Volkswirt 16, 1962, Beilage zu Nr. 41, S. 54-56.

nehmerpolitik", wie es Luise Haselmeyer in der Zeitschrift „Mensch und Arbeit"[6] im Jahr 1950 ausdrückte. Das Neue und Revolutionäre bestehe in der Auseinandersetzung der Unternehmen mit ihrer politischen und sozialen Umwelt, sei es die Beziehung zu den Beschäftigten in Form der „Labor Relations", zu den Aktionären in Form der „Stockholder Relations", zu Regierungsstellen in Form der „Government Relations" u.a.[7]

Neu war dies jedoch nur in der Bundesrepublik. In den USA hatten Public Relations eine lange Tradition. Der Begriff „Public Relations" tauchte erstmals im Jahr 1897 im amerikanischen „Yearbook of Railway Literature" auf und spielte dann im Sinne einer Öffentlichkeitspolitik amerikanischer Unternehmen zu Beginn des Jahrhunderts sowie der Information der Öffentlichkeit durch die amerikanische Regierung im Ersten Weltkrieg eine Rolle, bevor er sich in den 20er Jahren als eigenständige Managementmethode amerikanischer Unternehmen herauskristallisierte. In dieser Zeit erschienen populäre Buchpublikationen, etwa von Edward L. Bernays, und Public Relations wurde in die Lehrpläne der Universitäten aufgenommen. 1927 wurde die „Boston University School of Public Relations" gegründet.[8] „In Deutschland haben wir eine ähnliche Entwicklung nicht zu verzeichnen",[9] so Carl Hundhausen, der als Pionier der Public Relations im deutschen Sprachraum gilt. Im Unterschied zu amerikanischen Unternehmen spielte die Gestaltung der Beziehung zur Öffentlichkeit bei deutschen Unternehmen bis in die 50er Jahre hinein eine viel geringere Rolle. Dementsprechend bereitete es den Zeitgenossen zunächst Schwierigkeiten, eine adäquate deutsche Übersetzung des Begriffs zu finden, wie bereits weiter oben in ähnlicher Weise am Beispiel des Human Relations-Begriffs gezeigt werden konnte. Während Franz Goossens eine deutsche Übersetzung für wünschenswert hielt, plädierte Adalbert Schmidt in einer Publikation Ende der 50er Jahre für die Beibehaltung des amerikanischen Originalbegriffs, da die deutschen Übersetzungen wie „Meinungspflege", „Öffentlichkeitsarbeit" oder „Vertrauenswerbung" nicht treffend seien.[10] Im Unterschied zu den Teilnehmern einer USA-Reisegruppe des RKW, die in ihrem Bericht darauf hinwiesen, daß der Public Relations-Begriff „aus einer völlig anderen als bei uns üblichen Auffassung von Demokratie entstanden" und deshalb nicht einfach zu übersetzen und zu übertragen sei,

---

6 L. Haselmeyer, Public Relations in USA, in: Mensch und Arbeit 2, 1950, S. 11.

7 Ebd.

8 E. Binder, Die Entstehung unternehmerischer Public Relations in der Bundesrepublik Deutschland, Münster 1983, S. 81 ff.; B. Heini, Public Relations. Die Vertrauenswerbung der Privatunternehmung. Mit besonderer Berücksichtigung amerikanischer Auffassungen und Methoden, Winterthur 1960, S. 8-21.

9 C. Hundhausen, Public Relations, in: Handwörterbuch der Sozialwissenschaften, Göttingen 1964, S. 653-658, 655.

10 F. Goossens, Betrieb und Umwelt. Public Relations, in: Mensch und Arbeit, 2, 1950, S. 10; A. Schmidt, Public Relations als unternehmerische Aufgabe in der Neuen und Alten Welt, Heidelberg 1959, S. 14.

ging Schmidt aufgrund seiner eigenen Amerikaerfahrungen davon aus, daß man sehr wohl „von der amerikanischen Wirtschaft und der geistigen Einstellung ihrer führenden Männer zu diesen Dingen lernen und ihre Methoden kopieren"[11] könne. Carl Hundhausen verhielt sich in dieser Frage zurückhaltender, plädierte jedoch in einem der ersten deutschsprachigen Bücher über Public Relations nach dem Zweiten Weltkrieg für ein neues unternehmerisches Verständnis von Öffentlichkeit in Orientierung an amerikanischen Vorbildern: „Die Unternehmung ist ein ‚Bürger'", so Hundhausen in Anlehnung an den amerikanischen Begriff des „corporate citizen", „sie ist ein guter oder schlechter Nachbar, sie beeinflußt das geistige, kulturelle oder wirtschaftliche Leben der Gemeinde, in der sie sich ihren Standort gesucht hat".[12]

Trotz dieser unterschiedlichen Definitionen und zahlreicher Unklarheiten im Umgang mit dem Public Relations-Begriff sowie der Übertragung dieser „neuen" Managementmethode auf deutsche Verhältnisse, war fast allen deutschsprachigen Publikationen zu diesem Thema die Überzeugung gemein, daß Public Relations „auch in Deutschland an Bedeutung gewinnen wird", wie es der erste Geschäftsführer der 1958 gegründeten „Deutschen Public Relations Gesellschaft e.V." (DPRG), Manfred Zapp, zum Ausdruck brachte: „Die Entwicklung in Amerika wird sich in Deutschland zwar nicht wiederholen, denn in Deutschland liegen die Verhältnisse ganz anders als in den USA. Aber Public Relations hat in Deutschland die gleichen Aufgaben zu lösen wie in Amerika, wenn auch mit anderen Methoden."[13] Die DPRG war eines jener Foren bzw. Mittlerorganisationen, die zu einer Verbreitung amerikanischer Managementmethoden in deutschen Unternehmen beitrugen. Ihre Gründungsmitglieder waren zu einem Großteil Fachleute und Praktiker aus großen deutschen Unternehmen und Verbänden, darunter Carl Hundhausen von Krupp als Erster Vorsitzender, Walter Bachem von Bayer, Harry Damrow von Hoechst, Heinz Schmidt von Daimler-Benz, Albert Oeckel vom DIHT, Friedrich Kleinlein vom BDI u.a.[14] Diese brachten einerseits ihre Erfahrungen dort ein und trugen umgekehrt die DPRG-Diskussionsergebnisse in ihre Unternehmen. Die Anwendung und Umsetzung der Public Relations-Methoden war dementsprechend nicht allein von den jeweils unterschiedlichen politischen und kulturellen Traditionen in den USA und der Bundesrepublik abhängig, sondern vor allem auch von den spezifischen Unternehmensverhältnissen. Carl Hundhausen als einer der „Pioniere" der Public Relations war nicht nur Theoretiker, sondern verfügte zugleich über langjährige in- und

---

11 Presse und Produktivität. Eindrücke einer deutschen Studiengruppe von einer Reise in USA (RKW-Auslandsdienst, H. 24), München 1954, S. 9; Schmidt, Public Relations als unternehmerische Aufgabe, S. 8.

12 C. Hundhausen, Werbung um öffentliches Vertrauen. „Public Relations", Essen 1951, S. 35.

13 M. Zapp, Vorwort, in: Public Relations heute. Der Mc Graw-Hill-Bericht, Bad Godesberg 1961.

14 E. Binder, Die Entstehung unternehmerischer Public Relations in der Bundesrepublik Deutschland, Münster 1983, S. 236 ff.

ausländische Unternehmenspraxis. Bei Krupp setzte er in den 50er und 60er Jahren, ausgehend von der jeweiligen Situation und zugeschnitten auf die Bedürfnisse des Unternehmens, viele seiner in den USA bereits in der Vorkriegszeit gesammelten Erfahrungen auf dem Gebiet der Public Relations um. Durch seine Tätigkeit in der DPRG und zahlreiche Publikationen wirkte er als Mittler und Multiplikator der Public Relations-Idee in Deutschland.

Hundhausen war 1893 geboren worden und trat nach der Volksschule ins väterliche Kolonialwarengeschäft in Essen ein. Noch vor dem Ersten Weltkrieg absolvierte er eine Schuhmacherlehre und arbeitete dann in der Kruppschen Schuhmacherwerkstatt. Nach dem Kriegsdienst übernahm Hundhausen eine Bürotätigkeit bei Krupp und studierte ab 1921 Betriebswirtschaftslehre in Köln, u.a. bei Eugen Schmalenbach. 1926 folgte ein erster, mehrjähriger USA-Aufenthalt, wobei er wertvolle Erfahrungen im Finanzgeschäft an der Wall Street sammeln konnte. Dort kam Hundhausen erstmals mit Public Relations-Methoden amerikanischer Banken in Berührung. Sein Kommilitone Willi Hillers, der Ende der 20er Jahre ebenfalls in die USA reiste, verpflichtete Hundhausen als Amerika-Kundenbeauftragten seiner Pfefferminzrollenfabrik. In dieser Funktion konnte Hundhausen seine Amerikaerfahrungen auf dem Gebiet der Werbung und der Public Relations nicht nur in die Unternehmenspraxis umsetzen, sondern diese auch durch einen zweiten Amerikaaufenthalt im Jahr 1937 sowie durch Kontakte zu anderen deutschen Unternehmen, wie z.B. Henkel, weiter ausbauen. In dieser Zeit erschien aus der Feder Hundhausens der erste deutschsprachige Beitrag zum Thema Public Relations.[15] In einem Aufsatz aus dem Jahr 1938 betonte Hundhausen, daß Public Relations „nicht gerade neu" in Deutschland seien, schließlich verfügten die großen Unternehmen seit längerem über Werbeabteilungen und Pressebüros. „Neu ist nur die isolierte Fragestellung überhaupt. Die Herausbildung einer einzigen Funktion und Aufgabe der Werbung, ja ihre zentrale Überordnung."[16] Doch dieser Aufsatz erschien zur falschen Zeit und mit dem falschen Titel. Die Nationalsozialisten, namentlich das Propagandaministerium und die „Deutsche Arbeitsfront", wandten sich mit dem Hinweis auf dessen amerikanische Herkunft und „demokratische Form" gegen den Begriff Public Relations.[17] Nationalsozialistische Propaganda und die Information der Öffentlichkeit im Sinne der Public Relations standen in einem diametralen Gegensatz zueinander. Letztere war Ausdruck eines demokratischen und pluralistischen Gesellschaftsverständnisses und hätte insofern auch als Reaktion auf die Abschließung, Isolation und Anonymität während des Nationalsozialismus verstanden werden können, wobei eine solche Interpretation der „Vertrauenswerbung statt Propa-

---

15 E.-M. Lehming, Carl Hundhausen: Sein Leben, sein Werk, sein Lebenswerk. Public Relations in Deutschland, Wiesbaden 1997, S. 1-32; Binder, Die Entstehung unternehmerischer Public Relations, S. 197 ff.

16 C. Hundhausen, Public Relations, in: ZfB 15, 1938, S. 48-61, 60.

17 Hundhausen, Public Relations, in: Handwörterbuch der Sozialwissenschaften, S. 655.

ganda" auch in den 50er Jahren die Ausnahme bildete.[18] Gleichwohl stellte die Zeit des Nationalsozialismus auch auf dem Gebiet der Öffentlichkeitsarbeit eine Unterbrechung dar und bot gleichzeitig in den 50er Jahren Bezugspunkte für Public Relations-Maßnahmen. Dies wird am Beispiel der Public Relations-Arbeit Hundhausens bei Krupp deutlich. Hundhausen übersprang quasi mental die Zeit des Nationalsozialismus und knüpfte an seine Amerikaerfahrungen aus der Zwischenkriegszeit an, wobei er von einer engen Beziehung zwischen Public Relations und Werbung ausging: „Die Werbung ist ein Mittel des Absatzes, sie soll verkaufen helfen; aber es entspricht nicht mehr der Auffassung unserer Zeit, in ihr in erster Linie ein Mittel der suggestiven Beeinflussung zu sehen. Die moderne Werbung hat die frühe Zeit der Entwicklung und der Marktschreierei längst überwunden, genau wie die moderne Heilkunde mit dem Hokuspokus mittelalterlicher Zauberer und Medizinmänner nichts mehr zu tun hat. Unsere Unternehmungen werben aber nicht nur um Vertrauen für ihre Erzeugnisse, um Vertrauen zu ihren Edelstählen oder Eisenbahnschienen, um Vertrauen für ihre Waren, die gegenständlich und greifbar sind, sondern diese Unternehmungen sind auch gut beraten, wenn sie, wie die amerikanischen Unternehmungen seit vielen Jahren, auch für sich selbst um Vertrauen werben."[19] Damit ist ein Bezug zur Öffentlichkeit über die Werbung hergestellt, der, basierend auf dem amerikanischen Verständnis von Public Relations, die deutsche Definition maßgeblich prägte. Im Anschluß an Hundhausen setzte sich in Deutschland ein Verständnis von Public Relations als „Werbung um öffentliches Vertrauen", „Gewinnung der Öffentlichen Meinung", „Meinungspflege" und „Öffentlichkeitsarbeit" durch.[20] Als Vertrauens- bzw. Imagewerbung unterschied sich Public Relations von der traditionellen Produkt- und Verkaufswerbung. Das Verständnis im Sinne einer „Vertrauenswerbung ist Generalstabsarbeit"[21] nach amerikanischem Vorbild setzte sich jedoch erst langsam und in einem mühevollen Prozeß in Deutschland durch und noch in den ersten Nachkriegsjahren beklagte sich Hundhausen, daß in Deutschland zwar auf dem Gebiet der Naturwissenschaften und der Technik Erfahrungen aus einem anderen Land ohne weiteres akzeptiert würden, nicht jedoch im wirtschaftlichen oder sozialen Bereich.[22] So kam ihm schließlich auch die Aufgabe zu, in Deutschland Public Relations für Public Relations zu machen, und das funktionierte am besten mit Hinweisen auf deren Bedeutung in den USA. Dort würden

---

18 H. E. Jahn, Vertrauen, Verantwortung, Mitarbeit. Eine Studie über Public Relations Arbeit in Deutschland, Oberlahnstein 1953, S. 97 ff.; Hundhausen, Werbung um öffentliches Vertrauen, S. 48 f.

19 C. Hundhausen, Werbung und Public Relations der Eisen- und Stahlindustrie in den Vereinigten Staaten von Amerika, in: Stahl und Eisen 70, 1950, S. 1050.

20 Hundhausen, Public Relations, in: Handwörterbuch der Sozialwissenschaften, S. 654.

21 E. Schmacke, Vertrauenswerbung – Ein Mittel der Geschäftspolitik, in: Der Volkswirt, Beiheft zu Nr. 43, 1966, S. 32-36, 32.

22 Hundhausen, Public Relations, in: ZfB 36, 1966, S. 76-94, 76; ders., Werbung und Public Relations in der Eisen- und Stahlindustrie in den Vereinigten Staaten von Amerika, S. 1049.

„ungeheure Summen“ für Public Relations ausgegeben und diese seien im übrigen nicht nur ein Anhängsel der Werbung, sondern eine „Top-Management-Responsibility“, wie Hundhausen den Leiter der PR-Abteilung der United States Steel Corporation zitiert.[23] Diese im Vergleich mit deutschen Unternehmen große innerbetriebliche Bedeutung der Public Relations versuchte Hundhausen auch auf Krupp zu übertragen, wohin er im Jahr 1941 nach seiner Tätigkeit bei Hillers zurückgekehrt war. 1944 avancierte er dort zum kaufmännischen Direktor der WIDIA-Fabrik, und weitere zehn Jahre später übernahm er die Abteilung „Presse und Werbung“, die direkt Alfried Krupp von Bohlen und Halbach unterstellt war. 1956 holte Berthold Beitz Hundhausen in seinen persönlichen Führungsstab. Die Unternehmensleitung von Krupp war sich der Bedeutung einer guten PR-Arbeit in der Nachkriegszeit bewußt. Hundhausens Amerikaerfahrungen aus der Vorkriegszeit, die Wiederaufnahme der US-Kontakte durch eine Amerikareise im Jahr 1949 und ein gutes Verhältnis zu den Besatzungsmächten waren dabei – trotz Hundhausens NSDAP-Parteimitgliedschaft seit dem 1.5.1933 – von Vorteil.[24] Ganz im Sinne seines Public Relations-Verständnisses als „Gewinnung der öffentlichen Meinung“ und „Werben um öffentliches Vertrauen“ fiel Hundhausen in der bei Krupp aufgewerteten Stellung der Abteilung „Presse und Werbung“ u.a. die Aufgabe zu, „dem Namen Krupp eine andere Bedeutung zu geben“. Dies war vor dem Hintergrund der Kriegsverbrecherprozesse, der Entflechtung sowie des 1953 abgeschlossenen „Mehlemer Vertrages“, der die Abtretung von Kohlezechen und Hüttenwerken aus dem Kruppschen Konzernverbund bis zum Jahr 1958 vorsah, – diese Regelungen brachten den Namen Krupp in den 50er Jahren immer wieder in negative Schlagzeilen – eine vordringliche Aufgabe der von Hundhausen geleiteten Public Relations-Arbeit. Damit bestätigt sich Heinis Einschätzung, daß die Anfänge der europäischen und damit auch der deutschen Public Relations zu einem Großteil in dem Bemühen lagen, „die amerikanische öffentliche Meinung für sich zu gewinnen“.[25] In zahlreichen Aktionen in Zeitschriften und anderen Printmedien in der Bundesrepublik, aber auch in Großbritannien und Frankreich, in Schulen und im Hörfunk warb Krupp um das nationale und internationale „öffentliche Vertrauen“. Dabei ging es darum, den Namen Krupp in Zusammenhang mit einem modernen deutschen Produktionsunternehmen zu präsentieren. Insbesondere in den USA investierte das Unternehmen erhebliche Summen für Anzeigenserien in Zeitschriften wie „Fortune“, „LIFE“ und „Newsweek“. Neben dieser spezifischen Public Relations als „Vergangenheitspolitik“[26] – der von Norbert Frei in Abgrenzung zur „Vergangenheitsbewältigung“ ge-

---

[23] Ebd., S. 1051.

[24] Lehming, Carl Hundhausen, S. 42-55, 72; Binder, Die Entstehung unternehmerischer Public Relations, S. 197 f.

[25] Heini, Public Relations, S. 22.

[26] N. Frei, Vergangenheitspolitik. Die Anfänge der Bundesrepublik und die NS-Vergangenheit, München 1996, S. 13 f.

prägte Begriff paßt hier insofern, als es in diesem Falle nicht um eine Politik gegenüber den Opfern, sondern um die Wiederherstellung des öffentlichen Ansehens der wenige Jahre zuvor von den Alliierten als Mittäter verurteilten Unternehmer und Unternehmen ging[27] – widmete sich Hundhausen dem alltäglichen PR-Geschäft. Dazu gehörte die Herausgabe der „Kruppschen Mitteilungen", die Unterstützung Krupp-freundlicher Publikationen wie Gert von Klass' „Die drei Ringe" und die Herstellung werbewirksamer Filme über das Unternehmen. Während diese Maßnahmen noch ganz in der Tradition der Kruppschen Presse- und Öffentlichkeitsarbeit standen – Fried. Krupp hatte bereits im Jahr 1893 ein „Nachrichtenbüro" eingerichtet –, beschritt Hundhausen in enger Anlehnung an amerikanische Leitbilder auch neue Wege der Public Relations. Auf seine Initiative hin veranstaltete Krupp das „Haus der offenen Tür" nach dem amerikanischen Vorbild des „open house" zunächst bei WIDIA, später auch in anderen Unternehmensbereichen, wobei einer breiten Öffentlichkeit Einblicke hinter die Unternehmensmauern gewährt wurden. In seiner Anzeigenwerbung orientierte sich Hundhausen ebenfalls an amerikanischen Vorbildern, insbesondere an der Kundenwerbung amerikanischer Banken. In seiner Pressearbeit bezog er sich auf amerikanische Leitfäden. Die Gestaltung amerikanischer Geschäftsberichte mit mehrfarbigen Umschlägen und Fotos von Fabrikanlagen, die einem modernen Magazin ähnelten und sich dabei von den deutschen, rein textorientierten und sachlichen Geschäftsberichten deutlich unterschieden, bezeichnete Hundhausen „vorbehaltlos als ein nachahmenswertes Vorbild".[28]

Als Werbung um bzw. Rückgewinnung des öffentlichen Vertrauens im In- und Ausland erscheint auch die Public Relations-Arbeit von Bayer zu Beginn der 50er Jahre. Auch Bayer konnte auf eine längere Tradition der Öffentlichkeitsarbeit zurückgreifen. Seit 1906 existierte ein „Nachrichtenbureau", und nach der Gründung der IG Farben wurde die Presse- und Öffentlichkeitsarbeit zentral von der Wirtschaftspolitischen Abteilung in Berlin geleitet. Nach dem Krieg übernahm zunächst das „Handelspolitische Büro" ab 1949 als Übergangslösung die Aufgaben der Presse- und Öffentlichkeitsarbeit, bevor ab 1959 in der „Volkswirtschaftlichen Abteilung" unter der Leitung des DPRG-Gründungsmitglieds Walter Bachem u.a. Aufgaben der Public Relations, der Pressearbeit und der Marktforschung bei Bayer zusammengefaßt wurden.[29] Auch wenn Bayer auf diesem Gebiet also auf langjährige Erfahrungen zurückgreifen konnte, so orientierte sich das Unternehmen gerade in der Übergangszeit der frühen 50er Jahre häufig an amerikanischen Vorbildern

---

27 S. dazu auch S. J. Wiesen, Overcoming Nazism: Big Business, Public Relations, and the Politics of Memory, 1945-1950, in: Central European History, vol. 29, no. 2, S. 201-226. Wiesen zeigt dies am Beispiel der Schwerindustrie und der Rolle August Heinrichsbauers.

28 Hundhausen, Public Relations der Eisen- und Stahlindustrie in den Vereinigten Staaten von Amerika, S. 1054; s.a. Lehming, Hundhausen, S. 55 ff., 72 ff., 202-227.

29 Binder, Die Entstehung unternehmerischer Public Relations, S. 223 ff.

der Public Relations. Ein Informationsbrief zu diesem Thema aus dem Jahr 1950 vermittelte dem Bayer-Direktorium zusammenfassend die Ergebnisse einer amerikanischen Studie über PR-Arbeit in Großbetrieben. Auch hinsichtlich der Gestaltung der Beziehungen zu den Aktionären lagen dem Bayer-Direktorium amerikanische Informationen vor.[30]

Als IG Farben-Nachfolgeunternehmen hatte Bayer in den 50er Jahren ähnliche Probleme wie Krupp, auf ausländischen Märkten, insbesondere in den USA, wieder Fuß zu fassen. Der Vertragsabschluß mit Schenley 1949 und die mangelnde Bereitschaft anderer und vor allem bekannterer amerikanischer Unternehmen zu einer Zusammenarbeit mit Bayer hatten dies noch einmal bestätigt. Dementsprechend bestand auch bei Bayer der Bedarf nach einer effektiven Public Relations-Arbeit als Vergangenheitspolitik. Dies betraf zum einen die Warenzeichenfrage und reichte bis in die Zeit nach dem Ersten Weltkrieg zurück. Der Identifikations- und Wiedererkennungseffekt eines Warenzeichens war für ein weltweit operierendes Unternehmen wie Bayer ein wichtiger Bestandteil der Öffentlichkeitsarbeit und insbesondere nach dem Zweiten Weltkrieg ein Mittel zur „Meinungspflege“ und zur „Werbung um öffentliches Vertrauen“, da etwa der Bayer-Schriftzug und das Bayer-Kreuz an die Tradition und die Erfolge des Unternehmens aus der Zeit vor der IG Farben erinnerten.

Nach dem Ersten Weltkrieg war die Leverkusener Tochtergesellschaft Bayer Co. Inc., New York, auf deren Namen die amerikanischen Warenzeichen, also Firmenname und Bayer-Kreuz, registriert waren, von den Amerikanern beschlagnahmt und an die amerikanische Firma Sterling Products Inc. verkauft worden. Nach mehrjährigen, z.T. schwierigen Auseinandersetzungen und Vertragsverhandlungen in den 20er Jahren, kam es schließlich zu einer Verständigung und Zusammenarbeit zwischen Bayer und Sterling, die die weltweite Nutzung der Bayer-Warenzeichen regelten. Im Jahr 1941 erklärte das amerikanische Justice Department dann sämtliche Verträge zwischen Sterling und Bayer für nichtig, was zur Folge hatte, daß Bayer in großen Teilen der Welt, inclusive des amerikanischen Marktes, seine Warenzeichen nicht mehr benutzen konnte. Im Jahr 1955 entschied sich Bayer, seine Warenzeichen-Ansprüche in den USA gerichtlich klären zu lassen, scheiterte jedoch mit seiner Klage und verzichtete schließlich auf den Gebrauch der Bayer-Warenzeichen in den USA. In anderen Ländern hingegen konnte sich Bayer mit seinen Forderungen auf dem Rechtsweg gegen Sterling durchsetzen, was dazu führte, daß Sterling bis auf die USA und einige weitere Ausnahmen im Jahr 1970 die Benutzung des Namens Bayer und das Bayer-Kreuz aufgab.[31] Neben der gerichtlichen Auseinandersetzung kam es auch zu einer persönlichen Kontaktaufnahme zwischen dem Bayer-Vorstandsvorsitzenden Kurt Hansen und dem Sterling-Präsidenten, die auf dieser

[30] Ebd., S. 226 f.

[31] Archiv Bayer AG, 1/6.6.36, Baum, Geschichte der Pharma, S. 59-82, Interview K. Hansen, 24.10.1997.

zwischenmenschlichen Ebene zu einer Klimaverbesserung zwischen den Unternehmen führte. Wie im Falle Schenley betont Hansen auch hier die Bedeutung der persönlichen Beziehungspflege neben den rein formalen Unternehmensbeziehungen.[32] Mit der Rückgewinnung der Warenzeichen war eine wichtige Hürde auf dem Weg zu einer weltweit operierenden Public Relations-Arbeit genommen.

Auch mit der Rolle als IG Farben-Nachfolgeunternehmen tat sich Bayer in der Nachkriegszeit zunächst schwer. Als im Jahr 1954 die Washington-Post eine Beilage über die deutsche Chemieindustrie plante und den Bayer-Vorstandsvorsitzenden Haberland um einen Artikel bat, lehnte dieser mit dem Bedenken ab, daß ein solcher Artikel nicht von einem Mitarbeiter von Bayer oder auch anderen IG Farben-Nachfolgegesellschaften verfaßt werden sollte, da dadurch die Stimmung der amerikanischen Öffentlichkeit gegenüber den Deutschen weiter verschlechtert werden könnte.[33] In diesem Zusammenhang kam es zur Kontaktaufnahme zwischen Bayer und der amerikanischen Julius Klein Public Relations Inc., wobei über entsprechende PR-Maßnahmen zur Darstellung von Bayer in der amerikanischen Öffentlichkeit gesprochen wurde. Die PR-Firma Julius Klein vertrat auch andere deutsche Firmen in den USA mit dem Ziel, deren dortiges Image zu verbessern. Klein war während des Zweiten Weltkriegs unter General Marshall an der Ausarbeitung eines „Combat Public Relations-Plan“ als Gegenmaßnahme zur Goebbelsschen Propaganda beteiligt gewesen und hatte auch nach dem Krieg zunächst beim Militär gearbeitet, bevor er eine eigene Firma gründete und in den 50er Jahren auch auf politisch-diplomatischem Gebiet tätig war, z.B. als Vermittler zwischen Adenauer und Ben-Gurion sowie zwischen deutschen und amerikanischen Politikern und Unternehmen. In den 60er Jahren war Klein dann in verschiedene Affären in den USA verwickelt, die seinem Ansehen erheblich schadeten und zum Abbruch der Beziehungen von seiten der deutschen Unternehmen, darunter auch Bayer, führten.[34]

In der Zwischenzeit jedoch bot Klein Bayer seine Dienste an und riet dem Unternehmen Mitte der 50er Jahre, eine umfangreiche Pressekampagne in den USA zu starten, um so das „öffentliche Vertrauen“ der Amerikaner zu gewinnen. Dabei sollte Bayer auf seine langjährigen Erfahrungen und Traditionen auf dem Gebiet der modernen Chemie verweisen. Klein versorgte Bayer mit Informationen der amerikanischen Presse und Öffentlichkeit über das Ansehen der deutschen Chemieindustrie sowie speziell der IG Farben-Nachfolgegesellschaften in den USA und schaltete sich darüber hinaus auch in den Warenzeichenkonflikt mit Sterling ein.[35] Klein ermunterte die Bayer-Geschäftsleitung bis Mitte der 60er Jahre immer wieder zu

---

32 Interview K. Hansen, 24.10.1997.

33 Archiv Bayer AG, 81/2.7.1, Knauff an M. Jacobson/Julius Klein Public Relations, 15.11.1954.

34 Archiv Bayer AG, 302-0571, Julius Klein Public Relations Inc., WDR-Interview Monitor v. 21.10.1966.

35 Ebd., 81/2.7.1, Protokoll der Sitzung in den Räumen von Julius Klein, New York, 7.4.1955 mit Vertretern von Bayer u. Julius Klein Public Relations Inc.

einem stärkeren Engagement in Imagefragen gegenüber der amerikanischen Öffentlichkeit – nicht zuletzt auch aus Eigeninteresse an einer PR-Beratung – mit dem Hinweis, daß „... die Tendenz der amerikanischen öffentlichen Meinung immer zugleich die Wirtschaftsinteressen Deutschlands in den Vereinigten Staaten und – als logische Folge – in der Welt beeinflußt“.[36]

Somit war Bayer nach dem Krieg im doppelten Sinne auf ein gutes Verhältnis zu den USA angewiesen. Das Unternehmen wollte nach dem Krieg wieder auf dem amerikanischen Markt Fuß fassen und war dabei als IG Farben-Nachfolger auf das amerikanische „öffentliche Vertrauen“ angewiesen, das es mit Hilfe eines amerikanischen PR-Beraters herzustellen versuchte.

In der Zwischenzeit hatte Bayer bereits gehandelt. Schließlich konnte das Unternehmen nicht erst auf die Rückgabe des Bayer-Kreuzes warten. Zwischen Mitte der 50er und Mitte der 60er Jahre startete Bayer eine PR-Offensive, die allerdings nicht allein auf den direkten Einfluß Kleins zurückzuführen ist, sondern teilweise auch an eine Werbekampagne der 30er Jahre anknüpfte. Unter dem Begriff der „Vertrauenswerbung“ faßte der Vorstand Mitte der 50er Jahre den Beschluß, auf nationaler wie internationaler Ebene den Namen Bayer wieder stärker in der Öffentlichkeit zu präsentieren, da die Bedeutung des Bayer-Kreuzes „langsam verblaßt“. Im Unterschied zu der Vertrauenswerbung der Jahre 1936-1938 umfaßte die neue Kampagne nicht nur den Pharmabereich, sondern auch die Produktgruppen Chemikalien, Fasern, Farben, Pflanzenschutzmittel und Foto. In Tageszeitungen, Illustrierten, Wochen- und Monatszeitungen plazierte Bayer Anzeigen und warb in Rundfunk und Fernsehen mit den Leistungen der „modernen Chemie“ und deren Nutzen für den Verbraucher. Mitte der 50er und Mitte der 60er Jahre ließ Bayer „Image-Studien“ erstellen, um die Einstellung der Bevölkerung zu den Bayer-Produkten und den Bekanntheitsgrad des Unternehmens zu analysieren. Mit dem Ergebnis konnte Bayer zufrieden sein. Nach Volkswagen und Krupp war es 1966/67 das bekannteste deutsche Unternehmen, wobei Bayer weitgehend als Pharmaproduzent identifiziert wurde.[37]

Volkswagen hatte, nicht zuletzt aufgrund der amerikanisch beeinflußten Kundendienst-Erfahrungen Nordhoffs, schon frühzeitig auf seine Image-Pflege gesetzt. Dabei setzte das Unternehmen nicht nur auf den „Korpsgeist“ seiner Mitarbeiter, insbesondere der Vertreter und Händler, sondern achtete auch besonders auf sein äußeres Erscheinungsbild, auf Ordnung und Sauberkeit in den Werkstätten, auf die Fassadengestaltung der Unternehmen und Werkstätten, auf einheitliche Farbgebung – die Volkswagen-Werkstatt sei schließlich die „Visitenkarte des Werks“ – auf die

36 Ebd., 302-0571, Brief Klein an Hansen, 5.1.1962.

37 Archiv Bayer AG, 167-009-010. Bayer. Im Vertrauen der Welt (1956); ebd., 700-0372.1 zu Bayer Image-Studie 1966/67.

Präsentation des Firmenzeichens sowie die Gestaltung von Katalogen, Briefbögen und Betriebsanleitungen, mit einem Wort: auf den „Firmenstil".[38]

Ganz „amerikanisch" gab sich auch Heinrich Nordhoff bei seinen öffentlichen Auftritten. Nordhoff hatte, ganz im Unterschied zu Haberland, kaum Bedenken, sich in den USA zu exponieren, im Gegenteil: Er nutzte seine Amerikareisen in den 50er Jahren dazu, Public Relations in eigener Sache sowie für Volkswagen zu machen, welches schließlich ebenso wie Bayer mit der NS-Vergangenheit konfrontiert und nach dem Krieg bestrebt war, möglichst rasch deutsche Produkte in die USA zu exportieren. Dabei wollte Volkswagen ein Negativimage erst gar nicht aufkommen lassen. Anläßlich seiner öffentlichen Auftritte pflegte Nordhoff dem amerikanischen Publikum wiederholt eine Geschichte zu erzählen, die ihm angeblich bei seinem ersten Nachkriegsbesuch in Amerika im Jahr 1949 widerfahren war: Nach einem 24 Stunden dauernden Flug über Irland, Island und New York sei er nach seiner Ankunft von einem amerikanischen Zöllner nach Fotos und Katalogen, die vor allem Modelle des VW-Käfer zeigten, gefragt worden, die er in seinem Gepäck bei sich trug. Daraufhin habe Nordhoff dem Zöllner geantwortet, daß dies Fotos von Automobilen seien, die er in den USA zu verkaufen gedachte. Der Zöllner habe sich die Fotos ungläubig angeschaut und bemerkt, daß er nicht glaube, daß irgendwo auf der Welt ein solches Auto gebaut würde und wenn doch, daß es wohl niemand kaufen würde.[39] Eine solche Geschichte von einem vermeintlichen „Looser", der schließlich zu einem erfolgreichen Manager aufstieg war dazu angetan, das amerikanische Publikum zu beeindrucken. In den USA fand die anfänglich vermeintliche Erfolglosigkeit des Volkswagens, wie sie aufgrund der Zöllner-Geschichte kolportiert wurde, 12 Jahre später sogar Eingang in die Werbung. Dort hieß es: „In 1949 we sold two Volkswagens in the U.S.A",[40] was angesichts der zwischenzeitlich riesigen Exporterfolge des Unternehmens sehr werbewirksam war.

Diesen Erfolg in den USA nutzte Nordhoff auch anläßlich der Verleihung des Sperry-Preises, der erstmals einem Automobilhersteller und darüber hinaus noch einem Deutschen von amerikanischen Ingenieurvereinigungen überreicht wurde, für eine weitere Imageverbesserung. Seine Dankesrede nahm Nordhoff zum Anlaß, ganz der Erwartung der amerikanischen Zuhörerschaft nach einer Tellerwäscher-Erfolgsgeschichte folgend und verbunden mit der Formulierung einer Zukunftsvision, einen Beitrag zum Volkswagen-Mythos beizusteuern und dementsprechend auch Public Relations für sich und das Unternehmen zu machen. „Als ich mir die Aufgabe stellte", so Nordhoff in seiner Dankesrede, „diese zerstörte Fabrik auf eine Produktion großen Umfangs zu bringen, war ihr Fabrikat selber noch voller Unzu-

---

38 Unternehmensarchiv der Volkswagen AG (vorm. Auto-Museum Volkswagen), Kundendienst/Verkauf 1948/49, Volkswagen-Informationsdienst Nr. 1, 1.8.1948 u. Nr. 3, 16.12.1948.

39 Unternehmensarchiv der Volkswagen AG (vorm. Auto-Museum Volkswagen), USA-Reise von Prof. Nordhoff anläßlich des 1. Mio. VW, 13.-27.10.1962.

40 Ebd., vgl. die Publikation von Doyle, Dane Bernbach zur Volkswagen-Werbung.

länglichkeiten, und der Wagen war das, was man ein ‚häßliches Entlein' nennt. Wie in solchen Situationen üblich, hatte auch ich das zweifelhafte Vergnügen, von vielen Seiten mit wohlmeinenden Ratschlägen bedacht zu werden; man sagte mir, ich sollte doch nicht so dumm sein, mir den Hals bei diesem hoffnungslosen Unternehmen zu brechen, und ich sollte vor allem ganz schnell den Namen, die Konstruktion und überhaupt alles an dem Wagen ändern. Aber ich hatte zu viel zu tun, um auf diese Ratschläge zu hören ... Ich sah die Möglichkeit, etwas Ungewöhnliches, aber höchst Konstruktives für das transporthungrige Europa zu schaffen, und nicht nur für Europa allein. Den Menschen einen wahrhaften Wert zu bieten, ein Produkt höchster Qualität und niedrigem Anschaffungspreis und einem unvergleichlichen Wiederverkaufswert, reizte mich mehr, als mich dauernd von hysterischen Stilisten bedrängen zu lassen, die den Leuten immer etwas verkaufen wollen, was sie gar nicht haben wollen. Ich denke auch heute noch nicht anders ...“[41] Dieses Festhalten an einem Modell, auch wenn es nicht schön, aber dafür kundenfreundlich und preiswert war, diese vermeintlich einsam getroffene Entscheidung und deren Verteidigung auch gegenüber zahlreichen Angriffen, mußte die amerikanische Zuhörerschaft an Henry Ford und sein „Modell-T“ erinnern, das schon lange zu einem Mythos der Automobilindustrie geworden war. Auf diesem Weg sahen sich wohl auch Nordhoff und Volkswagen. Der Vergleich zwischen Henry Ford wurde dann auch tatsächlich anläßlich der Amerika-Reise Nordhoffs im Jahr 1962 gezogen. Auf einer Pressekonferenz stellte Carl H. Hahn, der inzwischen zum Chef von Volkswagen of America (VWoA) aufgestiegen war, Heinrich Nordhoff mit folgenden Worten vor: „We asked You to come here to meet a man who has done more to revolutionize thinking about the automobile than any man since Henry Ford. This man, the president of Volkswagen, took the job in 1948 of rebuilding a destroyed organization.“[42] Hahn bediente sich hier im besten PR-Sinne und in geschickter Weise eines amerikanischen Mythos, um einen deutschen Mythos in Amerika – nämlich den des Volkswagens – voranzutreiben.

Die „öffentliche Meinungsbildung“ und die „Werbung um öffentliches Vertrauen“ prägte nicht nur die Public Relations-Arbeit deutscher Unternehmen in den USA und im sonstigen Ausland, sondern auch in der Bundesrepublik. Für das IG Farben-Nachfolgeunternehmen Hüls stellte sich der geringe öffentliche Bekanntheitsgrad gegenüber den anderen IG-Nachfolgern, etwa Bayer oder BASF, sowie der wenig bekannte Firmenname und dessen Zeichen, als Identitätsproblem dar. Die zu Beginn der 50er Jahre gebräuchliche Namensabkürzung ChWH für Chemische Werke Hüls war aus Sicht des Werbeleiters Damrow ebenso unbefriedigend wie die Hausfarben hellblau und beige, die er als „ziemlich blasse Angelegen-

[41] Unternehmensarchiv der Volkswagen AG (vorm. Auto-Museum Volkswagen), Volkswageninformation Nr. 41, 1959, S. 22.

[42] Ebd., USA-Reise Heinrich Nordhoff anläßlich des 1. Mio. VW, Mr. Hahn's statements introducing Nordhoff to the Press Conference, 17.10.1962.

heit" bezeichnete.[43] Selbst in der wirtschaftlichen Fachwelt war Hüls nach Einschätzung Damrows noch nicht ausreichend bekannt, und es kam sogar vor, daß Hüls mit Hoechst verwechselt wurde. Damrows Nahziel bestand dementsprechend darin, mit Hilfe von Public Relations die Chemischen Werke Hüls innerhalb von zwei bis drei Jahren so bekannt zu machen wie Bayer oder BASF, damit „niemand mehr daran denkt, uns mit den Farbwerken Hoechst zu verwechseln oder nach einem ‚Herrn Hüls' zu fragen".[44] Mit Presseanzeigen und einer historisch orientierten Serie über Hüls in Zeitungen und Zeitschriften als sogenannter „Good-Will-Werbung" beschritt Hüls nach Damrows Aussage einen „bisher nicht genutzten Weg der Public-Relations-Werbung".[45] Neben diesen Anzeigenkampagnen trat Hüls mit weiteren Aktivitäten an die Öffentlichkeit. So wurden Meinungsumfragen zu einzelnen Hüls-Produkten sowie Preisausschreiben durchgeführt, die Präsenz auf Ausstellungen verstärkt, Fernsehspots gezeigt sowie ein Kulturfilm für die Kinos und ein „Tag der offenen Tür" für die Ehefrauen der Beschäftigten nach amerikanischem Vorbild geplant.[46]

Bei Phoenix-Rheinrohr war es weniger der Name als vielmehr die Anonymität bestimmter Produkte, die zu einem Identitätsproblem in der Öffentlichkeit führten. Das Institut für Demoskopie Allensbach wurde deshalb damit beauftragt, eine Studie über das „Firmenbild" des Unternehmens und seiner Produkte in der Öffentlichkeit zu erstellen. Es kam dabei zu dem Ergebnis, daß den Abnehmern von Walzwerkserzeugnissen das Herstellerwerk in den meisten Fällen unbekannt blieb. Mit Hilfe einer intensiveren Kundenbetreuung und der Verbesserung persönlicher Kontakte sollte sich dieses „Anonymitätsproblem" lösen lassen.[47] Auch Henkel sah sein öffentliches Ansehen, sein „Firmenbild" und damit den „guten Ruf" gegen Ende der 50er/Anfang der 60er Jahre zunehmend in Frage gestellt und verstärkte daraufhin seine Public Relations-Aktivitäten. Bis dahin, so Friedrich Bohmert von Henkel, „war für Henkel die Öffentlichkeit identisch mit den Kunden und Verbrauchern – oder auch anders herum: neben den Kunden und den Verbrauchern gab es für Henkel keine Öffentlichkeit, deren Existenz man nicht als Störfaktor für die eigene Tätigkeit empfunden hätte".[48] Ein den amerikanischen Vorstellungen nachempfundenes breites Verständnis von Öffentlichkeit fehlte – ähnlich den anderen deutschen Unternehmen – auch bei Henkel. Dort galt es zunächst einmal zu eruieren, wer die Öffentlichkeit war, was sie über Henkel wußte und wie sie Henkel im Verhältnis

---

43 Archiv Hüls AG, VII-7-1, Bericht Damrow v. 11.6.1951, Bl. 10.

44 Ebd., Damrow, betr. CWH-Werbung im Jahr 1952 (wahrscheinl. August 1952).

45 Ebd.

46 Ebd., VII-7-30/10/1, Vestan-Jahresbericht 1962/63, Werbung und Verkaufsförderung; ebd., VII-7-6.

47 Archiv Mannesmann, M 50.494, Institut für Demoskopie Allensbach: Auszug aus: Das Firmenbild Phoenix-Rheinrohr, 1958/59, Anonymität und Markenbildung bei Walzwerk-Erzeugnissen.

48 Archiv Henkel, H. 50 (PR Inland). Aus der PR-Arbeit 1959-1979. Auszüge aus Vorträgen einer internen Informationsveranstaltung (1979).

zur Konkurrenz sah. Dies sollte im Rahmen einer „Firmenbildstudie“ im Jahr 1960 analysiert werden. Mit dem Begriff des „Firmenbildes“ bezog sich Bohmert explizit auf den amerikanischen Soziologen Paul Lazarsfeld, der den Begriff des „Brand Image“ geprägt hatte, an dem Henkel sich nun ein Vorbild nahm. Dies war verbunden mit einer an amerikanischen soziologischen Methoden orientierten Verbraucherumfrage, die als Repräsentativuntersuchung in Düsseldorf und München durchgeführt wurde. Die Auswertung der Daten ergab, daß Henkel in der deutschen Öffentlichkeit zwar über ein solides, aber gleichzeitig auch traditionelles und „verstaubtes“ Image verfügte. Der Name Henkel war vornehmlich bei Hausfrauen bekannt, weniger bei sozial höher gestellten oder berufstätigen Frauen und wurde von den Verbrauchern kaum in Verbindung gebracht mit Fortschritt, Initiative oder Forschung. Das ließ befürchten, daß auch der Vorsprung gegenüber der Konkurrenz wie z.B. Sunlicht in punkto Fortschrittlichkeit und Beweglichkeit abnahm und damit auch der Verlust der Marktführerschaft drohte. Der Slogan „Persil bleibt Persil“, so Bohmert, „hat in dieser Situation keinen positiven Gehalt mehr“.[49] Das Ziel von Henkel mußte dementsprechend darin bestehen, sein Image durch Attribute wie Fortschrittlichkeit, Modernität, Forschungsorientierung und Dynamik zu verbessern. Die Repräsentativuntersuchung war schließlich auch der Ausgangspunkt für eine großangelegte PR-Kampagne auf der Basis eines Fünfjahresplans, deren Ausgangspunkt die neu geschaffenen Public Relations-Abteilung im Jahr 1960 bildete. Zudem änderte Henkel sein Firmenzeichen. Das bis dahin gebrauchte Henkel-Oval wurde durch einen vorwärtsstrebenden Pfeil ersetzt, der Fortschritt und Dynamik auch auf symbolischer Ebene zum Ausdruck brachte. Vielfältige Aktionen sollten dieses neue Image unterstützen. Tausende von Hausfrauen wurden im Sinne der Idee des „offenen Hauses“ zu Werksbesichtigungen eingeladen, Presseanzeigen wurden – insbesondere in Frauenzeitschriften – in großem Umfang plaziert, die Präsenz im Fernsehen erhöht und neue Zielgruppen wie z.B. Studenten gezielt angesprochen. Ab 1964 führte Henkel, zusammen mit dem Institut für Demoskopie Allensbach, basierend auf Umfragen Aktionen zum Thema „Sauberkeit und Hygiene“ durch und Ende der 60er Jahre wurden sogenannte „Forschungsgespräche“ sowie ein „Arbeits- und Forschungskreis Hygiene und Sauberkeit“ und die „Düsseldorfer Hygienetage“ ins Leben gerufen mit dem Ziel, den Kontakt zu Forschung und Wissenschaft zu intensivieren.[50] Gegenüber der Geschäftsleitung legitimierte Bohmert die Aufwertung der PR-Funktion und die PR-Offensive von Henkel mit dem Hinweis auf die Bedeutung der Public Relations in den USA, wo nach einer Umfrage unter 180 Präsidenten der größten amerikanischen Unternehmen 40% der Meinung waren, daß PR genauso wichtig sei wie Personalpolitik, Marktforschung oder Werbung.[51]

---

49 Ebd., Dr. Bohmert, Das Bild der Firma Henkel in der Öffentlichkeit (1960).

50 Ebd., Aus der PR-Arbeit 1959-1979, S. 7-14.

51 Ebd., Niederschrift über die Betriebskonferenz Nr. 4 vom 5.4.1966.

Auch bei Henkel wurde Öffentlichkeitsarbeit nicht erst mit Blick auf amerikanische Vorbilder betrieben. Die Tradition der Presse- und Öffentlichkeitsarbeit reichte auch dort bis weit in die Vorkriegszeit zurück. Das Beispiel Henkel macht jedoch deutlich, daß in den 50er und 60er Jahren eine Neuorientierung und eine Erweiterung von Öffentlichkeitsarbeit stattfand, die an amerikanischen Vorbildern orientiert, inhaltlich von einem breiteren Verständnis des Öffentlichkeitsbegriffs ausging, sich amerikanischer wissenschaftlicher Methoden bediente und schließlich die Bedeutung der PR-Abteilung innerhalb des Unternehmens stärkte.[52]

Nicht alle hier berücksichtigten Unternehmen praktizierten in den 50er und 60er Jahren eine intensive PR-Arbeit. Wie die Beispiele Freudenberg und Glanzstoff zeigen, wurden diese Versäumnisse spätestens in der Wirtschaftskrise ab Mitte der 70er Jahre als Defizite empfunden und daraufhin entsprechende Maßnahmen eingeleitet. „Die Pflege und aktive Gestaltung des Vorstellungsbildes von ‚Freudenberg' in der Öffentlichkeit ist bis heute von der Geschäftsleitung der Freudenberg & Co. noch nicht als eine spezielle unternehmerische Aufgabe anerkannt worden", so Hans Erich Freudenberg im Jahr 1973.[53] Ähnlich wie bei Henkel zehn Jahre zuvor konzentrierte sich die Öffentlichkeitsarbeit bei Freudenberg bis weit in die 60er Jahre hinein auf Mitteilungen an Verbraucherverbände sowie auf Anzeigen in der Fach- und Tagespresse. Gleichzeitig wurde jedoch erstmals die geringe Präsenz des Unternehmens in der Öffentlichkeit und die mangelnde Außendarstellung und Imagepflege beklagt. Es existierte weder ein einheitliches Namensbild noch eine eindeutig mit Freudenberg identifizierbare Symbolik. Bereits im Jahr 1965 wurde in einem internen Papier auf dieses Manko hingewiesen: „Der Name Freudenberg muß aus der Dunkelheit heraus, bzw. was weit schlechter ist, aus dem Zwielicht herausgestellt und zu einem klaren Begriff bis hin zum Endverbraucher und letzten Angestellten gemacht werden".[54] Doch erst die Lederkrise zu Beginn der 70er Jahre brachte das Unternehmen dazu, das bis dahin gepflegte konservative Firmenbild durch ein modernes Image und eine entsprechende PR-Arbeit abzulösen. Bis dahin, so sah es Hans Erich Freudenberg, war es für das Unternehmen kaum notwendig, „mit Fachkräften und unter gezieltem Mitteleinsatz auf die für das Unternehmen wichtige Umwelt Einfluß zu nehmen".[55] Freudenberg konnte es sich schließlich

---

[52] Dies gilt auch für die anderen, in dieser Arbeit behandelten Unternehmen wie z.B. Hüls, s. Archiv Hüls AG, VIII-15-1 und Reichlich Informationen für jeden Mitarbeiter, in: Blick vom Hochhaus, Sept. 1969 oder auch den Lebensmitteleinzelhandel, s. W. Scheele, Kommunikationspolitik, in: R. Nieschlag; D. v. Eckardstein (Hg.), Der Filialbetrieb als System. Das Cornelius-Stüssgen-Modell, Köln 1972, S. 231-262.

[53] Archiv Freudenberg, 3/02561, Hans Erich Freudenberg an Geschäftsleitung: Öffentlichkeitsarbeit für Freudenberg, April 1973.

[54] Ebd., 3/01466, „Mit welcher Begründung ist eine übergeordnete Werbung für Freudenberg wünschenswert und was will die Geschäftsleitung damit?", v. 14.6.1965.

[55] Ebd., 3/02561, Hans Erich Freudenberg, Öffentlichkeitsarbeit für Freudenberg, April 1973.

„nicht mehr leisten", in der „Anonymität" zu verharren. Jetzt wurde es als besonders schmerzlich empfunden, daß das Unternehmen im Großraum Mannheim-Weinheim-Heidelberg praktisch in der Öffentlichkeit nicht präsent war. Als Konsequenz daraus sollte die PR-Abteilung bei Freudenberg gestärkt und direkt der Geschäftsleitung unterstellt werden. Gleichzeitig war das Unternehmen bestrebt, die Zusammenarbeit der PR-Abteilung mit anderen Abteilungen wie dem Marketing, dem Personal- und Bildungswesen und der Betriebswirtschaft zu intensivieren. Die Informationspolitik des Unternehmens nach Innen (Mitarbeiterinformation) wie auch nach Außen sollte ausgeweitet und durch ein stärkeres Engagement in der Lokal- und Wirtschaftspresse sowie eine einheitlichere Außendarstellung, u.a. durch einen neuen Firmenschriftzug, unterstützt werden.[56]

Vergleichbare Probleme des Firmenimages, ausgehend von einem in der Öffentlichkeit geringen Bekanntheitsgrad, hatte auch Glanzstoff, das seinen Namen nach der Fusion mit dem niederländischen AKU-Konzern im Jahr 1969 in „Enka" geändert hatte. Ende der 70er Jahre beauftragte Enka die englische Unternehmensberatergruppe Wolff Olins damit, das Firmenimage und die Außendarstellung des Unternehmens zu untersuchen. Wolff Olins fand heraus, daß der Name Enka für die Kunden und Öffentlichkeit zwar besser zu merken und insbesondere im Ausland auch besser ausgesprochen werden könne als die komplizierte Bezeichnung „Vereinigte Glanzstoff Fabriken AG", daß das Unternehmen jedoch nach wie vor im Vergleich zu den Konkurrenten Bayer oder Hoechst zu wenig bekannt sei. Zudem litt Enka unter der selektiven Wahrnehmung der Öffentlichkeit, die das Unternehmen zumeist nur als Textilfaserhersteller kannte. Enka-Produkte wie „Diolen" waren aus diesem Grunde bekannter als die Firma selbst. Darüber hinaus stellte Wolff Olins fest, daß die Textilkrise das Ansehen Enkas beeinträchtigt habe und die bislang betriebene Produktgruppenwerbung zu unübersichtlich sei. Daraus leitete das Beratungsunternehmen die Notwendigkeit eines umfangreichen Programms zur Neugestaltung der „Firmenidentität" ab.[57]

Auch bei anderen Unternehmen lassen sich in den 80er Jahren Bemühungen zur Gestaltung einer „corporate identity", eines „corporate image" sowie einer „corporate culture" beobachten, die, wiederum angestoßen aus den USA, aber auch bedingt durch die „japanische Herausforderung", neue Impulse für die klassische PR-Arbeit und die Darstellung des „Firmenbildes" in der Öffentlichkeit brachten.

Abschließend sollen insbesondere drei Aspekte der Einführung von Public Relations in deutschen Unternehmen hervorgehoben werden. Zum einen läßt sich festhalten, daß Public Relations mit dem Interesse zahlreicher deutscher Unternehmen, auf dem amerikanischen Markt Fuß zu fassen, an Bedeutung gewann. Dabei ist zweitens davon auszugehen, daß, im Unterschied zu Hartmanns Feststellung zu Be-

---

56 Ebd., 3702561, Dr. Nicklaus, Überlegungen zu einer PR-Arbeit bei CF, 23.6.1972.

57 K.-H. Asperger, Von Glanzstoff zu Enka 1969-1985, Wuppertal 1990, S. 134 ff.; informiert, 1980, 4, S. 4 f.

ginn der 60er Jahre, daß die Public Relations sich in Deutschland nicht weiter ausgebreitet hätten,[58] amerikanische Vorbilder seit Beginn der 50er Jahre durchaus eine wichtige Orientierungsfunktion für deutsche Unternehmen hatten und nachahmenswerte Impulse bis in die 80er Jahre hinein lieferten.

Drittens ist darauf hinzuweisen, daß es zwar auch eine deutsche Tradition der Presse- und Öffentlichkeitsarbeit gab, die sich auch mindestens bis zur Jahrhundertwende zurückverfolgen läßt, die sich aber auch deutlich von den amerikanischen Public Relations der Nachkriegszeit unterschied. Diese basierten auf der Nutzung neuer sozialwissenschaftlicher Methoden und auf einem breiteren Verständnis von Öffentlichkeit, das über die Veröffentlichung von Zeitungsanzeigen hinausreichte und schließlich eine engere Verknüpfung mit anderen Managementmethoden wie Werbung und Marketing vorsah und erst im Laufe der 60er Jahre in vollem Umfang Eingang in die deutsche unternehmerische Praxis fand.

Am Beispiel der Public Relations-Adaption durch deutsche Unternehmer und Manager läßt sich mithin in Anlehnung an den Leitbild-Ansatz die „Interferenz von Wissenskulturen“ (Dierkes u.a.), die Überlagerung und Ergänzung eigener durch fremde Managementstrategien belegen, die auch auf diesem Gebiet vornehmlich durch persönliche Erfahrungen und Wahrnehmungen bzw. durch interpersonelle Kommunikation und Kooperation Eingang in deutsche Unternehmen fanden.

---

58 Hartmann, Amerikanische Firmen in Deutschland, S. 145.

2.5 Marketing und Werbung – Durchsetzung der Markt-Orientierung

Für kaum ein anderes Gebiet ist die Einschätzung der bislang allerdings auf einer schmalen Basis beruhenden historischen „Amerikanisierungs"-Forschung so einhellig wie hinsichtlich des amerikanischen Einflusses auf die deutsche Absatzwirtschaft und Werbung. Auch und gerade in diesem Zusammenhang taucht der Begriff „Amerikanisierung"[1] auf sowie etwa die Bemerkung, daß „Deutschland zum Musterknaben geworden war"[2] und schließlich den Übergang von der traditionellen deutschen „Absatzwirtschaft" zum modernen „Marketing"[3] und einem damit verbundenen Mentalitätswandel vollzogen habe, der entweder als „Stille Umwälzung" oder als „Durchbruch", „Meilenstein"[4] bzw. „Marketing-Revolution" gekennzeichnet wird. Diese Einschätzung wird eingebettet in eine makroökonomische Betrachtung unterschiedlicher Phasen unternehmerischer Werbe- und Absatzstrategien nach dem Zweiten Weltkrieg,[5] in die Marketing-Theorie bzw. -Lehre an den Hochschulen,[6] sowie in die Darstellung der Entwicklung von Institutionen, Organisationen und Personen.[7] Auf der Mikroebene der Unternehmen wurde der amerikanische Einfluß auf die Absatzwirtschaft und Werbung sowie der Mentalitätswandel deut-

---

1 H. G. Schröter, Die Amerikanisierung der Werbung in der Bundesrepublik Deutschland, in: Jahrbuch für Wirtschaftsgeschichte 1997/1, S. 93-115; ders., Erfolgsfaktor Marketing: Der Strukturwandel von der Reklame zur Unternehmenssteuerung, in: Wirtschaft, Gesellschaft, Unternehmen. Festschrift für Hans Pohl zum 60. Geburtstag, hg. von W. Feldenkirchen, F. Schönert-Röhlk, G. Schulz, Stuttgart 1995, S. 1099-1127, 1119.

2 H. Sabel, Absatzstrategien deutscher Unternehmen seit 1945, in: Absatzstrategien deutscher Unternehmen. Gestern – Heute – Morgen (Zeitschrift für Unternehmensgeschichte, Beiheft 23), Wiesbaden 1982, S. 47-66, 58.

3 H. G. Meissner, Geschichte des Marketing, in: B. Tietz; R. Köhler; J. Zentes (Hg.), Handwörterbuch des Marketing, Stuttgart 1995, S. 785-798, 786.

4 Dyas; Thanheiser, The Emerging European Enterprise, S. 111, hier bezüglich der stärkeren Absatzorientierung deutscher Unternehmen.

5 Sabel, Absatzstrategien deutscher Unternehmen; C. Wischermann, Einleitung: Der kulturgeschichtliche Ort der Werbung, in: P. Borscheid; C. Wischermann (Hg.), Bilderwelt des Alltags. Werbung in der Konsumgesellschaft des 19. und 20. Jahrhunderts, Stuttgart 1995, S. 8-19.

6 Meissner, Geschichte des Marketing; B. Jones, Die deutsche Historische Schule: Begründerin des nordamerikanischen Marketinggedankens, in: Marketing ZFP, H. 1, 1992, S. 5-12.

7 D. Reinhardt, Zur Historizität der Phänomene „Kommunikationsgesellschaft" und „Dienstleistungsgesellschaft". Die Geschichte der Werbeagentur und ihrer Vorläufer in Deutschland, in: ZfU 41, 1996, S. 28-39; R. Gries; V. Ilgen; D. Schindelbeck, „Ins Gehirn der Masse kriechen!" Werbung und Mentalitätsgeschichte, Darmstadt 1995, Einleitung S. 1-28; D. Schindelbeck, „Asbach Uralt" und „Soziale Marktwirtschaft". Zur Kulturgeschichte der Werbeagentur in Deutschland am Beispiel von Hanns W. Brose (1899-1971), in: ZfU 40, 1995, S. 235-252.

scher Unternehmer und Manager dagegen bislang kaum untersucht.[8] Dabei kann allein auf diesem Weg die Genese des modernen Marketing und der Werbung sowie die Bedeutung amerikanischer Leitbilder für deutsche Unternehmer und Unternehmen analysiert werden. Schließlich könnte man sich auch umgekehrt die Frage stellen, wie sie von einem Zeitgenossen im Jahr 1962 in der Zeitschrift „Der Volkswirt" im Hinblick auf das Konzept des Marketing formuliert wurde: „Doch was beinhaltet dieser in Mode gekommene Begriff? Ist er vielfach nicht nur ein Schlagwort, eine ‚neue Masche', deren sich all jene bedienen, die das konventionelle Verkaufen und Absetzen durch diesen schillernden Import aus den USA aufwerten?"[9] Hier schimmert einmal mehr die Unterstellung eines Re-Imports sowie die Vorstellung von „neuem Wein in alten Schläuchen" durch, die davon ausgeht, daß amerikanische Managementmethoden kaum als qualitative Neuerungen gegenüber deutschen Vorläufern gewertet werden können. Bisweilen findet sich auch der Gedanke, daß amerikanische Marketingkonzepte letztendlich auf deutsche Vorbilder der Historischen Schule zurückzuführen seien, basierend auf dem Hinweis, daß Professoren der Harvard oder der Wisconsin University an deutschen Hochschulen ausgebildet worden seien, wobei die Vertreter der deutschen Historischen Schule die philosophischen Grundlagen für spätere amerikanische Marketingideen geliefert hätten.[10] Vergleichbare Argumentationen finden sich auch in Bezug zu anderen Managementmethoden, wie im vorangegangenen Kapitel über Human Relations gezeigt werden konnte. Häufiger wiesen jedoch die Zeitgenossen sowie die Pioniere und Protagonisten neuer Marketing- und Werbekonzepte nach dem Zweiten Weltkrieg auf die amerikanische Herkunft ihrer Ideen hin, schließlich hatten sie selbst in der Zwischenkriegszeit in den USA umfangreiche Erfahrungen auf diesem Gebiet gesammelt, die sie nun in die Unternehmen hineintrugen. Dies gilt auch dann, wenn sie, wie Carl Hundhausen, Erich Schäfer, Georg Bergler, Herbert Gross oder Wilhelm Vershofen während der Zeit des Nationalsozialismus in Deutschland tätig waren und, wie manche von ihnen, in der Tradition der Nürnberger „Gesellschaft für Konsumforschung" (GfK) standen, die in den 30er Jahren quasi eine deutsche Schule der Marktforschung begründete. Zwar hatten sich etwa Bergler oder Schäfer Mitte der 30er Jahre deutlich von amerikanischen Absatzmethoden distanziert u.a. mit

---

8 Eine der wenigen Ausnahmen bildet der Aufsatz von Schröter: Erfolgsfaktor Marketing. Der Strukturwandel von der Reklame zur Unternehmenssteuerung sowie ansatzweise H. Sabel, Absatzorganisation im Westen, in: H. Pohl (Hg.), Geschichte der Organisationsformen im Absatzbereich von Unternehmen in den alten und neuen Bundesländern (ZfU-Beiheft 93), Stuttgart 1996, S. 25-36.

9 H. Hölzer, Marketing – Schlüssel zum Markt, in: Der Volkswirt 16, 1962, Beilage zu Nr. 41, S. 3.

10 Bei B. Jones, Die deutsche Historische Schule bleibt die Begründung dafür jedoch äußerst vage und er spricht auch nur von einer „Annahme" seiner These (S. 9); Meissner geht in seinem Aufsatz über die Geschichte des Marketing davon aus, daß die Historische Schule die intellektuelle Basis für amerikanische Marketingideen um die Jahrhundertwende geliefert haben „könnte" (S. 786).

dem Hinweis, „daß der selbe Kaufmann, der sich vor kurzem dem Zauber des Schlagworts ‚Rationalisierung' hingegeben und dann bittere Erfahrungen gemacht hatte, die neueste amerikanische Errungenschaft ‚Marktanalyse' freudig begrüßte. Alles Vertrauen wurde auf ‚Marktanalyse' gesetzt – und es erwuchs daraus eine verheerende Enttäuschung, weil man zuviel erwartet, wahrscheinlich weile jene tüchtigen Leute aus Amerika den Mund etwas zu voll genommen hatten".[11] Doch waren diese Äußerungen nach dem Krieg ähnlich einzuschätzen wie diejenigen von Herbert Gross, der noch zu Beginn der 40er Jahre die amerikanische Wirtschaft als wenig erfolgreich charakterisiert hatte und ihr eine düstere Zukunft prognostizierte, nach 1945 dagegen in enger Anlehnung an amerikanische Leitbilder ein „neues Wirtschaftsdenken" in Deutschland proklamierte,[12] wobei Fragen des Marketing im Zentrum des Interesses standen. Bei Carl Hundhausen, der nicht nur auf dem Gebiet der PR und der „Vertrauenswerbung", sondern auch im Bereich der Produkt- und Verkaufswerbung tätig war, lassen sich zumindest noch sprachliche Überreste aus der Zeit des Nationalsozialismus finden, wenn er beispielsweise noch 1950 davon spricht, daß die Wirtschaftswerbung „eines der schärfsten Mittel der Selektion, der Zuchtwahl, der Leistungsauslese" sei und die „Ausmerzung des nicht Zweckmäßigen" sowie die „Ausscheidung des Schwachen und Unzulänglichen" auf dem Markt zur Folge habe, während gleichzeitig amerikanische Vorbilder seine Vorstellungen von Werbung dominierten.[13] Hundhausens Amerika-Erfahrung und -Orientierung sowie die Tatsache, daß er 1952 das Geleitwort zu Donald M. Hobarths „Praxis der Marktforschung" verfaßte und dort noch einmal auf Parallelen der Markt- und Verbrauchsforschung in den USA und der Gesellschaft für Konsumforschung hinwies, sind ein Beleg für deren Kompatibilität.[14] Auch einer der bedeutendsten deutschen Werbefachleute nach dem Zweiten Weltkrieg, Hanns W. Brose, wies in den 50er Jahren sowohl auf die deutschen Traditionsstränge der „Nürnberger Schule" der GfK wie auch auf die amerikanischen Einflüsse auf diesem Gebiet hin. „Wenn man die Entwicklung überblickt", so Brose 1958, „die sich in Deutschland im Laufe der

---

11 G. Bergler; E. Schäfer, Um die Zukunft der deutschen Absatzwirtschaft (Absatzwirtschaft, Bd. 1), Berlin 1936, S. 10.

12 Gross, Wirtschaftspolitische Tendenzen in den Vereinigten Staaten von Amerika, Jena 1943, S. 25 ff., 30; ders., Neues Wirtschaftsdenken. Erfolg durch Marketing, Düsseldorf 1967, S. 7 ff.; ders., Neue Ideen in der Wirtschaft. Schlaglichter und Wandlungen in Produktion und Vertrieb und Unternehmensführung, Düsseldorf 1960; E. Schäfer publizierte 1950 das Buch „Die Aufgabe der Absatzwirtschaft", Köln und Opladen 1950, welches bereits 1943 in der Erstauflage erschienen war.

13 C. Hundhausen, Werben oder Beherrschen. Über Wunsch und Bedeutung der Wirtschaftswerbung, Essen 1950, S. 23 ff.; ders., Wesen und Formen der Werbung, Essen 1954; antidemokratische Einflüsse lassen sich auch bei Hans Domizlaff, einem anderen bekannten deutschen Werbefachmann nachweisen, s. dazu Gries u.a., H. Domizlaff, eines Werbeberaters Geschichte, S. 45-73.

14 Geleitwort C. Hundhausen, in: D. M. Hobarth (Hg.), Praxis der Marktforschung, Essen 1952, S. 7 f.

letzten 30 Jahre auf dem Gebiet der Werbung vollzogen hat, dann kann man Beispiel und Einfluß der amerikanischen Werbe-Agenturen gar nicht hoch genug bewerten".[15] Brose selbst bot das beste Beispiel für diese Behauptung. Er war nach dem Studium der Germanistik und Philosophie als Journalist und Theaterkritiker tätig gewesen, bevor er 1928 in Berlin als Texter der amerikanischen Werbeagentur „Erwin, Wasey & Co" begann. Mitte der 30er Jahre gründete Brose u.a. mit Mitgliedern der „Nürnberger Schule" wie Georg Bergler und Erich Schäfer einen Studienkreis zur Erforschung des Verbraucherverhaltens und betrieb während des Krieges Werbung und PR für die Nachwuchsförderung des deutschen Bergbaus. 1947 gründete er nach amerikanischem Vorbild eine „Full-Service-Agentur" mit angeschlossener PR-Abteilung namens „Gesellschaft für Gemeinschaftswerbung" und fünf Jahre später die „Gesellschaft Werbe-Agenturen" nach dem Vorbild der „Association of Advertising Agencies" (AAAA).[16] Unter „Gemeinschaftswerbung" verstand Brose neben der Markenartikelwerbung die anonyme Werbung für Produkte wie Zigarren oder Mundhygiene, „die in Amerika eine große Bedeutung erlangt hat und von der man glauben sollte, daß sie im Zeichen des Käufermarktes auch in Deutschland eine stärkere Ausweitung erfahren würde".[17]

Werbung wurde in Deutschland unter dem Einfluß amerikanischer Vorbilder in den 50er Jahren zunehmend als ein Teilbereich des Marketing betrachtet. Und darin bestand nach Einschätzung von H. F. J. Kropff u.a. auch ein wesentlicher Unterschied zur „älteren Absatzwirtschaft" deutscher Prägung: Nicht mehr das Nebeneinander von Vertrieb, Werbung und Verkauf sollte die zukünftige Unternehmensstrategie bestimmen, sondern ein einheitliches Vorgehen auf der Basis von Marktforschung und -analyse.[18] Kropff war einer der ersten, die sich bereits Ende der 20er Jahre mit der amerikanischen „Marktanalyse" auseinandergesetzt hatten und die nach dem Krieg davon überzeugt waren, daß Marketing die „bedeutsamste Bereicherung des deutschen Vokabulars auf einem im höchsten Maße zukunftsweisenden Gebiet" sei.[19]

Allein die Tatsache, daß Marketingfachleute und Werbeberater, die durch eigene Amerikaerfahrungen aus der Zwischenkriegszeit geprägt, nach dem Krieg an diese Erfahrungen anknüpften, Werbeagenturen errichteten und deutschen Unternehmen auf der Basis amerikanischer Vorbilder ihre Beratertätigkeit anboten, ist wenig er-

---

15 H. W. Brose, Die Entdeckung des Verbrauchers. Ein Leben für die Werbung, Düsseldorf 1958, S. 36.

16 D. Schindelbeck, „Asbach Uralt" und „Soziale Marktwirtschaft", S. 235-252; Schröter, Die Amerikanisierung der Werbung, S. 99.

17 Brose, Die Entdeckung des Verbrauchers, S. 146.

18 H. F. J. Kropff u.a., Marketing. Eine deutsche Zwischenbilanz, in: Der Volkswirt 16, 1962, Beilage zu Nr. 41, S. 5-8, 8.

19 Ebd., S. 5; ders., B. W. Randolph, Marktanalyse. Untersuchung des Marktes und Vorbereitung der Reklame, München und Berlin 1928.

staunlich. An dieser Stelle soll deshalb der Frage nachgegangen werden, wie diese neuen Managementmethoden von Unternehmern bzw. in den Unternehmen aufgenommen und umgesetzt wurden. Auch dabei spielten in den 50er Jahren die von der MSA bzw. FOA und dem RKW veranstalteten Reisen und Konferenzen, wie bereits weiter oben angedeutet, eine wichtige Mittlerrolle. So kamen Mitte der 50er Jahre anläßlich der Baden-Badener-Unternehmergespräche auf Initiative des BDI, des RKW und der FOA 140 Teilnehmer zu einer Veranstaltung mit dem Thema „Absatzwirtschaft auf neuen Wegen" zusammen, wobei noch ganz im Zeichen amerikanischer „Nachhilfe"-Bemühungen bzw. der „Technical Assistance" deutschen Unternehmern in einer Phase des Übergangs von Verkäufer- zu Käufermärkten neue Methoden der Absatzwirtschaft, des Marketing und der Werbung vermittelt werden sollten. Die Tagung war so organisiert, daß sich jeweils ein deutscher und ein amerikanischer Referent mit ihren Vorträgen abwechselten und diese dann in einer Aussprache zur Diskussion stellten. Der amerikanische Vertreter einer Warenhausfirma warnte vor den Folgen eines mangelnden Bewußtseins für die Bedeutung von Verkauf und Absatz in Deutschland: „In Deutschland bestehen Schwächen bei der Werbung, beim Verkaufen und bei der Güterverteilung, also hat man sich hier Sorgen zu machen, weil die Zeit – vielleicht sehr bald! – kommen wird, daß Deutschland sich allein helfen muß. Besser möge es dann gerüstet sein, besser zu verkaufen, zu wissen, wie es am Weltmarkt und im Wettbewerb sich zu verhalten hat, um seine großartigen Erzeugnisse absetzen zu können."[20] In diesen Bemerkungen kommt noch ganz das Lehrer-Schüler-Verhältnis zwischen amerikanischen und deutschen Fachleuten zum Ausdruck. Selbst Curt Becker vom BDI bemühte sich, diesem Bild zu entsprechen und fügte sich, der amerikanischen Argumentation eines Vorredners folgend, auf der gleichen Veranstaltung in seinem Vortrag über Konsumgüterindustrie und Handel in die Rolle des Schülers: „Bei unserem elementaren Interesse an allem Technischen sind wir ja immer wieder versucht, den Fortschritt der industriellen Entwicklung allein von der Modernisierung des technischen Ablaufs in den Betrieben zu erwarten. Es ist besonders in Deutschland der Fall. Wir Deutschen stehen in der Gefahr – wie das einer der Amerikaner sagte – den Wirtschaftsablauf zu sehr vom Technischen und zu sehr von der Produktion her zu sehen. Und das liegt nicht nur im Charakter der Deutschen, sondern auch in seiner Geschichte, besonders in der Wirtschaftsgeschichte der letzten Jahrzehnte". Becker hatte die von amerikanischer Seite nicht erst anläßlich der Baden-Badener-Unternehmergespräche immer wieder betonte Bedeutung von Konsum, Absatz und Marketing vor der Produktion sowie die Vorbildfunktion der USA auf diesem Gebiet weitgehend internalisiert, wenn er resümierte: „Nicht die Grundindustrie ist die Schlüsselindustrie: den Schlüssel hat der Verbraucher. Der Konsument hat den Schlüssel der Wirtschaft in

20 Absatzwirtschaft. Betriebsführung auf neuen Wegen. Gespräche in Baden-Baden und Ahrweiler, München 1955, S. 74.

der Hand. Der Erfolg der amerikanischen Wirtschaft liegt in dieser Grundauffassung."[21]

Ähnliche Verhaltensweisen und Argumentationen lassen sich auch bei den Teilnehmern der vom RKW in Zusammenarbeit mit der MSA bzw. FOA oder ICA durchgeführten Amerikareisen beobachten, die beispielsweise zu dem Ergebnis kamen, daß es in Deutschland eine Art „Produktionskomplex" und eine „einseitig produktionsorientierte Denkweise" gebe, die es zugunsten eines „Primat von Absatz und Verbrauch" zu revidieren gelte.[22] In einer Studie über eine vom Bundeswirtschaftsministerium geförderte Studienreise in die USA wurde die Forderung nach einer „neuen Denkweise" des deutschen Unternehmertums „gegen das Primat der Produktion" mit einem Zitat des „Management-Gurus" Peter F. Drucker erhärtet, der davon ausging, daß es in Europa „immer noch ein relativ geringes Verständnis für die Tatsache (gibt), daß Marketing eine rein unternehmerische Funktion ist ...Will man der ganzen Bedeutung, die ihm zukommt, gerecht werden, muß ein tief verwurzeltes, soziales Vorurteil überwunden werden, das gegen ‚Verkaufen' als niedrig und zugunsten von ‚Produzieren' als ehrenwert vorhanden ist. Es ist allein dieser Grundeinstellung zuzuschreiben, wenn man in einem Unternehmen die Produktion als dessen entscheidende Hauptfunktion ansieht".[23] Die Forderung nach einer „Marketing-Revolution" in deutschen Unternehmen setzte dementsprechend den Wandel der „geistigen Haltung" und eine Verhaltensänderung voraus, die, folgt man den Amerikaberichten, mit einem radikalen Wandel der bisherigen deutschen Unternehmensführung einhergehen mußte. Ob ein solcher Wandel in der Unternehmenspraxis stattfand, soll nachfolgend gezeigt werden.

Eine „marktorientierte Unternehmensführung" (Jirasek/Münzel) war in deutschen Unternehmen in den 50er und 60er Jahren unterschiedlich stark ausgeprägt. Zwar betrafen die allgemeinen Rahmenbedingungen des Übergangs von Verkäufer- zu Käufermärkten seit dem Ende des Zweiten Weltkriegs die gesamte Wirtschaft, doch gab es hier große Unterschiede etwa zwischen der Grundstoffindustrie und der Konsumgüterindustrie. Selbst innerhalb der Branchen und sogar innerhalb einzelner Unternehmen gab es deutlich unterschiedliche Sensibilitäten hinsichtlich der Absatz-, Marketing-, Werbe- und Konsumfragen, wobei persönliche Erfahrungen, Wahrnehmungen und Einstellungen eine wichtige Rolle spielten.

In der Schwerindustrie kam dem Verkauf, der Werbung und dem Marketing bis Mitte der 60er Jahre aus historischen Gründen (Kartelle) nur eine untergeordnete Bedeutung zu. Das Beispiel Carl Hundhausen und Krupp bietet hier eine Ausnah-

---

21 Absatzwirtschaft. Betriebsführung auf neuen Wegen, Beitrag C. Becker, S. 119, 128.

22 Das Absatzwesen der amerikanischen Textilwirtschaft. Eindrücke einer deutschen Studiengruppe (RKW-Auslandsdienst, H. 48), München 1957, S. 20, 33; s.a. Sicherung des Marktanteils für Mittel- und Kleinbetriebe (RKW-Auslandsdienst, H. 90), München 1959.

23 J. Jirasek; R. Münzel, Marktorientierte Unternehmensführung. Erfahrungen aus der amerikanischen Praxis, Stuttgart 1962, S. 13 f.

me, die gleichzeitig bestätigt, daß die Aktivitäten auf diesem Gebiet auch sehr stark personenabhängig waren. Typischer für die Schwerindustrie war die Firma Mannesmann, bei der im Rahmen eines Gutachtens über die Bedeutung des Verkaufs der Unternehmensberater Kienbaum noch im Jahr 1964 zu dem Ergebnis kam: „Das jahrzehntelang gesteuerte und ‚gegängelte' Verkaufssystem muß auf echte Wettbewerbsbedingungen umgestellt werden. Dieser Umbruch gelingt nur, wenn manches historisch gewachsene über Bord geworfen wird und neue Impulse von innen her sich mit allen Kräften dem Markt zuwenden."[24] Bei Phoenix-Rheinrohr waren zehn Jahre zuvor bereits ähnliche Stimmen laut geworden, die auf die nach dem Kriegsende versäumte Neuordnung der Verkaufsorganisation hinwiesen und die charakteristisch für die Situation in der Stahlindustrie waren: „Die bei uns bestehende Aufgliederung der Verkaufstätigkeiten entspricht durchweg immer noch den Gesichtspunkten, die bei der Gründung der Vereinigten Stahlwerke im Jahr 1926 maßgebend waren. Danach lag die Verkaufstätigkeit, d.h. der Verkehr mit den Abnehmern, bei den Verbänden."[25] Die Verkaufsorganisationen der Stahlindustrie verdankten ihre Entstehung der Kartellzeit und seien im wesentlichen Verwaltungseinrichtungen gewesen, bei denen es darum ging, entsprechend der zugeteilten Verkaufsquoten den Unternehmen den bestmöglichen Ausnutzungsgrad für die Produktionsanlagen zu sichern.[26] Die Schwerindustrie reagierte mit einiger Verzögerung auf die Wandlungen der Verkäufer- zu Käufermärkten. Erst nachdem bei Mannesmann die Erlöse seit 1960 stetig gefallen waren, kam man dort zu dem Ergebnis, daß auf das bis dahin dominierende „Umsatzdenken" allein nicht gesetzt werden könne, „weil viel bestimmendere Faktoren heute die Situation des Unternehmens ausmachen". Schließlich gelte der „alte volkswirtschaftliche Satz von ‚Angebot = Nachfrage' heute nicht mehr wie früher".[27] Nicht zuletzt infolge des Kienbaum-Gutachtens verstärkte Mannesmann ab Mitte der 60er Jahre dann seine Aktivitäten im Bereich der Marktforschung, der Markterschließung und der Verkaufswerbung.

Bei den Unternehmen der Chemieindustrie hatte dieser Prozeß bereits viel früher eingesetzt. Im Falle von Glanzstoff verband er sich vor allem mit dem Namen Schlange-Schöningen. Im Unterschied zu dessen Vorgänger Ritzauer, der für Marketing und Werbefragen wenig Gespür hatte und dem man nachsagte, daß er die 4.000-5.000 Glanzstoff-Kunden persönlich kannte und deshalb davon ausging, daß Werbung für das Unternehmen und seine Produkte nicht notwendig sei,[28] forcierte

---

24 Archiv Mannesmann AG, M 50.492, Kienbaum Unternehmensberatung. Bericht über eine Untersuchung des Verkaufs im Bereich der Hauptverwaltung der Firma Mannesmann AG, Düsseldorf, 28.9.1964.

25 Ebd., PR 57161, betr. Verkaufsorganisation, 25.4.1955.

26 Ebd., Aktion von Herrn Geue, Umorganisation des Verkaufs, 27.2.1956.

27 Ebd., M 50.491, Die Organisation des Vertriebs der Mannesmann-Kerngesellschaft (um 1966).

28 Interview W. E. Wicht, 3.2.1998. Diese Einschätzung Wichts bestätigt auch eine Notiz des Glanzstoff-Vorstandsvorsitzenden Vits, der sich Anfang 1952 an Ritzauer wandte mit dem Hinweis, daß bei Glanzstoff bislang keine Werbung gemacht, sondern nur die Beziehung zu den Ab-

Schlange-Schöningen bei Glanzstoff eine marktorientierte Verkaufspolitik nach amerikanischem Vorbild und ergänzte damit auch auf diesem Gebiet die amerikaorientierte Unternehmensführung von Vits und Vaubel. Schlange-Schöningen ist auf dem Gebiet des Marketing ein Beispiel für den „dynamischen" bzw. „agilen Unternehmer" (Schumpeter, Wildemann), der als Promotor neuer Ideen im Unternehmen agiert, ohne gleichzeitig einer anderen Generation als sein Vorgänger anzugehören.

Hans-Joachim Schlange-Schöningen, 1916 geboren als Sohn des Reichsministers der Weimarer Republik und späteren Botschafters der Bundesrepublik in London, hatte bereits als junger Geschäftsmann in Brasilien Auslandserfahrungen erworben und war seit 1950 bei Glanzstoff für Fragen des Verkaufs und der Exportförderung zuständig. Wenige Jahre später erinnerte er sich, daß zur Zeit seines Eintritts bei Glanzstoff Marketing und Werbung keine Rolle gespielt hätten. Im Vordergrund standen vielmehr die Produktion, Produkte und Verkauf, „hier war absoluter Schluß". „Als ich eintrat und noch bis in das Jahr 1952 oder 1954 hinein hat meine Verkaufsleitung gesagt: Wir sind ein Rohstoffunternehmen, wir kennen keine Werbung. Heute, wenige Jahre danach, sind wir gezwungen, Millionen von Mark pro Jahr für die Werbung auszugeben. Man hat damals gesagt, das deutsche Publikum sei nicht so anfällig für die Werbung wie das amerikanische. Ich stelle hingegen die Behauptung auf, daß noch nie versucht worden ist, diese Methode in vollem Umfang einzusetzen. Ich glaube, und wir haben dafür wohl schon Beweise, daß, wenn man das tut, der Erfolg derselbe sein wird wie in den USA."[29] Tatsächlich hatte sich Glanzstoff nicht nur hinsichtlich der Marktstrukturen und mit Blick auf seine Produktion an amerikanischen Verhältnissen orientiert und diese entsprechend der eigenen Zukunftserwartungen auf deutsche Verhältnisse projiziert. Dies betraf die Nylonproduktion für den Autoreifenmarkt ebenso wie die Strumpfherstellung oder den Absatz von Polyäthylenfolien. Für zahlreiche Glanzstoff-Produkte wurden die amerikanischen Verhältnisse rechnerisch einfach auf die deutsche Situation übertragen. Der amerikanische Markt mußte schon deshalb als Vergleichsgrundlage dienen, weil „vom deutschen Markt her alleine keine brauchbare Grundlage geschaffen werden kann. Vielmehr ist es wichtig, daß die Entwicklung in Nordamerika und eventuell in einigen westeuropäischen Ländern mit herangezogen werden muß".[30] Schließlich sei auch „kein Grund anzuführen, daß in Westdeutschland auf dem Textilsektor nicht das amerikanische Verbrauchsniveau erreicht wird ... Der in den letzten Jahren in Westdeutschland noch stets vorhandene Abstand von sieben Jahren

---

nehmern gepflegt worden sei. Dies solle nun überprüft werden. S. Archiv AKZO K 8-13, Notiz Vits an Ritzauer, 1.2.1952.

29 Archiv AKZO, B 6-16-25, Vortrag Schlange-Schöningen zum Thema „Vertriebsorganisation und Verkaufsprobleme" beim VIII Baden-Badener Unternehmergespräch, 26.10.1959, S. 2.

30 Ebd., K 8-13, Gesellschaft für Marktforschung an VGF, 29.11.1952, Marktforschung zum Thema „Weiterentwicklung vollsynthetischer Fasern".

gegenüber dem Verbrauchsniveau an Synthesefäden und -fasern in den USA hat sich bereits in diesem Jahr verringert und wird voraussichtlich nur noch drei bis vier Jahre betragen", so eine Notiz für den Glanzstoff-Vorstandsvorsitzenden Vaubel betreffend die zukünftigen Investitionsanträge des Unternehmens aus dem Jahr 1959.[31] Der US-Markt bildete somit indirekt auch die Grundlage für die geplanten Glanzstoff-Investitionen. Die daraufhin anvisierte erhöhte Produktion hatte wiederum eine entsprechende Absatzpolitik zur Folge, die sich an amerikanischen Marketing-Methoden orientierte und damit das Bild amerikanischer Vorbilder komplettierte. Der Glanzstoff-Vorstand war sich „im klaren, daß es viele Erfordernisse zu erfüllen gibt, um eine solch wesentlich höhere Absatzmenge am Markt unterzubringen. Unter anderem wird es auch notwendig sein, durch Marketing-Methoden den wesentlich größeren und vielschichtigeren Absatzmarkt zu erschließen und durch eine sorgfältigere Analyse aller in Betracht kommenden Erzeugnisse vorzubringen".[32]

Eine kartellorientierte Absatzmentalität, die noch bis in die 60er Jahre hinein das Denken der schwerindustriellen Unternehmer beherrschte, konnte sich bei Glanzstoff nicht durchsetzen. Zwar gab es dort Mitte der 50er Jahre Meinungsverschiedenheiten über den Perlon-Absatz, wobei eine Fraktion innerhalb des Unternehmens „offensichtlich vom Syndikatsprinzip ... inspiriert ist", sich jedoch damit nicht durchsetzen konnte. Ihr wurde entgegengehalten, daß „allein schon auch das marktwirtschaftliche System in der Bundesrepublik und auch die außerordentlich gesteigerte Labilität des Angebots- und Nachfrageverhältnisses" eine solche Politik nicht zulasse und überholt sei.[33] Von dieser seltenen Ausnahme einer rückwärtsgewandten Absatzpolitik abgesehen verfolgte die Glanzstoff-Unternehmensleitung, und hier vor allem Schlange-Schöningen, eine strikt marktorientierte Absatzstrategie. Dies bedeutete auch das Abschiednehmen von tradierten Verkaufsvorstellungen. Das klassische Verkaufssystem, so Schlange-Schöningen, „wie wir es einmal gelernt haben, ist für ein mittleres und größeres Unternehmen hoffnungslos veraltet", so daß man „eine völlig neue Konzeption finden muß, um der heutigen Marktlage gerecht zu werden ..."[34] Für eine solche Konzeption boten sich amerikanische Marketing- und Werbemethoden an. Einmal mehr übernahm dabei DuPont eine Vorbildfunktion für Glanzstoff, nachdem es bereits hinsichtlich der Produktionsmethoden bzw. -produkte diese Rolle eingenommen hatte. Schlange-Schöningen verwies auf die nachahmenswerten Methoden im Absatzbereich, wenn es darum ging, „bis zu den Endverbrauchern vorzudringen". Nachdem Glanzstoff die Nylonproduktion aufgenommen hatte, sah sich das Unternehmen zunächst mit der Tatsache kon-

---

31 Ebd., K 14-15, Notiz für Herrn Vaubel, betr. Investitionsanträge, 14.12.1959; S. 9.

32 Ebd., S. 10.

33 Ebd., K 14-18, Pongratz, Notiz für Dr. Vits betr.: Gedankenaustausch mit Herrn Kind am 13.3.1956 über die vorliegende PERLON-Marktanalyse vom 27.2.1956, 28.2.1956.

34 Ebd., B 6-16-25, Schlange-Schöningen zur Vertriebsorganisation ..., S. 2.

frontiert, daß das neue Material teurer und empfindlicher war als das traditionelle Reyon und hohe Investitionen verlangte, so daß Sinn und Zweck dieser Umstellung in Frage gestellt wurden. „Wir haben uns dann die Vorgänge in Nordamerika angesehen ...", so Schlange-Schöningen. Dort hatte man am Beispiel DuPont sehen können, wie entsprechende Probleme mit Hilfe einer klug durchdachten Absatzpolitik gelöst werden konnten. DuPont sei einfach „über die Reifenindustrie hinweggegangen" und habe sich direkt an den Endverbraucher gewandt mit Maßnahmen, die auf Sicherheit und die lange Haltbarkeit der Reifen gezielt haben, wobei der Name bzw. der Mythos „Nylon" ebenfalls eine Rolle spielte. Daraus habe man gelernt, bereits bei der Investitionsplanung die Beeinflussung des Marktes zu berücksichtigen und Kontakte zum Endverbraucher herzustellen. „Natürlich ist das eine Umdrehung der früheren Verhältnisse", so resümierte Schlange-Schöningen, seit 1960 auch Mitglied des Glanzstoff-Vorstands, die Neuerungen der Absatzpolitik.[35] Verkauf, Werbung, Marktforschung und Marketing erhielten bei Glanzstoff innerhalb weniger Jahre einen neuen Stellenwert: „Entscheidend ist folgendes: Diese Abteilungen sollten gleichberechtigt sein und nicht untereinander geschachtelt sein. Sie sollten in regelmäßigen Abständen zusammenkommen ... ein Team bilden, das berühmte Team, und dieses Team berichtet an den Vorstand einheitlich ..." Damit beschritt Glanzstoff auch neue Wege der Organisation und der Zusammenarbeit unterschiedlicher Abteilungen bei klarer Kompetenzabgrenzung und ausreichender Informationsversorgung der Beteiligten. Das beinhaltete auch eine bessere Abstimmung über Produktion und Absatz mit den externen Weiterverarbeitern wie etwa Strumpfwirkern und Webern mit dem Ziel, auf der Basis einer elastischeren Absatzkonzeption den wechselnden Ansprüchen des Marktes folgen zu können. Auch in diesem Zusammenhang wies man von Seiten Glanzstoffs darauf hin, daß die „Marktpolitik von DuPont von entscheidender Bedeutung" sei.[36]

Die Neuorganisation im Absatzbereich betraf schließlich auch die Werbeabteilung, die im Jahr 1954 aus dem Verkaufsressort ausgegliedert und direkt dem Vorstand unterstellt wurde. Gleichzeitig wurde eine Werbekommission ins Leben gerufen, die für die Festlegung des Werbestils bei Glanzstoff zuständig war. Auch in diesem Zusammenhang orientierte sich das Unternehmen an amerikanischen Vorbildern. Amerikanische Werbemethoden wurden vor Ort studiert, Firmen und Institute besucht und amerikanische Publikationen und Zeitschriften ausgewertet. Als ein wichtiges Ergebnis einer USA-Reise schilderte ein Mitglied der Werbekommission: „Meiner Einschätzung nach ist es jetzt an der Zeit für Glanzstoff, für den Absatz seiner Produkte auf lange Sicht zu sorgen, seinen Namen besser zu repräsentieren und mit dem Begriff seiner Produkte zu verschmelzen".[37] In diesem Zusam-

[35] Ebd., S. 4.

[36] Ebd., K 14-15, Notiz für Herrn Vits, betr. Perlon-Marktanalyse zur Feststellung einer marktgerechten Produktionskapazität (Abschrift 27.2.1956).

[37] Ebd., K 8-13, Ingrid Molchin, Gedanken zur Werbung, 25.11.1954, S. 3.

menhang hatte Glanzstoff bereits Kontakt zu führenden deutschen Werbefachleuten und Werbeagenturen wie Hans Domizlaff und Hanns W. Brose aufgenommen, die Glanzstoff u.a. in Fragen der PR und der Markenartikel-Werbung für Perlon berieten.[38] Ende der 50er und zu Beginn der 60er Jahre startete Glanzstoff eine umfangreiche „Diolen"-Werbung, die bis dahin größte Werbeaktion der deutschen Textilwirtschaft, die zugleich der Beginn eines „aktiven Chemiefaser-Marketing" sein sollte.[39] Diolen ist eine Polyester-Faser, die u.a. zur Herstellung von Kleidung und Gardinenstoffen dient. Im Jahr 1959 wurde eigens eine neue Abteilung „Verkaufsförderung" für Diolen ins Leben gerufen und ein „Sales-Promotion-Team" gegründet, nicht zuletzt um der Hoechst-Marke „Trevira" Konkurrenz zu bieten. Die Diolen-Werbekampagne beruhte auf der Integration zahlreicher parallel laufender Aktionen, die bundesweit für Diolen-Produkte warb. In der „neuartigen Aktion" namens „Vorverkauf durch Marketing" wurden im Sinne einer „marktschaffenden Verkaufsförderung" in Zusammenhang mit den 200 Kleiderfabrikanten neue Diolen-Kleidermodelle mit Blick auf die bevorstehende IGEDO-Modemesse in Düsseldorf vorgestellt, die eine engere Kundenbetreuung garantierte. Im Deutschen Fernsehen sollten potentiell drei Millionen Fernsehempfänger mit der Diolen-Werbung „Interview mit einem Kleid" konfrontiert werden. Auch Fernsehwerbung orientierte sich an amerikanischen Vorbildern und war erst wenige Jahre zuvor in Deutschland eingeführt worden.[40] Darüber hinaus wurden Diolen-Produkte auf bundesweit 125.000 Plakaten in 200 Städten, in 160 überregionalen Tageszeitungen mit einer Auflage von ca. 13 Mio. Exemplaren sowie in Prospekten und auf „Diolen-Modeschauen" beworben.[41] „Die Werbung ist heute der entscheidende Faktor überhaupt geworden", konnte Schlange-Schöningen im Jahr 1960 schließlich feststellen.[42] Rückblickend wurde diese Entwicklung bei Glanzstoff als notwendige Anpassung an die sich verschärfenden Marktbedingungen gewertet, die man gleichsam als Auszug aus dem Paradies mit einem lachenden und einem weinenden Auge betrachtete: „Waren das schöne Zeiten", so hieß es in einem Artikel der Abteilung „Verkauf und Marketing" in einer Ausgabe der Werkzeitschrift des Jahres 1971, „die

---

38 Ebd., Schreiben VGF an Hans Domizlaff, 23.2.1952; ebd., Notiz Neitzel zu vorliegenden Gutachten der Firma Hanns W. Brose GmbH, 28.3.1952; H. W. Brose, Die Entdeckung des Verbrauchers, S. 213.

39 F. W. Kühndahl, Verkauf und Marketing, in: Wir vom Glanzstoff, 1971, H. 7, S. 6.

40 Archiv AKZO, B6-16-25, Beispiel Diolen-Werbung, Sonderdruck aus dem Textil-Forum-Werbekunst 12/1959; ebd., K 13-6-2, Diolen-Faser Besprechung am 27.4.1959; zur Fernsehwerbung s. S. J. Schmidt; B. Spieß, Die Kommerzialisierung der Kommunikation. Fernsehwerbung und sozialer Wandel 1956-1989, Frankfurt am Main 1996, S. 130 ff.

41 Archiv AKZO, B 6-16-25, Diolen-Werbung, Sonderdruck aus dem Textil-Forum-Werbekunst 12/1959.

42 Ebd., B 6-16-25, Vortrag Schlange-Schöningen bei der „Sericuria" (Krefeld), 20.5.1960; P. W. Meyer, Die Zeit ist reif für textile Markenartikel!, in: Die Absatzwirtschaft, H. 8, 1959, S. 353 f.

fünfziger und der Beginn der sechziger Jahre: eine lebhafte Nachfrage nach Chemiefasern, ein weitgehendes Ausfahren der Kapazitäten und Preise, die einen guten Gewinn brachten. Man könnte sie die goldenen Jahre der Chemiefaserindustrie nennen. Schöne Zeiten auch für den Verkauf. Neue Produkte wie Polyamid-Fäden und Polyester-Fasern und -Fäden gaben neue Impulse und brachten Umsatzsteigerungen. Mit dem Aufbau von Marken wie Perlon und insbesondere Diolen begann ein systematisches, aktives Chemiefaser-Marketing".[43]

Die Diffusion amerikanischer Marketing- und Werbemethoden und damit auch deren Internalisierung bei Verantwortlichen wie Schlange-Schöningen läßt sich schließlich auch an der Übernahme der amerikanischen Begrifflichkeit ablesen, die von der Unternehmensleitung auch ganz bewußt adaptiert wurde. „Ich möchte dabei vorausschicken", so Schlange-Schöningen, „daß wir uns – und ich mich auch – einiger amerikanischer Ausdrücke bewußt bediene. Wir haben bisher noch keine deutschen gefunden, und ich sehe auch gar nicht ein, warum man nicht einen guten ausländischen benutzen kann ..."[44] Die Benutzung von Amerikanismen war schließlich auch ein Ausdruck dafür, daß entsprechende amerikanische Methoden nicht nur oberflächlich betrachtet, sondern tief in das Unternehmen eingesickert waren. Sie entsprachen insofern im Sinne Hartmanns einer neuen Wirtschaftskultur, die denjenigen, „der sie anwendet, in ein schon sprachlich beeinflußtes Verhältnis zur Wirklichkeit drängen".[45] Es ist mithin davon auszugehen, daß die Übernahme amerikanischer Wirtschaftsbegriffe Ausdruck einer Diffusionsphase amerikanischer Managementmethoden darstellte, dem kein deutsches Äquivalent gegenüberstand. Diese Tendenz nahm in den folgenden Jahren weiter zu. Amerikanismen wurden Teil der unternehmerischen Alltagssprache, wozu für ein Unternehmen wie Glanzstoff auch zählte, immer „up to date" zu sein, was im Sinne Schlange-Schöningens auch bedeutete, sich der neuesten amerikanischen Managementmethoden zu bedienen. Betrachtet man die unternehmensinterne Marketing-Sprache bei Glanzstoff mit einem Zeitsprung von etwa 10 Jahren zu Beginn der 70er Jahre, so wird diese durch amerikanische Fachbegriffe dominiert, die gleichzeitig Ausdruck inhaltlicher Veränderungen sind. Aus dem ehemaligen Glanzstoff-Verkäufer war inzwischen ein „Account-Manager" geworden, und das Unternehmen betrieb ein „Company-Marketing" u.a. für „Enka Home" und „Enka-Dress"-Produkte. Beim „Endartikel-Marketing" war zu berücksichtigen, daß „Content-labeling nicht mehr den Bedürfnissen des Endverbrauchers (entspricht), der sich für property-labeling und insbesondere für care-labeling interessiert".[46]

---

43 F. W. Kühndahl, Verkauf und Marketing, in: Wir vom Glanzstoff, H. 7, 1971, S. 6.

44 Archiv AKZO, Schlange-Schöningen, Vertriebsorganisation und Verkaufsprobleme, S. 7.

45 H. Hartmann, Amerikanische Firmen in Deutschland, S. 82.

46 Archiv AKZO, B 16-26, P. A. W. Roef, Marketingpolitik und Marketingorganisation. Ein Diskussionsbeitrag, 7.4.1970; ebd., R. Krause, Enka-Glanzstoff Marketing-Seminar, in: Wir vom Glanzstoff, 1971, H. 11, S. 18.

Diese am Beispiel der Sprachentwicklung dargestellten innerbetrieblichen Veränderungen vollzogen sich im Rahmen eines langfristigen, sich über Jahrzehnte hinziehenden Prozesses, der nicht immer geradlinig verlief. Das bekam Schlange-Schöningen anläßlich einer Amerikareise Mitte der 60er Jahre zu spüren, die ihm zeigte, daß trotz seiner bisherigen Bemühungen im Bereich des Marketing noch erheblicher Nachholbedarf bei Glanzstoff bestand. Die neuesten Entwicklungen auf dem amerikanischen Markt machten deutlich, daß Glanzstoff zwar technisch auf gleicher Höhe mit den Amerikanern war, „wir haben es aber in Deutschland und überhaupt in Europa wieder einmal nicht verstanden, daraus eine Marketing-Aktion zu machen und die Aufmerksamkeit der Verbraucherschaft zu wecken".[47] Beeindruckt war Schlange-Schöningen von der Bedeutung des „Produkt-Direktors" in amerikanischen Unternehmen, „eine Einrichtung, der bekanntlich auch Amerenka huldigt und deren Sinn ich jetzt nach neuerlichem Gespräch mit Mr. Stull als wertvoll einsehe".[48] Amerikanische Marketing-Anregungen kamen also auch von der Glanzstoff-Tochter „Amerenka", die meistens auch auf dem Programm der Amerikareisen des deutschen Glanzstoff-Vorstands stand. Der „Produkt-Direktor" bzw. „Product-Manager", auf den Schlange-Schöningen hier anspielte, ist eine Einrichtung und Teil einer Marketing-Strategie, die erstmals Ende der 20er/Anfang der 30er Jahre beim amerikanischen Hersteller Procter & Gamble zum Einsatz kam. Der Product-Manager erhielt die Aufgabe, sich allein um ein einziges Produkt eines Unternehmens zu kümmern und dieses durch eine entsprechende Marktanalyse, Marketing-Konzeption, Werbestrategie, Public Relations, Verkaufsplanung und -kontrolle sowie die unternehmensinterne Koordination der beteiligten Abteilungen erfolgreich auf dem Markt zu plazieren. Diese Strategie war gleichzeitig Ausdruck einer „Delegation von Verantwortung" und der Dezentralisierung bestimmter Aufgaben, die in den bislang größtenteils funktional organisierten Unternehmen nicht mehr befriedigend gelöst werden konnten.[49] Sie fiel in Deutschland dementsprechend zeitlich mit der Reorganisation bzw. Divisionalisierung der Unternehmen ab Mitte der 60er Jahre zusammen, auf die in einem späteren Kapitel noch genauer einzugehen ist.

Der Begriff „Marketing" spielte auch bei Hüls in der Nachkriegszeit zunächst keine Rolle. Als Unternehmen der Grundstoffindustrie, das keine Fertigwaren an Endverbraucher lieferte, bemühte sich Hüls zwar nach 1945 um eine Reorganisation des Verkaufsbereichs, zunächst jedoch ohne ein integratives Konzept im Sinne des Marketing-Gedankens. Bei Hüls wurde „organisatorisch getrennt geforscht, produziert und verkauft. In Amerika floß das ineinander", so Frederico Engel. Für ihn

---

47 Archiv AKZO, B 6-16-45, Schlange-Schöningen, USA-Reise 1964/65, Notiz v. 10.5.1965, S. 3.

48 Ebd., S. 7.

49 H. Sabel, Absatzorganisation im Westen, S. 28 ff.; E. R. Weger, Der Produkt-Manager, in: Die Absatzwirtschaft 6, 1963, S. 131-134.

war auffallend, „daß die Amerikaner, was Marketing anbelangt, ganz anders dachten als wir, die Amerikaner wunderten sich über unsere Organisationsform".[50]

Nachdem bis Ende 1945 der Verkauf bei Hüls über die Verkaufsorganisation der IG Farben in Frankfurt abgewickelt worden war, begann anschließend der Aufbau einer eigenen Hüls-Verkaufsabteilung, der sich über mehrere Jahre hinziehen sollte. Dabei spielte die Errichtung eines Vertriebsnetzes im In- und Ausland, eines Fachverkäufersystems und eines Kundendienstes eine wichtige Rolle. Da der Abnehmerkreis für Hüls-Produkte in der Nachkriegszeit zunächst sehr eingeschränkt und entsprechende Marktstrukturen noch nicht ausgeprägt waren, entwickelte sich das Verkaufssystem in traditionellen Bahnen ohne eine starke Marktorientierung.[51] Erst im Jahr 1957 kann schließlich von einer kompletten Verkaufsabteilung unter Berücksichtigung der Arbeitsgebiete Verkaufsorganisation, Werbung, Marktforschung, Information und Preisbildung bei Hüls gesprochen werden, ohne daß in diesem Zusammenhang explizit von Marketing die Rede war. Dies sollte erst in den 70er Jahren der Fall sein.[52]

Ganz im Unterschied zu Glanzstoff, wo seit Mitte der 50er Jahre ganz massiv eine bewußt an amerikanischen Vorbildern orientierte Marketingstrategie betrieben wurde, die sich auch im Sprachgebrauch widerspiegelte, beschritt Hüls in dieser Frage zunächst einen vergleichsweise unauffälligen, zurückhaltenden und konservativen Weg. Für die Hüls-Werbekommission waren US-Werbeanzeigen, wie sie etwa von amerikanischen Chemieunternehmen wie Monsanto in bekannten Publikumszeitschriften wie „Reader's Digest" veröffentlicht wurden, eine ungewöhnliche und nicht nachahmenswerte Methode. Insgesamt finden sich bei Hüls, im Unterschied zu Glanzstoff, in dieser Zeit kaum Hinweise auf amerikanische Vorbilder. Dies mag damit zusammenhängen, daß, im Unterschied zum Produktionsbereich, auf dem Gebiet der Absatzwirtschaft und der Werbung Persönlichkeiten fehlten, die ein entsprechendes Marketingkonzept bei Hüls verfolgten. Noch am ehesten läßt sich bei Harry Damrow von der PR-Abteilung die Orientierung an amerikanischen Vorbildern beobachten, die darauf hinauslief, den Namen „Hüls" und dessen Produkte in der Öffentlichkeit bekannt zu machen. Ende der 50er Jahre wies der spätere Vorstandsvorsitzende Franz Broich daraufhin, daß die Phase der Repräsentationswerbung bei Hüls nun vorbei sei. Das Ziel, Hüls und seine Produkte bekannt zu machen, sei erreicht worden. Jetzt käme es darauf an, die anwendungstechnische Seite

---

50 Interview F. Engel, 13.8.1997.

51 Archiv Hüls AG, VII-1-19, H. Conrads, Erinnerungen aus meiner Dienstzeit im Verkauf der Chemischen Werke Hüls AG 1945-1957; W. Fischer, Was machen eigentlich Werbefachleute?, in: Der Lichtbogen 4, 1955, H. 6; M. Liesen; G. Schröter; D. Tietjen, Mit der Nase am Markt. Vestolit als Industriewerkstoff nach Maß, in: Der Lichtbogen 25, 1976, Nr. 181.

52 Archiv Hüls AG, VII-1-20, Bericht über den Aufbau und die Organisation der Abteilung Verkauf, Allgemein, 15.3.1957; 1950 wird in Marl ein erstes firmeneigenes Verkaufsbüro gegründet, in: Hüls Global 3/95.

stärker zu betonen und die Kontakte zu den Verbrauchern zu intensivieren.[53] Diese Neuorientierung verlief parallel zu dem Versuch von Hüls, auf dem Synthetikfasermarkt Fuß zu fassen. Mit der Einführung der Polyesterfaser „VESTAN“ zu Beginn der 60er Jahre begab sich Hüls in Konkurrenz zu anderen Herstellern und ihren Markenprodukten wie „Dralon“, „Trevira“ oder „Diolen“ und war damit stärker als bisher gezwungen, „sich den vom Markt her einstellenden Erfordernissen anzupassen“.[54] In der Folge davon läßt sich eine erhebliche Intensivierung der Absatzbemühungen unter dem „Ganzheitsprinzip“ feststellen, die zwar noch immer nicht als „Marketing“ bezeichnet wurde, in der Praxis aber genau das umsetzte, nämlich eine Integration von technischer Beratung, Werbung, Verkaufsförderung und Public Relations. Im Sinne einer stärkeren Endverbraucherwerbung wurde zu Beginn der 60er Jahre, insbesondere für „VESTAN“, eine umfangreiche Marketingkampagne gestartet, die mit deutlichen Parallelen zur „Diolen“-Kampagne von Glanzstoff Aktionen in Film, Funk und Fernsehen, die Präsentation auf der Düsseldorfer Modemesse „IGEDO“, umfangreiche Anzeigen-Kampagnen in Illustrierten und Fachzeitschriften sowie Repräsentativumfragen unter Konsumenten umfaßte.[55]

Hüls bietet ein Beispiel dafür, daß sich auch ohne eine auf der Basis direkter oder persönlicher Marketing-Kontakte in die USA gestaltete Absatzpolitik und ohne die Übernahme sprachlicher Amerikanismen Managementmethoden durchsetzten, deren Nähe zu amerikanischen Marketingmethoden unverkennbar waren. Die Glanzstoff-Marketing-Kampagnen für „Diolen“ unterschieden sich kaum von denjenigen, die Hüls bei der Neueinführung von „VESTAN“ einsetzte. Dies ist ein Zeichen dafür, daß amerikanische Vorbilder sich auch auf indirektem Wege, vermittelt über den Druck des Marktes durchsetzen konnten und ihre Herkunft kaum mehr hinterfragt wurde. Marketing war damit zu Beginn der 60er Jahre zu einer selbstverständlichen Managementmethode für deutsche Unternehmer geworden, die entsprechende Konzepte weitgehend internalisiert hatten.

Der Zeitraum Ende der 50er/Anfang der 60er Jahre markierte auch für zahlreiche andere Unternehmen den Einstieg in neue Marketing- und Werbestrategien und damit den Durchbruch des Marketing in deutschen Unternehmen, die sich fast ausnahmslos, direkt oder indirekt, an amerikanischen Vorbildern orientierten. Das gilt für den Bayer-Pharmabereich[56] ebenso wie für das Tochterunternehmen Agfa,[57] für

---

[53] Ebd., VII-7-19/2, Bericht über die Sitzung der Werbekommission am 1.10.1959; vgl. die Sitzung der Werbekommission v. 25.4.1955.

[54] Ebd., VII-7-30/10/1, VESTAN. Jahresbericht 1962/63. Werbung und Verkaufsförderung.

[55] Ebd., VESTAN Jahresbericht 1963/64. Werbung und Verkaufsförderung.

[56] Archiv Bayer AG, 166/10.1, Studie zur statistischen Untersuchung des Pharmazeutischen Marktes als Vorstufe für eine Absatzprognose, v. Dr. Dettmar, 15.3.1957; ebd., 81/2.8, Die Pharmazeutische Industrie der USA. Verkauf Pharma Zentral-Abt. K., Januar 1961; ebd., 302-0391, Zusammenfassender Bericht über den Besuch in den Vereinigten Staaten von Amerika, veranst. vom Bundesverb. d. Pharmazeut. Industrie, 28.3.-19.4.1960, ebd., 1/6.6.36, Baum, Geschichte der Pharma, S. 236 ff., 272 ff.

Freudenberg[58] und Bahlsen[59] wie für den Unternehmensberater Kienbaum, der Unternehmen hinsichtlich ihrer Marketing- und Werbestrategien beriet.[60]

Direkt und indirekt spielten amerikanische Vorbilder auch bei der Neuordnung der Absatzwirtschaft von Henkel eine große Rolle, wie sich mit Blick auf den Waschmittelmarkt Ende der 50er/Anfang der 60er Jahre zeigen läßt. An diesem Beispiel lassen sich zudem Zusammenhänge und Verflechtungen in puncto Marketing und Werbung zwischen unterschiedlichen Branchen und Unternehmen aufzeigen, denn die Überlegungen bei Henkel bezüglich einer neuen Absatz- und Werbepolitik standen nicht zuletzt in Zusammenhang mit der Einführung neuer Synthesefasern einerseits, wie sie von Hüls, Glanzstoff oder Bayer hergestellt wurden, und der Durchsetzung von Waschmaschinen in deutschen Haushalten andererseits, wobei amerikanische Vorbilder sowie der amerikanische Markt als Orientierungsgröße ebenfalls von großer Bedeutung waren.

Auf dem Gebiet der Waschmittelherstellung wie auch des -absatzes knüpfte Henkel nach dem Krieg an seine guten Kontakte zu amerikanischen Herstellern aus der Vorkriegszeit an. Mit Persil, Imi oder Ata verfügte Henkel über Traditionsmarken und qualitativ hochwertige Produkte, was jedoch nicht ausschloß, sich auch nach dem Krieg weiterhin intensiv mit amerikanischen Produktions- und Absatzmethoden auseinanderzusetzen und Anregungen aus den USA zu übernehmen. Bereits auf einer der ersten USA-Reisen nach dem Zweiten Weltkrieg wurde ein Henkel-Mitarbeiter 1949 bei DuPont gefragt, „welche Erzeugnisse wir herstellen, und ich erwähnte Persil, Henko, Imi und Ata und berichtete, welche Stoffe sie enthielten. Als ich erzählte, daß unser Aufwaschmittel Imi auf der Basis von Trinatriumphosphat hergestellt würde, amüsierten sich die Anwesenden und sagten, daß die Damen in USA wünschten, daß ihre Hände aussehen sollten, als würden sie nicht zum Aufwaschen benutzt, auch wenn sie es würden – und daß ein Mittel mit so ho-

57 Ebd., 5/E.117, Agfa-Gaevert AG, Marketing-Management 1960. H. Schneidewind, betr.: Marketing, 18.10.1960.

58 Freudenberg begann erst Mitte der 60er Jahre mit entsprechenden Marketing- und Werbestrategien, s. Archiv Freudenberg, 3/02683, Marketing-Konzeption Freudenberg-Spinnvlies, 20.12.1966; ebd., 3/02561, Hans E. Freudenberg: Der heutige Ledermarkt – Folgerungen für CF, 20.6.1966; ebd., 3/01466, „Mit welcher Begründung ist eine übergeordnete Werbung für Freudenberg wünschenswert und was will die Geschäftsleitung damit?“, v. 14.6.65; ebd., Aktennotiz über die Besprechung mit Herrn Krautwurst vom 3.5.65 über VILEDA-Werbung; ebd., Folgerungen aus der beigefügten Sammlung von CF-Werbematerial, 28.5.65; ebd., 3/02269, Hans Erich Freudenberg, betr.: Zentrale Stabsabteilung für Fragen des Gesamt-Verkaufs CF, 5.9.1968.

59 K. W. Siemens, Verkaufsförderung – was ist das?, in: Leibniz-Blätter, Oktober 1967; H. Oelke, Marktforschung im Hause Bahlsen, in: Leibniz-Blätter, Weihnachten 1970.

60 Archiv Kienbaum Unternehmensberatung, Bericht Nr. 749/2. Planung der Werbekampagne Winter 1961 f. d. Firma Benedikt Mäser, 18.2.1961; ebd., Bericht Nr. 773/1, Abschließender Bericht über Organisation und Verkauf der Werbekampagne Winter 1960 für die Firma Benedikt Mäser, Wirk- und Strickwarenfabrik Dornbirn/Österreich, 15.4.1961.

hem PH-Gehalt auf dem amerikanischen Markt zum Tode verurteilt sein würde".[61] Anläßlich einer USA-Reise und eines Besuches bei Procter & Gamble zwei Jahre später richteten die Mitglieder der Henkel-Delegation ihr Augenmerk verstärkt auf Fragen des Verkaufs, des Absatzes und der Werbung. Mit großem Interesse registrierte man die Parfümierung von Waschmitteln sowie die Tatsache, daß entsprechende Maßnahmen durch eine eigene Abteilung „Market Research" bei Procter & Gamble mit Hilfe von Umfragen und Tests bei Konsumenten, insbesondere bei Hausfrauen, begleitet wurden. „Es ist unsere Überzeugung", so die Amerika-Reisegruppe, der auch Konrad Henkel angehörte, „daß auch wir um eine Parfümierung unserer Produkte nicht herumkommen werden".[62] Dies setzte jedoch entsprechende Kenntnisse und Entwicklungsarbeiten sowie ein langes Marktstudium voraus, dem sich Henkel in der Folgezeit intensiv widmete. Darüber hinaus registrierte die Henkel-Delegation eine zunehmende Bedeutung von Cremes und Lotions, Deodorants und Sprays auf dem amerikanischen Markt sowie die dafür aufwendig ausgearbeiteten PR-, Werbe- und Marketingkampagnen. Die besonders guten Kontakte zu Procter & Gamble, die noch in die Vorkriegszeit zurückreichten, ermöglichten auch auf diesen Gebieten einen intensiven Erfahrungsaustausch zwischen beiden Unternehmen. Henkel ließ in diesem Zusammenhang eines seiner Seifenprodukte durch Procter & Gamble beurteilen. Das Ergebnis war wenig ermutigend für Henkel. Amerikanische Hausfrauen bevorzugten stärker schäumende Produkte. Doch orientierte sich Henkel nicht nur hinsichtlich seiner Produktpolitik an amerikanischen Vorbildern, sondern zunehmend auch in Fragen des Marketing, von der Marktforschung bis hin zu Verpackungsproblemen.[63]

Unter Berücksichtigung der Amerikaerfahrungen richtete Henkel im Jahr 1957 ein eigenständiges Marketing-Ressort ein, das das ehemalige Ressort „Absatzvorbereitung" ersetzte. Dies hatte eine Neukonzeption und eine verstärkte Koordination mit den schon bestehenden Verkaufs- und Werbeabteilungen zur Folge. Es wurden Marketing-Produktgruppen geschaffen, die sich bei der Planung neuer Produkt- und Marktkonzepte mit der „Hauptwerbeabteilung" abzustimmen hatten, der schließlich auch die PR-Abteilung zugeordnet wurde, die dann eine entsprechende Werbekonzeption entwarf. Dies wiederum mußte dann mit der Marketing- und Verkaufsabteilung abgestimmt werden, bevor sie der Geschäftsleitung präsentiert werden konnte.[64] Die Neuorganisation sah gleichzeitig eine hierarchische Gliederung der Ressorts vor, wobei das Marketing-Ressort an der Spitze stand. Darunter war die

---

61 Archiv Henkel, Zug. Nr. 452/1, USA-Reise 1949, S. 12.

62 Ebd., Zug. Nr. 458/1, Procter & Gamble, Reisebericht der Herren Konrad Henkel, Prof. Blaser, Dr. Kling u. Dr. Meinhold (Sommer 1951).

63 Ebd., o.Sign., Besuch bei der Firma Procter & Gamble in Cincinnati, Okt. 1956 (Dr. Konrad Henkel, Hans-J. Heinz).

64 Ebd., Zug. Nr. 310/1. Jahresbericht Hauptwerbeabteilung 1959; Marketing. Griff in die Zukunft, in: Blätter vom Hause, Feb. 1959, H. 1.

Hauptwerbeabteilung angesiedelt sowie drei Produktgruppen für Grobwaschmittel, Feinwasch- und Spülmittel sowie Haushaltspflegemittel und Kosmetik. Die Arbeitsrichtlinien sahen eine klare Kompetenzaufteilung der Ressorts sowie eine auf laufender Information und Abstimmung beruhende Zusammenarbeit im Sinne eines „Teamwork“ zwischen den Ressorts und seinen Mitarbeitern vor. Auf dieser Basis sollte die Neuorganisation „eine umfassende und gleichzeitig detaillierte Bearbeitung aller mit einem Produkt zusammenhängenden Fragen“ möglich machen.[65]

Erst mit dieser, sich von der traditionellen, in unterschiedliche Funktionen getrennten deutschen Absatzwirtschaft deutlich unterscheidenden, Marketingkonzeption sah sich Henkel gerüstet für eine offensive Marktpolitik, die Ende der 50er Jahre angesichts der aus den USA drohenden Konkurrenz die Voraussetzung für eine erfolgreiche Behauptung auf dem Waschmittelmarkt bildete. Der Blick nach den USA war vor diesem Hintergrund ein doppelter. Zum einen hatte sich Henkel im abgelaufenen Jahrzehnt zahlreiche Anregungen aus dem Marketingbereich aus den USA geholt, zum anderen drohten auf dem Waschmittelmarkt erstmals amerikanische Konkurrenzprodukte der Marke Persil deutliche Marktanteile wegzunehmen. Dadurch entstand eine Situation, in der Henkel die amerikanische Konkurrenz mit ihren eigenen Mitteln schlagen mußte und das auch erfolgreich tat. „Die Möglichkeit, daß die amerikanische Firma Procter & Gamble demnächst auf dem deutschen Markt ‚Tide‘ oder eine andere Grobwaschmittelmarke einführen wird, führte zu der Überlegung, neben unseren eigenen starken Marken Persil 59 und Dixan neue Marken zu konzipieren, um wesentliche Argumente eines Procter & Gamble-Waschmittels vorwegzunehmen und eventuelle Marktverluste durch diese neuen Waschmittel auszugleichen“, so der Jahresbericht der Henkel-Marketing-Produktgruppen im Jahr 1961.[66]

Über die Bedrohung durch Procter & Gamble war Henkel zusätzlich verärgert, weil das amerikanische Unternehmen ältere Absprachen und ein „Gentleman-Agreement“ hinsichtlich einer europäischen Marktaufteilung, die u.a. vorsah, keine Waschmittelprodukte auf den deutschen Markt zu bringen, ignorierte und zudem aus Sicht von Henkel einen ruinösen Wettbewerb heraufbeschwor. Henkel wollte auf alle Fälle verhindern, daß die von Procter & Gamble u.a. in Belgien praktizierten Verkaufsmethoden nach Deutschland kamen, bei denen „Gratisaktionen von den Waschmittelfirmen durchgeführt wurden, die die belgischen Hausfrauen in die Lage versetzten, einige Monate im Jahr umsonst zu waschen“, so Konrad Henkel.[67] Noch zwei Jahre zuvor hatte Procter & Gamble versichert, sich nicht auf dem deutschen Markt engagieren zu wollen. Doch zu Beginn der 60er Jahre kam dann das Waschmittel „Dash“ auf den deutschen Markt, woraufhin Henkel die ehemals engen und

65 Ebd., Zug. Nr. 310/1707, Jahresbericht Marketing-Produktgruppen 1961; ebd., Zug. Nr. 310/2. Jahresbericht Hauptwerbeabteilung 1960.

66 Ebd., Zug. Nr. 310/1707, Jahresbericht der Marketing-Produktgruppen 1961.

67 Ebd., 0 22, Konrad Henkel, betr. Procter & Gamble, 21.10.1960.

freundschaftlichen Beziehungen zu Procter & Gamble aufkündigte, den gegenseitigen Erfahrungsaustausch beendete und das „Ende einer mehr als 30 Jahre dauernden Freundschaft" gekommen sah.[68] Innerhalb eines Jahres sank der Marktanteil von „Persil" von 33% auf 30%, was unternehmensintern sowohl auf den Anstieg der Trommelwaschmaschinen in deutschen Haushalten und die damit verbundene Umstellung auf andere Waschmittel, das konservative Markenbild von „Persil 59" und auf die Konkurrenzprodukte wie etwa „Dash" zurückgeführt wurde.[69] Letzteres zog einen regelrechten „Krieg der Pulverkonzerne" (DIE ZEIT vom 27. 6. 1969) in den 60er Jahren nach sich, den Henkel nur deshalb erfolgreich bestehen konnte, weil er sich in den vorangegangenen zehn Jahren ausreichend mit der Munition amerikanischer Produktions- und Managementmethoden ausgerüstet hatte. Allein auf der Basis des traditionellen Produktes „Persil 59" sowie herkömmlicher Verkaufsmethoden wäre dies aus Sicht des Unternehmens kaum möglich gewesen. Neben einer umfassenden Reorganisation des gesamten Marketingbereichs führte Henkel zu Beginn der 60er Jahre das neue Waschmittel „AMBA" als eine Art „Gegenmarke" zu „Persil" ein, um auf diesem Weg neue Märkte zu erobern. Nach amerikanischem Vorbild stand bei der AMBA-Werbung nicht mehr allein die Pflegewirkung, sondern die Arbeitserleichterung im Vordergrund: „Nicht das Sicherheitsbedürfnis der Hausfrauen soll angesprochen werden, sondern die rationelle, unbelastete Einstellung zum Wäschewaschen. Diese Ansprache zielt auf einen modernen und fortschrittlich denkenden Frauentyp, dessen Interessen nicht ausschließlich in der Führung des Haushalts liegen."[70] Diesem Modernisierungsanspruch entsprach auch das Anliegen, „AMBA" in Reaktion auf die Wandlungen auf dem Textilmarkt durch das Auftauchen von Perlon-, Nylon-, Diolen- u.a. Produkten sowie die Verbreitung von Waschmaschinen in deutschen Privathaushalten als wirkungsvolles Waschmittel einzuführen. Schließlich ging man bei Henkel davon aus, daß „unsere rasche wirtschaftliche Entwicklung sowie der zunehmende Wohlstand (es) wahrscheinlich (machen),[71] daß die für USA gekennzeichnete Rationalisierung der Wascharbeit im Haushalt auch bei uns Fortschritte machen wird". Dementsprechend hatte Henkel seit 1958 zu führenden Waschmaschinenherstellern wie der Whirlpool Corp. Kontakte hergestellt und bezog die Entwicklungen auf diesem Gebiet auch bei der Produktions- und Absatzpolitik neuer Waschmittel in seine Überlegungen ein.[72]

Neben „AMBA", daß in den 60er Jahren nicht den erhofften Markterfolg hatte, der sich dann aber Ende der 60er Jahre mit dem neuen Produkt „Fakt" einstellte,

---

68 Ebd., sowie auch Wohltat, betr.: Entwicklung der Beziehungen zu Procter & Gamble, 23.12.1953.

69 Ebd., Zug. Nr. 310/1709, Jahresbericht 1963.

70 Ebd., Zug. Nr. 310/1707, Jahresbericht der Marketing-Produktgruppen 1961.

71 Ebd., Henkel, Zug. Nr. 458/11, Vorbericht über die USA-Reise Dr. Sinner, Dr. Harder v. 9.5.-10.6.1961.

72 Ebd., o. Sign. , Henkel and Cie. Whirlpool Corporation Technical Exchange Conference 1967.

brachte Henkel mit „Dato“ auch ein neues, „modernes, vollsynthetisches Waschmittel“ für Koch-, Bunt- und Feinwäsche auf den Markt und orientierte sich in Fragen der Verpackung und der Präsentation in einer Plastikflasche, angereichert mit einer Apfelblütenduftnote und unter Betonung der „Hautfreundlichkeit“ des neuen Produktes eng an Erfahrungen des amerikanischen Marktes. Die zunehmende Berücksichtigung von Polyäthylen- und Polystyrol-Verpackungsmaterialien wie Folien oder Beutel fand auch für andere Henkel-Produkte Verwendung. Nach einer USA-Reise mit dem Ziel des Studiums der dortigen Verpackungstechnik und der Besichtigung von Supermärkten kamen Henkel-Reisende mit dem Vorschlag zurück, einen Tragegriff an das 3-kg-Persil-Großpaket anzubringen sowie die Waschmittelpakete durch Beigaben von kleinen Spielzeug- oder Haushaltsartikeln für die Konsumenten attraktiver zu gestalten.[73] Schließlich startete Henkel Mitte der 60er Jahre eine weitere Offensive mit der Präsentation des neuen „Persil 65“, welches das „Persil 59“ ablöste sowie mit dem neuen Produkt „Weißer Riese“, mit dem man einem von Colgate-Palmolive geplanten Waschmittel für den deutschen Markt namens „Weißer Ritter“ 1966 zuvorkam. Mit „Fakt“ betrat Henkel auch Neuland auf dem Gebiet der „biologisch-aktiven Waschmittel“, worunter die Verwendung von Enzymen verstanden wurde, die Vorteile bei der Lösung von Eiweißstoffen in der Wäsche aufwiesen. Auch dabei orientierte sich Henkel an amerikanischen Vorbildern, deren Methoden erfolgreich für die eigene Produktentwicklung übernommen worden waren.[74] Dies gilt auch für die folgenden Jahre, in denen sich Henkel eng am amerikanischen Waschmittelmarkt orientierte. Amerikanische Hersteller beschritten, bedingt durch amerikanische Gesetzentwürfe, die ab Beginn der 70er Jahre ein Verbot der Phosphatverwendung in Waschmitteln vorsahen, auf dem Gebiet des Umweltschutzes – wenn auch gezwungenermaßen – neue Wege.[75] Henkel konnte davon ausgehen, daß diese Entwicklung bald auch den deutschen Markt erreichen würde.

Ingesamt gesehen verlief die Henkel-Marketing- und Produktoffensive in den 60er Jahren erfolgreich. Zwischen 1964 und 1969 stiegen die Marktanteile von 40% auf 54% an, während diejenigen der amerikanischen und englischen Konkurrenten nach einem Zwischenhoch Mitte der 60er Jahre deutlich zurückgingen. Der Marktanteil von Procter & Gamble fiel allein zwischen 1966 und 1969 von 24% auf 12% und auch Unilever mußte erhebliche Einbußen hinnehmen. Am Ende des Jahrzehnts war Henkel wieder unangefochtener Marktführer in Deutschland. Bereits 1968

---

[73] Ebd., Zug. Nr. 458/16, USA-Bericht. Verpackung und Verpackungstechnik der Herrn Dr. Viehweger u. Mazurkowski v. 16.4.-15.5.1964. Teuteberg, Der Lebensmittelhandel im Wandel, S. 62 ff.; M. Nast, Die stummen Verkäufer. Lebensmittelverpackungen im Zeitalter der Konsumgesellschaft, Bern 1997, S. 76 ff. zum „amerikanischen Traum“.

[74] Ebd., o. Sign., USA-Reise Dr. Fries, Dr. Heitland u. Dr. Werdelmann v. 23.6.-10.7.1969, A1-A2; 80 Jahre Persil, Produktion. Werbegeschichte, v. W. Fleiter (Schriften des Werksarchivs 20), Düsseldorf 1987, S. 61-65.

[75] Ebd., Zug. Nr. 413/25, USA-Reise Dr. Fries u.a. 1969.

konnte Konrad Henkel zufrieden feststellen: „Der Wettbewerb mit den Amerikanern hat unserem Unternehmen, einer rein deutschen Familiengesellschaft, jedenfalls nicht geschadet, im Gegenteil. Wir kannten die Philosophie der amerikanischen Manager, die Methoden ihrer Unternehmensführung; wir hatten sie studiert und uns rechtzeitig darauf eingestellt – mit Erfolg, wie unsere feste Position auf dem Markt beweist.“[76]

„Persil“ und „Weißer Riese“ dominierten wieder die Regale in deutschen Supermärkten. Und auch dort kam dem Marketing sowie der Orientierung an amerikanischen Verkaufs- und Werbemethoden eine überragende Bedeutung zu. Im Lebensmittel-Einzelhandel war der Kontakt zum Verbraucher am unmittelbarsten, und dort hatte sich seit Beginn der 50er Jahre ein deutlicher Aufgabenwandel vollzogen. „Lag in der Vergangenheit das Schwergewicht des Warenhandels auf Zentralebene im Aufspüren und Bereitstellen günstiger Einkaufsmöglichkeiten, so muß sich heute dagegen diese traditionelle Aufgabenstellung in immer stärkerem Maße mit der Funktion des ‚Marketing im Handel‘ koordinieren oder sogar unterordnen“, hieß es im Geschäftsbericht der REWE-Zentralorganisation des Jahres 1963. Dieser Wandel wurde als „Revolution im Handel“ charakterisiert[77] und betraf die Gestaltung der Kontakte zum Verbraucher ebenso wie die Werbung, den Vertrieb, die Preisgestaltung bis hin zu neuen Wegen der Lagerhaltung. Den gesellschaftlichen Hintergrund dieser Neuerungen bildete eine Veränderung der Alltags-, Lebens- und Konsumgewohnheiten der Bevölkerung, bedingt durch die wachsende Kaufkraft, die höhere Mobilität oder auch den Wandel der Haus- und Küchenarbeit nach dem Zweiten Weltkrieg.[78] In diesem Zusammenhang begann sich auch in der Bundesrepublik im Lebensmittel-Einzelhandel ein neuer Geschäftstyp durchzusetzen: der „Super-Market“. Diese, in den 50er Jahren noch häufig benutzte amerikanische Schreibweise verweist auf die Vorbildfunktion, die die amerikanischen Selbstbedienungsläden bei der Einführung dieser neuen Distributionsform in Deutschland hatten. Selbstbedienungsläden an sich waren in Deutschland keine Neuigkeit. Bereits in der Zwischenkriegszeit waren die ersten Selbstbedienungsläden und Einheitspreisgeschäfte wie „Epa“, „Ehapa“ oder „bilka“ eröffnet worden. Auch sie orientierten sich an amerikanischen Vorbildern, jedoch erfolgte ihre Durchsetzung nach dem Zweiten Weltkrieg zunächst schleppend.[79] Wichtige Impulse zur Förde-

---

76 Zit. nach Splendid Isolation im alten Glanz?, in: Die Absatzwirtschaft 11, 1968, H. 15-16, S. 19-25, 25; s.a. zum Wettbewerb auf dem Waschmittelmarkt R. Dieckhof, Der Krieg der Pulverkonzerne, in: DIE ZEIT, 27.6.1969.

77 Archiv REWE, Geschäftsbericht REWE-Zentralorganisation 1963, S. 8, 17.

78 Ebd., S. 17.

79 M. Wildt, Vom kleinen Wohlstand, S. 149 ff.; zu den Anfängen der SB- und Supermarkt-Läden in der Bundesrepublik siehe jüngst auch D. Evans, Freiwahl und Schnellbedienung, in: 48, 98 Tante Emma – Megastore, S. 30-35; H.-J. Teuteberg, Der Lebensmittelhandel im Wandel. Zur Wirtschafts- Technik- und Sozialgeschichte des Einzelhandels, in: ebd., S. 51-70.

rung der Selbstbedienungsläden kamen dann wieder einmal über die OEEC aus den USA. Ab Mitte der 50er Jahre stieg die Zahl der Selbstbedienungsläden dann sprunghaft. Während es 1951 bundesweit erst 39 SB-Läden gab, eröffnete im September 1955 in Bochum der 523. Laden in der Bundesrepublik, und auch hier fehlte ein Hinweis auf die amerikanischen Vorbilder nicht: „Im Zentrum von Bochum eröffnete ein zwischen Rhein und Ruhr durch sein Filialnetz bekanntes Einzelhandelsunternehmen ein neues Geschäft, das seiner Größe, Einrichtung und Organisation nach dem Vorbild des amerikanischen Supermarket nahe kommt",[80] so berichtete eine Bonner Nachrichtenagentur im September 1955. Die amerikanische Vorbildfunktion bezog sich auf die Ladenfläche, die mit 700 Quadratmetern vergleichsweise groß war, auf die große Zahl von elf Kassen, die großzügige Ausstattung mit Kühlzellen, Kühltheken und Klimaanlage sowie auf eine Entkeimungsanlage zur hygienischen Warenbehandlung, auf die farbige Ausstattung des Ladens nach farbpsychologischen Erkenntnissen sowie die Bestrebungen der Betreiber, eine freundliche Verkaufsatmosphäre und ein Maximum an Komfort für die Kunden zu garantieren.[81] All diese Einrichtungen und Maßnahmen mit dem Ziel einer verbesserten Verkaufspolitik und Kundenorientierung hatten deutsche Einzelhändler in den vorangegangenen Jahren anläßlich ihrer USA-Reisen vor Ort studiert und bestaunt. Der Dortmunder REWE-Geschäftsführer Max Nixdorf war von der Qualität, der Darbietung und Verpackung der Waren, die in Deutschland oft „eine schwache Stelle des Ladens" darstellten, in amerikanischen Geschäften ebenso begeistert wie von der dortigen „peinlichen Sauberkeit" und der „mustergültigen Ordnung".[82] Für deutsche Betrachter boten die „pushcarts" oder Einkaufswagen, „vierrädrig und aus starkem Drahtgeflecht gearbeitet", einen ebenso ungewöhnlichen Anblick wie die beweglichen Transportbänder, die die Waren bis zum Kassierer transportierten. Der Unternehmer Rudolf Wanzl aus Leipheim baute zusammen mit der Firma NCR in Augsburg die ersten Einkaufskörbe und Einkaufswagen, nachdem er sich bei Sylvan N. Goldmann, der den Einkaufswagen in USA entwickelt hatte, dort ausführlich informierte. Auch die „speed counter", die den Kunden lange Wartezeiten ersparten, die „shopping bags", in denen die gekaufte Ware verstaut wurde, bis hin zur Gestaltung der Schaufenster, boten für den deutschen Lebensmitteleinzelhändler Anregungen, die in den folgenden Jahren zu einem Großteil auch in deutschen Supermärkten umgesetzt wurden. Dies galt schließlich auch für die Ausweitung des Warensortiments wie etwa Gesundheits- und Schönheitsmittel und andere „Nonfood"-Artikel, die zunehmend auch in deutschen Supermärkten im Angebot wa-

80 Archiv REWE, Bestand Hill. 100jähriges Jubiläum Hill, Hefter 8-10, Nr. 31, Orbis Nachrichtenagentur Bonn, 30.9.1955.

81 Ebd.

82 M. Nixdorf, Der Lebensmittelhandel in den USA, in: REWE-Echo 1, 1954, S. 8. Zum Thema „Verpackung" s.a. König, Geschichte der Konsumgesellschaft, S. 409 ff.

ren.[83] Amerikanische „Super-Markets" wurden der deutschen Öffentlichkeit als „Groß-Raum-Selbstbedienungsladen" vorgestellt, die nach dem Prinzip des Massenabsatzes, einer hohen Umschlaggeschwindigkeit, einer günstigeren Kostengestaltung und weitgehender Arbeitsteilung funktionierten und quasi „als Gegenstück zum modernen Industriebetrieb" zu betrachten seien.[84] Im Zuge der Entwicklung der amerikanischen Massengesellschaft und der zunehmenden Motorisierung verlagerten sich in den USA die Einkaufsmöglichkeiten zunehmend von den Citys in die Außenbezirke der Städte, wobei die großzügige Einrichtung von Parkplätzen den neuen Konsumgewohnheiten Rechnung trug. Aus deutscher Sicht sollte diese „Revolution des Konsums" auch bald in der Bundesrepublik Einzug halten. „Man braucht kein Prophet zu sein, um die weitere Entwicklung bei uns vorauszusagen", so hieß es in einem Artikel des REWE-Echo im Jahr 1961.[85]

Die Revolution des Konsums war zwar eine mit Blick auf die USA absehbare, jedoch in der Bundesrepublik sich nicht automatisch durchsetzende Entwicklung. Vielmehr bedurfte es dazu unternehmerischer Anstöße und Initiativen, um diese Neuerungen nicht nur innerhalb der Unternehmen, sondern auch gegenüber den Konsumenten durchzusetzen, wie sich etwa am Beispiel der REWE Konsumgenossenschaft Dortmund (REWE Dortmund) zeigen läßt. Die REWE Dortmund war 1913 von 15 Lebensmitteleinzelhändlern als Einkaufsgenossenschaft Krone eGmbH gegründet worden und hatte sich nach dem Zweiten Weltkrieg zur größten der in der REWE-Zentralorganisation zusammengeschlossenen Mitgliedgenossenschaften entwickelt. Seit 1930 war Max Nixdorf der Geschäftsführer. Nixdorf war 1904 in Kamen geboren worden und hatte nach einer kaufmännischen Lehre 1924 bis 1928 Wirtschaftswissenschaften in Berlin und Leipzig studiert, bevor er die Geschäftsführung der REWE Dortmund übernahm. Seit 1940 war er zudem Mitglied des Aufsichtsrates und des Verbandsausschusses des Prüfungsverbandes der REWE-Zentralorganisation. Es waren schließlich seine Amerikaerfahrungen, basierend auf einem halbjährigen USA-Aufenthalt Mitte der 50er Jahre, die zu einer radikalen Umgestaltung der REWE Dortmund führten: „In der Stunde Null, am 20. Juni 1948, als die Währungsreform den für die Wirtschaft notwendigen Bewegungsspielraum geschaffen hatte, hieß es für mich, Ideen für einen neuen Anfang und die erfolgreiche Weiterführung der Genossenschaft in eine unbekannte Zukunft zu finden", so Nixdorf rückblickend 20 Jahre später. „Den zündenden Funken für eine völlige Neugestaltung der gesamten Arbeit in der REWE Dortmund bezog ich aus den Erfahrungen, Einsichten und Erkenntnissen, die ich als konstruktives Ergebnis eines

---

83 A. Hilke, Der amerikanische Supermarkt, Diss. Köln 1956, S. 49 ff.; G. Meinecke-Hayler, Super-Markets in USA, Bad Homburg 1956, S. 35 ff.; D. Evans, Freiwahl und Schnellbedienung, S. 33.

84 Meinecke-Hayler, Super-Markets, S. 9.

85 Amerikanische Vertriebsformen auch in Deutschland?, in: REWE-Echo 11, 1961, H. 9, Sonderbeilage. Zur Vorbildfunktion der US-Konsumgesellschaft für Deutschland s.a. König, Geschichte der Konsumgesellschaft, S. 108 ff.

längeren Studienaufenthaltes aus den Vereinigten Staaten an meinen heimatlichen Schreibtisch mitgebracht hatte."[86] Hier verbanden sich also der „Mythos Währungsreform" (Werner Plumpe)[87] und der Mythos Amerika zu einer die persönlichen Aktivitäten und Initiativen eines Unternehmers weckenden Entwicklung, die eine Katalysatorfunktion nicht für die REWE Dortmund, sondern auch weit darüber hinaus hatte. Nach seiner Rückkehr aus den USA im Jahr 1955 versammelte Nixdorf ein neues Team von Mitarbeitern um sich – dazu gehörte neben der Einstellung neuer Architekten, die für den Bau und die Gestaltung neuer Läden in Anlehnung an die amerikanischen Supermärkte zuständig waren auch ein neuer Marketing- und Werbeleiter –, um seine in Amerika gesammelten Erfahrungen sogleich in die Praxis umzusetzen. Noch im gleichen Jahr 1955 wurde schließlich der erste REWE-Supermarkt in Dortmund eröffnet und weitere folgten in kurzen Zeitabständen. Die Umgestaltung der Einkaufsläden in nach dem Selbstbedienungsprinzip funktionierenden Supermärkte verlief jedoch in den ersten Jahren nicht reibungslos und war schon gar kein Automatismus, sondern stieß bei den Genossenschaftsmitgliedern bzw. Kaufleuten z.T. auf erheblichen Widerstand. Mit dem Hinweis auf den Widerstand der Konsumenten, die eine Umstellung auf Selbstbedienung nicht wünschten, verweigerten einzelne Kaufleute den Schritt in Richtung Supermarkt. Da die Kaufleute ihre Läden in Eigenverantwortung führten, konnte eine solche Umstellung auch nicht von „oben" angeordnet werden. Max Nixdorf führte deshalb, zusammen mit seinem Assistenten und dem neuen Werbeleiter Roland Altmann, in Einzelfällen stundenlange Gespräche bis tief in die Nacht hinein, um die Kaufleute zu einer Umstellung zu überreden. Nach langem Hin- und Her erfolgte diese dann allerdings nur, weil Nixdorf andeutete, das Risiko und die volle Verantwortung für diesen Schritt zu übernehmen. Die Entscheidung erwies sich als großer Erfolg. Innerhalb eines Jahres stieg der Umsatz des betreffenden Ladens um etwa 30%, und der Ladenleiter entschloß sich schließlich zu einer Vergrößerung der Ladenfläche, gegen die er sich ein Jahr zuvor im Gespräch mit Nixdorf noch gesträubt hatte.[88] Diese und ähnliche Initialzündungen führten zu einer raschen Ausbreitung von Supermärkten, nicht nur bei der REWE Dortmund. Tatsächlich stieg die Zahl der Supermärkte zwischen 1955, als bundesweit in Bochum der 523. Laden eröffnet wurde bis zum Jahr 1960 auf 17.132 an. Gleichzeitig erhöhte sich der Umsatzanteil der SB-Läden von 4,4% im Jahr 1956 auf 62% im Jahr 1964.[89] Insofern war die zeitgenössische Formulierung der „Revolution des Konsums" und des Lebensmitteleinzelhandels, an dem Marketing und Werbung einen großen Anteil hatten, durchaus angemessen. Neben den Supermärkten betraf dies auch die Einrichtung von „Shop-

---

86 REWE Dortmund, Jahres- und Geschäftsbericht 1968 (o.P.).

87 W. Plumpe, Der 20. Juni 1948 als Datum der jüngeren deutschen Währungsgeschichte (Manuskript Bochum 1999).

88 Interview R. Altmann, 15.1.199; s.a. Scholten, Die Einführung der Selbstbedienung, S. 55.

89 Wildt, Vom kleinen Wohlstand, S. 154.

ping Centers“ und „Cash and Carry“-Geschäften nach amerikanischem Vorbild, wenn auch in geringerem Umfang. Eines der ersten deutschen „Shopping Center“ wurde zu Beginn der 60er Jahre in Berlin-Charlottenburg eröffnet. Dabei wurde auf die Erfahrungen amerikanischer und schwedischer Vorbilder zurückgegriffen bis hin zu architektonischen Details: „Es gibt keine Stufen auf dem Terrain, denn amerikanische Rationalisten haben errechnet, daß eine einzige Stufe bereits einen achtprozentigen Umsatzausfall bewirkt.“[90] Wenn auch das Charlottenburger Shopping Center zunächst unter einem zu geringen Kundenzuspruch litt, so sollten in den folgenden Jahren zahlreiche vergleichbare Einrichtungen, oftmals auch, wie in den USA, außerhalb der Stadtzentren und autofreundlich zu erreichen, am Rande der Städte auf der grünen Wiese gebaut werden.

Die Errichtung von „Cash and Carry“-Läden als eine Art Selbstbedienungsladen im Großhandelsbereich nahm in der Bundesrepublik einen anderen Verlauf als in den USA. „Während nämlich alle sonstigen von den USA kopierten Handels- und Marktformen in Deutschland bis in die Einzelheiten hinein genau dieselbe Entwicklung nehmen wie drüben, ist es beim C- und C-System anders“, so ein Kommentar aus dem Jahr 1962. In den USA seien „Cash and Carry“-Einrichtungen in erster Linie Einkaufsquellen für Kleinstgewerbetreibende, während in der Bundesrepublik, wie etwa am Beispiel der 1957 in Bochum eröffneten „Ratio“ ablesbar, dort vornehmlich der Großhandel einkaufe. Die Sortiments- und Preisgestaltung allerdings orientierte sich wiederum an amerikanischen Vorbildern. So würden etwa 30% der Artikel unter den Selbstkosten verkauft, während die restlichen 70%, und dort vor allem auch „non-food“-Artikel, für einen kalkulatorischen Ausgleich sorgten und insgesamt dieser neuen Handelsform zu einem nicht erwarteten Erfolg verhalfen.[91]

Die rasche Ausbreitung insbesondere der Supermärkte in der Bundesrepublik ab Mitte der 50er Jahre hatte gezeigt, daß dort ein erheblicher Nachholbedarf bestanden hatte. Dies galt gleichermaßen für die Bereiche Marketing und Werbung des deutschen Lebensmitteleinzelhandels. Der Werbeaufwand amerikanischer Supermärkte war aus deutscher Sicht „enorm“. Dies betraf sowohl die finanzielle Seite als auch die Vielfalt der Werbemethoden, die die Vertreter des deutschen Einzelhandels in den USA beobachteten. Schon die Art der Präsentation von Marketing und Werbemethoden sowie das gesamte Umfeld hinterließen tiefe Eindrücke bei einer deutschen Reisedelegation, die sich zu Beginn der 60er Jahre vor Ort über amerikanische Verkaufsmethoden informierte. „Mit elektronisch gesteuerten Fahrstühlen fuhren wir in den 10. Stock des Verwaltungsgebäudes der NCR (National Cash Register Company, C.K.), wo das internationale Seminar über ‚Modern Merchandising Methods‘ unter der Leitung von Bernard Trujillo, dem ‚Einzelhandelspapst‘

---

90 Berlins erstes Shopping Center ein kommerzieller Fehlschlag?, in: REWE-Echo 12, 1962, H. 2, S. 39-41.

91 H. Schatmann, Cash and Carry – ‚Geschäft auf Zeit'?, in: REWE-Echo 12, 1962, H. 4, S. 8 f.

von Amerika, wie er genannt wird, stattfand",[92] so einer der Teilnehmer der REWE-Delegation. Die gesamten Rahmenbedingungen der Veranstaltung waren für die REWE-Teilnehmer ungewöhnlich, fast einschüchternd. Besonders beeindruckt waren sie von der Verpflegung, von Frühstück und Mittagessen, sowie vom Tagungsablauf: „Plötzlich rollten, wie von Geisterhand gezogen, die Vorhänge vor die Fenster, und eine Filmleinwand senkte sich von der Decke herunter. Täglich wird hier nach dem Mittagessen eine Tagesschau gezeigt, wie wir sie in Deutschland vom Fernsehen her kennen. Danach geht man wieder an die Arbeit."[93] Und diese Arbeit konnte, für die deutschen Teilnehmer ganz ungewohnt, auch sehr locker und unterhaltsam sein, wie der Vortrag des amerikanischen „Einzelhandelspapstes" Trujillo zeigte: „... er liebte dabei eine bildhafte, manchmal auch ‚pikante' Darstellungsweise, wodurch der an sich trockene fachliche Stoff aufgelockert wurde. Drei Grundprinzipien des modernen Verkaufs stellte er auf, deren Anwendung sich schnell bei den erfolgreichen Kaufleuten ausbreitet und die eine Gefahr für tausende rückständige Kaufleute bildet. Die drei Kernsätze lauten: 1. Die Ware begehrenswert machen. 2. Die Ware offen auslegen. 3. Die Ware muß leicht erreichbar sein".[94]

Um sich nicht dieser Gefahr der „kleinen rückständigen Kaufleute" auszusetzen, orientierten sich deutsche Einzelhandelskaufleute sehr eng am amerikanischen „werblichen Ideenreichtum" und am amerikanischen Geschäftsprinzip des „move more merchandise, make more money (bewege mehr Ware, verdiene mehr Geld)", wie es ein REWE-Mitarbeiter im amerikanischen Original mit deutscher Übersetzung formulierte.[95] Zum amerikanischen „werblichen Ideenreichtum" gehörten z.B. unterschiedliche Methoden der „Preiswerbung", die davon ausgingen, daß 85% aller amerikanischen Hausfrauen nur bei einem geringen Teil der Waren ein festes Preisbewußtsein hatten, was für die Händler zahlreiche Möglichkeiten der Preisgestaltung und der „Preismanipulation" bot. Dazu zählte etwa die Ausgabe von Gutscheinen und „Coupon-Rabatten", die in Verbindung mit einem Einkauf in Höhe einer bestimmten Summe einen Nachlaß zum Normalpreis gewährten. Darüber hinaus gab es Sonderangebote in verschiedenen Varianten, die dann mit Hilfe großer Fensteraufkleber, Anzeigen in Zeitungen, Fernsehwerbung, Postwurfsendungen und Handzetteln dem Verbraucher nahe gebracht wurden.[96] Eine besondere Form der Werbung stellte die „Gemeinschaftswerbung"[97] und die zunehmende Bedeutung von „Handelsmarken" dar, die mit dem Hinweis auf eine erfolgreiche Anwendung

---

92 E. Kehr, Ein Tag in Dayton, in: REWE-Echo, 15. Juli 1963, S. 25-29, 25.

93 Ebd.

94 Ebd.

95 K. Jülicher, Wer nicht wirbt, stirbt. Verbraucherwerbung jenseits des Atlantiks, in: REWE-Echo, 15. Juli 1963, S. 22-24, 22.

96 Ebd., S. 23 f.

97 S. weiter oben den Hinweis auf die Einführung der Gemeinschaftswerbung in Deutschland durch Brose.

in den USA sich auch im deutschen Einzelhandel zunehmend durchsetzten. Das Prinzip der Handelsmarken bestand aus der Präsentation einer Eigenmarke im Unterschied zur Herstellermarke und war beispielsweise von Cornelius Stüssgen als bedeutendem Unternehmer auf diesem Gebiet bereits in den 30er Jahren angedacht worden, konnte sich jedoch erst nach dem Krieg in Anlehnung an amerikanische Vorbilder auf breiter Ebene durchsetzen. Stüssgen war bereits in den 20er Jahren erstmals in die USA gereist und hatte dort einschlägige Erfahrungen gemacht, wobei er davon ausging, daß diese „nicht auf deutsche (Verhältnisse) zu übertragen sind, daß es jedoch von großem Nutzen wäre, das in Amerika Gesehene auf deutsche Verhältnisse umzuformen".[98] Gerade im Einzelhandel zeigte sich der vielzitierte Primat des Absatzes vor der Produktion, wie Stüssgen-Geschäftsführer Wikkern betonte: „Und je mehr uns die Marktwirtschaft zum Bewußtsein bringt, daß Verkaufen wichtiger ist als Produzieren, um so mehr Veranlassung hat der Handel, seine Marke als Symbol seiner Leistung in den Vordergrund zu stellen."[99] Bei Stüssgen waren es zum Beispiel die Handelsmarken „Cornelia" und „Sylvia", die für zahlreiche Artikel eine hohe Qualität und hygienische Einwandfreiheit garantierten. Zu Beginn der 60er Jahre stellten diese Markenartikel 25% des Gesamtsortiments und 40% des Umsatzes und waren zugleich ein erfolgreiches PR-Instrument, welches das Stüssgen-Image in der Öffentlichkeit weiter verbesserte.[100]

Zu den Methoden eines „aktiven Verkaufens" gehörte im Lebensmitteleinzelhandel auch zunehmend das „Merchandising", worunter nach amerikanischem Vorbild die Gestaltung eines „attraktiven Warensortiments" in „gepflegter Atmosphäre" verstanden wurde. Danach sollten die einzelnen Artikel nicht einfach in die Regale gestellt, sondern z.T. in Gondeln oder als attraktive Warenaufbauten in den Gängen als sogenannte „Massendisplays" präsentiert werden.[101] Zur Warenpräsentation gehörte auch eine entsprechende Verpackung[102] der jeweiligen Artikel, die, wie bereits angedeutet, auch von den Herstellern in Orientierung an amerikanischen Vorbildern in Form von Kunststoffbehältnissen oder -folien Berücksichtigung fand. Auch bei Lebensmitteln wie Obst und Fleisch sowie bei Tiefkühlprodukten konnte

---

98 Zit. nach: J. Scholten, Die Einführung der Selbstbedienung im Lebensmittelhandel in der BRD nach dem Zweiten Weltkrieg am Beispiel der REWE Dortmund (Magisterarbeit Bochum 2000), S. 17.

99 Archiv REWE, HM-Sortimente ab 1963, J. Wickern, Bedeutung der Handelsmarke, in. Selbstbedienung, Dez. 1960.

100 Ebd., HM-Sortimente ab 1963, REWE-Eigenmarken sichern ihre Existenz (o.J., Anfang 60er Jahre); ebd., Warum sich Handelsmarken entwickeln können, in: Das Fachblatt für Selbstbedienung, Juli 1964; Bedeutung der Handelsmarke, v. J. Wickern, in: Selbstbedienung, Dez. 1960; H. Gross, Markenpolitik, in: R. Nieschlag; D. v. Eckartstein (Hg.), Der Filialbetrieb als System, S. 211-230.

101 J. Wickern, Probleme des Lebensmittel-Filialbetriebs – eine Einführung, in: Nieschlag; Eckardstein (Hg.), Der Filialbetrieb als System, S. 41-61, 49 ff.; D. Evans, Freiwahl und Schnellbedienung, S. 33.

102 Ausführlicher zur Geschichte der Verpackung s. M. Nast, Die stummen Verkäufer, Bern 1997.

sich aufgrund der Folienverpackung in deutschen Supermärkten zunehmend das Selbstbedienungsprinzip durchsetzen, da die neuen Verpackungsmaterialien es den Kunden erlaubten, die Ware selbst in die Hand zu nehmen und zu begutachten.

Diese neuen Verkaufsmethoden des Merchandising und der Werbung setzten bei den Einzelhandelsunternehmen eine entsprechende Aufgabenverteilung im Sinne einer umfassenden und integrativen Marketingkonzeption voraus, wie sie etwa bei REWE in Form von Wirtschaftskommissionen, unterschiedlichen Beratungs- und Betreuungsdiensten für SB-Läden sowie einer technischen und einer Werbeberatung existierten.[103] Vor Ort wurden diese dann von den Marketing- und Werbefachleuten umgesetzt. Zu ihnen gehörte beispielsweise Roland Altmann, der seit 1955 die Funktion als Leiter der Stabsabteilung Werbung und Public Relations bei der REWE Dortmund bekleidete. Altmann gehörte zu dem neuen Team von Mitarbeitern, das Nixdorf nach seiner Rückkehr aus den USA um sich versammelte. Bemerkenswert daran war vor allem, daß Altmann selbst über keine direkten Amerikaerfahrungen verfügte und auch sonst, abgesehen von seiner Werbefachausbildung über keinerlei Marketingerfahrungen verfügte, jedoch aus Nixdorfs Sicht anscheinend genau die Bedingungen erfüllte, die er für seine Pläne der Neugestaltung der REWE Dortmund im Sinne amerikanischer Vorbilder benötigte. Altmann war Jahrgang 1925 und lebte seit 1927 in Hannover, wo er nach dem Militärdienst und russischer Kriegsgefangenschaft ein Graphikstudium absolviert hatte. Parallel dazu besuchte er im Rahmen eines Abendstudiums die Werbefachschule, die er 1954 abschloß. Danach wechselte er zunächst zu einem Industrieunternehmen, um dort als Werbefachmann zu arbeiten: „Der erste Anlauf mißlang, mußte mißlingen, verhinderten doch in vielen Chefetagen damals noch überkommene, abgewirtschaftete Führungsstrukturen, daß Mitarbeitern, zumal jenen in leitenden Positionen, Entscheidungsspielräume gewährt und Verantwortung übertragen wurde ... Mein Glück war, Unternehmerpersönlichkeiten mit Weitblick getroffen zu haben, so daß ich meine kreative Linie dreißig Jahre lang durchhalten konnte", so Altmann.[104] Zu diesen weitblickenden Unternehmern gehörte Max Nixdorf, dessen Amerikaorientierung kompatibel war mit Altmanns künstlerischer Kreativität und seinem Bedürfnis nach freien Gestaltungsmöglichkeiten auch innerhalb eines Unternehmens. Diese zeigten sich im Bereich der Werbung, der PR und des Marketing. Sie waren Ausdruck amerikanischer Methoden auf diesem Gebiet, ohne daß Altmann selbst direkt auf amerikanische Vorbilder zurückgriff, was schließlich auch darin zum Ausdruck kam, daß er in seinen Texten und Aktionen fast vollständig auf eine amerikanische Begrifflichkeit zurückgriff. Der Terminus „Marketing" tauchte etwa in den Geschäftsberichten der REWE Dortmund erstmals Mitte der 60er Jahre auf, obwohl Altmann im klassischen amerikanischen Sinne genau dies bei REWE betrieb. Die

---

103 Archiv REWE, Geschäftsbericht 1963, S. 19 ff.

104 R. Altmann, Mittendrin die Perle. Die sechziger Jahre. Meine Malerei, Meinungen und Vermutungen, Bönen 1994, S. 40 f.

Gestaltung der Geschäftsberichte selbst ist ein Ergebnis dieser Aktivitäten. Im Jahr 1963 erstmals im Sinne der PR-Arbeit unter seiner Leitung eingeführt – als Genossenschaft war das Unternehmen zur Veröffentlichung entsprechender Berichte nicht verpflichtet –, dienten sie dazu, den Namen REWE bekannt zu machen und waren somit Ausdruck einer Imagewerbung, die schließlich für REWE sehr erfolgreich verlief. Die Gestaltung der Geschäftsberichte entsprach, angereichert durch zahlreiche Fotos, vor allem jedoch durch den Abdruck der von Altmann selbst gestalteten Graphiken sowie der künstlerischen Darstellung von Daten und Fakten, durchaus amerikanischen Vorbildern und setzte sogar vor dem Hintergrund dieser künstlerischen Note neue Akzente, die auch in anderen Branchen für Aufsehen und Anerkennung sorgten. Darüber hinaus initiierte Altmann zahlreiche Werbe- und PR-Maßnahmen wie die Verbreitung von Inseraten in Tageszeitungen, die Gestaltung von Schaufenstern, Tragetaschen, Plakatwänden und firmeneigenen Kraftfahrzeugen. Es wurden Kundenzeitschriften („REWE-Post"), Werbebriefe an Brautpaare, Indianerhauben und Luftballons an Kinder, Handzettel und Festschriften gestaltet und verteilt. Sonderaktionen wie etwa zur Förderung des Weinverkaufs in der „Bierstadt" Dortmund sorgten ebenso für Aufsehen wie die Einladungen an Hausfrauen, die ab 1961 als eine Art „Tag der offenen Tür" im neuen REWE-Haus durchgeführt und von mehreren tausend Besuchern wahrgenommen wurden.[105] Den Widerspruch, amerikanisch orientierte Werbung, PR-Arbeit und Marketing ohne amerikanische Vorbilder zu betreiben, erklärt Altmann mit seiner Fähigkeit zu kreativem Handeln und „assoziativem Denken", auf denen schließlich auch amerikanisches Marketingdenken beruhte. Wertkonservatives Denken und eine moderne, mit amerikanischen Methoden übereinstimmende Auffassung von Marketing, schlossen sich nicht aus, wie die Tätigkeit Altmanns bei REWE zeigt. Zwar verurteilte Altmann die gesellschaftlichen Vorstellungen der Jugend- und Studentenbewegung der 60er Jahre, die antiautoritäre Erziehung ebenso wie die „sexuelle Zügellosigkeit", den „Kollektivismus" wie die „Verrohung" der Rock- und Popkultur, als „Fehlentwicklungen" und „revolutionären Übereifer".[106] Gleichzeitig zeigt sein künstlerisches Werk starke Einflüsse der amerikanischen Pop-Art, die schließlich auch Eingang in seine berufliche Tätigkeit in Form der Gestaltung der REWE-Geschäftsberichte fand. Amerikanische Einflüsse in Altmanns beruflicher Tätigkeit sind als vornehmlich indirekter Art. Seine „Ideenwerbung" war das Resultat eigener Anstrengungen, und vieles „hat sich einfach so ergeben, aus dem Tagesgeschäft heraus, und aus der Phantasie".[107] Die Möglichkeiten, diese bei der REWE Dortmund

---

105 REWE Dortmund, Geschäftsbericht 1963, 1964, 1966 (o.P.); 50 Jahre REWE Dortmund. Die Entwicklungsgeschichte eines Unternehmens von der Einkaufsgenossenschaft zur modernen Dienstleistungsgemeinschaft, v. R. Altmann, Dortmund 1963, S. 21 ff.

106 R. Altmann, Mittendrin die Perle. Die sechziger Jahre. Meine Malerei, Meinungen und Vermutungen, Bönen 1994, S. 11-23.

107 Interview R. Altmann, 15.1.1999.

auch in die Praxis umzusetzen, ergaben sich allerdings erst nach der Rückkehr Max Nixdorfs aus den USA und dem Bestreben, den Supermarktgedanken in Deutschland so rasch wie möglich umzusetzen.

Der überragende Einfluß amerikanischer Marketing- und Werbemethoden auf den deutschen (Lebensmittel-)Groß- und Einzelhandel wird besonders dann deutlich, wenn man zum Vergleich den „deutschen Sonderweg" des ALDI-Konzerns heranzieht. ALDI betrieb bewußt kein Marketing, kein Merchandising, wenig Werbung und Öffentlichkeitsarbeit. Das Argument „Wer nicht wirbt, stirbt", wie es beispielsweise bei REWE Anfang der 60er Jahre vertreten wurde,[108] galt für ALDI nicht. Das Essener Unternehmen brauchte auch keine Stabstellen, die sich mit diesen Fragen auseinandersetzten. ALDI warb allein mit den Niedrigpreisen seiner Produkte. Seit der Eröffnung der ersten ALDI-Discountläden im Jahr 1950 und deren bis zum heutigen Tage üblichen Ausgestaltung im asketischen Stil war das Unternehmen auf diesem Weg erfolgreich.[109] Die Ausnahme ALDI bestätigt jedoch in diesem Falle nur die Regel: Alle anderen Einzelhandelsfirmen wie REWE, COOP oder „Spar" haben den amerikanischen Weg des Verkaufens, des Marketing und Merchandising beschritten.

Die Einführung neuer Verkaufsstrategien und Werbemethoden war auch bei Volkswagen eng mit amerikanischen Vorbildern verknüpft. Dies ist zum einen auf persönliche Amerikaerfahrungen, etwa Heinrich Nordhoffs, zurückzuführen, der sich während seiner Tätigkeit bei General Motors schwerpunktmäßig mit Fragen des Kundendienstes und des Verkaufs auseinandergesetzt hatte und diese nun auch bei Volkswagen einführte. Zum anderen sollten die USA als Absatzmarkt für Volkswagen in den 50er Jahren eine wachsende Bedeutung spielen und die dortigen Erfahrungen, insbesondere auf dem Gebiet der Werbung, schließlich in den 60er Jahren wieder auf die deutsche Entwicklung zurückwirken.

Die Überlebensfähigkeit von Volkswagen zur Zeit der britischen Besatzung war zunächst durch das Großkundengeschäft mit der Reichspost, der Reichsbahn und dem Bergbau gesichert, das dem Volkswagenwerk einen entscheidenden Vorteil gegenüber der Konkurrenz sicherte.[110] Es spricht jedoch für eine vorausschauende Absatzpolitik, wenn bereits im Sommer 1948 bei Volkswagen in der seinerzeit günstigen Verkaufssituation nach der Währungsreform hinsichtlich der zukünftigen Entwicklung gewarnt wurde: „Wenn sich die Volkswagen augenblicklich auch noch sehr gut verkaufen, so ist es doch schon an der Zeit, sich ernsthaft Gedanken über

108 K. Jülicher, Wer nicht wirbt, stirbt, in: REWE-Echo 15.7.1963, S. 22.

109 D. Brandes, Konsequent einfach. Die ALDI-Erfolgsstory, Frankfurt am Main, New York, 1998. Der heutige Stil und die heutige Ausgestaltung der ALDI-Läden geht bis ins Jahr 1962 zurück.

110 M. Lupa, Das Werk der Briten. Volkswagenwerk und Besatzungsmacht 1945-1949 (Historische Notate. Schriftenreihe des Unternehmensarchivs der Volkswagen AG, H. 2, Wolfsburg 1999, S. 8-10, 88 f.

die Zukunft zu machen“, wie es im ersten Volkswagen-„Informationsdienst“, dem Organ für VW-Händler, im August 1948 hieß.[111] Die Währungsreform hatte einen deutlichen Aufschwung für Volkswagen gebracht, und in den 50er Jahren verzeichnete das Unternehmen jährliche Produktions- und Absatzsteigerungsraten von knapp 25%.[112] Zwar hatte eine Emnid-Umfrage im Jahr 1949 ergeben, daß der Volkswagen in der deutschen Bevölkerung ein hohes Ansehen genoß und das populärste deutsche Automobil war, doch trotz der günstigen Absatzsituation war das Unternehmen schon Ende der 40er Jahre bereit, sich „für die schon im Anbruch begriffene Zeit zu rüsten, da man auch Volkswagen nicht lediglich zu verteilen hat, sondern verkaufen muß, im anspruchsvollsten und schönsten Sinne des Wortes“.[113] Dementsprechend setzte Nordhoff frühzeitig auf den Ausbau eines umfassenden Verkäufer- und Kundendienstnetzes. Bereits 1946/47 hatte Karl Feuereissen als Leiter der Kundendienstabteilung mit der Erstellung von Marktanalysen begonnen, wobei er auf die Konkurrenz von Opel verwies.[114] Auf diese Vorarbeiten im Bereich des Kundendienstes und Verkaufs konnte Nordhoff aufbauen. Anläßlich einer Tagung der VW-Generalvertreter und Großhändler bemerkte er: „Meine Herren, man kann heute leicht Automobile verkaufen, ohne Verkäufer zu haben. Es kommt aber der Tag, an dem man keine Automobile mehr verkaufen kann, ohne tüchtige Verkäufer zu haben.“[115] Nordhoffs Ziel bestand darin, ein durch „Korpsgeist“ und geschlossenes Auftreten nach außen sich auszeichnendes erfolgreiches Verkäufernetz aufzubauen, dessen Mitglieder sich als „einzige glückliche Familie“ fühlen und sich darüber im klaren sein sollten, „daß es keinen größeren Vorzug in der ganzen Automobilhändlerschaft gibt als den, Volkswagenhändler zu sein“.[116] Das Händler- und Vertragswerkstättennetz wurde in den 50er Jahren rasch ausgebaut. 1947 bestand die Volkswagen-Verkaufs-Organisation aus 10 Hauptverteilern, 14 Händlern und keiner einzigen Vertragswerkstatt. Zwei Jahre später gab es bereits 16 Generalvertretungen, 31 Großhändler, 103 Händler und 84 Werkstätten, die mit Volkswagen in Kontakt standen. Bis Mitte der 60er Jahre konnte dieses Netz dann auf über 2.000 Vertragswerkstätten ausgebaut werden.[117]

Gleichzeitig legte Nordhoff größten Wert auf den Ausbau eines flächendeckenden Kundendienstnetzes. Dabei zeigte sich zum einen eine starke Amerikaorientie-

---

[111] Unternehmensarchiv der Volkswagen AG (vorm. Auto-Museum Volkswagen), Volkswagen-Informationsdienst Nr. 1, 1.8.1948.

[112] O. Mickler u.a., Bedingungen und soziale Folgen des Einsatzes von Industrierobotern, S. 32.

[113] Unternehmensarchiv der Volkswagen AG (vorm. Auto-Museum Volkswagen), Volkswagen-Informationsdienst Nr. 7, 16.12.1949 sowie vom 1.9.1949.

[114] Lupa, Das Werk der Briten, S. 54.

[115] Unternehmensarchiv der Volkswagen AG (vorm. Auto-Museum Volkswagen), Kundendienst/Verkauf 1948/49. Protokoll zur Tagung der Generalvertreter und Großhändler am 20.1.1949 in Wolfsburg, Ansprache Nordhoff.

[116] Ebd.

[117] Ebd., Vortrag Dr. Feuereissen/VW-Verkaufsleiter.

rung, zum andern die Abgrenzung und Ablehnung vergleichbarer Vorläufer aus der Zeit des Nationalsozialismus. Überlegungen zum Aufbau einer auf dem Selbsthilfegedanken basierenden Kundendiensteinrichtung gingen bereits auf Pläne der DAF zurück, die ursprünglich auch den Vertrieb des Volkswagen übernehmen sollte. 1939 war ein Netz von ca. 2.000 Kundendienststellen geplant, wobei die entsprechenden Vorstellungen allerdings an den Realitäten der zivilen Produktion vorbeigingen und schließlich während des Krieges in die Nutzung als Werkstätten und Ersatzteillager für die Wehrmacht mündeten.[118] Nordhoffs Vorstellungen eines VW-Kundendienstes gingen in eine andere Richtung: „Von den Alltagserfahrungen und Ressentiments der Kriegszeit hat kaum etwas nachhaltiger gewirkt als die ins umgekehrte Verhältnis verwandelten Beziehungen zwischen Geschäftsmann und Kunden“, so wurde bereits 1948 im VW-Informationsdienst verkündet.[119] Dieser Einstellungswandel gegenüber dem Kunden – Nordhoff entwickelte eine „fast religiöse Einstellung“ gegenüber dem Kundendienst[120] – war bei Nordhoff nicht zuletzt Ausdruck amerikanischer Vorbilder. Die amerikanischen Verhältnisse waren schließlich „auch für uns in Deutschland nicht minder wertvoll und interessant“. Eine Gallup-Umfrage über den Zweitwagen-Verkauf in den USA zeigte, so der VW-Informationsdienst Ende der 40er Jahre, daß nur 39% der Zweitwagen bei der gleichen Händlerfirma gekauft würden, da die Kunden oftmals unzufrieden mit dem Kundendienst seien.[121] Der Zweitwagenmarkt spielte zwar zu dieser Zeit in Deutschland, als die meisten Deutschen sich noch nicht einmal einen Erstwagen leisten konnten, noch keine Rolle. Doch versprach sich Volkswagen einerseits zukünftig Chancen auf diesem amerikanischen Zweitwagenmarkt, andererseits war davon auszugehen, daß dem amerikanischen Markt vergleichbare Entwicklungen mit mehrjähriger Verspätung auch in Deutschland zu erwarten waren. Dies galt, wie bereits weiter oben am Beispiel von Glanzstoff u.a. gezeigt werden konnte, für zahlreiche deutsche Unternehmen ebenso wie für die Automobilhersteller, wie Nordhoff es ausdrückte: „Wenn man sich über die Situation der deutschen Automobilindustrie ein Bild machen will, so ist es von größter Bedeutung, darüber Klarheit zu haben, wie es in der Automobilindustrie anderer Länder aussieht ...“[122] Dies galt besonders für den Blick auf den amerikanischen Automobilmarkt, wie der Volkswagen-Verkaufs- und Kundendienstleiter Feuereissen vor dem Hintergrund des zunehmenden Wettbewerbs feststellte: „Wir glauben, daß diese Entwicklung nicht auf USA beschränkt bleibt, sondern einmal auch in europäischen Verhältnis-

---

118 Mommsen; Grieger, Das Volkswagenwerk und seine Arbeiter, S. 120, 335 f., 966, 975 f.

119 Unternehmensarchiv der Volkswagen AG (vorm. Auto-Museum Volkswagen), Volkswagen-Informationsdienst Nr. 3, 16.12.1948, S. 2.

120 Railton, Der Käfer, S. 138.

121 Unternehmensarchiv der Volkswagen AG (vorm. Auto-Museum Volkswagen) Volkswagen-Informationsdienst Nr. 1, 1.8.1948.

122 Ebd., Volkswagen-Informationen Nr. 9, Nov. 1950, S. 9.

sen eintreffen wird. Wir wollen ihr rechtzeitig gewachsen sein; daher unsere Anstrengungen zur Erhöhung der Produktion und zur Schaffung einer schlagkräftigen Verkaufs- und Kundendienstorganisation im In- und Ausland."[123] Heinrich Nordhoff bemühte in einem ähnlichen Zusammenhang den Begriff vom „Primat des Verkaufs",[124] den man schon fast als Ausdruck des unternehmerischen Zeitgeistes bezeichnen kann.

Während der Ausbau des Kundendienstes bei Nordhoff eine überragende Stellung einnahm, spielte Werbung bei Volkswagen bis Ende der 50er Jahre nur eine geringe Rolle, was ebenfalls auf Nordhoffs Einstellungen und Prämissen zurückzuführen war. Nordhoff war der Meinung, daß zufriedene Kunden die beste Werbung für Volkswagen seien und das Unternehmen deshalb auf umfangreiche Werbung verzichten könne.[125] Dies galt sowohl für den deutschen wie für den amerikanischen Markt, der in Nordhoffs unternehmensstrategischen Überlegungen einen großen Raum einnahm. Für den Export des Volkswagens in die USA mußte allerdings die einfache, geradezu spartanische Ausstattung des Wagens verbessert werden. Immerhin so viel Wahrheitsgehalt hatte Nordhoffs PR-trächtige US-Zöllnergeschichte, daß das „häßliche Entlein" durch eine bessere Polsterung, verstellbare Vordersitze, Scheibenwischer mit zwei Geschwindigkeitseinstellungen, Chromleisten, Fahrtrichtungsanzeiger und ein besser aussehendes Lenkrad eine Ausstattung für den amerikanischen Markt erhielt, ohne die die Verkaufschancen als äußerst gering betrachtet wurden. Nach anfänglichen Schwierigkeiten entwickelte sich der Verkauf in den USA ab 1950 sehr gut. Es wurde ein Verkaufsbüro eingerichtet und österreichische und etwa 100 deutsche Verkäufer in die USA geholt. Eine wichtige Funktion hatte in diesem Zusammenhang Will W. van de Kamp, der mit viel Energie und Elan ein Großhändlernetz im Osten der USA aufbaute. Doch ebenso wie Nordhoff hielt van de Kamp wenig von Werbung. Erst mit der Einführung des VW-Transporters in den USA ließ sich van de Kamp von den Händlern dazu überreden, Werbung zu betreiben. Dieser Schritt war hilfreich und notwendig, um den zunächst schleppenden Verkauf anzukurbeln, so daß sich bei Volkswagen of America (VWoA) allmählich die Einsicht von der Notwendigkeit der Werbung durchzusetzen begann.[126] In größerem Umfang hielt Werbung dann bei Volkswagen allerdings erst mit der Ankunft Carl H. Hahns bei VWoA im Jahr 1958 Einzug. Carl H. Hahn, 1926 als Sohn von Carl Hahn, einem österreichischen Ingenieur und Mitbegründer der Auto Union, in Sachsen geboren, war Kriegsteilnehmer, studierte Volkswirtschafts- und Betriebswirtschaftslehre, promovierte 1952 in Bern und sammelte erste berufliche Erfah-

---

123 Ebd., Volkswagen-Informationen Nr. 21, Feb. 1955, K. Feuereissen, Wir freuen uns über den guten Geist, der jeden einzelnen und alle gemeinsam beherrscht, S. 27.

124 Ebd., Volkswagen-Informationen Nr. 26, Feb. 1956, S. 11.

125 Railton, Der Käfer, S. 138.

126 Ebd., S. 137, 152, 164; zum US-Export des VW s.a. U. Kubisch, Aller Welts Wagen. Die Geschichte eines automobilen Wirtschaftswunders, Berlin 1986, S. 106-114.

rungen bei einem Importeur des amerikanischen Automobilherstellers Nash sowie bei einem Volontariat bei FIAT in Turin, wo er erstmals auch mit amerikanischen Management- und Produktionsmethoden konfrontiert wurde. FIAT verfügte noch aus der Vorkriegszeit über gute Kontakte zu Chrysler und hatte von dort u.a. das technische Know-How zur Serienfertigung übernommen. 1953 arbeitete Hahn in Paris im Rahmen der OEEC bei der EPA, wo ihm u.a. die Aufgabe der Herstellung von Unternehmenskontakten in die USA zufiel. Ein weiteres Jahr später kam Hahn 28jährig als Assistent von Nordhoff zu Volkswagen und brachte es dort innerhalb von vier Jahren zum Chef von VWoA.[127] Vor dem Hintergrund seiner umfangreichen Erfahrungen und Kontakte bereits während der Ausbildungs- und Studienzeit, in der die USA zumindest indirekt immer wieder eine Rolle spielten, ist Railtons Einschätzung wenig verwunderlich, der Hahn im Unterschied etwa zu van de Kamp, „der nach vier Jahren in Amerika noch immer Deutscher war", eine hohe Anpassungsfähigkeit und Auffassungsgabe bescheinigt und feststellt, daß Hahn „sogar noch amerikanischer als viele seiner amerikanischen Mitarbeiter" wurde.[128] Hahn lernte schnell und gut Englisch, beschäftigte sich mit Marketing und der Einführung von Computern und widmete sich intensiv der Werbung, zusammen mit Helmut Schmitz, den er als Werbeassistenten aus Deutschland mitgebracht hatte. Auch Hahn ging zunächst davon aus, daß der Volkswagen sich in den USA zunächst noch ohne Werbung gut verkaufen ließ, doch war bereits absehbar, daß er von amerikanischen Automobilunternehmen Konkurrenz auf dem Kleinwagenmarkt bekommen sollte. Tatsächlich brachten Detroiter Hersteller 1959 die ersten amerikanischen Kleinwagen auf den Markt. In dieser Situation und unter dem Druck der amerikanischen Großhändler, in den USA verstärkt Werbung für VW zu betreiben, wurde nun ein Werbekomittee bei VWoA ins Leben gerufen. Wohl nicht zufällig fällt in dieses Jahr auch die Kontaktaufnahme Hahns mit der Werbeagentur Doyle Dane Bernbach (DDB), die als junge amerikanische Werbeagentur bis dahin vornehmlich Werbung für ein amerikanisches Kaufhaus gemacht hatte und durch Originalität und Witz in der Werbung auffiel. Werbung von einer professionellen Agentur einzukaufen, war Ende der 50er Jahre zwar in den USA weit verbreitet, für ein deutsches Unternehmen jedoch ungewöhnlich. Ungewöhnlich war zudem die Art der amerikanischen Werbung. „Mit der DDB-Reklame für den Käfer kam in der Bundesrepublik erstmals eine Werbe-Art auf, die in den USA als ‚sophisticated' gilt. Texte wie ‚Sie könnten einen guten Wagen bauen aus den Teilen, die wir wegwerfen' oder ‚Verdienen Sie zuviel, um sich einen Volkswagen leisten zu können?' sowie Photo-Passagen vom VW im Eis der Antarktis und im Wüstensand haben Witz und Pfiff", so urteilte der SPIEGEL Mitte der 60er Jahre.[129] Erstmals wurde auch der Name „Beetle" bzw. „Käfer", der sich später weltweit durchsetzen sollte, wenn auch zu-

---

[127] Interview C. H. Hahn, 20.2.1998.

[128] Railton, der Käfer, S. 167.

[129] DER SPIEGEL, Nr. 4/1966, S. 47; Railton, Der Käfer, S. 169.

nächst nur indirekt in einer Anzeige, verwendet. Eine DDB-Zeitungswerbung ohne Foto, nur mit einer weißen Fläche und dem Untertitel: „We won't have anything to show You in our new models" erregte Widerspruch und Unverständnis in der Wolfsburger Unternehmenszentrale. Dort fragte man sich, warum man so viel Geld für Werbung ausgab, ohne auch nur ein Bild zu zeigen. Viele Händler, selbst in den USA, beschwerten sich, daß es keine klaren und deutlichen Werbeaussagen gebe wie „Buy one today" o.Ä., während DDB argumentierte, daß jede ihrer Anzeigen genau das meinte, ohne es aber auch nur ein einziges Mal auszusprechen. Nur langsam ließen sich die Verantwortlichen in Wolfsburg von der Qualität der amerikanischen Werbung überzeugen und adaptierten schrittweise die amerikanischen Werbemethoden. DDB gründete 1961 in Düsseldorf eine Zweigniederlassung – Hahns Assistent Schmitz wechselte später von VWoA zu DDB – und setzte von dort seine VW-Werbekampagne für den deutschen Markt fort. Dabei wurden die amerikanischen DDB-Vorbilder nicht einfach kopiert, sondern vornehmlich die Form, Bildkomposition, Typographie sowie Witz und Originalität der Werbeaussagen auf deutsche Verhältnisse übertragen. Eines der bekanntesten Beispiele ist der Slogan unter einer Photosequenz „... und läuft, und läuft, und läuft ..."[130]

Das Beispiel VW und DDB zeigt einmal mehr, daß auch auf dem Gebiet der Werbung der amerikanische Einfluß auf deutsche Unternehmen sehr groß war, daß neue Ideen, eine andere Sprache (Umgangssprache), neue Stilelemente und Witz in der deutschen Werbung Einzug hielten, die sich in der bis dahin biederen deutschen Werbung noch nicht durchgesetzt hatten. Carl H. Hahn geht davon aus, daß Volkswagen Werbung und Marketing erst in den USA „lernte".[131] Dazu brauchte es Akteure, die wie Hahn und Schmitz diesen neuen Methoden gegenüber aufgeschlossen waren und sie trotz der Bedenken aus Wolfsburg zunächst in den USA, später dann auch in Deutschland einführten und durchsetzten. In diesem Falle handelte es sich dann in der Tat um eine Art Re-Import aus den USA.

Erstmals warb Volkswagen im Jahr 1960 auch im Fernsehen und schaltete Anzeigen in Illustrierten, Frauen- und Fernsehzeitschriften. Die verstärkten Werbeaktivitäten wurden ergänzt durch weitere Werbe- und PR-Maßnahmen wie etwa die Erstellung von PR-Filmen, die Öffnung der Werkstore für Besucher oder die Durchführung von Verkehrserziehungsaktionen für Schulanfänger in Zusammenarbeit mit der Bundesverkehrswacht. Werbung, Verkaufsförderung und Kundendienst verbanden sich auch bei Volkswagen zu einer integrierten Strategie, die erstmals im Volkswagen-Jahresbericht der Abteilung Verkauf und Kundendienst 1966 unter der Bezeichnung „Marketing" firmierte. Zwei Jahre später stellten die Vertriebsbereiche und Tochtergesellschaften des Konzerns einheitliche Marketingpläne auf, die

---

130 Unternehmensarchiv der Volkswagen AG (vorm. Auto-Museum Volkswagen), Volkswagen of Amerika. Small Wonder, Rev. Ed. Insert No. 54, New Chapter 11, A Matter of Taste; um Mitte der 60er Jahre; Railton, Der Käfer, S. 170 ff., 176; Kubisch, Aller Welts Wagen, S. 115-119.

131 Interview C. H. Hahn, 20.2.1998.

auf der Basis detaillierter Analysen der internen und externen Marktfaktoren die notwendigen Maßnahmen zur Erreichung der gesetzten Verkaufsziele festlegten. Darüber hinaus wurde die Werbung weltweit vereinheitlicht und ein globales „Corporate Image" erarbeitet, welches ein „modernes und neues Auftreten des ... VW-Konzerns und seiner Organisationen in der ganzen Welt" darstellen sollte.[132] An diesen Aktivitäten war Carl H. Hahn nicht unmaßgeblich beteiligt, nachdem er 1963 aus den USA zurückgekehrt war und als Vorstandsmitglied auch als Vertriebschef des Gesamtkonzerns fungierte.

Das Beispiel VW, Hahn und DDB zeigt darüber hinaus, wie stark persönlicher Einfluß und Engagement, neben den strukturellen Rahmenbedingungen wie der Konjunkturentwicklung und den Markt- und Absatzverhältnissen, auf die Gestaltung der Unternehmenspolitik einwirken und diese in eine andere Richtung lenken konnten. Dabei muß die Einführung neuer Werbe- und Managementmethoden nicht unbedingt nach dem modernisierungstheoretisch orientierten Schema „alt-neu" und im Sinne der Generationenfrage oder gar des Generationenkonfliktes interpretiert werden. Die personelle Konstellation Nordhoff – Hahn zeigt das genaue Gegenteil: Beiden war eine starke Amerikaorientierung gemeinsam, und während Nordhoff sein Hauptaugenmerk auf das Gebiet des Verkaufs auf den Ausbau des Kundendienstes legte und wenig Gespür für Werbung hatte, sah sein ehemaliger Assistent Hahn gerade dort einen Schwerpunkt seiner Arbeit bei VWoA. Beide Strategien ergänzten sich und sind eher Ausdruck einer Kooperation, eines generationenübergreifenden Lernprozesses bzw. einer „Mentoren-Kultur" denn eines unternehmerischen Generationenkonfliktes.

Die Volkswagen-Strategie, die in den amerikanischen Werbe- und Marketingmethoden einen „Maßstab" bzw. ein „Vorbild" sah[133] und die mit aller Macht auf dem amerikanischen Markt Fuß fassen wollte, konnte sich angesichts der Erfolge des Volkswagens auf dem deutschen und amerikanischen Markt in den 60er Jahren bestätigt sehen. Anläßlich der in Zusammenhang mit der Herstellung des millionsten VW durchgeführten USA-Reise und der Einweihung eines neuen Verwaltungsgebäudes von VWoA in Englewood Cliffs/N.J. hob Nordhoff noch einmal die Bedeutung des amerikanischen Marktes für Volkswagen hervor: „Der Export von europäischen Wagen nach Amerika stand in seiner Bedeutung für die Fertigung und Wiederbelebung des Nachkriegs-Europas direkt hinter dem Marshall-Plan."[134] In

---

132 Unternehmensarchiv der Volkswagen AG (vorm. Auto-Museum Volkswagen), Jahresberichte Verkauf und Kundendienst. Jahresbericht 1960, S. 38, 44; Jahresbericht 1962, S. 18 f.; Jahresbericht 1966; Jahresbericht 1968, S. 38 f.

133 Interview C. H. Hahn, 20.2.1998.

134 Unternehmensarchiv der Volkswagen AG (vorm. Auto-Museum Volkswagen), USA-Reise Heinrich Nordhoff anläßlich des 1. Million VW vom 13.-27.10.1962; ebd., A. Railton, Sonderbericht für Herrn Schieferdecker (Übersetzung), 9.11.1962.

der Tat war diese Bedeutung kaum zu überschätzen, wenn man bedenkt, daß das Unternehmen 1963 in den USA mehr „Käfer" verkaufte als in der Bundesrepublik.[135] „The United States is of tremendous importance to us in Wolfsburg", so Nordhoff zu Beginn der 60er Jahre vor Mitarbeitern von VWoA, „Twenty per cent of our total production is shipped to the United States. One day in every week our employees go to work for America ... I hope, all of you are greatful to those workers in Wolfsburg who are making it possible for you to have such a company as this and such a building as this one. Together we are mutually dependent. The 15 thousand Americans who earn their living, selling and servicing Volkswagens are matched by about 15 thousand Germans in Wolfsburg, who owe their livelihoods to the United States. It's a wonderful equation that for each American family working in America there is one German family working with Volkswagen for America. Together we are strong and together we have a great future."[136] Diese Zukunft war in der Tat durch die von Nordhoff erwähnte gegenseitige Abhängigkeit so eng miteinander verknüpft, daß aus deutscher Sicht nicht nur der Aufstieg, sondern auch der Niedergang des „Käfer" eng mit den Entwicklungen auf dem amerikanischen Markt verbunden war. Gegen Ende der 60er Jahre wirkten sich nämlich die neuen amerikanischen Automobil-Sicherheitsvorschriften, neue Abgasnormen, die vorgeschriebene Größe der Blink- und Rückleuchten oder eine andere Gestaltung der Windschutzscheibe auf die Absatzzahlen von Volkswagen aus. Die amerikanischen Vorschriften wurden zwar alle von Volkswagen aufgegriffen und im „Super-Käfer" des Jahres 1973 umgesetzt, sie waren jedoch gleichzeitig verbunden mit hohen Kostenbelastungen für das Unternehmen. „Alles in allem haben amerikanische Vorschriften", so urteilt das ehemalige VWoA-Vorstandsmitglied Railton, „den Tod des Käfers eingeläutet".[137] Hinzu kamen makroökonomische Gründe wie die Entscheidung der damaligen US-Regierung, den Dollar floaten zu lassen, was zu einer Aufwertung der DM führte und damit die Exportchancen von Volkswagen zusätzlich verschlechterte. Auch auf dem deutschen Markt sank der Anteil von VW an den Inlandszulassungen von 32,5% im Jahr 1965 auf 19% im Jahr 1973. Daran war schließlich auch die auf den Käfer konzentrierte, fast schon als „Ein-Produkt-Strategie" zu bezeichnende Unternehmenspolitik schuld, die seit Ende der 60er Jahre ebenso überholt war wie die zentralistisch ausgerichtete Unternehmensorganisation, die beide eng mit dem Namen Nordhoff in Verbindung standen. Darauf soll im nachfolgenden Kapitel ebenso eingegangen werden wie auf das weitere Wirken Carl H. Hahns, der 1972 von Volkswagen zu Continental wechselte, wo er als Vorstandsvorsitzender seine Volkswagen-Erfahrungen und sein Credo „von anderen zu lernen" in ein aus seiner Sicht „abgeschlossenes Unternehmen" einbrachte. Die mit

---

135 Railton, Der Käfer, S. 177.

136 Unternehmensarchiv der Volkswagen AG (vorm. Auto-Museum Volkswagen), USA-Reise Nordhoff 1962, S. 4.

137 Railton, Der Käfer, S. 206; Edelmann, Heinrich Nordhoff, S. 48.

Hahn verbundene Öffnung der Continental AG half sicherlich auch bei der Krisenüberwindung des seit Beginn der 70er Jahre angeschlagenen Konzerns.[138] Um dieses Beispiel des unternehmensübergreifenden Wissenstransfers und damit auch des Wissenstransfers amerikanischer und – später auch japanischer – Managementmethoden zu vervollständigen, sei darauf hingewiesen, daß Hahn 1982 dann wieder zu Volkswagen zurückkehrte. Als Vorstandsvorsitzender von Volkswagen brachte er diesmal Know-How von Continental mit sowie die Bereitschaft, von der japanischen Industrie zu lernen. Die Amerikaner waren in der Zwischenzeit in der Automobil- und der Reifenindustrie auf dem Weltmarkt weit ins Hintertreffen geraten. Die amerikanische Herausforderung wurde nun, zu Beginn der 80er Jahre, von der „japanischen Herausforderung“ abgelöst.

Was die Fragen des Marketing und der Werbung anbelangt, so spielten Manager wie Hahn oder Schlange-Schöningen eine wichtige Rolle bei der Durchsetzung amerikanischer Leitbilder, die sich schließlich deutlich von den deutschen Vorläufern der Reklame und der Absatzwirtschaft der 20er und 30er Jahre unterschieden. Daß sich amerikanische Modelle seitdem in einem langen, „vierzig Jahre währenden Amalgamierungsprozeß“, der „Mitte der 20er Jahre in Berlin zaghaft begann und Mitte der 60er Jahre in der Bundesrepublik zum (vorläufigen) Abschluß kam“,[139] und der vor allem seit den 50er Jahren massiv betrieben worden war, schließlich weitgehend durchsetzen konnten, hängt auch hier, wie bereits an den Beispielen der technischen Entwicklung und der Human- bzw. Public Relations gezeigt, an der Kompatibilität amerikanischer und deutscher Managementmethoden zusammen. Amerikanische Marketing- und Werbemethoden können insofern als eine Weiterentwicklung deutscher Vorläufer betrachtet werden und als ein weiterer Beleg für die „Interferenz von Wissenskulturen“, die als Bereicherung und innovative Impulse die unternehmerische Sensibilität und das in Deutschland bis dahin unterentwickelte Bewußtsein einer funktionierenden Markt-Wirtschaft schärften und damit die Voraussetzungen einer erfolgreichen Marktstrategie auf nationalen und zunehmend auch internationalen Märkten schufen. Neben den Belegen für die Plausibilität des Leitbild-Ansatzes auch auf diesem zentralen Gebiet des Managements lassen sich am Beispiel der Wahrnehmung und Adaption von Marketing und Werbung durch deutsche Unternehmer auch Bestätigungen für die einleitend hervorgehobenen Thesen der verhaltenswissenschaftlichen Theorie der Unternehmung und des Mikropolitikansatzes nachweisen. Die Adaption amerikanischer Marketing- und Werbemethoden war kein zwangsläufiger Prozeß von Konvergenzentwicklungen, vielmehr bedurfte es dazu aktiv gestaltender und innovativer Unternehmer und Manager, die sich in kontingenten Entscheidungssituationen, basierend auf Erfahrungen und Wahrnehmungen in den USA, gegen die in „ihren“ Unternehmen bis in die

[138] Dazu ausführlicher bei Erker, Wachstum im Wettbewerb.

[139] Schindelbeck, „Asbach Uralt“ und „Soziale Marktwirtschaft“, S. 236.

50er Jahre hinein praktizierte, z.T. noch an Kartell- und Syndikatsmodellen orientierte, traditionelle Verkaufs- und Absatzpolitik und für eine Orientierung an amerikanischen Leitbildern der Markt-Orientierung einsetzten und dabei nicht selten innerbetriebliche Widerstände zu überwinden hatten. Gerade auf dem Gebiet des Marketing und der Werbung erwiesen sich amerikanische „Leitbilder als Führungsinstrumente“ (Dierkes).

Ab Mitte der 60er Jahre legten deutsche Unternehmer und Marketingfachleute auch hier ein gewachsenes Selbstvertrauen an den Tag. Die Bemerkung eines Amerikareisenden aus dem Jahr 1965: „Drüben geschieht gar nicht so viel Neues“, dürfte deshalb ebenso repräsentativ gewesen sein wie der Hinweis, „daß wir in fünf Jahren hier so weit sind, auch den Amerikanern etwas beibringen zu können“.[140] Bestätigt wird diese Aussage durch die Feststellung des Chefs der größten Werbeagentur der Welt, J. Walter Thompson im Jahr 1967, wonach die Werbung in Deutschland in den vergangenen 15 Jahren Anschluß an internationale Standards gefunden habe.[141]

---

140 W. J. Rauch, In den USA spielt betriebliche Marktforschung die erste Geige, in: Der Marktforscher 8, 1965, S. 816-819, 816, 818.

141 US-Werbemethoden in Deutschland, in: Der Marktforscher 11, 1967, S. 90 f.

2.6 Unternehmensorganisation – Divisionalisierung und amerikanische „Plan-Wirtschaft“

Im Zuge der Einführung neuer Marketingstrategien wurden deutsche Unternehmen zu Beginn der 60er Jahre gleichzeitig mit der Herausforderung neuer Organisationsstrukturen konfrontiert, wie sie in amerikanischen Unternehmen vielfach bereits seit den 20er Jahren existierten. Ein Beispiel dafür ist der bereits erwähnte „Product-Manager“, der in amerikanischen, dezentral organisierten und zumeist divisionalisierten Unternehmen innerhalb einer Produktgruppe das Marketing für ein bestimmtes Produkt übernahm. Wenn Schlange-Schöningen bei Glanzstoff Mitte der 60er Jahre die Bedeutung eines solchen „Product-Manager“ als nachahmenswert hervorhob oder bei Henkel bereits Ende der 50er Jahre Marketing-Produktgruppen geschaffen wurden, so waren dies auch Vorboten einer Diskussion über eine umfassendere Unternehmensorganisation, die in den meisten Großunternehmen in der zweiten Hälfte der 60er Jahre einsetzte. Amerikanische Unternehmen dienten dabei einmal mehr als Vorbild.

Der Zusammenhang zwischen neuen Marketingstrategien und der Reorganisation der Unternehmen war nur eine Verbindungslinie unter mehreren. Daran zeigt sich, daß die Orientierung an amerikanischen Managementmethoden und deren betrieblicher Umsetzung nicht auf isolierte Einzelphänomene beschränkt blieb, sondern eins das andere nachziehen konnte, wobei es zu Verknüpfungen und Verflechtungen kam. Neue Marketingmethoden, Public Relations- und Werbemaßnahmen sowie die Reorganisation der Unternehmen ab Mitte der 60er Jahre müssen deshalb in einem Zusammenhang betrachtet werden.

Impulse zu einer Reorganisation ergaben sich wie so oft aus dem direkten Studium amerikanischer Verhältnisse vor Ort. Ein Beispiel dafür bietet eine vom Ausschuß für wirtschaftliche Verwaltung (AWV) mit Unterstützung des Bundeswirtschaftsministeriums veranstaltete Amerikareise zu Beginn der 60er Jahre. Bis dahin hatte das Thema in der Wirtschaft keine größere Rolle gespielt und war auch im Programm des RKW unterrepräsentiert. Den Reiseteilnehmern des AWV, die in den USA 33 Unternehmen und Organisationen besuchten, darunter auch die Unternehmensberatungsfirmen Arthur D. Little Inc. und McKinsey & Comp. Inc., fiel vor allem „die auf den Markt hin ausgerichtete Orientierung der gesamten Unternehmenstätigkeit und damit auch der Organisation (auf). Diese Einstellung wurde in den Betrieben, aber auch in den Universitäten immer wieder spürbar. Gut entwikkelt ist die in die Zukunft gerichtete Planung, sei es als Teilplanung für die einzelnen Tätigkeitsbereiche oder als Gesamtplanung für das ganze Unternehmen".[1] Dies waren auch die wesentlichen Punkte, die bei der Reorganisation deutscher Großunternehmen wenige Jahre später im Mittelpunkt stehen sollten. Die größten Unterschiede zur Organisationsstruktur amerikanischer Unternehmen bestanden aus deutscher Sicht in der Dezentralisierung von Aufgaben, Befugnissen und Verantwortungsbereichen. „Sämtliche besuchte Unternehmen waren im Prinzip dezentral geführt."[2] Ein Teil der Befugnisse und der Verantwortung war von der Unternehmensspitze auf die darunter liegenden Ebenen verlagert worden und es gab verselbständigte Bereiche die als „profit centers ... im Rahmen der allgemeinen Geschäftspolitik des Gesamtunternehmens einen optimalen Gewinn erzielen sollen".[3] Die Einteilung in „Divisions" war für die deutschen Besucher zu Beginn der 60er Jahre noch ebenso ungewöhnlich wie die zunehmende Bedeutung von Stabstellen, die sich in deutschen Unternehmen erst langsam in Verbindung mit der Diskussion um eine „Delegation von Verantwortung" in den Unternehmen durchzusetzen begannen. Zwar waren den deutschen Amerikareisenden – neben Mitgliedern des AWV handelte es sich dabei zumeist um Vertreter mittlerer und großer Unternehmen wie Krupp und Siemens – die unterschiedlichen rechtlichen Rahmenbedingungen in den USA und der Bundesrepublik bewußt, die sich auch auf die Unternehmensorganisation auswirkten, jedoch hieß es in ihrem Bericht: „Ein modernes Industrieunternehmen hat überall in der Welt verwandte organisatorische Notwendigkeiten zu berücksichtigen. Deshalb sind Studienreisen in andere Länder zur Untersuchung von Organisationsfragen aufschlußreich. Die Analyse der unter anderen wirtschaftlichen und sozialen Bedingungen entstandenen Organisationsformen und deren Vergleich mit eigenen Lösungen bieten mannigfache Anregungen."[4] Diese „anderen Länder", von denen hier gesprochen wird, waren im wesentlichen die USA, und die „verwandten organisatorischen Notwendigkeiten" ergaben sich für deutsche Unternehmen erst seit den 60er Jahren, wohingegen die Diskussion über eine Divisionalisierung und deren praktische Umsetzung in amerikanischen Unternehmen bereits in die Zeit nach dem Ersten Weltkrieg zurückreicht. Im Zuge eines umfassenden Diversifikationsprogramms hatte beispielsweise der amerikanische Konzern DuPont nach dem Ersten Weltkrieg auf die sich abzeichnenden Überkapazitäten mit der Erschließung neuer Produktionsbereiche wie der Kunstleder-, Kunstseide- oder Farbenherstellung reagiert und dabei festgestellt, daß die bis dahin praktizierte, funktional gegliederte Unternehmensstruktur zur Bewältigung der neuen Aufgaben weitgehend ungeeignet war. Im Jahr 1921 wurden deshalb die großen Funktionsbe-

---

1 Organisation in amerikanischen Unternehmen. Ergebnisse einer Studienreise in die Vereinigten Staaten von Amerika, hg. vom Ausschuß für wirtschaftliche Verwaltung (AWV), Wiesbaden 1963, S. 14.

2 Ebd., S. 33.

3 Ebd., S. 34.

4 Ebd., S. 32.

reiche dezentralisiert und fünf Produkt-Divisionen gebildet sowie acht Stabstellen, die den Divisionen zur Seite stehen sollten. Ähnliche Entwicklungen vollzogen sich auch bei anderen großen US-Unternehmen wie General Motors, Standard Oil, Sears, Roebuck u.a.[5] Auch in Deutschland gab es einige wenige Großunternehmen wie Siemens, die AEG, die IG Farben oder die Vereinigte Stahlwerke AG, die bereits in den 20er und 30er Jahren einen der amerikanischen Unternehmensstrategie der Divisionalisierung vergleichbaren Kurs verfolgten.[6] Doch waren diese ebensowenig Vorbild bzw. Bezugspunkt bei der Reorganisation der deutschen Unternehmen in den 60er Jahren wie die deutsche Betriebswirtschaftslehre, deren renommiertester Vertreter, Eugen Schmalenbach, bereits Ende der 40er Jahre eine stärker dezentrale Betriebsorganisation mit „pretialen Mitteln" befürwortet hatte: „Das Wesen der pretialen Betriebslenkung besteht darin, daß die Oberleitung den nachgeordneten Dienststellen weitgehende Selbständigkeit läßt und sich nur besonders wichtige Entscheidungen vorbehält, dafür aber die Leistungen der Dienststellen bewertet, in der Regel aufgrund von Abteilungs-Erfolgsrechnungen."[7] Schmalenbachs „pretiale Betriebslenkung" wies deutliche Ähnlichkeiten mit Vorstellungen einer Dezentralisierung und Divisionalisierung sowie der Schaffung von „profit centers" amerikanischer Unternehmen auf, die sich von der „bürokratischen Betriebslenkung" deutscher Unternehmen unterschied: „Die pretiale Lenkung ist am meisten in den USA und am wenigsten in Deutschland zur Anwendung gekommen. Es scheint sogar, als ob die Deutschen aus ihrer besonderen Verantwortung heraus die bürokratische Betriebsleitung der pretialen vorziehen",[8] so Schmalenbach 1948. Dies war zumindest bis Ende der 50er Jahre in den meisten deutschen Großunternehmen der Fall. Doch auch danach waren weniger Schmalenbachs Untersuchungen oder die Entwicklungen der organisatorischen Vorreiter AEG oder Siemens Bezugspunkte für die anstehende Reorganisation zahlreicher deutscher Unternehmen, sondern amerikanische Unternehmen wie DuPont oder Procter & Gamble sowie amerikanische Unternehmensberatungsfirmen oder „Management-Gurus" wie Peter F. Drucker. Eine Bemerkung aus der „Zeitschrift für Betriebswirtschaft" trifft weitge-

---

5 A. D. Chandler jr., Strategy and Structure. Chapters in the History of the Industrial Enterprise, Cambridge Mass. 1962. Das Beispiel DuPont wird ausführlich auf den Seiten 52-113 dargestellt; W. H. Staehle, Ein Vergleich der organisatorischen Umstrukturierung bei DuPont und Farbwerke Hoechst, in: management international review 10, 1970, Nr. 6, S. 47-49.

6 B. Dornseifer, Zur Bürokratisierung deutscher Unternehmen im späten 19. und frühen 20. Jahrhundert, in: Jahrbuch für Wirtschaftsgeschichte 1993/1, S. 69-91; A. Reckendrees, Die Vereinigte Stahlwerke A.G. 1926-1933 und „das glänzende Beispiel Amerika", in: Geschichte und Gesellschaft 22, 1996, S. 159-186.

7 E. Schmalenbach, Pretiale Wirtschaftslenkung, Bd. 2, Pretiale Lenkung des Betriebes, Bremen 1948, S. 8.

8 Ebd., S. 11; s.a. W. Busse von Colbe, Planung, Organisation und Kontrolle als Hauptaufgaben der Unternehmensführung, in: Die Herausforderung des Management im internationalen Vergleich (USW-Schriften für Führungskräfte, Bd. 4), Wiesbaden 1970, S. 49-61, 57.

hend die Einstellung deutscher Unternehmer in den 60er Jahren zu diesem Thema: „Die starke Verbreitung divisionaler, also produktorientierter Organisationsformen in den USA und ihre überwiegende Befürwortung in der Fachliteratur legen überdies den Schluß nahe, daß es sich hier um eine moderne und über kurz oder lang unausweichliche Entwicklung handele.“[9]

Diese „unausweichliche Entwicklung“, mit der sich – im Unterschied zu den 20er und 30er Jahren – zahlreiche deutsche Unternehmen seit Ende der 50er Jahre konfrontiert sahen, war vor allem durch ein erhebliches Größenwachstum, den zunehmenden Wettbewerb und insgesamt komplexere Umweltanforderungen gekennzeichnet,[10] denen die Unternehmen auf der Basis der traditionellen funktionalen Organisation nicht mehr gewachsen waren. Und da sie sich in zahlreichen anderen Fragen wie der Technologie, der Human- und der Public Relations und des Marketing bereits intensiv an amerikanischen Leitbildern orientiert hatten, lag es nahe, dies im Falle der anstehenden Reorganisation der Unternehmen auch zu tun. Dabei vertrauten sich viele deutsche Unternehmen amerikanischen Unternehmensberatern an.[11] Im Falle von Henkel handelte es sich beispielsweise um das Stanford Research Institute (SRI), welches 1967 damit beauftragt wurde, Vorschläge für eine neue Organisationsstruktur sowie eine langfristige Unternehmensplanung für Henkel zu erarbeiten. Das SRI versorgte seit 1958 etwa 400 amerikanische Unternehmen mit Informationen über technische Änderungen, Marktentwicklung und Managementmethoden, aber nur sechs deutsche Unternehmen ließen sich beraten, darunter befanden sich neben Henkel auch Bosch, die AEG, Siemens und Phoenix-Rheinrohr.[12] Als Grund für eine Änderung der Henkel-Unternehmensorganisation wurde vom SRI in erster Linie das Wachstum des Unternehmens genannt. Die Umsatzzahlen hatten sich zwischen 1961 und 1966 verdoppelt, und es wurde davon ausgegangen, daß bis 1976 noch einmal eine Verdoppelung stattfinden würde. Daraus ergäben sich, sollte die funktionale Gliederung bei Henkel beibehalten werden, Probleme der Unternehmensführung, der Abgrenzung von Vollmachten und Verantwortlichkeiten innerhalb des Managements, aber auch hinsichtlich der Anpassung an die sich ändernden Marktverhältnisse, auf die ein Unternehmen wie Henkel mit seinem umfangreichen und diversifizierten Produktionsprogramm nur unzureichend reagieren könne. Die Reorganisation sollte helfen, „langfristig die Unternehmensziele zu erreichen“, so Mr. Shreve vom SRI. „Sie soll die Wirtschaftlichkeit

---

9 F. Eisenführ, Zur Entscheidung zwischen funktionaler und divisionaler Organisation, in: Zeitschrift für Betriebswirtschaft 40, 1970, S. 725-746, 726.

10 G. P. Dyas; H. T. Thanheiser, The Emerging European Enterprise. Strategy and Structure in French and German Industry, London 1976, S. 100, zum Vorbild der USA hinsichtlich der Divisionalisierung s. ebd., S. 114 ff.

11 Zur Tradition amerikanischer Unternehmensberatung in Europa und Deutschland s. M. Kipping, American Management Consulting Companies in Western Europe 1920 to 1990: Products, Reputation, and Relationsships, in: Business History Review, Summer 1999, S. 190-220.

12 P. Eichhorn, „Plan“-Wirtschaft made in USA, in: Der Volkswirt 22, 1968, S. 34-36.

und die Leistungen des Unternehmens steigern. Sie soll eine optimale Gliederung bringen. Befugnisse und Vollmachten sollen abgegrenzt werden, um Konflikte zu vermeiden. Neben der Delegation von Verantwortung und Befugnissen sollen auch wirksame Maßstäbe für die Steuerung und Kontrolle der Unternehmensführung geschaffen werden. Der Fortbestand des Unternehmens soll dadurch gesichert werden, daß das Management die notwendigen Qualifikationen hat und Führungskräfte ausgebildet werden, die die Nachfolge antreten können. Dann sollte jeder Führungskraft eine echte Führungsaufgabe mit Verantwortung und Befugnissen übertragen werden."[13] Die Grundzüge des Organisationsplanes sahen unterhalb der Spitze des Unternehmens in Form der Gesellschafter den „Board of Directors" vor, der zusammen mit dem „Executive Comittee" das „Senior Management" bilden sollte. Die Funktionen, Sparten und Regionen sollten das „Operating Management" bilden, wobei die Bedeutung der Sparten besonders hervorgehoben wurde. Das „Operating Management" würde nach den Grundsatzentscheidungen des „executive Comittee" handeln.[14] Die enge Anlehnung des SRI-Konzeptes an Vorbilder der amerikanischen Unternehmensführung kommt besonders in der Beibehaltung der amerikanischen Begrifflichkeit in dem ansonsten in deutscher Sprache gehaltenen Gutachten zum Ausdruck. Schließlich bedienten sich auch die Henkel-Manager in den internen Beratungen zur Reorganisation dieser amerikanischen Begrifflichkeit. So erläuterte etwa E. Stapf die Aufgabe des „Board of Directors" bzw. des Verwaltungsrates, des „Executive Comittees" (Unternehmensleitung) bzw. des „Operating Management" (Linien- und Stabsorganisation) den Henkel-Mitarbeitern. Dabei wird deutlich, daß im Rahmen der Reorganisation ein erheblicher Informationsbedarf bestand, dem u.a. durch die Einrichtung eines Gesellschafter-Ausschusses sowie eines Beraterkreises begegnet werden sollte. 1969 wurde schließlich eine eigene Stabstelle „Organisation" eingerichtet, die die Neuorganisation beratend begleiten sollte und die auch zukünftig für organisatorische Probleme zuständig war.[15]

Zentraler Punkt der Neuorganisation bei Henkel war die Spartengliederung des Unternehmens, also die Divisionalisierung nach amerikanischem Vorbild. Dabei wurde auch unternehmensintern auf Beispiele wie DuPont, Procter & Gamble oder Westinghouse Electric verwiesen, deren Organisationsform ebenfalls nach Sparten gegliedert war sowie auf amerikanische Literatur zum Thema, insbesondere auf Louis A. Allens „Management and Organization", die als Modelle und Orientie-

---

13 Archiv Henkel, Zug. Nr. 314/96, GL-Sekretariat Persil, betr. SRI-Besprechung am 16. Oktober 1968, S. 4.

14 Ebd., S. 4 f.

15 Ebd., Zug Nr. 314/96, SRI-Besprechung 16.10.1968, S. 16; ebd., Zug. Nr. 251/10, Organisation der Unternehmensspitze, E. Stapf, 30.5.1969; ebd., Zug. Nr. 251/9, betr. Neuordnung, 7.8.1969.

rungsmöglichkeiten dienen sollten.[16] „Die Sparte ist ein profit center", so hieß es anläßlich der Besprechung der SRI-Vorschläge zur Reorganisation bei Henkel. „Der Leiter der Sparte ist verantwortlich für alle Tätigkeiten der Sparte, also Verkauf, Produkt-Management, Produktion, Produktentwicklungsarbeiten usw. Er muß alles tun, was notwendig ist, um die Erträge zu verbessern ... Die Spartenorganisation ermöglicht es, in Produktgruppen als Einheit (‚kleines Unternehmen') zu denken ... Darüber hinaus werden durch die Spartengliederung unternehmerisch denkende Manager herangebildet, die durch ihre Tätigkeit und entsprechende Schulung frühzeitig auf größere Verantwortlichkeiten vorbereitet werden."[17] Auf zahlreichen Besprechungen wurden die Vorteile der Spartenorganisation als „Gewinnzentren", insbesondere auch die eindeutige Zuordnung von Kompetenzen, die Entlastung der Führungsspitze durch „Management by Exception", eine bessere Planung und Kontrolle, die Vereinfachung des Verwaltungsapparates etc., wiederholt angesprochen und mit Hinweis auf „erfolgreiche amerikanische Firmen" als nachahmenswert angepriesen und schließlich von Konrad Henkel auf der Gesellschafterversammlung im November 1968 in den politischen und ökonomischen Kontext der Henkel-Unternehmensentwicklung gestellt. Trotz der bedrohlichen aktuellen Situation in der CSSR „glauben wir richtig zu handeln, wenn wir unser Geschäft in Europa weiter ausbauen", so Henkel. Die wirtschaftliche Rezession des Jahres 1966/67 sei überwunden, die Integration der Märkte in Europa schreite weiter fort, so daß die Wettbewerbsfähigkeit des Unternehmens durch steigende Investitionen und durch eine neue Unternehmensstruktur gestärkt werden müsse: „Die Spartengliederung ist der Weg, um das größer werdende Geschäft, das besonders im Ausland wachsen soll, nach vorgegebenen Zielen ausgerichtet straff zu führen ... Wir haben uns große Ziele gesetzt. Bis 1976 wollen wir ein Umsatzvolumen von 5 Mrd. DM erreichen. Das bedeutete gegenüber 1966 eine Steigerung um etwa 100%. Die organisatorischen Voraussetzungen dazu werden im Augenblick geschaffen."[18]

Vorschläge zu einer „verbindlichen langfristigen Planung", wie sie hier bei Henkel anklingen, waren im Vorfeld der Reorganisation ebenfalls mit Hilfe des SRI aufgestellt worden. Diese umfaßten Fragen des Unternehmenszwecks, der Unternehmensziele, der Strategie, u.a. in Richtung einer weitergehenden Diversifikation, der Marketing- sowie der langfristigen Produktplanung einmal mehr mit dem Hinweis, „daß die meisten erfolgreichen Unternehmen in den USA die Planung mit

---

16 Ebd., Zug. Nr. 251/10, Grosche an Stapf, betr. Überlegungen zur Organisationsform nach Sparten. Modelle/praktische Beispiele aus anderen Firmen, 28.6.1968; ebd., Grosche an Stapf, 26.6.1968.

17 Ebd., Zug. Nr. 314/96, SRI-Besprechung 16.10.1968, S. 5 f.

18 Ebd., Zug. Nr. 251/10, Vortrag Konrad Henkel auf der Gesellschafterversammlung 6./7. Nov. 1968, S. 8 f.; ebd., Zug. Nr. 314/96, E. Stapf, Die Unternehmensorganisation nach Sparten, 18.7.1968.

großem Nachdruck (betreiben)".[19] Die Vorschläge einer langfristigen Unternehmensplanung und zur Errichtung einer Spartenorganisation verliefen Hand in Hand, und beiden gemeinsam war das Ziel einer erfolgreichen Unternehmensführung, basierend auf einer Dezentralisierung und der Delegation von Verantwortung sowie einer verbesserten Transparenz und Mitarbeiterinformation. Bisher habe „ein zu kleiner Personenkreis versucht, Entscheidungen in zu vielen Gebieten zu treffen ... Die Geheimhaltung von Informationen mag in den späten 40er und Anfang der 50er Jahre durchaus berechtigt gewesen sein, gegenwärtig ergibt sich jedoch daraus eine ungenügende Leistungsfähigkeit im Management, und das Unternehmen schöpft die Stärke und Erfahrung seines Middle-management nicht voll aus, die doch nötig sein werden, um zukünftigen Chancen und Bedrohungen gegenübertreten zu können".[20]

In der Praxis bedeutete die Reorganisation bei Henkel die Einführung von sechs Sparten (Waschmittel, Verpackung, Organische Produkte, Wohnungspflegemittel/Nahrungsmittel, Kosmetik, Anorganische Produkte/Klebstoffe), in denen die Funktionen Marketing, Produktion, Anwendungstechnik/Entwicklung und Controlling zusammengefaßt und die Verantwortung für Gewinn und Rentabilität den Spartenleitern übertragen wurden. Spartenübergreifende Funktionen bestanden weiterhin als sogenannte „Ressorts" für die Bereiche Finanzen/Rechnungswesen, Forschung & Entwicklung, Logistik, Organisation/Datenverarbeitung, Personal- und Sozialwesen, Ingenieur- und Rechtswesen. Abgesehen von einigen Veränderungen bildete diese Organisationsstruktur den Grundstock für die weitere Entwicklung des Unternehmens.[21]

Bei Bayer vollzog sich die Reorganisation, ähnlich wie bei Henkel, über einen Zeitraum von fünf bis sechs Jahren ab Mitte der 60er Jahre und konzentrierte sich ebenfalls auf die Einführung der Spartenorganisation und eines integrierten Planungssystems. Die Reorganisation fiel in eine Zeit, als der von einer amerikanischen Fachzeitschrift so benannte „Americanized Chief" des Unternehmens, Kurt Hansen, den Vorstandsvorsitz bei Bayer inne hatte. Bereits während seiner USA-Aufenthalte zu Beginn der 50er Jahre und seiner Tätigkeit bei „Metachem" hatte Hansen nach eigenen Aussagen viel über Unternehmensorganisation gelernt, insbesondere was die Aufteilung in Verantwortungsbereiche anbelangte oder auch über den Umgang mit unproduktiven Betrieben, die in amerikanischen Unternehmen sofort geschlossen wurden, während etwa das zu Bayer gehörende Agfa-Kamerawerk trotz finanzieller Verluste noch jahrelang weitergeführt wurde. Diese Erfahrungen prägten Hansens Entscheidungen auch noch zehn Jahre später, als bei Bayer die Divisionali-

---

19 Ebd., Zug. Nr. 251/1, SRI, Einführung einer verbindlichen langfristigen Planung in die Persil/Henkel Gruppe – Phase I, April 1967, S. 23; ebd., Zug. Nr. 251/26.

20 Ebd., Zug. Nr. 251/1, SRI, Einführung einer verbindlichen langfristigen Planung, S. 45, 49.

21 Ebd., o. Sign., Organisat. Änderungen der Henkel-Gruppe seit 1969, v. Dr. Giesel, 4.6.1985.

sierung der Unternehmensorganisation anstand.[22] Bis dahin bestand aus Sicht des Unternehmens keine Notwendigkeit, von der Funktionsgliederung abzugehen. Zu Beginn der 50er Jahre hatte sich Haberland gegenüber einem Bericht der Universität Chicago unter Leitung von Prof. Harbison über die Betriebsführung europäischer Unternehmen negativ geäußert. Die amerikanische Studie erwähnte neben der mangelnden Aufteilung von Verantwortungsbereichen, der Überlastung der Unternehmensführung mit Routineangelegenheiten auch das Fehlen von Organisationsplänen, was Haberland mit der handschriftlichen Bemerkung: „Stimmt nicht!" am Textrand kommentierte.[23]

Doch ähnlich wie bei Henkel bedingten Größenwachstum und Wettbewerbssituation eine Neuorientierung der Unternehmensleitung, die 1965 davon ausging, daß die seinerzeitige Organisation der Produktionsbereiche „weitgehend historisch bedingt ist und in verschiedener Hinsicht reformbedürftig" sei.[24] Auch bei Bayer ging es darum, durch die Zusammenlegung unterschiedlicher Aufgaben wie Produktion und Verkauf „‚Teilfirmen' im Sinne amerikanischer Divisions zu schaffen".[25] Im Vorfeld dieser Überlegungen hatten sich bereits mehrfach amerikanische Unternehmensberatungsfirmen an Bayer gewandt und ihre Beratungstätigkeit angeboten. Mit Blick auf die aktuellen Neuordnungspläne wandte sich Hansen unter Bezugnahme auf eine Studie von Booz, Allen & Hamilton zum Thema Unternehmensführung in Deutschland" schließlich an die Bayer-Vorstandsmitglieder: „Diese Studie ist in vieler Hinsicht für uns interessant, wenn auch manche Punkte nicht zutreffen". Überzeugend sei jedoch die Forderung an eine zukünftige Neuorganisation, daß Kompetenzen klarer als bisher herausgearbeitet, die Delegation von Verantwortung gefördert und Funktionsbereiche einer Divisionalisierung weichen müßten: „Das ganze System muß noch schlagkräftiger und agressiver werden", so Hansen.[26]

In einem ersten Neuordnungsschritt hatte Bayer 1965 sogenannte „Fachkommissionen" geschaffen, und im Februar 1970 wurde dann die zweite Phase der Neugliederung des Unternehmens durch die Einführung von neun Sparten (Anorganische Chemikalien, Organische Chemikalien, Kautschuk, Kunststoffe und Lacke, Polyurethane, Farben, Fasern, Pharma, Pflanzenschutz) und neuen, als „Ressorts" bezeichnete Zentralbereiche (Personal- und Sozialwesen, Ingenieur-Verwaltung, Finanz- und Rechnungswesen, Beschaffung, Werbung, Rechts- und Steuerwesen, Zentrale Forschung, Patente und Lizenzen, Zentrale ATA) beschlossen. Zudem war im Jahr 1969 mit Heinrich Voßberg ein neuer Leiter des Bereichs „Unternehmensorganisation" eingestellt worden, der als Chemiker und Kaufmann mehrere Jahre

---

22 Interview K. Hansen, 24.10.1997.

23 Archiv Bayer AG, 700-453/1, Direktions-Abteilung, Auszug aus „Reports" der University Chicago, Bd. 4, Nr. 4, Dez. 1953 (dt. Übersetzung), handschriftl. Notiz Hbd.

24 Archiv Bayer AG, 010-004-003, Betr. Neuorganisation, Sitzung 16.2.1965.

25 Ebd., Knauff, Vorschlag für einen Organisationsplan der FFB (ohne Agfa), 13.3.1964.

26 Ebd., 302-0261, Hansen an Bayer-Vorstandsmitglieder, 23.1.1967.

beim amerikanischen IBM-Konzern gearbeitet und dort Erfahrungen mit modernen Managementmethoden, Computertechnik und Organisation gesammelt hatte. Auch Voßberg ging davon aus, daß „in einem Großunternehmen nicht mehr – wie bei einer kleineren Firma – so enge Teamverhältnisse vor(liegen), daß man sich auf Zuruf verständigen kann. Die an sich schon schwierige Kommunikation würde durch eine funktionale Gliederung, wie sie beim Kleinunternehmen vorherrscht, zusätzlich erschwert".[27] Die Spartenorganisation sollte dem Rechnung tragen. Gleichzeitig wurde eine verstärkte „Delegation von Verantwortung" in allen Führungsebenen angestrebt.

Für den Pharmabereich bedeutete die Neuorganisation beispielsweise zudem eine noch stärker marktorientierte Ausrichtung. Im Jahr 1969 waren zu diesem Zweck Produktausschüsse gebildet worden, die sich alle sechs bis acht Wochen zu Sitzungen unter Teilnahme der Mitarbeiter aus den Bereichen F & E sowie des Verkaufs zusammenfanden. Nach amerikanischem Vorbild wurde ein „Netzplan" eingeführt, auf dessen Grundlage die Entwicklung und Bearbeitung neuer Produkte erfolgen sollte. Im Pharma-Vertrieb wurde das Nebeneinander von wissenschaftlichen und kaufmännischen Bereichen aufgehoben und ein Linien- sowie ein Stabsbereich geschaffen. Im Linienbereich Pharma-Verkauf faßte man alle organisatorischen und kaufmännischen Funktionen zusammen, im Stabsbereich das Marketing und die wissenschaftliche Produktbearbeitung und -beratung und schließlich richtete das Unternehmen ein auf weltweite Aktivitäten orientiertes zentrales Produktmanagement ein.[28]

Parallel zur Neuorganisation schuf die Unternehmensleitung auch ein „Unternehmensplanungssystem". Dabei orientierte sich Bayer an ausländischen, neben Geigy und BBC vor allem amerikanischen Vorbildern und Erfahrungen u.a. von IBM. Amerikanische Unternehmen hatten bereits seit längerem kurz- und langfristige Pläne, Strategien und Gesamtplanungen eingeführt. „In den USA sind die Planer unaufhörlich auf dem Vormarsch", so ein Artikel aus der Zeitschrift „Der Volkswirt" im Jahr 1968 mit der provozierenden Überschrift „‚Plan'-Wirtschaft made in USA".[29] Deutsche Betriebswirtschaftler setzten sich Ende der 60er Jahre zunehmend mit amerikanischen Methoden der Unternehmensplanung auseinander, die im Zuge eines steigenden Informationsbedarfs und vor dem Hintergrund neuer

---

27 H. Voßberg, Schwerfälligkeit ist eine Frage der adäquaten Organisation, in: Industriemagazin, 1.10.1972; ders., Mehr Kompetenzen auf allen Führungsebenen, in: Manager-Magazin Nr. 11, November 1972.

28 Archiv Bayer AG, 010-004-002, Neuorganisation der Farbenfabriken Bayer AG, 25.2.1970; ebd., 1/6.6.36, Baum, Geschichte der Pharma, S. 215-225.

29 P. Eichhorn, „Plan"-Wirtschaft made in USA, in: Der Volkswirt 22, 1968, S. 34-36, 34.

Möglichkeiten der Datenverarbeitung, der Simulations-und Wahrscheinlichkeitsanalysen rasch an Bedeutung gewannen.[30]

Das integrierte Unternehmensplanungssystem bei Bayer sollte u.a. die Ausrichtung der Teilaktivitäten auf gemeinsame Ziele ermöglichen, auf einer breiten Informationsbasis basierend über die eigenen Stärken und Schwächen informieren und helfen, sich frühzeitig an die veränderten Umwelt- und Marktbedingungen anzupassen. Dies sollte, je nach Bedarf und Aufgabe, in kurzfristigen (1-2 Jahre), mittelfristigen (5 Jahre) oder langfristigen (7 und mehr Jahre) Planungen für Bereiche wie Produktion, Finanzen, Investitionen, Personal etc. erfolgen.[31]

Insgesamt gesehen diente die Neuorganisation bei Bayer der Stärkung der Wettbewerbsfähigkeit auf dem Weltmarkt und hatte ein erhöhtes Umsatz- und Kostenbewußtsein der Mitarbeiter, eine „Delegation von Verantwortung“ bzw. „Personalführung im Mitarbeiterverhältnis“ sowie ein verstärktes Marktbewußtsein innerhalb des Unternehmens zum Ziel. Letzteres deutet, in Kombination mit der Aufwertung des Marketing, auch insgesamt auf eine stärkere Ausrichtung Bayers am Markt und eine als notwendig empfundene verstärkte Markt-Orientierung des Unternehmens hin, die auch bei den anderen hier untersuchten Unternehmen zu beobachten ist.

Vergleichbare Entwicklungen lassen sich dementsprechend bei Continental, Freudenberg, Hüls oder Glanzstoff beobachten. Dabei kam es zu unterschiedlichen, jeweils unternehmensspezifischen Ausprägungen in den Unternehmen. Bei Glanzstoff beispielsweise fiel die Reorganisation des Unternehmens, die, nebenbei bemerkt, noch von der älteren Unternehmergeneration wie Vits und Vaubel getragen wurde, im Sinne einer Divisionalisierung zusammen mit der Fusion mit dem niederländischen AKU-Konzern. Dort war die organisatorische Entwicklung in selbständige und eigenverantwortliche Produktgruppen bereits weiter vorangeschritten als bei Glanzstoff, wo noch eine weitgehend funktional ausgerichtete Unternehmensstruktur dominierte. Die amerikanische Unternehmensberatungsfirma McKinsey & Comp. unterbreitete vor diesem Hintergrund Vorschläge zur Errichtung der von nationalen Grenzen unabhängigen „Divisons“ sowie zu einer stärkeren Dezentralisierung und „Delegation von Verantwortung“ in den entsprechenden Unternehmensbereichen.[32]

---

30 W. Busse von Colbe, Planung, Koordination und Kontrolle als Hauptaufgaben der Unternehmensführung, in: Die Herausforderung des Managements im internationalen Vergleich, Wiesbaden 1970, S. 49-61, 54; H. Albach, Unternehmerische Phantasie im Zeitalter des Computers und der Planung, in: ebd., S. 11-26; D. Schröder, Warum ist Unternehmensplanung in den USA wirksamer als bei uns?, in: Rationalisierung 20, 1969, S. 111 f., 121 f.; G. Gruppe, Das amerikanische Management und die langfristige Planung, in: ZfB 28, 1958, H. 5, S. 339-341; P. Engel; W. Riedmann, Die neuen Managementmethoden in Fällen, Bd. 1, München 1971, S. 20 ff.

31 Archiv Bayer AG, 010-004-002, Unternehmensplanungssystem, 30.10.1970.

32 Archiv AKZO, BO-52, McKinsey & Comp., Inc., Überblick über das vorgeschlagene Vorgehen zur Integration der Organisation AKU/Glanzstoff, 4.12.1968; ebd., Verantwortlichkeiten und Be-

Bei Hüls, wo bereits ab Mitte der 50er Jahre erste Ansätze einer Divisionalisierung für die Bereiche Kautschuk, Katalysatoren und Fasern zu beobachten sind, erhielt dieser Prozeß zu Beginn der 70er Jahre einen neuen Impuls und mündete schließlich in die Schaffung sechs selbständig handelnder Geschäftsbereiche und zehn Zentralbereiche sowie eines integrierten Produktionsplanungssystems.[33]

Continental ließ sich, wie auch Glanzstoff, von McKinsey & Comp. beraten und entschloß sich daraufhin ebenfalls zu einer Reorganisation, die allerdings eine Mischung aus Divisionalisierung und dem Erhalt funktionaler Bereiche bestand.[34] Wie das Beispiel Cornelius Stüssgen zeigt, gingen nicht nur Industrieunternehmen, sondern auch der Einzelhandel zu einer Divisionalisierung der Organisationsstruktur über. Der Einzelhandel war dabei in noch stärkerem Maße als die Industrie am Marketingkonzept orientiert, wobei Stüssgen die einzelnen Warenbereiche im Sinne von Profit-Centers betrieb.[35] Eine Ausnahme bietet in diesen Zusammenhang die Firma Freudenberg, die ihre Reorganisation ohne fremde Consultants durchführte. Die Unternehmensorganisation von Freudenberg wies zudem bereits divisionale Strukturen auf, so daß es den unternehmensleitenden Familienmitgliedern Ende der 60er Jahre in erster Linie darum ging, die aus ihrer Sicht bestehende Gefahr zentrifugaler Kräfte zu bannen und eine stärkere Zentralisierung der Unternehmensorganisation anzustreben.[36]

Abgesehen von der Ausnahme des Familienunternehmens Freudenberg setzten sich Divisionalisierung, Dezentralisierung und Unternehmensplanung in den genannten Unternehmen allmählich durch, wenn sie auch nicht, wie bereits am Beispiel des Marketing gezeigt, auf einen Schlag Einzug hielten. Es handelte sich dabei vielmehr um einen sich über viele Jahre hinziehenden Prozeß, in dem sich unterschiedliche Ausprägungen und Mischformen divisionaler und funktionaler Organisation erkennen lassen und bei dem sich Rückschläge und neue Impulse über einen längeren Zeitraum abwechselten und meßbare Erfolge nicht immer sofort sichtbar waren. Trotz einer, wie Erker am Beispiel von Continental zeigen konnte, oftmals „halbherzig betriebenen Umorganisation" waren die Neuorganisationspläne ein

---

fugnisse des Direktors Produktion AKU/Glanzstoff, 16.4.1969; ebd., Dr. Karus, Notiz für Herrn Dr. Vits, Stand der Untersuchung von McKinsey, 27.1.1969; ebd., Glanzstoff Aufsichtsratssitzung, Referat Vaubel, 17.11.1969; s.a. Asperger, Von Glanzstoff zu Enka, S. 41 ff.

33 Archiv Hüls AG, I-4-59, Bericht über USA-Reise Baumann am 21.11.-30.12.1955, 5.1.1956; A. Harmann, Organisationsform unter der Lupe. Vor- und Nachteile des zentralen und des dezentralen Aufbaus, in: Lichtbogen 19, 1970, Nr. 158; Neue Organisation bei Hüls, in: Lichtbogen 20, 1971, Nr. 160; K. Gorzny, Vor allem Zusammenarbeit, in: Lichtbogen 25, 1978, Nr. 180.

34 P. Erker, Wachsen im Wettbewerb, S. 68 ff.

35 R. Berger, Organisation und Unternehmensführung, in: Nieschlag; Eckardstein, Der Filialbetrieb als System. Das Cornelius-Stüssgen-Modell, S. 110 ff.

36 Interview W. Bonfert, 3.12.1997; Archiv Freudenberg, 3/03776, Strukturorganisation, Stand 1976; ebd., 3/04218, Hans Erich Freudenberg, betr: Probleme der Geschäftsleitung Freudenberg, 16.10.1970.

Ausdruck dafür, daß die Unternehmen erstmals nach dem Krieg darangingen, „systematisch und mit Hilfe moderner betriebswirtschaftlicher Methoden die Lage des Unternehmens zu analysieren“[37] und entsprechende Maßnahmen zu ergreifen, die sich vornehmlich an amerikanischen Vorbildern orientierten.

Bei Volkswagen fiel die Diskussion über eine Reorganisation des Unternehmens zeitlich zusammen mit dem Ende der Ära Nordhoff und der Übertragung des Vorstandsvorsitzes an Kurt Lotz. Im Unterschied zu dem stark an amerikanischen Leitbildern orientierten Nordhoff war Lotz gegenüber amerikanischen Managementmethoden deutlich distanzierter und in seiner Denkweise viel stärker durch militärische Vorbilder und eigene Erfahrungen auf diesem Gebiet geprägt. Lotz war als Bauernsohn in einem hessischen 200 Einwohner-Dorf geboren worden und hatte nach dem Abitur 1933 erste berufliche Erfahrungen als Polizeiwachtmeister gesammelt, bevor er 1935 das Offiziersexamen ablegte und während des Krieges dem Generalstab angehörte. Nach dem Krieg arbeitete er dann bei BBC und stieg dort 1952 zum Leiter der Abteilung Betriebswirtschaft des Werks Mannheim auf.[38] Die Militärerfahrungen spielten auch in Lotz' zivilem Berufsleben nach dem Krieg eine wichtige Rolle, und die Entwicklung der Unternehmen, bei denen er tätig war, wurde stets vor diesem Hintergrund beurteilt. Die Vorteile militärischer Organisation bestanden für Lotz im Vorhandensein klar abgegrenzter Verantwortungsbereiche, wohingegen ihm „in der Wirtschaft vieles eher ungeordnet vor(kam), die Verantwortlichkeiten waren weniger abgegrenzt, die Bereitschaft, Verantwortung zu übernehmen, war weniger ausgeprägt. Selbstverständlich war mir klar“, so Lotz, „daß militärische Führungsmethoden nicht auf die Wirtschaft übertragbar waren, wohl aber blieb ich überzeugt, daß grundsätzliche Erfahrungen durchaus zum Wohl der Wirtschaft übernommen werden konnten“.[39] Mit Blick auf die Personalführung war Lotz das Modell der „Delegation von Verantwortung“ und eine entsprechende Stab- und Linienorganisation gedanklich sehr vertraut, nicht zuletzt in Anlehnung an Scharnhorsts Generalstabsführung einerseits und das ebenfalls daran orientierte Harzburger Führungsmodell andererseits. Dies schloß allerdings nicht aus, daß Lotz sich auch mit Peter F. Drucker und damit auch mit amerikanischen Managementmethoden auseinandersetzte. Es bestätigt zugleich die These der gedanklichen Nähe und der Kompatibilität amerikanischer Management- und „Harzburger“ Führungsmodelle, deren Attraktivität bei Lotz eben nicht aus persönlichen USA-Erfahrungen und Orientierungen herrührten, sondern sich aus seinen militärischen Erfahrungen speisten.[40]

---

[37] Erker, Wachsen im Wettbewerb, S. 71, 74.

[38] K. Lotz, Lebenserfahrungen. Worüber man in Wirtschaft und Politik auch sprechen sollte, Düsseldorf, Wien 1978, S. 19 ff., 37 ff.

[39] Ebd., S. 43.

[40] Ebd., S. 133, 152, 156.

Mit „Human Relations“ oder „Teamwork“ nach amerikanischem Vorbild konnte Lotz allerdings nicht viel anfangen. „Amerikanische Mentalität ist von der deutschen so grundverschieden, daß auch die Spielregeln für das Zusammenleben der Menschen im Betrieb zwangsläufig ganz verschieden sein müssen“, so Lotz.[41] Nicht ganz unbegründet wies er deshalb darauf hin, daß deutsche Unternehmen nach dem Zweiten Weltkrieg und den Erfahrungen des Nationalsozialismus unfähig waren, „Brauchbares von Nichtbrauchbarem zu unterscheiden. Es scheint mir zu den geschichtlichen Gesetzmäßigkeiten zu gehören, daß bei einem Zusammenbruch zunächst einmal alles über Bord geworfen werden muß, ehe eine Neuorientierung den kritischen Blick schärft, was von anderen übernommen werden kann, was sich anderswo bewährt hat. Es ist nichts dagegen einzuwenden, denn nach mehr als zwölfjähriger Exklave wurde der Horizont erweitert, wurden internationale Spielregeln bekannt. Als wir alle in der Wirtschaft noch recht US-gläubig waren, sagte ein kluger Mann: ‚Wir dürfen die USA nicht kopieren, wir müssen sie kapieren!‘ Heute wissen wir, daß die Pflege von Beziehungen unter den Menschen nicht nach aus dem Ausland übernommenen Regeln geübt werden kann, daß die ‚human relations‘, damals für das ‚A und O‘ einer neuen Methode im Wirtschaftsleben gehalten, nur in Verbindung mit dem amerikanischen Demokratieverständnis anwendbar sind“.[42] Ähnliches gelte auch für den Begriff des „teamwork“ und andere Managementmethoden, die, wie die Netzplantechnik, nicht einmal originär amerikanischen Ursprungs seien: „Ich weigere mich anzuerkennen“, so Lotz, „daß die Netzplantechnik eine besondere Wissenschaft ist, die wir aus den USA importieren mußten! Netzpläne einfachster Form hat es schon früher gegeben, und niemand hat mir bisher dieses Faktum widerlegen können: Als im August 1914 die Mobilmachung der deutschen Armee erfolgte, geschah das nach einem sehr sorgfältig ausgearbeiteten Aufmarschplan. Es soll, so wird es geschichtlich überliefert, nach Bekanntmachung keine Rückfragen beim Großen Generalstab gegeben haben. Der Aufmarschplan – sprich: Netzplan – war eben grundsolide durchgearbeitet.“[43]

Trotz der bei Lotz immer wieder durchschimmernden militärischen Denkweise und der gleichzeitigen Distanzierung von amerikanischen Managementmethoden setzte unter seiner Führung die Neuordnung der Unternehmensorganisation bei Volkswagen ein, die ganz im Sinne der amerikanischen Divisionalisierung und zudem basierend auf einem Gutachten der amerikanischen Unternehmensberatungsfirma McKinsey & Comp. in Angriff genommen wurde. Dies ist schließlich auch ein Ausdruck für die Tatsache, daß in den vorangegangenen zwei Jahrzehnten nach Kriegsende bei Volkswagen eine an amerikanischen Vorbildern orientierte Unternehmensstrategie zum Alltagsgeschäft gehörte, und daß es fast schon selbstverständlich war, daß sich die Unternehmensleitung bei wichtigen unternehmensstrate-

41 Ebd., S. 243.
42 Ebd., S. 243.
43 Ebd., S. 167.

gischen Entscheidungen mit dem Blick auf amerikanische Managmentmethoden rückversicherte. Dies gilt auch für Lotz, der sich sicherlich nicht explizit auf amerikanische Vorbilder bezog, sich jedoch deren Einfluß auf die Unternehmenspraxis bei Volkswagen auch nicht entziehen konnte und diese auch nicht bewußt konterkarierte. Bemerkenswert ist zudem, daß der an militärischen Vorbildern orientierte Lotz seinem amerikaorientierten Vorgänger Nordhoff nach dessen Ausscheiden indirekt vorwarf, in Organisationsfragen versagt zu haben. Im Jahr 1967, als Lotz zu Volkswagen kam, habe bei Volkswagen kein Organisationsplan existiert, und ein solcher sei von Nordhoff mit dem Hinweis, es wisse doch jeder Mitarbeiter, was er zu tun habe, auch nicht vorgesehen gewesen.[44] Bei Volkswagen existierte bis dahin eine rein funktionale Unternehmensgliederung, eine schmale Produktionsreihe und Entwicklungsbreite und das Unternehmen habe „in der Spitze praktisch eine Ein-Mann-Führung" gehabt.[45] Eine solche Einschätzung entsprang sicherlich nicht einer demokratietheoretischen Kritik Lotzes an einer überzentralisierten, autoritären und personenorientierten Unternehmensführung bei Volkswagen. Die unternehmerische Diskussion um den Abbau von Autoritäten und Hierarchien seit Mitte der 60er Jahre[46] muß vielmehr im Lichte einer Effektivierung der Unternehmensführung gesehen werden, wie sie sowohl im Prinzip der „Delegation von Verantwortung" oder der „Führung im Mitarbeiterverhältnis" des Harzburger Modells als auch in amerikanisch orientierten Divisionalisierungsstrategien zum Ausdruck kam, die, wie bereits weiter oben angedeutet, durchaus kompatibel waren. Lotz' Kritik an Nordhoffs Stil der Unternehmensführung und mangelndem Organisationsbewußtsein war dementsprechend gut vereinbar mit dem McKinsey-Gutachten zur Organisationsstruktur bei Volkswagen aus dem Jahr 1969. Dort hieß es: „Bisher ist jedoch keine Führungskraft unterhalb der Vorstandsebene für das Ergebnis verantwortlich, und die funktionale Organisation macht es fast unmöglich, die Tätigkeiten so zu gruppieren, daß eine Führungskraft eine entsprechende Gewinnverantwortung übernehmen kann ... Volkswagen ist damit insgesamt nicht den heutigen Anforderungen entsprechend auf Gewinn ausgerichtet."[47] Darüber hinaus analysierte McKinsey bei Volkswagen, wie vergleichbare Gutachten amerikanischer Unternehmensberatungsfirmen für andere deutsche Unternehmen, eine Überbetonung des Produktionsdenkens und die Vernachlässigung von Anpassungsmechanismen an die veränderten Markterfordernisse, eine mangelnde Breite der Produktpalette sowie die unterentwickelte Defini-

---

44 Ebd., S. 158.

45 Ebd.

46 S. beispielsweise aus soziologischer Sicht die Arbeit Hartmanns, Der deutsche Unternehmer: Autorität und Organisation, S. 72; A. G. Weiler, Alte Hierarchien auf dem Rückzug, in: Der Volkswirt 18, 1964, S. 1843 f.

47 Unternehmensarchiv der Volkswagen AG (vorm. Auto-Museum Volkswagen), McKinsey & Comp. Inc., Aufbau einer flexiblen Konzernstruktur für langfristiges Wachstum, Volkswagen AG, Sept. 1969, S. IV f.

tion von Unternehmenszielen und -planungen. „Bei der heutigen Marktlage kann sich der Konzern mit der weiteren Expansion nicht auf die gleiche Basis wie in der Vergangenheit stützen", so das McKinsey-Gutachten. Die Unternehmensberater empfahlen daher die Neugruppierung der Geschäftstätigkeiten des Unternehmens in gewinnverantwortliche Gruppen und die gleichzeitige Einrichtung funktionaler Zentralabteilungen zu deren Unterstützung. Darüber hinaus sollte ein umfassendes Planungs- und Kontrollsystem eingeführt und die Entscheidungsverantwortung dezentralisiert werden. Schließlich schlug McKinsey vor, das Produktionsprogramm zu erweitern, um auch in Zukunft gegenüber den Konkurrenzunternehmen am Markt bestehen zu können.[48]

Es soll an dieser Stelle nicht weiter auf die Vorschläge und Folgen des McKinsey-Gutachtens eingegangen werden. Am Beispiel Volkswagen sowie auch der weiter oben angesprochenen Unternehmen wird jedoch deutlich, daß sich deren Probleme der Unternehmensorganisation sowie auch die Analysen und Empfehlungen der amerikanischen Unternehmensberater sehr stark ähnelten. Bis in die Begrifflichkeit und einzelne Formulierungen hinein basierten die Beratergutachten z.T. auf austauschbaren Schlagworten und Versatzstücken. Den deutschen Unternehmen wurden fast durchweg eine veraltete Organisationsform, ein traditioneller Führungsstil und unzulängliche Management-Systeme vorgehalten, die es durch eine Divisionalisierung und Dezentralisierung, eine stärkere Marktorientierung sowie den Aufbau von Informations- und Planungssystemen zu überwinden gelte.[49] Die Vorstellung der Unternehmensberater, daß dabei vermeintlich objektive, die Unternehmen gleichermaßen betreffende ökonomische Rahmenbedingungen zwangsläufig entsprechende Maßnahmen nach sich zogen, spricht in deren Augen für eine Konvergenz amerikanischer und deutscher Unternehmensentwicklungen. Tatsächlich gingen die meisten Großunternehmen zu einer Divisionalisierung oder zu einer Mischform divisionaler und funktionaler Organisation über, modifizierten die innerbetrieblichen Verantwortungsbereiche und führten neue Informations- und Planungssysteme ein, auch ohne sich bei jedem dieser Schritte explizit auf amerikanische Leitbilder zu beziehen. Dies gilt für an militärischen Vorbildern orientierte Unternehmer wie Kurt Lotz ebenso wie für amerikaorientierte Manager wie Ludwig Vaubel. Gleichwohl waren es amerikanische Leitbilder und die komprimierte, jahrzehntelange organisatorische Praxis amerikanischer Unternehmen, die ab Mitte der 60er Jahre, vermittelt über amerikanische Unternehmensberatungsfirmen, die Reorganisation deutscher Großunternehmen maßgeblich beeinflußten. Schließlich hatten deutsche Unternehmer amerikanische Managementmethoden, Denkweisen und ei-

---

48 Ebd., S. VII.

49 Dies gilt selbst noch für eine Überblicksdarstellung von Booz-Allen & Hamilton aus dem Jahr 1973, s. Booz-Allen & Hamilton, Herausforderungen des deutschen Managements und ihre Bewältigung, Göttingen 1973.

nen entsprechenden Sprachgebrauch inzwischen weitgehend internalisiert, ohne daß es jeweils von neuem einer Explikation bedurft hätte.

Um 1970 hatte etwa die Hälfte der deutschen Unternehmen divisionale Organisationsstrukturen eingeführt, während noch in den 50er Jahren die meisten Unternehmen rein funktional gegliedert waren.[50] Spätestens zu diesem Zeitpunkt boten Volkswagen, wie auch andere hier vorgestellte deutsche Unternehmen, bedingt durch die Orientierung und die unternehmerische Umsetzung amerikanischer Produktions- und Managementmethoden „das Erscheinungsbild eines mulinationalen Konzerns nach amerikanischem Vorbild".[51] Die Reorganisation der Unternehmen ab Mitte der 60er Jahre im Sinne einer Divisionalisierung und der Schaffung dezentraler „Profit-Center" war schließlich der Beginn einer permanenten Veränderung und organisatorischen Anpassung der Unternehmen an die sich immer rascher wandelnden Umweltbedingungen, die bis in die Gegenwart hinein anhalten.

---

50 Dyas; Thanheiser, The Emerging European Enterprise, S. 134.

51 Wellhöner, „Wirtschaftswunder", Weltmarkt, Westdeutscher Fordismus, S. 18. Wellhöner bezieht diese Äußerung auf Volkswagen Ende der 50er Jahre, wobei zu diesem Zeitpunkt die Reorganisation des Unternehmens noch nicht begonnen hatte. Diese scheint mir jedoch eine wesentliche Voraussetzung für eine solche Einschätzung zu sein.

2.7 Betriebliches Rechnungs- und Kontrollwesen – Der Einzug von Controlling und „Elektronengehirnen“ in deutsche Unternehmen

Vergleichbare Ursachen, wie sie bei der Reorganisation der Unternehmen ab Mitte der 60er Jahre von Bedeutung waren wie etwa das Größenwachstum, die Einführung neuer Technologien, die zunehmende Veränderungsgeschwindigkeit und die erhöhte Komplexität der Aufgaben infolge der sich wandelnden Umweltbedingungen führten, nicht zuletzt im Zuge der zunehmenden Planungsaufgaben, zu einem ansteigenden Informations-, Koordinations- und Kontrollbedarf der Unternehmen. In diesem Zusammenhang setzten sich seit Ende der 60er Jahre auch in deutschen Unternehmen verstärkt amerikanische Controlling-Methoden durch mit dem Ziel, „mit Hilfe von Planung, Kontrolle, Abweichungsanalysen und Steuerung das System Unternehmen besser zielorientiert zu steuern und zu führen“.[1] Auch wenn etwa Vahs davon ausgeht, daß Controlling-Methoden in deutschen Unternehmen bereits seit der Jahrhundertwende Einzug hielten,[2] wird hier davon ausgegangen, daß es in deutschen Unternehmen, insbesondere seit den 1920er Jahren, zwar eine ausgeprägte betriebliche Informationswirtschaft (Buchführung, Kostenrechnung, Statistik) unter Auswertung eines breiten Datenflusses nicht zuletzt auch zur Kontrolle des Betriebsgebarens gab, daß dieses jedoch angemessener unter den traditionellen Begriff des betrieblichen Rechnungswesens zu subsumieren ist. So gingen etwa aus den Wärmestellen der Eisen- und Stahlunternehmen ab Mitte der zwanziger Jahre die Betriebswirtschaftsstellen hervor, die auf der Basis verbesserter Kostenrechnungsmethoden z.B. Betriebskostenvergleiche durchführten, die wiederum eine bessere Überwachung des Betriebsgebarens, eine Erkennung von Fehlerquellen und Störungen des Betriebsablaufs und schließlich eine bessere Kostenkontrolle und Effektivitätssteigerung des Produktionsablaufs ermöglichten.[3] Vahs würde dies als „Kosten-Controlling“ bezeichnen, welches jedoch suggeriert, daß es sich dabei um einen Teilbereich eines umfassenden Controlling handelte, das allerdings in den

---

1 K. Serfling, Controlling, Berlin, Köln, 2. Aufl. 1992, S. 15; s.a. P. Gaydoul, Controlling in der deutschen Unternehmenspraxis, Darmstadt 1980, S. 11; E. Potthoff, Die Entwicklung der Organisation des Finanzwesens in Deutschland, in: Handbuch des Controlling und Finanzmanagement, hg. von G. Haberland, München 1978, S. 15-24, 16; H. Ulrich, Controlling als Managementaufgabe, in: G. J. B. Probst; R. Schmitz-Dräger (Hg), Controlling und Unternehmensführung, Bern, Stuttgart 1985, S. 15-27; J. Honko, Entwicklungstendenzen und Neubewertung der Unternehmensplanung, in: K. Brockhoff; W. Krelle (Hg.), Unternehmensplanung, Berlin 1981, S. 4-16.

2 D. Vahs, Controlling-Konzeptionen in deutschen Industrieunternehmungen eine betriebswirtschaftlich-historische Untersuchung, Bern, New York, Paris 1990.

3 Chr. Kleinschmidt, Wärmewirtschaft, Betriebswirtschaft und wissenschaftliche Betriebsführung. Innovationen der Eisen- und Stahlindustrie nach dem Ersten Weltkrieg, in: Technikgeschichte 62, 1995, S. 303-315.

1920er Jahren in dieser Form in deutschen Unternehmen noch nicht existierte. Von einem „Zentral-Controlling“ spricht Vahs mit Blick auf die von ihm ausgewählten Fallbeispiele BASF und Siemens dann auch erst für die Zeit ab 1949 bzw. 1969, was insbesondere in letzterem Fall mit einer neuen Organisationsstruktur im Sinne einer Divisionalisierung zusammenfiel.[4] „Kosten-Controlling“ oder auch „Investitions-Controlling“ sind einzelne Aspekte einer Kontrolle des Betriebsgebarens, die nicht Bestandteil eines umfassenden und integrierten Systems der Planung, Realisation und Kontrolle im Sinne eines einheitlichen „informationsversorgenden Systems zur Unterstützung der Unternehmensleitung“[5] sind, die ein Controlling nach amerikanischem Vorbild ausmachen.

Dies war jedoch ein wesentliches Merkmal bei der Einführung von Controllingmethoden, was einmal mehr ein Beleg dafür ist, daß amerikanische Managementmethoden sich kumulativ in deutschen Unternehmen durchsetzten und nach und nach ein breites Feld der Unternehmensführung abdeckten. Darüber hinaus zeigt sich, daß auch in diesem Bereich Anknüpfungspunkte an deutsche Methoden der Unternehmensführung existierten, in diesem Falle an die Tradition der deutschen Betriebswirtschaftslehre. Das an amerikanischen Vorbildern orientierte Controlling ging jedoch, wie bereits angedeutet, über die Funktionstrennung der drei Phasen Planung, Realisation und Kontrolle hinaus, indem es diese im Rahmen eines einheitlichen Steuerungssystems integrierte. Insofern handelte es sich nicht um „alten Wein in neuen Schläuchen“, sondern um eine „andere Qualität der Unternehmensführung“ im Sinne eines „informationsvorsorgenden Systems zur Unterstützung der Unternehmensleitung“ (Serfling). Als solche hatte die Controllingfunktion vor allem seit der Weltwirtschaftskrise Einzug in amerikanische Unternehmen gehalten, wobei sich dessen Wurzeln bis in die Zeit der Jahrhundertwende zurückverfolgen lassen.[6] 1892 hatte General Electric als erstes Industrieunternehmen überhaupt eine Controllingfunktion eingeführt. Dem Controller kam seitdem zunächst die Aufgabe zu, die immer umfangreicheren Unternehmensdaten über Produktion, Absatz, Verkauf, Lagerhaltung, Kostenrechnung, Materialwirtschaft etc. zu erfassen. Seit den 20er Jahren traten dann Aufgaben der Unternehmensplanung hinzu, insbesondere seit McKinsey 1922 seine Anweisungen über die Methode der Budgetarbeit veröffentlicht hatte. Dies führte seit den 30er Jahren zu einer Akzentverschiebung der Controllertätigkeit von der reinen Erfassung und Registrierung zu einer aktiven Datenauswertung als Stabsfunktion der Geschäftsleitung. Durch die Bearbeitung und Analyse der Daten für das Unternehmensbudget sowie die Koordination der Budgetarbeit wandelte sich die Aufgabe des Controllers hin zu einer koordinierenden Ratgebertätigkeit. Diese Entwicklung wurde in den USA verstärkt durch den Aus-

---

4 Vahs, Controlling-Konzeptionen, S. 287 f., 321.

5 Serfling, Controlling, S. 19.

6 Zur Übernahme der amerikanischen Kontrollingfunktion in amerikanischen Tochterfirmen in Deutschland s. Hartmann, Amerikanische Firmen in Deutschland, S. 102-107.

bruch der Weltwirtschaftskrise, die in den Unternehmen die Frage nach deren Ursachen sowie den unternehmerischen Verlusten und die Notwendigkeit einer Intensivierung des betrieblichen Rechnungswesens aufkommen ließ. Dies wurde schließlich verstärkt durch die staatliche Antitrustgesetzgebung und die Politik des „New Deal". Eine weitere Ursache für die Durchsetzung der Controllertätigkeit in amerikanischen Unternehmen spielte die ebenfalls in diesem Zeitraum einsetzende Divisionalisierung der Unternehmen und die damit verbundene Stärkung der Eigenverantwortlichkeit der Sparten sowie die Einführung unternehmensplanerischer Aufgaben. Eine stärkere Überwachung und Kontrolle der Unternehmenstätigkeit ergab sich für amerikanische Unternehmen zudem aus der Tatsache, daß das amerikanische Korporationsrecht im Unterschied zum deutschen Unternehmensrecht kein Überwachungsorgan wie den Aufsichtsrat vorsah. Die Aufgabe und Funktion des Controllers in amerikanischen Unternehmen wurde 1931 in einem 12 Punkte umfassenden Aufgabenkatalog des neu gegründeten „Controllers Institute of America" definiert. Sie umfaßte u.a. die Führung, Kontrolle und Revision der Bücher, die Wahrnehmung von Steuer- und Versicherungsangelegenheiten, die Erfassung von Daten und, in zunehmendem Maße, wie eine revidierte Fassung des Aufgabenkatalogs des „Controllers Institut of America" aus dem Jahr 1949 belegt, Aspekte der Unternehmensplanung und der Plankontrolle. Die Aufgaben des Controllers waren dementsprechend umfangreich und weit gefächert und der Controller besaß auch innerhalb der Unternehmen einen großen Stellenwert, so daß seine Position als Führungsaufgabe betrachtet und in einzelnen Fällen sogar mit der Stellung des „Vice President" zusammenfallen konnte.[7]

Genau diese Gründe, die seit Ende der 20er Jahre zur Einführung und Durchsetzung der Controllertätigkeit in amerikanischen Unternehmen geführt hatten, verhinderten bis in die 50er Jahre hinein dessen Adaption in deutschen Unternehmen. Ein wichtiger Grund war in diesem Zusammenhang die verspätete Divisionalisierung, Dezentralisierung und Unternehmensplanung deutscher Unternehmen, auf die bereits weiter oben hingewiesen wurde. Darüber hinaus sahen deutsche Unternehmen bis in die 60er Jahre hinein keine organisatorische Notwendigkeit zur Einsetzung eines Controllers, da im Unterschied zum amerikanischen Korporationsrecht mit dem Aufsichtsrat ein vermeintlich ausreichendes Kontrollorgan zur Verfügung stand. Im übrigen förderte das rasche Unternehmenswachstum und der damit verbundene wirtschaftliche Erfolg der Unternehmen im Zuge des „Wirtschaftswunders" nicht gerade die unternehmerische Einsicht in die Notwendigkeit einer stärkeren finanzwirtschaftlichen Kontrolle, die erst seit den sich abzeichnenden Krisen-

---

[7] P. Frenckner, Unternehmensumwelt, Unternehmensplanung und Controlling. Entwicklung in den letzten 50 Jahren, in: K. Brockhoff; W. Krelle (Hg.), Unternehmensplanung, S. 17-33; F. Hoffmann, Der Controller im deutschen Industriebetrieb, in: Der Betrieb 21, 1968, S. 2181-2184.

tendenzen ab Mitte der 60er Jahre an Bedeutung gewann.[8] So schrieb noch 1959 Franz Goossens in der Zeitschrift „Mensch und Arbeit“: „Man kann und soll immer und überall von anderen lernen – übrigens nicht nur in den USA. Der ‚Controller‘ hingegen paßt nicht in die rechtliche Organisation der deutschen Unternehmensleitungen. Seine Übernahme würde für deutsche Verhältnisse wohl kaum einen Fortschritt bedeuten, eher einen Rückschritt in Verhältnisse, die die deutsche Betriebsorganisationslehre seit langem überwunden glaubte – zumindest in der theoretischen Erkenntnis auf Grund praktischer Erfahrungen.“[9] Andererseits gab es in der Bundesrepublik bereits seit Anfang der 50er Jahre starke Befürworter der Controllertätigkeit, angeregt durch amerikanische Vorbilder. Guido Fischer hob, ebenfalls in der Zeitschrift „Mensch und Arbeit“, 1952 die Bedeutung des Controllers und vor allem auch dessen hierarchische Stellung in amerikanischen Unternehmen hervor, nicht jedoch ohne die organisatorischen Probleme bei der Übertragbarkeit auf deutsche Unternehmensverhältnisse zu problematisieren: „Es ist heute noch schwer zu sagen, ob sich auch in Deutschland eine ähnliche Betriebsfunktion und -organisation herausbilden wird ... man könnte vielleicht versuchen, diese Aufgabe durch die im Betrieb tätigen Refaleute ausüben zu lassen. Doch gelten diese meist als Organe des Betriebs und seiner Leitung, sie genießen nicht die für den Controller aufgezeigte unabhängige Stellung und somit das allgemeine Vertrauen.“[10]

Publikationen wie etwa diejenige von Hans-Günther Abromeit über amerikanische Betriebswirtschaft trugen Mitte der 50er Jahre zu einer Popularisierung des Controllinggedankens in der Bundesrepublik bei.[11] Dabei stellte Abromeit die fortschrittlichen amerikanischen Managementmethoden, nicht nur des betrieblichen Rechnungswesens, immer auch in einen kulturellen Zusammenhang. Das „Interesse Amerikas an wirtschaftlichen Fragen“ sei weit verbreitet, und die aus Abromeits Sicht typische amerikanische Einstellung zur Arbeit – „Man lebt um zu arbeiten“ – lasse sich in unterschiedlichen gesellschaftlichen Zusammenhängen beobachten, etwa bei der aus deutscher Sicht ungewöhnlichen selbstverständlichen Benutzung von Schecks als Zahlungsmittel, der Bedeutung des Aktien- und Börsenwesens oder auch am positiven Bild des Unternehmers in der Öffentlichkeit. Diese Ökonomisierung des Alltags sowie unterschiedliche mentale Einstellungen des Einzelnen zu Fragen der Ökonomie bildete nach Ansicht deutscher Beobachter auch die Voraus-

---

8 H. Siegwart, Worin unterscheiden sich amerikanisches und deutsches Controlling?, in: Management-Zeitschrift 51, 1982, S. 97-101; E. Potthoff, Entwicklung der Organisation des Finanzwesens in Deutschland, S. 18; F. Hoffmann, Der Controlleur im deutschen Industriebetrieb, in: Der Betrieb 21, 1968, S. 2181 f.

9 F. Goossens, Der ‚Controller‘ – Chef des Unternehmens ohne Gesamtverantwortung?, in: Mensch und Arbeit 1959, S. 75 f.

10 G. Fischer, Der ‚Controller‘ in der amerikanischen Betriebsleitung, in: Mensch und Arbeit 4, 1952, S. 142 f.

11 H.-G. Abromeit, Amerikanische Betriebswirtschaft. Die Praxis der Unternehmungen in den USA, Wiesbaden 1953; P. Horvath, Controlling, 4. Aufl., München 1992, S. 54.

setzung für eine erfolgreiche Unternehmensführung.[12] Ähnlich argumentierte eine Gruppe deutscher Betriebswirte, die Mitte der 50er Jahre im Rahmen des USTA&P die USA bereisten, um sich über Fragen der „Betriebsführung durch Planung und Kontrolle“ zu informieren. Auch die Betriebswirte registrierten deutliche Mentalitätsunterschiede zwischen dem deutschen und amerikanischen unternehmerischen Denken und Handeln, das sich schließlich bis in den Alltag hinein bemerkbar machte. Der in den USA zu beobachtende „außerordentliche Optimismus“, war bei deutschen Unternehmen ebenso selten anzutreffen wie die Offenheit und Flexibilität nicht nur der amerikanischen Manager oder auch das Kostendenken „bis zum letzten Mann“, welches schließlich nur über einen langfristigen Erziehungsprozeß erzielt werden könne: „Das Denken in Kosten ist drüben allen geläufig und daher sind auch die Einstellung zu Abrechnungen und Überlegungen zu Kosteneinsparungen völlig anders als bei uns.“[13] Eine Anekdote der USA-Reise sollte die Unterschiede zwischen amerikanischem und deutschem Rechnungswesen verdeutlichen: „Ja, ich glaube, man hat uns mehr gezeigt, als man vielleicht seinem Freund oder Konkurrenten in Amerika zeigen würde. Diese Einstellung dem Fremden gegenüber, ihm wirklich Einblick zu verschaffen, war für uns sehr interessant. In einer großen Gipsfirma in Buffalo wurden uns zum Beispiel, um das System der Planung auseinanderzusetzen, die Originalzahlen des Oktober 1954 zur Verfügung gestellt; ich glaube, wir schrieben bei unserem Besuch den 10. November 1954! Da in diesen Blättern Kostenzahlen, Umsatzzahlen und alle möglichen Angaben enthalten waren, die man als vertraulich behandelt, hatte ich nach Beendigung der Aussprache die Idee, die Unterlagen wieder einzusammeln und an die Firma zurückzugeben. Da fing der Präsident an zu lachen und sagte: ‚Das sind doch die Zahlen vom vorigen Monat, die interessieren uns überhaupt nicht mehr!‘“ Diese Begebenheit wird von deutscher Seite als ein typisches Merkmal des amerikanischen Rechnungswesens hervorgehoben, so der Reisebericht, welches belegte, daß die amerikanischen Unternehmen sich in erster Linie mit der Zukunft und nicht mit der Vergangenheit beschäftigten.[14] Diese Eindrücke zeigen, wie vergleichbare andere Reiseberichte auch, einen Grenzbereich zwischen Blauäugigkeit und Naivität der Reisenden auf der einen Seite und einem gezielten Sendungsbewußtsein auf der anderen Seite, welches schließlich auch ein Ergebnis dieser Reisen war. Beide Phänomene treffen beispielsweise in den immer wieder vorzufindenden Darstellungen des den Mitarbeitern kumpelhaft begegnenden, schulterklopfenden amerikanischen Chefs zusammen, der als Ausdruck „echter Demokratisierung“ im Unternehmen betrachtet wird. Diese Offenheit der amerikanischen Unternehmensleitung gilt den deutschen Reisenden als vorbildlich sowie als Ansporn zur „Aufgabe alter, bequemer Denkge-

---

12 Abromeit, S. 56, 90 ff., 152 f.

13 Betriebsführung durch Planung und Kontrolle (RKW-Auslandsdienst, H. 51), München 1957, S. 13.

14 Ebd., S. 12.

wohnheiten“, die schließlich auch neue Impulse auf dem Gebiet des betrieblichen Planungs- und Kontrollwesens nach sich zogen. Um die Akzeptanz amerikanischer Vorbilder zu erhöhen und die Aufgabe alter Denkgewohnheiten zu erleichtern, wurde schließlich auch in dem vorliegenden Reisebericht auf das Argument des Re-Imports zurückgegriffen: „Vieles, was uns heute unter amerikanischer Flagge begegnet, ist vielleicht von Hause aus gar nicht amerikanischen Ursprungs. Es ist ja letzten Endes auch so, daß die amerikanische Kultur sich aus der europäischen ableitet und daß die amerikanische Technik letztlich europäischen Ursprungs ist. Wenn die Amerikaner betonen, daß sie unsere Vettern sind, dann können wir auf diese Tatsache doch einmal ebensolches Gewicht legen! Der Einwand, daß in Amerika doch alles anders ist und sich amerikanische Methoden nicht auf deutsche Verhältnisse übertragen lassen, trifft in den wenigsten Fällen zu. Daraus ersieht man, welche außerordentlichen Parallelen sich immer entwickeln.“[15] Es ist genau dieses Bild der Verwandtschaft und der Nähe, welches von deutscher Seite immer wieder bemüht wird, um die Anschlußfähigkeit moderner amerikanischer Managementmethoden an deutsche Wege der Unternehmensführung zu belegen. In diesem Sinne betrachteten die amerikareisenden deutschen Betriebswirte die Funktion des Controllers als eine – allerdings entscheidend verbesserte und auf deutsche Unternehmen übertragbare – Ausweitung des betrieblichen Rechnungswesens. Zur Funktion des Controllers gehöre alles, was zur Kontrolle des wirtschaftlichen Unternehmenserfolgs beitrage, wobei der Controller in amerikanischen Unternehmen nicht allein Leiter des Rechnungswesens sei, sondern auch der gesamten kaufmännischen Verwaltung vorstehe und als solcher Angehöriger des Vorstands sei. Hervorzuheben sei jedoch vor allem, daß die Aufgabe des amerikanischen Controllers nicht wie diejenige des deutschen Buchhalters oder Wirtschaftsprüfers in erster Linie auf die Vergangenheit, sondern auf die Zukunft orientiert sei und damit eine wesentliche Grundlage für unternehmerische Planungs- und Lenkungsaufgaben darstelle. Zwar gäbe es in Deutschland auch Betriebswirtschaftliche Abteilungen in den Unternehmen sowie Einheitskontenpläne und ordentliche und exakte Buchhalter, doch fehle es weitgehend an zukunftsorientierten Prognosen und Kalkulatoren u.a. für die betriebliche Gewinnplanung und Budgetkontrolle.[16] Die unterschiedliche Funktion und Aufgabendefinition des Controllers gegenüber vergleichbaren deutschen Institutionen spiegelte sich auch in der Begrifflichkeit wider, die kaum ins Deutsche zu übersetzen war. Der Controller war weder Buchhalter noch Revisor, und auch eine Übersetzung als „Kontrolleur“ oder „Kontroller“ konnte nur zu einer sinnentstellten

15 Ebd., S. 41.
16 Ebd., S. 42 ff.

Bezeichnung führen, wie zeitgenössische Beobachter bemerkten, so daß der amerikanische Originalbegriff schließlich auch im Deutschen übernommen wurde.[17]

Das „Rechnungswesen als Führungsinstrument" bzw. das Controlling als integrative Managementaufgabe der Kontrolle, Planung und Steuerung setzte sich in deutschen Unternehmen dann vor allem im Rahmen der weiter oben dargestellten Reorganisation der Unternehmen ab Mitte der 60er Jahre durch. Nach Umfragen hatten Mitte der 70er Jahre die meisten, wenn auch längst nicht alle, deutschen Großunternehmen die Institution des Controlling eingerichtet. Eine Auswertung von Stellenanzeigen ergab, daß die Controller zu 87% mit Fragen der Kostenrechnung, zu 69% mit Planungs- und Budgetierungsfragen, zu 44% mit dem Berichts- und Informationswesen und zu 37% mit Finanzproblemen beschäftigt waren, und daß sich, trotz weiterhin bestehender Unterschiede deutscher und amerikanischer Unternehmen, die Controllingaufgaben weitgehend angeglichen hatten, was insbesondere in der Tatsache zum Ausdruck kam, daß auch in deutschen Unternehmen Controlling zunehmend als Führungsinstrument verstanden wurde.[18]

Die unternehmensspezifische Ausprägung und Ausgestaltung der Controllingfunktion war dabei sehr unterschiedlich. Bei Freudenberg hatte man sich zwar bereits zu Beginn der 60er Jahre mit neuen Vorschlägen zur Kostenrechnung im Sinne einer Planungs- und Kontrollrechnung auseinandergesetzt, der Begriff „Controlling" tauchte unternehmensintern jedoch erst um 1970 zur Bezeichnung der entsprechenden Institution auf, wobei neben der Kosten- und Ergebnisüberwachung, der Wirtschaftlichkeits- und Rentabilitätsanalysen auch die Planungsrechnung und Budgetierung eine Rolle spielte. Diese Aufgaben wurden sowohl von der betriebswirtschaftlichen Zentralabteilung als auch dezentral innerhalb der Teilbetriebe wahrgenommen.[19] Zu Beginn der 70er Jahre informierte sich die Freudenberg-Geschäftsleitung sowohl durch USA-Reisen vor Ort als auch über die Literaturauswertung sowie die Einstellung junger Mitarbeiter, die an den Universitäten mit neuen Methoden des Rechnungswesens konfrontiert waren, über amerikanische Controllingmethoden. Diese fanden schließlich auch Eingang über die Einstellung eines zuvor bei einer Tochtergesellschaft des amerikanischen Unternehmens IT&T be-

---

17 Ebd., S. 43; B. Hessenmüller, Neue Entwicklungszüge der Werkleitung in den USA, in: Rationalisierung 3, 1952, S. 53-56, 55. Zur Begriffsgeschichte s.a. Hoffmann, Der Controller im deutschen Industriebetrieb, S. 2181.

18 Siegwart, Worin unterscheiden sich amerikanisches und deutsches Controlling?, S. 98 f.; D. Hahn, Organisation des Controlling in der deutschen Industrie, in: W. Goetzke; G. Sieben (Hg.), Controlling – Integration von Planung und Kontrolle, Köln 1979; S. 73-97, 80 ff.; Dort findet sich der Hinweis, daß bei einer Fragebogenaktion bei den 200 umsatzstärksten deutschen Unternehmen von den 95 zurückgesandten Fragebogen 59 positiv auf die Frage nach dem Vorhandensein eines Controllers antworteten. S.a. Serfling, Controlling, S. 23 f., 37.

19 Archiv Freudenberg, 3/01488, Volkswirtschaftliche Abteilung, Vorschläge zur Ergänzung der Kostenrechnung (Richert, Fischer), 11.12.1962; ebd., 3/03776, Abgrenzung Treasurer-Controller, 19.11.1970.

schäftigten Managers, der über Erfahrungen auf dem Gebiet des Controlling verfügte und der „nur so vor Amerikanismen sprudelte“. Diese unterschiedlichen Anknüpfungspunkte hatten zur Folge, daß die Einführung und Durchsetzung des Controlling sich bei Freudenberg über mehrere Jahre hinzog und eher als ein „schleichender Prozeß“ denn als abrupte Neuerung zu verstehen ist. Es dauerte schließlich noch bis in die 80e Jahre, bis der Begriff „Controlling“ in der betrieblichen Alltagssprache selbstverständlich benutzt wurde.[20]

Bei Volkswagen war der Controller bis Mitte der 80er Jahre Leiter des Bereichs Betriebswirtschaft, der in die „Allgemeine Betriebswirtschaft“, die „Technische Betriebswirtschaft“ sowie den Bereich „Strategie und Investitionen“ unterteilt war. Dabei spielten Fragen der Planung und Kontrolle, insbesondere im Rahmen der „Allgemeinen Betriebswirtschaft“ (finanzielle Gesamtplanung) eine wichtige Rolle. Ein sogenanntes „begleitendes Controlling“ sah die Wahrnehmung von Controllingaufgaben auf verschiedenen hierarchischen Ebenen durch dezentrale Controller auf Geschäftsbereichs-, Bereichs-, Hauptabteilungs- und Werksebene vor.[21]

Eine wesentliche Voraussetzung bei der Einführung der Controllingfunktion in deutschen Unternehmen bestand in der im Laufe der 60er und 70er Jahre verbesserten Informationsbeschaffung der Unternehmen, die wiederum eng mit der Einführung der elektronischen Datenverarbeitung verbunden war. In diesem Zusammenhang wuchs auch die Wahrnehmung der „Information als Produktionsfaktor“ bei deutschen Unternehmern und Managern.[22]

Die elektronische Datenverarbeitung war ein Bereich, in dem die Bundesrepublik bis zur Ratifizierung der Pariser Verträge 1954/55 durch das Verbot der Entwicklung elektronischer Geräte nur eingeschränkt tätig sein konnte. Dies, so wie vor allem die Tatsache, daß amerikanische Unternehmen spätestens seit der Entwicklung des Hollerith-Verfahrens auf dem Gebiet der Datenverarbeitung seit Ende des 19. Jahrhunderts führend waren, bedingte auch für die Zeit nach dem Zweiten Weltkrieg eine starke Orientierung an amerikanischen Entwicklungen auf diesem Gebiet.

---

20 Interview W. Bonfert, 3.12.1997. Bonfert hatte lange Jahre im Bereich der Betriebswirtschaft gearbeitet, bevor er als Betriebsleiter des Werkes Schopfheim tätig war. Er berichtet, im Zusammenhang mit der Einstellung des Managers der IT&T-Tochterfirma im Jahr 1973 erstmals mit dem Begriff „Controlling“ konfrontiert worden zu sein.

21 Serfling, Controlling, S. 58 f. Weitere empirische Beispiele aus anderen, in dieser Arbeit berücksichtigten, Unternehmen zum Thema „Controlling“ können auf der Basis von Unternehmensquellen nicht angeführt werden. Dies hängt u.a. mit der 30jährigen Sperrfrist und der Tatsache zusammen, daß die Einrichtung von Controllingaufgaben in deutschen Unternehmen größtenteils erst Ende der 60er Jahre einsetzte. Darüber hinaus besteht zu Themenbereichen wie „Marketing“ oder „Human Relations“ der Unterschied, daß Fragen des Controlling in gedruckten Quellen wie etwa der Werkzeitschrift kaum auftauchen.

22 Serfling, Controlling, S. 12; P. Horvath, Aufgaben und Instrumente des Controlling, in: Goetzke; Sieben (Hg.), Controlling – Integration von Planung und Kontrolle, S. 27-57, 35.

Bereits vor dem Ersten Weltkrieg, in noch größerem Umfang jedoch im Rahmen der Rationalisierungsmaßnahmen und des Ausbaus betriebswirtschaftlicher Abteilungen in den 20er Jahren, hatten zahlreiche deutsche Unternehmen wie Bayer, BASF, Siemens, AEG, Krupp, Henkel, Hoesch, die GBAG u.a. das Hollerith-Lochkartenverfahren zur Bewältigung des immer umfangreicheren Zahlenmaterials der Produktions-, Kosten- und Lohnrechnungen etc. übernommen.[23] Bis Mitte der 50er Jahre stellte das Lochkartenverfahren die dominierende Technologie der Datenverarbeitung in deutschen Großunternehmen dar. In der Zwischenzeit waren in den USA elektronische Rechenanlagen entwickelt worden, deren Anfänge in die Zeit des Zweiten Weltkriegs zurückreichten und die zunächst für militärische Zwecke zum Einsatz kamen. Nachrichten über diese „Elektronengehirne", die erheblich leistungsfähiger waren als die traditionellen Lochkartenmaschinen und die zunehmend auch zu zivilen Zwecken benutzt wurden, erreichten zu Beginn der 50er Jahre auch deutsche Unternehmen. Diese widmeten den amerikanischen Entwicklungen wesentlich mehr Aufmerksamkeit als den deutschen Anstrengungen auf dem Gebiet der elektronischen Rechenanlagen, wie sie etwa in Gestalt der Firma Konrad Zuses und deren Aktivitäten zum Ausdruck kamen. Dessen Geräte waren allerdings schon zu Beginn der 50er Jahre wesentlich weniger leistungsfähig als diejenigen der amerikanischen Hersteller, so daß sie selbst in deutschen betriebswirtschaftlichen Fachzeitschriften kaum Erwähnung fanden.[24]

Mit den Nachrichten über amerikanische „Elektronengehirne" verbanden sich Vorstellungen über deren Leistungsfähigkeit, die vielfach noch sehr diffus waren und zwischen Euphorie und Skepsis schwankten. „Die Ideen in USA auf dem Gebiet der Dokumentation mit den damals ausgedachten Variations- und Kombinationsmöglichkeiten bei Anwendung elektronischer Rechenanlagen waren überschwenglich", so berichtete Hoechst-Direktor Gamer zu Beginn der 60er Jahre in Erinnerung an einen USA-Aufenthalt. „Das letzte Gebiet, das wir damals als Anwendungsgebiet mit nach Hause brachten, war der Einsatz für das Management. Wir waren uns damals darüber im klaren, daß dieses Gebiet – heute Operations Research oder Unternehmensforschung – das wahrscheinlich wichtigste, aber auch in der alten Welt problematischste werden dürfte. Nach dem vierwöchigen Aufenthalt in USA brachten wir bezüglich der möglichen Anwendungen auf diesem Gebiet einen großen Glauben mit nach Hause."[25] Andererseits konnte man sich in vielen Unternehmen weder eine Vorstellung vom Wesen der elektronischen Datenverarbeitung machen noch von den Möglichkeiten, die diese für das eigene Unternehmen

---

23 H. Petzold, Rechnende Maschinen. Eine historische Untersuchung ihrer Herstellung und Anwendung vom Kaiserreich bis zur Bundesrepublik (Technikgeschichtliche Einzeldarstellungen des VDI, Bd. 41), Düsseldorf 1985, S. 195 ff., 200 ff.

24 Petzold, Rechnende Maschinen, S. 421.

25 B. Gamer, Planung und Einsatz elektronischer Datenverarbeitungsanlagen in einem chemischen Großunternehmen, in: ZfbF 13, 1961, S. 353-367, 355 f.

boten. Umfragen bei Unternehmen ergaben Mitte der 50er Jahre eine große Unkenntnis beim Umgang mit der neuen Technologie: „Die elektronisch-mathematisch-technische Programmierung der Maschine halten noch viele für eine sehr schwierige, ja für sie fast unlösbare Aufgabe ... Es bleibt ein Vakuum offen, das nur durch betriebswirtschaftlich-organisatorische Untersuchungen und dementsprechende Maßnahmen ausgefüllt werden kann. Unterbleiben diese Untersuchungen, dann kann die Maschine in die Irre führen, d.h. elektronisch und mathematisch zwar richtig, aber betriebswirtschaftlich falsch programmiert, Ergebnisse bringen, die man gar nicht gewollt und nicht nötig hat, und andererseits keine Ergebnisse oder diese nicht in der gewünschten Tiefe, auf die man sehnlichst gehofft hat. Dann heißt es, sehr zu Unrecht gegenüber den Konstrukteuren und Herstellern der Maschine, daß die Maschine die an sie gestellten Erwartungen nicht erfüllt hat", so ein Bericht in der Zeitschrift „Der Betrieb" im Jahr 1957.[26] Amerikanische Beratungsgesellschaften wie die John Diebold & Associates boten hier ihre Hilfe an und veranstalteten Seminare zum Umgang mit elektronischen Rechengeräten. Mit Hilfe von der OEEC, der EPA und dem RKW geförderten Unternehmerreisen in die USA erhielten deutsche Unternehmer und Betriebswirte darüber hinaus umfangreiches Anschauungsmaterial über die Anwendungsmöglichkeiten der elektronischen Datenverarbeitung. Die Reisen zeigten, daß es sich bei „Elektronengehirnen" nicht um Wundermaschinen handelte, die den Menschen jegliche Arbeit abnahmen, sondern „daß man gerade bei dem Einsatz von Elektronentechniken das ‚Gehirn' schon selbst mitbringen muß, und daß Elektronengeräte nur vorgedachte Arbeiten wiederkäuen können".[27] Besuche bei amerikanischen Unternehmen wie Ford oder General Motors machten deutlich, daß Rechenanlagen auf der Basis von Magnetbändern wesentlich leistungsfähiger waren als traditionelle Lochkartenverfahren, daß deren Anwendung jedoch wohl überlegt und gezielt erfolgen mußte. Schließlich galt es auch, Fragen der Anschaffungskosten und der Wirtschaftlichkeit zu berücksichtigen. Selbst in den USA, so ein Hinweis in der Zeitschrift „Der Betrieb" Ende der 50er Jahre, sei in manchen Unternehmen die Anfangsbegeisterung nach kostspieligen Experimenten z.T. erheblich gedämpft worden, so daß es darum gehe, „aus den bisherigen Erfahrungen zu lernen und die Fehler zu vermeiden, die die großen amerikanischen Unternehmungen schon viel Geld gekostet haben".[28]

Als sinnvoll erwies sich der Einsatz von Computern u.a. in der Lohnbuchhaltung, der Lagerbestandsrechnung, bei der Fertigungs- und Materialplanung etc. Im Rah-

---

26 Th. Baldus, Gemeinschaftliche Grundlagenforschung für die Benutzung von elektronischen Rechenanlagen, in: Der Betrieb 10, 1957, 30. Okt. 1957, S. 1026.

27 H. Steinhaus, Elektronen-Rechner aus deutscher und amerikanischer Sicht (Teil 1), in: Der Betrieb 12, 1959, H. 5, S. 117-119, 117; Die elektronische Datenverarbeitung in Lehre und Praxis. Ergebnisse einer Studienreise nach USA, von Prof. Dr. Dr. B. Hartmann (RKW Auslandsdienst, A 20), Frankfurt am Main 1959, S. 3 f.

28 Steinhaus, Elektronen-Rechner aus deutscher und amerikanischer Sicht, S. 151.

men von Operations-Research-Methoden wurden elektronische Rechenanlagen in amerikanischen Unternehmen zur Unterstützung von Ablauf- und Planungsentscheidungen eingesetzt. Die deutschen Besucher waren beeindruckt, mit welcher Geschwindigkeit der Computer im Zuge von Operations-Research-Analysen die optimale Gestaltung von Produktionsprogrammen, Transportwegen oder Rohstoffeinsätzen berechnete.[29] Operations-Research-Methoden waren im Zweiten Weltkrieg in Großbritannien und den USA zu militärischen Zwecken entwickelt worden, insbesondere für die Planung von Operationen für Heer, Air Force und Marine sowie als Grundlage für die Radarluftüberwachung. Seit Ende der 40er Jahre meldeten zunehmend auch zivile Unternehmen ihr Interesse an dieser neuen Methode an, die in Zusammenhang mit den Möglichkeiten der elektronischen Datenverarbeitung die Voraussetzungen für unternehmerische Entscheidungen zu verbessern versprachen. Über Amerikareisen, Tagungen und Veranstaltungen amerikanischer Verbände wie der American Management Association (AMA) 1956 in New York gelangten Operations-Research-Methoden auch in die Bundesrepublik. Eine weitere Verbreitung erfolgte durch Fachzeitschriften und die Einrichtung eines ersten Lehrstuhls für Operations-Research 1957 in München.[30] Eine Studienreise des Vereins deutscher Eisenhüttenleute in die USA erbrachte allerdings auch zwiespältige Einschätzungen von Operations-Research-Methoden, für die „offensichtlich mehr Propaganda gemacht (wird), als durch Erfolge in der Praxis berechtigt erscheint". Operations Research sei in erster Linie eine „Mode", so der Berichterstatter, der jedoch nicht umhin kam gleichzeitig die sich daraus ergebenden Möglichkeiten zur Lösung komplexer Unternehmensaufgaben mit Hilfe elektronischer Datenverarbeitung hervorzuheben. Computergestützte Methoden im Sinne des Operations Research ermöglichten u.a. die Simulation von Auftragseingängen oder Materialanlieferungen, eine Optimierung der Herstellungsprogramme und der Anlagenausnutzung sowie eine effektivere Wahrnehmung von Planungsaufgaben.[31]

Fragen der Operations Research und des elektronischen Rechnungswesens wurden in einigen deutschen Großunternehmen bereits sehr frühzeitig diskutiert. Geht

---

[29] Die elektronische Datenverarbeitung in Lehre und Praxis. Ergebnisse einer Studienreise nach USA, S. 21, 26, 31; Steinhaus, Elektronen-Rechner aus deutscher und amerikanischer Sicht, S. 117.

[30] Operations Research. Mittel moderner Unternehmensführung. hg. von der American Management Association, Inc., dt. v. W. W. Elwenspoek, Essen 1958; J. W. Poocock (Pertner, Booz, Allen & Hamilton), in: Operations Research, S. 15-31; H. P. Künzi, Operations Research heute – Rückblick und Ausblick, in: Zeitschrift für Operations Research 26, 1982, S. 217-228. Die Zeitschrift „Unternehmensforschung – Operations Research" war zunächst unter dem Titel „Praktika" als Zeitschrift für die Anwendung der Formalwissenschaft, insbesondere Statistik in der Unternehmensforschung 1956 gegründet worden, bevor sie im gleichen Jahr den Begriff „Operations Research" in den Titel mit aufnahm.

[31] Archiv Mannesmann AG, M 40.103.1. VDEh, Studienreise nach den Vereinigten Staaten von Amerika vom 31.8.1962 bis 1.7.1963, von Wolfgang Niederhake, 1964.

man davon aus, daß diese neuen Methoden der Unternehmensführung in amerikanischen Unternehmen vor Ende der 40er Jahre wohl kaum zum Einsatz kamen, so reagierte beispielsweise Bayer mit einer zeitlichen Verzögerung von nur etwa zwei bis drei Jahren auf diese Entwicklung. Das Chemieunternehmen gehörte damit allerdings auch zu den führenden deutschen Unternehmen auf diesem Gebiet. Im Jahr 1952 bemühte sich die Unternehmensleitung zunächst noch um die Modernisierung der Lochkarteneinrichtung und studierte in diesem Zusammenhang Betriebe der IBM in Belgien und den Niederlanden, wo die modernsten europäischen Lochkarteneinrichtungen existierten. Bereits ein Jahr später entnahm die Geschäftsleitung einem Bericht der amerikanischen Fachzeitschrift „Chemical and Engineering News" die Information, daß das amerikanische Chemieunternehmen Monsanto die Fertigstellung der monatlichen Ergebniszahlen und Finanzberichte wesentlich schneller bearbeiten und dementsprechend statt wie bisher am 15. nun bereits am 5. eines Monats erledigen konnte, was auf die „Elektronisierung der Buchhaltungsvorgänge" zurückzuführen sei. „Das ‚Gehirn', wie diese Maschine genannt wird, ist bei Monsanto seit fast zwei Jahren in Betrieb", so stellte die Bayer-Direktions-Abteilung zu Beginn des Jahres 1953 fest.[32] Der dieser Aussage zugrunde liegende Bericht veranlaßte die Bayer-Direktion, über die Modernisierung der Lochkartenanlage hinaus auch in Richtung eines Einsatzes elektronischer Datenverarbeitung nachzudenken sowie Kontakte zu amerikanischen Herstellern und Nutzern entsprechender Anlagen aufzunehmen.[33] Wichtigster Bayer-Informant wurde in diesem Zusammenhang der deutschstämmige Prof. Dr. Adolph Matz, der an der Moore School gearbeitet hatte, wo bereits im Krieg elektronische Rechenanlagen des Typs ENIAC gebaut worden waren, und der entsprechend von Beginn an diese Entwicklung begleitet hatte. Später war Matz dann an der Philadelphia Wharton School of Finance and Commerce sowie bei der MSA in Paris tätig, über die schließlich auch die Vermittlung zum RKW und schließlich zu Bayer verlief. Der Artikel über die „Elektronisierung" bei Monsanto in der „Chemical Engineering News" war am 8.12.1952 erschienen. Zwei Monate später wurde der Bayer-Vorstand davon in Kenntnis gesetzt und fast zeitgleich Prof. Matz zu einer Bayer-Besichtigung nach Leverkusen eingeladen. In dem anschließend verfaßten Besuchsbericht konnte bereits Mitte Februar 1953 verkündet werden, daß Bayer eine elektronische IBM-Sortiermaschine bestellt und somit als eines der ersten deutschen Unternehmen den Schritt in die elektronische Datenverarbeitung vollzogen hatte. Der Besuch von Prof. Matz sollte dem Unternehmen vor allem Klarheit über zwei Fragen bringen, nämlich „1. Welche Mittel gibt es in Amerika zur leichteren Erreichung der uns gestellten Ziele, vor allem inwieweit sind bereits vorhandene Elektronen-Rechenmaschinen für diese Zwecke verwendbar? 2. Welche sonstigen Mittel gibt es

32 Archiv Bayer AG, 015-B-105, Langheinrich an Haberland u.a., betr. Termine, Gewinnberechnung und Finanzberichte Monsanto, 4.2.1953.

33 Ebd., Lode an Hansen, 13.1.1954; Petzold, Rechnende Maschinen, S. 437 f.

zur Verkürzung der Termine und auf welche Weise werden in Amerika die in Pressemeldungen erwähnten Terminverkürzungen erreicht?"[34]

Matz' Antworten und Einschätzungen, basierend auf amerikanischen Unternehmenserfahrungen, waren schließlich entscheidend für das weitere Engagement von Bayer auf diesem Gebiet. Im Austausch mit Matz wurde deutlich, daß es erhebliche Unterschiede im amerikanischen und deutschen Rechnungswesen gab, u.a. hinsichtlich der Produktions- und Absatzverhältnisse. Amerikanische Unternehmen seien vielfach auf die Herstellung einiger weniger Produkte spezialisiert, was zu einer Vereinfachung der Abrechnung gegenüber deutschen Unternehmen mit einem mannigfaltigen und variablen Fertigungsprogramm führte. Neben unterschiedlichen handelsrechtlichen und steuerlichen Vorschriften in den USA unterschieden sich die Methoden der Kostenrechnung, die zusammengenommen den amerikanischen Unternehmen die Abschlüsse erleichterten und ihnen gleichzeitig einen terminlichen Vorsprung sicherten. Was die Anwendbarkeit elektronischer Rechenanlagen anbelangte, so wies Matz darauf hin, daß noch einige Zeit vergehen würde, „bis für die Praxis des Wirtschaftslebens brauchbare Elektronen-Maschinen restlos durchkonstruiert und dem Markt zugängig sind".[35]

Zu den Beratungen über den Einsatz elektronischer Rechenanlagen, die z.T. unter Beteiligung von Vertretern von Hoechst und Siemens stattfanden, lud Bayer auch Robert Piloty von der TH München ein. Piloty war einer der wenigen deutschen Fachleute auf dem Gebiet der elektronischen Datenverarbeitung und hatte 1948 ein halbes Jahr am Massachussets Institute of Technology (MIT) verbracht.[36]

Auf der Basis dieser Hinweise und durch weiteres Studium der Fachliteratur gab es bei Bayer Überlegungen zur Konstruktion eigener elektronischer Buchhaltungsmaschinen, die jedoch schließlich verworfen wurden: „Da sich bereits eine Mehrzahl von Unternehmen, darunter auch bedeutende wie IBM (International Business Machine Corporation) sowie die Remington Rand Inc. mit der Entwicklung von Elektronen-Rechengeräten für den Bereich der kaufmännischen Verwaltung befassen und auf diesem Gebiet Erfahrungen gesammelt haben, halte ich es für entbehrlich, daß wir unsererseits Arbeit und Kosten auf die Konstruktion einer elektronischen Buchhaltungsmaschine verwenden. Wir sollten uns vielmehr darauf beschränken, der Büromaschinenindustrie Anregungen zu geben, indem wir zeigen, wie wir arbeiten, und sie zum Studium von Verbesserungsmöglichkeiten an unseren technischen Hilfsmitteln veranlassen, was ja ihr Geschäft ist."[37] Nachdem Bayer 1953 bei IBM bereits eine elektronische Sortiermaschine bestellt hatte, blieb das amerikanische Büromaschinenunternehmen auch in den folgenden Jahren der wichtigste Lie-

---

34 Ebd., Bericht über den Besuch von Prof. Matz, 26./27.1.1953, 17.2.1953.

35 Ebd., S. 2.

36 Petzold, Rechnende Maschinen, S. 389 ff., 439.

37 Archiv Bayer AG, 015-B-105, Stellungnahme zur Einführung einer elektronischen Buchhaltermaschine bei den Farbenfabriken Bayer AG, Leverkusen, 20.8.1953.

ferant für elektronische Rechengeräte. 1954 und 1955 erwarb Bayer elektronische Rechenlocher und Saldiermaschinen, und 1956 wurde die teilweise Umstellung der „Fabrikhollerithabteilung“ und der „Verkaufshollerithabteilung“ auf elektronische Rechner vom Typ IBM 650 in die Wege geleitet, welche schließlich die ersten mit Magnetbandspeichern gekoppelten Elektronenrechner in deutschen Unternehmen waren, die ab 1957/58 bei der Lohnabrechnung zum Einsatz kamen. Die Rechner wurden von IBM gemietet, zusammen mit einem Wartungstechniker, den die deutsche IBM-Zentrale nach Leverkusen abstellte. In den folgenden Jahren wurden dann weitere Geräte gemietet und im Jahr 1961 der Bau eines eigenen Rechenzentrums in Angriff genommen.[38]

Festzuhalten bleibt, daß Bayer sich bei der Einführung der elektronischen Datenverarbeitung an Erfahrungen und Informationen aus den USA orientierte. Dies betrifft amerikanische Unternehmen als Vorbild, Berater oder Lieferanten von elektronischen Geräten ebenso wie amerikanische bzw. deutsche Wissenschaftler, die sich durch ihre Amerikaaufenthalte auf den neuesten Stand der Forschung gebracht hatten.

Bei anderen deutschen Unternehmen lassen sich vergleichbare Entwicklungen beobachten, z.T. allerdings mit einer Verspätung von einigen Jahren gegenüber dem Vorreiter Bayer. Da zahlreiche Unternehmen aus Unsicherheit sowie aus Kostengründen die Anschaffung umfangreicher elektronischer Datenverarbeitungsanlagen zu einem frühen Zeitpunkt Mitte der 50er Jahre noch scheuten, bot sich Raum für die Einrichtung von Rechenzentren, die ihre Anlagen und ihr Know-How den Unternehmen, Behörden und wissenschaftlichen Einrichtungen für Auftragsarbeiten zur Verfügung stellten. Die ersten Rechenzentren dieser Art wurden im Jahr 1956 von den amerikanischen Unternehmen IBM und Remington Rand errichtet. IBM stellte in Stuttgart einen aus den USA eingeflogenen Magnettrommelrechner IBM 650 auf, und Remington Rand eröffnete mit dem seinerzeit vielseitigsten und größten Rechner „Univac“ das Univac-Rechenzentrum im Battelle Institut in Frankfurt. Eine deutsche Zweigstelle dieses Instituts war bereits vier Jahre zuvor mit ERP-Mitteln zur Förderung der technisch-wissenschaftlichen Forschung gegründet worden und wurde seitdem vor allem von der Chemischen Industrie in Anspruch genommen.[39]

Daneben bestand für die Unternehmen die Möglichkeit, elektronische Rechenanlagen von den zumeist amerikanischen Herstellern zu mieten. Die Monatsmiete für einen IBM 650 betrug Ende der 50er Jahre 35.000 bis 80.000 DM, für größere Geräte bis zu 300.000 DM. „Es ist daher durchaus möglich“, so ein Artikel in der Zeitschrift „Der Betrieb“ im Jahr 1959, „daß sich selbst bei Firmen mit sehr großen

[38] Ebd., ARC 500, H. Petzold, Entwicklung der elektronischen Datenverarbeitung.

[39] Petzold, Rechnende Maschinen, S. 430.

Lochkartenanlagen die Anwendung von Elektronengeräten schon allein aus Wirtschaftlichkeitsgründen nicht rechtfertigt."[40]

Mit den sinkenden Preisen für elektronische Datenverarbeitungsanlagen seit Beginn der 60er Jahre waren deutsche Unternehmen schließlich zunehmend in der Lage, sich eigene Geräte anzuschaffen und ab Mitte der 60er Jahre sogar eigene Rechenzentren einzurichten. Der ersten Computergeneration etwa vom Typ der Magnettrommelrechner IBM 650 folgte zu Beginn der 60er Jahre eine zweite Generation leistungsfähigerer Anlagen mit größeren Kapazitäten des Typs IBM 7070/1401, die wiederum bereits Mitte der 60er Jahre von der dritten Generation IBM 360/50 oder IBM 1410 abgelöst wurde, die abermals leistungsfähiger war und bereits in Kompaktbauweise geliefert wurde. Bayer, Hüls, Glanzstoff, Hoechst, Henkel oder Volkswagen u.a. arbeiteten eng mit den amerikanischen Büromaschinenherstellern IBM und Remington Rand zusammen und setzten damit die z.T. schon aus der Zeit vor dem Ersten Weltkrieg oder aus der Zwischenkriegszeit bestehenden Kontakte fort. „Wir haben uns einfach deshalb zur IBM entschlossen", so Hoechst-Direktor Gamer zu Beginn der 60er Jahre mit Blick auf die Anschaffung einer elektronischen Rechenanlage, „weil wir bereits seit 1911 mit der Firma auf dem Lochkartengebiet zusammengearbeitet haben."[41] Die Einsatzmöglichkeiten der elektronischen Datenverarbeitung wurden sukzessive ausgeweitet und umfaßten neben dem Bereich der Lohn- und Gehaltsrechnung die Kostenrechnung, die Buchhaltung, den Versand, die Lagerhaltung, die Dokumentation, die Produktion u.a., wobei es im Laufe der 60er Jahre zu einer Schwerpunktverlagerung der Anwendungsbereiche kam. Lagen beispielsweise beim Volkswagen-Rechenzentrum in Wolfsburg 1966 noch 48% der Aufgaben im Bereich Rechnungswesen und Verwaltung und 44% beim Vertrieb, so nahm deren Anteil bis zum Ende der 60er Jahre zugunsten des EDV-Einsatzes für die Produktion sowie für technisch-wissenschaftliche Aufgaben deutlich ab.[42]

---

40 Steinhaus, Elektronen-Rechner aus deutscher und amerikanischer Sicht, S. 119; Petzold, Rechnende Maschinen, S. 427; Archiv AKZO, A 20-0-10. Elektronische Datenverarbeitung, betr. Übersicht I, Computerprojekte Abt. CW in der Zeit 1960 bis September 1961 (14.12.1961). Glanzstoff z.B. nahm zu dieser Zeit das IBM-Rechenzentrum in Anspruch sowie das ERAC und Philipps-Rechenzentrum und mietete Univac-Anlagen von Remington Rand, s.a. ebd., VGF-Revisionsbüro, Sonderbericht 4/1965, Erweiterung der Kapazität der DV im Werk Oberbruch, 30.4.1965.

41 B. Gamer, Planung und Einsatz elektronischer Datenverarbeitungsanlagen in einem Chemischen Großunternehmen, in: ZfbF 13, 1961, S. 353-367, 356. Ähnliches gilt für Henkel und Bayer, s. Archiv Henkel, E 390. Vom Federhalter zur Elektronik. 40 Jahre Lochkartenverfahren im Hause Henkel 1927-1967; Archiv Bayer AG, H. Petzold, Entwicklung der elektronischen Datenverarbeitung; H. Scholz, Die dritte Computer-Generation. Hüls benutzt ein neues System der elektronischen Datenverarbeitung, in: Der Lichtbogen 16, 1967, H. 2.

42 Unternehmensarchiv der Volkswagen AG (vorm. Auto-Museum Volkswagen), Die Datenverarbeitung und ihre Entwicklung, Braunschweig 1970. Für Glanzstoff s. Archiv AKZO 20-0-10 bis 20-0-12. Dort zeigt sich ebenso eine Verbreiterung der Einsatzmöglichkeiten der elektronischen

Im Zuge der Reorganisation der Unternehmen ab Mitte der 60er Jahre und in Zusammenhang mit dem Bedeutungszuwachs der Unternehmensplanung in deutschen Unternehmen gewann die elektronische Datenverarbeitung im Rahmen von Methoden der Operations Research, der aus den USA übernommenen Netzplantechnik sowie der „Management-Informations-Systeme" (MIS) eine zunehmenden Bedeutung. Manager von Glanzstoff oder Freudenberg beispielsweise informierten sich in den USA über die dort Ende der 50er Jahre entwickelte Netzplantechnik des Systems „PERT" (Program Evolution and Review Technique), mit deren Hilfe auf der Basis elektronischer Datenverarbeitung die Planung und Vorausberechnung von Arbeitsgängen, Kosten, dem Arbeitskräftebedarf sowie des terminlichen Ablaufs und der Optimierung der Produktion ermöglicht werden sollte und das somit als ein neues Instrument der Unternehmensleitung und -steuerung verstanden wurde. Volkswagen ließ sich von Booz-Allen & Hamilton über ein Management-Informations-System beraten.[43] Entsprechende Projekte zum Aufbau von Planungs- und Kontrollsystemen in Unternehmen, die auf der Basis computergestützter Methoden zu einer Schwerpunktverlagerung von der Erfassung von „Vergangenheitsdaten" hin zu einer „zukunftsorientierten Unternehmenssteuerung" beitragen sollten, wurden in einzelnen Fällen zu Beginn der 70er Jahre – wie z.B. bei Hüls – von der Bundesregierung im Rahmen eines Projektes namens „ISAS" (Informationssystem zur administrativen Steuerung) unterstützt.[44]

Festzuhalten bleibt, daß sich auch auf dem Gebiet des betrieblichen Rechnungs- und Kontrollwesens eine starke Amerikaorientierung deutscher Unternehmen erkennen läßt. Trotz z.T. unterschiedlicher Rahmenbedingungen amerikanischer und deutscher Unternehmen ergaben sich für letztere Anknüpfungsmöglichkeiten für moderne Controllingmethoden, die eine Ergänzung und Erweiterung der traditionellen Methoden des deutschen betrieblichen Rechnungswesens darstellten. Dies gilt ebenso für Methoden des Operations Research, der Netzplantechnik oder der Management-Informations-Systeme, die im Zuge der Reorganisation und der wachsenden Bedeutung planerischer und steuernder Aufgaben auch in deutschen Unternehmen ab Mitte der 60er Jahre Einzug hielten. Eine wichtige Voraussetzung dafür war die Einführung der elektronischen Datenverarbeitung, bei der zahlreiche deutsche Unternehmen Anknüpfungspunkte an Kontakte zu amerikanischen Firmen aus der Vorkriegszeit suchten, die in den 50er Jahren zur Übernahme der amerikanischen Hard-

---

Datenverarbeitung seit Beginn der 60er Jahre; für Hoechst s. Gamer, Planung und Einsatz elektronischer Datenverarbeitung in einem Chemischen Großunternehmen.

43 Archiv Freudenberg, 3/03153, Amerikareise Karrer/Mutzeck, 6.5.-1.6.1965; Archiv AKZO, A 20-0-11; Elektronische Datenverarbeitung, Notiz betr. Besprechung über DV und Operations Research, 19.4.1966; ebd., A 20-0-10, EDV, Besprechung über die Metra-Potential-Methode (MPM) der Netzplantechnik; Unternehmensarchiv der Volkswagen AG (vorm. Auto-Museum Volkswagen), Booz-Allen & Hamilton, Zusammenfassung der Ergebnisse des EDV-Gutachtens für den Gesamtbestand Volkswagenwerk AG, 22.1.1971.

44 D. Seibt; N. Szyperski, Das Projekt ISAS, in: Der Lichtbogen 25, 1976, Nr. 180.

und Software und zu einer Bevorzugung gegenüber den weniger entwickelten deutschen Produkten führten. Der amerikanische Einfluß und dessen Veralltäglichung auf diesem Gebiet kommt einmal mehr in der Übernahme amerikanischer Fachausdrücke (Input, Output, Computer, Distributer, Flow-Charts, Flip-flop-Schaltungen etc.) zum Ausdruck, die die Amerikanismen anderer Managementbereiche weiter ergänzten.

2.8 Manageraus- und -weiterbildung – Deutsche Sonderwege

„Unternehmer gehen zur Schule" hieß der in Buchform veröffentlichte Erfahrungsbericht Ludwig Vaubels, der im Anschluß an seinen USA-Aufenthalt an der Harvard Business School of Administration im Jahre 1952 erschien. Schon der Titel signalisierte für deutsche Leser Ungewöhnliches, daß nämlich Unternehmer in ihrer führenden Position noch einmal zur Schule gehen und dementsprechend auch noch etwas Neues lernen konnten. Diese Erfahrung hatte Vaubel während seines Aufenthaltes an der Harvard Business School gemacht. In den Kursen des Advanced Management Program saßen nämlich nicht nur junge Studenten, sondern auch Manager und Funktionäre. Diese wurden in Unterrichtsfächern wie „business policy", in kaufmännischem und finanziellem Rechnungswesen („cost and finance"), in Ein- und Verkaufspolitik („marketing") geschult sowie mit Fragen der Human Relations und der Stellung und Verantwortung der Wirtschaft im Rahmen der Gesellschaft („business in American society") konfrontiert.[1]

Beeindruckt war Vaubel nicht nur von der Tatsache, daß in den USA auch Unternehmer noch zur Schule gingen sowie von den Lerninhalten der Business Schools, deren Fächerkanon weit über die betriebswirtschaftliche Ausbildung an deutschen Universitäten hinausreichte, sondern auch von der Form und den Methoden ihrer Vermittlung. Die Kurse fanden nicht in Form von Vorlesungen wie an deutschen Universitäten statt, sondern als offene Diskussion. Die Atmosphäre war locker, die menschlichen Kontakte eng und trotzdem zwanglos, wobei Vaubel hervorhob, daß man sich untereinander mit Vornamen anredete.[2] Während er einerseits die vorbildhafte Funktion amerikanischer Business Schools für die Unternehmeraus- und Weiterbildung anerkannte, wies Vaubel andererseits auf die vergleichsweise günstigen Bedingungen hin, die in den USA im Unterschied zu Deutschland für entsprechende Einrichtungen existierten. Dabei betonte er, nicht ohne Vereinfachungen und Stereotypisierungen zu benutzen, u.a. die unterschiedlichen mentalen Voraussetzungen, indem er beispielsweise von „dem Amerikaner" sprach, der schließlich ein ganz „anderer Menschentyp" sei und dessen ganze Lebenseinstellung in viel stärkerem Maße als bei „dem Europäer" wirtschaftlich und praktisch ausgerichtet sei.[3] Ähnlich argumentierte auch der Autor eines Artikels in der Zeitschrift „Der Arbeitgeber", der ebenfalls im Jahr 1952 das Bild vom amerikanischen Unternehmer auf der Schulbank aufgriff und auf die unterschiedlichen deutschen und amerikanischen Mentalitäten und Traditionen anspielte, die eine Einsicht in die Notwendigkeit zur Fortbildung von Führungskräften in deutschen Unternehmen bislang verhindert ha-

---

1 Vaubel, Unternehmer gehen zur Schule, S. 7 ff.
2 Ebd., S. 9 ff.
3 Ebd., S. 18.

be: „Die europäischen Unternehmer sind aber tatsächlich zugleich auch die letzte Gruppe der Universalisten. Sie stammen noch aus einer Zeit, in der ganzheitliches Denken kein philosophischer Begriff, sondern eine Selbstverständlichkeit war, die sich aus Schulbildung und geistiger traditioneller Grundeinstellung ergab. Die Tradition, die ihre guten Seiten hat, birgt jedoch auch Nachteile. Einer dieser Nachteile ist, daß man den notwendig werdenden Wechsel übersah, zu dem sich Amerika viel früher gezwungen sah, weil ihm die Tradition fehlte.“[4] Dieser „Wechsel“ bezog sich sowohl auf die Inhalte und die Organisation der Führungskräfteausbildung als auch auf einen Generationenwechsel, der schließlich einen Mentalitätswechsel nach sich ziehen würde, wie etwa in den RKW-Berichten aus den USA im Rahmen des USTA&P festgestellt wurde. „Unternehmerisches Denken“ müsse in viel stärkerem Maße wie in den USA die Bereitschaft erkennen lassen, den Gesichtskreis zum eigenen Nutzen und zum Nutzen der Gesamtheit zu erweitern sowie mehr „unvoreingenommene Aufgeschlossenheit“ und mehr Dynamik und Vielfalt bei der Suche nach neuen Ideen an den Tag legen. Eine solche neue Denkweise sollte auch „in entsprechenden Institutionen“ der Managerausbildung gefördert werden, so forderte eine Gruppe junger Unternehmer im Anschluß an ihre USA-Reise Ende der 50er Jahre.[5]

Eine Möglichkeit der institutionellen Vermittlung entsprechender Fähigkeiten bestand in der Einrichtung von Kursen und Seminaren in Business Schools, für die nach amerikanischem Vorbild die Möglichkeit einer Angliederung an deutsche Universitäten nicht bestand. Auch Vaubels Buch schien diese Variante nahe zu legen, doch deren praktische Umsetzung sollte sich als schwierig erweisen. „In Deutschland ist man diesem Vorgehen gegenüber skeptisch, und dies mit Recht“, bemerkte Fritz Jacobi von Bayer zu Beginn der 60er Jahre. „Wer sich schon als Nachwuchs für die Unternehmensleitung qualifiziert hat, sollte all die Dinge, die für die Unternehmensführung in Kursen zu lernen sind, d.h. die Technik der Führungsaufgabe, durch Kurse auf niedrigerer Ebene und vor allem durch eigene Arbeit, im Selbststudium, sich angeeignet haben. Der Aufwand eines vielmonatigen Kurses, während dessen er seiner eigentlichen beruflichen Aufgabe entzogen ist, steht in keinem rechten Verhältnis zu dem möglichen Ergebnis. Es kann bei der Vorbereitung auf diese höchsten Aufgaben im Unternehmen sich auch weniger um technische, in Kursen lehr- und lernbare Dinge handeln. Wer sollte hierin unterrichten? Das könnte doch nur mit wirklichem Erfolg, wer selbst diese Aufgabe beherrscht. Und sollte jemand, der dies kann, sein Aufgabenfeld in der Universität und nicht vielmehr in der Wirtschaft suchen? Zu dem eigentlichen Unternehmerischen gehört einmal in weitem Maße die Begabung, die durch nichts ersetzt werden kann.

---

4 W. Flemming, Amerikanische Unternehmer auf der Schulbank, in: Der Arbeitgeber 1952, H. 19, S. 764-768, 765.

5 Unternehmerisches Handeln und Ausbildung für die Unternehmensführung. Bericht junger Unternehmer über Studienreisen in USA (RKW-Auslandsdienst, H. 85), München 1959, S. 4, 10, 53.

Es gehört dazu neben der Technik der Führungsaufgabe, die – wie gesagt – der Unternehmernachwuchs schon früh gelernt haben sollte, vor allem Erfahrung. Und diese Erfahrung vermittelt entscheidend nur die Praxis."[6] Jacobis Einstellung war nicht in erster Linie eine Generationenfrage oder auch ein Ausdruck mangelnder „Veränderungsfähigkeit".[7] Denn obwohl auch er mit inzwischen 60 Jahren zur älteren Unternehmergeneration gehörte, hatte Jacobi sich in den 50er Jahren mit Fragen der Human Relations auseinandergesetzt und an amerikanischen Modellen des TWI orientiert, die bei Bayer in entsprechenden Weiterbildungseinrichtungen für Meister und mittlere Führungskräfte mündeten. Vielmehr handelte es sich um eine altersunabhängige „Grundeinstellung zur Unternehmensführung", wie es Horst Albach in den 60er Jahren in Zusammenhang mit der Diskussion um die Schaffung einer deutschen Business School ausdrückte. Dabei unterschied er eine „traditionalistische" und eine „wissenschaftliche Einstellung", wobei erstere sich dadurch auszeichnete, „daß sie bestimmte Regeln aus der Erfahrung herauszuarbeiten sucht, diese Regeln aus der Geschäftserfahrung der Nachfolger tradiert und diese ihre Entscheidungen nach diesen Regeln unreflektiert vornehmen".[8] Jacobi und andere „Traditionalisten" traten zu diesem Zeitpunkt für eine erfahrungsorientierte unternehmensinterne Weiterbildung von Führungskräften in Ergänzung zum traditionellen Hochschulstudium ein. Aus seiner Sicht war nur auf diesem Wege eine an den Bedürfnissen des Unternehmens orientierte Wissensvermittlung möglich. Für Jacobis Lernfähigkeit spricht allerdings, daß er sich wenige Jahre später zusammen mit Vaubel für die Gründung eines den amerikanischen Business Schools nachempfundenen „Universitätsseminar der Wirtschaft" einsetzte. Dieses an der Universität Köln angesiedelte Modellprojekt sollte mit Ausnahme der „Wissenschaftlichen Hochschule für Unternehmensführung" in Koblenz ein Sonderfall der unternehmerischen Aus- und Weiterbildungseinrichtungen in Deutschland bleiben. Diese Tatsache bestätigt eine „German obstinacy" (Robert R. Locke) auf diesem Gebiet und weist auf einen eigenständigen Weg der Manageraus- und -weiterbildung im Sinne eines „German Model of Management" (Warner/Campbell) hin. Denn anders als in den westeuropäischen Staaten entwickelte sich in Deutschland kein an amerikanischen Vorbildern orientiertes Modell einer „Business School" auf breiter Ebene, sondern ein Netz „nicht erwerbswirtschaftlicher Institutionen betrieblicher Weiterbildung", deren Inhalte sich allerdings durchaus an amerikanischen Vorbildern orientierten.[9] Auch dies war

---

6 Jacobi, Personalpolitik, S. 130 f.

7 H. Pentzlin, Der Mann an der Spitze. Unternehmer im Zeitalter der Elektronik, Oldenburg 1964, S. 7, 15, 20, argumentiert mit dem Generationenproblem.

8 H. Albach, Unternehmensführung im Wandel. Probleme und Aufgaben der Management-Fortbildung, in: Management-Ausbildung in Deutschland. 1. Zehnwochen-Seminar für Führungskräfte am Universitätsseminar der Wirtschaft, Wiesbaden 1970, S. 17-36, 20.

9 S. Faßbender, „Wuppertaler Kreis". Die Weiterbildung unternehmerischer Führungskräfte in der Bundesrepublik, in: Unternehmer und Bildung. Festschrift zum 60. Geburtstag von Ludwig Vaubel, Köln und Opladen 1968, S. 79-96, 85 f.

nicht auf die Generationenfrage zurückzuführen, denn schließlich hatte ja gerade die Generation von Vaubel und Jacobi diese Form der unternehmerischen Weiterbildung eingeführt. Der Verzicht auf die Errichtung von Business Schools hatte vielmehr pragmatische Gründe und war zudem bedingt durch die Tradition des deutschen universitären Ausbildungssystems. Auch Vaubel verfolgte zunächst nicht ausschließlich den Weg hin zu einer deutschen Business School, sondern engagierte sich zu Beginn der 50er Jahre zunächst bei der Gründung der Baden-Badener Unternehmergespräche und des Wuppertaler Kreises.

Von amerikanischer Seite war allerdings zu Beginn der 50er Jahre im Rahmen des USTA&P von einem Export des eigenen „Business-Education"-Modells ausgegangen worden. Entsprechende Management-Training-Programme unter Einbeziehung von Managern führender amerikanischer Unternehmen wie Eastman Kodak, Procter & Gamble, der Ford Motor Company, DuPont, General Electric sowie des National Management Council (NMC) der NAM, zahlreicher Universitäten und Wissenschaftseinrichtungen wie dem MIT wurden in Zusammenarbeit mit der Internationalen Handelskammer, der OEEC, der EPA sowie den nationalen Produktivitätszentralen durchgeführt. Insbesondere die Ford-Foundation engagierte sich – auch im Rahmen der EPA – bei der Förderung von Managementaus- und -weiterbildungseinrichtungen in Europa bis in die 70er Jahre hinein.[10] Das RKW als deutsche Produktivitätszentrale setzte einen Schwerpunkt im Bereich „Ausbildung von Führungskräften" und organisierte in den 50er Jahren zahlreiche Reisen in die USA. Die Eindrücke der teilnehmenden Unternehmer und Wissenschaftler über das amerikanische Managementausbildungssystem waren allerdings sehr unterschiedlich. Das gilt für die Inhalte ebenso wie für die daraus abgeleiteten Konsequenzen hinsichtlich der deutschen Weichenstellungen. Die Darstellungen der RKW-Berichte aus den USA reichen von der bereits erwähnten Forderung nach einer Einstellungsänderung, nach mehr Aufgeschlossenheit und einer Intensivierung unternehmerischer Weiterbildungsmaßnahmen vor dem Hintergrund der stark praxisbezogen amerikanischen Vorbilder, die auch für die deutsche Entwicklung „richtungsweisend" seien,[11] bis zur Betonung „traditionalistischer Einstellungen" (Schmölders),

---

[10] G. Gemelli, American Influence on European Management Education. The Role of the Ford Foundation, in: R. P. Amdam (ed.), Management Education and Competitivness. Europe, Japan and the United States, London, New York 1996, S. 38-68; J. McGlade, The big push: the Export of American business education to Western Europe after the Second World War, in: L. Engwall; V. Zamagni (ed.), Management education in historical perspective, Manchester and New York 1998, S. 50-65.

[11] Unternehmerisches Handeln und Ausbildung für die Unternehmensführung (RKW-Auslandsdienst, H. 85), München 1959; RKW, Führungskräfte für die Wirtschaft. Praktiken und Methoden der Aus- und Weiterbildung in den USA und ihre Nutzanwendung in der Bundesrepublik, Düsseldorf, Wien 1962; Innerbetriebliche Schulung von Führungskräften in USA, v. K. Agthe und

die wie Fritz Jacobi nach wie vor die Eignung und die Anlagen sowie das langsame „Hineinwachsen“ in Führungspositionen befürworteten. „Die Auffassung, Betriebsführung sei lehrbar und erlernbar“, so hieß es in einem RKW-Bericht über die Ausbildung von Führungskräften in den USA, mit der zumindest aus heutiger Sicht mißverständlichen Formulierung fortfahrend, „darf nicht in allzu scharfem Gegensatz zu der in Deutschland oft vertretenen Meinung gesehen werden, daß man zum Führer geboren sein müsse.“[12]

Die bereits erwähnte Studie des deutschen Soziologen Heinz Hartmann, die mit Unterstützung der Ford-Foundation, der FOA und der EPA an der Universität von Chicago zur Rolle der deutschen Hochschulen bei der Unternehmerausbildung durchgeführt wurde und die, vergleichbar mit anderen RKW-Studien, einen großen Bedarf und zugleich ein mangelndes Bewußtsein für Führungskräfteaus- und -weiterbildung in Deutschland konstatierte, kritisierte darüber hinaus die Elitevorstellungen, das Selbstbild der Unternehmer sowie die Elite-Zirkel und Bildungsseminare, die an Veranstaltungen einer „Verbindung oder Burschenschaft“ erinnerten. Hartmann sah sich daraufhin, ähnlich wie auf seine Studie über deutsche Unternehmer wenige Jahre später, einer schroffen, allerdings anonymisierten, Kritik von Unternehmerseite ausgesetzt. „Meine Beobachtungen und Kommentare wurden als Einbruch in einen sicherheits- und überlegenheitsspendenden Mythos empfunden, als kompromittierende Bloßstellung und Bagatellisierung betrachtet, als ungläubiger Angriff auf ein Kredo gewertet. Die Verteidiger der unternehmerischen Mystik in diesem Lande wehrten sich dadurch, daß sie meinen Status abzuwerten und zu verdächtigen begannen. Ein wirksam plaziertes Gerücht unterstellte mir, ich sei im Auftrag von Henry Morgenthau (ebenfalls an der Universität Chicago) unterwegs, der sich zum Ende des Krieges gegen die Wiederherstellung der deutschen Industrie und für die Umwandlung Deutschlands in einen Agrarstaat ausgesprochen hatte. Obwohl vieles an diesem Vorgang für das Fach und unsere Arbeit typisch war, fühlte ich mich damals verkannt, ja verfolgt.“[13] Das ist insofern bemerkenswert, als

---

H.-M. Schönfeld; hg. vom RKW, Frankfurt am Main 1960; Außerbetriebliche Ausbildung von Führungskräften, v. H.-M. Schönfeld u. H. Raffee, hg. vom RKW, Frankfurt am Main 1960.

12 Ausbildung von Führungskräften in der amerikanischen Wirtschaft. Beobachtungen einer deutschen Studiengruppe (RKW-Auslandsdienst, H. 45), München 1956, S. 10.

13 H. Hartmann, Auf der Suche nach Soziologie, in: Chr. Fleck (Hg.), Wege zur Soziologie nach 1945, Opladen 1996, S. 291-309, 303. Hartmann hatte im Rahmen dieses Projektes (veröffentlicht von der OEEC unter dem Titel „Education for Business Leadership“) Kontakte zu zahlreichen deutschen Verbänden und Instituten geknüpft sowie Unternehmer wie Ludwig Vaubel, Heinz Nordhoff, Otto A. Friedrich, Karl Blessing, Walter Raymond u.a. interviewt, wobei er als deutscher Wissenschaftler aus amerikanischer Perspektive nur selten den Eindruck einer starken Amerikaorientierung bei seinen deutschen Gesprächspartnern feststellte. Dies ist insofern überraschend, als in der vorliegenden Arbeit zumindest bei Vaubel und Nordhoff auf der Basis schriftlicher Quellen eine starke Amerikaorientierung nachgewiesen werden konnte. Es mag dies auch auf die Interviewsituation in den 50er Jahren zurückzuführen sein, bei der die deutschen Unternehmer mit einem von einer amerikanischen Universität kommenden deutschen Wissenschaft-

dreizehn Jahre nach dem Erscheinen von Hartmanns Studie eine Denkschrift des von der Industrie getragenen „Deutschen Instituts zur Förderung des industriellen Führungsnachwuchses" erschien, die bei der Analyse der Versäumnisse und Defizite der deutschen Führungskräfteausbildung sich explizit auf Hartmanns Arbeit bezog mit dem Hinweis, daß sich seitdem auf diesem Gebiet wenig bewegt habe.[14] Die „anonyme Diffamierungspolitik" (Hartmann) gegenüber Hartmann und seinen wissenschaftlichen Untersuchungen, sowie die bereits weiter oben dargestellte, ebenfalls anonym gehaltene Gegendarstellung zu seiner Unternehmerstudie deuten auf die Dünnhäutigkeit und Angreifbarkeit deutscher Unternehmer in einer Situation des Selbstfindungs- und -definitionsprozesses noch bis zum Beginn der 60er Jahre hin, in der diese zwischen öffentlicher Amerikaorientierung als Ausdruck von Modernisierung und dem Festhalten an „traditionalistischen Einstellungen" (Schmölders) schwankten. Die Äußerungen zur Aus- und Weiterbildung von Führungskräften in den 50er Jahren bestätigen dieses Bild ebenso wie die Tatsache, daß die von der MSA bzw. FOA aufgestellten Pläne zur Gründung eines Management „Training Center for Germany" nach amerikanischem Vorbild zu Beginn der 50er Jahre genauso scheiterten wie die Gründung einer deutschen Business School in Berlin am Ende des Jahrzehnts.[15] Es spricht mit Blick auf die 60er Jahre jedoch ebenfalls für ein Umdenken und damit für einen Lernprozeß zahlreicher deutscher Unternehmer, die schließlich aber doch noch die Einrichtung einer deutschen Business School förderten, wie nachfolgend gezeigt werden soll.

Insofern verfolgten die deutschen Unternehmer in den 50er und 60er Jahren eine mehrgleisige Strategie des „Sowohl-Als-auch", bei der sie eine unternehmensnahe inner- und außerbetriebliche Fortbildung von Führungskräften förderten, die ein Engagement auf dem Gebiet der Hochschulausbildung nicht ausschloß. Eine zentrale Rolle spielte dabei einmal mehr Ludwig Vaubel, der 1954 Mitbegründer der „Gesellschaft zur Förderung des industriellen Führungsnachwuchses", die gleichzeitig Trägerin der „Baden-Badener Unternehmergespräche" war und der im Rahmen der Bundesvereinigung deutscher Arbeitgeberverbände die Gründung des „Ausschusses für Nachwuchs- und sozialpolitische Jugendarbeit" förderte sowie darüber hinaus bei der Walter Raymond-Stiftung aktiv war. Neben Dietrich von Witzleben, Karl Guth und Herbert Studders lud Vaubel im Jahr 1955 alle an der überbetrieblichen Weiterbildung von Führungskräften interessierte Einrichtungen nach Wuppertal an einen „runden Tisch", der seitdem die Bezeichnung „Wuppertaler Kreis" trägt.

---

ler konfrontiert wurden und dementsprechend keine Anbiederung signalisieren wollten, dazu: Interview H. Hartmann, 2.12.1998.

14 H.-J. Arndt; S. Faßbender; H. Hellwig, Weiterbildung wirtschaftlicher Führungskräfte an der Universität. Denkschrift des Deutschen Instituts zur Förderung des industriellen Führungsnachwuchses, Düsseldorf, Wien 1968, S. 205.

15 Faßbender, „Wuppertaler Kreis", S. 94; Kipping, Management Training in Germany since 1945, S. 103.

Teilnehmer und Mitglieder des „Wuppertaler Kreises“ waren u.a. die Arbeitsgemeinschaft für wirtschaftliche Betriebsführung und soziale Arbeitsgestaltung e.V. (ASB), das Berliner Institut für Betriebsführung e.V. (BIB), welches aus dem gescheiterten Versuch zur Gründung einer Business-School in Berlin hervorgegangen war, die Deutsche Gesellschaft für Personalführung e.V. (DGFP), das Institut für Betriebswirtschaft e.V. (DIB), welches 1942 von der IHK Frankfurt gegründet und von Wilhelm Kalveram und später von seinem Nachfolger Günther Höckel geleitet wurde, die Deutsche Volkswirtschaftliche Gesellschaft (DVG), die 1956 Mitbegründerin der „Akademie für Führungskräfte der Wirtschaft“ in Bad Harzburg war sowie der AWF, das RKW und der REFA. Die Mitgliedsinstitutionen stellten somit eine Mischung aus traditionellen industriellen Beratungseinrichtungen dar, die bereits seit der Weimarer Republik existierten, und einem Netzwerk von Institutionen, deren Programminhalte von der Kostenrechnung, der Menschenführung, der Personal- und Sozialwesens, der Materialwirtschaft, der Finanzierung, der Public Relations, der Human Relations, des Marketing und der EDV ein breites Spektrum moderner Managementmethoden abdeckte, bei denen amerikanische Einflüsse unübersehbar waren. Dazu trugen nicht zuletzt die Kontakte zahlreicher Mitglieder des Wuppertaler Kreises in die USA bei. Die ASB unterhielt Beziehungen zur AMA und zum International University Contact (IUC), das DIB zur AMA und zur National Association of Accountants und erhielt von dort nicht nur inhaltliche, sondern auch methodische Anregungen, das DIF unterhielt ebenso Kontakte zur AMA und zum IUC etc. In Zusammenarbeit mit dem RKW, der EPA und dem Bundeswirtschaftsministerium wurden die USA-Kontakte sowie die finanzielle Unterstützung im Rahmen des Technical Exchange Program ausgebaut. Ein Austausch zwischen den Mitgliedern des Wuppertaler Kreises fand dann auf dessen Plenarsitzungen statt. Die Netzwerk- und Mittlerfunktion des Wuppertaler Kreises und seiner Mitgliedsinstitutionen wird weiterhin deutlich, wenn man beispielsweise die Zahlen der Kursteilnehmer an Weiterbildungsseminaren betrachtet. So nahmen an den ASB-Kursen für mittlere Führungskräfte zwischen 1948 und 1968 jährlich ca. 150-200, insgesamt über 20 Jahre hinweg 3450 Personen teil. Im gleichen Zeitraum zählten die Kurse des DIB sogar 200.000 Teilnehmer, diejenige der DVG zwischen 1956 und 1968 immerhin 110.000.[16]

Die Baden-Badener Unternehmergespräche sollten, bedingt durch die Praxisnähe der Lehrkräfte, anhand von Kolloquien und Seminaren Austausch- und Diskussionsmöglichkeiten zur Weiterbildung von Führungskräften bieten und gleichzeitig den an der Hochschulausbildung von seiten der Unternehmer bemängelten fehlenden Praxisbezug zumindest teilweise kompensieren. Die großen deutschen Unternehmen wie Bayer, Volkswagen u.a. entsandten ausgewählte Führungskräfte zu

---

16 S. Faßbender, Überbetriebliche Weiterbildung von Führungskräften. Der Wuppertaler Kreis und seine Mitglieder, Essen 1969, S. 17 f., 54 ff., 58 ff., 69 ff., 84, 92 ff., 98 ff., 111 ff., 266 f.

Weiterbildungszwecken dorthin und Unternehmer wie Kurt Hansen oder Heinrich Nordhoff traten hier als Referenten auf.[17]

Neben der außerbetrieblichen Weiterbildung von Führungskräften bauten die Unternehmen zunehmend auch die innerbetrieblichen Schulungsaktivitäten aus, die sich in nicht geringem Maße ebenfalls an amerikanischen Vorbildern orientierten. „Ohne derartige Maßnahmen", so eine vom RKW herausgegebene Studie zur innerbetrieblichen Weiterbildung von Führungskräften in den USA, „hätte man den ständig wachsenden Bedarf an mittleren Führungskräften nicht decken können".[18] Neben den bereits erwähnten Maßnahmen in Form von Meister-, Personal- und Betriebsleitertreffen u.a. bei Bayer und Glanzstoff sowie des daraus hervorgehenden Arbeitsrings der Arbeitgeberverbände der deutschen Chemischen Industrie[19] waren es vor allem innerbetriebliche Management-Seminare zu Themen wie Marketing, Planung, Finanzmanagement, Menschenführung etc., bei denen auch methodisch nach amerikanischem Vorbild mit Hilfe von „case-methods", Diskussionen und Aussprachen gearbeitet wurde. Die Mitarbeiterschulung bei Bayer, bei denen u.a. Vorstandsmitglieder über die Erfahrungen in ihren Ressorts sprachen, waren laut Hansen „praktisch ein kleines Baden-Baden".[20] Das Ziel derartiger Veranstaltungen bestand neben der inhaltlichen Vermittlung neuester Managementmethoden in der Förderung der Teamfähigkeit, der Mobilitätsbereitschaft und der Flexibilität von Führungspersönlichkeiten.[21]

Die Bemühungen der Wirtschaft, auf Basis privater Initiative inner- und überbetrieblicher Einrichtungen das aus unternehmerischer Sicht bestehende Problem der Aus- und Weiterbildung von Führungskräften angemessen zu lösen, stellte sich im Laufe der 60er Jahre jedoch als unzureichend heraus: „All diese Bemühungen (gemeint sind überbetriebliche Weiterbildungseinrichtungen wie die Baden-Badener Unternehmergespräche oder der Zusammenschluß des Wuppertaler Kreises, C.K.), die auch in Zukunft ihre große Bedeutung für die überbetriebliche Weiterbildung

---

17 Unternehmensarchiv der Volkswagen AG (vorm. Auto-Museum Volkswagen), Geschäftsleitung 1.1.1957-31.12.1959. Tagung Baden-Badener Unternehmergespräche 16./17. November 1959 in Wolfsburg; Interview K. Hansen, 24.10.1997.

18 Innerbetriebliche Schulung von Führungskräften in USA, von K. Agthe und H.-M. Schönfeld, S. 74.

19 Jacobi, Personalpolitik, S. 113.

20 Interview K. Hansen, 24.10.1997.

21 Archiv Bayer AG, Unt. 140, P. G. v. Beckerath, Monographien zur Geschichte des Personalwesens, Bd. V: Stufen der Ausweitung der Personalfunktion bei der Bayer AG, B. Anlagenteil, Anlage 33a; H. Richter; D. Krause, Führungskräfte-Entwicklung im internationalen Unternehmen; Unternehmensarchiv der Volkswagen AG (vorm. Auto-Museum Volkswagen), VW-Informationen 97/1965, Die Fall-Methode: Neue Seminarform im Urteil von Importeuren und Händlern: Gewinn für das europäische VW-Geschäft; Vielfache Aufgaben – dreifache Verantwortung. Schulung betrieblicher Führungskräfte bei uns, in: Leibniz-Blätter 3, 1970; Archiv Henkel, K 161, A. Kranenberg, Führungskräfte und Ausbilder in der Chemischen Industrie, in: Archiv für Berufsbildung 1956/1, S. 19-23.

wirtschaftlicher Führungskräfte behalten werden, waren überwiegend dadurch gekennzeichnet, daß im Mittelpunkt der Erfahrungsaustausch unter denen steht, die in der Praxis sich mit den jeweils behandelten Themen, wenn auch auf verschiedenen Stufen, bereits auseinandergesetzt haben. Eine gezielte Durchdringung des Lehrstoffs mit wissenschaftlichen Methoden hat aber dabei in der Breite bisher ebenso gefehlt wie die bewußte Konfrontation zwischen Wissenschaft und Praxis im Sinne gegenseitiger Durchdringung mit dem Ziel, daraus mehr an Erkenntnis und schließlich auch Entwicklung zu erzielen, als es im Austausch von nur Praxis oder in bloßer Darstellung wissenschaftlicher Erkenntnisse und Theorien im Sinne von Vorlesung und Referat möglich ist", so kommentierte Ludwig Vaubel die bisherigen Bemühungen der unternehmerischen Aus- und Weiterbildung in Deutschland.[22] Neben den privaten Initiativen der Wirtschaft galt es nun einen dritten Weg zu finden, bei dem theoretische und praktische Ausbildung, verknüpft mit neuen Methoden der „case-studies"[23] und im Sinne einer „lifelong-education" vorangetrieben wurden, die sich, wie schon die Begrifflichkeit zeigt, an der Ausbildung der amerikanischen Business-Schools orientierten. Die Diskussion um die Errichtung einer deutschen Business-School erhielt in diesem Zusammenhang Mitte der 60er Jahre, also etwa sechs bis sieben Jahre nach dem Scheitern des letzten Versuchs in Berlin, neue Nahrung. Inzwischen hatten sich die wirtschafts- und bildungspolitischen Rahmenbedingungen und -diskurse in der Bundesrepublik verändert. Die Aussage Vaubels zeigt, daß von Unternehmerseite die bisherigen Anstrengungen der Führungskräfteausbildung als ergänzungsbedürftig betrachtet wurden, und im Rahmen der Bildungsreformdiskussion seit Beginn der 60er Jahre spielte auch die Frage der Unternehmerausbildung sowie die Defizite der entsprechenden Hochschulausbildungsgänge für Ingenieure und Ökonomen eine wichtige Rolle.

„Bildung wird Schicksal", formulierte Hans Rühle von Lilienstern in Anlehnung an Walter Rathenaus „Wirtschaft ist Schicksal" zu Beginn der 60er Jahre, noch zwei Jahre vor Georg Pichts Warnung vor einer „Deutschen Bildungskatastrophe". Von Lilienstern untertitelte sein Buch „Deutsche Folgerungen aus der amerikanischen Wirtschaftspraxis".[24] In seinem Vorwort wies Curt Becker, Vorsitzender des Bundesausschusses Betriebswirtschaft des RKW auf den Sputnikschock, die wachsende Bedeutung der Bildung und die Vorbildfunktion hin, die die USA in diesem Zusammenhang für die deutsche Entwicklung spielen konnten. Rühle von Lilien-

---

22 L. Vaubel, Einführung, in: Management-Ausbildung in Deutschland. 1. Zehnwochen-Seminar für Führungskräfte der Wirtschaft, S. 9-16, 11 f.

23 Das RKW gab eine eigene Schriftenreihe heraus, die sich z.T. an amerikanischen Methoden der Unternehmeraus- und -weiterbildung orientierten, so z.B. auch mit „case studies", s. z.B. G. Dahlke; K. Agthe, Die Fallmethode (RKW-Schriftenreihe Betriebsführung und Fortbildung), Frankfurt am Main 1960.

24 H. Rühle von Lilienstern, Bildung wird Schicksal. Deutsche Folgerungen aus der amerikanischen Wirtschaftspraxis, Stuttgart 1962; G. Picht, Die deutsche Bildungskatastrophe. Analysen und Dokumentation, Freiburg 1964.

stern selbst brachte seine Kritik zum Ausdruck, daß die Bildungsanstrengungen der Bundesrepublik und insbesondere die Ausbildung von Führungskräften im Vergleich zu den anderen Aufbauleistungen zu kurz gekommen seien und es vor allem an Pragmatismus und Praxisnähe fehle.[25] Aufgrund seiner Amerikaeindrücke verwies er auf die praxisbezogenen und an lebenslangem Lernen orientierte Manageraus- und -weiterbildung in den USA, die nicht nur Fachwissen, sondern auch Fragen der Menschen- und Personalführung sowie psychologische Kenntnisse umfaßte. „Wer aber sehend durch die Staaten reist und den immensen Bildungswillen in allen Bevölkerungsschichten erlebt, muß sich fragen, ob unser Land noch das Land der ‚Dichter und Denker' ist. Gilt auch unverändert die Qualitätsmarke ‚Made in Germany'?", so fragte von Lilienstern, gleichzeitig sein deutsches Lesepublikum davor warnend, das Bild des „materialisierten und dollarbezogenen Amerikaners" zu sehr in den Vordergrund zu stellen, weil es „uns den schmeichelhaften Eindruck eines Standortes vermittelt, der längst nicht mehr existiert".[26] Mit Blick auf das Ziel der Verbesserung des deutschen Bildungswesens sowie insbesondere der Aus- und Weiterbildung von Führungskräften zögerte von Lilienstern also nicht, Stereotypen gegeneinander auszuspielen und in der Zuspitzung seines Argumentes sogar den „Standort Deutschland" in Frage zu stellen. Bei aller Vereinfachung und Übertreibung war jedoch an von Liliensterns Bemerkungen zumindest zustimmungsfähig, daß die Deutschen sich „keinerlei Selbstgefälligkeit leisten können", wie Ludwig Vaubel mit Hinweis auf den „managerial gap" in Deutschland bemerkte, der sich auch auf dem Gebiet der Aus- und Weiterbildung von Führungskräften widerspiegelte. Nicht nur die USA, sondern auch Großbritannien, Frankreich, Belgien, die Niederlande und die Schweiz seien den Deutschen auf diesem Gebiet überlegen.[27] Die universitären Versäumnisse bei der Ausbildung von Führungskräften kamen auch in wissenschaftlichen Studien in der zweiten Hälfte der 60er Jahre zum Ausdruck, die ihrerseits zu einer stärkeren Orientierung an amerikanischen Vorbildern rieten.[28] Eine Untersuchung über die wirtschaftswissenschaftliche Hochschulausbildung deckte Lücken bei der Vermittlung neuer Methoden etwa im Bereich der Operations Research und der EDV, aber auch auf dem Gebiet der Menschenführung, der Sozialpsychologie oder der menschlichen Beziehungen im Betrieb auf. Letztere spielten im klassischen Studium der Betriebswirtschaftslehre praktisch keine Rolle. Für das Land Nordrhein-Westfalen zeigte die Studie zudem, daß viele Führungspositionen mit Praktikern sowie mit Ingenieuren oder Juristen und gerade nicht mit wirtschaftswissenschaftlich ausgebildeten Akademikern besetzt waren, was ein wei-

25 v. Lilienstern, Bildung wird Schicksal, S. 25.

26 Ebd., S. 151 f., 153 ff.

27 Vaubel, Einführung, in: Management-Ausbildung in Deutschland, S. 12.

28 L. Pack, Ausbildung und Weiterbildung von Führungskräften an amerikanischen und deutschen Universitäten, Wiesbaden 1969; G. Brinkmann, Die Ausbildung von Führungskräften für die Wirtschaft, Köln 1967.

terer Hinweis für die mangelnde Praxisnähe der Universitätsausbildung war.[29] Tatsächlich besaß die Ingenieurausbildung in Deutschland traditionell einen viel stärkeren Praxisbezug. Bereits die Bergakademien des 18. Jahrhunderts strebten eine enge Verknüpfung von Theorie und Praxis, Forschung und Lehre an und gaben schließlich Impulse für die Entstehung und Ausbreitung der technischen Wissenschaften und Hochschulen. Im 19. Jahrhundert hatten schließlich auch technische Fach- und Ingenieurschulen eine wichtige Bedeutung bei der praxisorientierten Ingenieurausbildung.[30] Langfristig trug also die praxisorientierte Ingenieurausbildung dazu bei, daß in deutschen Unternehmen bis weit nach dem Zweiten Weltkrieg Ingenieure in den Vorstandsetagen stark vertreten waren. Deren Qualifikation wurde im internationalen Vergleich als sehr gut bewertet.[31] Die Defizite der Hochschulausbildung betrafen also in erster Linie die Wirtschaftswissenschaften. Hans Hellwig, Direktor des „Deutschen Instituts zur Förderung des industriellen Führungsnachwuchses" führte dieses Defizit im Jahr 1968 auf die unterbrochene Tradition der deutschen Handelshochschulen zurück, deren unabhängige Weiterexistenz eine stärkere Praxisorientierung garantiert hätte: „Die Rückleitung der Handelshochschulen in den Strom der allgemeinen Universitätstradition hat für die Berufe der Unternehmensführung eine um die Jahrhundertwende hoffnungsvoll eingeleitete Entwicklung abgeknickt, was starke Nachteile im Vergleich etwa zur ungebrochenen amerikanischen Entfaltung der universitären Business Schools mit sich brachte, die uns erst jetzt so recht bewußt werden bei dem Versuch, Versäumtes nachzuholen."[32] Hellwigs Bemerkung entstammt nicht zufällig einem Aufsatz eines Sammelbandes zum 60. Geburtstag Ludwig Vaubels zum Thema „Unternehmer und Bildung" aus dem Jahr 1968, als die Vorbereitungen zur Gründung einer deutschen Business School bereits weit fortgeschritten waren. Sie ist zudem ein weiteres Glied in einer Argumentationskette, die auf eine Erneuerung deutscher Managementmethoden nach amerikanischem Vorbild und in Anknüpfung an deutsche Traditionen baut. Zum einen verweist Hellwig auf die Tradition der deutschen Handelshochschulen, die seit ihrer Gründung Ende des 19. Jahrhunderts eine wichtige Rolle bei der Ausbildung von Führungskräften für Unternehmen gespielt hatten und dabei neben wirtschaftswissenschaftlichem auch juristisches, technologisches, geographisches, sprachliches und gesellschaftliches Wissen vermittelten und als solche weltweit eine Modellfunktion inne hatten. Die Entwicklung der Handelshochschulen als früher deutscher Variante der „Management Education" wurde dann allerdings 1933

---

29 Brinkmann, Die Ausbildung von Führungskräften für die Wirtschaft, S. 115, 129, 177, 189.

30 H. Albrecht, Die Anfänge eines technischen Bildungssystems, in: Technik und Bildung, hg. von L. Boehm und Ch. Schönbeck, Düsseldorf 1989, S. 118-153.

31 Lawrence, Management Education in West Germany, S. 156; Warner; Campbell, German Management, S. 101, 104.

32 H. Hellwig, Die Baden-Badener Unternehmergespräche, in: Unternehmer und Bildung. Festschrift zum 60. Geburtstag von Ludwig Vaubel, Köln und Opladen 1968, S. 97-105, 103.

durch deren Eingliederung in universitäre Institute sowie dem Aufgehen in der Betriebswirtschaftslehre unterbrochen.[33] Dieser Abbruch einer traditionellen Entwicklung der wirtschaftswissenschaftlichen Hochschulausbildung bedeutete auch einen Bruch in der Entwicklung einer den amerikanischen Verhältnissen vergleichbaren Manageraus- und -weiterbildung, der wiederum in die Zeit des Nationalsozialismus fiel und der sich nach dem Zweiten Weltkrieg aus Unternehmersicht nachteilig auf die Ausbildung von Führungskräften auswirkte und schließlich dazu zwang, wie Hellwig es ausdrückte, „Versäumtes nachzuholen" und sich dabei an amerikanischen Vorbildern zu orientieren. Damit waren in erster Linie die amerikanischen Business Schools gemeint. Und auch wenn der Geschäftsführer des Wuppertaler Kreises die Hinweise auf die Harvard Business School, das MIT oder die Columbia University als Vergleichsmaßstab für deutsche Bemühungen auf diesem Gebiet für „gefährlich" hielt, weil die genannten amerikanischen Einrichtungen auch nicht „das übliche", also den Normalfall, darstellten,[34] verstärkten sich ab Mitte der 60er Jahre Bemühungen zur Gründung einer deutschen Business School, die dann wenige Jahre später in einem zweiten Anlauf als Universitätsseminar der Wirtschaft (USW) in Köln erfolgreich abgeschlossen wurden. Neben Ludwig Vaubel ergriffen weitere Vorstandsmitglieder großer deutscher Unternehmen wie Felten & Guilleaume, Bayer (Fritz Jacobi), Klöckner-Humbolt-Deutz (Sonne) sowie von Ford (Schmidt) die Initiative, die vom nordrhein-westfälischen Kultusministerium unter Paul Mikat sowie von Wirtschaftsminister Gerhard Kienbaum ab Frühjahr 1966 maßgeblich unterstützt wurde. Kienbaum hatte sich, wie bereits gezeigt, schon als Unternehmensberater an amerikanischen Vorbildern orientiert und war insofern ebenfalls Mittler und Teil eines Netzwerks, bestehend aus Unternehmern, Politikern und Wissenschaftlern, das auf diesem Wege zu einer Erneuerung der Managementmethoden in deutschen Unternehmen beitrug. 1968 wurde dann schließlich vom Deutschen Institut zur Förderung des industriellen Führungsnachwuchses ein Gutachten zur „Weiterbildung wirtschaftlicher Führungskräfte an der Universität" erstellt, welches nicht nur einen Überblick über die bestehenden universitären und außeruniversitären Einrichtungen auf diesem Gebiet sowie Hinweise auf amerikanische Vorbilder gab, sondern das darauf aufbauende Plädoyer für die Einrichtung einer deutschen Business School sowie die Aufzeichnung der bisherigen Defizite der deutschen Führungskräfteausbildung u.a. mit dem Hinweis auf die Studie Heinz Hartmanns aus dem Jahr 1955 untermauerte und diesen damit nachträglich vor den Augen der deutschen Unternehmer rehabilitierte. Seit der Studie Hartmanns über

---

33 H.-D. Meyer, The German Handelshochschulen, 1898-1933: a new departure in management education and why it failed, in: L. Engwall; V. Zamagni (ed.), Management education in historical perspective, S. 19-33; R. P. Amdam, Introduction, in: ders. (ed.), Management Education and Competitivness. Europe, Japan and the United States, London, New York 1996, S. 1-16.

34 S. Faßbender, „Wuppertaler Kreis". Die Weiterbildung unternehmerischer Führungskräfte in der Bundesrepublik, in: Unternehmer und Bildung, S. 79-96, 82.

die Rolle der deutschen Universitäten bei der Führungskräfteausbildung hätte sich in den letzten 12 Jahren kaum etwas verändert. Die Kritik der Gutachter übertraf schließlich sogar diejenige Hartmanns an Schärfe: „Die Bundesrepublik gehört hierdurch auf dem Gebiete der Erziehung jetzt zu den unterentwickelten Ländern und wird wissenschaftlich-technisch hoffnungslos zurückfallen, wenn sie sich nicht bemüht, hier einmal etwas Tapferes zu tun.“[35] Daß diese Aussage in erster Linie als Warnung und Zukunftsprognose und als Argumentationshilfe für die Gründung des USW zu betrachten ist und weniger die Qualität der gesamten deutschen Unternehmerausbildung Ende der 60er Jahre widerspiegelte, zeigte eine fast zeitgleich durchgeführte quantitative Studie des European Institute of Business Administration (INSEAD) in Fontainebleau, deren Ergebnisse 1969 in der Zeitschrift „European Business“ veröffentlicht wurden. Auf der Basis einer Auswertung der 500 größten Unternehmen in Frankreich, Großbritannien, Italien, Belgien, den Niederlanden und der Bundesrepublik wurde den deutschen Unternehmern ein hohes Ausbildungsniveau im internationalen Maßstab, eine hohe soziale Mobilität, vergleichsweise umfangreiche Auslandserfahrungen und gute Sprachkenntnisse bescheinigt: „The German chief executives seem in some ways better equipped for their jobs than their European colleagues.“[36]

Gleichwohl waren zahlreiche deutsche Unternehmen mit Unterstützung der Politik entschlossen, die Gründung einer deutschen Business School nun in einem zweiten Anlauf zügig voranzutreiben. Am 7.2.1968 wurde schließlich der Verein zur Förderung des Universitätsseminars der Wirtschaft gegründet, dem zahlreiche deutsche Unternehmer beitraten. Dem Vorstand gehörten neben dem Vorsitzenden Ludwig Vaubel u.a. auch Fritz Berg, Kurt Hansen, Hanns Martin Schleyer und Otto Wolff von Amerongen an. Von wissenschaftlicher Seite spielten Günter Schmölders als Prorektor der Universität Köln sowie die Professoren Horst Albach und Walter Busse von Colbe eine führende Rolle, die in der Vorbereitung zur Gründung des USW sowie zur konkreten Ausgestaltung der Fortbildungsprogramme auf einer Forschungsreise in die USA sich umfangreich mit Informationen und Fallstudien-Material versorgten.[37]

Den Kern des USW-Programms bildete das von Horst Albach und Walter Busse von Colbe konzipierte Zehn-Wochen-Seminar für Führungskräfte, das die Vermittlung von Methoden der Unternehmensführung vom Marketing über Finanzen, Organisation, Unternehmensplanung, Produktion und Beschaffung beinhaltete sowie

---

35 H.-J. Arndt; S. Faßbender; H. Helwig, Weiterbildung wirtschaftlicher Führungskräfte an der Universität. Denkschrift des Deutschen Instituts zur Förderung des industriellen Führungsnachwuchses, Düsseldorf, Wien 1968, S. 205.

36 D. Hall; H.-Cl. de Bettignies; G. Amado-Fischgrund, The European Business Elite, in: European Business, Oct. 1969, S. 45-55, 47.

37 Vaubel, Einführung, in: Management-Ausbildung in Deutschland, S. 12, 14; G. Schmölders, Das Universitätsseminar der Wirtschaft, in: Unternehmer und Bildung, S. 37-45, 45.

das Denken in gesamtwirtschaftlichen Zusammenhängen, das Treffen von Gruppenentscheidungen, den Einsatz des Computers in der Unternehmensführung sowie die Suche nach interdisziplinären Lösungen von Entscheidungsproblemen fördern sollte. Insbesondere im methodischen Bereich gab es zahlreiche Anleihen von amerikanischen Führungskräfteseminaren wie die Anwendung der Fall-Methode, die Gruppenarbeit, die Seminardiskussion, Unternehmensspiele oder die Entscheidungssimulation, die schließlich zum Selbstverständnis des USW als „Deutsches Harvard" beitrugen.[38] „Wir sind uns bewußt, daß dieses erste Zehn-Wochen-Seminar des USW einen Pionier-Charakter hat", so Ludwig Vaubel, der als Vorsitzender des USW-Fördervereins 1972 von Herbert Grünewald (Bayer) abgelöst wurde.[39] Diese Pionierfunktion und die Sonderstellung als deutsche Business School hat das USW bis in die Gegenwart behalten. Weitere Einrichtungen dieser Art gab es in Deutschland, mit Ausnahme der Hochschule für Unternehmensführung in Koblenz, nicht. Allerdings gingen Inhalte und Methoden wie die Fallbeispiele seit den 70er Jahren zunehmend in das universitäre wirtschaftswissenschaftliche Studium ein.[40]

Die Managementaus- und -weiterbildung markiert somit einen deutschen „Sonderweg", gemessen an der amerikanischen und der westeuropäischen Entwicklung. Dies ist weniger auf eine auf diesem Gebiet weniger ausgeprägte Amerikaorientierung deutscher Unternehmer zurückzuführen. Diese war in Fragen der Ausbildung von Führungskräften kaum geringer als auf anderen, weiter oben bereits dargestellten, Gebieten. Ihre praktische Umsetzung zeigte sich u.a. in der Ausgestaltung inner- und überbetrieblicher Aus- und Fortbildungseinrichtungen wie den Baden-Badener Unternehmergesprächen oder dem „Wuppertaler Kreis", die als weitreichende Netzwerke von Weiterbildungseinrichtungen bis heute erfolgreiche Arbeit leisten.[41] Die „German obstinacy" (Robert R. Locke) bezieht sich vornehmlich auf die geringe Akzeptanz und Durchsetzungsfähigkeit des amerikanischen Business-School-Modells sowie die weitgehend theoretisch ausgerichtete und wenig praxisorientierte wirtschaftswissenschaftliche Hochschulausbildung, wie sie im Fach Betriebswirtschaftslehre zum Ausdruck kam sowie in der Tatsache, daß ein Großteil der Leitungsposten in deutschen Unternehmen von Personen mit ingenieur- oder rechtswissenschaftlicher Ausbildung besetzt wurden und noch immer werden. Diese

[38] W. Busse von Colbe, Führungskräfte-Weiterbildung am USW. Gestern – Heute – Morgen. 25 Jahre USW, in: Universitätsseminar der Wirtschaft 1968-1993, Stuttgart 1993, S. 7-17, 10; Ziele und Programm des 1. Zehnwochen-Seminars für Führungskräfte, in: Management-Ausbildung in Deutschland, S. 41-44.

[39] Vaubel, Einführung, in: Management-Ausbildung in Deutschland, S. 16.

[40] R. Locke, Management and higher education since 1940. The influence of America and Japan on West Germany, Great Britain and France, Cambridge 1989, S. 166; ders., Mistaking a historical phenomenon for a functional one: postwar management education reconsidered, in: L. Engwall; V. Zamagni (ed.), Management education in historical perspective, S. 145-156, 147 ff.; P. Engel; W. Riedmann, Die neuen Managementmethoden in Fällen, Bd. 1, München 1971.

[41] Kipping, The hidden business schools, S. 107.

deutschen Besonderheiten sind wiederum auf die Tradition des deutschen Ausbildungswesens, insbesondere der technischen bzw. der Ingenieurausbildung zurückzuführen, die bis ins 18. und 19. Jahrhundert zurückreicht und deren Reform nach dem Zweiten Weltkrieg nicht allein in der Macht der Unternehmen lag sowie auf der Tatsache beruhte, daß der wirtschaftswissenschaftliche Traditionsstrang der Handelshochschulen, der möglicherweise in eine stärker praxisorientierte Unternehmerausbildung hätte münden können, ab 1933 unterbrochen wurde.

Insofern zeigen sich hinsichtlich der Amerikaorientierung bei der Ausbildung von Führungskräften Parallelen zur Frage der Gestaltung der industriellen Beziehungen in Form der Human Relations, wie sie weiter oben dargestellt wurden. Auch dort gab es eine starke Amerikaorientierung der Unternehmer, wobei eine Adaption und die praktische Umsetzung in den Unternehmen ebenfalls an deutschen Traditionen, an der Rolle des Staates, der Gesetzgebung (Mitbestimmungsgesetze) sowie schließlich am Einfluß der Gewerkschaften scheiterte, so daß schließlich nur Rudimente eines umfassenderen amerikanischen Modells übernommen wurden. Darüber hinaus existiert eine weitere Parallele zur Frage der Human Relations, zur Gestaltung der industriellen Beziehungen und zur Durchsetzung des Mitbestimmungsmodells in der Bundesrepublik: Diese betrifft das Urteil der anglo-amerikanischen historischen und sozialwissenschaftlichen Forschung zur deutschen und zur Managementausbildung in vergleichender Perspektive. Der deutsche Weg der Managementaus- und -weiterbildung wird dabei als Teil eines „German Model of Management" und sogar als eine Alternative zum „American way of Management" betrachtet. Dabei bestätigen neuere Forschungsergebnisse die Aussagen der erwähnten INSEAD-Studie aus dem Jahr 1969. Deutschland sei in der Frage der Managerausbildung ein „bemerkenswertes Land", so Peter Lawrence in einer Arbeit, die 20 Jahre nach der INSEAD-Untersuchung erschien. Es sei vergleichsweise immun gegen amerikanische Einflüsse und „auffallend selbstgenügsam", viel stärker jedenfalls als das für seinen ausgeprägten Nationalismus bekannte Frankreich.[42] Business Schools wie in den USA spielten in der Bundesrepublik nur eine geringe Rolle. Sie würden aber aufgrund der guten Ausbildung deutscher Manager kaum vermißt, so Warner/Campbell zu Beginn der 90er Jahre, so daß sich hier einmal mehr der Erfolg des „German Model of Management"[43] bestätigte.

---

[42] P. Lawrence, Management Education in West Germany, in: W. Byrt (ed.), Management Education. An International Survey, London, New York 1989, S. 151-171, 169; s.a. ders., Managers and Management in West Germany, London 1980, S. 63, 89 ff., 183 f.

[43] Warner; Campbell, German Management, S. 92 f., 105.

2.9 Zwischenfazit: Von der „Amerikanisierung" zur Orientierung an amerikanischen Leitbildern

Amerikanische Management- und Produktionsmethoden haben bei der Rekonstruktion deutscher Großunternehmen nach dem Zweiten Weltkrieg, für das „Wirtschaftswunder" der 50er und 60er Jahre sowie für die erfolgreiche Rückkehr deutscher Unternehmen auf den Weltmarkt eine prägende Rolle gespielt. Die Wahrnehmung der neuesten Technologie, die Gestaltung der industriellen Beziehungen, die Anwendung von PR-, Marketing- und Werbemethoden, die Neugestaltung der Unternehmensorganisation sowie des betrieblichen Rechnungs- und Kontrollwesens, kurz: wesentliche Bereiche unternehmerischer Entscheidungsfindung und unternehmerischen Handelns erfolgten mit dem „produktiven Blick" nach Amerika. Amerikanische Leitbilder boten für deutsche Unternehmer Orientierungsmöglichkeiten, Zukunftsperspektiven, Rückversicherungen, Risikominderungen und Abgrenzungskriterien im Positiven wie auch im Negativen, in jedem Falle jedoch waren die USA eine permanente Referenz- und Bezugsgröße. Mit einem Auge „schielten" deutsche Unternehmer immer in die USA. Deren Bedeutung als „reference society" (Mauro F. Guillen) nahm freilich in den drei Jahrzehnten ab Ende der 40er Jahre sukzessive ab, wobei sich innerhalb dieses Zeitraums auch die Referenzebenen verschoben. Standen in den 50er und frühen 60er Jahren die amerikanische Technologie, die Gestaltung der industriellen Beziehungen, der PR und des Marketing im Vordergrund des Interesses deutscher Unternehmer, so rückten ab Mitte der 60er Jahre Fragen der Unternehmensorganisation und -planung, des betrieblichen Rechnungswesens sowie der Aus- und Weiterbildung von Führungskräften an deren Stelle. Gleichzeitig änderte sich die Art und Weise der Rezeption wie auch der Diffusion amerikanischer Management- und Produktionsmethoden, die ab Mitte der 50er Jahre als Übergang von der „Amerikanisierung", bei der die Initiative stärker von der amerikanischen Wirtschaft und Politik vor dem Hintergrund eines asymmetrischen ökonomischen und politischen Machtgefälles (Djelic) ausging und bei der man genauer von Amerikanisierungstendenzen sprechen sollte, zur freiwilligen Orientierung deutscher Unternehmer an amerikanischen Leitbildern und schließlich zu deren Internalisierung charakterisiert werden kann. Während der Amerikanisierungsbegriff von einem einseitig zielgerichteten Prozeß ausgeht, von einer flächendeckenden Überlagerung alter Strukturen durch neue, von einem asymmetrischen Machtgefälle, bei der eine stärkere Macht einer schwächeren mit Hilfe von Zwangsmechanismen in einem imperialen Akt des Exports seine eigenen Modelle und Programme aufdrängt, betont der Gedanke der Leitbildorientierung stärker die Perspektive des Nehmenden, den freiwilligen Charakter eines Orientierungsprozesses, der gleichwohl vom Nehmenden in aktiv gestaltender Weise ausgefüllt wird. In der deutschen Nachkriegsgeschichte gab es beide Entwicklungen, und der Übergang von der Phase der Amerikanisierung zur Orientierung an amerikanischen Leitbildern verlief fließend, wobei es zu Parallelen und Überschneidungen kam.

In der Phase der sich verdichtenden „Amerikanisierungstendenzen" waren deutsche Unternehmer unter der Besatzung der Alliierten zunächst vor allem Objekt der Besatzungspolitik, verfügten nur über geringe Handlungsspielräume und ihr Verhalten sowie ihre Entscheidungsfindung war durch ein hohes Maß an Unsicherheit gekennzeichnet. Dies betraf nicht nur die materielle Seite und das geringe Machtpotential, sondern auch die Möglichkeiten, Inhalte und Methoden der Unternehmensführung. Auf der anderen Seite besaßen die Amerikaner, bedingt durch ihre militärische und ökonomische Situation als führende Industrienation, nicht nur technisches Know-How sowie auch während der Kriegszeit weiterentwickelte Methoden der Unternehmensführung, sondern sie definierten nach Kriegsende auch die politischen und ökonomischen Rahmenbedingungen für einen Großteil der Welt im Sinne des Modells einer „freien" Markt- und Wettbewerbsordnung („pax americana") und schickten sich an, dieses Modell weltweit zu exportieren. In Europa geschah dies u.a. im Rahmen des Marshallplans, dessen Ableger USTA&P als eine Art Entwicklungshilfe, als „Hilfe zur Selbsthilfe" in universalistischer Perspektive für einen Großteil der europäischen Staaten und hier vor allem für kleinere und mittlere Unternehmen als Mittel zur Ingangsetzung der Produktion und zur Erhöhung der Produktivität, zur Gestaltung der industriellen Beziehungen und schließlich zur Stärkung markt- und wettbewerbswirtschaftlicher Orientierungen nach amerikanischem Vorbild im Sinne einer ökonomischen „Re-Education" gedacht war. Die Gewährung finanzieller Unterstützung im Rahmen des USTA&P hing von der Einhaltung amerikanischer Vorgaben ab, die vor Ort von amerikanischen (MSA bzw. FOA) und deutschen Institutionen (Bundesministerien, RKW als deutsche Produktivitätszentrale) kontrolliert und sanktioniert wurden, wobei letzteren die Entscheidungs-, ersteren jedoch ein Vetorecht zufiel. Schwerpunkte des amerikanischen Exportmodells bildeten neben der Unterstützung technischer Projekte zur Schließung der Produktivitätslücke zwischen der Bundesrepublik und den USA Maßnahmen zur Gestaltung der industriellen Beziehungen, insbesondere der Human Relations, des Marketing und der unternehmerischen Weiterbildung, wobei deutlich wurde, daß es der amerikanischen Seite – neben den politischen Stellen waren dies vor allem Verbände und Unternehmen – weniger um eine materielle denn um eine mentale Entwicklungshilfe ging. Aus wirtschaftshistorischer Perspektive lag hier, betrachtet man die vergleichsweise geringe finanzielle Ausstattung des Programms, auch die eigentliche Bedeutung und Langzeitwirkung des USTA&P. Die mit einem entsprechenden Sendungsbewußtsein durchgeführten Projekte bzw. die amerikanische „Mission" sind insofern auch Ausdruck einer gezielten „Amerikanisierungs"-Strategie.

An den Programmen des USTA&P, der ECA und der OEEC, die schließlich über das RKW und andere deutsche Stellen Eingang in deutsche Unternehmen fanden, orientierten sich zunehmend auch Unternehmer und Manager der Großunternehmen, die zwar weniger an der finanziellen Unterstützung, jedoch gleichermaßen an Inhalten und Methoden amerikanischen Managements und neuester Technologie interessiert waren. So nahmen Vertreter von Großunternehmen auch an den vom RKW organisierten themenorientierten USA-Studienreisen teil. Dort eröffnete sich für diejenigen Unternehmer, die zum erstenmal in die USA reisten, eine „neue Welt". Sie waren überwältigt, begeistert, z.T. auch eingeschüchtert von der vermeintlichen Überlegenheit amerikanischer Unternehmen auf fast allen Gebieten. Diese Bewunderung kommt in einer pauschalierenden, selektiven und oftmals durch Stereotype angereicherten Darstellung ihrer Erfahrungen zum Ausdruck, die Ende der 40er Jahre für eine Aufbruchstimmung sorgte, in der sich der „Mythos Amerika" mit dem „Mythos Währungsreform" (Werner Plumpe) verbanden und die in dieser Kombination einen wesentlichen Bestandteil des deutschen „Wirtschaftswunders" bildeten.

Für die meisten der in der vorliegenden Arbeit genannten Unternehmer war die Orientierung an amerikanischen Leitbildern nicht neu. Sie hatten ihre Ausbildung und unternehmerische Karriere in der Zwischenkriegszeit begonnen und waren durch zahlreiche Auslandskontakte, insbesondere auch in die USA und zu amerikanischen Unternehmen, nachhaltig geprägt worden, so daß, bei allen Anpassungsbemühungen unter dem Nationalsozialismus, die Unterbrechung der Reise-, Forschungs-, Austausch- und Informationsmöglichkeiten als erheblicher Einschnitt und als Verlust empfunden wurde, der kaum zu kompensieren war. Deutsche Unternehmer und Unternehmen waren schließlich vom „transnationalen Wissensbestand" (Kuznets) und -transfer über mehr als fünf Jahre weitgehend ausgeschlossen. Nach dem Krieg knüpften sie jedoch an amerikanische Kontakte an, die bereits seit der Vorkriegszeit, bedingt durch langjährige Geschäftsbeziehungen oftmals sogar schon seit Ende des 19. Jahrhundert, bestanden und die nach einer kurzen Übergangszeit Ende der 40er Jahre wieder fruchtbringend genutzt wurden. Die Wahrnehmung amerikanischer Management- und Produktionsmethoden bedeutete für Unternehmer und Manager von Bayer, Hüls, Henkel, VW, Mannesmann, Krupp, Bahlsen, Continental, Freudenberg sowie auch des Einzelhandels somit eine Fortsetzung der durch die nationalsozialistische Autarkiepolitik unterbrochenen Geschäftsbeziehungen, den Ausbruch aus der langjährigen Isolation und die Chance, „Versäumtes nachzuholen" als Voraussetzung für eine erfolgreiche Rückkehr auf den (Welt-)Markt. Dieses intrinsisch motivierte Bedürfnis war kaum Ausdruck eines „kulturellen Imperialismus des Managements" (Christoph Deutschmann), sondern vielmehr einer freiwilligen Orientierung an amerikanischen Leitbildern, die weniger einen Mentalitätswandel oder eine Umorientierung andeuteten oder eine gar im Sinne eines Neuanfangs eine „Bereitschaft umzudenken" und sich „westlichen Werten und Ideen anzunähern" (Klaus-Dietmar Henke) signalisierten; es zielte auf die Fortsetzung der in der Kriegszeit unterbrochenen langjährigen Kontakte und des Austausches mit amerikanischen Unternehmen, die allerdings den deutschen Unternehmern zwischen den 20er und 50er Jahren unter den wechselnden politischen und ökonomischen

Rahmenbedingungen erhebliche Anpassungsleistungen und ein hohes Maß an Flexibilität abverlangten. Die nachhaltige Wirkung amerikanischer Leitbilder überdauerte die Zeit des Nationalsozialismus, in der die internationale Abgeschlossenheit von den Unternehmern als Ausnahme- und Übergangssituation betrachtet wurde. Dafür spricht auch, daß deutsche Unternehmen und Unternehmer ihre USA-Kontakte so lange wie möglich, z.T. noch bis ins Jahr 1941, aufrecht erhielten und diese nach dem Krieg so schnell wie möglich wieder aufnahmen. Nach anfänglichen Kontaktschwierigkeiten stießen sie sehr bald wieder auf eine freundliche und hilfsbereite Aufnahme in den USA, wobei gerade die persönlichen Beziehungen aus der Vorkriegszeit eine wichtige Brückenfunktion hatten. Dabei entstanden z.T. besonders enge Beziehungen zwischen bestimmten deutschen und amerikanischen Unternehmen wie etwa zwischen Henkel und Procter & Gamble, Hüls und Firestone oder Continental und General Tire bzw. Goodyear, wobei die amerikanischen Firmen die Rolle von „reference companies“ für die deutschen Unternehmen inne hatten.

Diese Kontakte zu amerikanischen Unternehmen offenbarten den deutschen Unternehmern, daß die Amerikaner auf technologischem Gebiet, selbst in den Bereichen, in denen die Deutschen vor dem Krieg eine führende oder zumindest den Amerikanern ebenbürtige Stellung einnahmen, einen Vorsprung errungen hatten, der nur mit erheblichen finanziellen Mitteln, umfangreichen Forschungskapazitäten und großem Zeitaufwand aufzuholen gewesen wäre. Da ihnen all dies nach Kriegsende nicht zur Verfügung stand, blieb noch der Weg des Erwerbs amerikanischen Know-Hows über die bereits bestehenden oder noch herzustellenden Kontakte zu amerikanischen Unternehmen, um an die erwünschten Informationen über die von amerikanischer Seite inzwischen weiterentwickelten Technologien und Produktionsmethoden (Buna, Nylon, Reifentechnologie, Kunstlederproduktion, Transport- und Lagerhaltungssysteme, Automatisierungsmethoden, Werkzeugmaschinen etc.) zu gelangen. Deutsche Unternehmer betrachteten diese amerikanischen Innovationen einerseits mit Achtung und Anerkennung, andererseits sahen sie darin auch nur eine Weiterentwicklung ursprünglich deutscher Entwicklungen, deren Erfolge nun in erster Linie den Amerikanern zufielen. Die deutsche Adaption amerikanischer Technologie erschien als eine Art „Re-Import“, wobei diese Vorstellung häufig die Akzeptanz bei der Übernahme fremder Technologie erleichterte in einer Situation, in der man auf fremde Hilfe angewiesen war. Der Re-Import-Gedanke findet sich auch bei der Adaption von Managementmethoden wie dem Marketing, der Public Relations, der Human Relations oder dem Controlling wieder, die dann als Variante der traditionellen deutschen Absatzwirtschaft, der Öffentlichkeitsarbeit, des Werksgemeinschaftsgedankens oder des betrieblichen Rechnungswesens erschienen. Das Denken in den Kategorien des „Re-Importes“ ließ Fremdes weniger fremd, sondern vielmehr vertraut erscheinen und erhöhte damit die Chance der Anschlußfähigkeit und Adaption. Amerikanischen Managementmethoden waren jedoch in den meisten Fällen mehr als nur ein „Re-Import, sondern sie repräsentierten qualitativ neue Methoden der Unternehmensführung, deren integrative, markt- und öffentlichkeitswirksame sowie zukunftsorientierte Momente über die deutschen Ansätze hinausreichten und die deshalb eine große Attraktivität ausstrahlten und damit eine Leitbildfunktion übernahmen. Dies wurde schließlich auch an der amerikanischen Begrifflichkeit deutlich, die aufgrund mangelnder Übersetzbarkeit ins Deutsche schließlich in den meisten Fällen übernommen wurde. Im Ergebnis erfolgte die Adaption amerikanischer Leitbilder schließlich zumeist in Form von Hybriden bzw. Mischformen, bei denen die Adaption amerikanischer Vorbilder in Anpassung an die jeweilige Unternehmenssituation erfolgte oder aber, wie am Beispiel der Human Relations und der Manageraus- und -weiterbildung gezeigt werden konnte. Sie scheiterte an der „German Obstinacy" und den erfolgreichen deutschen Modellen der Unternehmensführung.

Amerikanische Leitbilder setzten unternehmerische Lernprozesse in Gang, wobei der „produktive Blick" der Akteure, in unternehmerische Entscheidungen umgesetzt, eine wichtige Voraussetzung des „Organisationslernens" war. Die Durchsetzung der neuen, an amerikanischen Leitbildern orientierten, Management- und Produktionsmethoden bedurfte innerbetrieblich des Anstoßes und des Engagements innovativer Manager und „dynamischer" (Joseph Schumpeter) bzw. „agiler Unternehmer" (Horst Wildemann), die durch ihre Lernbereitschaft und ihr individuelles Handeln zugleich das „Organisationslernen" beförderten. Dieses war bis zum Ende der 70er Jahre weitgehend auf die USA konzentriert, verblieb jedoch im Stadium des reaktiven Erfahrungslernens.

Mit dem Verblassen der amerikanischen Leitbilder und der nachlassenden „amerikanischen Herausforderung" tauchten jedoch fast zeitgleich neue Orientierungsmöglichkeiten, neue Leitbilder und Herausforderungen auf. Sie kamen diesmal nicht aus dem Westen, sondern aus dem Osten. Zwei Jahre nach Servan-Schreibers Buch über die „amerikanische Herausforderung" erschien im Jahr 1970 in deutscher Übersetzung das – ebenfalls journalistisch bzw. populärwissenschaftliche – Buch „Die japanische Herausforderung".[1] Das Buch löste jedoch bei weitem nicht die Reaktionen aus, wie Servan-Schreibers „Amerikanische Herausforderung". Und auch die deutschen Unternehmer maßen der japanischen Herausforderung zunächst bei weitem nicht die Bedeutung zu, die sie zuvor der amerikanischen Herausforderung geschenkt hatten. Die unternehmerische Reaktion auf die neue Herausforderung erfolgte dementsprechend zurückhaltend und mit erheblicher zeitlicher Verzögerung. Wie es dazu kam, soll in den folgenden Kapiteln geklärt werden.

[1] H. Hedberg, Die japanische Herausforderung, Gütersloh 1970.

3 Japanische Leitbilder

3.1 Die deutsche Wiederentdeckung Japans und die japanische Amerikaorientierung

Als Hans Erich Freudenberg im Jahr 1959 nach Japan reiste, war er einer der ersten deutschen Unternehmer, die sich nach dem Ende des Zweiten Weltkriegs nicht nur für die USA, sondern auch für Japan, dessen wirtschaftliche, gesellschaftliche und unternehmerische Entwicklung interessierten: „Im Gegensatz zu der amerikanischen Industrie, die seit 1945 intensiven Kontakt mit Japan pflegte, kam die deutsche Industrie erst nach und nach mit dem japanischen Geschäft in Berührung. Teilweise verharrt man noch heute in Vorurteilen und Verärgerung, anstatt im persönlichen Kennenlernen für die Kenntnis der Probleme und deren Lösung aus eigener Initiative etwas zu tun“, so Freudenberg, der zudem davon überzeugt war, daß „die Japaner seit langem schon die Zusammenarbeit mit uns (suchen), um ihre geistige und materielle Abhängigkeit von den USA, die sie keinesfalls lieben, nicht übermäßig groß werden zu lassen“.[1] Die Zeit sei günstig für deutsche Unternehmen, sich in Japan zu engagieren. Dabei ging die Initiative nicht allein von deutscher, sondern durchaus auch von japanischer Seite aus. Freudenberg beobachtete eine „Liberalisierungswelle“ in Japan, eine politische Beruhigung, eine Abkehr von der bisherigen Praxis des Protektionismus und ein Abebben der „Fremdenfeindlichkeit“ sowie schließlich auch eine Verbesserung der Zahlungsbilanz, was ihn letztlich davon überzeugte: „Es wird höchste Zeit, unsere Versäumnisse nachzuholen!“[2] Freudenberg sprach hier nicht nur für sein eigenes Unternehmen, sondern für die deutsche Industrie insgesamt, und sein ausführlicher Reisebericht war letztendlich ein Plädoyer für eine Wiederaufnahme der traditionellen Wirtschaftsbeziehungen zwischen Deutschland und Japan, wie sie seit Mitte des 19. Jahrhunderts existierten. Diese hatten infolge des Ersten Weltkriegs einen Bruch erlitten, der seitdem nicht wieder behoben worden war. Im Unterschied zu den oftmals jahrzehntelangen Beziehungen nach den USA verfügten von den in dieser Arbeit berücksichtigten Unternehmen in

---

1 Archiv Freudenberg, 3/01038, Japan 1959 (Eine Deutung aus den Notwendigkeiten), von Hans Erich Freudenberg, August 1959, S. 27. Bei diesem Bericht handelt es sich um den in diesem Zusammenhang ausführlichsten Japan-Reisebericht, der dementsprechend an dieser Stelle häufiger zitiert wird. Seine Aussagen zeigen Parallelen zu anderen, zumeist weniger ausführlichen Berichten und Unternehmeräußerungen und verleiht ihm, wenn schon keine Repräsentativität, so doch eine hohe Plausibilität.

2 Ebd.

den 50er Jahren nur Hüls, Glanzstoff und Bayer, Freudenberg sowie Mannesmann über intensivere Japankontakte. Die Orientierung deutscher Unternehmer und Unternehmen richtete sich nach 1945 eindeutig in Richtung USA, und dies galt für japanische Unternehmen gleichermaßen. Dabei verfügten die deutsch-japanischen Wirtschaftsbeziehungen über eine 100jährige Tradition. Genau 100 Jahre bevor Hans Erich Freudenberg seinen Japanbericht verfaßte, hatte der Düsseldorfer Kaufmann Louis Kniffler im Jahr 1859 das erste deutsche Unternehmen in Japan gegründet. Auch diese Gründung fiel in eine Zeit der Öffnung und der Liberalisierung Japans, das zuvor über einen Zeitraum von zwei Jahrhunderten die Handelskontakte zu anderen Ländern (mit Ausnahme Chinas und den Niederlanden) abgebrochen und sich in die Isolation zurückgezogen hatte. Erst im Jahr 1854 war es zu einer Öffnung des Landes und zu einer Wiederaufnahme von Handelskontakten gekommen. Und auch zu dieser Zeit waren es die USA, die dabei eine Pionierrolle spielten, nicht nur, weil sie die Öffnung Japans mit militärischen Mitteln erzwangen und den ersten Handelsvertrag mit Japan abschlossen, sondern auch, weil sie sich neben den Niederlanden, Großbritannien und Frankreich bald zum größten Handelspartner Japans entwickelten.[3]

Im Vergleich zu Großbritannien und den USA verlief das deutsche Engagement in Japan zunächst deutlich zurückhaltender, auch wenn Preußen im Jahr 1863, zwei Jahre nach Abschluß des preußisch-japanischen Handelsvertrages aus dem Jahr 1861, zum viertwichtigsten Außenhandelspartner Japans nach Großbritannien, den Niederlanden und den USA aufstieg. Damit korrespondierte die Tatsache, daß Deutschland auch in der Zahl der im Zuge der von der Meji-Regierung nach 1868 ins Land geholten ausländischen technischen Fachleute weit hinter Großbritannien, Frankreich und den USA rangierte. Vergleichsweise stärker war der deutsche Einfluß in Japan auf dem Gebiet des Rechtswesens, der Medizin und der Ausbildung und hatte insbesondere bei den Wirtschaftswissenschaften eine Vorbildfunktion für entsprechende japanische Einrichtungen.[4]

Das Engagement deutscher Großunternehmen in Japan verlief u.a. über die erwähnten Handelshäuser, denen insofern eine Art Vermittlerfunktion zukam. So schloß Siemens bereits im Jahr 1870 einen Vertrag mit Louis Kniffler & Co. über die Lieferung von Telegrafen-Anlagen nach Japan ab, bevor es schließlich ab Mitte der 1880er Jahre massiv auf den japanischen Elektromarkt drängte und 1886 eine offizielle Vertretung in Tokio eröffnete. Ausgehend von der Erwartung eines raschen Wachstums des japanischen Marktes bemühte sich Siemens damit gleichzeitig auch um ein Standbein für den gesamten ostasiatischen Raum. Schon bald wurde technisches Personal in Japan stationiert und es wurden Vertretungen sowie ein

---

3 E. Zielke, Konsul Louis Kniffler – Der Pionier des deutschen Japanhandels, in: Zeitschrift für Unternehmensgeschichte 25, 1980, H. 1, S. 1-11, 3 f.; E. Pauer, Japan – Deutschland. Wirtschaft und Wirtschaftsbeziehungen im Wandel, S. 7.

4 Pauer, Japan – Deutschland, S. 10; Zielke, Konsul Louis Kniffler, S. 5 ff.

Kundendienst eingerichtet, um die von Siemens exportierten Anlagen zu vermarkten.[5] Vor Ort trafen deutsche Unternehmen auf eine starke englische und amerikanische Konkurrenz, wobei vor allem Unternehmen wie General Electric oder Westinghouse den japanischen Elektromaschinenmarkt dominierten. Bis zum Ersten Weltkrieg konnten deutsche Unternehmen zumindest hinsichtlich der japanischen Importe von Starkstromgeräten die englischen Hersteller vom zweiten Platz verdrängen und fast zu den USA aufschließen und beim Import von Stromkabeln sogar die führende Stellung einnehmen.[6]

Auch wenn die USA in diesem Zeitraum weiterhin die wichtigste Wirtschaftsmacht in Japan blieben, so läßt sich doch ein zunehmendes Interesse deutscher Unternehmen an Kontakten zu Japan beobachten. Neben Siemens engagierten sich u.a. Felten & Guilleaume und Mannesmann in Japan, und zu Beginn des neuen Jahrhunderts erhielt die Gutehoffnungshütte einen Großauftrag zur Errichtung eines Hüttenwerkes in Yawata. Mannesmann baute ein Stahlröhrenwerk in Japan, wobei es sich gegenüber der englischen Konkurrenz durchsetzen konnte.[7]

Abgesehen von den Handelsbeziehungen und den wirtschaftlichen Kontakten ist die Wahrnehmung der japanischen Wirtschaft und Gesellschaft deutscher Unternehmer vor dem Ersten Weltkrieg kaum überliefert. Die wenigen Hinweise dazu lassen jedoch erkennen, daß sie gekennzeichnet war durch die trotz der Öffnung der Meji-Ära ausgeprägte Zurückhaltung der Japaner gegenüber Ausländischem und Fremdem, vor der Angst vor einer Beherrschung durch ausländisches Kapital und einer auch allgemein verbreiteten Fremdenfeindlichkeit auf japanischer Seite sowie einem geringen deutschen Verständnis gegenüber japanischen Geschäftsbräuchen, einem mangelnden Kulturverständnis und unzureichenden Sprachkenntnissen. So äußerte ein Siemens-Vertreter Mitte der 1880er Jahre: „Überhaupt ist die allgemeine Behandlung der letzteren (= der Japaner, C.K.) sehr schwierig, da dasjenige, was wir energisch Geschäftserledigung nennen, ganz landesunbekannt ist. In ungemein schläfrigem Tempo geht alles in süßer Gemüthlichkeit und dann mit einem Male kommt wieder eine Überstürzung ganz unverhofft.“[8] Wenn deutschen Geschäftsleuten im Vergleich zu Engländern und Amerikanern durchaus ein stärkeres Bemühen um eine Anpassung an die lokalen japanischen Gegebenheiten und das Erlernen der japanischen Sprache bescheinigt wird, so reichten diese Anstrengungen trotzdem kaum über den Charakter von Beziehungen zwischen Vertretern moderner westlicher Unternehmen und einem Entwicklungsland hinaus, und dies wiederum war auch ein Ausdruck von Klischees und Stereotypen, die die deutsche Japanrezeption, im Positiven wie im Negativen, noch bis weit ins 20. Jahrhundert hinein Beherrschte. Diese Stereotypen bewegten sich zwischen der Betonung der japanischen Ord-

---

[5] T. Takenaka, Siemens in Japan, (ZfU, Beiheft 91), Stuttgart 1996, S. 47, 50, 135.

[6] Ebd., S. 86 f.

[7] Pauer, Japan – Deutschland, S. 13.

[8] Zit. nach Takenaka, Siemens in Japan, S. 101.

nungsliebe, Reinlichkeit und Höflichkeit zu Beginn des 20. Jahrhunderts bis hin zur Warnung vor der „Gelben Gefahr“, die vor allem infolge des politisch-militärischen Aufstiegs Japans sowohl von amerikanischer als auch von deutscher Seite bis in die 1930er Jahre hinein beschworen wurde.[9] Jürgen Osterhammel bezeichnete dieses Phänomen jüngst in Anlehnung an den amerikanischen Literaturwissenschaftler Edward W. Said als „Modell des autistischen Diskurses“, das, ausgehend von der Machtposition europäischer Staaten schon seit der frühen Neuzeit zu einer Unfähigkeit zum Dialog mit fremden Kulturen führte, die diese bestenfalls zum Objekt politischer Beherrschung und wissenschaftlicher Analyse machte.[10] Überreste davon finden sich, wie noch genauer zu zeigen sein wird, bis weit ins 20. Jahrhundert hinein.

Der Erste Weltkrieg brachte eine Unterbrechung der deutsch-japanischen Wirtschaftsbeziehungen und führte 1917 sogar zur Aufhebung des deutschen Patentschutzes in Japan. Von den kriegsbedingten Rückschlägen erholten sich die deutsch-japanischen Wirtschafts- und Unternehmensbeziehungen in der Zwischenkriegszeit nur sehr langsam. Beispiele sind die Wiederaufnahme der Kontakte zwischen Siemens und der japanischen elektrotechnischen Industrie, die zu einer gemeinschaftlichen Unternehmensgründung (Fuji Denki Seizo KK) durch Siemens und Furukawa führten sowie die Kontaktaufnahme japanischer Chemiefaserhersteller mit Glanzstoff im Jahr 1921 und Mitte der 30er Jahre, wobei die Initiative vornehmlich von japanischer Seite ausging und durch die Erlangung deutschen Know-Hows motiviert war. Der einseitige Technologietransfer konzentrierte sich in den 30er und 40er Jahren auf die Chemische, die Optische und die Rüstungsindustrie und hier vor allem auf den Flugzeug- und den U-Boot-Bau. Deutsche Ingenieure wurden nach Japan geholt und japanische Fachleute kamen zum Studium nach Deutschland, sammelten Informationen, erwarben Patente und werteten deutsche Fachliteratur aus. Auf der Basis dieser umfassenden Rezeption deutscher Hochtechnologie waren japanische Hersteller innerhalb weniger Jahre in der Lage, deutsche Vorbilder zu imitieren und sich zunehmend vom Import fremden Know-Hows unabhängig zu machen.[11]

Der Informationserwerb, die Rezeption fremder Technologien und deren erfolgreiche Adaption in Japan erwies sich als wichtiger Modernisierungsfaktor der japanischen Wirtschaft und deren Unternehmen und war zudem Ausdruck einer tiefver-

---

9 Ebd., S. 102 f.; 220; R. Mathias-Pauer, Deutsche Meinungen zu Japan – Von der Reichsgründung bis zum Dritten Reich, in: J. Kreiner (Hg.), Deutschland – Japan. Historische Kontakte, Bonn 1984, S. 115-140; U. Mehnert, Deutschland, Amerika und die „Gelbe Gefahr“. Zur Karriere eines Schlagwortes in der großen Politik, 1905-1917, Stuttgart 1995, S. 10, 16, 21, 35 ff. Zur Unternehmerrezeption im engeren Sinne liegt kaum Material vor.

10 J. Osterhammel, Die Entzauberung Asiens. Europa und die asiatischen Reiche im 18. Jahrhundert, München 1998, S. 21.

11 Wicht, Glanzstoff, S. 48; Pauer, Menschen, Muster und Motoren. Die technische Zusammenarbeit zwischen Deutschland und Japan 1930-1945, S. 98 ff., 100 ff.; ders., Japan – Deutschland, S. 16 f.

wurzelten „Bereitschaft und Fähigkeit der japanischen Kultur zur Assimilation fremder Kulturelemente“.[12] Daß diese Anpassungsfähigkeit und Flexibilität rein pragmatisch motiviert war und wenig mit politischen, ökonomischen oder kulturellen Affinitäten zu Deutschland zu tun hatte, zeigte sich in der Zeit des Nationalsozialismus, in der beide Staaten zwar durch den „Anti-Komintern-Pakt“ von 1936, den „Viermächte-Pakt“ von 1940 sowie den deutsch-japanischen Wirtschaftsvertrag von 1943 verbunden waren, die in diesem Umfeld verbreitete Betonung der „Völkerfreundschaft“ zwischen Deutschland und Japan jedoch weitgehend Propaganda blieb. Aus Sicht deutscher Unternehmen brachten die Kontakte zu Japan kaum Vorteile, sondern führten sogar häufig zu Verärgerungen über den einseitigen Informationsabfluß und eine als Wirtschaftsspionage empfundene Umgehung deutscher Patentrechte.[13]

Wenn deutsche Unternehmer in den 1950er Jahren den Kontakt zu japanischen Unternehmen suchten und, wie Hans Erich Freudenberg, das Nachholen von Versäumnissen anmahnten, so ist dies auch vor dem Hintergrund der oftmals negativen Erfahrungen der Zwischenkriegs- und Kriegszeit zu sehen. Im Unterschied zu den deutsch-amerikanischen Unternehmenskontakten seit Ende des 19. Jahrhunderts hatte es einen vergleichbar intensiven, bisweilen sogar freundschaftlichen und auf gegenseitigem Austausch beruhenden Kontakt zwischen deutschen und japanischen Unternehmen kaum gegeben. Während im deutsch-amerikanischen Fall das Interesse und die Initiative vornehmlich von deutscher Seite ausging, war dies hinsichtlich der deutsch-japanischen Beziehungen umgekehrt. Wenn Hans Erich Freudenberg nach Kriegsende nicht nur in die USA reiste, sondern auch nach Japan und für die Herstellung weitergehender Kontakte der deutschen Industrie nach Japan plädierte, so war dies ein Ausdruck einer Neuorientierung, quasi der Wiederentdeckung Japans für die deutsche Wirtschaft in Anknüpfung an die Zeit des 19. Jahrhunderts. Voraussetzung dafür waren die veränderten politischen Rahmenbedingungen nach 1945 und nicht zuletzt auch der Blick auf die USA: „Die US-Amerikaner gaben mit vollen Händen Geld und sorgten dafür, daß es wieder zurückfloß ... Wir Deutschen haben praktisch keinerlei Beziehungen gesucht; wir wissen nicht, unter welchen Bedingungen die uns interessierenden Industrien arbeiten und welche Ansatzpunkte sich für eine Zusammenarbeit bieten“, so Freudenberg über die Defizite deutscher Japaninteressen. Die deutsche Wahrnehmung Japans ergab sich in diesem Falle aus der Japan-Wahrnehmung der USA. Betrachtet man zunächst die jeweils bilateralen Beziehungen zwischen den USA und Japan bzw. zwischen den USA und der Bundesrepublik, so ergeben sich – trotz der zahlreichen Unterschiede der Besatzung, der politischen Entwicklung und der Demokratisierungstendenzen nach dem Zwei-

---

12 Pauer, Japanischer Geist – westliche Technik. Zur Rezeption westlicher Technologie in Japan, S. 48.

13 Pauer, Menschen, Muster und Motoren, S. 98; ders., Die Achse bricht. Der 8. Mai 1945 in Japan, S. 251 ff.

ten Weltkrieg[14] – zahlreiche Parallelen, die nicht zuletzt durch den jeweiligen amerikanischen Einfluß begründet sind. Die USA waren sowohl für Deutschland als auch für Japan eine „reference society". Insofern macht es Sinn, bei der Analyse der Wahrnehmung Japans durch deutsche Unternehmer auch die USA mit einzubeziehen, also das Dreieck Deutschland-Japan-USA zu betrachten.

Japan hatte wie Deutschland den Krieg verloren, und die USA betrachteten es als vordingliche Aufgabe, durch Demontage und die Entflechtung der Großkonzerne (zaibatsu) diejenigen ökonomischen Strukturen zu zerschlagen, die sie, wie im deutschen Fall, als mitverursachende Faktoren für die japanische Aggression und Kriegsführung betrachteten. Wie im deutschen Fall überwogen in der amerikanischen Nachkriegspolitik und -planung zunächst restriktive bzw. destruktive Elemente, bestenfalls Desinteresse am zukünftigen Schicksal Japans, das sich nicht zuletzt im Zuge des aufkommenden Kalten Krieges und der amerikanischen Containment-Politik sowie amerikanischer ökonomischer Interessen seit 1947/48 wandelte und in eine konstruktive Wiederaufbaupolitik mündete. Dabei spielten dem European Recovery Program vergleichbare Wiederaufbauprogramme eine große Rolle, und, ähnlich wie im europäischen und deutschen Fall, kam auch einem Technical Assistance Program eine wichtige Bedeutung zu, da es zum Ziel hatte, nach den Jahren der wirtschaftlichen Isolation die Produktivitätslücke zwischen der japanischen und amerikanischen Industrie mit Hilfe moderner amerikanischer Managementmethoden zu schließen.[15] Ähnlich wie im deutschen Fall war dies als eine Art Entwicklungshilfe, als „Hilfe zur Selbsthilfe" geplant. Zu diesen Hilfsmaßnahmen gehörte auch die Statistische Qualitätskontrolle, die, wie noch zu zeigen ist, so erfolgreich von der japanischen Industrie übernommen und weiterentwickelt wurde, daß sie als wesentliches Element des japanischen „Wirtschaftswunders" Jahrzehnte später in die USA reimportiert wurde und dann auch in die Bundesrepublik gelangte, wo im übrigen in den 50er Jahren deren Bedeutung nicht erkannt worden war. Schließlich spielte für den japanischen Wiederaufbau, ebenfalls vergleichbar mit der deutschen Entwicklung, der Korea-Krieg eine wichtige Rolle sowie die damit zusammenhängende amerikanische Unterstützung des Ausbaus traditioneller Industriezweige wie der Textilindustrie, des Bergbaus, der Eisen- und Stahlindustrie sowie des Maschinenbaus und der Chemischen Industrie.

---

14 Auf die politische Nachkriegsentwicklung in Deutschland und Japan sowie die unterschiedlichen Besatzungsmuster soll an dieser Stelle nicht ausführlicher eingegangen werden, s. dazu J. Halliday, Japan unter amerikanischer Besatzung. „Zwischenspiel" und Neuordnung, in: Im Schatten des Siegers: Japan, Bd. 2, Staat und Gesellschaft, hg. von U. Menzel, Frankfurt am Main 1989, S. 99-185; A. Amakawa, Besatzung und Bürokratie in Japan, in: D. Petzina; R. Ruprecht (Hg.), Wendepunkt 1945. Kontinuität und Neubeginn in Deutschland und Japan nach dem Zweiten Weltkrieg, Bochum 1991, S. 7-28.

15 Jüngst zum Technical Assistance Program in Japan N. Tiratsoo, The United States Technical Assistance Programme in Japan, 1955-1962, in: Business History, Vol. 42, 2000, S. 117-136.

An dieser Stelle interessieren vor allem die ökonomischen Hilfen der USA sowie der Export amerikanischer Managementmodelle. Diese setzten einen Wandel hin zu einer konstruktiven Besatzungspolitik voraus, an deren Umsetzung im japanischen Fall William H. Draper maßgeblich beteiligt war. Draper reiste im Jahr 1947 nach Japan, nachdem er zunächst als „Deputy Military Governor for Germany" unter Lucius D. Clay an entsprechenden Wiederaufbaumaßnahmen der deutschen Wirtschaft im Sinne einer „Hilfe zur Selbsthilfe" mitgewirkt hatte. Die bisherige US-Politik der „non-responsibility", der Auflösung der „zaibatsu" und der Demontage der japanischen Industrie zum Zweck der Zerschlagung der hegemonialen wirtschaftlichen Position Japans im asiatisch-pazifischen Raum hatte sich als wenig erfolgreich erwiesen. Als Draper nach Japan kam, fand er in Paul G. Hoffmann, dem späteren Verwalter des ERP und Leiter der ECA, einen Verbündeten für ein „Economic Recovery Program" für Japan, das nach seiner Rückkehr in die USA auch auf Zustimmung bei George F. Kennan und schließlich auch beim amerikanischen Kongreß stieß, der am 20.6.1948 nicht nur das ERP, sondern auch das „Economic Recovery Program of Occupied Areas" (EROA) für Japan, Korea und die Ryukuyus Inseln verabschiedete, das als „revers course" die Wende in der amerikanischen Politik gegenüber Japan auch formal bestätigte.[16] Vergleichbar zur deutschen Entwicklung hatte das EROA-Programm eine katalysatorische Wirkung für die japanische Wirtschaft, die zu Beginn der 50er Jahre im Zuge des Korea-Krieges durch Sonderzuteilungen aus dem „Mutual Security Program" verstärkt wurden und – wiederum vergleichbar mit dem deutschen Fall – vornehmlich den Ausbau der traditionellen Industriezweige förderte.[17]

Ebenso stark wie die finanzielle bzw. quantitative amerikanische Unterstützung für die japanische Wirtschaft muß auch die qualitative Hilfe im Rahmen der Technical Assistance bewertet werden. Auch hier drängen sich Vergleiche zum USTA&P für Europa und die Bundesrepublik auf. Das gilt auch für die historische Forschung, die die Bedeutung der Technical Assitance-Programme sowohl im deutschen wie auch im japanischen Fall bislang unterbewertet, möglicherweise auch aufgrund mangelnder Bewertungs- und Erfolgskriterien. Deshalb soll an dieser Stelle kurz auf die Technical Assistance-Hilfe für Japan eingegangen werden.

Japanische Unternehmen orientierten sich nach 1945 stark an amerikanischen Managementmethoden. Dabei trafen sich die Veränderung der japanischen Wirtschaft und Gesellschaft, ökonomische Krisenerscheinungen und die Infragestellung

---

16 U. Lehmkuhl, Die USA und der wirtschaftliche Wiederaufbau Japans: Die Rohstoffpolitik 1947-1960, in: G. Schmidt; C. F. Doran (Hg.), Amerikas Option für Deutschland und Japan, Bochum 1996, S. 97-179, 104-113; H. B. Schonberger, Aftermath of War. America and the Remaking of Japan, 1945-1952, Kent/Ohio 1989, S. 161-197; M. Schaller, The American Occupation of Japan, New York 1985, S. 111-114, 141-146; R. B. Finn, Winners in Peace. Mac Arthur, Yoshida, and Postwar Japan, Berkeley etc. 1992, S. 195-208.

17 Lehmkuhl, Die USA und der wirtschaftliche Wiederaufbau Japans, S. 131, 154 ff.

traditioneller Kultur und Moral in Japan einerseits sowie amerikanisches Sendungsbewußtsein und die Bemühungen um den Export des „amerikanischen Modells“ der Unternehmensführung. Der amerikanisch-japanische Informationsaustausch verlief u.a. über institutionelle Einrichtungen wie die ICA sowie über amerikanische und japanische Verbände wie etwa die NAM und das Mitte der 50er Jahre gegründete Japan Productivity Center (JPC), die Japanische Kammer für Handel und Industrie und die Federation of Economic Organizations. Das JPC hatte u.a., vergleichbar der deutschen Produktivitätszentrale RKW, eine Organisations-, Kooperations- und Vermittlungsfunktion zwischen amerikanischen und japanischen Stellen zum Zwekke der Produktivitätssteigerung japanischer Unternehmen. Es wurde unterstützt von japanischen Unternehmen und Gewerkschaften sowie vom 1949 gegründeten Ministerium für Internationalen Handel und Industrie (MITI), das sich in der Folgezeit durch die Allokation von Devisen, Kapital und ausländischer Technologie als ein wichtiges Instrumentarium der japanischen Industriepolitik entpuppen sollte.[18]

Produktivitätssteigerung und Technical Assistance gingen im amerikanischen Verständnis, vergleichbar mit der amerikanischen Deutschlandpolitik, weit über den engeren Bereich technischer Fragen hinaus. Dies drückte sich auch im amerikanischen Sendungsbewußtsein beim Export des amerikanischen Modells zur Gestaltung der industriellen Beziehungen in Japan aus. Mit Unterstützung der ICA und der NAM engagierte sich dementsprechend das JPC in den 50er Jahren u.a. auf dem Gebiet der Labor-Management-Relations. Dort setzte sich die amerikanische Besatzungsmacht SCAP (Supreme Commander for the Allied Powers) unter dem Einfluß von AFL und CIO für die Unterstützung der japanischen Arbeiterbewegung und die Schaffung entsprechender gesetzlicher Regelungen mit dem Ziel einer Demokratisierung der Unternehmensstrukturen ein. Das JPC organisierte mit Unterstützung von ICA und NAM Reisen in die USA, an denen Unternehmer, Gewerkschafter und Hochschulangehörige teilnahmen, um sich vor Ort über Fragen der industriellen Beziehungen, der Personalpolitik, der Kostenkontrolle, der PR- und Marketing-Methoden zu informieren. Eine vom JPC und der ICA herausgegebene Publikation kam zu dem Ergebnis, daß sich der industrielle Wiederaufbau sowie technische Innovationen in Japan noch in einem Anfangsstudium befänden, und daß in dieser Situation das Management eine Auseinandersetzung mit den Gewerkschaften vermeiden möchte. Die Erhöhung der Produktivität benötige daher eine „solution both from

---

[18] Tiratsoo, The United States Technical Assistance Programme in Japan, S. 119 f.; T. Nishizawa, Business Studies and Management Education in Japans Economic Development, in: R. P. Amdam (ed.), Management Education and Competitivness. Europe, Japan and the United States, London, New York 1996, S. 96-110, 106; M. Morichima, Why has Japan „succeeded“? Western Technology and the Japanese Ethos, Cambridge 1982, S. 165 ff.; K. Masaaki et al. (Hg.), Einführung in die japanische Betriebswirtschaftsgeschichte, Bd. 3), Tokio 1976, S. 292 ff. (Übersetzung der japan. Originalfassung); W. Klenner, Grundzüge der wirtschaftlichen Entwicklung und der Wirtschaftspolitik seit dem Zweiten Weltkrieg, in: Im Schatten des Siegers: Japan, Bd. 3. Ökonomie und Politik, hg. von U. Wenzel, S. 63-96, 66 ff.

quantitative and qualitative points of view", also sowohl eine Verbesserung der technischen und finanziellen Rahmenbedingungen wie auch der Gestaltung der Management-Labor-Beziehungen.[19] Der enge Zusammenhang zwischen Produktivitätssteigerung und Gestaltung der industriellen Beziehungen, wie er auch im Human Relations Modell und dessen versuchtem Export in deutsche Unternehmen von amerikanischer Seite zu Beginn der 50er Jahre favorisiert wurde, sollte schließlich auch auf japanische Verhältnisse übertragen werden. Eine institutionalisierte „Labor-Management-Cooperation" auf freiwilliger Basis wurde Mitte der 50er Jahre in unterschiedlichen Industriezweigen installiert. So etwa in der japanischen Faserindustrie, der Tokioter Metallindustrie oder der Chemischen Industrie im Raum Kanto in Form von Beratungseinrichtungen auf Unternehmensebene, mit Hilfe von gemeinsamen Konferenzen und anderen gemeinschaftlich von Arbeitgebern und Arbeitnehmern organisierten Einrichtungen und Institutionen, die sich mit Fragen der Tarifpolitik, der betrieblichen Sozialpolitik, der Arbeitssicherheit etc. auseinandersetzten. Neben den unternehmensbezogenen existierten auch branchenweite Kooperationseinrichtungen, an denen neben dem JPC auch staatliche Stellen wie das Arbeitsministerium beteiligt waren und die somit Ausdruck eines korporatistischen Produktivitäts- und Wiederaufbauprogramms waren.[20]

Amerikanische Vorbilder der Human Relations-Bewegung wurden in Japan breit rezipiert. Dies gilt etwa für die amerikanische Managementliteratur von Mayo, Roethlisberger, Lewin, McGregor, Herzberg u.a. bis hin zu Peter F. Drucker. Dessen Buch „The Practice of Management" wurde in Japan in den 50er und 60er Jahren in zweieinhalb Millionen Exemplaren verkauft. Darüber hinaus wurden in der japanischen Unternehmenspraxis bereits seit 1947 an amerikanischen Vorbildern orientierte TWI-Kurse sowie Programme für ein Middle-Management-Training angeboten. Die Ausbildung dazu erfolgte entweder in den USA oder mit Hilfe amerikanischer Lehrkräfte und mit Unterstützung des JPC in Japan. Entsprechende TWI-Handbücher wurden mit Unterstützung des japanischen Arbeitsministeriums aus dem Amerikanischen ins Japanische übersetzt. Auch hinsichtlich der Ausbildung von Führungskräften orientierten sich japanische Unternehmen an amerikanischen Vorbildern. Die Communication Section der SCAP führte entsprechende Managementkurse in Japan durch und die universitäre wirtschaftswissenschaftliche Ausbildung, die noch vor 1945 stark an deutschen betriebswirtschaftlichen Vorbildern ausgerichtet war, orientierte sich nach dem Zweiten Weltkrieg zunehmend an amerikanischen Modellen der Managementausbildung, und seit Ende der 50er Jahre

---

19 Hagley Museum and Library, NAM Acc. No. 1411, Series I, Box 78, International Economic Affaires. ICA Visiting Team Japan; ebd., Labor-Management-Relations in Japan 1960. Labor-Management Realtions Study Team, Japan Productivity Center, International Cooperation Administration, S. 2; Schonberger, Aftermath of War, S. 111-133.

20 Hagley Museum and Library, Labor-Management Relations, S. 20.

bemühten sich japanische Großunternehmen um eigene Aus- und Weiterbildungsprogramme, wie z.B. der Management Course of Hitachi Ltd. zeigt.[21]

Die japanische Amerikaorientierung nach dem Zweiten Weltkrieg weist also im Bereich des Managements durchaus Parallelen mit der deutschen Amerikaorientierung auf. Yoshino spricht im japanischen Fall sogar von einem „blinden Interesse" japanischer Unternehmer an der Übernahme amerikanischer Managementmethoden in den 50er Jahren, die erst in den 60er Jahren im Rahmen der Rückbesinnung auf traditionelle japanische Methoden der Unternehmensführung, einem japanischen Managementstil („Nikonteki keiei") bzw. einer pragmatischeren Sichtweise eines „Sowohl-Als-auch" wichen.[22] Wie auch in Deutschland lassen sich in Japan unterschiedliche Phasen und Intensitäten der Amerikaorientierung beobachten. Neben den durch das amerikanische Sendungsbewußtsein geprägten „Amerikanisierungstendenzen" der frühen 50er Jahre, die auch in Japan Ausdruck eines asymmetrischen Machtgefälles waren, gab es die Tradition der freiwilligen Orientierung an amerikanischen Management- und Produktionsmethoden, wie etwa das Beispiel der japanischen Automobilindustrie, insbesondere Toyota, zeigt. Dort bestanden seit Ende der 20er Jahre intensive Kontakte zu amerikanischen Automobilproduzenten. Toyota orientierte sich an tayloristischen und fordistischen Methoden der Massenproduktion. Japanische Manager und Ingenieure reisten in die USA, um sich über Fragen der Fließbandproduktion, über Zeit- und Bewegungsstudien und Aspekte der Rationalisierung zu informieren. Diese Kontakte wurden nach dem Zweiten Weltkrieg wieder aufgenommen, wobei Fragen der Produktivitätssteigerung und des Technologietransfers im Vordergrund standen.[23] Auch in Japan läßt sich schließlich im Zeitverlauf der 50er und 60er Jahre ein Übergang von den durch die Besatzungsmacht geförderten „Amerikanisierungstendenzen" hin zur freiwilligen Adaption amerikanischer Vorbilder beobachten, die in den japanischen Unternehmen durch eigenständige Weiterentwicklungen ergänzt werden. Dies führte schließlich dazu, daß trotz der sowohl in Japan wie auch in Deutschland zu beobachtenden „Amerikanisierungstendenzen" und Konvergenzbewegungen sich in den beiden Ländern bzw. im Dreieck USA-Deutschland-Japan auf Unternehmensebene unterschiedliche „Kulturen" des Managements und der Produktion herausbildeten.

---

21 M. Kaoru Kobayashi, Japan: The most misunderstood country, Tokyo 1984, S. 30 f., 68; M. Y. Yoshino, Japans Managerial System. Tradition and Innovation, Cambridge/Mass., London, 1968, S. 243 ff.; T. Nishizawa, Business Studies and Management Education in Japans Economic Development, S. 101, 106; F. Fürstenberg, Betriebliche Bildung in Japan, in: P. Meyer-Dohm; E. Tuchtfeld; E. Wesner (Hg.), Der Mensch im Unternehmen. Festgabe für Karl-Heinz Briam zum 65. Geburtstag, Bonn, Stuttgart 1988, S. 335-348.

22 Yoshino, Japans Managerial System, S. 270 ff.

23 K. Wada, The Emergence of the „Flow Production" Method in Japan, in: H. Shiomi; K. Wada (Hg.), Fordism Transformed. The Development of Production Methods in the Automobile Industry, Oxford, New York 1995, S. 11-27.

Dazu zählt beispielsweise der Bereich der Statistischen Qualitätskontrolle, der Ende der 40er Jahre aus den USA importiert, in Japan eine kaum zu überschätzende Bedeutung für die unternehmerische Entwicklung nehmen sollte, während sie im Ursprungsland USA ebenso wie in deutschen Unternehmen zunächst kaum von Bedeutung war.

Das Qualitätskontrollwesen gelangte über die amerikanische Besatzungsbehörde und hier vor allem über die Person W. Edwards Deming nach Japan. Deming hatte in den 30er Jahren als Statistiker beim US Census Bureau gearbeitet und war befreundet mit dem Physiker Walter A. Shewart, der in den Bell Telephone Laboratories von AT&T mit Fragen der Qualitätsverbesserung beschäftigt war und der bereits im Jahr 1931 ein Buch zum Thema „Economic Control of Quality manufactured Product" veröffentlicht hatte. Bei Shewarts zweitem Buch über „Statistical Methods from the Viewpoint of Quality Control" war Deming Mitherausgeber. Deming kam wenige Jahre nach Kriegsende mit der amerikanischen Besatzungsbehörde nach Japan, die unter Einbeziehung amerikanischer Statistiker eine Verbesserung der japanischen Telekommunikationsdienste anstrebte. Er trat bald in Kontakt mit der 1948 gegründeten Gesellschaft japanischer Wissenschaftler und Ingenieure (JUSE), die an den amerikanischen Methoden der statistischen Qualitätskontrolle interessiert war. Demings Beratertätigkeit hatte schließlich eine beschleunigende Wirkung für die Verbreitung dieser Methoden in Japan, wobei auch JUSE eine zentrale Rolle spielte. Fragen der Qualitätskontrolle und der Qualitätsverbesserung waren für japanische Unternehmen von besonderem Interesse, da die Qualität japanischer Produkte in der Nachkriegszeit zu wünschen übrig ließ und deren Verbesserung eine Voraussetzung zur Rückkehr japanischer Unternehmen auf die asiatischen und internationalen Märkte darstellte. In Demings umfassendem Verständnis bedeutete Qualitätskontrolle diese neben der Kontrolle des eigentlichen Produktes auch eine Verbesserung der Lieferbedingungen für die Rohmaterialien, die Steuerung des Produktionsablaufs, die Beteiligung der Beschäftigten an diesen Prozessen bis hin zur Frage der Verbrauchsforschung. Demings Methoden verbreiteten sich in Japan sehr schnell, da neben der Unterstützung durch JUSE und entsprechende Seminarangebote ab 1950 ein Journal „Statistische Qualitätskontrolle" erschien, seit 1953 ein „Deming-Preis" für hervorragende Leistungen auf dem Gebiet der Qualitätskontrolle verliehen wurde, 1954 mit Prof. Juran ein weiterer Fachmann aus den USA für die Verbreitung dieser Methoden sorgte, 1956 ein japanischer Rundfunksender eine Serie zum Thema Qualitätskontrolle ausstrahlte, 1962 ein zweites Journal „Qualitätskontrolle für den Meister" erschien und ein Jahr später die erste Konferenz zum Thema „Qualitätskontrolle" in Japan veranstaltet wurde. Schon nach kurzer Zeit, so berichtet Deming über seine Erfahrungen in Japan, war in den Unternehmen eine Verbesserung der Produktqualität, eine Steigerung der

Produktivität, die Senkung des Rohstoffeinsatzes und eine Verminderung des Ausschusses zu beobachten.[24] Die japanische Automobilindustrie mit Unternehmen wie Toyota und Nissan übernahm die amerikanischen Methoden der Qualitätskontrolle und entwickelte sie in Anpassung an die eigenen Produktionsmethoden weiter. Bereits 1950 stellte Unternehmensleiter Toyoda anläßlich eines USA-Besuchs im Ford-Werk von River Rouge fest, daß es keine wesentlichen Unterschiede mehr zwischen der Technologie und den Produktionsmethoden bei Ford und Toyota gäbe und Toyota das amerikanische Unternehmen schon bald überholen könnte.[25] Auch in anderen Branchen breitete sich die Qualitätsbewegung rasch aus. Zu Beginn der 60er Jahre wurden in japanischen Unternehmen erstmals sogenannte „Quality Circles" eingerichtet. 1967 gab es in Japan bereits 10.000 dieser Qualitätszirkel, bis 1969 verdoppelte sich deren Anzahl, um dann bis 1979 auf ca. 100.000 zu steigen.[26] Erst jetzt erregten „japanische" Managementmethoden der Qualitätskontrolle zunächst in den USA und schließlich auch, wie noch zu zeigen sein wird, in Europa und der Bundesrepublik, Aufsehen. Aus amerikanischer Sicht war dies ein Re-Import, und so charakterisiert der Deming-Biograph Aguayo W. Edwards Deming auch als den Mann „who taught the Japanese about Quality" und noch weiter zugespitzt, mit Anspielung auf die Ursprünge des japanischen Qualitätswesens: „The roots of the Japanese Management are in the Bell Laboratories."[27]

Als Hans Erich Freudenberg 1959 erstmals Japan besuchte und seine Erfahrungen in einem ausführlichen Reisebericht niederschrieb, war von diesen Entwicklungen, von der Adaption amerikanischer Managementmethoden und insbesondere den Methoden der Qualitätskontrolle, keine Rede. Zwar würdigte Freudenberg die japanische Wiederaufbauleistung nach dem Krieg. Als „Grundprinzip" des japanischen Erfolgs wertete er aber die niedrigen Löhne, den Protektionismus als Ergänzung zur kapitalistischen Wirtschaftsordnung und die geringen staatlichen Ausgaben für Soziales und Infrastruktur.[28] Das unternehmerische Interesse an Japan konzentrierte sich, vergleichbar mit der Zeit der Jahrhundertwende, auf Fragen des Handels und

---

24 P. Engel, Japanische Organisationsprinzipien. Verbesserung der Produktqualität durch Qualitätszirkel, Zürich 1981, S. 82; W. E. Deming, Was ging in Japan vor?, in: Zeitschrift für wirtschaftliche Fertigung 64, 1969, H. 6, S. 336-340; R. Aguayo, Dr. Deming. The Man who taught the Japanese about Quality, London 1991, S. 4 f, 48, 239; M. Walton, Deming Management at work, London 1991; K. Rischor; Chr. Tietze, Qualitätszirkel – effektive Problemlösung durch Gruppen im Betrieb, Grafenau 1984, S. 33 ff.; Einführung in japanische Unternehmensgeschichte (No.3), S. 292 ff.; R. E. Cole, Strategies for Learning. Small-Group Activities in American, Japanese and Swedish Industry, Berkeley etc. 1991, S. 96 ff.

25 I. Nonaka, The Development of Company-Wide Quality Control and Quality Circles at Toyota Motor Company and Nissan Motor Co. Ltd, in: Shiomi; Wada, Fordism transformed, S. 139-159, 148.

26 Engel, Japanische Organisationsprinzipien, S. 82.

27 R. Aguayo, Dr. Deming. The Man who taught the Japanese about Quality, London 1991, S. 48.

28 Archiv Freudenberg, 3/01038, Hans Erich Freudenberg, Japan 1959, S. 7 f.

der Absatzmöglichkeiten deutscher Produkte sowie der Vermittlung technischen Know-Hows nach Japan. Für einige wenige deutsche Unternehmen – wie etwa Glanzstoff – zeichneten sich japanische Unternehmen zu diesem frühen Zeitpunkt als Konkurrenten auf dem Weltmarkt ab.

Innovative japanische bzw. aus den USA importierte Managementmethoden der Qualitätskontrolle wurden nicht nur auf den seltenen Japanreisen deutscher Unternehmer nicht wahrgenommen, ihre Bedeutung und die darin enthaltenen Potentiale zur Verbesserung des Produktionsablaufs sowie der Erhöhung der Produktivität wurden in Deutschland selbst nicht erkannt. Denn obwohl die FOA Mitte der 50er Jahre in Bad Godesberg Kontakte zwischen W. Edwards Deming und dem RKW, dem AWF, dem Ministerium für wirtschaftliche Zusammenarbeit oder der Universität Berlin herstellte, finden sich in der Folgezeit keine weiteren Hinweise darauf, daß entsprechende Methoden der statistischen Qualitätskontrolle in deutschen Unternehmen rezipiert worden wären. In einem Brief an die FOA im Mai 1954 formulierte Deming die Chancen und Möglichkeiten, die er bei der Umsetzung seiner Methoden für deutsche Unternehmen sah: „Statistical methods could do a great deal for Germany, particularly if top management would see some of the problems of production and distribution, and have some understanding of how statistical methods could be used. The reason why statistical methods spread so rapidly and effectively in Japan is because I taught not only engineers in production (over 1000 altogether in several different classes), but talked also the most of the top executives."[29] Doch anders als im japanischen Fall ergeben sich aus den Quellen keine Hinweise darauf, daß deutsche Unternehmer sich in den 50er Jahren mit Fragen statistischer Qualitätskontrolle auseinandergesetzt hätten. Zwar hielt sich Deming im Juli 1953 in der Technischen Akademie Wuppertal auf und hat dort, ebenso wie beim RKW in Frankfurt Kurse zum Thema Qualitätskontrolle gegeben, doch ein auch nur annähernd vergleichbarer Effekt wie in Japan ist daraus nicht erwachsen. Dazu fehlte in Deutschland auch die Bereitschaft, wie in Japan in der Öffentlichkeit für Qualitätskontrolle zu werben. Eine solche Chance hätte beispielsweise auf der Hannovermesse im Jahr 1954 bestanden, wo auf Initiative des RKW und des AWF den Besuchern am Beispiel einer automatischen Drehbank die Methode der Statistischen Qualitätskontrolle vorgeführt werden sollte. Die Vorführung scheiterte schließlich daran, daß die dafür notwendigen 14.000 DM im Rahmen des Technical Assistance Program nicht aufgebracht werden konnten.[30]

---

[29] N.A, RG 469, Mission to Germany, Subject Files of the Chief 1953-1956, 116.6, Deming an Zulauf, 14.5.1954, beiliegend zu Harold Zulauf/ FOA, Management, Engineering & Distrib. Services an E. Rodermund/RKW, 26.5.1954.

[30] Ebd., Mission to Germany, Subject Files of the Chief ..., 116.5, Carl Mahder/Chief Productivity and Technical Assistance Devision an Mr. Turkowski/Ministerium für wirtschaftliche Zusammenarbeit (ca. Mai 1954); ebd., Subject Files of the Chief, 112, R. E. Chapmann/Office of the High Commission for Germany an K. Mahder u. H. C. Zulauf, 1.7.1953.

Ohne daß dies den Betroffenen zu diesem Zeitpunkt bewußt war und auch ohne daß an dieser Stelle bereits von Managementfehlern oder Versäumnissen gesprochen werden kann – denn, wie gezeigt, erwies sich die Qualität deutscher Produkte zumindest ab Ende der 50er Jahre auf dem Weltmarkt als konkurrenzfähig –, zeichneten sich hier entscheidende Weichenstellungen für die weitere Entwicklung und Ausgestaltung von Management- und Produktionsmethoden in deutschen Unternehmen ab, deren volle Bedeutung erst vor dem Hintergrund der parallel verlaufenden japanischen Entwicklung deutlich wird. Auch wenn eine Adaption der Methoden der Statistischen Qualitätskontrolle für deutsche Unternehmer nicht in Frage kam, so bleibt doch bemerkenswert, wie nachfolgend deutlich wird, daß deutsche Unternehmer auf ihren Japanreisen die Erfolge des Qualitätsmanagements in den 50er und 60er Jahren noch nicht einmal wahrnahmen. Doch was nahmen sie statt dessen wahr? Was waren die deutschen unternehmerischen Interessen in Japan? Auf welcher Grundlage basierten die Informationen über Japan, und wie läßt sich der Informationshorizont deutscher Unternehmer kennzeichnen?

Zunächst einmal gilt es in diesem Zusammenhang darauf hinzuweisen, daß die Informationsbarrieren im japanischen Fall nach dem Zweiten Weltkrieg ungleich höher waren als im Fall der USA. Hatten bereits im Falle der USA fehlende Sprachkenntnisse und mangelnde interkulturelle Kompetenzen die Wirtschafts- und Unternehmenskontakte erschwert, so lagen diese Hürden für einen Austausch mit Japan noch wesentlich höher. Die größte Hürde bildete in den 50er Jahren die mangelnde Motivation für eine Kontaktaufnahme von deutscher Seite, wie die Äußerungen Hans Erich Freudenbergs zeigen, der regelrecht für ein stärkeres unternehmerisches Engagement in Japan warb. Der Westen müsse „das allergrößte Interesse daran (haben), Japan zu fördern und zu schützen. Irgendwie liegt es in der Luft, Japan als ‚billigen Annex' der westlichen Welt zu entwickeln, um die Versorgung der Reisstandard-Länder nicht kampflos China oder der Sowjetunion zu überlassen. Man sollte es als ‚unpolitischen' Handelspartner besonders in Südostasien bei den politisch so empfindlichen Bandung-Staaten ausspielen. Ich glaube, es wird bei uns die Leistungsfähigkeit noch nicht gebührend gewürdigt, und wir müssen uns bemühen, es als Bundesgenossen in diesem Teil der Welt zu gewinnen. Kein anderes Land, das sich zum Westen bekennt, hat ein solches Produktionsniveau erreicht, ohne gleichzeitig den Lebensstandard gewaltig zu erhöhen. Diesen Umstand gilt es auszunützen, zumal er Bestand zu haben scheint".[31] Abgesehen von dem mangelnden unternehmerischen Interesse an Japan existierten erhebliche Verständigungs- und Informationsprobleme, wie auch Freudenberg in seinem Japanbericht einleitend betonte. Eine Meinungsbildung über Japan sei „trotz sorgfältiger Bemühungen schwierig, denn die Menschen sind zurückhaltend und vorsichtig bei jeder Mei-

---

[31] Archiv Freudenberg, 3/01038, Hans Erich Freudenberg, Japan 1959, S. 29.

nungsäußerung. Eigene Unklarheit und Unsicherheit kommt bei den Japanern hinzu. Außerdem besteht für uns das Problem der Sprache".[32]

Auf ihre ersten Amerikabesuche nach dem Zweiten Weltkrieg hatten sich deutsche Unternehmer intensiv vorbereitet, wozu in vielen Fällen aufgrund mangelnder Sprachkenntnisse die Absolvierung eines Crash-Kurses in Englisch gehörte. Japanisch lernte dagegen kaum ein deutscher Unternehmer, was allerdings auch damit zusammenhing, daß die Japanbesuche einen anderen Charakter hatten als die Amerikaaufenthalte. Deutsche Unternehmer hielten sich oft viele Monate, z.T. mehrere Jahre in den USA auf, wurden dort aus- oder weitergebildet und kehrten nach ihrem Aufenthalt mit wertvollen Informationen über Management- und Produktionsmethoden zu ihren Unternehmen in die Bundesrepublik zurück. Die Japanreisen waren zunächst meist reine Informations- oder Sondierungsreisen, die höchstens ein paar Wochen dauerten und zur Herstellung von Geschäftskontakten und zur Eruierung von Absatzmöglichkeiten dienten. Am Beispiel von Kurt Hansen wird die unterschiedliche Bedeutung der ersten Nachkriegsreisen nach den USA und Japan sichtbar. Für seinen einjährigen Amerikaaufenthalt hatte Hansen seine Schulenglischkenntnisse durch einen zusätzlichen Sprachkurs aufgebessert, schließlich übernahm er für Bayer eine wichtige Funktion in den USA. Die erste Japanreise nach dem Krieg unternahm Hansen erst zu Beginn der 60er Jahre. Es handelte sich um eine mehrwöchige Informationsreise in ein Land, zu dem Bayer bereits seit Ende des 19. Jahrhunderts Handelsbeziehungen unterhielt. Japanisch lernte Hansen in diesem Zusammenhang nicht, obwohl seine Voraussetzungen bzw. Anknüpfungspunkte dafür als in Yokohama geborener deutscher Kaufmannssohn, der in Japan für mehrere Jahre die (wahrscheinlich deutschsprachige) Schule besucht hatte, durchaus gegeben waren. Wie auch bei anderen Unternehmern wird bei Hansen das Sprachproblem als besondere Hürde hervorgehoben. Dies machte die Verhandlungen in Japan schwierig und die Verhandlungsführung undurchschaubar.[33] Obwohl sich das Englische als internationale Handelssprache zunehmend durchsetzte, wäre es sicher von Vorteil gewesen, wenn die deutsche Seite in dieser frühen Phase der Wiederherstellung von Geschäftskontakten über Japanischkenntnisse verfügt hätte. Dies war jedoch nur in wenigen Unternehmen der Fall. Eine Ausnahme bildete Helmut Roeser, der als Repräsentant von Hüls der japanischen Sprache mächtig und auch mit den „andersartigen Sitten und Gebräuchen vertraut" war.[34] Doch trotz seiner Japanischkenntnisse hatte auch Roeser oftmals Probleme, für Hüls die gewünschten Informationen über die Chemische Industrie in Japan zu recherchieren. Als Informationsquelle vor Ort dienten ihm neben der deutschen und der japanischen Botschaft vor allem Unternehmensbesuche. Diese Art der Informationsbeschaffung, die in Form der Amerikareisen in den 50er Jahren schon fast zum deutschen Unternehmeralltag

---

32 Ebd., Einleitende Bemerkung.

33 Interview K. Hansen, 24.10.1997.

34 CWH in Japan, in: Der Lichtbogen 2, 1953, H. 11, S. 14.

zählte, bildete zur gleichen Zeit im japanischen Fall noch die Ausnahme. Deshalb versuchten die Unternehmen verstärkt, von Deutschland aus Daten und Zahlen mit Hilfe ihrer wirtschaftspolitischen Abteilungen über die japanische Wirtschaft zu ermitteln, unterstützt durch die Auswertung von Fachzeitschriften, Prospektmaterial, japanischen Geschäftsberichten in englischer Übersetzung etc. Bei dem ins Englische übersetzten Material handelte es sich häufig um Artikel aus amerikanischen Fachzeitschriften, die dann z.T. sogar noch ins Deutsche übersetzt wurden, so daß viele Informationen aus Japan auf indirektem Wege, über den Umweg der USA zu den deutschen Unternehmen gelangten. Auch hier erfolgte die Wahrnehmung Japans über die Wahrnehmung Amerikas.[35] Informationen über Japan aus amerikanischen Fachzeitschriften waren somit häufig Informationen aus zweiter Hand.

Wollten sich deutsche Unternehmer aus erster Hand über japanische Unternehmen informieren, so war dies am besten durch eigene Besuchsreisen möglich. Eine solche Reise war teuer und aufwendig und dementsprechend, wie auch die Amerikareisen, dem Top-Management vorbehalten. Die Anreise beim ersten Japanbesuch Karl Winnackers im Jahr 1958 dauerte 35 Stunden und führte über Kopenhagen und Anchorage/Alaska in eine Welt, „die völlig außerhalb des europäischen Kulturkreises liegt, völlig verschiedene Sitten aufweist und auf einer ganz anderen Denkweise begründet ist".[36] Japanreisen waren in viel stärkerem Maße als Amerikareisen ein Kulturschock, auf den die reisenden Unternehmer andererseits viel weniger vorbereitet waren. Im Falle der USA-Beziehungen gab es bei den meisten der hier untersuchten Unternehmen langjährige Geschäftsbeziehungen, oftmals auch auf persönlichen Erfahrungen beruhend, die in der Nachkriegszeit z.T. durch entsprechende Austauschprogramme flankiert waren. Japan mußte, selbst bei längerjährigen Geschäftsbeziehungen deutscher Unternehmen, in den meisten Fällen erst neu entdeckt werden, wobei eine dem amerikanischen Fall vergleichbare Informationsinfrastruktur nicht bestand. Zwar nahmen sich, ähnlich wie bei den organisierten USA-Geschäftsreisen, bald professionelle Reisedienste dieses Problems an und führten, wie der „Wirtschaftsdienst Studienreisen in der Hapag-Lloyd Reisebüro-Organisation" thematisch orientierte Studienreisen, etwa für die kunststoffverarbeitende Industrie, durch. Doch konzentrierten sich deren Aufgaben auf die gezielte Abwicklung von Unternehmensbesuchen und die Gestaltung eines interessanten touristischen Rahmenprogramms, das kaum die fehlenden Hintergrundinformationen und

---

35 Archiv Hüls IV-1-115/1, H. Roeser an Direktor Broich, 27.11.1962; ebd., IV-1-116/1, Zentralbüro, betr. 12.000 jato Alkylbenzol für Toyo Rayon, 30.11.1962; Archiv Bayer, 700-0644-03, Nachrichten zur japanischen Chemischen Industrie über die Zeitschriften „Petrochemical Daily" und „Chemical Daily" Jgg. 1959 u. 1960; „Official Trade Bulletin" aus Tokio, ausgewertet durch die Volkswirtschaftliche Abt. v. Bayer; Archiv Mannesmann, PR 4 72 56, Aktennotiz Dir. Inden, 22.6.1953, betr. Japan-Besuch eines Betriebsdirektors der Firma Sumitoma Metal Industries sowie Informations- und Prospektmaterial über die japanische Eisen- und Stahlindustrie in engl. Übersetzung.

36 K. Winnacker, Nie den Mut verlieren, S. 407.

Sprachkenntnisse kompensieren konnte. Das bedeutete gleichzeitig, daß erst auf der Reise selbst, auf der Basis von Unternehmensbesichtigungen und Freizeitprogrammen, der Erfahrungshorizont einer „völlig“ anderen Welt, wie Winnacker es ausdrückte, abgesteckt wurde. Die Studienreise für die kunststoffverarbeitende Industrie nach Japan, angekündigt durch einen Prospekt, den zwei lächelnde Geishas vor traditioneller japanischer Architektur und einem blühenden Baum zierten, führte zunächst drei Tage nach Hongkong, wo vornehmlich Shopping und Besichtigungen auf dem Programm standen, gefolgt von einem dichten Besuchsprogramm in japanischen Unternehmen u.a. in Tokio und Osaka. Japanreisen waren exotisch und sollten es auch wohl sein. In Vorbereitung der ersten Japanreise Kurt Hansens erhielt dieser von einem wenige Jahre zuvor nach Japan gereisten Kollegen Hinweise und sogar persönliche Verhaltenstips für die Freizeitgestaltung: „Es hat sich nach amerikanischem Vorbild eingebürgert, nach einer offiziellen Geisha-Party oder einem Western-Style-Dinner, die im allgemeinen von 18-21 Uhr dauern, verschiedene Night-Clubs aufzusuchen. An sich gehen die älteren Japaner früh zu Bett, weil ihr geringes Körpergewicht – besonders nach Alkoholgenuß – eine schnelle Regenerierung verlangt. Bedingt durch die neunstündige Zeitdifferenz sind die Europäer abends dann noch ziemlich munter. In diesem Punkt liegt es an Ihnen, ob Sie sich mit einigen Schlaftabletten bewaffnet zurückziehen, damit Sie morgens wieder fit sind oder auf Ihre Konstitution vertrauen ... In Tokio ist das moderne japanische Schönheitsideal in der Music Hall zu studieren. Sie werden selbst beobachten, daß die früher bei der japanischen Frau geschätzte Nackenlinie sich um 180° zu dem Sexbomben-Idol der USA gewandelt hat.“[37] Das Japanbild deutscher Unternehmer setzte sich also aus ganz unterschiedlichen Facetten zusammen. Einen nicht unerheblichen Aspekt bildete dabei auch die Freizeitgestaltung. Aufgrund mangelnder eigener Erfahrungen war diese vielfach über Dritte vermittelt. So sprach sich unter Geschäftsleuten herum, daß die Freizeitgestaltung „der Japaner“ sich weitgehend an amerikanischen Vorbildern orientierte. Ebenfalls mit dem Hinweis auf die Amerikaorientierung der Japaner riet der selbsternannte Japanexperte von Bayer zu einem exponierten Auftreten Hansens in Japan, da er „die geäußerte Ansicht, Ihr Besuch sollte ‚unter Ausschluß der Öffentlichkeit‘ stattfinden, nicht teile. Es ist im Gegenteil notwendig, in Japan im allgemeinen Bayer-Interesse mehr auf Publicity Wert zu legen. Der Japaner, in dessen Seele traditionsgemäß starkes Nationalgefühl und Anbetung des Fremden um ein Gleichgewicht ringt, ist als Mitglied der modernen Industriegesellschaft heute stärker amerikanisch als europäisch beeinflußt. Aus diesem Grund müssen Sie sich m.E. der Mühe unterziehen, etwas mehr in Show zu machen“.[38] Diese Hinweise, die als reisevorbereitende Ratschläge gedacht waren,

---

[37] Archiv Bayer, 302-0243, Stenzel an Hansen, betr.: Ihre Japanreise vom 25.9.-5.10.1962. Auch Winnacker berichtet von Geisha-Partys, die demnach anscheinend als besondere Attraktion auf Geschäftsreisen galten, Winnacker, Nie den Mut verlieren, S. 409.

[38] Ebd.

sagen ebenso wie die Tips zur Freizeitgestaltung, weniger über den tatsächlichen Ablauf der Japanreise als vielmehr über das Japanbild deutscher Unternehmer aus, das durch eine Anhäufung von Klischees und Stereotypen über „die Japaner" und „das japanische Wesen" gekennzeichnet ist. Diese finden sich nicht nur bei Winnacker, Hansen (bzw. seinem Ratgeber) oder Direktor Inden von Phoenix-Rheinrohr, der anläßlich seiner Japanreise 1960 wohlwollend feststellte: „Selbstbewußtsein, Ehrgeiz, Fleiß, Ehrlichkeit und Sauberkeit sind die kennzeichnenden Merkmale des Japaners. Dabei ist seine Grundhaltung zurückhaltend und bescheiden und immer von angeborener Höflichkeit. Alles das macht uns den Japaner, wenn wir ihn im Ausland sehen, zu einem schwer verständlichen, undurchdringlichen Menschen und verführt oft zu dem Fehlurteil, ihm sei nicht zu trauen, sein ewig zur Schau getragenes Lächeln sei falsch und er sei auch in der Intelligenz nicht besonders hoch einzuschätzen. Im allgemeinen wird ihm auch keine besonders schöpferische Begabung zugetraut", so Inden. „Diese Auffassung ist falsch."[39] Statt dessen möchte Inden die positiven Seiten „der Japaner" hervorheben, die er vor allem im familiären Zusammenleben und im betrieblichen Zusammenhalt sieht: „Dem Mann als Familienoberhaupt ist alles sozusagen untertan. Das Zusammenleben zwischen Vorgesetzten und Untergebenen in den Betrieben ist gekennzeichnet von Freundlichkeit, gegenseitiger Achtung voreinander und einer selbstverständlich wirkenden positiven Einstellung allen Führungsanordnungen gegenüber. Dadurch ergibt sich bei angeborenem Fleiß und Ordnungssinn ein bemerkenswert erfreuliches Bild in den Betrieben. Frauen treten völlig zurück, leisten in einfachen Kreisen die Hauptarbeit."[40] Auffallend ist hier die Parallele zur Beobachtung der Beziehungen zwischen den kumpelhaften und schulterklopfenden Chefs und den Arbeitern in amerikanischen Unternehmen, die deutsche Unternehmer aus eigener Sicht im Sinne einer teilnehmenden Beobachtung und mit quasi-ethnologischem Blick, jedoch ohne das entsprechende Instrumentarium zur Entschlüsselung der beobachteten Handlungen, als freundliche und friedliche Arbeitsatmosphäre glaubten deuten zu können. Sie sahen, was sie sehen wollten, entsprechend ihrer wirtschaftsfriedlichen Vorstellungen der Gestaltung industrieller Beziehungen im Betrieb. Darüber hinaus fällt, ebenfalls mit Parallelen zum USA-Bild, die Benutzung des Kollektivsingulars „der Japaner" auf, wobei die Benutzung gängiger Klischees und Stereotype zu deren Charakterisierung wie Fleiß, Sauberkeit, Höflichkeit und Freundlichkeit sich seit der Jahrhundertwende kaum geändert hatten.[41] Verschwunden ist in den Unternehmerbildern der 50er und 60er Jahre allerdings das Schlagwort der „Gelben Gefahr", da eine solche, und sei es nur im Sinne unternehmerischer Konkurrenz, zu diesem Zeitraum nicht mehr bzw. noch nicht existierte. Der Eindruck des Bedrohlichen, Undurchsichtigen tauch-

---

[39] Archiv Mannesmann, PR 4 72 55, Japanreise Dir. Inden, Mai 1960.

[40] Ebd.

[41] Dazu Mathias-Pauer, Deutsche Meinungen über Japan – Von der Reichsgründung bis zum Dritten Reich.

te in abgeschwächter Form höchstens noch in Hinweisen auf die japanische „Fremdenfeindlichkeit" auf bzw. in der aus Unternehmersicht undurchschaubaren Verhandlungsführung der japanischen Geschäftspartner. Beides stellte jedoch keine ernsthafte Belastung dar, da die Deutschen, etwa nach Einschätzung Hans Erich Freudenbergs, von ersterer nicht betroffen seien und bei Geschäftsverhandlungen zumeist die Rolle von Bittstellern einnahmen.

Wie widersprüchlich das Japanbild deutscher Unternehmer war, zeigt einmal mehr der Reisebericht Hans Erich Freudenbergs, der einerseits für die Herstellung von Wirtschaftskontakten, den Abbau von Vorurteilen und „Verständnis und Vertrauen" warb, wobei er den Europäern zu etwas mehr Zurückhaltung, Ausgewogenheit und Differenziertheit im Urteil riet: „Die meisten Herren des Westens glauben, vieles besser zu wissen und alles in Japan im Handgalopp erledigen zu können oder gar durch kluge Briefe wesentliche Dinge zu fördern. Es ist außerordentlich wichtig, daß man sich Zeit nimmt und im persönlichen Kontakt Vertrauen gewinnt ... Zudem braucht man Hilfe erfahrener Berater an Ort und Stelle. Wer glaubt, von Bonn oder Weinheim (wo das Unternehmen Freudenberg seinen Sitz hat, C.K.) aus die Verhältnisse beurteilen zu können, um sich eine Meinung zu bilden und über eine Zusammenarbeit zu entscheiden, dürfte zumindest leichtfertig handeln."[42] In der Selbstgewißheit, die Verhältnisse „an Ort und Stelle" im Rahmen eines mehrwöchigen Aufenthaltes ausführlich studiert zu haben –Freudenberg war während seiner Reise häufig in japanischer Begleitung und hatte somit sicherlich das Gefühl gut informiert zu sein –, insbesondere auf dem Gebiet der japanischen Landwirtschaft, Fischerei, und Industrie ebenso wie über die japanische Familie und das „japanische Wesen", im Glauben, damit bereits über den ethnologischen Blick zu verfügen, kam Freudenberg schließlich – trotz des in der Tat weitgefächerten Beobachtungsrahmens –, wenn auch auf höherem Niveau, zu ähnlich stereotypen und klischeehaften Urteilen über die japanische Wirtschaft und Gesellschaft wie andere deutsche Unternehmer auch. „Über die Besonderheit des japanischen Wesens etwas auszusagen, ist schwierig", stellte Freudenberg fest, ging aber davon aus, daß es „bei einigem Einfühlungsvermögen trotzdem möglich" sei.[43] Neben der Disziplin, der Reinlichkeit, der Höflichkeit und Loyalität hob Freudenberg die Unsicherheit „der Japaner" hervor, bei denen er „Komplexe" gegenüber dem Westen und eine Bewunderung für die westliche Kultur beobachtete, die zugleich Ausdruck und Bestätigung seiner eigenen Überlegenheit war. „Wenn man die körperlichen Besonderheiten der Japaner zuerst erwähnt, ergeben sich schon hier einige Ansatzpunkte für die Deutung ihrer speziellen Verhaltensweise. Die Japaner fühlen sich als Farbige, obwohl ihre Hautfarbe zwischen hellstem gelb und mittelbraun spielt ... Der Japaner kommt ohne Zweifel mit 30-40% weniger Kalorien aus als wir. Auch dieser Umstand ist erwähnenswert, weil er zu den Folgen der Anspruchslosigkeit

---

42 Archiv Freudenberg, 3/01038, Japan 1959, S. 29.
43 Ebd., S. 17.

aus Notwendigkeit zählt ...", so Freudenberg. „Im Verkehr mit uns sind die Japaner voller Komplexe. Sie fühlen sich als Farbige betrachtet, sie stehen um einen Kopf und mehr kleiner auf kurzen Beinen vor uns; fehlende Sprachkenntnisse sind ihnen im Wege und vor allem fühlen sie eine Unsicherheit wegen der ungewohnten saloppen, aggressiven und unmittelbaren Art, die wir an den Tag legen. Dazu kommt, selbst wenn Sprachkenntnisse vorhanden sind, die Unkenntnis unserer Art zu denken und zu fühlen."[44] Trotz eigener fehlender Sprachkenntnisse nimmt Freudenberg jedoch wie selbstverständlich in Anspruch, die japanische Art zu denken und zu fühlen beurteilen zu können, und zwar auf der Grundlage seines „Einfühlungsvermögens". Dies ermöglicht ihm sogar, die Einschätzung „ihres Wesens im Verkehr untereinander. Ihr Gesicht ist Inbegriff ihrer Empfindlichkeit, und Taktlosigkeit ist das schlimmste Vergehen im Verkehr untereinander. Wie bei den Engländern ist ein ‚In-Ruhe-Lassen' eine notwendige Folge insularer Enge. Man läßt auch im höchsten Konkurrenzkampf dem anderen die Reisschale, weil man nicht sein Gewissen mit dem Unglück anderer beladen möchte", so die fast schon „völkerpsychologische" Darstellung Freudenbergs.[45] Über die Sprache, die Freudenberg nach eigener Aussage nicht beherrscht, urteilt er: „Der japanischen Sprache ist durch die Idiogramme ihre Flexibilität, die Begriffsvielfalt und die lebendige Wandelbarkeit genommen. Die Menschen werden begriffsstutzig gemacht. Sie werden dialektisch schwer beweglich und langsam und vorsichtig im Formulieren. Die Phantasie verkümmert wegen der Überbeanspruchung durch reine Gedächtnisarbeit. Die ständige Vorstellung ‚dieses Zeichen bedeutet das' läßt das Denken nur schwer über den äußeren formalen Bereich hinausgelangen ... Es ist für den japanischen Menschen viel schwerer als für uns, von dem Primitiven an das wirklich Wesentliche heranzukommen. Bei ihrem Fleiß, ihrer Intelligenz und Beharrlichkeit hätten sie zweifellos schon viel mehr erreicht, wäre dieses Handicap der Sprache und Schrift nicht vorhanden. Sie sind heute in vielen Fällen gezwungen, Worte und Begriffe aus Fremdsprachen zu übernehmen, um in Wissenschaft und Technik sich ausdrücken zu können."[46] Da Freudenberg mehrfach die Notwendigkeit betont, „den Japanern" Vertrauen und Verständnis entgegenzubringen und in seinem Bericht auch häufig Worte der Anerkennung für japanische Werte wie Fleiß und Disziplin findet, läßt sich seine Darstellung „der Japaner" als Psychogramm eines Volkes verstehen, das sich zwar Mühe gibt, dem aber aufgrund objektiver kultureller Bedingungen der wirtschaftliche Erfolg verwehrt und das dementsprechend auf fremde Hilfe angewiesen ist. Anders ausgedrückt: Die Kultur dient hier als Erklärungsgrundlage für die wirtschaftliche Unterlegenheit Japans gegenüber dem Westen. Freudenbergs in positiver Absicht verfaßter Bericht endet mit den Worten: „Man kann die Japaner nicht von aller Welt abschneiden wollen und sie trotzdem dem Westen als Partner

---

44 Ebd.

45 Ebd., S. 18.

46 Ebd., S. 32.

erhalten! – das geht nicht! ‚Tür zu – die Japaner kommen' ist keine Parole für die Zukunft, wenn die freie Welt einen Freund und Eckpfeiler dieser Größenordnung in Ostasien erhalten will. Wenn etwas besser ist, vermögen sie schnell und energisch zu schalten. Bringen wir den Japanern etwas entgegen, was für alles weitere die Grundlage bilden muß – Verständnis und Vertrauen!"[47]

Die trotz der oftmals mit positiven Intentionen verfaßten Japan-Reiseberichte deutscher Unternehmer dokumentieren für die 50er und 60er Jahre eine große Unwissenheit und Überheblichkeit, die sich noch immer in einer Art „autistischen Diskurses" (Osterhammel bzw. Said) bewegte und die der japanischen Seite nicht verborgen blieb. Von japanischer Seite gab es deshalb auch Versuche einer Gegensteuerung. Dies führte u.a. im Jahr 1960 auf Initiative des japanischen Außenministeriums zur Gründung des Deutsch-Japanischen Wirtschaftsbüros in Hamburg. Von dort wurden Publikationen, u.a. eine eigene „Reihe Japanwirtschaft", ein Informationsblatt „Japan-Handel", ein „Kleiner Japan-Knigge" herausgegeben sowie Informationsveranstaltungen, Fachseminare und Beratungsdienste für deutsche Unternehmen durchgeführt, wobei das Büro als Aufklärungs- und Beratungs- sowie Anlaufstelle für deutsche Unternehmen dienen sollte. „Gerade im Falle Japan waren wir immer wieder erstaunt", so eine Äußerung des Deutsch-Japanischen Wirtschaftsbüros um 1970, „mit welcher Unwissenheit Geschäftsleute und Industrielle sich in den uns mentalitätsmäßig so fremden Lebensbereich Ostasien wagen. Unwissenheit, Selbstbewußtsein und fast selbstsichere Überheblichkeit sind gelegentlich kaum erträglich."[48] Vor diesem Hintergrund und mit dem Auftrag zur Aufklärung und Information eröffnete das Deutsch-Japanische Wirtschaftsbüro 1967 eine weitere Anlaufstelle in Düsseldorf für den west- und südwestdeutschen Raum. Noch 1968 kam Peter Gauers in einer Publikation der Studienreihe „Japanwirtschaft" zu dem Ergebnis, daß auf seiten der deutschen Unternehmer noch immer zu wenig bekannt sei über die japanischen Verhältnisse, obwohl sich dort seit 1945 „revolutionäre Änderungen" vollzogen hätten.[49]

Japan blieb bis zum Ende der 60er Jahre für deutsche Unternehmer und Manager ein weitgehend unbekanntes Land. Der Informationsstand über die japanische Wirtschaft und Gesellschaft war unzureichend, die Japanwahrnehmung klischeehaft, vorurteilsbeladen, durch Stereotype einseitig belastet und selektiv. Dies war nicht zuletzt das Resultat eines mangelnden Interesses an wirtschaftlichen Beziehungen zu einem aus Sicht deutscher Unternehmer als Entwicklungs-, bestenfalls als Schwellenland identifizierten Staat. Das unternehmerische Interesse an Japan wurde u.a. über den Umweg der Amerikawahrnehmung geweckt. Amerikanische Unter-

---

[47] Ebd., S. 37.

[48] Deutsch-Japanisches Wirtschaftsbüro 1960-1970, Hamburg (um 1970), S. 5.

[49] P. Gauers, Japan im Wettbewerb (Schriftenreihe Japanwirtschaft, H. 9, Deutsch-Japanisches Wirtschaftsbüro), Hamburg 1968, S. 5.

nehmen hatten schon in den frühen 50er Jahren die Bedeutung Japans als Handelspartner und Absatzmarkt erkannt. Trotz jahrzehntelanger deutsch-japanischer Handelsbeziehungen führte häufig erst der Umweg über das Vorbild Amerika zu einer deutschen Wiederentdeckung Japans. Mangelnde Sprachkenntnisse und Wissensdefizite über die japanische Wirtschaft und Gesellschaft hatten eine, im Vergleich zu den deutsch-amerikanischen Wirtschaftsbeziehungen der 50er und 60er Jahre, kaum vorhandene interkulturelle Kompetenz deutscher Unternehmer im Umgang mit japanischen Stellen zur Folge. Diese Wahrnehmungsdefizite konnten vor dem Hintergrund der interkulturellen Managementforschung und der verhaltenswissenschaftlichen Theorie der Unternehmung empirisch an Beispielen unternehmerischer Einstellungen, Deutungen und Orientierungen festgemacht werden. Sie zeigen, daß es sich hier kaum um zwangsläufige Entwicklungen und nicht ausschließlich um strukturelle Defizite handelte, sondern in starkem Maße auch um individuelle Leitbilder und subjektive Verhaltensweisen. In Anlehnung an die interpretative Soziologie und Organisationstheorie konnte gezeigt werden, daß die unternehmerische Urteilsbildung nicht allein auf der Basis bewußt gesteuerter und reflexiver Wahrnehmungsprozesse beruhte, sondern auch unbewußt und affektiv verlief. Überheblichkeit und Arroganz sowie mangelnde Kenntnisse und Informationsdefizite zeigten sich selbst dort, wo deutsche Unternehmer Interesse an Kontakten zu japanischen Unternehmen entwickelten. Die Japanwahrnehmung der 50er und 60er Jahre zeichnet sich – trotz der Darstellung Japans als einer „völlig anderen Welt“ – in der Terminologie der kulturwissenschaftlichen Fremdheitsforschung durch eine „Tendenz zur Einfachstruktur“ aus, die mit Hilfe von Stereotypenbildung und der Übernahme tradierter Vorurteile aus der Vorkriegszeit zur Systematisierung komplexer Informationen und zur unternehmerischen Orientierung beitrug. Der im Vergleich zur Amerikawahrnehmung geringe Aufwand an Information und gegenseitigem Austausch stand dabei jedoch in krassem Gegensatz zu den vorhandenen Informations- und Wissensdefiziten. Das „scanning“ (Aguilar) als aktive unternehmerische Informationsbeschaffung erfolgte im japanischen Fall nicht als differenzierte Punkt-für-Punkt-Übertragung von Informationen, sondern als flüchtiges Überschauen und selektives Beobachten. Die deutsche Japanwahrnehmung war insofern instrumentell, als es deutschen Unternehmern in erster Linie um den Absatz eigener Produkte und das Knüpfen neuer Handelsbeziehungen ging und nicht um das „Verstehen“ der japanischen Wirtschaft und Gesellschaft. In Anlehnung an sich ergänzende Ansätze der verhaltenswissenschaftlichen Theorie der Unternehmung und die Theorie des Organisationslernens konnte an empirischen Beispielen gezeigt werden, daß unternehmerische Wahrnehmungsdefizite eine geringe Lernbereitschaft implizierten, die individuelles und letztlich auch Organisationslernen im Sinne von Erfahrungslernen verhinderten. Daß man von Japan etwas lernen könnte, lag in den 50er und 60er Jahren auch außerhalb der unternehmerischen Vorstellungskraft. Statt dessen läßt sich in den 50er und 60er Jahren eine zunehmende Selbstbestätigung und Selbstvergewisserung deutscher Unternehmer beobachten. Auch wenn sich dies erst 20 Jahre später als Problem erweisen sollte, so waren die Grundlagen unternehmerischer Lernblockaden bereits hier angelegt.

3.2 Der unproduktive Blick – Selektive unternehmerische Wahrnehmung der 50er und 60er Jahre

Den Klischees und Stereotypen über Japan, „die Japaner" sowie die japanische Kultur und Gesellschaft entsprach in den 50er und 60er Jahren das Bild, welches sich deutsche Unternehmer von der japanischen Wirtschaft und von japanischen Unternehmen machten. Bis weit in die 50er Jahre hinein galt Japan in vielen Bereichen als eine Art Entwicklungsland, bestenfalls als ein Schwellenland, das sich an amerikanischen und europäischen und mithin auch deutschen Vorbildern orientierte, dessen Wachstums- und internationale Erfolgsaussichten jedoch als sehr begrenzt beurteilt wurden. Damit korrespondierte ein bisweilen bis an den Rand des Rassismus reichendes Menschenbild über „die Japaner", deren Handlungsspielräume ebenfalls als sehr eingeschränkt galten. Die Überheblichkeit deutscher Unternehmer wurde dadurch bestärkt, daß seit Beginn der 50er Jahre zahlreiche japanische Unternehmerdelegationen nach Deutschland kamen, um sich dort umfassend und detailliert über Fragen der Technologie und der Unternehmensführung zu informieren. Über einen der ersten Besuche einer japanischen Kommission bei Hüls im Jahr 1953 berichtete die Werkzeitschrift nicht ohne Stolz: „Dies geschah nicht nur um einzukaufen, sondern auch, um am Beispiel des erstaunlichen deutschen Wirtschaftserfolges neue Anregungen für den eigenen Wiederaufbau zu suchen."[1] Der Besuch der japanischen Kommission erfolgte parallel zu den intensiven Bemühungen von seiten Hüls', die neueste amerikanische Technologie aus den USA zu übernehmen, um schließlich auch wieder international wettbewerbsfähig zu sein. So wie amerikanische Firmen für Hüls bot also das deutsche Unternehmen für die Japaner ein Modell und Vorbild für den Wiederaufbau. Ebenfalls im Jahr 1953 berichtete Direktor Inden von Phoenix-Rheinrohr über den Besuch eines Betriebsdirektors der Firma Sumitomo Metal Industries, der als eine Bestätigung der eigenen deutschen Erfolge gewertet wurde: „Man sieht auch hier wieder, daß die Japaner ihre Leute durch die ganze Welt schicken, um das neueste an Einrichtungen der Nachkriegszeit mitzunehmen", so Inden.[2]

Die Japaner waren sprichwörtlich bekannt für ihr akribisches Bemühen, Informationen zu sammeln, aufzuschreiben, zu fotografieren und jedem beobachteten Detail scheinbar unhinterfragt eine große Aufmerksamkeit zu widmen. Die Informationsbesessenheit der Japaner fiel u.a. auch Karl Winnacker und Hans Erich Freudenberg auf, der anläßlich seines Japanbesuchs berichtete: „Die Messe in Tokio hat mir ge-

[1] CWH in Japan, in: Der Lichtbogen 2, 1953, H. 11, S. 14.

[2] Archiv Mannesmann AG, PR 4 72 56, Aktennotiz Dir. Inden, 22.6.1953, betr. Japan-Besuch eines Betriebsdirektors der Firma Sumitomo Metal Industries.

zeigt, daß es praktisch nichts gibt, womit sich die Japaner nicht intensiv beschäftigen."[3] Die Japaner besaßen das Image der Kopierer und Imitierer. Was sie aus den USA oder aus Europa mit nach Hause brachten, waren oftmals Nachbauten amerikanischer oder deutscher Vorbilder, wie auch Carl H. Hahn im Falle des japanischen Reifenherstellers Bridgestone und des deutschen Vorbildes Continental betont. Die erste große Reifenfabrik von Bridgestone, so Hahn, sei „eine Kopie der Reifenfabrik in Hannover-Stöcken" gewesen.[4] Die aus deutscher Sicht vielfach belächelte Informations- und Sammelleidenschaft der Japaner wurde ergänzt durch die japanische Nachfrage nach Lizenzen deutscher Technologie. Sumitomo und Nippon Kokan produzierten auf der Basis deutscher Lizenzen Stahlröhren in Japan, Mitsui Chemicals bemühte sich bei Hüls um Lizenzen und Know-How für die Herstellung von Vestolen, Styrol und Polystyrol. Weitere Anfragen allein an Hüls in den 50er und 60er Jahren betrafen die Know-How-Erlangung für Folien, Fasern, Kunstharz, Waschrohstoffe etc.[5]

Bayer nahm den Besuch Kurt Hansens in Japan im Jahr 1962 zum Anlaß, die Öffentlichkeit über die langen und traditionell guten Beziehungen zwischen Bayer und Japan zu informieren, die sich nach dem Zweiten Weltkrieg vor allem dadurch auszeichneten, daß „Bayer an der Spitze der deutschen Großfirmen (liegt), die Japan Know-How-Lizenzen für den Wiederaufbau nach 1945 zur Verfügung stellen".[6] Bayer habe allein in der Nachkriegszeit 33 Lizenzverträge mit japanischen Firmen abgeschlossen, wobei der Know-How-Export neben Farben vor allem chemische Rohstoffe, Kunststoffe, Düngemittel, Schädlingsbekämpfungsmittel und den Filmbereich über das Tochterunternehmen Agfa betreffe.[7] Die Bayer Presse-Information erwähnte in diesem Zusammenhang die „Hochachtung der japanischen Medizin vor der deutschen ärztlichen Wissenschaft", zu der auch die Tätigkeit des im Bayer-Forschungsinstitut für Pathologie und Bakteriologie tätigen Nobelpreisträgers Prof. Gerhard Domagk zählte. Bayer Know-How der Polyurthan-Chemie sei Japan „besonders zugute" gekommen und schließlich habe das Unternehmen auch einen „wichtigen Beitrag für die japanische Landwirtschaft" geleistet durch einen Sondereinsatz von Bayer-Pflanzenschutzmitteln. Die Attribute, mit denen Bayer sein Engagement in Japan beschreibt, lassen dieses als ein umfangreiches Hilfsprogramm erscheinen, wobei Bayer als technisch hochmodernes und weltweit agierendes Unternehmen auftritt, das – vergleichbar dem amerikanischen Technical Assi-

---

[3] Archiv Freudenberg, 3/01038, Japan 1959, S. 22; Winnacker, Nie den Mut verlieren, S. 410.

[4] Interview C. H. Hahn, 20.2.1998.

[5] Archiv Mannesmann, PR 4 72 55, Nippon Kokan 1958-1964, Besuch v. Vertretern v. Nippon Kokan u.a. in Deutschland, Aktennotiz Dir. Inden 4.1.1962 bezgl. Kontakten zu Nippon Kokan und Sumitomo; Archiv Hüls AG, IV-1-79-J-1-1/2, Anfrage Mitsui Petrochemicals Industries, Tokio, 19.5.1959; ebd., IV-1-79-J-1-1/1, Kureka Chemical Ind. Co. Ltd, Tokio 12.11.1963; ebd., IV-1-114/1, Besprechungsbericht Mitsubishi 20.3.1963 und Besuchsbericht 8.10.1963.

[6] Archiv Bayer AG, 302-0243, Presse-Information: Dr. Kurt Hansen besucht Japan (um 1962).

[7] Ebd.

stance Program –, eine Art Entwicklungshilfe für ein unterentwickeltes Land leistet. Anders ausgedrückt: Die Rolle, die amerikanische Unternehmen nach dem Zweiten Weltkrieg als Lizenzgeber, Vorbild und Modell gegenüber den deutschen Unternehmen einnahmen, spielten diese nun wiederum gegenüber den japanischen. Dies implizierte auch ein entsprechendes Selbstbewußtsein und Überlegenheitsgefühl bis hin zu einem Selbstverständnis als Wohltäter, der anderen in der Situation des Wiederaufbaus helfend unter die Arme greift. Als Selbstbestätigung in diesem Sinne wirkten für deutsche Unternehmer die zahlreichen Anfragen japanischer Unternehmen.

Die Nachfrage nach deutschem Know-How traf schließlich Ende der 50er/Anfang der 60er Jahre, wie die Äußerungen Hans Erich Freudenbergs zeigen, auf ein wachsendes Interesse deutscher Unternehmen, sich in Japan zu engagieren, vor allem jedoch den japanischen Markt als Export- und Absatzmöglichkeit eigener Produkte zu begreifen. Mit der Entdeckung Japans als zukünftigem Absatzmarkt ergaben sich auch Überlegungen zu neuen Formen der Zusammenarbeit zwischen deutschen und japanischen Unternehmen, die u.a. in der Gründung von Joint Ventures zum Ausdruck kamen. Bereits ein Jahr nach seinem ersten Japan-Besuch gründete Freudenberg auf Initiative der zur Kawamura-Gruppe gehörenden Dainippon Inc. & Chemical Co. im Jahr 1960 die Japan Vilene Company (JVC), die in erster Linie Vliesstoffe und Kunstleder produzierte, und an der Freudenberg als Lizenzgeber mit 30% beteiligt war. Noch im gleichen Jahr beteiligte sich Freudenberg an dem Gemeinschaftsunternehmen Nippon Oil Seal Industry Company Ltd. Tokio (NOK), das auf dem Gebiet der Dichtungs- und Schwingungstechnik arbeitete. Freudenberg hatte die Angebote zur Zusammenarbeit mit japanischen Unternehmen, die in erster Linie an deutschem Know-How interessiert waren, vor allem deshalb angenommen, weil sich darüber ein Einstieg in den japanischen Markt als Zulieferer für die Textilindustrie und die sich langsam entwickelnde Automobilindustrie bot, der ansonsten wegen der strengen japanischen Einfuhrkontrollen für das deutsche Unternehmen weitgehend verschlossen geblieben wäre.[8]

Abgesehen vom Eigeninteresse deutscher Unternehmen am Absatzmarkt Japan wurden die Joint Ventures nach außen hin als Hilfe und Unterstützung für die japanische Wirtschaft dargestellt. Anläßlich seiner zweiten Japanreise im Jahr 1964 stellte Freudenberg dementsprechend auch eine große Dankbarkeit bei den japanischen Partnern fest: „Herr Kawamura gab zu, daß JVC seinerzeit ohne Kunstleder gegründet wurde. Deshalb würden bei den beiden großen Partnern von CF (Carl Freudenberg, C.K.) die gemeinsame Firma JVC nach Aufnahme der Kunstleder-Erzeugung eine neue Bewertung erfahren ... Herr Kawamura bedankte sich, daß ge-

---

8 Archiv Freudenberg, CF-intern 6/80, S. 1 f.; ebd., Deutsche Industrie- und Handelskammer in Japan: Erfolgreiche deutsche Unternehmen in Japan. Freudenberg & Co., 1997 (o. Sign.); Interview W. Bonfert, 3.12.1997.

rade in der augenblicklich schwierigen Zeit CF durch den Besuch ... Hilfe brächte."[9]

Auch Bayer wurde von japanischer Seite bedrängt, ein Joint Venture mit einem japanischen Unternehmen zu gründen. Die Nachfrage des japanischen Herstellers Teijin anläßlich eines Lizenzvertrages Mitte der 60er Jahre zur Herstellung von Dralon wurde von deutscher Seite auch in diesem Fall als Möglichkeit zur Verbesserung der Exportsituation nach Japan betrachtet. Einem vergleichbaren Angebot der Sumitomo Chemical Company, über die Lizenznahme hinaus ein Joint Venture zu gründen, stand Bayer allerdings zurückhaltend gegenüber,[10] auch wenn es später doch noch zu einer Gemeinschaftsgründung zwischen Bayer und einem japanischen Unternehmen kam. Ähnliche Fälle lassen sich auch bei anderen deutschen Unternehmen beobachten. So gründete Hoechst Mitte der 60er Jahre gemeinsame Projekte u.a. mit dem Chemieunternehmen Nippon Gosei zur Herstellung von Polyvinylacetat und mit Mitsubishi Chemicals das gemeinsame Unternehmen Kasei Hoechst zur Herstellung von Farbstoffen sowie ein gemeinsames Pharmaunternehmen mit Mitsui Petrochemicals Co., schließlich war Japan nach Italien und den USA für Hoechst der drittgrößte Auslands-Pharmamarkt.[11]

Hüls legte ebenfalls Mitte der 60er Jahre den Grundstein einer deutsch-japanischen Unternehmensgründung, die dann einige Jahre später erfolgte. Dabei kam Frederico Engel eine zentrale Rolle zu. Engel verfügte, wie oben gezeigt, bereits über umfangreiche Amerikaerfahrungen, bevor er 1964 erstmals nach Japan reiste, und auch er erfuhr die Anerkennung und Hochachtung, die der deutschen Industrie, in diesem Fall der Kautschukindustrie, von japanischer Seite entgegengebracht wurde. „Es gab zu dieser Zeit, schon Anfang der 60er Jahre, eine weltweite Institution, die sich Institute of Synthetic Rubber Producers nannte. In dieser Institution waren wir als Hüls vertreten. Alleine um zu zeigen, wie unser wissenschaftlicher Status damals war: Man übertrug Hüls, nämlich mir, sofort den Chairmanship für das Research and Development Committee. Auf diese Weise war weltweit alles, was Synthese-Kautschuk machte, organisiert in einer Institution, in der Tagungen stattfanden, in der Erfahrungsaustausch gepflegt wurde ... So kamen auch die Beziehungen zu Japan zustande. Es war in dieser Zeit, daß Hüls sagte: ‚Wir müssen sehen, daß wir einen Fuß in andere Länder setzten, nach Amerika oder nach Japan.' Ganz zu Beginn konnten wir natürlich nicht sagen: ‚Jetzt sind wir wieder wer auf dem Kautschukgebiet, nun gehen wir nach Amerika und werden dort Kautschukproduzenten oder wir gehen nach Japan und werden dort Kautschukproduzenten', das war ausgeschlossen. Aber wir nutzen die Beziehungen, die sich aufbauten, um

---

9 Ebd., 3/01038, Bericht Japanreise vom 4. Nov. 1964-26. Nov. 1964, S. 13.

10 Archiv Bayer, 302-0244, Aktennotiz über einen Besuch von Mr. Y. Yoneda v. Teijin Ltd., 13.6.1966, 14.6.1966; ebd., Aktennotiz über eine Besprechung mit Vertretern der Sumitomo Chemical Company, 26.5.1967, 29.5.1967.

11 Winnacker, Nie den Mut verlieren, S. 413.

zu fragen: ‚Mit welchen anderen Produkten könnte Hüls da draußen produktiv Fuß fassen‘? So kam der Gedanke, mit PVC nach Amerika zu gehen. Es stellte sich die Frage: „Womit geht man dann nach Japan‘? Die Antwort war: ‚Mit einem innovativen Produkt, das niemand anders zu diesem Zeitpunkt in der Weise hatte, nämlich VESTAMID‘.“[12] Der technische Kunststoff VESTAMID als Ausgangsmaterial für Kraftstoffleitungen und -filter sollte als Einstiegsprodukt in den japanischen Markt nicht nur nach Japan exportiert, sondern auch vor Ort hergestellt werden. So kam es 1970 zur Zusammenarbeit mit dem japanischen Unternehmen Daicel, bei dem Engel bis zum Ende seiner Berufslaufbahn Vorstandsmitglied war.[13]

Das Vordringen deutscher Unternehmen auf den japanischen Markt, das Interesse japanischer Unternehmen an deutschem Know-How und die Gründung von Joint Ventures vermittelten deutschen Unternehmern – auch wenn sie es in der Öffentlichkeit anders ausdrückten – das Gefühl des ‚Wir-sind-wieder-wer‘ –, das sie insbesondere in der direkten Nachkriegszeit und in Kontakt mit amerikanischen Unternehmen lange Zeit vermißten. Die Zusammenarbeit mit japanischen Unternehmen brachte eine Stärkung des deutschen unternehmerischen Selbstbewußtseins und ein selbstsichereres Auftreten im internationalen Wirtschaftsaustausch mit sich. Die hier genannten Unternehmen der Chemischen Industrie, der Automobil- oder Stahlindustrie hatten in den 60er Jahren wieder eine weltweite Spitzenstellung erreicht, wobei sie mit amerikanischen Standards fast gleichzogen. Eine Konkurrenz des Schwellenlandes Japan war auf diesen Gebieten höchstens ansatzweise zu spüren. Die deutschen Unternehmer wähnten sich in Sicherheit. Schließlich waren sie erfolgreich, und sie fühlten sich nicht länger in der Schüler-, sondern, wie im Falle Japan, zunehmend auch in der Lehrerrolle.

Zwar erzielten japanische Unternehmen seit Ende der 50er Jahre bemerkenswerte Erfolge, etwa auf dem Gebiet der Stahlherstellung, der Textilindustrie, der Automobilindustrie oder auch der Chemiefaser- und Kunststoffproduktion. „Einen geradezu ungewöhnlichen und beispiellosen Aufstieg zeigt die Synthetica-Produktion in Japan“, so hieß es 1958 im Marktforschungs-Monatsbericht von Glanzstoff. Erstaunt stellte der deutsche Chemiefaserhersteller fest, daß auf diesem Gebiet die japanische Produktion im Jahr 1957 bereits 75% über der des deutschen Niveaus lag, während zwei Jahre zuvor die deutsche Produktion noch knapp über der japanischen Herstellungsmenge gelegen hatte. Der japanische Anteil an der Welt-Synthetica-Produktion hatte 1955 bei 5,9% gelegen und würde bei gleichbleibendem Tempo auf etwa 15% ansteigen, so der Glanzstoff-Bericht, während der deutsche Marktanteil sogar von 4,4% auf 4,3% leicht absinken würde.[14] Auch im Bereich der Kunststoffproduktion ließen sich rasante Steigerungsraten japanischer Großunternehmen beobachten. Der größte japanische Chemiekonzern, Sumitomo Chemical Ltd. Osa-

---

12 Interview F. Engel, 13.8.1997.

13 Ebd.

14 Archiv AKZO, K 14-15, Marktforschung-Monatsbericht Mai 1958.

ka, hatte sich, nicht zuletzt auf der Basis westlichen Know-Hows, Anfang der 60er Jahre zum zweitgrößten PVC-Hersteller der Welt entwickelt. Dies versetzte allerdings den deutschen Konkurrenten Hüls ebensowenig in Unruhe wie die Tatsache, daß die japanischen Arbeitskosten deutlich unter dem deutschen Niveau lagen, denn gleichzeitig signalisierten die japanischen Unternehmerbesuche und die Nachfrage nach deutschem Know-How, daß die Japaner anscheinend weder technisch mithalten konnten noch hinsichtlich der Produktivität, schließlich würden in Japan „noch mindestens 1,5 bis 2 Arbeiter benötigt werden, wo in Deutschland ein Mann eingesetzt werden kann", so eine Einschätzung bei Hüls anläßlich des Besuchs einer Delegation von Sumitomo Chemical in Marl im Jahr 1962.[15]

Wenig Sorgen über japanische Konkurrenz machte sich auch die Unternehmensführung bei Freudenberg. Anläßlich mehrerer Japanreisen in den Jahren 1964 und 1965 wurde festgestellt, daß die japanische Wirtschaft zwar einen „rasanten industriellen Aufbau" vollziehe und die „japanische Wirtschaft sich bemühe, in einem ungemein harten Konkurrenzkampf Qualität und Quantität der Produktion zu steigern. In vielen Bereichen ist jedoch die Rationalisierung noch nicht ernsthaft in Angriff genommen worden und insbesondere in der öffentlichen Verwaltung und in den Büros der Betriebe und des Handels herrscht eine unvorstellbare Verschwendung von Arbeitskräften".[16]

Die vor allem aus Freudenberg-Sicht interessanten Branchen der Kraftfahrzeug-, der Leder- und Schuhindustrie waren „noch nicht auf das internationale Konkurrenz-Niveau in Qualität und Preis" vorgestoßen bzw. waren „noch nicht an das internationale Geschäft angeschlossen". Im Falle der Oberbekleidung, so die Prophezeiung von Freudenberg, „wird die volle Anpassung noch Jahrzehnte dauern".[17] Zusammen mit den japanischen Mitarbeitern des Joint Venture-Unternehmens JVC charakterisierte Freudenberg die „Grundübel der japanischen Betriebe" vor allem in Bezug auf das „System der Verantwortungslosigkeit (Unterteilung der Verantwortung bis hin zur Verantwortungslosigkeit), das System der Position und des Entgeltes nach dem Alter (nicht nach Fähigkeiten), das System der lebenslangen Firmenzugehörigkeit. Es herrsche eine falsch verstandene moralische Verpflichtung und diese bewirke eine Rangordnung, die einer Stellenbesetzung nach Leistung in unglücklichster Weise entgegenstünde".[18]

Während deutsche Unternehmer sich in den eigenen Unternehmen mit Fragen der „Delegation von Verantwortung", der „Management by Objectives", der „Management by Exception" sowie mit Problemen der Autorität und Organisation auseinandersetzten und sich dabei mit Anregungen und Kritik durch amerikanische Vorbilder und Methoden der Unternehmensführung sowie auch einer wissenschaftlichen

---

15 Archiv Hüls, IV-1-79-J-1-1/3, Besuchsbericht Sumitomo Chemical Ltd, Osaka, 13.10.1962.

16 Archiv Freudenberg, 3/01038, Bericht Japanreise v. 4.11.1964-26.11.1964, S. 2.

17 Ebd., S. 3 f.

18 Ebd., S. 14.

Öffentlichkeit[19] konfrontiert sahen, – wobei es ihnen schwerfiel, eine solche Kritik hinzunehmen – fiel es ihnen umgekehrt leicht, vergleichbare Defizite in japanischen Unternehmen zu analysieren. Dies galt auch für Themenbereiche wie Marketing und Markt-Wirtschaft, bei denen deutsche Unternehmer sich Ende der 50er/Anfang der 60er Jahre in Orientierung an amerikanischen Leitbildern noch in einer Lernsituation befanden, gleichzeitig jedoch japanische Unzulänglichkeiten konstatierten: „Eine weitere Tatsache, die einen entschiedenen Unterschied der Wirtschaftsstruktur und der Kosten charakterisiert, ist die des unzulänglichen Marketing und Service", so Freudenberg 1964. Fast bis auf Details der Formulierungen gleichen sich dabei die amerikanische Kritik an den deutschen und die deutsche Kritik an den japanischen Managementdefiziten in diesem Punkt: „Man hat es verstanden, die Produktion konkurrenzfähig zu organisieren", so Freudenberg mit Blick auf die japanische Wirtschaft, „der Vertrieb blieb jedoch auf dem alten Stand. Dies ist dadurch erklärlich, daß die erforderliche Finanzierung der jeweiligen Kunden bei der Kapitalknappheit der Produktionsbetriebe vielfach über deren Kräfte geht, und der Handel deshalb eingeschaltet werden muß. Im allgemeinen begnügt sich der Handel mit sehr kleinen Mengen, verhindert jedoch den fruchtbaren Kurzschluß zwischen Hersteller und Verarbeiter bzw. Konsumenten."[20] Ähnlich hatten zehn Jahre zuvor amerikanische Fachleute über deutsche Unternehmen geurteilt: sie seien zwar technisch weit fortgeschritten, vernachlässigten jedoch die Frage des Absatzes und des Verkaufs sowie den Kontakt zu den Konsumenten. Genau so urteilte nun Hans Erich Freudenberg über JVC, „daß die Fabrik weitgehend ‚fertig', der Verkauf hingegen noch unterentwickelt" sei. Die geringe Markt- und Konsumentenorientierung, traditionelle kulturelle Werte und betriebliche Regelungen wie eine „traditionsgebundene Personalpolitik" führten schließlich dazu, daß „das Leistungsprinzip in der noch weitgehend feudalistisch orientierten Unternehmensorganisation (sich) bis jetzt nicht (hat) durchsetzen können".[21] Als ein weiteres Manko bei NOK wurde von Seiten Freudenbergs die Qualitätskontrolle betrachtet. Diese sei längst nicht so gut ausgebildet wie bei Freudenberg und basiere vornehmlich auf Stichproben nach dem Prinzip der Statistischen Qualitätskontrolle. Auf dem Gebiet der Rationalisierung hinke NOK ebenso hinterher wie hinsichtlich der Zulieferung zu den Automobilunternehmen.[22] Auch wenn Freudenberg mit der Entwicklung bei dem anderen deutsch-japanischen Gemeinschaftsunternehmen NOK insgesamt zufrieden war, so kam er schließlich zu dem Ergebnis: „Es wird noch mancher Hilfe und manches Rates von unserer Seite bedürfen, um die den japanischen Verhältnissen gerecht wer-

---

19 Etwa durch die Untersuchungen Heinz Hartmanns.

20 Archiv Freudenberg, 3/01038, Bericht Japanreise 1964, S. 2.

21 Ebd.

22 Ebd., 3/03153, Besuch Wentzler/Dr. Schmitt bei NOK 26.2.-14.3.1965, v. 1.4.1965; ebd., dies. Verhältnis der Automobilfabriken und anderen Kunden zu Zulieferanten, 29.3.1965.

dende Lösung durchzusetzen."[23] Dabei konnte sich Freudenberg auf die Unterstützung der japanischen Kooperationspartner verlassen.

Ebenso wie Freudenberg fürchtete auch Bayer zu Beginn der 60er Jahre die japanische Konkurrenz nicht. Die über 80jährige Handelspartnerschaft hatte Bayer immer als den überlegenen Partner gezeigt, als Know-How-Geber und als Exporteur von Lizenzen, insbesondere auf den Gebieten Farbstoffe, Pharma, Chemie, Schädlingsbekämpfung und Photoartikel. Auf letzterem schickten sich die Japaner neuerdings an, der Agfa-Camera-Produktion Konkurrenz zu machen. Das Agfa-Camerawerk in München war 1953 gegründet worden, und mit dem Produkt „Optima" wurde dort die erste vollautomatische Camera der Welt gebaut. Bayer war mit Agfa also auf diesem Gebiet weltweit führend.[24] Die Ansätze einer japanischen Konkurrenz erschienen Heinrich Loy vom Agfa-Camera-Werk anläßlich seiner Japan-Reise 1961 als ungeheuerlicher Angriff und als feindlicher Akt eines mit unlauteren Mitteln kämpfenden Emporkömmlings, so daß er in mehreren Berichten über die japanische Camera-Industrie dieser in einem vernichtenden Urteil die Zukunftsfähigkeit absprach. Loys Berichte basierten auf mehreren Unternehmensbesuchen wie etwa bei Canon Camera K.K., Nihon Kogaku Kogyo K.K., Fuji Shashin Koki K.K. u.a., deren unerwartete Exporterfolge der Nachkriegszeit im wesentlichen auf zwei Faktoren, nämlich der durch die nachkriegsbedingte zwangsweise Ausschaltung der deutschen Konkurrenz entstandenen Kapazitätslücken sowie auf den Preisvorteil, insbesondere in unterentwickelten Ländern, wo die deutschen Produkte zu teuer waren, zurückgeführt wurde.[25] „Diese möglichen Exportgeschäfte", so Loy, „sind nun größtenteils von den Japanern nicht auf der soliden Basis eigener Vertretungen aufgebaut worden, sondern in den meisten Fällen unter Zuhilfenahme geschäftstüchtiger Vermittler oder Importeure, die gar nicht daran gedacht haben, für die japanischen Camera-Hersteller gesunde Fundamente zu bauen, sondern die nur daran interessiert waren, möglichst schnell für sich gewinnbringende Umsätze zu erzielen und das nur allzu oft unter gänzlicher Mißachtung alteingeführter Geschäftspraktiken im Photohandel der betreffenden Gebiete. Die Japaner selbst sind in solchen Verkaufsgebieten häufig erst in letzter Zeit in Erscheinung getreten und sind für die Machenschaften ihrer tüchtigen ‚Vermittler' nicht einmal zur Verantwortung zu ziehen. Sie sehen aber allmählich, welche Schäden angerichtet werden und wissen, daß sie für ihren zukünftigen Export keine soliden Märkte zur Verfügung haben, sondern in den betreffenden Ländern lediglich als ‚Gelegenheits-Geschäftemacher' und Störenfriede einer guten Konjunktur und eines normalen Geschäfts aufgetreten sind. Diese Einsicht hat sich hier schon allenthalben durchgesetzt, nur weiß man keine Mittel und Wege, dem abzuhelfen, ohne gleichzeitig noch einmal von vorne

---

23 Ebd., 3/01038, Bericht Japanreise 1964, S. 10.

24 G. Plumpe; H. Schultheiß, Meilensteine, Leverkusen 1988, S. 317, 375.

25 Archiv Bayer, 302-0243, Bericht über die japanische Camera-Industrie, v. Heinrich Loy, 25.7.1961, S. 15.

anzufangen."[26] Die japanische Situation war, nach Loys Einschätzung, weder im In- noch im Ausland „rosig". Wie groß die Probleme der japanischen Camera-Hersteller waren, glaubte Loy anhand der japanischen Exporte nach Deutschland analysieren zu können: „Bei dem Eindringen der Japaner in das deutsche Geschäft handelt es sich meiner Ansicht nach, wie auch im Falle USA und Kanada, um das Becircen von Versand- und Kaufhäusern mit sogenannten Billig-Angeboten, wobei man für ein gewisses Abnahmekontingent den betreffenden Abnehmern den Alleinverkauf zugesagt hat. *Im normalen deutschen Handel dürfte nämlich außer der japanischen Canon 8-mm-Camera mit Gummilinse und einigen Kleinstbild-Cameras* von dem Einbruch der japanischen Konkurrenz in Deutschland nicht viel zu spüren sein. Mit der ‚Eroberung' der deutschen Versandhäuser und zum Teil auch der Kaufhäuser dürften sich aber die Japaner, genauso wie in anderen Märkten, die Liebe des deutschen Photohändlers verscherzt haben. Wie sehr die Kaufhäuser auf der anderen Seite, die ja die Hauptträger des japanischen Exports nach Deutschland sind, unter der Unverkäuflichkeit dieser japanischen Produkte leiden, beweisen uns die immer wiederkehrenden Angebote von Neckermann und auch Quelle von den gleichen Cameras. Leider ist das aber auch der Beweis dafür, wie wenig die branchenfremden Versand- und Kaufhäuser von unserer Photobranche verstehen bzw. mit ihr verbunden sind, denn sonst würden sie auf derartige Ausverkaufsmodelle nicht hereinfallen."[27] Die japanischen Camera-Hersteller arbeiteten aus dieser Perspektive nicht nur mit unlauteren Mitteln, sondern sie verkauften auch Billigprodukte, und die deutschen Versand- und Kaufhäuser, die sich darauf einließen, würden so ungewollt zu ihren Komplizen. Trotz seiner Verärgerung über diese „Störenfriede" konnte Loy jedoch aus Japan auch mitteilen, daß bei der geplanten Einführung der neuen Agfa-„Optima-Serie" „die Konkurrenz der Japaner zunächst noch nicht zu befürchten" sei, da im technischen Bereich die japanischen Cameras nicht ebenbürtig seien, „denn die Canonet ist keine *automatische* Camera".[28] Darüber hinaus leide die japanische Camera-Industrie an „schlechten und wenig fundierten Vertriebswegen", an ihrer „zerstörenden Verkaufspolitik" sowie insbesondere an der „japanischen Krankheit" der Überproduktion. Loys Wahrnehmung wird nachfolgend ausführlich widergegeben, da sich hier auf engem Raum das breite Spektrum deutscher Vorurteile, von Stereotypen und Fehleinschätzungen wiederfindet: „Wo immer in Japan, gleich auf welchem Gebiet, profitable und zukunftsreiche Unternehmen entstehen, wachsen gleichzeitig unzählig viele Konkurrenten, so daß schließlich Überproduktionen die Folge sein müssen, die Preiskämpfe nicht nur auf dem Inlandsmarkt, sondern auch in den Exportgebieten unweigerlich nach sich ziehen. Diese Nachahmungssucht der Japaner ist weltbekannt, aber sie ist kein Charakterfehler,

---

26 Archiv Bayer AG, 302-0243, Bericht über die japanische Camera-Industrie, von Heinrich Loy, 25.7.1961, S. 15 f.

27 Ebd., S. 21 (Hervorhebung im Original).

28 Ebd., S. 25 (Hervorhebung im Original, C.K.).

sondern ich bezeichne sie als eine Volkskrankheit, die ihren Ursprung in einer merkwürdigen eigenen Ideenlosigkeit hat. Diese Nachahmungssucht beschränkt sich nicht nur auf Nachahmungen von Ideen oder Dingen aus dem Ausland, sondern sie ist in gleichem Umfang gegenüber den japanischen Mitmenschen und seinem Tun vorhanden. Wahrscheinlich hängt diese Nachahmungssucht irgendwie mit der langen vollkommenen Abgeschlossenheit Japans zusammen; sie ist keine Neuerscheinung, sondern es gibt dafür in der japanischen Geschichte und in der Neuzeit viele Beispiele. Übertragen auf die japanische Camera-Industrie heißt das: auch sie ist diesen Weg gegangen, deshalb gibt es zu viele Camera-Hersteller, seien es wirkliche Hersteller oder auch nur Camera-Montagefabriken. Man steht heute gewissermaßen vor folgendem Fazit:

1.) eine zu große Anzahl Camera-Hersteller,
2.) Überproduktion,
3.) heruntergewirtschaftete Preise ohne ausreichende Verdienstspanne,
4.) keine fundamental aufgebauten wirklichen Exportmärkte und
5.) keine Entwicklungsideen für die Zukunft.

Dieses Urteil mag hart klingen, aber ich bin bestimmt kein Japan-Gegner, im Gegenteil, und trotzdem ist es nach meiner Auffassung richtig."[29]

Vor diesem Hintergrund sei es „erstaunlich und gleichzeitig unverständlich für den Außenstehenden", so Loy, „daß die Japaner ihre außerordentlich günstige Lage (billigste Löhne, unvorstellbare Arbeitskraftreserven) auch auf dem Camera-Sektor verplempern. Wahrscheinlich ist auch hier der Grund, daß es sich bei der japanischen Camera-Industrie um keine chronologisch gewachsene eigene Entwicklung handelt, sondern im wahren Sinne des Wortes um eine Nachahmung, die heute ohne besondere Fundamente in ihrem technischen Aufbau und in ihrer ursächlichen technischen Erkenntnis ist. Also hochgradig eine Nachahmung, wobei die Eigenentwicklung kaum zu erkennen ist, vielleicht noch etwas auf dem optischen Sektor hinsichtlich der Gummilinsen für Schmalfilm-Cameras, alles übrige ist nachgebaut, nachempfunden und höchstens, wie man so schön sagt: ‚japanese improved'. Die japanische Camera-Industrie hat nur von den Entwicklungsarbeiten der übrigen Welt profitiert, hauptsächlich dabei von Deutschland, und ist unter rücksichtsloser Ausnutzung der billigen japanischen ‚Reislöhne' zu einer unangenehmen Konkurrenz auf dem Weltmarkt geworden – Gott sei Dank, nicht so sehr wegen der Qualität, denn dann wäre es wirklich schlimm. Wie aber alle Extreme sich schließlich ins Gegenteil verkehren, so wurde die hoffnungslose Preispolitik der Japaner gleichzeitig zur Abwehrwaffe, und das in zweifacher Hinsicht: die Japaner haben sich damit gegenseitig selbst heruntergewirtschaftet und der vernünftige Photohandel kann an solchen billigen Angeboten nicht mehr interessiert sein."[30]

---

29 Ebd., S. 25 f.
30 Ebd., S. 27 f.

Faßt man Loys vernichtende Kritik der japanischen Camera-Industrie zusammen – deren Negativattribute reichen von „unsicherer Zukunft" über „Billiganbieter", „Nachahmungssucht" und „Ideenlosigkeit" bis hin zur „japanischen Krankheit" –, so ergibt sich eine lange Liste despektierlicher Äußerungen, die als eine Mischung aus Unwissenheit und Ignoranz, bestenfalls als Irritation und ersten Anzeichen von Unsicherheit, gekennzeichnet werden müssen. Loys Bemerkungen wurden hier in aller Ausführlichkeit zitiert, weil auf diesem Wege auch die Redundanzen deutlich werden, die durch die ständigen Wiederholungen seiner Bemerkungen zum Ausdruck kommen, die seiner Entrüstung zusätzlichen Nachdruck verleihen und einer wirklichen Erkenntnis der japanischen Situation im Wege stehen. In einem weiteren Japan-Bericht Loys, den dieser über die japanische photochemische Industrie ein Jahr später anfertigte, lassen sich zumindest Nuancen hin zu einer positiveren Beurteilung der japanischen Industrie beobachten. Zwar wies Loy auch in diesem Bericht darauf hin, daß die Anfänge der japanischen photochemischen Industrie letztendlich auf die Hilfe von Agfa in den 20er Jahren zurückzuführen seien und auch die Erfolge von Fuji und anderen japanischen Unternehmen auf der Nachahmung von Verfahren von Kodak und Agfa basierten und japanische Firmen noch keine qualitative Konkurrenz für Agfa darstellten, jedoch zeigten Zahlenvergleiche, so Loy, daß die japanische photochemische Industrie „in ihrem Umfang und in ihrer Bedeutung von den meisten unterschätzt wird", und es absehbar sei, daß sie auf der Basis von Qualitätsverbesserungen in Zukunft auf dem Weltmarkt durchaus konkurrenzfähig werden könnte.[31] Aus diesem Grunde wäre sogar von seiten Agfas eine Zusammenarbeit aus „rein wirtschaftspolitischen Erwägungen" heraus durchaus interessant.[32] Wie wenig die herablassende und überhebliche Einschätzung Loys über die japanische Industrie in den 60er Jahren den zukünftigen Realitäten entsprach, belegt die Tatsache, daß das Agfa Camerawerk schließlich aus Rentabilitätsgründen den Betrieb 1982 einstellen mußte und die japanische Photoindustrie inzwischen den Weltmarkt beherrschte.

Auch bei Volkswagen geriet Japan erst sehr spät ins Blickfeld der Unternehmensleitung. Heinrich Nordhoff charakterisierte die japanische Automobilindustrie 1954 als „krankes Kind", dem er eine wenig erfolgreiche Zukunft voraussagte: „On the question of Japan I am of the opinion that this country will continue to be uninteresting and economically weak until it is able to reestablish relations with the Chinese mainland. As long as Japan is forcibly attached to the American economic sphere, the only path is for the Americans to incessantly hand over dollar surpluses in order to steer a basically untenable position away from a catastrophy. I have the impression that Japan is experiencing increasingly deepening difficulties, and it seems that the pecariousness of this position is beginning to be recognized in the

---

31 Ebd., H. Loy, Bericht über die photochemische Industrie in Japan, ihre Entstehung und heutige Struktur, 28.6.1962.

32 Ebd.

USA. That could head to the following conclusion: Japan can be a useful starting position for the future. One should therefore not abandon Japan entirely. Up to this point in time Japan will remain a very sick child, and it would be wrong to do more than the given situation would bear."[33] Diese Einschätzung war mit ausschlaggebend dafür, daß sich VW zu diesem Zeitpunkt gegen die Errichtung einer Produktionsstätte in Japan entschloß.

Auch in den folgenden Jahren spielte die japanische Automobilindustrie in der Wahrnehmung der VW-Unternehmensleitung nur eine untergeordnete Rolle. In den Geschäftsberichten der Nachkriegszeit wurde Japan erstmals 1961 erwähnt, als die dortige Automobilindustrie in der Rangfolge der Erzeugerländer weltweit an die fünfte Stelle rückte und gegenüber dem Vorjahr einen Zuwachs von 68,9% erzielte, wohingegen die deutsche Automobilindustrie nur um 4,5% wuchs, die amerikanische sogar um 15,8% sank.[34] Die Geschäftsberichte der nachfolgenden Jahre lesen sich in diesem Punkt wie eine Hitparade der Automobilproduktion, bei der die japanischen Hersteller im Jahr 1964 auf Platz vier, 1966 auf Platz drei und 1968 gar auf den zweiten Platz vorrückten und damit die deutschen Hersteller von diesem Platz verdrängten. Parallel zu den wachsenden Problemen der Produktpolitik und der Unternehmensorganisation Ende der 60er Jahre mußte Volkswagen nun die japanischen Autohersteller zwangsläufig als Konkurrenten auf dem Weltmarkt ernst nehmen. Dieser Prozeß erfolgte allerdings mit einer erheblichen Zeitverzögerung, wie auch Carl H. Hahn zurückblickend bestätigt. Hahn war erstmals 1964 nach Japan gereist, wo er sich einerseits noch mit einer veralteten Produktionstechnik konfrontiert sah, andererseits das Potential der japanischen Industrie zumindest schon erahnte, als erstmals aus Japan Motorräder in die USA exportiert wurden. Die nachfolgenden Japanreisen Hahns stießen im Unternehmen zunächst auf Unverständnis, da der Nutzen der Reisen für Volkswagen insgesamt in Frage gestellt wurde. Aus Hahns Sicht sperrte man sich bei Volkswagen dagegen, die japanischen Erfolge anzuerkennen. Statt dessen sah man vielmehr die japanischen Fehler und Unzulänglichkeiten. Japan genoß den Ruf als Kopierer. Die Japaner hatten schließlich die Produktionsmethoden zum Automobilbau von den Amerikanern und Europäern übernommen und die deutschen Unternehmen merkten erst sehr spät, daß die Japaner auch innovativ waren. Die selektive Wahrnehmung bei Volkswagen, so sieht es Hahn rückblickend, führte dazu, daß die deutschen Japanreisenden zwar viel sahen,

---

[33] Zit. nach W. Abelshauser, Two kinds of Fordism: On the differing Roles of the Industry in the Development of the two German States, in: Fordism transformed, hg. von H. Shiomi i. K. Wada, Oxford, New York 1995, S. 269-296, hier S. 288, Nachricht Nordhoff an v. Oertzen v. 2.9.1954 (in englischer Übersetzung).

[34] Unternehmensarchiv der Volkswagen AG (vorm. Auto-Museum Volkswagen), Bericht über das Geschäftsjahr 1961, S. 11.

es aber falsch interpretierten: „Die Japaner zeigten uns alles, aber wir sahen nichts.“[35]

Es waren ausgerechnet die Unternehmer der Schwerindustrie, die gegenüber der japanischen Eisen- und Stahlindustrie zurückhaltendere Töne anstimmten und, trotz der ebenfalls anzutreffenden Klischees und Stereotypen über die japanische Wirtschaft und Gesellschaft, zu einem ausgewogeneren Urteil über die Leistungsfähigkeit der japanischen Industrie gelangten. Schon bei seiner Japanreise 1960 hob Direktor Inden von Phoenix-Rheinrohr hervor, daß die japanische Eisen- und Stahlindustrie inzwischen zum fünftgrößten Erzeuger der Welt aufgestiegen war. Die Bemerkung, daß „in Japan fast alle technischen Neuheiten zu sehen (sind)“, wurde, trotz der Tatsache, daß es sich dabei um importierte Anlagen und Lizenzen handelte, keinesfalls despektierlich oder mit Anspielung auf das japanische Kopiererimage kommentiert, im Gegenteil – die Leistungen der japanischen Stahlhersteller fanden starke Beachtung: „Viele Anzeichen sprechen für eine stürmische Entwicklung in den nächsten Jahren, so daß die Prognose naheliegt, daß sehr bald von einem ‚japanischen Wunder‘ gesprochen wird und das ‚deutsche Wunder‘ etwas in den Hintergrund tritt.“[36] Besonders beeindruckt waren deutsche Japanbesucher u.a. von den günstigen Wärmeverbräuchen in den Stahlwerken, schließlich war dies ein Gebiet, auf dem die deutsche Eisen- und Stahlindustrie schon seit Ende des 19. Jahrhunderts große Rationalisierungserfolge erzielt und ihre Überlegenheit gegenüber amerikanischen Unternehmen bewiesen hatte.[37] Die deutschen Eisen- und Stahlunternehmer befürchteten zu Beginn der 60er Jahre zwar keine direkte japanische Konkurrenz auf den internationalen Märkten, jedoch gab es durchaus Berührungspunkte an den peripheren Rohstoff- und Absatzmärkten. „Aus diesem Grunde sollten die heute so freundschaftlichen Beziehungen zwischen unseren beiden Völkern durch einen stärkeren Erfahrungsaustausch mit Wissenschaftlern, Technikern und Kaufleuten weiter ausgebaut und vertieft werden“, so hieß es bei Phoenix Rheinrohr im Jahr 1961.[38] Bereits ein Jahr später konnte sich Inden durchaus vorstellen, daß deutsche Ingenieure auf das Angebot zu einer Ausbildung bei Sumitomo eingingen. Mit Sumitomo herrschte, ebenso wie mit dem Röhrenhersteller Nippon Kokan ein „reger, offener Meinungsaustausch“, und „beide Gesellschaften, die sehr fortschrittlich sind, können für uns interessant werden“, so Inden, „deshalb sollten wir mit beiden Gesellschaften auch weiterhin freundschaftliche Beziehungen pflegen“.[39] Zwar war man sich über den Erfolg einer engeren Zusammenarbeit mit japanischen Herstellern bei Phoenix Rheinrohr zu Beginn der 60er Jahre auch nicht sicher und

---

35 Interview C. H. Hahn, 20.2.1998.

36 Archiv Mannesmann, PR 4 72 55, Japanreise Dir. Inden, Mai 1960.

37 Ebd., Gerhard Heynert, Eindrücke beim Besuch japanischer und sowjetischer Hüttenwerke, Vortrag 7.8.1961.

38 Ebd.

39 Ebd., Aktennotiz Inden 4.1.1962 bezgl. Kontakten zu Nippon Kokan und Sumitomo.

es war klar, daß die Entwicklungsarbeiten auf dem Gebiet der japanischen Röhrenhersteller nicht zu Ergebnissen geführt hatten, „die wir nicht kennen", doch führte dies bei Phoenix-Rheinrohr nicht zu der bei anderen deutschen Unternehmen beobachteten Ignoranz und Überheblichkeit, sondern zu dem wiederholt geäußerten Wunsch nach Erfahrungsaustausch und Kooperation, auch wenn dies zwischenzeitlich durchaus in Frage gestellt wurde.[40] Die im Vergleich zu anderen Industriezweigen größere Normalität zwischen den deutschen und japanischen Stahlunternehmen kam schließlich auch darin zum Ausdruck, daß etwa Phoenix-Rheinrohr hinsichtlich eines geplanten engeren Erfahrungsaustausches auch durchaus mit Mißtrauen reagierte und bestimmte Informationen über Technologien und Maschinen lieber geheim halten wollte,[41] wobei sich zeigte, daß japanische Unternehmen als potentielle Konkurrenten ernst genommen wurden. Die realistische Einschätzung der Leistungsfähigkeit der japanischen Eisen- und Stahlindustrie durch deutsche Unternehmer kam auch darin zum Ausdruck, daß der Verein Deutscher Eisenhüttenleute im Jahr 1962 junge Nachwuchswissenschaftler zum Studium der neuesten Entwicklungen auf dem Gebiet der Baustähle nicht nur in die USA, sondern gleichzeitig auch nach Japan schickte. Neben dem Besuch der amerikanischen Unternehmen zeigte sich dabei, daß auch japanische Stahlhersteller wie Fuji Iron and Steel, Nippon Kokan oder Kobe Steel neue Stähle mit außergewöhnlichen mechanisch-technologischen Eigenschaften produzierten.[42]

Die auf dieser Studienreise beobachteten Gegensätze zwischen „hochmoderner Technik" auf der einen und dem „bescheidenen Leben des Japaners" auf der anderen Seite prägte auch noch in den folgenden Jahren die Eindrücke deutscher Japanreisender. Hinsichtlich einer geplanten Zusammenarbeit zwischen Glanzstoff und Mitsubishi Rayon Co. Ltd. auf dem Gebiet der Polyestergarnherstellung reiste eine deutsch-niederländische Gruppe nach Japan und war dort überrascht von den Gegensätzen der modernen technologischen Entwicklung auf der einen und des kulturellen Traditionalismus auf der anderen Seite: „Was ist das für ein Volk, das die größten und modernsten Tanker der Welt baut und dabei sein Land mit solchen Pflügen bestellt – das gigantische Städte baut, ihren Straßen jedoch keine Namen gibt, das die Kunst des Blumensteckens übt, in den eigenen Gärten aber keine Blumen duldet – das sich westlich kleidet und doch die Schönheit des Kimonos schätzt ... Das ist alles nur ein Bruchteil der Gegensätze, die dem Fremden ins Auge sprin-

---

40 Ebd., Vertraulicher Bericht an Dir. Inden über Erfahrungsaustausch mit Nippon Kokan/Phoenix-Rheinrohr, 17.10.1962 u. 2.11.1962.

41 Ebd.

42 Archiv Mannesmann, M 40.103.3. Bericht über eine Studienreise durch die USA und Japan im Rahmen des VDEh-Jubiläumsstipendiums in der Zeit vom 13.8.1962 bis 21.5.1963 unter besonderer Berücksichtigung des Themas „Die hochfesten schweißbaren Baustähle in den USA und Japan", von W. E. Lauprecht, S. 4 f.

gen, die er aber nicht begreifen kann, weil ihm die Gedankenwelt des Japaners weitgehend verschlossen bleibt."[43]

Trotz der vergleichsweise positiven Beurteilung japanischer Erfolge durch die deutsche Eisen- und Stahlindustrie zeigt sich jedoch, daß man diese nicht unbedingt als Konkurrenz betrachtete. Als Peter Fink 1968 im Auftrag von Krupp zur Wartung und Betreuung der Kruppschen Anlagen nach Japan reiste, fiel ihm die z.T. noch stark rückständige Technologie der Eisen- und Stahlindustrie, die veraltete Elektrik und die mangelnde Genauigkeit und Präzision vieler Anlagen auf. Und während ihn der Shinkansen-Expreß stark beeindruckte, empfand er die Reiseerlebnisse in der japanischen Provinz oftmals als „abenteuerlich".[44]

Die deutsche Beurteilung japanischer Spitzentechnologie wie des Shinkansen- oder des Tokaido-Express' zeigt aber auch deutlich die Ambivalenz, mit der deutsche Unternehmer noch Ende der 60er Jahre der japanischen Industrie begegneten. Vor dem Hintergrund der Tatsache, daß Deutschland über keine vergleichbare Technologie wie den Tokaido-Express verfügte, mutet das Urteil W. Dahls von Mannesmann befremdlich an und zeigt, daß auch unter deutschen Stahlindustriellen wesentliche Signale des technischen Fortschritts in Japan nicht rechtzeitig erkannt wurden: „Nach meinem Eindruck ist die Entwicklung der New Tokaido Line ein typisches Beispiel für die großen nationalen Anstrengungen der Japaner ... Neben den Superexpreßzügen verkehren nach festem Fahrplan etwa alle 20 Minuten die normalen Expreßzüge, die für die Strecke (Osaka-Tokio, C.K.) etwa vier Stunden benötigen; die Spitzengeschwindigkeit mit 200-210 km/h ist die gleiche wie bei den Superexpreßzügen, nur die Haltestellen sind etwas zahlreicher ... so bekommt man eine hohe Achtung vor dem Mut, zum damaligen Zeitpunkt ein solches Unternehmen zu beginnen. Wenn auch keine grundsätzlich neue Idee in dieser Eisenbahnlinie verwirklicht wurde, so imponiert die auf großer Breite geleistete Entwicklungsarbeit im Detail", so Dahl, wobei für ihn unter dem Strich das Urteil feststand: „Ein grundsätzlicher epochemachender Fortschritt wurde jedoch nicht erzielt ... In den Werken ist die Situation ähnlich. Mit großem finanziellen Aufwand wird der modernste Stand der Technik eingestellt. Es gibt aber, zumindest bisher, keine eigenen umwälzenden Neuentwicklungen, und man scheut auch davor zurück, sich allzusehr auf Neuland zu begeben ... Diese Ausführungen sollen keine Abwertung der japanischen Arbeitsmethode sein. Ich bin der festen Überzeugung, daß bei den großen Anstrengungen eine solche Fülle von Ergebnissen anfallen wird, daß sich der Aufwand lohnt ... Es imponiert der Mut zu den Entschlüssen, den größten Hochofen, die größten Schiffe, die bestausgerüsteten Forschungsinstitute zu bauen und darauf zu vertrauen, daß diese für ein relativ armes Land wie Japan ja schließlich sehr bedeutenden Ausgaben zum Erfolg führen werden. Mir scheint der gewaltige Fortschritt, den Japan in den letzten Jahren oder Jahrzehnten genommen hat, also weni-

---

43 Im Land der 100 Millionen Außenseiter, in: Wir vom Glanzstoff 30, 1970, H. 7, S. 13.
44 Interview P. Fink, 28.1.1998.

ger in dem Ersinnen neuer Verfahren, in der technischen Phantasie oder im Erfindungsreichtum zu beruhen. Entscheidend sind viel mehr die Entschlüsse zu großen Projekten in Produktion und Entwicklung ... Erleichtert wurde dieser Prozeß sicher dadurch, daß das Wiedererstarken der japanischen Wirtschaft und die Entwicklung einer modernen Technik als nationale Aufgabe empfunden wird, ja ich habe manchmal den Eindruck, daß der technische Fortschritt eine Art Ersatzreligion ist."[45] Dahls Äußerungen wurden an dieser Stelle so ausführlich wiedergegeben, weil sie eine Art Fazit der Wahrnehmung der japanischen Industrie durch deutsche Unternehmer gegen Ende der 60er Jahre darstellen, wobei deutlich wird, daß diese zwar inzwischen die Leistungen der japanischen Unternehmen anerkannten, sie jedoch in erster Linie für eine Frage der Quantität hielten, die nicht ernsthaft eine Bedrohung der eigenen Position darstellte. Begriffe wie „imponierende Entwicklungsarbeit" oder „mutiger Entschluß" lassen eher auf eine wohlwollende und gönnerhafte Perspektive aus der Distanz, bestenfalls auf ein gutmeinendes Lehrer-Schüler-Verhältnis schließen als auf die Beurteilung eines ebenbürtigen weil technologisch leistungsfähigen Konkurrenten. Mit anderen Worten: Bis auf wenige Ausnahmen nahmen deutsche Unternehmer die japanische Industrie auch Ende der 60er Jahre noch nicht als Konkurrenz oder Bedrohung wahr. Darüber hinaus waren japanische Unternehmen, deren Produktions- und Managementmethoden für deutsche Unternehmer nicht von Interesse.

Die Kopien eines Zeitschriftenartikels zum Thema „Die japanische Herausforderung" aus dem Wirtschaftsmagazin „PLUS" im Jahr 1968, die bei Bayer in einer Sitzung „an alle Herren des Vorstands" verteilt wurden, deutete schließlich auf einen gewissen Nachholbedarf in der Auseinandersetzung mit dem Phänomen Japan hin. „Der Schock von Servan-Schreiber sitzt noch in den Knochen", so der PLUS-Artikel, „da schocken die Japaner mit den höchsten Zuwachsraten in der Weltwirtschaft. ‚Made in Japan' – früher mit Hinweis auf Dumping, Niedriglöhne und Ideendiebstahl abgetan – erweist sich heute als die Frucht von Tradition und Fleiß."[46] Die „japanische Herausforderung" begann bei deutschen Unternehmern allmählich Wirkung zu zeigen. Auch Karl Winnacker erwähnt in seinem 1971 erschienen Buch die „japanische Herausforderung"[47] und deutete damit auf einen sukzessive einsetzenden Einstellungs- und Wahrnehmungswandel hin, der sich seit Ende der 60er/Anfang der 70er Jahre bei deutschen Unternehmern beobachten läßt. Ein solcher Einstellungswandel und damit eine Lernfähigkeit zeigen sich schließlich auch bei Hans Erich Freudenberg und sie sind ablesbar an den unterschiedli-

---

45 Archiv Mannesmann, M 40.140. Bericht über eine Japan-Reise im Juli 1969, v. W. Dahl, S. 18 f., 27 f.

46 Archiv Bayer AG, 302-0244, Kopien „an alle Herren des Vorstands", aus: PLUS 8/68, „Die japanische Herausforderung", von Y. Shinoda, Tokio, S. 7-10 sowie Einleitung.

47 K. Winnacker, Nie den Mut verlieren, S. 413.

chen, aufeinanderfolgenden internen Japan-Reiseberichten seit der ersten Japanreise im Jahr 1959. 1967 reiste Freudenberg zum neunten Mal nach Japan, und seine Eindrücke unterschieden sich deutlich von den der vorangegangenen Reisen: „Noch nie war der jährlich zu verspürende Entwicklungssprung so ungewöhnlich wie zwischen dem letztjährigen und dem diesjährigen Besuch", so Freudenberg 1967. Dies gelte für den Lebensstandard der Japaner ebenso wie für das Bildungswesen, den Straßenbau und die „explosionsartige" Entwicklung der Automobil-, Stahl- oder Chemieindustrie.[48] Auch mit Blick auf die eigenen Unternehmensinteressen fand Freudenberg nur positive Formulierungen: „CF (Carl Freudenberg, C.K.) gilt als der in Japan erfolgreichste deutsche Investor. Die ständige persönliche Betreuung hat zu einem ausgezeichneten Vertrauensverhältnis geführt (Besuche nicht erst, wenn es brennt!). Eine Erweiterung der Interessen in Japan kann nur dringend empfohlen werden, zumal das Wachstum, wenn auch eine Rezession wieder eintreten sollte, auf längere Sicht anhalten wird. Japan wird zweifellos in Fernost zwischen West und Ost als Industrienation *die* führende Rolle zufallen ... Alle Beziehungen zu unseren japanischen Freunden sind z.Zt. herzlich und vertrauensvoll. Die geführten Gespräche fanden ausnahmslos in freundschaftlicher Atmosphäre statt."[49] Im Vergleich zu seiner ersten Japanreise im Jahr 1959 sind die Einschätzungen und Äußerungen Hans Erich Freudenbergs über Japan kaum wiederzuerkennen. Der Blick auf die japanische Industrie ist durch Respekt und Anerkennung geprägt, die despektierlichen Äußerungen über die japanische Kultur und Gesellschaft sind Bemerkungen über das freundschaftliche, ja sogar herzliche und vertrauensvolle Verhältnis zu den japanischen „Freunden" gewichen. Die Beziehungen zu den japanischen Geschäftspartnern haben sich normalisiert, Japanreisen waren für Freudenberg, wie auch Amerikareisen, inzwischen zur Routine geworden. Dementsprechend konzentrieren sich auch die im Anschluß an die Reisen erstellten Berichte im wesentlichen auf Fragen der Gestaltung der Geschäftsbeziehungen. Äußerungen zu „Land und Leuten" tauchen kaum noch auf. Die Japanreisen sind somit gleichzeitig Ausdruck geschäftlicher Normalität und auch eines unternehmerischen Lernprozesses im Sinne des „Erfahrungslernens" (Dierkes). Die positiven Erfahrungen, die Freudenberg innerhalb der letzten acht Jahre in Kontakt mit der japanischen Wirtschaft und mit japanischen Unternehmen sammeln konnte, zogen einen Einstellungswandel und entsprechende Anpassungsleistungen nach sich dergestalt, daß Freudenberg ein anderes Verhalten gegenüber den japanischen Geschäftspartnern an den Tag legte und auch die eigene Geschäftspolitik änderte. Dies betraf vor allem die gemeinsam mit den japanischen Partnern geführten Joint Ventures JVC und NOK. Gegenüber seinem ersten Japanbesuch konnte Freudenberg feststellen, daß sich aus einem „veralteten Betrieb" (Haneda) mit 1200 Mitarbeitern nach der Gründung von NOK ein

---

48 Archiv Freudenberg, 3/01038, Hans Erich Freudenberg. Bericht Japanreise 29.10.-21.11.1967, S. 1.

49 Ebd., S. 4.

leistungsfähiges Unternehmen entwickelt hatte, in dem „in fünf hochmodernen Betrieben über 4000 Menschen beschäftigt" waren und auch die Produktivität aufgrund von Rationalisierung und Automation – deren mangelnde Umsetzung Freudenberg noch 1959 kritisiert hatte – stark gestiegen war. Auch JVC hatte sich in den 60er Jahren sehr erfolgreich entwickelt und eine „überragende Stellung" mit einem Marktanteil von 50% auf dem Gebiet der „Nonwoven" in Japan erzielt.[50] Freudenberg bemühte sich sogar nach Gesprächen mit führenden Mitarbeitern vor Ort um Informationen über die japanische Chemiefaserindustrie, da diese für das eigene Unternehmen zunehmend von Interesse sein könnten, schließlich war klar, „daß die japanischen Faser-Chemiker heute in der Welt führend seien und daß wegen der Spezialisierung der Faser-Chemiker in USA und Europa nirgends so umfassend geschulte Leute zu finden seien wie in Japan. Man schlägt vor, wir sollten uns in Japan einen der dortigen Faser-Chemiker engagieren, ihn in Weinheim ‚auspressen' und ihn dann als technische Schlüssel-Figur bei der Einführung unserer Spinbond-Technik in Japan benutzen".[51] Die Vorstellung, daß japanische Fachleute Freudenberg mit Know-How versorgen könnten, wäre aus deutscher Sicht acht Jahre zuvor unmöglich gewesen und auch wohl für die nahe Zukunft von Freudenberg ausgeschlossen worden. Daß eine solche Überlegung nun ernsthaft in Erwägung gezogen wurde, drückt nicht nur den rasanten japanischen Fortschritt auf diesem Gebiet aus, sondern auch einen Wahrnehmungs- und Einstellungswandel auf seiten deutscher Unternehmer, der in vielen Fällen allerdings noch auf einem Überraschungseffekt beruhte. Dazu paßt auch eine mit fast ungläubigem Staunen und deshalb auch im Potentialis formulierte Bemerkung Freudenbergs: „Die Amerikaner sollen sich bereits japanische Erfahrungen auf diese Weise gesichert haben."[52] Diese Hinzufügung zu Freudenbergs Überlegungen einer Aneignung japanischen Know-Hows belegt zudem einmal mehr, daß die Japanwahrnehmung auch über den Umweg der Amerikawahrnehmung zum Zweck der Rückversicherung erfolgte. Wenn nämlich amerikanische Unternehmen sich japanisches Know-How aneigneten, so muß Freudenbergs Überlegung gedeutet werden, dann könnte dies auch für Freudenberg eine erfolgreiche Möglichkeit der Wissensaneignung darstellen.

Als ungewöhnlich muß in diesem Zusammenhang auch Hans Erich Freudenbergs Wahrnehmung japanischer Kritik am deutschen Geschäftspartner bezeichnet werden, auch wenn sie sehr zurückhaltend aufgenommen wurde: „Bei der in Japan üblichen Großzügigkeit begegnet man immer wieder einer Kritik und Verwunderung darüber, daß Deutschland – und CF – sich so schäbig geben."[53] Hier zeigt sich erstmals in Freudenbergs Reiseberichten ein Hinweis auf eine selbstreflexive Wahrnehmung des eigenen Verhaltens, die auch die japanische Sichtweise zumindest an-

---

50 Ebd., S. 5, 15.
51 Ebd., S. 12.
52 Ebd., S. 13.
53 Ebd., Hans Erich Freudenberg, Japanreise vom 29.10.-21.11. 1967, Verschiedenes, S. 1.

satzweise berücksichtigt und die insofern ebenfalls als Lernprozeß gewertet werden muß, obwohl schon im nächsten Satz die Bemerkung folgt: „Es ist hier Vorsicht am Platze".[54]

Die veränderte unternehmerische Japanwahrnehmung fand schließlich auch in der öffentlichen wissenschaftlichen und publizistischen Diskussion ihren Widerhall. Ende der 60er und zu Beginn der 70er Jahre häuften sich Publikationen, die den wachsenden Erfolg der japanischen Wirtschaft und Unternehmen thematisierten und dabei den Begriff der „japanischen Herausforderung" in den Mittelpunkt stellten.

[54] Ebd.

3.3 Die „japanische Herausforderung" in den 70er Jahren

Um 1970 erschienen eine ganze Reihe von Publikationen, die den Aufstieg Japans zur wirtschaftlichen Großmacht thematisierten, darunter zahlreiche populärwissenschaftliche Schriften wie die des schwedischen Wirtschaftsjournalisten Hakan Hedberg, der in Anlehnung an Jean-Jacques Servan-Schreibers erst zwei Jahre zuvor ins Deutsche übersetzte Arbeit über die „amerikanische Herausforderung" nun vor der „japanischen Herausforderung" warnte.[1] Wie zuvor Servan-Schreiber entdeckte Hedberg eine neue „dritte Weltmacht", diesmal jedoch Japan, das sich anschickte, nach den USA und der Sowjetunion die europäischen Staaten und damit auch die Bundesrepublik als Wirtschaftsmacht hinter sich zu lassen. In journalistischer Manier wurden dabei aktuelle Wirtschaftsanalysen und Zukunftsprognosen zum Bild einer neuen „Supermacht" stilisiert, die einen „Eroberungszug um die Welt" antrat.[2] Ähnlich wie Servan-Schreiber bediente sich auch Hedberg einer militaristischen Begrifflichkeit, um mit reißerischen Thesen die Wucht der „japanischen Herausforderung" zu unterstreichen. So handeln einzelne Kapitel von der „Niederlage der Sowjetunion", der „Niederlage der USA" und dem „Krieg des Kapitals", und das Buch endet mit den Worten: „In der Geschichte der Weltwirtschaft hat ein neues Kapitel begonnen. Die Supermacht Japan gibt ihr Debut. Der totale Industriestaat beginnt seinen Eroberungszug um die Welt."[3] Der Begriff der „japanischen Herausforderung" war an die Stelle der „gelben Gefahr" aus der Zeit vor dem Zweiten Weltkrieg getreten. Nachdem Japan zwei jahrzehntelang aus europäischer Perspektive, von seiten der Unternehmer ebenso wie der Öffentlichkeit, als Entwicklungs- und Schwellenland betrachtet wurde, dienten nun neue, modifizierte, aber gleichwohl diffuse Attribute zur Kennzeichnung einer vermeintlichen wirtschaftlichen Bedrohung aus Japan. Nicht nur journalistische Publikationen wie die von Hedberg widmeten sich dem Thema Japan vor dem Hintergrund militaristischer Denkkategorien. Der Bundesminister für Bildung und Wissenschaft, Klaus von Dohnanyi, spricht in seinem 1969 erschienenen Buch „Japanische Strategien oder Das deutsche Führungsdefizit" von einer „Verschiebung der Symbole nationalen Selbstbewußtseins von den Paraden und Feldschlachten der Kriege zu den wirtschaftlichen Wachstumsraten, technologischen Erfolgen und industriellen Großprojekten". Dohnanyi warf den deutschen Führungskräften der Wirtschaft vor, daß Japan bei einem ähnlich schwierigen Start nach dem Zweiten Weltkrieg auf dem Gebiet der Wach-

---

1 H. Hedberg, Die japanische Herausforderung, Gütersloh o.J. (1970).

2 Ebd., S. 212; s.a. Th. Dams, Die Industrialisierung Japans: Gemeinsamkeiten und Unterschiede zu Deutschland, in: B. Martin (Hg.), Japans Weg in die Moderne, Frankfurt am Main, New York 1987, S. 87-138, 87.

3 Ebd.

stumsindustrien wie dem Schiffbau, der Stahl-, Konsumgüter- und Elektroindustrie mehr erreicht habe als die Bundesrepublik, was er nicht zuletzt auf die „vorurteilsfreie Bereitschaft, von aller Welt zu lernen", zurückführte.[4]

Publikationen wie diejenigen von Hedberg oder Dohnanyi zeigen im Falle der Japanrezeption Ähnlichkeiten mit der publizistischen Amerikarezeption 20 Jahre zuvor. Populärwissenschaftliche Publikationen mit hoher Auflage verbreiteten ein zumeist oberflächliches Japanbild, erreichten gleichzeitig ein Massenpublikum und erzielten damit über den engen unternehmerischen Diskurs hinaus eine breite Öffentlichkeitswirksamkeit. Dabei spielten auch wieder Wirtschaftsverlage wie der Econ Verlag u.a. eine Rolle, die, wenn auch nicht in gleichem Umfang wie seinerzeit über amerikanische, seit Ende der 60er Jahre nun auch Bücher über japanische Managementmethoden publizierten. M. Y. Yoshinos Darstellung über „Japans Management" zählte dazu und war zugleich eines der wenigen Bücher, das, von einem Japaner verfaßt, in deutscher Übersetzung überblicksartig über die Entwicklung der japanischen Wirtschaft, Gesellschaft und Unternehmensführungsmethoden seit Mitte des 19. Jahrhunderts informierte, wie auch Robert Guillains Buch „Der unterschätzte Gigant. Japans Zukunft hat bereits begonnen".[5] Die steigende Popularität des Themas „Japan" zu Beginn der 70er Jahre wird schließlich auch durch die Tatsache belegt, daß „Management-Gurus" wie Peter F. Drucker als einer der wichtigsten Publizisten amerikanischer Managementliteratur 1971 die Frage stellte: „What can we learn from Japanese Management" und in diesem Zusammenhang die provozierende Bemerkung machte, daß amerikanische und europäische Unternehmer die Japaner bislang vornehmlich als Zulieferer, Kunden oder Konkurrenten wahrgenommen hätten, „but they should also know it as a teacher".[6] Eine solche Vorstellung war zu Beginn der 70er Jahre weder für deutsche Unternehmer noch für Ökonomen vorstellbar. Deutsche Sozial- und Wirtschaftswissenschaftler hatten sich bis dahin nur selten mit Fragen der japanischen Unternehmensführung auseinandergesetzt. Eine Ausnahme bildeten Erich Gutenbergs Arbeit „Über japanische Unternehmungen" aus dem Jahr 1960 oder auch Guido Fischer, der sich, wie bereits gezeigt, nach dem Zweiten Weltkrieg zunächst in Richtung USA orientiert und als Mitbegründer des „Institut für betriebliche Sozialpraxis" und der Zeitschrift „Mensch und Arbeit" das Thema „Human Relations" in der Bundesrepublik popularisiert hatte, bevor er sich in den 60er Jahren zunehmend für Japan interessierte. Fi-

4 K. v. Dohnanyi, Japanische Strategien oder Das deutsche Führungsdefizit, München 1969, S. 13, 79.

5 M. Y. Yoshino, Japans Management, Düsseldorf, Wien 1970; R. Guillain, Der unterschätzte Gigant. Japans Zukunft hat bereits begonnen, Bern, München, Wien 1970. In der anglo-amerikanischen Literatur läßt sich für die 70er Jahre ein vergleichbares Phänomen der Japan-Rezeption mit einer Fülle von populärwissenschaftlicher Literatur beobachten, so z.B. Ende der 70er Jahre E. F. Vogel, Japan as Number 1. Lessons for America, New York etc. 1979.

6 P. F. Drucker, What can we learn from Japanese Management?, in: HBR March/April 1971, S. 110-122, 110.

scher beschäftigte sich mit Fragen der Personalpolitik, insbesondere der „japanischen Betriebsgemeinschaft“. Dafür erlangte er schließlich in Japan einen großen Bekanntheitsgrad. Ein deutsch-japanisches „Partnerschafts-Begegnungshaus“ erhielt sogar seinen Namen.[7] 1972 erschien Friedrich Fürstenbergs Buch „Japanische Unternehmensführung“, das aus industriesoziologischer Sicht über traditionelle japanische Managementprinzipien, über westliche, nach dem Zweiten Weltkrieg insbesondere über amerikanische Einflüsse sowie schließlich auch über eigene Wege japanischer Unternehmensführungsmethoden berichtete.[8] Zu dieser Zeit erreichte die „japanische Herausforderung“ auch die deutschen Betriebswirtschaftler. Der vierte Band der vom „Universitätsseminar der Wirtschaft“ (USW), also dem „deutschen Harvard“, herausgegebenen Schriftenreihe zum Thema „Die Herausforderung des Managements im internationalen Vergleich“ wurde zwar noch von amerikaorientierten Beiträgen dominiert, doch die Aufnahme eines Aufsatzes von Yujiro Shinoda über japanische Managementmethoden zeigte die wachsende Bedeutung, die man diesen auch in den deutschen Wirtschaftswissenschaften beimaß. „Im internationalen Wettbewerb – insbesondere mit amerikanischen und japanischen Unternehmen“, so der Mitherausgeber Walter Busse von Colbe an anderer Stelle, „werden letztlich nur diejenigen bestehen können, die nicht nur über die bessere Technik verfügen, sondern auch die modernen Probleme der Unternehmensführung optimal lösen“.[9] Die Tatsache, daß Busse von Colbe hier nicht nur die USA und Japan in einem Satz nannte, sondern auch Informationen über das japanische Management, vertreten durch den Beitrag von Shinoda, als Teil der neuen „Herausforderung des Managements“ verstanden, belegt den Wahrnehmungswandel deutscher Ökonomen gegenüber Japan. Es zeigte sich, daß japanisches Management über die traditionellen Methoden der Daueranstellung, des Senioritätsprinzips, der Hierarchien oder der Zwangspensionierung auch über den amerikanischen Einfluß nach 1945 hinaus durchaus über eigenständige Produktions- und Managementansätze wie Planungs- und Mitwirkungsmöglichkeiten der Belegschaften, Qualitätskontroll- oder Zuliefersysteme verfügte, die in den bisherigen Darstellungen über die japanische Wirtschaft und Unternehmen kaum Erwähnung gefunden hatten. Shinoda berichtete 1970 etwa von einem neuen System von Zulieferern, das für eine hohe Produktivität und geringe Lagerhaltung sorgte und bereits in zahlreichen japanischen Großunternehmen praktiziert wurde. Tamanoi erwähnte im gleichen Jahr neue Ansätze von

---

7 G. Krell, Vergemeinschaftende Personalpolitik, S. 178, 213.

8 E. Gutenberg, Über japanische Unternehmungen, Wiesbaden 1960; K. Maier, Das literarische Werk von Prof. Dr. Guido Fischer, in: E. Gaugler (Hg.), Verantwortliche Betriebsführung. Prof. Dr. Guido Fischer zum 70. Geburtstag, Stuttgart 1969, S. 301-308; F. Fürstenberg, Japanische Unternehmensführung, Zürich 1972.

9 W. Busse von Colbe, Planung, Koordination und Kontrolle als Hauptaufgaben der Unternehmensführung, in: Die Herausforderung des Managements im internationalen Vergleich, Wiesbaden 1970, S. 49-61, 61.

„Teamwork", die nicht mehr im traditionellen Sinn von der Passivität oder gar Unterwürfigkeit der Belegschaften ausgehe, sondern von einer größeren Eigenständigkeit der Mitarbeiter, die die Betriebsangehörigen als Entscheidungsträger betrachteten.[10]

Die ersten deutschsprachigen Artikel, die sich explizit mit innovativen japanischen Managementmethoden auseinandersetzten, waren der bereits erwähnte kurze Aufsatz von W. Edwards Deming über die Anfänge statistischer Qualitätskontrolle in der Zeitschrift für wirtschaftliche Fertigung im Jahr 1969 unter dem Titel „Was ging in Japan vor?" sowie ein im gleichen Heft erschienener Beitrag von Helmut Wagner über „Menschliche Verhaltensforschung – ein Schlüssel zur Produktivität", in dem dieser in Anlehnung an Deming Fragen der Qualitätssicherung, der „Zero Defects" sowie des Austauschs von Ideen und der Aussprache innerhalb der Belegschaften als Aspekt der „Human Relations Research" betrachtete, deren Ursprünge vornehmlich in den USA verortet wurden.[11] Vier Jahre später folgte ein ebenso kurzer und abseitig erschienener Beitrag eines Bundesbahndirektors a.D. namens Pistorius über „Qualitätssicherung in Japan". Mit Hinweis auf Demings grundlegende Arbeiten in Japan und unter Bezug auf eine Broschüre zum Thema „Quality-Circle Activities" des Japaners Ishikawa wies Pistorius auf Ähnlichkeiten des deutschen und japanischen Wiederaufbaus nach dem Zweiten Weltkrieg hin, wobei er Fragen der Qualitätskontrolle einen wesentlichen Anteil am „japanischen Wunder" beimaß. Dabei konnte er auf „erstaunliche" Erfolge hinweisen, die etwa in einer Verbesserung der Produktqualität, einer Verringerung der Fehlerzahlen, der Kosten, des Ausschusses wie der Unfallzahlen und schließlich in einer enormen Steigerung der Produktivität zum Ausdruck kamen.[12] Darüber hinaus erschien im Jahr 1972 eine Studie des Ausschusses für technologischen Fortschritt des japanischen Wirtschaftsrates in deutscher Übersetzung, vorgelegt vom Ostasien-Institut in Bonn, die in Zusammenarbeit mit dem Bundesministerium für Bildung und Wissenschaft 1972 erstellt wurde und bei der es sich, wie es im Vorwort heißt, erstmals um einen Be-

---

10 Y. Shinoda, Japanisches Management, in: Die Herausforderung des Managements, S. 82 ff.; K. Tamanoi, Unternehmensverhalten, betriebsinterne Ordnung und soziale Verhältnisse bei hohem Wachstumstempo, in: K. Hax; W. Kraus (Hg.), Industriegesellschaften im Wandel. Japan und die BRD, Düsseldorf 1970, S. 155-165, 161 f. Die später gebräuchlichen Begriffe wie „Just-in-Time", „Quality Circles" und „Gruppenarbeit" tauchen zu diesem Zeitpunkt in den Texten der japanischen Autoren noch nicht auf. Über den neuesten Stand japanischer Wissenschaft und Technologie informierte Mitte der 70er Jahre auch das deutsch-japanische Wirtschaftsbüro, z.B. über B. Kramer, Wissenschaft und Technologie in Japan (Studienreihe Japan, H. 24), Hamburg 1975. An neuerer historischer Literatur s. Y. Suzuki, Japanese Management Structures, 1920-1980, London 1991.

11 Deming, Was ging in Japan vor?, in: Zeitschrift für wirtschaftliche Fertigung 64, 1969, S. 336-340; H. Wagner, Menschliche Verhaltensforschung – ein Schlüssel zur Produktivität, in: ebd., S. 333-335.

12 G. Pistorius, Qualitätssicherung in Japan. Entstehung, Tätigkeit und Erfolge der Q.C.-Zirkel, in: QZ 18, 1973, H. 10, S. 253-259.

richt in westlicher Sprache handelte, der also nicht von Ausländern über Japan geschrieben wurde und der eine umfangreiche Darstellung und Standortbestimmung der japanischen Wirtschaft und Wissenschaft beinhaltete. Das Bundesministerium für Bildung und Wissenschaft sah in diesem Bericht eine wichtige Quelle für das Studium der japanischen Denkweise, der Planungen und Entwicklungen im wirtschaftlich-technologischen Bereich. „Da qualifizierte Informationen das künftige Schicksal jeder Industriegesellschaft entscheidend beeinflussen“, so hieß es im Vorwort des Berichtes, „müssen die Anstrengungen für ein möglichst adäquates Verständnis der Entwicklungsprozesse in Japan (und ganz Ostasien), sei es im nationalen oder übernationalen Rahmen (EWG, OECD) sehr wesentlich verstärkt werden.“[13]

Doch im weiteren Verlauf der 70er Jahre schenkten deutsche Unternehmer diesen Veröffentlichungen und damit auch den innovativen japanischen Managementmethoden kaum Aufmerksamkeit. Zwar erhöhte sich das Interesse an der japanischen Wirtschaft aufgrund der japanischen Unternehmenserfolge allgemein, aber dies war eher eine Frage der Quantität als der Qualität. Die unternehmerische Wahrnehmung und die Informationsbeschaffung u.a. in Form von Japanreisen oder auch der Auswertung von Fachliteratur verdichteten sich. Japanreisen gehörten für manche Unternehmer in den 70er Jahren fast ebenso zum Betriebsalltag wie Amerikareisen seit den 50er Jahren. Vor dem Hintergrund des bis in die Werkzeitschriften der Industrieunternehmen vorgedrungenen Schlagwortes der „japanischen Herausforderung“ sammelten die Volkswirtschaftlichen Abteilungen deutscher Unternehmen umfangreiches Material über japanische Unternehmen, Produktionsmethoden, Technologien, Kosten-, Umsatz- und Gewinnentwicklungen. Die Auswertungen etwa der Abteilung Wirtschaftsforschung von Glanzstoff zeigte zu Beginn der 70er Jahre, daß die japanische Kunststoffindustrie inzwischen den Bedarf an Polyester und Polyacrylfasern wegen der starken in- und ausländischen Nachfrage kaum mehr befriedigen konnte und inzwischen zu den Weltmarktführern auf dem Gebiet der Kunststoffe und der Synthesefaserherstellung zählte. Dabei imitierten japanische Unternehmen längst nicht mehr nur westliche Technologien, sondern entwickelten neue Kunststoffe wie z.B. neue Polyestersorten.[14]

---

13 Japans technologische Strategie. Wiedergabe und Kommentar einer Studie des Ausschusses für technologischen Fortschritt des japanischen Wirtschaftsrats, vorgelegt vom Ostasien-Institut e.V. Bonn, in Zusammenarbeit mit dem Bundesminister für Bildung und Wissenschaft, Bonn 1972, S. VIII.

14 Archiv AKZO, B 16-1, Periscope, AKZO Research & Engineering N.V.-Central Library – Pressespiegel, u.a. aus Japan Industrial World 1/69, 3.1, 7; Chemical Engineering 1970, 13, 52 F 52 H; Notiz Abt. Wirtschaftsforschung, 9.2.1970. Umsatz- und Gewinnentwicklung japanischer Chemiefaserhersteller 1968/69. Die Werkzeitschrift von Bahlsen informierte über Japan, obwohl dort weniger intensive Kontakte bestanden. „Die japanische Herausforderung“, von W. Böttcher, in: Leibniz-Blätter 4, 1980.

Als Glanzstoff (Enka) im Mai 1972 ein Abkommen mit Tokyo Rope abschloß, ging es dabei nicht in erster Linie – wie noch in den 50er und 60er Jahren – um die Erschließung neuer Absatzmärkte für deutsche Produkte, sondern um einen Erfahrungs- und Know-How-Austausch mit einem japanischen Unternehmen, das seit 1964 Stahlkord für die Reifenindustrie nach eigenen Produktionsverfahren herstellte und jetzt als gleichberechtigter „erfahrener Partner" von Glanzstoff betrachtet wurde.[15]

Doch auch das klassische Absatzinteresse motivierte deutsche Unternehmen in den 70er Jahren weiterhin zur Pflege ihrer Japankontakte. Henkel interessierte sich in Japan vor allem für die Umweltschutzproblematik, wobei das deutsche Unternehmen in Japan in erster Linie Absatzmöglichkeiten für sein Phosphatsubstitut SASIL suchte. Wie zahlreichen deutschen Japanbesuchern zuvor fiel auch den Henkel-Managern anläßlich eines Besuches im Jahr 1972 die „Reinlichkeit der Japaner" auf, die jedoch in krassem Gegensatz zu den von den deutschen Besuchern beobachteten Umweltverschmutzungen, angefangen von erheblichen Geruchsbelästigungen bis hin zum „fast völligen Fehlen einer Abwasserbehandlung", stand. Die in den 70er Jahren beinahe jährlich stattfindenden Japan-Besuche von Henkel-Managern konzentrierten sich neben dem größten japanischen Waschmittelhersteller Kao Soap Company auf Unternehmen wie Mitsubishi Chemical Industries, Lion Fat & Oil, aber auch Verbände und Regierungsstellen wie das MITI oder das japanische Patent- und Umweltschutzamt, um dort für SASIL zu werben. Mit Unternehmen wie Kao, das bereits über gute Kontakte zum amerikanischen Hersteller Procter & Gamble verfügte, kam es zum Austausch von technischem Know-How sowie über Marketing- und Verkaufsfragen.[16]

Während also Henkel noch in den 70er Jahren in Japan vor allem einen Absatzmarkt für seine Produkte sah und Glanzstoff dort einen Partner im Bereich der Technologie fand, suchte die Stahlindustrie in Japan Erklärungen für die wachsenden Kostenvorteile der japanischen Stahlindustrie gegenüber den eigenen Unternehmen. Hatten sich deutsche Stahlunternehmer bereits in den 60er Jahren anerkennend über die Entwicklung der japanischen Eisen- und Stahlindustrie geäußert, so gingen beispielsweise Manager von Mannesmann nach der Besichtigung japanischer Grobblechwalzwerke, die hochfeste Bleche mit einer hohen Walzleistung produzierten, mit folgender Aussage noch einen Schritt weiter: „In Deutschland gibt es für diese Technologie keinen vergleichbaren Betrieb."[17] Doch nicht nur der Vergleich mit deutschen Herstellern nötigte den Japan-Besuchern von Mannesmann Respekt ab. Anläßlich einer sowohl in die USA als auch nach Japan führenden In-

---

15 Ein erfahrener Partner für Stahlkord, in: Wir vom Glanzstoff 1972, H. 11, S. 10.

16 Archiv Henkel, (o. Sign.), Fernost-Reise der Herren Dr. Werdelmann und Dr. Verbeek, 14.4.-8.5.1972. Besuch bei Fa. Kao Soap, 14.4.1972 und bei Fa. Lion Fat & Oil, 18.4.1972; ebd., Fernost-Reise der Herren Dr. Werdelmann und Dr. Verbeek, 22.9.-8.10.1977.

17 Archiv Mannesmann AG, M 40.140, Japan-Reise Oktober 1970 (Dr. Goerdt, Wienke, Peters).

formationsreise im gleichen Jahr zeigten sich auf dem Gebiet der Stahlrohrherstellung deutliche Vorteile der japanischen gegenüber den amerikanischen Produzenten. Nicht nur die deutsche, auch die amerikanische Industrie war von der „japanischen Herausforderung“ betroffen.[18] Während die deutschen Besucher in Japan umfangreiche Investitionen in moderne Anlagen registrierten, trafen sie bei amerikanischen Herstellern auf unklare Zukunftsvorstellungen und wenig detaillierte Unternehmensplanungen: „Ursache der Konzeptlosigkeit“, so die deutschen Einschätzungen der amerikanischen Unternehmenspolitik, „ist der Gedanke, daß die alten Rohrherstellungsanlagen noch rentabel seien.“[19] Während die Amerikaner den Fehler begingen, beim Bau großer Anlagen diese nicht auf die Herstellung der jeweiligen Rohrsorten abzustimmen, habe sich „demgegenüber in Japan in den letzten Jahren die Tendenz zu vernünftigen Einzweckstraßen herausgebildet“.[20] Aus deutscher Sicht waren dies zu Beginn der 70er Jahre erste Anzeichen für den Niedergang der amerikanischen und den gleichzeitigen weiteren Aufstieg der japanischen Stahlindustrie.

Fünf Jahre später hatten japanische Stahlunternehmen Mannesmann auf dem Gebiet der Großrohrherstellung überholt und verkauften inzwischen sogar Know-How nach Europa. Als Erklärung für den Erfolg der japanischen Industrie, deren technische Leistungsfähigkeit und Produktivität sahen die deutschen Besucher u.a. den umfangreichen Einsatz elektronischer Datenverarbeitungsanlagen in japanischen Unternehmen: „Während bei dem letzten Japanbesuch 1970 auch schon einzelne Prozeßrechner installiert waren, besonders in den besuchten Walzwerken, konnten wir diesmal feststellen, daß nunmehr eine komplette Computer-Hierarchie aufgebaut und in Funktion ist. Es handelt sich hierbei um real-time on-line-Systeme, die von der Anfrage über Auftrag, Disposition, Fertigung mit gegebenenfalls Prozeßsteuerung, Qualitätsüberwachung, Materialverfolgung bis zum Versand, alle Informationen in geeigneter Weise verarbeiten“, so die Mannesmann-Manager. Die Japaner legten besonderen Wert auf eine schnelle Informationsverarbeitung, Qualitätssicherung und -verbesserung, eine Bestandsverminderung, eine bessere Einhaltung der Liefertermine etc. „Wenn diese Vorstellungen verwirklicht werden, wird Japan das erste Land der Welt sein, das ein integriertes Rechnersystem für einen ganzen Industriezweig haben wird.“[21] Damit befand sich Mannesmann Mitte der 70er Jahre in der ungewohnten Situation, einem technischen Vorsprung der Japaner in der Eisen- und Stahlindustrie hinterherlaufen zu müssen. Die Situation hatte sich im Vergleich zu den 50er und 60er Jahren umgekehrt: Aus dem einstmaligen Lehrer

---

[18] Dazu u.a. R. R. Locke, The Collapse of the American management Mystique, S. 159 ff., 197 ff.; A. Huczynski, Management gurus, S. 154 ff.

[19] Archiv Mannesmann, M 40.140, Bericht über die Japan-USA-Reise der Herren Oberen-Pfeiffer vom 29.10.-15.11.1970, S. 48.

[20] Ebd.

[21] Ebd., Japan-Reise Januar/Februar 1975 (Dr. Goerdt, Wiedenhoff, Peters, Dr. Schneider), S. 85.

und Lizenzgeber war inzwischen ein Schüler geworden, der sich, wollte er weiterhin international konkurrenzfähig bleiben, an japanischen Standards der elektronischen Datenverarbeitung orientieren mußte. Mannesmann plante schließlich ebenfalls eine elektronische Betriebsdatenerfassung. Mit der Einführung dieser neuen Technologie, so hoffte man bei Mannesmann, „werden wir auf dem Großrohrsektor die Japaner eingeholt, wahrscheinlich sogar überholt haben".[22]

Während ab Mitte der 70er Jahre sowohl die deutsche wie auch die amerikanische Eisen- und Stahlindustrie die einsetzende Rezession deutlich zu spüren bekam und gleichzeitig japanische Unternehmen auf einigen Gebieten die westlichen Konkurrenten als Weltmarktführer verdrängt hatten, lenkten deutsche Unternehmer ihre Aufmerksamkeit auf die Analyse der Kostenvorteile japanischer Stahlproduzenten. Neben den bereits erwähnten Aspekten der elektronischen Datenverarbeitung, der Qualitätskontrolle und der Zulieferung beobachteten deutsche Unternehmer eine höhere Produktivität japanischer Stahlwerke bei gleichzeitig niedrigeren Arbeitskosten, um 50% niedrigere Personalstückkosten, eine höhere Arbeitsstundenzahl der Japaner sowie einen deutlich geringeren Energieverbrauch der Unternehmen. Insgesamt führte dies im Jahr 1977 zu einem Kostenvorteil der japanischen Stahlwerke gegenüber den deutschen Konkurrenten von 154 DM je Tonne Rohstahl.[23] Dabei waren diese Erfolge keineswegs auf dem Rücken der Belegschaften ausgetragen worden, wie auch die deutschen Japan-Besucher feststellten. Die Jahresarbeitsstunden waren in Japan von 2079 im Jahr 1970 auf 1986 vier Jahre später zurückgegangen. Im gleichen Zeitraum fiel die durchschnittliche Wochenstundenzahl von 39,9 auf 38,1 Std., während es 1970 Lohnerhöhungen von 18%, 1973 von 20,8% und 1974 sogar von 26% gab.[24] Neben den reinen Kostenunterschieden fielen den deutschen Besuchern auch organisatorische Differenzen zur eigenen Situation auf. So setzten japanische Hüttenwerke z.T. über 50% der Belegschaften als „Unternehmerleute", also von Fremdfirmen angeheuertes Personal, ein. Die Arbeit ganzer Abteilungen, vor allem in Nebenbetrieben, im Transport sowie bei der Instandhaltung wurde an Fremdfirmen abgegeben oder als „eigene Division ausgegliedert" mit dem Ziel, sich ganz auf die Erzeugung und die Verarbeitung von Stahl zu konzentrieren. Im Produktionsbereich beobachteten die deutschen Besucher ein stark mechanisiertes und rationell gestaltetes innerbetriebliches Transportwesen, bei dem es kaum zu Wartezeiten kam. „Das Rohr fließt", so konstatierten die Mannesmann-Besucher einen quasi idealen Produktionsablauf in japanischen Stahlwerken, und auch auf dem Gebiet der Verwaltung und Unternehmensführung sahen die deutschen Besucher Bemerkenswertes. Während sie bei Kostenrechnungssystemen und Planungstätigkeiten Übereinstimmungen mit den eigenen Methoden feststellten, wurde dem-

22 Ebd., S. 87.

23 Ebd., Japan-Bericht Mai 1977 (Dr. Kroll, Ax, Hay, Dr. Steinhauer), S. 14-26.

24 Ebd., Bericht über den Japan-Besuch im Mai 1974 der Herren Büttner, Christiansen, Clashaus, Euler, Dr. Liestmann, S. 9 f.

gegenüber deutlich, daß in japanischen Unternehmen das Budgetdenken viel ausgeprägter war als in deutschen Betrieben, wobei sich hier Tendenzen abzeichneten, die sich später auch in deutschen Unternehmen durchsetzen sollten.[25]

Während die deutsche Stahlindustrie die vielbestaunten Entwicklungen der japanischen Eisen- und Stahlunternehmen nicht nur auf technischem, sondern zunehmend auch auf organisatorischem Gebiet ernst nahmen, zeichnete sich bei Freudenberg zu Beginn der 70er Jahre mit Blick auf das Gemeinschaftsunternehmen JVC der Eindruck ab, als erleide die japanische Industrie nach ihrem vielbestaunten Aufstieg seit Mitte der 60er Jahre einen Rückfall oder sei doch zumindest mit den alltäglichen Problemen der kapitalistischen Konkurrenzwirtschaft überfordert und stoße nun an ihre Grenzen. Anläßlich seines Besuchs bei JVC im Jahr 1971 urteilte Reinhart Freudenberg: „Die Phase des stürmischen Wachstums der japanischen Wirtschaft ist beendet und die Anpassung an einen langsameren Rhythmus wird manche Schwierigkeiten bereiten."[26]

Aufgrund von Personalkostensteigerungen, bedingt durch die deutlichen Lohnerhöhungen in japanischen Unternehmen seit Beginn der 70er Jahre, des weiteren durch die zu erwartenden Belastungen infolge von Umweltschutzmaßnahmen, die Konkurrenz von Billiglohnländern wie Südkorea oder Taiwan malte Freudenberg die wirtschaftliche Entwicklung Japans in einem wenig günstigen Licht: „Mit westlichen Augen sieht das Bild düster aus: Überkapazitäten, Rückgang der Investitionsneigung, mörderischer Preiskampf, fortgesetzte Inflation durch Kostensteigerungen, Bedrohung des lebenswichtigen Exports, und dies alles bei einer nach unseren Begriffen völlig unterkapitalisierten Wirtschaft."[27] Speziell bei JVC beobachtete Freudenberg eine unrealistische Zukunftsplanung, das neue Werk bei Tokio sei zu früh und zu groß gebaut worden, zudem sei zuviel Personal eingestellt worden, das Umsatzwachstum blieb hinter den Erwartungen zurück und der Konkurrenzkampf sei sehr hart. Insgesamt kam Freudenberg vor dem Hintergrund der noch wenige Jahre zuvor geäußerten positiven Einschätzungen und Zukunftsaussichten, die nicht zuletzt auf die Unterstützung durch Freudenberg zurückgeführt worden waren, nun zu dem überraschenden Ergebnis: „Insgesamt entstand der Eindruck, daß die JVC unsere Produkte und Marktkonzeptionen zu kritiklos übernommen und sich nicht genügend eigene Gedanken über Marketing und Produktentwicklung gemacht hat."[28] Ein Jahr später urteilte Freudenberg: „Der Gesamteindruck bei JVC war nicht günstig."[29]

---

[25] Ebd., Berichte über die Japan-Besuche im Mai 1974, S. 8, und im Mai 1977, S. 39 f.

[26] Archiv Freudenberg, 3/02608, Reinhart Freudenberg. Bericht über den Besuch bei der Japan Vilene v. 14.-16.10.1971.

[27] Ebd., S. 2.

[28] Ebd., S. 10.

[29] Ebd., Reinhart Freudenberg, Bericht über den Besuch bei Japan Vilene vom 23.-29.4.1972.

So gab es, trotz aller japanischen Erfolge, die japanische Unternehmen insbesondere auf technischem Gebiet seit den 60er Jahren vorzeigen konnten, aus Sicht deutscher Unternehmer noch immer Bereiche, in denen japanische Unternehmen kaum an die eigenen Standards heranreichten. Dazu zählte, wie bereits die Bemerkung Reinhart Freudenbergs zeigt, das Marketing. Hier gab es einen Vorsprung, mit dem deutsche Unternehmen „getrost auf die neue japanische Herausforderung warten" konnten, so ein Artikel in der Zeitschrift „Absatzwirtschaft" zu Beginn der 70er Jahre.[30]

Die Wahrnehmung japanischer Management- und Produktionsmethoden durch deutsche Unternehmer variierte in den 70er Jahren zwischen einzelnen Branchen und Unternehmen. Während die Eisen- und Stahlunternehmer bereits seit den 60er Jahren die japanischen Produzenten ernst nahmen und deren Erfolge insbesondere auf technischem Gebiet würdigten und schließlich in den 70er Jahren sogar die Bereitschaft zeigten, auf der Basis detaillierter Unternehmensanalysen von japanischen Vorbildern zu lernen, konzentrierten sich andere Unternehmen auf den Absatz eigener Produkte auf dem japanischen Markt, bemühten sich um die Vergabe von Know-How oder nahmen beruhigt zur Kenntnis, daß der oftmals als „Japanisches Wunder" titulierte rasche japanische Wirtschaftsaufstieg nur vorübergehender Natur war und anscheinend zu Beginn der 70er Jahre schon wieder an seine Grenzen stieß. Bis zum Ende der 70er Jahre wurde mit wenigen Ausnahmen, etwa aus dem Bereich der Eisen- und Stahlindustrie, die „japanische Herausforderung" von deutschen Unternehmern nur selten als Herausforderung für das eigene Unternehmen empfunden. Die innovativen Ansätze japanischer Unternehmensführung, wie etwa Maßnahmen der Qualitätssicherung, der Arbeitsorganisation oder der Informationsverarbeitung, des Transport- und Zulieferwesens wurden, obwohl z.T. in japanischen Unternehmen seit Beginn der 50er Jahre erfolgreich praktiziert, nur punktuell wahrgenommen. Diese Form der japanischen Herausforderung war zwar seit Jahren bekannt, aber die Schlüsse daraus wurden, wie es ein Autor in der „Management-Zeitschrift" im Jahr 1980 formulierte, nur sehr widersprüchlich und einseitig abgeleitet. Die Beurteilung der japanischen Industrie durch deutsche Unternehmer und Manager blieb bis zum Ende der 70er Jahre weitgehend oberflächlich und selektiv. Während die Japaner sich weiterhin umfassend über die deutsche Industrie informierten und die deutsche Fachliteratur wahrnahmen, sei dies umgekehrt kaum der Fall, höchstens über den Umweg englischsprachiger Literatur über Japan. Der Artikelschreiber kam zu dem Schluß, daß am Ende der 70er Jahre noch immer eine europäische Arroganz

[30] Das Marketing – Geheimnis der Söhne Nippons, in: Die Absatzwirtschaft 15, 1972, H.10, S. 12-16, 16.

gegenüber Japan vorherrschte, während doch eigentlich Selbstkritik die angemessenere Reaktion auf die neue Herausforderung sei.[31]

Auf der Basis einer verhaltenswissenschaftlichen Theorie der Unternehmung konnte für die 50er und 60er Jahre gezeigt werden, daß Wahrnehmungen, Einstellungen und Deutungen von Unternehmern und Managern weitgehend durch Klischees und Stereotypen gegenüber japanischer Wirtschaft und Kultur gekennzeichnet waren. Zwar läßt sich innerhalb dieses Zeitraums von 30 Jahren ein deutlicher Wandel beobachten von einer selektiven, despektierlichen und teilweise durch Arroganz und Überheblichkeit gekennzeichneten Wahrnehmung der 50er und 60er Jahre hin zu einer mit Anerkennung und Respekt verbundenen Einstellung gegenüber den Erfolgen japanischer Unternehmen, die in den 70er Jahren sogar erste Ansätze zu einer Lernbereitschaft deutscher Unternehmer erkennen lassen. Dem Leitbildansatz und der Theorie des Organisationslernens folgend wurde anhand empirischer Beispiele deutlich, daß sich in den 70er Jahren in Reaktion auf die „Japanische Herausforderung" eine zunehmende Offenheit deutscher Unternehmer, vermittelt über eine intensivierte interpersonelle Kommunikation und Kooperation zwischen japanischen und deutschen Unternehmen, und schließlich auch Ansätze unternehmerischen Erfahrungslernens zeigten, wie sie im Falle der Amerikawahrnehmung und mit Blick auf amerikanische Leitbilder bereits seit Ende der 40er Jahre praktiziert wurden. Das Erfahrungslernen blieb jedoch in den 70er Jahren selektiv und punktuell und weitgehend von Einzelinitiativen abhängig. Eine umfassende Orientierung an japanischen Leitbildern unterblieb ebenso wie ein breites Organisationslernen deutscher Unternehmen.

[31] V. Küttenbaum, Die japanische Herausforderung ... und was wir daraus zu lernen haben, in: Management-Zeitschrift io 49, 1980, S. 457-460.

3.4 Die Wiederentdeckung des Lernens – Orientierung an japanischen Management- und Produktionsmethoden in der ersten Hälfte der 80er Jahre

3.4.1 Auslöser: Der „Japanschock" in der Automobilindustrie

Im Jahr 1980 wurde die deutsche Automobilindustrie durch eine japanische Exportoffensive aufgeschreckt, in deren Folge der Marktanteil japanischer Autos in Deutschland auf 13% anstieg. Die Massenmedien griffen dieses Alarmzeichen auf und stilisierten das Thema Japan in einer Weise hoch, die die im z.T. mit militaristischem Einschlag geführte Diskussion über die „japanische Herausforderung" zehn Jahre zuvor noch übertraf und Erinnerungen an die Formulierung der „gelben Gefahr" aufkommen ließ. Radiobeiträge und Printmedien titelten: „Wer bremst die Japaner"?, es war von „Autokrieg", „Autoschock" und „Eroberungsstrategien" die Rede, mit denen japanische Hersteller auf den deutschen Markt drängten. Ein Artikel eines „Spiegel"-Buches, das sich der „Auto-Großmacht Japan" annahm, lautete gar, „Der Angriff auf Europa. Japans Automobiloffensive gegen den alten Kontinent" und begann mit einem Satz, der Assoziationen zum Eingangssatz des Kommunistischen Manifestes weckte: „Europas Autoindustrie sitzt die Angst im Genick – die Angst vor dem unheimlichen Fremden."[1] Im Kommunistischen Manifest war es das „Gespenst des Kommunismus", welches in Europa umging und für den Kontinent dann in der Tat für fast 150 Jahre lang eine „Herausforderung" darstellen sollte. Formulierungen wie die oben genannten sollten als Warnungen dienen, die Bedrohung durch die japanische Autoindustrie nicht zu unterschätzen, denn aus der Sicht mancher Kommentatoren war dies bereits geschehen. Mit Blick auf Volkswagen, den größten deutschen Automobilhersteller, kommentierte der WDR im Oktober 1980: „Schmücker unterschätzt japanische Autoindustrie". Die „Hannoversche Allgemeine" sprach von „Sturmzeichen", die u.a. darin bestanden, daß japanische Autohersteller eine vergleichbare Qualität zu niedrigeren Preisen anboten, oder daß bei der Produktion von Volkswagen inzwischen japanische Teile verwendet würden. Die Wolfsburger Nachrichten bemerkten im November 1980: „Im Auto-Konflikt mit Japan noch keine Lösung in Sicht."[2] Tatsächlich entwickelte der Volkswa-

---

1 R. Diekhof, Der Angriff auf Europa. Japans Automobiloffensive gegen den alten Kontinent, in: W. Mayer-Larsen (Hg.), Auto-Großmacht Japan, Hamburg 1980, S. 11.

2 Unternehmensarchiv der Volkswagen AG (vorm. Auto Museum Volkswagen), Sammlung Kooperation Volkswagen-Nissan 1980/81. Zeitungsausschnitte, WAZ 20.10.1980: „Wer bremst die Japaner"?; Hannoversche Allgemeine Zeitung 31.10.1980: „Sturmzeichen"; Wolfsburger Nach-

gen-Vorstand im Jahr 1980 hektische Aktivitäten in Richtung Japan. Die japanischen Kontakte wurden intensiviert, unternehmerische Japanreisen häuften sich und es gab sogar Überlegungen zu einer Kooperation zwischen Volkswagen und Nissan sowie zur Aufnahme der Produktion von Volkswagen in Japan.[3]

Auch andere Automobilunternehmen und deren Vorstände nahmen zu der neuen „japanischen Herausforderung" zu Beginn der 80er Jahre Stellung. In einem von dem Guido-Fischer-Schüler Eduard Gaugler herausgegebenen Sammelband zum Thema „Haben uns die Japaner überholt?" äußerte sich Werner Niefer von Daimler-Benz sehr selbstbewußt über die nach wie vor höhere Produktivität der deutschen gegenüber der japanischen Automobilindustrie, die zudem nicht über Wettbewerbsvorteile im Bereich Fahrzeugtechnik und -qualität verfüge. Eine Konsequenz für Daimler-Benz aus dem sich verschärfenden Wettbewerb mit den japanischen Herstellern sah Niefer allerdings in der Verbesserung des Qualitätswesens, etwa mit Hilfe „rechnergestützter Qualitätsüberwachung für ursachenorientierte Qualitätssteuerung" sowie in besseren Steuerungs- und Transportsystemen.[4] Während Niefer also die japanische Herausforderung in erster Linie als Herausforderung zur Verbesserung der Produktionstechnik betrachtete, ging es für das Audi-Vorstandsmitglied Posth um eine Verbesserung des Verhältnisses zwischen Arbeitgebern und Arbeitnehmern, um „Augenmaß in der Tarifpolitik", um mehr Flexibilität und um eine „Trendänderung hin zum Leistungs- und weg vom Anspruchsdenken", womit er sich in Einklang fand mit Äußerungen des Wirtschaftsministers Graf Lambsdorff, der nach der Rückkehr von seiner Japanreise den Deutschen pauschal empfohlen hatte, mehr zu arbeiten.[5] Zumindest jedoch anerkannte Posth die japanischen Innovationen auf dem Gebiet der Arbeitsorganisation. Mit Blick auf die japanischen Qualitätszirkel zog der Audi-Vorstand die Konsequenz, die eigenverantwortlichen Aufgaben der Belegschaften auf dem Gebiet der Qualitätssicherung zu verbessern und das betriebliche Vorschlagswesen weiter auszubauen.[6] Obwohl die Ausführungen Posths unter der Überschrift „Lernen, von den Japanern zu lernen" standen, dokumentieren sie ebenso wie die Bemerkungen Niefers eine Haltung, die weniger als Lerneifer denn als Fremdwahrnehmung zur Selbstbestätigung charakterisiert werden muß. Damit bestätigt sich auch zu Beginn der 80er Jahre, daß in den Vorstandsetagen deutscher Automobilunternehmen stereotype Einschätzungen über die japanische Wirtschaft und Unternehmen im Stile der 50er Jahre sowie ein ungebro-

---

richten 20.11.1980: „Im Autokonflikt mit Japan noch keine Lösung in Sicht"; WDR III, 7.10.1980: „Schmücker unterschätzt japanische Autoindustrie."

3 Ebd.

4 W. Niefer, Der Wettbewerb mit der japanischen Automobilindustrie – eine Herausforderung für die Produktionstechnik, in: E. Gaugler; E. Zander (Hg.), Haben uns die Japaner überholt?, Heidelberg 1981, S. 127-138, 130, 134.

5 M. Posth, Lernen, von den Japanern zu lernen, in: E. Gaugler; E. Zander (Hg.), Haben uns die Japaner überholt?, S. 99-110, 106, 108.

6 Ebd.

chenes Selbstbewußtsein noch immer zum Fremdwahrnehmungs- und Selbstwahrnehmungsrepertoire gehörten. Daß dies nicht nur auf die Automobilindustrie beschränkt war, wird auch durch eine Studie bestätigt, die im Auftrag des Bundeswirtschaftsministeriums vom Frankfurter Battelle-Institut über Innovationsprozesse und Innovationspolitik im Jahr 1983 angefertigt wurde. Dort heißt es: „Wesentliches Merkmal japanischer Unternehmen ist die Fähigkeit aus Gemeinschafts- und Gefolgschaftsdenken (Kollektivismus), durch qualitative Transformation kollektive Aktivität, Kühnheit und Neuerungsbereitschaft hervorzubringen.“[7] Diese Fähigkeit japanischer Unternehmen sei nicht zuletzt Ausdruck der „Homogenität des insularen Volkes“, das sich deutlich vom deutschen unterscheide: „Hinsichtlich seiner Anpassungsfähigkeit an konkrete Situationen erscheint der Deutsche als charakterliches Gegenstück des Japaners. Der Deutsche ist gewöhnt Situationen zu planen und seine Vorstellungen anzupassen“, so daß er, im Gegensatz zum „Japaner“ oft nur unflexibel auf neue Herausforderungen reagieren könne.[8] Nun mögen diese Äußerungen, nicht nur in ihrer Begriffswahl, ebensowenig repräsentativ sein wie die nachfolgenden, reflektierten Bemerkungen eines Vorstandsmitgliedes der Ford-Werke in Köln, das die neue „japanische Herausforderung“ mit seinen früheren Amerikaerfahrungen verglich und dabei zu dem Ergebnis kam: „Als wir begannen, den Amerikanern Konkurrenz zu machen, da war das für uns ein ganz normales Land, das war ähnlich wie bei uns. In Japan tut sich aber ein ganz neues Feld auf, das wir, ehrlich gesagt, noch nicht ausreichend verstehen: Warum verhält sich der Mensch so? Das ist etwas, was ich zum Beispiel noch nicht bis in alle Einzelheiten begriffen habe. Ich persönlich habe mich entschlossen, die japanische Sprache zu lernen, um vielleicht dadurch mehr Verständnis für das zu gewinnen, was geschieht, und um Vorschläge machen zu können. Um einen Menschen zu verstehen, sind wir gezwungen, seine Sprache zu verstehen, denn nur so ist er von innen heraus klar für uns, und wir können Maßnahmen ergreifen.“[9] Bereits das Bekenntnis eines deutschen Unternehmers, die Sprache und Kultur Japans „verstehen“ zu wollen, ist eine große Ausnahme. Zusammen mit den vorherigen Äußerungen spiegelt sie die Bandbreite der Japanrezeption zu Beginn der 80er Jahre wider, die nicht nur zwischen Selbstbestätigung und Lernbereitschaft schwankt, sondern auch große Wahrnehmungsunterschiede zwischen einzelnen Branchen, Unternehmen und Akteuren andeutet und damit einmal mehr die Bedeutung individueller Wahrnehmungen und Einstellungen im Rahmen unternehmerischer Entscheidungsfindung bestätigt. Die

---

7 Innovationsprozesse und Innovationspolitik in Japan. Forschungsprojekt im Auftrag des Bundesministers für Wirtschaft, durchgeführt vom Battelle-Institut e.V., Frankfurt am Main (Studien Reihe 40), Bonn 1983, S. 28.

8 Ebd., S. 27, 107.

9 Podiumsdiskussionsbeitrag Vorstand Ford-Werke Köln, in: H. Schwier; B. Liebe; T. Shimizu, Rationalisierungserfordernisse zur Begegnung der japanischen Herausforderung. 29. Jahresversammlung der Arbeitsgemeinschaft Rationalisierung des Landes NRW, Dortmund 1982, S. 38.

Automobilindustrie war zu Beginn der 80er Jahre aufgrund der wirtschaftlichen Konkurrenzsituation mit der japanischen Herausforderung konfrontiert und für japanische Management- und Produktionsmethoden sensibilisiert, auch wenn ihre Vertreter darauf zunächst wenig sensibel reagierten.[10] Dies sollte sich jedoch innerhalb weniger Jahre ändern.

Neben der Automobilindustrie ergriff der Japanboom auch andere Branchen. Vertreter unterschiedlicher Industriezweige fanden sich im November 1982 zum „Ersten Deutschen Quality Circle Kongreß“ in Düsseldorf zusammen. Ausgehend von der Tatsache, daß knapp zehn Jahre zuvor der erste deutschsprachige Artikel zum Thema „Quality Circles“ veröffentlicht worden war, das Thema jedoch seitdem in der unternehmerischen Wahrnehmung kaum mehr eine Rolle gespielt hatte, können die frühen 80er Jahre durchaus als Wendepunkt der Japanrezeption deutscher Unternehmer bezeichnet werden. Dazu trugen Veranstaltungen wie der Quality Circle Kongreß bei. Nach jahrzehntelanger Ignoranz und Überheblichkeit gegenüber der japanischen Wirtschaft kehrte sich das Bild innerhalb weniger Jahre um: japanisches Management, japanische Produktionsmethoden, japanische Wirtschaftspolitik und japanische Kultur standen plötzlich ganz oben auf der Interessensskala deutscher Unternehmer. Die Wirtschaftswissenschaften verzeichneten eine regelrechte „Japanwelle“, die sich durch entsprechende Veröffentlichungen zu unterschiedlichen Themenbereichen auszeichnete.[11] Neben dem Anschwellen der Japan-Literatur seit Beginn der 80er Jahre stieg die Anzahl der japanbezogenen Tagungen, Seminare und Informationsveranstaltungen, zu denen auch der „Erste Deutsche Quality Circle Kongreß“ gehörte, der von der Deutschen Gesellschaft für Personalführung und vom RKW gemeinsam veranstaltet wurde. Parallelen drängen sich auf zur Amerikawelle der 50er Jahre, nicht nur die Flut der Literatur, der Tagungen und Veranstaltungen betreffend, sondern auch hinsichtlich der Form bzw. der Art und Weise, wie diese Veranstaltungen durchgeführt wurden. Wie zu Beginn der 50er Jahre die deutsch-amerikanischen Industriellenkongresse in großem Rahmen mit entsprechendem Aufwand organisiert wurden, wurde der „Erste Deutsche Quality Circle Kongreß“ 30 Jahre später vor etwa 300 Vertretern deutscher Unternehmen vom japanischen Botschafter eröffnet. Dieser offizielle Charakter bedeutete eine Aufwertung des Ansehens der japanischen Wirtschaft in Deutschland, der zu Beginn der 80er Jahre noch Seltenheitswert besaß. Die inhaltliche Ausgestaltung der Tagung wurde dann im wesentlichen von deutschen und japanischen Fachleuten bestritten. Das demonstrative Fernbleiben des „Deutschen Gewerkschaftsbundes“ kommentierte der Eröffnungsredner mit den Worten: „Meine Damen und Herren, in diesem Zusammenhang habe ich den Eindruck, als ob die Arbeiter in Europa und

---

[10] S.a. U. Jürgens; Th. Malsch; K. Dohse, Moderne Zeiten in der Automobilfabrik. Strategien der Produktionsmodernisierung im Länder- und Konzernvergleich, Berlin u.a. 1989, S. 36-39.

[11] W. H. Goldberg, Auf der Japan-Welle, in: DBW 43, 1983, H. 1, S. 113-122.

USA dazu neigen würden, sich der Einführung neuer Technologien zu widersetzen, weil sie fürchten, daß dadurch ihre Arbeitsplätze wegrationalisiert werden."[12] Der Einsatz von Robotern oder die Formen der Qualitätskontrolle, wie sie in Japan anzutreffen seien, schüfen jedoch neue Arbeitsplätze, trügen zur ‚Humanisierung der Arbeit' bei und seien deshalb geradezu notwendig, „wenn wir die gegenwärtige Wirtschaftslage überwinden wollen".[13] Auch die Haltung der Gewerkschaften zur Japanrezeption war, zumindest aus Unternehmersicht, vergleichbar mit der Amerikaorientierung 30 Jahre zuvor. Daß trotz der vielen Parallelen zum „Ersten Deutschen Quality Circle Kongreß" dieser nicht zu einer Wiederholung der deutsch-amerikanischen Industriellenkongresse der 50er Jahre wurde, bei denen deutsche Unternehmer relativ unkritisch amerikanische Leitbilder rezipierten und sich dabei in ihre Schülerrolle fügten, lag auch an den kritischen Beiträgen, die in Düsseldorf mit Blick auf die neue Japaneuphorie gehalten wurden. „Was muß geschehen sein" so fragte Erich Staudt, Leiter des Instituts für angewandte Innovationsforschung der Ruhr-Universiät Bochum, „wenn Unternehmen, deren Vertreter noch vor Jahresfrist verkündeten, ihr Qualitätswesen, ihre Wertanalyse, ihr Vorschlagswesen etc. seien Weltspitze, die sich gegen Kritik mit dem Hinweis verwahrten, selbst die amerikanische Weltraumbehörde NASA arbeite nach deutschen Qualitätsvorgaben, oder Unternehmer, die eben noch mit dem Imponiergehabe voller Auftragsbücher Selbstbewußtsein als wichtigste Strategie verkündeten, nunmehr sehr kleinlaut ‚von Japan lernen'?"[14]

Staudt war skeptisch ob der plötzlichen Japanbegeisterung deutscher Unternehmer, zumal er selbst ein Jahr zuvor erstmals nach Japan gereist und dort mit erheblichen Kommunikationsproblemen konfrontiert worden war. Abgesehen von Sprachproblemen mußte er die Erfahrung machen, wie schwierig es war, Kontakte herzustellen und an Informationen über japanische Unternehmen zu gelangen. Vieles war seinem Eindruck nach zufallsgesteuert, so daß seine Forschungen in Japan sich als äußerst schwierig erwiesen. Ein wesentlicher Grund dafür war auch, daß die japanischen Gastgeber glaubten, aus Höflichkeit und Freundlichkeit, so Staudt, dem Gast gefällig sein zu müssen und ihm deshalb alles zu erzählen, was der vermeintlich hören wollte. Da nach Staudts Eindruck jeder das Gleiche erzählte, glaubte er fast an eine Verschwörung und wollte seine Reise bereits vorzeitig abbrechen, schließlich ergab sich so kein Erkenntnisfortschritt oder, wie Staudt es ausdrückt, man befand sich in einer Situation der „Nicht-Kommunikation".[15] Wenn deutsche Unternehmer innerhalb kürzester Zeit eine regelrechte Japaneuphorie an den Tag legten und bei der „Suche nach transformierbaren Qualitätsverbesserungstechniken"

---

12 Dokumentation Erster Deutscher Quality Circle Kongreß 23.-24.11.1982 Neue Messe Düsseldorf, Düsseldorf 1983, Eröffnungsvortrag J. Salomon, S. 6.

13 Ebd.

14 Ebd., E. Staudt, Quality Circles in Deutschland – Perspektiven und Probleme, S. 13-38, 23.

15 Interview E. Staudt, 23.3.1998.

eine wirkliche Auseinandersetzung mit dem „Wesen" dieser Methoden und den gleichzeitig bestehenden kulturellen Differenzen weitgehend ignorierten, so war dies aus Staudts Sicht ein Zeichen für „Verwirrung und hilflose Suche" in Krisenzeiten: „Ist die Krise erst einmal hinreichend groß, dann überwinden selbst deutsche Unternehmensführer die Schamschwelle: Sie beginnen vom japanischen Führungsstil zu lernen oder sie fangen verunsichert, wie sie es nennen, sicherheitshalber an, in begrenzten Teilbreichen mit japanischen Managementmethoden zu hantieren", ja man begänne sogar, sich „die in den letzten Dekaden viel belächelte Tugend der ‚Imitation' anzueignen und fängt dem Vorbild entsprechend an zu kopieren ... Doch Kopieren, so zeigen unsere Untersuchungsergebnisse in der Bundesrepublik und in Japan, ohne Kapieren ist gefährlich".[16] Letzteres war sicherlich keine neue Erkenntnis Staudts, schließlich findet sich dieses Wortspiel des „nicht kopieren, sondern kapieren" und die dahinterstehende Skepsis gegenüber einer direkten Übertragbarkeit fremder Managementmodelle als geflügeltes Wort bereits in zahlreichen Artikeln zur Rezeption amerikanischer Managementmethoden seit den 50er Jahren. Doch weist Staudts Bemerkung auf weitere Parallelen zur Amerikarezeption der späten 40er und frühen 50er Jahre hin, die ebenfalls in einer Phase der Unsicherheit und der Irritation stattfand und im öffentlichen Diskurs ihren Widerhall fand. Dies gilt auch für die plakative Formulierung der „amerikanischen" wie auch der „japanischen Herausforderung". Es zeigt zudem, daß die Strukturen des unternehmerischen Lernens wie des Organisationslernens sich seit den 50er Jahren kaum verändert hatten. Unternehmerisches Lernen war, dies belegen die oben zitierten Äußerungen der Automobilunternehmer der frühen 80er Jahre, noch immer Erfahrungslernen, Reaktion auf externe, erst amerikanische, dann japanische Herausforderungen, und wurde nicht unternehmensintern in einem reflexiven Diskurs im Sinne von Metalernen verarbeitet. Solange bestimmte Formen der Informationssammlung und -verarbeitung wie etwa die der Imitation bei japanischen Unternehmen despektierlich abgetan wurden, solange der Faktor „Information" damit auch nicht in allen seinen Schattierungen in den Unternehmen anerkannt war,[17] solange nicht nur Fremdwahrnehmung, sondern auch Selbstreflexion als Wert anerkannt und in den Unternehmen systematisiert und institutionalisiert war, solange konnte in deutschen Unternehmen nur von unvollständigen Lernprozessen die Rede sein, die sich damit auch der Möglichkeit einer flexibleren Anpassung an die sich verändernden Umwelteinflüsse beraubten.

---

16 Staudt, Quality Circles in Deutschland, S. 23 f., 25.

17 So sieht Pauer z.B. im Faktor „Information" einen entscheidenden Wettbewerbsvorteil in der Tradition japanischer Unternehmen, s. E. Pauer, Rules, Goals, Information – A Key to the Question of Continuity and Change in: S. Metzger-Court; W. Pascha (Hg.), Japan's Socio-Economic Evolution. Continuity and Change, Sangate, Folkstone 1996, S. 1-26; S.a. Dirks, Japanisches Management in internationalen Unternehmen, S. 123.

Wie vollzog sich nun der Prozeß des Erfahrungslernens deutscher Unternehmen im konkreten Fall? Dies soll nachfolgend am Beispiel von Volkswagen, Freudenberg und Continental dargestellt werden. Von den bisher in dieser Untersuchung erwähnten Unternehmen waren dies diejenigen, die die engsten Kontakte zu japanischen Unternehmen pflegten und sich intensiv an japanischen Leitbildern orientierten. Ausgehend von der Tatsache, daß die „japanische Herausforderung" zu Beginn der 80er Jahre zunächst die deutsche Automobilindustrie traf, ist es wenig erstaunlich, daß in deren Gefolge auch die Zulieferindustrien, und dazu zählten Freudenberg und Continental, ebenfalls in diesen Sog hineingezogen wurden. Darüber hinaus verfügten einige Zulieferer, hier vor allem am Beispiel Freudenberg gezeigt, bereits seit Jahrzehnten über enge Kontakte nach Japan. Für Unternehmen wie Glanzstoff, Bahlsen oder REWE spielte eine Orientierung an japanischen Management- oder Produktionsmethoden in der ersten Hälfte der 80er Jahre dagegen ebensowenig eine Rolle wie für Bayer oder Hüls.[18] Anhand der letzten beiden Beispiele wird zudem deutlich, daß das Thema „Japan" auch nicht annähernd die Bedeutung hatte wie die Amerikarezeption 20-30 Jahre zuvor. Paul Gert von Beckerath und in noch stärkerem Maße Kurt Hansen von Bayer waren, wie gezeigt, in den 50er und 60er Jahren stark von amerikanischen Leitbildern geprägt worden. Japanische Leitbilder spielten hingegen bis zu ihrem Ausscheiden aus dem Unternehmen Ende der 70er Jahre keine Rolle, obwohl sie aufgrund der intensiven Geschäftsbeziehungen zwischen Bayer und japanischen Unternehmen mehrfach Japanreisen unternahmen und mit der Situation japanischer Unternehmen konfrontiert worden waren. Kurt Hansen bestätigt im Nachhinein, daß die Entwicklung und die Erfolge der japanischen Industrie seit den 60er Jahren aus deutscher Perspektive unterschätzt worden sei, daß aus seiner Sicht jedoch aufgrund der kulturellen und mentalen Unterschiede eine Orientierung oder gar eine Übernahme japanischer Managementmethoden nicht in Frage kam.[19] Gert Paul von Beckerath hatte zwar noch im Jahr seines Ausscheidens bei Bayer an einer Tagung im Rahmen des deutsch-japanischen Kulturaustauschs 1977 zum Thema „Humanisierung der Arbeitswelt" teilgenommen, doch spielten dabei etwa japanische Qualitätszirkel oder andere Aspekte japanischen Managements keine Rolle. Auch mehrfache Japanbesuche v. Beckeraths förderten in keiner Weise die Orientierung an japanischen Managementmethoden, da es sich vornehmlich um Informationsreisen allgemeiner Art handelte.[20]

Auch am Beispiel Frederico Engel und Hüls wird deutlich, daß das Unternehmen zwar in den 50er und 60er Jahren stark durch amerikanische Leitbilder geprägt war

[18] Dies mag z.T. auch ein Quellenproblem sein, da die Akten der 70er und 80er Jahre in den Unternehmen noch nicht zugänglich sind. Die Vermutung wird aber durch Äußerungen in den Interviews von Wicht (Glanzstoff), Hansen und v. Beckerath (Bayer), Engel (Hüls) und Staudt bestätigt.

[19] Interview K. Hansen, 24.10.1997.

[20] Interview P. G. v. Beckerath, 16.3.1998.

und auch in den 70er Jahren intensive Kontakte nach Japan pflegte, aber eine Rückwirkung japanischer Management- und Produktionsmethoden auf die Unternehmensführung bei Hüls hatte dies nicht zur Folge. Neue Methoden der Arbeitsorganisation mögen für die Automobilindustrie von Interesse gewesen sein, so Frederico Engel, „aber wir haben keine Organisationsinnovation in Japan gefunden, die wir hätten übernehmen können".[21]

3.4.2 Japanische Leitbilder und deutsche Pioniere: Die Fallbeispiele Volkswagen, Freudenberg und Continental

Neben der branchenspezifischen Konzentration auf die Automobil- und deren Zuliefererindustrie hinsichtlich der Orientierung an japanischen Leitbildern seit Ende der 70er und zu Beginn der 80er Jahre fällt auf, daß deutsche Unternehmer sich inhaltlich zunächst für die Methoden der Gruppenarbeit, der „Quality Circles" und des „Just-in-Time" interessierten, wobei sie zumindest teilweise auf vergleichbare Vorläufer in deutschen Unternehmen seit Beginn der 70er Jahre zurückblicken konnten. So wurde auch anläßlich des „Ersten Deutschen Quality Circle Kongresses" beispielsweise auf die Lernstatt-Bewegung als eine den japanischen Methoden der Gruppenarbeit vergleichbare Form der Arbeitsorganisation zu Beginn der 70er Jahre hingewiesen, als japanische Quality Circles in Deutschland „noch völlig unbekannt waren", so Holger Samson von Hoechst.[22] Auch im Rahmen des Programms „Humanisierung der Arbeit" hatte es, nicht nur in der Automobilindustrie – Experimente mit neuen Methoden der Gruppenarbeit gegeben, ohne daß sich auf diesem Gebiet direkte Kontinuitäten zu japanisch orientierten Leitbildern Anfang der 80er Jahre nachweisen lassen.[23]

Ausgehend von dieser Beobachtung soll in diesem Zusammenhang deshalb die These aufgestellt werden, daß, vergleichbar zur Amerikaorientierung der 50er und 60er Jahre und der kompatibilitätsfördernden Re-Orientierung an deutschen Vorläufern der 20er bis 40er Jahre bei der Einführung amerikanischer Management- und Produktionsmethoden, ähnliche Phänomene auch mit Blick auf japanische Leitbilder zu Beginn der 80er Jahre eine Rolle spielten. Die Japanorientierung deutscher Unternehmer und die Umsetzung japanischer Management- und Produktionsmodelle erfolgte nicht zuletzt vor dem Hintergrund der Experimente der Gruppenarbeit

---

21 Interview F. Engel, 13.8.1997.

22 H. Samson, Die Lernstatt – eine deutsche Antwort, in: Dokumentation Erster deutscher Quality Circle Kongreß, S. 43-57.

23 M. Heidenreich; G. Schmidt, Gruppenarbeit im internationalen Vergleich, in: P. Binkelmann; H. J. Braczyk; R. Seltz (Hg.), Entwicklung der Gruppenarbeit in Deutschland, Frankfurt am Main, New York 1993, S. 105-146, 109; zu Modellprojekten der Arbeitsorganisation in der Eisen- und Stahlindustrie siehe z.B. R. Lichte; K.-L. Trültzsch, Neue Arbeitsstrukturen in einem Kaltwalzwerk, Bremerhaven 1989.

und Qualitätsverbesserung, mit denen wenige Jahre zuvor beispielsweise im Rahmen der HdA- und der Lernstatt-Programme in einigen deutschen Großunternehmen experimentiert worden war. Diese mündeten zwar nicht direkt in japanische Formen der Arbeitsorganisation, verwiesen jedoch auf Möglichkeiten der Anschlußfähigkeit an eigene Erfahrungen und erleichterten so die Akzeptanz und den Übergang zu neuen Management- und Produktionsmethoden. Nicht auf die Kontinuität, sondern auf die Kompatibilität der neuen Methoden richtet sich deshalb an dieser Stelle das Augenmerk. Vor diesem Hintergrund erscheint der „Japan-Schock" für manche Unternehmer zu Beginn der 80er Jahre zwar als Zäsur, die daraufhin ergriffenen Maßnahmen in Orientierung an japanischen Leitbildern waren dies jedoch mit Blick auf die deutschen Vorläufer weit weniger. Das heißt auch, daß kulturelle Differenzen, wie sie hinsichtlich der Übertragbarkeit japanischer Management- und Produktionsmodelle von einigen der beteiligten Akteure thematisiert wurden, in weit geringerem Maße als Hindernis bei der praktischen Umsetzung auftraten.

Die Ähnlichkeiten zwischen japanischen Leitbildern der Quality Circles und der Gruppenarbeit zu Beginn der 80er Jahre und Vorläufern in deutschen Unternehmen seit den frühen 70er Jahren beziehen sich neben den HdA-Programmen auf die Lernstatt-Bewegung sowie auf Aspekte der amerikanischen Human Relations Schule. Wie bereits im Kapitel über Human Relations angedeutet, lassen sich Rudimente der Human Relations-Diskussion der 50er Jahre auch noch im Programm „Humanisierung der Arbeit" zu Beginn der 70er Jahre nachweisen. Dies betrifft den „Teamwork"-Gedanken ebenso wie Überlegungen zu einer „humaneren" Gestaltung der Arbeitswelt. In der Automobilindustrie gab es zu Beginn der 70er Jahre einen Arbeitskreis „Neue Arbeitsstrukturen der deutschen Automobilindustrie", in dem Vertreter von Volkswagen, Audi, NSU, BMW, Daimler-Benz, Ford und Opel vertreten waren und wo u.a. Fragen des „job enlargement" oder „job enrichment" diskutiert wurden. Bei Volkswagen arbeiteten Mitte der 70er Jahre im Zuge des HdA-Programms 28 Beschäftigte im Bereich der Motorenmontage auf freiwilliger Basis als „teilautonome Gruppen" bei der Materialbereitstellung, der Montage und diversen Kontrollaufgaben über zwei Jahre hinweg zusammen. In diesem Zusammenhang wurden Untersuchungen zu Fragen der Ergonomie, der Arbeitszufriedenheit und der Mitarbeiterqualifikation durchgeführt. Im Zuge der Automatisierung wurden zudem neue Konzepte der Anlagenführung und -überwachung an computergesteuerten Fertigungsanlagen ausprobiert mit dem Ziel einer besseren Integration der Fertigungssysteme und der Verminderung von Störungen.[24]

Ebenfalls im Rahmen des HdA-Programms hatte Continental in den Werken Hannover-Stöcken und Korbach neue Formen der Arbeitsorganisation bei Reifen-

---

24 Gruppenarbeit in der Motorenmontage. Ein Vergleich von Arbeitsstrukturen (Schriftenreihe Humanisierung der Arbeitswelt, Bd. 3), Frankfurt am Main, New York 1980, S. 26; E. Brumlop, Arbeitsbewertung bei flexiblem Arbeitseinsatz. Das Beispiel Volkswagen AG (Schriftenreihe Humanisierung der Arbeit, Bd. 71), Frankfurt am Main, New York 1988, S. 47, 49, 52-57.

wicklern erprobt, wobei es vornehmlich um die „Anpassung der Arbeitsanforderungen beim Reifenwickeln an die Leistungsfähigkeit älterer Reifenwickler", so der Titel des Projektes, ging.[25]

Neben den HdA-Programmen waren es die „Lernstatt"-Versuche einiger Großunternehmen, in denen seit Beginn der 70er Jahre mit neuen Formen der Arbeitsorganisation experimentiert wurde. Die Anfänge der „Lernstatt"-Idee reichen bis ins Jahr 1960 zurück. Im Zuge der Ausländerbildungsarbeit hatte Hoechst Sprachkurse und Lernprogramme mit neuen didaktischen Methoden eingesetzt. Bedingt durch die zunehmende Fluktuation der Belegschaften, eine wachsende Unzufriedenheit der Stammbelegschaften und Ansätzen von Ausländerfeindlichkeit dienten die „Lernstatt"-Einrichtungen seit Beginn der 70er Jahre als Modelle, in denen relativ autonome Belegschaftsgruppen mit Hilfe gruppendynamischer Konzepte Erfahrungen über Zusammenarbeit, Arbeitsbedingungen und Arbeitssicherheit austauschten. Initiiert von der Bildungspolitischen Abteilung der Hoechst AG waren Ende der 70er Jahre mehr als 1000 Teilnehmer aus den Bereichen „Pharma" und „Farben" in Lerngruppen organisiert, die von 130 in viertägigen Intensivkursen geschulten Moderatoren angeleitet wurden. Vergleichbare Einrichtungen, in denen Problemlösungsgruppen, bestehend aus Meistern, Vorarbeitern und Arbeitern, zur Verbesserung der innerbetrieblichen Kommunikation, zur Verringerung von Fehlzeiten oder zur Erhöhung der Qualität gebildet wurden, existierten bei Bosch, BMW und Bayer.[26] An diesen Beispielen zeigt sich die Nähe und die Kompatibilität, die zwischen einigen HdA- und „Lernstatt"-Projekten auf der einen sowie der japanischen Quality-Circle-Bewegung auf der anderen Seite bestanden. In Lerngruppen von sechs bis acht Arbeitern fungierte die „Lernstatt" quasi als Qualitätszirkel, in dem ein Erfahrungsaustausch, Diskussion, Mitarbeitergespräche sowie Erfolgskontrollen auf der Basis der Kommunikation zwischen Betriebsführer, Meister, Vorarbeiter, Moderatoren und Belegschaften stattfanden. Nach zwei bis drei Monaten wurden die problemorientierten Gruppen aufgelöst und ggf. neue Gruppen gebildet.[27]

Auf Ähnlichkeiten zwischen „Lernstatt"-Modellen und Qualitätszirkeln wies auch Holger Samson von Hoechst anläßlich des „Ersten Deutschen Quality Circle Kongresses" 1982 in Düsseldorf hin, wobei er gleichzeitig jedoch auch „typisch deutsche" Elemente der „Lernstatt" wie persönliche Initiative, Individualismus, die spezifische Rolle des Moderators in der Gruppe und die kreative Nutzung von Frei-

---

25 Ausführlicher dazu bei Erker, Wachsen im Wettbewerb, S. 229 f.

26 Gottschall, Management optimal, S. 289, 297; ders., Lernen vor Ort, in: Manager Magazin 9, 1979, H. 2, S. 86-92; C. Antoni, Qualitätszirkel und Lernstatt – ein Vergleich soziotechnischer Instrumente japanischer und deutscher Herkunft, in: W. Bungard; G. Wiendieck (Hg.), Qualitätszirkel als Instrument zeitgemäßer Betriebsführung, Landsberg/Lech 1986, S. 11-17.

27 Gottschall, Management optimal, S. 302 f.

räumen durch die Beteiligten im Unterschied zu japanischen Qualitätszirkeln hervorhob.[28]

Parallelen existierten auch zwischen Qualitätszirkeln und bestimmten Ansätzen der Human Relations. Bungard weist darauf hin, daß zentrale Merkmale der Qualitätszirkel wie die auf freiwilliger Basis zusammengefaßten Mitarbeitergruppen zum Zwecke der gezielten Problemlösung ähnliche Voraussetzungen erfüllten wie der gruppendynamische Ansatz von Kurt Lewin zur gemeinsamen konstruktiven Problemlösung. Auch dort gehe es um die Erhöhung der Teamfähigkeit, um den Erwerb von Sozialkompetenzen und um das Erlernen einer neuen, emanzipatorischen Mitarbeiterrolle.[29] Weitere Parallelen lassen sich zwischen der japanischen Quality Circle-Bewegung und Methoden der „Organisationsentwicklung“ sowie der „Wertanalyse“ ausmachen, die wiederum auf amerikanische Vorbilder zurückzuführen sind. Die „Organisationsentwicklung“ setzt auf betriebliche Problemlösungen durch stärkere Partizipation und Autonomie der Mitarbeiter, basierend auf neuen Formen interpersoneller Beziehungen. Sie wurden seit Mitte der 60er Jahre auch in Japan rezipiert und galten als kompatibel sowohl mit den u.a. von Peter F. Drucker in Japan popularisierten Methoden des „Management by Objectives“ als auch mit den eigenen Ansätzen der kleingruppenorientierten Qualitätssicherung.[30] Organisationsentwicklungsmethoden wiederum lassen sich u.a. auf die Arbeiten Kurt Lewins und damit auf Human Relations-Ansätze zurückführen, obwohl dessen Arbeiten wenig Würdigung in der Literatur zur Organisationsentwicklung gefunden haben.[31]

Die Methode der Wertanalyse wurde ebenfalls in den USA entwickelt mit dem Ziel, auf der Basis interdisziplinärer, über die Abteilungsgruppen eines Unternehmens hinausreichender Teamarbeit projektbezogene Aufgaben zur Kostensenkung im Unternehmen zu lösen. Auch dabei zeigen sich Parallelen zu den Qualitätszirkeln.[32] Bereits seit 1955 wurden die Methoden der Wertanalyse in Japan aus den USA adaptiert und erhielten im Anschluß an die Ölkrise im Jahr 1974 neue Impulse. Auch deutsche Unternehmen übernahmen die Wertanalyse direkt aus den USA, oftmals jedoch gelangte sie erst über den Umweg Japan nach Deutschland. So reiste eine Gruppe deutscher Unternehmer mit Vertretern von Siemens, Krupp, AEG und

---

28 Samson, Die Lernstatt, S. 47.

29 W. Bungard, Arbeitsplatzorientiertes Lernen durch Qualitätszirkel, in: P. Meyer-Dohm; E. Tuchtfeld; E. Wesner (Hg.), Der Mensch im Unternehmen. Festgabe für Karl-Heinz Briam zum 65. Geburtstag, Bonn, Stuttgart 1988, S. 311-334, 318 f.

30 M. K. Kobayashi; W. Warner Burke, Organization Development in Japan, in: Columbia Journal of Business, Summer 1976, S. 113-123; F. J. Heeg, Phänomen Japan. Japanische Organisationsformen und ihre Übertragbarkeit auf deutsche Unternehmen, Köln 1983, S. 204, 214; Engel, Japanische Organisationsprinzipien, S. 167.

31 Heeg, Phänomen Japan, S. 224.

32 Heeg, Phänomen Japan, S. 91 ff.; K. Rischor; Chr. Tietze, Qualitätszirkel – effektive Problemlösung durch Gruppen im Betrieb, Grafenau 1984, S. 106; Dokumentation Erster deutscher Quality Circle Kongreß, S. 195 ff.

Bosch 1979 nach Japan, um sich über die Erfolge der Wertanalyse zu informieren. Beeindruckt von der Tatsache, daß japanische Unternehmen bis zu acht Prozent Kostenreduzierungen mit Hilfe der Wertanalyse erzielten, und daß 80-90% aller Neuentwicklungen in Japan wertanalytisch untersucht wurden, berichtete ein Siemens-Mitarbeiter: „Von solchen Erfolgen kann die deutsche Industrie nur träumen. Vielleicht ist dieser Bericht ein Ansporn für uns, den Japanern nachzueifern, die wieder einmal die Kopie einer Methode besser gemacht haben als das (amerikanische) Original."[33]

Es geht an dieser Stelle nicht darum, die einzelnen Methoden der Gruppenarbeit, der Quality Circles, der Wertanalyse und der Organisationsentwicklung in ihren unterschiedlichen Ausprägungen, Überschneidungen und Verästelungen bzw. deren Ursprünge im Detail nachzuzeichnen. Darüber gibt die sozial- und wirtschaftswissenschaftliche Literatur der 80er und 90er Jahre Auskunft.[34] Überschneidungen, Parallelen, Adaptionen, Abgrenzungen und Weiterentwicklungen lassen sich über einen langen Zeitraum seit dem Zweiten Weltkrieg und in der Rückwärtsbetrachtung auch darüber hinaus beobachten, die schließlich auf Gemeinsamkeiten deutscher Betriebsführungsmodelle wie dem Werksgemeinschaftsgedanken, amerikanische Human Relations, Neo-Human Relations-Ansätzen, Gruppenarbeit und Qualitätszirkel, Humanisierung der Arbeit und Human Resource Management verweisen, wobei diese noch bis in die 70er Jahre hinein nationalen Entwicklungen in Deutschland, den USA, Schweden, Großbritannien oder Japan zugeordnet werden konnten, seitdem jedoch zunehmend in einem „cross-nationalen Diffusionsprozeß" (Robert E. Cole) zu hybriden Entwicklungen führten, bei denen sich unterschiedliche Elemente der o.g. Methoden mischten und sich den jeweiligen nationalen bzw. unternehmerischen Bedürfnissen anpaßten.[35] Bemerkenswert bleibt dabei, daß dieses über Jahrzehnte akkumulierte Wissen in den einzelnen Unternehmen in unterschiedlichen Entscheidungssituationen anscheinend nicht vollständig verfügbar war, und die Akteure immer wieder von neuem auf externe Herausforderungen mit Erfahrungslernen reagierten. Dies gilt für die amerikanische Herausforderung der 50er und 60er Jahre wie für die japanische Herausforderung zwei Jahrzehnte später. Überwältigt von dem Neuen und Anderen, verliert das Eigene zunächst an Bedeutung. Bei der Orientierung an fremden Managementmethoden nimmt das Gewicht der eigenen, älteren Methoden, trotz offensichtlicher Gemeinsamkeiten und Über-

---

[33] R. Buksch, Wertanalyse: 10 zu 1 für Japan, in: Produktion, 2. Aug. 1979, Nr. 30/31, S. 3 f. Der Unternehmensberater Kienbaum führte bereits Mitte der 60er Jahre eine Wertanalyse für die deutsche Firma Benno Schilde Maschinenbau-AG durch, s. Geschichte einer Unternehmensberatung. 50 Jahre Kienbaum und Partner, S. 102 f.

[34] Dazu ausführlicher Heeg, Phänomen Japan; Rischor; Tietze, Qualitätszirkel; Bungard; Wiendieck, Qualitätszirkel als Instrument zeitgemäßer Betriebsführung; Engel, Japanische Organisationsprinzipien; Gottschall, Management optimal.

[35] Cole, Strategies for Learning, S. 55, 71, 90 f., 95, 117.

schneidungen, zunächst deutlich ab, wobei ihnen noch die Funktion der Akzeptanzförderung bleibt, denn durch die Erinnerung an Bekanntes wird die Einführung des Neuen erleichtert. Dabei zeigt sich, daß das fremde Neue gar nicht so fremd ist, denn sonst wäre eine Zugänglichkeit auch kaum möglich. Aus dieser Konstellation entwickelt sich dann ein Drittes, ein „Zwischen" im Dialog (Bernhard Waldenfels) des Eigenen und des Fremden.

Die sich daraus ergebenden unternehmerischen Lernprozesse verblieben bis in die 80er Jahre hinein auf der Ebene des Erfahrungslernens. Die höhere Stufe des Metalernens, also des selbstreflexiven Lernens eines sich selbst tragenden, institutionalisierten permanenten Anpassungsprozesses an Umweltänderungen läßt sich, zumindest ansatzweise, erst Mitte der 80er Jahre in einem deutschen Unternehmen beobachten, wie nachfolgend gezeigt werden soll.

Spielte noch bis Ende der 70er Jahre eine Orientierung an japanischen Leitbildern für deutsche Unternehmer kaum eine Rolle, ganz zu schweigen von deren praktischer Umsetzung in den Unternehmen, so änderte sich dies nach dem „Japanschock" um 1980 zunächst in der Automobilindustrie und in deren Gefolge auch in einigen Zulieferunternehmen. Neben Volkswagen gehörten Freudenberg und Continental zu den Pionierunternehmen, in denen japanische Management- und Produktionsmethoden zur Anwendung kamen. Dabei handelte es sich in der Zeit der frühen 80er Jahre vornehmlich um Methoden der Qualitätskontrolle, der Gruppenarbeit und des „Just-in-Time", während in einem umfassenderen Sinne von „Lean-Production" mit Blick auf das Produktionssystem bei Toyota erst ab Anfang der 90er Jahre die Rede ist.[36]

Bei Volkswagen wurden neue, an japanischen Leitbildern orientierte, Managementmethoden seit Beginn der 80er Jahre eingeführt. In diesem Zusammenhang spielte Karl-Heinz Briam eine wichtige Rolle, der 1978 als neuer Arbeitsdirektor zu Volkswagen gekommen war. Briam hatte nach der Schule zunächst eine kaufmännische Ausbildung absolviert und war anschließend bei einer Spedition im Hamburger Hafen beschäftigt, bevor er 23 Jahre lang als Wirtschaftsjournalist einer Hannoveraner Tageszeitung arbeitete und für das Magazin der IG Metall schrieb. Als Autodidakt interessierte sich Briam für Fragen der Ökonomie und der Philosophie und deren Verhältnis zueinander. Auf der Suche nach einer Verknüpfung von sozialer Verantwortung und ökonomischer Vernunft wurde er vor allem von Oswald von Nell-Breuning und dessen katholischer Soziallehre beeinflußt. Außerdem bildete das Modell der Mitbestimmung im Sinne des Gedankens von „Kooperation statt Gegenmacht" für Briam einen Grundpfeiler vertrauensvoller Zusammenarbeit zwischen Arbeitgebern und Arbeitnehmern. Aus seiner wirtschaftsjournalistischen Tätigkeit heraus wurde Briam dann 1972 zum Arbeitsdirektor der Fried. Krupp Hüt-

---

36 Rudolph, Erfolgsfaktoren japanischer Großunternehmen, S. 187 ff. Qualitätskontrolle, Gruppenarbeit und „Just-in-Time" sind dabei wesentliche Elemente der „Lean-Production".

tenwerke AG und 1978 zum Arbeitsdirektor bei Volkswagen berufen.[37] Um 1980 ergaben sich erstmals Kontakte nach Japan, wohin Briam eingeladen wurde, um über industrielle Beziehungen in deutschen Unternehmen zu berichten. Es schlossen sich weitere Japanbesuche an, u.a. zu Nissan, mit dem VW eine engere Kooperation plante sowie 1981 anläßlich eines Symposiums der Japanisch-Europäischen Kommission in Tokio. Dabei erhielt Briam auch Einblicke in japanische Unternehmen, Produktionsmethoden und Arbeitssysteme und knüpfte persönliche Kontakte zu japanischen Unternehmern und Managern. Das ursprüngliche Anliegen, die Japaner über das deutsche System der industriellen Beziehungen zu informieren, entwickelte sich schließlich auch in die umgekehrte Richtung. Briam und die Vertreter von Volkswagen begannen, sich für japanische Management- und Produktionsmethoden zu interessieren, und was sie in Japan sahen, löste zunächst Erstaunen aus. Briam berichtet etwa, wie überrascht er war, als er erstmals beobachtete, wie ein einzelner japanischer Arbeiter beim Auftreten eines Fehlers in der Produktion mit einem Griff zur Strippe das Band und damit die gesamte Produktion anhalten konnte. Erstaunen rief auch die kostengünstige Produktion japanischer Automobilhersteller hervor, die wiederum u.a. mit der von Briam beobachteten Fehlerquellenbeseitigung in Verbindung gebracht wurde. VW baute zu diesem Zeitpunkt täglich etwa 4000 Autos, von denen ca. 1000 fehlerhaft waren und dementsprechend nachgearbeitet werden mußten. In einer vergleichbaren japanischen Fabrik wurden, trotz vorhandener Kapazitäten zum Bau von 4000 Einheiten täglich nur 3000 Wagen hergestellt, die jedoch alle fehlerfrei produziert wurden, was mit deutlichen Kostenvorteilen verbunden war. Briams Beobachtungen und Überlegungen zu einer Adaption entsprechender Methoden stießen beim VW-Vorstand zunächst auf starke Vorbehalte, insbesondere was die Möglichkeit der Arbeiter anbelangte, das Fließband eigenständig anhalten zu können. Die deutschen Arbeiter, so befürchtete der VW-Vorstand, würden von morgens bis abends an der Strippe ziehen, um nicht arbeiten zu müssen. Als Arbeitsdirektor initiierte Briam daraufhin im VW-Werk wissenschaftliche Versuche, wobei künstliche Fehler am Fließband eingebaut und die Reaktionen der Arbeiter getestet wurden. Dabei stellte sich heraus, daß Unterbrechungen der Arbeit von den Beschäftigten eher als lästig empfunden und vielmehr ein ‚normaler' Arbeitsablauf favorisiert wurde.[38]

Es waren Vergleiche zwischen deutschen und japanischen Automobilproduzenten, die Briam deutlich machten, daß es neben höheren Lohn- und Lohnnebenkosten bei Volkswagen auch unterschiedliche Formen der Arbeitsorganisation, des Qualitäts- und Leistungsbewußtseins sowie die ungenügende Ausnutzung von Kreativitätsreserven waren, die das Nachhinken Volkswagens gegenüber den Erfolgen der japanischen Automobilhersteller ausmachten. So wurden etwa bei Toyota 1978 von

---

37 K.-H. Briam, Arbeiten ohne Angst. Arbeitsmanagement im technischen Wandel, Düsseldorf, 2. Aufl., Wien 1986, S. 33 f.; Interview K.-H. Briam, 13.5.1998.

38 Interview K.-H. Briam, 13.5.1998.

44.000 Mitarbeitern 463.000 Verbesserungsvorschläge eingereicht, was 10,5 Vorschlägen pro Mitarbeiter entsprach. Bei Volkswagen waren es 1979 bei 112.000 Mitarbeitern 27.532 und damit 0,25 Verbesserungsvorschläge pro Mitarbeiter. Für diese und ähnliche Phänomene wurde auf der Vorstandsebene nach Erklärungen gesucht, die nicht im rein technischen Bereich lagen. Die Gründe für die japanischen Erfolge, so Briam in einer Rede zum Thema „Die japanische Herausforderung" vor VW-Führungskräften im Jahr 1980, lägen auch in der japanischen Mentalität, in den aus dem Konfuzianismus gespeisten Wertvorstellungen, dem patriarchalischen Familiensinn und Patriotismus, „die uns zumindest teilweise sehr fremd sind".[39]

Bis zu diesem Zeitpunkt hatte es kaum Auseinandersetzungen mit Fragen der japanischen Management- und Produktionsmethoden bei Volkswagen gegeben. Als neuer Arbeitsdirektor und vor dem Hintergrund seines Interesses für philosophische Fragen war Briam offen und bereit, sich dem Phänomen Japan auch gegen Widerstände aus dem Vorstand anzunähern. Briams Japanbild setzte sich nicht nur aus eigenen Beobachtungen und Erfahrungen in japanischen Unternehmen zusammen. Die kulturalistischen Erklärungen des japanischen Erfolges basierten auch auf der Lektüre philosophischer und soziologischer Literatur. „Der Japaner, erklären uns die Soziologen, vereine den Geist der Neuzeit mit den moralischen Maximen der Vergangenheit", so Briam in der o.g. Rede. „Er sei in seiner Einstellung zu sich und zur Umwelt mehr dem Mittelalter zugewandt als dem Jahr 2000, und dabei störe es ihn auch nicht im geringsten, daß die Philosophie von früher die technischen Errungenschaften von heute und morgen adaptiert, ohne daß dies zu einer geistigen Konfusion führt. Der frühere Generalstabchef der japanischen Armee, Ymacata,[40] hat einmal eine Bemerkung gemacht, die uns, wie mir scheint, einen Einblick in das Arbeitsverhalten der Japaner gewährt. Er sagte, die Neuzeit habe den Geist der Samurai nicht korrumpiert, sondern vielmehr das gesamte Volk auf den Stand der Samurai erhoben, auf den Stand der dienenden Ritter. Mithin empfinde, so er weiter, der Bauernknecht oder Industriearbeiter die gleiche moralische Pflicht, seinem Vaterland zu dienen, wie früher nur der Angehörige der Samuraikaste. Vom Samurai, dem nach einem strengen Ehrenkodex bedingungslos Dienenden, ist der Japaner historisch ein Jahrhundert entfernt, in den Wertvorstellungen ist er ihm nahe oder gar gegenwärtig. Jedenfalls basiert die japanische Personal- und Sozialpolitik von heute offenbar ebenso auf dem Geist der Samurai wie auf der Tradition, der Autorität – in der Familie wie im Staat-, absoluten Respekt zu zollen und Gefühle der Unterordnung wie der Dankbarkeit der Autorität gegenüber immer wieder neu zu kultivieren. Die demokratische Verfassung des Landes hat, wie es scheint, an den patriarchalisch-autoritären Grundzügen nur wenig geändert. Der moderne Samurai kämpft am

---

39 K.-H. Briam, Die japanische Herausforderung, Rede vor Führungskräften der Volkswagen AG am 4.9.1980, S. 1. Für die Überlassung einer Manuskriptkopie bedanke ich mich herzlich beim Autor.

40 Ebd., S. 1, gemeint ist möglicherweise Yamagata Aritomo (1838-1922).

Arbeitsplatz".[41] Hier tauchen, angefangen von der Benutzung des Kollektivsingulars „der Japaner", zahlreiche Analysemuster der japanischen Wirtschaft und Gesellschaft durch deutsche Beobachter wieder auf, die sich so oder ähnlich bereits in den Reiseberichten Hans Erich Freudenbergs in den 60er Jahren beobachten ließen mit dem Unterschied, daß die Hinweise auf die japanische Kultur und Tradition nicht mehr zur Erklärung des japanischen Mißerfolges, sondern des großen Erfolges japanischer Unternehmen herangezogen werden. Auch zu Beginn der 80er Jahre betätigten sich deutsche Manager als Ethnologen und Soziologen, wobei sie, ausgehend von eigenen Beobachtungen, mit Hilfe kulturalistischer Deutungen eine offensichtliche Erklärungslücke zu schließen versuchten. Dies geschieht jedoch nach wie vor, bedingt durch fehlende eigene Sprachkenntnisse und in Ermangelung ausreichender industriesoziologischer Forschungen zu diesem Zeitpunkt, auf der Basis oftmals oberflächlicher und stereotypenhafter Informationsgrundlagen, wobei immer wiederkehrende Erklärungsansätze wie die japanische lebenslange Beschäftigung, das Senioritätsprinzip, die japanische Familientradition etc. als Erklärungen für die betriebliche Realität japanischer Unternehmen kolportiert werden, so als ob im umgekehrten Fall der Erfolg deutscher Unternehmen vornehmlich auf preußischem Drill und militärischer Tradition sowie den Sekundärtugenden „Ordnung", „Fleiß" und „Sparsamkeit" beruhte. Die Hervorhebung japanischer Kultur- und Traditionselemente zur Erklärung des Unternehmenserfolges führte schließlich im Fall VW zu der Überzeugung, „daß eine Übertragung dieses japanischen Gesellschaftssystems weder auf die Bundesrepublik möglich ist noch auf Staaten, in denen Volkswagen-Tochtergesellschaften angesiedelt sind".[42] Gleichwohl heißt dies, so Briam, daß „wir gewisse Elemente im japanischen System studieren (müssen), um sie auf ihre Anwendung auf unsere Erfordernisse hin zu überprüfen".[43] Dazu gehören beispielsweise die japanischen Qualitätszirkel, die Briam den VW-Führungskräften als „überfachliche Gruppen aus 8-10 Mitarbeitern, die sich innerhalb und außerhalb der Arbeitszeit zusammensetzen und Verbesserungsvorschläge ausarbeiten", vorstellt. Auch das „Ringi-System" der japanischen Entscheidungsfindung wird von Briam hervorgehoben. „Vom Ringi-System können wir lernen, die Betroffenen an Entscheidungsprozessen zu beteiligen. Das schließt auch die Suche nach einem vertretbaren Kompromiß ein – für den Manager, für die Führungskraft, für denjenigen, der den Standpunkt des Unternehmens zu vertreten hat, natürlich auf der Grundlage seiner besonderen Verantwortung hinsichtlich der Gesamtheit der Unternehmensziele."[44] Bei einem Vergleich der industriellen Beziehungen zwischen Japan und Deutschland geht Briam sogar so weit, Gemeinsamkeiten zwischen dem deutschen System der Mitbestimmung und dem japanischen Ringi-System zu sehen,

---

41 Ebd., S. 1.
42 Ebd., S. 8.
43 Ebd.
44 Ebd., S. 8, 11.

die er vor allem mit dem Wunsch nach „Kooperation statt Konfrontation“ sowie nach „Harmonie“ begründet, welcher in beiden Systemen angelegt sei. In dieser Übereinstimmung sieht Briam auch deutliche Konvergenzentwicklungen zwischen den hochindustrialisierten Nationen.[45] Der Widerspruch, der sich aus Briams Äußerungen über die stark traditionsgebundenen japanischen Managementmethoden, „die uns zumindest teilweise ziemlich fremd sind“ (Briam) und damit auch kaum übertragbar sein dürften, und den gleichzeitig beobachteten Konvergenzen zwischen den hochindustrialisierten Staaten ergibt, bleibt jedoch in diesem Zusammenhang unaufgeklärt und weitgehend unreflektiert. Eine kulturalistische Erfolgserklärung der japanischen Qualitätszirkel hätte sich schließlich auch mit den amerikanischen Nachkriegseinflüssen auf diese Entwicklung auseinanderzusetzen, die zwar die Konvergenzthese stützt, dann aber kaum noch als kulturalistische Erklärung dienen kann. Das Mitbestimmungsmodell wiederum, welches von Briam als Beleg für die Konvergenzthese einer allmählichen Annäherung kooperativer Führungsstrukturen in internationalen Unternehmen dient, müßte umgekehrt viel stärker vor dem Hintergrund spezifisch nationaler politischer, ökonomischer und sozialer Einflußfaktoren diskutiert werden, wie bereits weiter oben im Kapitel über Human Relations angedeutet worden ist. Wenn kulturelle Besonderheiten Japans als notwendige Voraussetzung für die neueren spezifischen Ausprägungen der japanischen industriellen Beziehungen herangezogen werden, darauf weisen die industriesoziologischen Forschungen Hagen Rudolphs ebenso hin wie die philosophische Fremdheitsdefinition bei Waldenfels, so schließt das eine Übertragung auf deutsche Verhältnisse aus. Um die Übertragungsmöglichkeiten nicht auszuschließen bedeutet dies umgekehrt, daß eine Definition kultureller Eigenarten als notwendige Voraussetzung einer Übertragbarkeit zu vermeiden ist und daß die Zugänglichkeit zum Fremden eine bedingte ist, die im interkulturellen Dialog zu einer Zwischenlösung führt.[46]

Briam und auch andere deutsche Unternehmer und Manager bedienten sich, je nach Erklärungsbedarf, jedoch entweder des kulturalistischen oder des konvergenztheoretischen Erklärungsansatzes, wobei eine detailliertere Analyse der japanischen Unternehmensentwicklung sowie der Übertragungsmöglichkeiten auf deutsche Verhältnisse meist nicht stattfand. Im Vordergrund stand das Eigeninteresse deutscher Unternehmen, hinter der die Fremdwahrnehmung an Intensität weit zurückblieb. „Japan dient nur als Projektionsfläche für die von den Unternehmen selbst wahrgenommenen Defizite“ (Hagen Rudolph). Im Grunde genommen kamen deutsche Unternehmer auch ohne kulturalistische Erklärungen aus.

---

45 K.-H. Briam, Management-Styles and Labor-Management Relations in Japan and the EC. Rede anläßlich eines Symposiums der Japanisch-Europäischen Kommission am 5.6.1981 in Tokio. Für die Überlassung der Manuskriptkopie bedanke ich mich herzlich beim Autor.

46 H. Rudolph, Erfolgsfaktoren japanischer Großunternehmen, S. 19 f.; Waldenfels, Topographie des Fremden, S. 85 f., 95 f.

Japanische Leitbilder boten, gerade in der Automobilindustrie, in Krisenzeiten Anregungen für neue Wege der Arbeitsorganisation. Demgegenüber rückten eigene Erfahrungen, wie sie etwa im Zusammenhang mit den HdA- und „Lernstatt"-Programmen wenige Jahre zuvor gesammelt wurden, in den Hintergrund. Sie waren vielfach nicht über das Experimentierstadium hinausgekommen und ihnen haftete insofern der Makel des Scheiterns an. Japanische Unternehmen hatten demgegenüber eine Erfolgsgeschichte aufzuweisen, die auch leitbildfähig war. Die durch die Japandiskussion erneut aufgeworfene Frage der Einführung von Gruppenarbeit zu Beginn der 80er Jahre traf dann weniger auf kulturell bedingte Bedenken oder Widerstände – hier wirkten die eigenen Erfahrungen eher akzeptanzfördernd –, sondern vielmehr auf die Abwehr des mittleren Managements, das um den Verlust seiner Autorität fürchtete.[47] Die Einführung von Qualitätszirkeln und Gruppenarbeit bei Volkswagen im Jahr 1982 war zwar eine Reaktion auf die „japanische Herausforderung", erfolgte jedoch schließlich weitgehend ohne kulturalistisches Beiwerk. Unter Einbeziehung von Meistern und Arbeitern sowie unter Anleitung speziell ausgebildeter Moderatoren kam es schließlich zur Bildung von Werkstattkreisen als Problemlösungsgruppen, in denen 6-8 Teilnehmer problemorientiert arbeiteten mit dem Ziel der Erhöhung der Arbeitsmotivation, der Identifikation, der Humanisierung der Arbeitsbedingungen, der Produktivitätssteigerung und der Förderung des selbständigen Denkens und Handelns im „Team". Vier Jahre später wurden die Werkstattkreise und Qualitätszirkel durch eine Betriebsvereinbarung zwischen Vorstand und Gesamtbetriebsrat festgeschrieben. In den 10 Jahren seit 1982 wurden dann allein im Werk Hannover 1785 Qualitätszirkel gegründet. Deren Existenz war schließlich nicht das Ergebnis einer einfachen Übertragung japanischer Vorbilder, sondern hatte unterschiedliche Wurzeln, die in der Lernstattbewegung, der Gruppenarbeit wie auch in Methoden der Organisationsentwicklung lagen.[48] Die Qualitätssicherung bei Volkswagen wurde zusätzlich verstärkt durch ein automatisches Sichtprüfsystem „VW Argus", das auf der Basis von Fernsehkameras und Laserabtastern sowie durch elektronische Prüfanlagen („ECOS" = Electronic Check-out-System; „MONTIS" = Montage-Information und -Steuerung) funktionierte und von der Lackierung bis zur Endmontage zum Einsatz kam.[49] Anleihen an amerikanischen, japanischen und eigene Erfahrungen führten somit zusammengenommen zu

---

47 Interview K.-H. Briam, 13.5.1998.

48 Briam, Arbeiten ohne Angst, S. 68-74; M. Pusch; K. Volkert; H.-J. Uhl, Qualitätszirkel/Werkstattkreise/Aktionskreise der Volkswagen AG. Erfahrungen des Betriebsrats, in: Gewerkschaftliche Monatshefte 11, 1983, S. 740-745; A. Paul-Kohlhoff, Das Fallbeispiel VW Hannover, in: W. Heidemann; A. Paul-Kohlhoff; Chr. Zeuner (Hg.), Qualifizierung in der Automobilproduktion. Europäische Automobilkonzerne reagieren auf die japanische lean production, Marburg 1992, S. 105-112.

49 Unternehmensarchiv der Volkswagen AG (vorm. Auto-Museum Volkswagen), Geschäftsbericht 1981, S. 27-30.

einem neuen, durch hybride Strukturen gekennzeichneten Modell der Qualitätssicherung in deutschen Unternehmen.

Neben der Automobilindustrie waren deren Zulieferer ein Einfallstor für japanische Management- und Produktionsmethoden. Zu ihnen gehörten Freudenberg und Continental. Auch dort gab es zu Beginn der 80er Jahre wichtige Neuerungen auf dem Gebiet des Qualitätswesens, der Gruppenarbeit sowie des Produktionsflusses. „Als Zulieferant an die Automobilindustrie", so Wilhelm Schmidt von Freudenberg, „war man zu allen Zeiten dem dort üblichen Preis- und Qualitätsdruck ausgesetzt. Seit Anfang der 80er Jahre kommt dazu eine neue Herausforderung, die ‚just-in-time'-Belieferung. Hierfür ist das Beispiel der Japaner ein maßgeblicher Auslöser. Der Zwang es zu tun, ist die Anpassung an unsere Markt- und Wettbewerbsverhältnisse."[50] Doch ebenso wie bei Volkswagen war Japan zwar der Auslöser für eine Verstärkung der Aktivitäten auf dem Gebiet der Arbeitsorganisation und der Zulieferung, gleichwohl gab es auch bei Freudenberg Vorläufer, die bis in die 70er Jahre zurückreichten und die nicht auf japanische Einflüsse zurückzuführen waren.

Das Qualifikationsbewußtsein bei Freudenberg erhielt einen entscheidenden Impuls durch die Kontaktaufnahme zur amerikanischen International Packings Corporation (IPC) im Jahr 1965, von der Freudenberg drei Jahre später eine 25%ige Beteiligung erwarb. In diesem Zusammenhang versprach man sich in erster Linie neue Erkenntnisse über Verpackungsmaterialien sowie zum Thema „Controlling", wobei insbesondere im letzten Fall die Erwartungen kaum erfüllt wurden. Statt dessen verfügte IPC über ein gut funktionierendes System der Qualitätssicherung, durch das Freudenberg zahlreiche Anregungen erhielt.[51] Demgegenüber hatte Freudenberg in Japan Mitte der 60er Jahre weniger gute Erfahrungen gemacht. Anläßlich einer Besichtigung bei der NOK stellten die Freudenberg-Besucher fest, daß es dort keine 100%ige Qualitätskontrolle wie bei Freudenberg gäbe, sondern nur Stichkontrollen nach dem Prinzip der Statistischen Qualitätskontrolle. Darüber hinaus zeigte der Japanbesuch, daß das Verhältnis zwischen Produzenten, Zulieferern und Kunden bei den von Freudenberg besuchten Unternehmen u.a. der Automobilindustrie zu wünschen übrig ließ.[52] Anstöße zur Qualitätsverbesserung bei Freudenberg kamen also Ende der 60er Jahre aus den USA und nicht aus Japan, so wie die Anstöße in Japan auf diesem Gebiet nach dem Zweiten Weltkrieg ebenfalls aus den USA gekommen waren. Erst in den 70er und 80er Jahren entwickelten japanische Unternehmen, dar-

---

50 W. Schmitt, Der Mitarbeiter im Mittelpunkt einer „Just-in-Time"-Produktion, in: H. Wildemann (Hg.), Just-in-Time, Stuttgart, München 1986, S. B7,1- B7,49, B7,3.

51 Archiv Freudenberg, 3/01251, Vortrag Wentzler über Geschichte und Entwicklung technischer Dichtungen; Interview W. Bonfert, 3.12.1997.

52 Ebd., 3/03153, Wentzler, Dr. Schmitt bei Nippon Oil Seal Ind. Co. Ltd., 26.2.-14.3.1965, vom 1.4.1965; Ebd., dies., Verhältnis der Automobilfabrikanten und anderen Kunden zu Zulieferanten, 29.3.1965.

unter die NOK, die ursprünglich aus den USA importierten Methoden der Qualitätssicherung entscheidend weiter und nahmen schließlich eine Vorreiterrolle auf diesem Gebiet ein, an der sich dann wiederum amerikanische und deutsche Unternehmen orientierten.

Ein Beispiel für diese verschlungenen Pfade des internationalen Know-How-Transfers bildet die „IZ"-Bewegung, die aus den USA als „Idle Zero"-Idee kommend, sich dort nicht breitflächig durchsetzte, jedoch von japanischen Unternehmen als „isôrô zetsumetsu" (= „Schmarotzer vertilgen") im Sinne der Verbesserung des Qualitätsmanagements aufgegriffen und über diesen Umweg zu Freudenberg gelangte, wo es sich unter dem Begriff „Industrie-Zellen"-Bewegung bewährte. Bei diesem Transferprozeß spielte das Joint Venture-Unternehmen NOK eine wichtige Rolle, das mit Hilfe der „IZ"-Methode Mitte der 70er Jahre nicht nur den Produktionsausschuß auf 0,1% gesenkt, sondern auch die Fertigungsabläufe deutlich verbessert hatte. Entscheidend war dabei die Umstellung des Produktionsablaufs gewesen. Nach der alten Fertigungsmethode waren die einzelnen Teile eines zu erstellenden Produktes von den jeweiligen Beschäftigten bearbeitet, dann in ein Zwischenlager gegeben und schließlich der Qualitätskontrolle unterworfen worden. Die japanische Fertigungsweise sah eine stärkere Verkettung der Produktionsstufen, einen schnelleren Durchlauf und eine direkte Qualitätskontrolle vor, was ein Wegfallen der Zwischenlager und eine erhebliche Verringerung des Ausschusses zur Folge hatte. Außerdem wurde die Qualität nicht erst im Nachhinein geprüft, sondern war bereits Bestandteil des Produktionsprozesses.[53] So überzeugend das „IZ"-Programm von NOK für Freudenberg auch war, eine Adaption erfolgte erst mit einer Zeitverzögerung von sieben Jahren. Eine raschere Einführung war mehrmals aus unterschiedlichen Gründen vertagt worden, so daß hier „von Freudenberg Zeit vertan worden" sei, so der ehemalige Freudenberg-Mitarbeiter Werner Bonfert.[54]

In der Zwischenzeit hatte das Unternehmen in der Sparte SIMRIT (Dichtungen und Formteile) 1976 ein Qualitätsverbesserungs- und Motivationsprogramm gestartet, welches die im Rahmen der „IZ"-Idee mitgedachten Fertigungsumstellungen noch unberücksichtigt ließ. Das SIMRIT-Qualitätsverbesserungsprogramm, das nach der Jahreszahl seiner Einführung die Bezeichnung „Q 76" erhielt, bestand aus einer Vielzahl von Einzelmaßnahmen zur Förderung und Ausbildung der Mitarbeiter sowie zur Verbesserung des Arbeitsumfeldes und erinnerte insofern an vergleichbare Maßnahmen der Human Relations-Idee bzw. des HdA-Programms, obwohl es einen direkten Bezug dazu ebensowenig gab wie zu japanischen Vorbildern. Zum „Q 76"-Programm zählte u.a. die Einführung von Qualitätszirkeln und Gruppenarbeit, wobei die auf freiwilliger Basis zusammengesetzten Gruppen problemlösungsorientiert eingesetzt wurden. In diesem Rahmen erprobte Freuden-

---

[53] Ebd., o. Sign., W. Bonfert, Die Geschichte der Sparte SIMRIT 1929-1990 (unveröff. Manuskript), 1994, S. 126 ff.; Interview W. Bonfert, 3.12.1997.

[54] Interview W. Bonfert, 3.12.1997.

berg auch neue Formen der Mitarbeiterinformation und -aussprache in Gestalt von Mitarbeitergesprächen zwischen Vorgesetzten, Belegschaften und Moderatoren. Ein „Fehlerquellen-Hinweis-Programm“ (FQH-Programm) sollte zur Beseitigung von Fehlerquellen am Arbeitsplatz und somit zum „fehlerfreien Arbeiten“ anleiten. FQH-Teams tagten einmal wöchentlich und legten gemeinsam ihre weiteren Aufgaben fest. Zum „Q 76“-Programm gehörten weiterhin die Verbesserung der betrieblichen Aus- und Weiterbildung der Arbeitnehmer sowie Verbesserungen des Vorschlagswesens und der innerbetrieblichen Information, u.a. durch Publikationen und Informationsveranstaltungen für die Mitarbeiter. 1982 wurden schließlich in allen SIMRIT-Bereichen Qualitätszirkel eingeführt.[55]

Mit siebenjähriger Verzögerung wurde schließlich bei Freudenberg das bereits erwähnte „IZ“-Programm in Anlehnung an japanische bzw. NOK-Vorbilder aufgegriffen und 1984 im Unternehmen umgesetzt. Aufbauend auf den Erfahrungen des „Q 76“-Programms bedeutete dies eine Erweiterung der Qualitätsverbesserung um Fragen der Neuorganisation des Produktionsablaufs unter Berücksichtigung von „Just-in-Time“- und „Kanban“-Methoden und führte zu einer radikalen Produktionsumstellung bei Freudenberg nach dem Leitbild einer „japanischen Produktionsweise“.[56] Diese explizit japanorientierte Reorganisation war trotz der radikalen Umstellungen nicht mit einem Kulturschock verbunden, da zumindest auf dem Gebiet der Qualitätsverbesserung das „Q 76“-Programm eine Art Übergangs- und Gewöhnungsphase bedeutete, schließlich gab es hier bereits eine den japanischen Verhältnissen zumindest ansatzweise vergleichbare Qualitätszirkel- und Gruppenarbeitserfahrung. Der Übergang zur „japanischen Produktionsweise“ erfolgte bei Freudenberg also schrittweise und über mehrere Jahre hinweg, wodurch auch eine mentale Annäherung und Anpassung ermöglicht wurde. Dies galt allerdings nicht für die maschinellen Umstellungen und Investitionen, die innerhalb eines vergleichbar kurzen Zeitraums erfolgten. Die zwischen 1984 und 1987 durchgeführten Veränderungen bei Freudenberg auf der Basis eines Dreijahresplans bedeuteten schließlich den „größten Innovationsschub in der Geschichte von SIMRIT“, so Werner Bonfert.[57]

In der Langzeitperspektive bemerkenswert bleibt jedoch am Beispiel Freudenberg, daß japanische Leitbilder zu Beginn der 80er Jahre gerade auf dem Gebiet des

---

55 Archiv Freudenberg, 3/04182, Durchführungsbestimmungen für das Fehlerquellen-Hinweis-Programm (FQH-Programm), 28.1.1976; Broschüre „Qualität ist eine Gemeinschaftsaufgabe auch im Führungsverhalten“ (1976); ebd., 3/03518 und 3/03519, SIMRIT-Handbuch der Qualitätssicherung, Ausg. 1976 und 1983; ebd., Bonfert, o. Sign., Geschichte der Sparte SIMRIT, S. 127 f.; H. Peters, Qualitätszirkel im Zentralen Vertrieb SIMRIT bei Freudenberg, in: K. J. Zink; G. Schick (Hg.), Quality Circles 2. Fallbeispiele, Erfahrungen, Perspektiven, München, Wien 1986, S. 90-98; M. Rathgeber, Einbindung von Qualitätszirkeln in ein umfassendes Programm bei Freudenberg, in: ebd., S. 183-186.

56 Interview W. Bonfert, 3.12.1997.

57 Ebd.

Qualitätswesens und der Zuliefersysteme eine derart große Rolle spielten, nachdem Japan in den zwei Jahrzehnten zuvor auf diesem Gebiet keine Beachtung geschenkt worden war. Insofern fand hier bei Freudenberg eine deutliche Wende statt. Für Wilhelm Schmitt, der die Reorganisation bei Freudenberg Mitte der 80er Jahre maßgeblich mitgestaltete, und der innerhalb von 21 Jahren an die 50 Japanreisen absolviert und entsprechende Erfahrungen gesammelt hatte, war klar, daß eine solche Umstellung nur mit einer umfassenden Abstimmung aller Beteiligten erfolgreich zu bewältigen war. Aus vergangenen Reorganisationsmaßnahmen hatte er gelernt, daß Insellösungen im Sinne punktueller Maßnahmen und unter Umgehung einer ausreichenden Mitarbeiterinformation keine befriedigenden Lösungen erbrachten. Zudem überzeugte Schmitt die ostasiatische Denkweise und Problemlösungsstrategie, die im Unterschied zum geradlinigen, direkt zielorientierten Denken im Westen viel stärker in unterschiedliche Richtungen orientiert war und so ein Problem auf breiterer Basis erfassen konnte. Das Ziel war erst dann erreicht, wenn alle Teilnehmer „harmonisiert" waren. Auf deutsche Verhältnisse übertragen hieß das, einen möglichst breiten Informations- und Abstimmungsmodus unter Einbeziehung der Unternehmensleitung, des Managements, der Mitarbeiter und des Betriebsrates herzustellen, was bei Freudenberg durch entsprechende Mitarbeiterbesprechungen und Informationsveranstaltungen schließlich auch geschah.[58]

Die Umsetzung der neuen Produktionskonzepte nach japanischem Vorbild erfolgte bei Freudenberg unter Einbindung von Prof. Horst Wildemann, der als Ökonom auf dem Gebiet der Fertigungswirtschaft an der Universität Passau arbeitete. Wildemann hatte sich ausführlich mit Fragen des „Just-in-Time"-Konzeptes auseinandergesetzt, das eine kostengünstige Fertigungsstruktur, einen kontinuierlichen Auftragsfluß und eine Verringerung der Durchlaufzeiten durch die Bildung logistischer Ketten ermöglichte.[59] Auch das Just-in-Time-Konzept war anschlußfähig an bereits bekannte Strategien der Produktionsorganisation, vergleichbar der Anschlußfähigkeit von Quality Circles und Gruppenarbeit an Human-Relations oder HdA-Konzepte. Man muß nicht so weit gehen, die Vorläufer von „Just-in-Time" in der US-Automobilindustrie der 20er und 30er Jahre zu verorten,[60] doch zeigt etwa für den deutschen Fall das Beispiel Kienbaum, dessen Materialflußgestaltung in den 50er Jahren ein wichtiges Standbein des Unternehmenserfolges war, daß seine – nicht zuletzt in Amerika beobachteten und in der Folgezeit weiterentwickelten – Logistiksysteme den zu beratenden Unternehmen in den 80er Jahren auch unter dem Begriff „Just-in-Time" angeboten

---

[58] W. Schmitt, Der Mitarbeiter im Mittelpunkt einer „Just-in-Time"-Produktion, S. B7,4, B7,10, B7, 25-33.

[59] H. Wildemann, Just-in-Time Lösungskonzepte in Europa, in: ders. (Hg.), Just-in-Time, S. A1, 1-A1,76.

[60] M. Schwatz; A. Fish, Just-in-Time Inventions in Old Detroit, S. 48-71.

Begriff „Just-in-Time“ angeboten wurden[61] und wichtige Anknüpfungspunkte boten.

Die im Rahmen eines Dreijahresplans erfolgte Umstellung bei Freudenberg war geradezu generalstabsmäßig geplant worden. In diesem Zusammenhang wurden ein Lenkungsausschuß sowie Arbeitskreise eingerichtet, die die Reorganisation im Sinne des „Just-in-Time“-Leitbildes begleiteten. In kleineren Gruppen wurden insgesamt ca. 100 leitende Mitarbeiter, Fachingenieure und Betriebsräte jeweils für eine Woche zu NOK nach Japan geschickt, um sich dort, zusammen mit Vertretern der deutschen Automobilindustrie, über die Praxis von „IZ“, „Just-in-Time“ und „Kanban“-Methoden zu informieren. Ziele der geplanten Umstellung waren neben der Erhöhung der Produktivität und Flexibilität sowie der Senkung der Kosten vor allem eine Stärkung der Mitarbeiterverantwortung, die Verbesserung der Produktqualität und die Beschleunigung der Durchlaufzeiten der Halb- und Fertigprodukte. Im Ergebnis führte die Reorganisation bei Freudenberg zu einer „Verkettung“ der einzelnen Produktionsschritte, wobei die Produktion von Simmeringen im SIMRIT-Werk auf kleineren Maschinen mit erheblich schnellerem Durchlauf und direkter Qualitätskontrolle nach „IZ“-Prinzipien und unter Ausschaltung der Zwischenlager erfolgte. Zu diesem Zweck waren vor dem Hintergrund erheblicher Neuinvestitionen in Maschinen zudem etwa 70.000 Arbeitspläne und Kalkulationen geändert worden.[62] Diese Änderungen versetzten Freudenberg schließlich in die Lage, sich dem 1984 bei Volkswagen eingeführten neuen Logistik-Konzept anzupassen, das eine Minimierung der Läger und Umlaufbestände, eine Erhöhung der Flexibilität und eine Reduzierung der Eigenfertigungstiefe vorsah und damit auch die Zulieferer vor neue Herausforderungen stellte. In diesem Zusammenhang hatte auch Dieter Freudenberg 1985 angemahnt, daß das Unternehmen sich rasch auf die „Just-in-Time“-Belieferung der Automobilindustrie einzustellen habe.[63]

Die Japanorientierung bei Freudenberg war mithin ein komplexes Phänomen, welches aus unterschiedlichen Quellen gespeist wurde. Ausgehend von ursprünglich amerikanischen, dann von japanischen Unternehmen weiterentwickelten Qualitätsverbesserungsprogrammen, die mit mehrjähriger Verzögerung und zeitlicher Unterbrechung in der zunächst eigene Qualitäts- und Gruppenarbeitskonzepte zur Anwendung kamen („Q 76“-Programm), schließlich über das Joint Venture NOK adaptiert wurden, wirkten auch externe Faktoren wie die Anforderungen der Automobilindustrie auf die Reorganisation bei Freudenberg ein. Hier gab es Parallelen zur japanischen Entwicklung. Doch es gab auch deutliche Unterschiede. Eine vergleichbar enge Zusammenarbeit, wie sie in der schon fast symbiotischen Beziehung

61 Geschichte einer Unternehmensberatung. 50 Jahre Kienbaum und Partner, S. 108 f.

62 Bonfert, Geschichte der Sparte SIMRIT, S. 129 f., Interview W. Bonfert, 3.12.1997.

63 Archiv Freudenberg, 3/02624, Protokoll der Besprechung vom 9.9.1985, Ausführungen Dieter Freudenberg; ebd., Dr. Erhard Bieger, Neue Logistik-Systeme in der Automobilindustrie. Bericht zum Stand der Koordination im VDA, 5.6.1985.

und der engmaschigen Verflechtung zwischen japanischen Automobilherstellern und Zulieferern praktiziert wurde, war im deutschen Fall nicht möglich. Immerhin sollte eine „Optimierung der partnerschaftlichen Zusammenarbeit“ angestrebt werden, die bei Freudenberg 1986 in ein neues, umfassendes Logistik-Konzept mündete, das Fragen der Lagerhaltung sowie der Optimierung von Versand und Transport unter Einbeziehung des gesamten Kundenstamms – nicht nur der Automobilindustrie – vorsah.[64]

Es ist davon auszugehen, daß die Reorganisation bei Freudenberg zwischen 1984 und 1987 in Anlehnung an japanische Management- und Produktionsmethoden entscheidend dazu beigetragen hat, daß das Unternehmen seine Position als Zulieferer für die Automobilindustrie behaupten konnte, oder, anders ausgedrückt, daß es ohne diese Umstellungen aus diesem System „rausgeflogen“ wäre. Andererseits haben die Umstellungen bei Freudenberg mit Blick auf die Belegschaften nicht den gleichen Erfolg gezeitigt wie auf wirtschaftlichem Gebiet oder wie in vergleichbaren japanischen Unternehmen. Der von der Unternehmensleitung erhoffte Motivationsschub der Mitarbeiter bleib weit hinter den Erwartungen zurück, das gilt ebenso für die Krankenstände. Trotz breiter Informations- und Aufklärungsarbeit trafen die Reorganisationsmaßnahmen auf Widerstand bei den Gewerkschaften, die für die Belegschaften höhere Lohnforderungen durchsetzen wollten. Ein „Motivationsschub“ für die Belegschaften ergab sich schließlich erst im Zusammenhang mit dem klassischen Instrument der Unternehmensleitung, die mit der Verlagerung eines Teils der Produktion ins Ausland drohte, was schließlich dazu führte, daß Beschäftigte und Betriebsrat eine Absenkung der Löhne und die Wiedereinführung der Samstagsarbeit akzeptierten. Diese Erfahrung zeigte der Geschäftsführung, daß japanische Management- und Produktionsmethoden vor dem Hintergrund unterschiedlicher Systeme der industriellen Beziehungen, unterschiedlicher Arbeitseinstellungen und Mentalitäten der Belegschaften zwar übertragbar sind, jedoch zu ganz unterschiedlichen Ergebnissen in Deutschland und Japan führten.[65]

Auch bei Continental spielten japanische Leitbilder der Arbeitsorganisation zu Beginn der 80er Jahre eine Rolle. Ähnlich wie bei Volkswagen kam dem Arbeitsdirektor dabei eine wichtige Funktion zu, und ähnlich wie bei Volkswagen erfolgte die Umsetzung dieser Leitbilder als Mischform, die nicht zuletzt an eigene Vorerfahrungen anknüpfte. Ende der 80er Jahre wies Arbeitsdirektor Kauth rückblickend auf die Kontaktaufnahme zwischen Continental und japanischen Unternehmen hin, wobei man auf „einige fundamentale Besonderheiten wie etwa die hohe Identifikation der Menschen mit ihrer Arbeit und ihrem Unternehmen (traf), die hohe Qualifikati-

---

64 Ebd., 3/02624, betr. Herstellergruppenversammlung Teile und Zubehör, 7.11.1985, Düsseldorf; hier: Erläuterungen zu Ziffer 4 der Tagesordnung: Neue Logistik-Systeme/Just-in-Time-Produktion; ebd., Freudenberg Logistik. Konzept 23.6.1986.

65 Interview W. Bonfert, 3.12.1997.

on der gesamten Mitarbeiterschaft, verblüffend einfache Ablauforganisation, besonders die geringe Arbeitsteiligkeit mit Überlappungen an den Schnittstellen – und natürlich auf jene eigentümlichen Qualitätszirkel. Das alles war uns wohlvertraut, entsprach auch durchaus unseren Werthaltungen – es erschien erstrebenswert. Obwohl wir seinerzeit alle erkannten, daß es unmöglich war, die kulturspezifischen Besonderheiten nach hier zu übertragen, kam es – nicht nur bei uns – zur Kopierung der Kleingruppenaktivitäten. Vermutlich auch, weil das Instrument so einleuchtend Arbeitsattraktivität und Produktivität ansteuern half".[66] Die von Kauth angesprochene Vertrautheit mit den Formen japanischer Arbeitsorganisation ergab sich aus den seit Mitte der 70er Jahre bei Continental durchgeführten eigenen Projekten zur Neugestaltung der Arbeitsplatzsituation im Rahmen der HdA-Programme und dem 1978 gestarteten Modellprojekt „AMF" („Arbeitszufriedenheit verbessern", „Motivation erhöhen", „Fehlzeiten normalisieren"), dem „Mit-Mach-Projekt" des Continental-Werkes in Vahrenwald und dem Gruppenarbeitsprojekt im Werk Limmer. Ziel etwa des „AMF"-Projektes war die stärkere Einbindung der Mitarbeiter bei der Lösung betrieblicher Probleme, die Erhöhung der Flexibilität und der Qualifikation der Mitarbeiter, eine produktivere und menschengerechtere Gestaltung der Arbeitsplätze, die Verringerung der Arbeitsunfälle, die Erhöhung der Identifikation der Mitarbeiter mit ihrer Arbeit und schließlich die Verbesserung der Produktqualität. Nach einer Vorlaufzeit kam es 1980 zur Bildung von 15 Arbeitsgruppen aus jeweils drei bis sieben Mitgliedern plus einem Moderator und Co-Moderator. Für spezielle Probleme und Fragestellungen wurden eigene „Qualitätsausschüsse" mit Mitarbeitern aus der Qualitätssicherung, dem Entwicklungs- und Konstruktionsbüro, der Fertigungssteuerung und der Abteilung „Forschung und Entwicklung" zusammengestellt. Insgesamt gesehen erwies sich das „AMF"-Projekt als großer Erfolg. Die Produktivität konnte schon im ersten Jahr um 11% erhöht werden, in den ersten beiden Jahren sanken die Störungen und Fehlzeiten um 30%, und die Unfälle gingen sogar um 45% zurück.[67] Das „Mach-Mit-Projekt" des Continental-Werks in Vahrenwald war in erster Linie ein Qualitätsverbesserungs-Programm, bei dem auf der Basis intensiverer Information, Motivation und Identifikation der Mitarbeiter sowie der Verbesserung der zwischenmenschlichen Beziehungen im Werk die Abfallrate deutlich gesenkt werden sollte, während im Werk Limmer von 374 Mitarbeitern der Produktionsbetriebe Schwingmetalle und Gummi-Formteile 70 an dem Projekt „Von der Einzel- zur Gruppenarbeit" partizipierten.[68]

In diese Zeit fiel, ähnlich wie bei der Automobilindustrie, das erfolgreiche Vordringen der japanischen Konkurrenz auf dem Weltmarkt. Der japanische Reifenproduzent Bridgestone stieß weltweit von Platz sechs auf Platz vier der Hersteller vor.

---

66 H. Kauth, Methoden im Übergang?, in: Personalführung 4, 1988, S. 233 f.

67 Archiv Continental AG, Dokumentation Convent '83. Neue Formen der Arbeitsorganisation Continental. AMF-Projekt, S. 22, 32; Erker, Wachsen im Wettbewerb, S. 234 f.

68 Ebd., S. 33-39, 50-53; Erker, Wachsen im Wettbewerb, S. 234 f.

Japanische Unternehmen schickten sich an, Fertigungsstätten in Europa zu errichten. Carl H. Hahn als Vorstandsvorsitzender reagierte rasch auf diese neue Herausforderung und bemühte sich um Kontakte und Kooperationsmöglichkeiten zu japanischen Reifenherstellern mit dem Ziel der technischen Zusammenarbeit, aber auch aus absatzwirtschaftlichen Gründen. Dabei kam Hahn seine bereits bei Volkswagen praktizierte Offenheit ausländischen Unternehmen und neuen Management- und Produktionsmethoden gegenüber zugute. Den Wechsel von Volkswagen zu Continental hatte Hahn anfangs als einen „Wechsel von einem offenen zu einem geschlossenen Unternehmen" wahrgenommen und sah dementsprechend eine seiner Modernisierungsaufgaben bei Continental darin, die Auslandskontakte zu erhöhen und eine entsprechende Lernkultur zu etablieren. 1980 wurde nicht zuletzt auf Hahns Initiative hin das „Kan-ban"-System eingeführt, bei dem sich die nachgelagerte Produktionsstufe nach dem „Hol-Prinzip" die notwendigen Fertigungsteile beschafft, im Unterschied zu dem in westlichen Unternehmen gängigen „Bring-Prinzip", bei dem es umgekehrt verläuft. „Just-in-Time" und „Kan-ban" ergänzen sich mit dem Ziel der Verminderung von Durchlaufzeiten, der Verbesserung des Materialflusses im Sinne einer „Verkettung" der einzelnen Fertigungsstufen und der Vermeidung unnötiger Lagerhaltung. Im gleichen Jahr hatte Arbeitsdirektor Hans Kauth nach einer Japanreise auf der Titelseite der Werkzeitschrift „Conti intern" verlauten lassen: „Japaner haben keinen technischen Vorsprung, aber ihr Arbeitsfluß ist einfach exzellent."[69]

Hahn bot schließlich dem Automobilproduzenten Opel die Umstellung der Lieferbeziehungen auf das neue System an und nahm diese Idee auch nach seinem Wechsel als Vorstandsvorsitzender zu Volkswagen zwei Jahre später dorthin mit.[70]

Unter Hahns Vorstandsvorsitz schloß Continental 1981 ein Kooperationsabkommen mit dem japanischen Unternehmen Toyo ab. In diesem Zusammenhang kam es nicht nur zu einem umfangreichen Austausch technischen Know-Hows, sondern Continental-Mitarbeiter informierten sich bei Toyo auch über neue Formen der Arbeitsorganisation, insbesondere der kurz zuvor dort installierten „Total Quality Control", der Selbstkontrolle der Beschäftigten und des Verbesserungsvorschlagswesens.[71] Nach der Rückkehr vom Besuch beim neuen japanischen Kooperationspartner Toyo waren die Continental-Mitarbeiter begeistert von den dort beobachteten Methoden der Qualitätsverbesserung: „Man sieht und spürt ein durchgängiges Bemühen, alles noch besser, alles noch sicherer, alles noch billiger und effizienter zu machen".[72] Die Qualitätskontrollzirkel (Quality-Control-Circle/QCC) seien wohl

---

69 Conti intern, Nr. 52, Dez. 1980.

70 Erker, Wachsen im Wettbewerb, S. 178 f.; Interview C. H. Hahn, 20.2.1998. Zur Japanrezeption bei Opel und beim Mutterkonzern General Motors s. M. Wannöffel, Sachzwang Japan. Zum arbeitsorganisatorischen Umbruch in der internationalen Automobilindustrie, Münster 1991.

71 Archiv Continental AG, Dokumentation Konvent '83, S. 64-69.

72 Ebd., S. 65.

„das schönste und wertvollste Element der neuen Arbeitsorganisation. Praktisch jeder Mitarbeiter ist Mitglied eines solchen QCC und bearbeitet Qualitätsprobleme des eigenen Arbeitsbereichs".[73] Selbstkontrolle am Arbeitsplatz sei bei Toyo selbstverständlich und das Verbesserungsvorschlagssystem „ist von der Organisation her viel einfacher als bei uns. Die Mitarbeiter sind sich nicht zu schade, auch kleinste Verbesserungen aufzuzeigen".[74] „Vieles von dem, was die Herren Nebe und Dr. Stark aus Japan mit nach Hause gebracht haben, ist sicherlich auch für Conti nützlich", so endete der Bericht über Toyo.[75]

Eine Konsequenz der ab Mitte der 70er Jahre bei Continental durchgeführten Experimente auf dem Gebiet der Arbeitsorganisation sowie der Japan-Erfahrungen der frühen 80er Jahre war die Durchführung betrieblicher Großveranstaltungen, auf denen die genannten Projekte vorgestellt und diskutiert wurden. Ein solches Forum bot der 1983 erstmals durchgeführte „Konvent ‚83'", der unternehmensintern als eine „Informationskampagne nach innen" verstanden wurde, bei der gezeigt werden sollte, „wie Menschen aus den jeweiligen Bereichen des Konzerns durch Experimentieren, Probieren, Lernen ihre Arbeitssituation verändert haben, und zwar so verändert, daß Arbeitende und Organisation etwas davon haben".[76] Damit war der „Konvent '83" von Continental als eine Art institutionalisiertes Reflexionsforum, zu dem auch externe Experten eingeladen wurden, um über die Erfahrungen mit neuen Formen der Arbeitsorganisation zu diskutieren, eines der wenigen, zu diesem Zeitpunkt möglicherweise das einzige Beispiel von Organisationslernen im Sinne von „Meta-Lernen", bei dem, ausgehend von den bisherigen Erfahrungen über neue Methoden reflektiert und zudem die Frage gestellt wurde: „Wie soll es weitergehen".[77]

In den folgenden Jahren führte Continental in unterschiedlichen Werken weitere Projekte auf dem Gebiet der Arbeitsorganisation wie etwa Gruppenarbeitsmodelle in der Materialvorbereitung des Werkes Northeim sowie im Reifenwerk Stöcken und im Werk Dannenberg durch, während in den Werken Herstal und Aachen Qualitätszirkel eingerichtet wurden. Continental wurde so geradezu zu einem „Mekka der Arbeitswissenschaftler".[78] Gleichzeitig ging man dort nicht davon aus, endgültige Lösungen oder Modelle der Arbeitsorganisation gefunden zu haben. Schon anläßlich des „Konvent '83" hatte Hans Kauth bemerkt, daß die neu installierten Projekte „situationsbedingt sein müssen" und daß das, „was in Japan gut war, es nicht

---

73 Ebd.

74 Ebd., S. 66 f.

75 Ebd., S. 69.

76 Ebd., Vorwort und Gedanken für eine Fortsetzung.

77 Ebd. Als auswärtiger Experte nahm u.a. Erich Staudt am Konvent '83 teil und hielt dort einen Gastvortrag zum Thema „Wege zur Qualitätspolitik und Produktivitätserhöhung in den 80er Jahren – Quality Circles in Deutschland", ebd., S. 9-14.

78 Erker, Wachsen im Wettbewerb, S. 235 f.; H. Kauth, Warum ist der Konvent '84 so wichtig? in: Gummibereifung 7, 1984, S. 17 f.; Gottschall, Management optimal, S. 305 ff.

in Deutschland sein (muß); was bei Antriebselemente funktionierte, ist eben nicht ohne weiteres für die Reifenfabrik in Stöcken zu kopieren. Nach all den Präsentationen ist deutlich geworden, daß unser diesbezügliches Leitmotiv der Einheit in der Vielfalt richtig ist".[79]

Die Erkenntnis der situationsbedingten Übertragbarkeit arbeitsorganisatorischer Modelle als Ausdruck von Organisationslernen zeigt, daß dies nicht nur von Branche zu Branche, von Unternehmen zu Unternehmen, sondern selbst von Betrieb zu Betrieb variierte.

Qualitätszirkel fanden Mitte der 80er Jahre in deutschen Großunternehmen eine weite Verbreitung. Nach einer Erhebung der 100 größten deutschen Unternehmen hatten im Jahr 1985 bereits 40 Qualitätszirkel oder ähnliche Methoden eingeführt. Dazu gehörten u.a. AEG, AGFA, AUDI, BASF, BMW, Bosch, Continental, Daimler-Benz, Ford, Freudenberg, Hoechst, Hoesch, Mannesmann, Siemens, Thyssen Guß und Volkswagen. 14 weitere planten deren Einführung und 10 arbeiteten mit Mitarbeiterprojektgruppen.[80] Deutsche Unternehmen wie z.B. Continental machten in den folgenden Jahren nicht nur positive, sondern auch negative Erfahrungen mit Qualitätszirkeln und Gruppenarbeit, aber auch das war ein Bestandteil von Lernprozessen. Arbeitsorganisatorische Veränderungen setzten sich viel langsamer durch als ursprünglich erwartet, und dies auch nur punktuell. Im Werk Vahrenwald waren Meister und Moderatoren der Projekte zudem derart überlastet, daß die Arbeitsgruppen zusammenbrachen. In anderen Werken machten sich Frustration und Ernüchterung breit und führten sogar zu einer „Krise der Gruppenarbeit" bei Continental, die allerdings auch in anderen deutschen Unternehmen spürbar war.[81]

Die von Beginn an vorsichtige und zurückhaltende Einschätzung der Gruppenarbeits- und Qualitätszirkel-Projekte bewertete Hans Kauth in einer Art Zwischenbilanz als „Methoden des Übergangs", die er trotz einzelner Mißerfolge jedoch nicht als „Irrwege" betrachtet wissen wollte. Grundsätzlich gehe es Continental nach wie vor darum, so Kauth mit einem Abstand von fünf Jahren, neue Formen der Arbeitsorganisation zu finden, wobei im Übergang alle Formen nützlich seien, bei denen es auf mehr Partizipation der Mitarbeiter ankomme.[82] Die „Methoden des Übergangs" mündeten schließlich zu Beginn der 90er Jahre in einen dritten Anlauf zur Reorganisation der Arbeitsabläufe bei Continental, wobei sich zeigte, daß der Übergang ein Dauerzustand war. Dies bestätigt auch ein Rückblick und die Betrachtung der Langfristperspektive, angefangen von der „Bedauxisierung" der 20er Jahre, auf die auch Erker verweist und damit ähnliche Kontinuitäten aufzeigt wie Gertraude Krell, die, allerdings stärker mit Blick auf die normative Sozialpolitik und die industriel-

---

79 Archiv Continental AG, Dokumentation Konvent '83, S. 1.

80 K. J. Zink; G. Schick, Quality Circles 1, Grundlagen, 2. Aufl., München, Wien 1987, S. 35; Bungard; Wiendieck (Hg.), Qualitätszirkel als Instrument zeitgemäßer Betriebsführung, S. 12.

81 Erker, Wachsen im Wettbewerb, S. 236 f.

82 H. Kauth, Methoden im Übergang?, in: Personalführung 4/88, S. 234.

len Beziehungen im allgemeinen, Kontinuitätslinien von der Werksgemeinschaftsidee der 20er Jahre bis zu den japanischen Managementmodellen der 80er Jahre zieht.[83]

Seit Beginn der 80er Jahre läßt sich im Sinne des Leitbildansatzes und der Theorie des Organisationslernens mit Blick auf deutsche Unternehmer und Manager erstmals in größerem Umfang von der Wahrnehmung und Adaption japanischer Leitbilder sprechen. Die Orientierung an japanischen Leitbildern, ausgelöst durch den „Japanschock" in der Automobilindustrie, belegt zudem einmal mehr die von der Verhaltenstheorie der Unternehmung hervorgehobene Bedeutung subjektiver Faktoren und individueller Dispositionen sowie von Affekten im Zusammenhang unternehmerischer Entscheidungsfindung, denn es bedurfte erst dieses Schocks und des Erstaunens über die Erfolge japanischer Unternehmen, um entsprechende Anpassungsleistungen und Lernprozesse bei deutschen Unternehmern in Gang zu setzten. Diese verliefen von Branche zu Branche und von Unternehmen zu Unternehmen unterschiedlich und waren gemäß der kulturwissenschaftlichen Fremdheitsforschung durchaus vereinbar mit der Aufrechterhaltung von Klischees und Stereotypenbildung, der einmal mehr die Funktion individueller Erklärungsnotstände und der Übersetzung von Fremdheit in Vertrautheit zukam. Dieser Vertrautheitseffekt entstand zudem durch die in der Theorie des Organisationslernens bekannte und hier empirisch überprüfte Feststellung, daß neues, auf Fremdeinflüssen basierendes Wissen wiederum auf altem Wissen und unternehmerischen Erfahrungen aufbaut. Eine wichtige Voraussetzung für die Übernahme der neuen, japanischen Managementmethoden war deshalb die Kompatibilität mit deutschen Vorläufern. Folgt man der Stufentheorie des Organisationslernens, die ausgehend von der niedrigsten Stufe des Programmlernens über das Erfahrungslernen schließlich die Ebene des selbstreflexiven Metalernens beschreibt, so zeigt sich an Beispielen einiger deutscher Vorreiterunternehmen, daß diese erstmals um die Mitte der 80er Jahre den Schritt vom Erfahrungs- zum Metalernen vollzogen. Japanische Leitbilder hatten dazu einen wichtigen Anstoß gegeben.

---

[83] Erker, Wachsen im Wettbewerb, S. 235; Krell, Vergemeinschaftende Personalpolitik.

4 Fazit

Der „produktive Blick" deutscher Unternehmer richtete sich nach dem Zweiten Weltkrieg bis in die 70er Jahre hinein nach den USA, um sich seit den frühen 80er Jahren verstärkt in Richtung Japan zu orientieren. Die amerikanische und später auch die japanische Wirtschaft und insbesondere deren Unternehmen verfügte über einen Großteil des „transnationalen Wissensbestandes", an dem teilzuhaben nach dem Zweiten Weltkrieg eine wichtige Voraussetzung für das Wachstum und die Konkurrenzfähigkeit einzelner Staaten und Unternehmen war.

Ohne die Wahrnehmung und betriebliche Umsetzung amerikanischer Management- und Produktionsmethoden wäre eine Rückkehr auf den Weltmarkt nach den Jahren der Abschließung unter dem Nationalsozialismus und schließlich auch die erfolgreiche Behauptung und Konkurrenzfähigkeit deutscher Unternehmen kaum möglich gewesen. Als bedeutendste Siegermacht des Zweiten Weltkriegs und zugleich wichtigste Wirtschaftsmacht übernahmen zunächst die USA für deutsche Unternehmer kurz nach Kriegsende eine Leitbildfunktion und erwiesen sich bis in die 70er Jahre hinein als permanente Bezugsgröße im Sinne einer „reference society" (Guillen) für das Unternehmer- und Managerhandeln. Mit der Wirtschaftsrezession in den USA verblaßte auch deren Leitbildfunktion für deutsche Unternehmer, die sich seitdem stärker in Richtung Japan orientierten. Die Notwendigkeit der Amerikaorientierung nach dem Zweiten Weltkrieg, so ließe sich schlagwortartig formulieren, ergab sich aus dem Bemühen zur Wiedererlangung der Wettbewerbsfähigkeit und zur Durchsetzung der Marktorientierung und damit auch der „Westbindung" deutscher Unternehmen, während japanische Leitbilder die Anpassungsfähigkeit und Flexibilität der Unternehmen in Krisenzeiten seit Beginn der 80er Jahre erhöhen sollten. Parallel zu den damit verbundenen unternehmerischen Lernprozessen, die nicht alle Unternehmen und Branchen gleichermaßen betrafen, begannen sich auch die Lernmuster innerhalb der Unternehmen zu verändern, wobei sich an einigen Beispielen seit Beginn der 80er Jahre der Übergang von dem bis dahin praktizierten, eher vergangenheitsorientierten Erfahrungslernen zu einem selbstreflexiven Metalernen beobachten läßt, ohne daß damit bereits Automatismen oder ein lineares Fortschrittsdenken unterstellt bzw. etwas über den unternehmerischen Erfolg der Lernprozesse gesagt ist. Statt um Automatismen und Kontinuitäten ging es hier vielmehr um Kontingenzen und Anschlußfähigkeiten.

Die Wahrnehmung amerikanischer Management- und Produktionsmethoden durch deutsche Unternehmer läßt sich bis zum Ende des 19. Jahrhunderts zurückverfolgen. Seitdem gewannen die USA im Rahmen des internationalen Wissenstransfers zunehmend an Bedeutung. Auch die Unterbrechungen durch die beiden Weltkriege konnten an der Attraktivität amerikanischer Leitbilder für deutsche Unternehmer kaum etwas ändern. Abgesehen von diesen Kontinuitätsmomenten änderte sich allerdings die Art der Amerikarezeption im Zeitverlauf. Nach dem Zweiten Weltkrieg lassen sich zwei unterschiedliche, sich gleichwohl ergänzende Wege des Informations- und Kommunikationsflusses zwischen den USA und der Bundesrepublik ausmachen: zum einen das Bestreben der US-Regierung sowie amerikanischer Verbände und Unternehmen bis etwa Mitte der 50er Jahre, im Rahmen des Marshallplans und des USTA&P eigene Vorstellungen und Modelle von Management und Produktion nach Deutschland zu exportieren und somit eine Art „Entwicklungshilfe“ bzw. „Hilfe zur Selbsthilfe“ für kleinere und mittlere Unternehmen zu leisten, wobei diese Programme als Teil europa- bzw. weltweiter amerikanischer Exportbestrebungen im Sinne der „pax americana“ zu verstehen sind. Hier zeigten sich deutliche „Amerikanisierungs“-Tendenzen, die, basierend auf asymmetrischen Machtverhältnissen, vornehmlich in eine Richtung verliefen und dabei die Rolle des Gebenden in den Vordergrund stellten. Parallel dazu läßt sich in deutschen Großunternehmen eine freiwillige Orientierung an amerikanischen Leitbildern beobachten, die zwischen den 50er und 70er Jahren eine hohe Lernbereitschaft deutscher Unternehmer und Manager belegt und damit ein Phänomen charakterisiert, das weder mit dem Begriff „Amerikanisierung“ noch durch die Vorstellung eines „kulturellen Imperialismus des Managements“ (Deutschmann) angemessen dargestellt werden kann. Die Aufnahmebereitschaft und -geschwindigkeit amerikanischer Management- und Produktionsmethoden durch deutsche Unternehmer und Manager war nicht nur abhängig von „objektiven“ politischen und ökonomischen Rahmenbedingungen, wie sie in der Amerikanisierungs- und der „Catch-up“-Debatte vornehmlich zum Ausdruck kommen, sondern auch in starkem Maße von subjektiven Faktoren, von der Offenheit und Anpassungsfähigkeit von Akteuren, den weltmarktorientierten „dynamischen“ (Schumpeter) und „agilen“ (Wildemann) Unternehmern und Managern. Dies war kein zwangsläufiger Prozeß, sondern Ausdruck kontingenter Entwicklungen. In der vorliegenden Arbeit ging es darum, entsprechende Entwicklungen auf der Mikroebene des Unternehmens darzustellen. Das theoretische Rüstzeug dazu lieferten unterschiedliche und zugleich kompatible Theorieansätze wie der Mikropolitik- und der Leitbildansatz, die ethnologische und philosophische Fremdheitsforschung und die interkulturelle und verhaltenswissenschaftliche Managementforschung bzw. die interpretative Organisationstheorie und Soziologie, die es hier erstmals auf empirischer Grundlage in historischer Perspektive zu belegen galt. Als Ansatz einer mentalitätshistorischen Unternehmensforschung werden die vorliegenden, auf der Mikroebene untersuchten Ergebnisse als notwendige Ergänzungen zu den bislang dominierenden makroökonomischen Erklärungsansätzen der „Catch-up“- und der Amerikanisierungsdebatte verstanden. Im Kontext der vorliegenden Arbeit wurde deshalb davon ausgegangen, daß Unternehmer- und Unternehmensentscheidungen auf individuellen Wahrnehmungs- und

Lernprozessen beruhen, die schließlich in kreatives Organisationslernen (Horst Albach) umgesetzt werden. In einer solchen mentalitätshistorischen Untersuchung gewinnt der einzelne Unternehmer und Manager – im Unterschied zu einer strukturalistischen Unternehmensgeschichte – wieder einen größeren Stellenwert, indem die Darstellung individueller Wahrnehmungs- und Deutungsmuster sowie des „Unternehmerhandelns" Licht in die „black box" unternehmerischer Entscheidungsprozesse bringt und nicht mehr nur den Ausgangs- und Endpunkt und die Eckdaten von Unternehmensentwicklungen nachzeichnet, sondern, ganz im Sinne der internen Kritiker der „Catch-up"-Theorie, auch nach den „social capabilities" der Akteure fragt. So konnte gezeigt werden, daß in den jeweiligen unternehmerischen Entscheidungssituationen, etwa anläßlich von Überlegungen bei Glanzstoff, neben Perlon auch Nylon herzustellen, bei Bayer zur Einführung von TWI-Methoden und Meisterkursen, bei Volkswagen zur Einführung neuer Werbemethoden oder bei der Entscheidung von Freudenberg zur Adaption von „Just-in Time"-Methoden und Qualitätszirkeln, Unternehmer und Manager „Akteure in dem Sinne (waren), daß (sie) in jeder Phase einer gegebenen Verhaltenssequenz anders hätte(n) handeln können" (Anthony Giddens). Mit der Orientierung an amerikanischen und japanischen Management- und Produktionsmethoden und deren Umsetzung haben die mit dem „produktiven Blick" ausgestatteten „dynamischen" und „agilen Unternehmer" aktiv gestaltend die Transformation ihrer Unternehmen beeinflußt und individuelles in Organisationslernen überführt. Dazu gehört auch, daß Unternehmer und Manager neben dieser Katalysatorfunktion die Rolle von Mittlern und Multiplikatoren amerikanischer Management- und Produktionsmethoden inne hatten und in Verbänden, Organisationen und Institutionen im Rahmen netzwerkartiger Strukturen zur Verbreitung des Wissenstransfers über die Grenzen des Unternehmens hinweg beitrugen. Fremdwissen fließt im Sinne des Giddenschen Strukturierungsbegriffs, und hier gibt es Parallelen zur Theorie des Organisationslernens, somit fortwährend in individuelles Unternehmerhandeln ein und führt darüber zu einer permanenten Veränderung des Unternehmens bzw. über individuelles Lernen zum Organisationslernen.

Die Wahrnehmung ausländischer Management- und Produktionsmethoden war noch bis weit in die 50er Jahre hinein ein Phänomen der Unternehmensspitze, denn nur dort ergaben sich entsprechende Auslandskontakte und Reisemöglichkeiten. Die notwendige interkulturelle Kompetenz, angefangen von englischen Sprachkenntnissen bis hin zu sicherem Auftreten und Verhalten im Ausland, war nicht bei allen Unternehmern vorhanden und mußte oftmals nachträglich erlernt werden. In den 60er und 70er Jahren erfolgte eine Verbreiterung der Wissensbasis und des Wissenstransfers innerhalb der Unternehmen, nicht zuletzt aufgrund einer besseren Informationspolitik, der Delegation von Verantwortung und der Reorganisation der Unternehmen, die schließlich selbst das Ergebnis der Wahrnehmung amerikanischer Leitbilder waren, so daß auch das mittlere Management zunehmend von den vergrößerten Gestaltungsspielräumen profitierte.

In der Forschung wurde bislang mit Blick auf die deutsche Nachkriegsentwicklung und die Amerikaorientierung in Politik und Wirtschaft von einem Mentalitätsbruch (Henke, Stokes) und einem damit zusammenhängenden Generationswechsel auf seiten der Akteure (Berghahn) ausgegangen. In der vorliegenden Arbeit konnte gezeigt werden, daß die Orientierung an amerikanischen Leitbildern nicht zwangsläufig ein generationenspezifisches Problem war. Beispiele der Unternehmensleitungen der hier vorgestellten Unternehmen zeigen, daß Verhaltensdispositionen und Wissensbestände von einer kosmopolitisch eingestellten und weltmarktorientierten Generation zur nächsten weitergereicht und ganz im Sinne einer „Mentoren-Kultur" an die nachfolgende Unternehmer- und Managergeneration vererbt wurden, so daß die hier aufgezeigte Transformation deutscher Unternehmen sich über zwei Generationen im Zeitraum zwischen Ende der 20er und Ende der 60er Jahre vollzog. Es mag dies auch ein Grund dafür sein, daß sich, zumindest anhand der gesichteten Quellen, vergleichsweise wenig Widerstand auf Unternehmensleitungsebene gegen die Orientierung an amerikanischen Leitbildern formierte.

In diesem Zeitraum hatten sich die deutschen Unternehmen in einem für die einzelnen Belegschaftsmitglieder oftmals kaum spürbaren „schleichenden Prozeß" stark verändert. Die allmähliche, schrittweise Adaption amerikanischer Management- und Produktionsmethoden war besonders dort erfolgreich, wo amerikanische Managementmethoden und Technologien als qualitative Weiterentwicklung eine Anschlußfähigkeit an deutsche Methoden der Unternehmensführung oder auch an deutsche technologische Entwicklungen ermöglichten. Diese war oftmals dann gegeben, wenn die handelnden Akteure die Akzeptanz neuer Methoden durch die Vorstellung erhöhten, es handele sich dabei vornehmlich um den Re-Import älterer deutscher Vorläufer. Entscheidend ist in diesem Zusammenhang, daß die Orientierung an amerikanischen Leitbildern einen kumulativen Prozeß darstellte, bei dem sich der Aufnehmende so veränderte, daß er selbst fast unbemerkt zum Produzenten amerikanischer Lösungen wurde, ohne dabei jedoch seine Identität aufgeben zu müssen. Amerikanische Leitbilder boten eine Anschlußfähigkeit vor allem im Bereich des Marketing, der Werbung, der PR und der Unternehmensorganisation, in geringerem Maße bei der Gestaltung der Human Relations oder der Aus- und Weiterbildung von Führungskräften. Hinsichtlich der Human Relations zeitigte die Tradition des korporatistischen Einflusses auf die Gestaltung der industriellen Beziehungen in Deutschland ihre Wirkung, die in Verbindung mit der starken Rolle der Gewerkschaften und der Mitbestimmungsgesetze seit Beginn der 50er Jahre eine Übertragung amerikanischer Human Relations Elemente in deutsche Unternehmen nur in Ansätzen (TWI-Programme, Meisterkurse, betriebliche Aussprachemöglichkeiten) zuließ. Ähnliches gilt für die Aus- und Weiterbildung von Führungskräften, wo traditionelle Einflüsse des deutschen, weitgehend staatlich beeinflußten Bildungswesens, eine flächendeckende Durchsetzung amerikanischer Leitbilder in Form von Business Schools verhinderte. Statt dessen entwickelten sich in diesen Bereichen, gemessen an amerikanischen Leitbildern und deren Nachahmung in westeuropäischen Staaten, deutsche „Sonderwege“ der Unternehmensführung, deutsche „Models of Management“, die als erfolgreiche Alternativen zum „American way“ auch internationale Anerkennung fanden.

Bei der Adaption amerikanischer Leitbilder des Managements wurden von deutschen Unternehmen keine kompletten Modelle übernommen, sondern die gezielte Übernahme konkreter Methoden erfolgte in Anpassung und mit Übersetzung an die jeweilige Unternehmenssituation. Dabei entstanden „Hybride“, Mischformen amerikanischer Management- und deutscher Unternehmensführungsmethoden, wobei die Annahme, es gäbe rein deutsche oder rein amerikanische Managementmethoden, an sich bereits unangemessen ist. Spätestens Ende der 60er/Anfang der 70er Jahre dürfte die nationale Zuordnung oder Herkunft der Methoden in deutschen Unternehmen kaum mehr möglich gewesen sein, Eigenes und Fremdes war nicht mehr trennscharf auseinanderzuhalten, amerikanische Managementmethoden waren im deutschen Unternehmerdenken und -handeln weitgehend internalisiert und insofern Teil der alltäglichen Routinearbeit, ihre Herkunft kaum mehr identifizierbar, was auch im alltäglichen Sprachverhalten und an der massiven Übernahme von Amerikanismen in der Managersprache zum Ausdruck kam, die sich aus deutschen und amerikanischen Versatzstücken zusammensetzte.

Insgesamt gesehen ergibt sich aus der Mischung amerikanischer Leitbilder und deren Umsetzung in deutschen Unternehmen sowie der Herausbildung eigener „Management Models“ das Bild sich ergänzender Entwicklungen von Konvergenz und Differenzierung, Universalismus und Relativismus. Durch die Orientierung an amerikanischen Leitbildern und durch die Adaption amerikanischer Management- und Produktionsmethoden waren deutsche Unternehmen jedoch insgesamt „amerikanischer“ geworden, ohne allerdings „amerikanisiert“ zu sein. Als Resultat ihres Erfahrungslernens betrieben sie Marketing statt Absatzwirtschaft, PR statt Öffentlichkeitsarbeit, arbeiteten mit Computern und Operations-Research-Methoden, die deutschen Großunternehmen waren weitgehend divisionalisiert und der zwischenmenschliche Umgang sowie die unternehmerischen Hierarchien hatten sich gewandelt, auch wenn das autoritäre Verhalten von Vorgesetzten damit nicht verschwunden war und die Unternehmen sich nicht zu demokratischen Organisationen gewandelt hatten. Erstmals hatte sich bei deutschen Unternehmensleitungen allerdings eine Markt-Orientierung und ein Wettbewerbsdenken durchgesetzt, welches nicht allein durch die politischen und ökonomischen Rahmenbedingungen, sondern auch durch entsprechende unternehmerische Erfahrungen und Einstellungen im Sinne einer „Westbindung“ getragen war.

Der deutsche unternehmerische Alltag unterschied sich jedoch auch weiterhin noch deutlich von dem amerikanischen, nicht zuletzt bedingt durch die unterschiedlichen Modelle der industriellen Beziehungen, durch die Mitbestimmung und die betriebliche Sozialpolitik, die spätestens seit den 70er Jahren Konturen eines eigenen deutschen Managementmodells erkennen ließen. Der Erfolg deutscher Unternehmen hatte seit Ende der 60er Jahre auch wieder zu einer stärkeren Distanz zu den USA geführt, die sich schließlich in Form von zunehmender Konkurrenz auf dem Weltmarkt ausdrückte und damit die Beziehungen gleichberechtigter Partner und Wettbewerber normalisierte. In den 70er Jahren hatten amerikanische Unternehmen der Stahl-, Automobil-, der Reifenindustrie u.a., die zunehmend in die Krise gerieten, kaum mehr eine Leitbildfunktion für deutsche Unternehmen. Unterdessen zeichnete sich mit dem wachsenden Erfolg japanischer Unternehmen eine neue, diesmal eine „japanische Herausforderung" sowie auch neue Leitbilder ab, die, anders als die amerikanischen in der Nachkriegszeit, von deutschen Unternehmern erst mit einer langen zeitlichen Verzögerung wahrgenommen wurden und sehr spät vergleichbare Lernprozesse nach sich zogen.

Das Lernverhalten deutscher Unternehmer bezüglich amerikanischer und japanischer Leitbilder unterschied sich zunächst grundlegend. Während die USA bis in die 70er Jahre hinein als „reference society" eine permanente Orientierungsgröße darstellten und deutsche Unternehmer sich zumeist in der Rolle des Lernenden befanden, nahmen sie gegenüber japanischen Unternehmern in den 50er Jahren in Anknüpfung an ältere Traditionen die Position des Lehrers ein. Betrachtet man das Verhalten der hier vorgestellten Unternehmen und Unternehmer, die sowohl nach den USA als auch nach Japan Kontakte pflegten, so standen deutsche Unternehmer in diesem Beziehungsdreieck in einer Mittelstellung als Schüler und Lehrer zugleich. Mit der Schülerrolle gegenüber amerikanischen Unternehmen und Verbänden war ein entsprechend zurückhaltendes, durch Respekt und z.T. sogar Bewunderung geprägtes Verhalten verbunden, während die gleichen Unternehmer gegenüber ihren japanischen Kollegen bis in die 60er Jahre hinein eine überhebliche, despektierliche und bis an die Grenzen des Rassismus reichende Einstellung an den Tag legten.

Dem „produktiven Blick" in Richtung Amerika stand somit in den ersten Nachkriegsjahrzehnten ein unproduktiver Blick nach Japan gegenüber. Dabei hätte es aus deutscher Perspektive durchaus nahe gelegen, den Wiederaufbau und die Rekonstruktion Japans nach dem Zweiten Weltkrieg genauer zu studieren, nicht zuletzt vor dem Hintergrund zahlreicher Gemeinsamkeiten, die sich etwa aus der Rolle der USA zur Unterstützung japanischer Produktivitätsprogramme und Qualitätsverbesserungsmaßnahmen ergaben. Statt dessen interessierten sich deutsche Unternehmer in Japan in erster Linie für den Absatz ihrer eigenen Produkte und fühlten sich durch Besuche japanischer Unternehmen und deren Interesse an deutschen Lizenzen sowie durch die japanische Informationssuche und „Nachahmungswut" in ihrer Überlegenheit und in der Rolle als vermeintliche Entwicklungshelfer gegenüber einem asiatischen Schwellenland sogar noch bestätigt. In diesem Zeitraum ging es nicht um die Bedeutung japanischer Leitbilder für deutsche Unternehmen, sondern, ganz in der Tradition seit Mitte des 19. Jahrhunderts, um deutsche Leitbilder für die japanische Wirtschaft. Stereotypen und Klischees deutscher Unternehmer und Manager über die japanische Wirtschaft, Gesellschaft und Kultur, die sich in vergleichbarer Form schon in den 20er und 30er Jahren beobachten lassen, überdauerten die Nachkriegszeit und finden sich noch gegen Ende des Untersuchungszeitraums Mitte der 80er Jahre, wenn etwa die Rolle des Samurai als Erfolgsfaktor japanischer Unternehmen betont wird. Hier zeigt sich, in Anlehnung an die kulturwissenschaftliche Fremdheitsforschung und die Theorie des Organisationslernens, der Doppelcharakter von Leitbildern und Stereotypen, die einerseits als konstruktive Orientierungsgrößen und „Katalysatoren" von individuellem und Organisationslernen, andererseits aber auch als Lernblockaden fungieren können. Bis in die 70er Jahre hinein führte die Dominanz der Amerikaorientierung deutscher Unternehmer, betrachtet man die Geringschätzung Japans und japanischer Unternehmen, zu entsprechenden Lernblockaden, zumindest zu einer unterentwickelten Lernbereitschaft, die zudem auf einer ausgeprägten Selbstzufriedenheit und Selbstbestätigung beruhte. Wie dominant die deutsche Amerikaorientierung in den 50er und 60er Jahren war, zeigt auch die Tatsache, daß die deutsche Japanrezeption nicht selten den Umweg über die USA nahm. Hinweise, daß amerikanische Unternehmen sich für die japanische Wirtschaft zu interessieren begannen, weckten schließlich auch das Interesse deutscher Unternehmer an Japan. Dieses wurde um so stärker, je erfolgreicher die japanischen Unternehmen seit den 60er Jahren, vor allem seit den 70er Jahren weltweit agierten. Ende der 60er Jahre tauchte in der Bundesrepublik erstmals der Begriff der „japanischen Herausforderung", in Anlehnung an das inzwischen populäre Schlagwort der „amerikanischen Herausforderung" auf. Die „japanische Herausforderung" stellte sich für deutsche Unternehmer und Unternehmen zumeist als quantitative Größe dar und wurde von Branche zu Branche und von Unternehmen zu Unternehmen unterschiedlich beurteilt. Japanische Stahl- und Automobilhersteller oder Kunstfaserproduzenten rückten weltweit auf Spitzenpositionen vor, was deutschen Unternehmern zwar Respekt abverlangte, aber kaum als ernsthafte Konkurrenz und schon gar nicht als Lernanreiz begriffen wurde. Selbst wenn japanische Produzenten auf Gebieten erfolgreich waren, wo deutsche Unternehmen bis dahin weltweit führend waren, wurden die qualitativen Implikationen des japanischen Erfolges von deutschen Unternehmern aufgrund der Wirkungsmächtigkeit des Imitatorimages der japanischen Unternehmen nur unzureichend analysiert. Die Beispiele Agfa, Freudenberg oder auch der deutschen Automobilhersteller belegen diese deutschen Versäumnisse. Eine geringe Sensibilität für die japanischen Erfolgsursachen im Managementbereich zeigt auch die langjährige Ausblendung und Nichtbeachtung der japanischen Qualitätsbewegung. Zwischen der erstmaligen Erwähnung dieses Phänomens zu Beginn der 70er Jahre in der deutschen Fachliteratur und der ernsthaften unternehmerischen Auseinandersetzung in der Bundesrepublik liegen etwa zehn Jahre. Ähnliche Zeitverzögerungen zeigen auch die geplanten, aber aus betriebsinternen Gründen verschobenen Produktionsumstellungen in Orientierung an japanischen Vorbildern bei Freudenberg zu Beginn der 80er Jahre, die als Ausdruck von Anpassungs- und damit auch als Lernhindernisse charakterisiert werden können.

Ein „produktiver Blick" deutscher Unternehmer in Richtung Japan läßt sich erst seit Beginn der 80er Jahre beobachten. Nicht die „japanische Herausforderung", sondern erst der „Japan-Schock" in der Automobilindustrie, der auch deren Zulieferer betraf, mündete in unternehmerische Lernprozesse und eine Orientierung an japanischen Leitbildern wie Gruppenarbeit, Qualitätsmanagement und „Just-in-Time"-Produktion. In diesem Zusammenhang zeichneten sich bei deutschen Unternehmern erstmals Muster des Erfahrungslernens ab, wie sie bereits in den 50er und 60er Jahren hinsichtlich amerikanischer Leitbilder nachweisbar sind. Deutsche Unternehmer intensivierten ihre Japan-Kontakte, studierten (oftmals amerikanische) Literatur über japanische Management- und Produktionsmethoden, deren Rezeption dann bereits in der ersten Hälfte der 80er Jahre in eine regelrechte „Japan-Welle" mündete. Die Vergleichbarkeit der Lernmuster betrifft zudem die Tatsache, daß Unternehmer- und Organisationslernen auch mit Blick auf japanische Leitbilder die Übernahme neuen Wissens auf einem Bestand an altem Wissen aufbaute. Die Voraussetzungen einer Kompatibilität im Falle von Gruppenarbeit, Qualitätsmanagement und „Just-in-Time"-Produktion waren aufgrund der Erfahrungen zahlreicher deutscher Unternehmen mit Fragen der Human Relations, dem Programm „Humanisierung der Arbeit", mit der Lernstatt-Bewegung oder mit Logistik-Konzepten der 50er bis 70er Jahre günstig und akzeptanzfördernd, selbst wenn es meist keine direkten Kontinuitäten und Übergänge gab. Auch für japanische Leitbilder galt vor diesem Hintergrund, daß das Fremde gar nicht so fremd, sondern für deutsche Unternehmer oftmals sogar bekannt und vertraut erschien und somit die für die japanischen Unternehmenserfolge herangezogenen kulturalistischen Erklärungen für die Adaption und praktische Umsetzung in den Betrieben kaum von Bedeutung waren. Die mangelnde Erklärungskraft rein kulturalistischer Ansätze belegt auch die Tatsache, daß diese je nach Bedarf in den 50er und 60er Jahren mit Blick auf die japanischen Verhältnisse zur Erklärung der Rückständigkeit der Unternehmen, in den 80er Jahren zu deren Überlegenheit und in der zweiten Hälfte der 90er Jahre wieder für die Probleme der japanischen Wirtschaft herangezogen werden.[1]

Im amerikanischen wie im japanischen Fall kam es in deutschen Unternehmen im konkreten Fall der Orientierung und der Übertragung von Management- und Produktionsmethoden zu Anpassungen an die jeweilige betriebliche Situation, an deren Ende Hybride, also Mischformen standen, die mit dem Vorbild kaum deckungsgleich waren. Die Übertragung amerikanischer wie auch japanischer Management- und Produktionsmethoden auf deutsche Unternehmen bestätigt also die Annahme gleichzeitig verlaufender Konvergenz- und Differenzierungsprozesse der interkulturellen Managementforschung.

---

[1] Dazu auch die ökonomische Populärliteratur wie das jüngste Buch von K. Seitz, Wettlauf ins 21. Jahrhundert. Die Zukunft Europas zwischen Amerika und Asien, Berlin 1998, das diese „Modewellen" belegt. Seitz betont nun wieder den „Triumph Amerikas" und das „Ende des japanischen Modells". Ähnlich ein Artikel von R. Schnell, Die Treue des Samurai, in: FAZ 9. Jan. 1999.

Der größte Unterschied zwischen der amerikanischen und der japanischen Leitbildfunktion für deutsche Unternehmer und Unternehmen bestand in der Überwindung des vergangenheitsorientierten Erfahrungslernens durch ein selbstreflexives Metalernen. Dieser Schritt wurde etwa bei Continental, das hier eine Vorreiterrolle einnahm, durch die Konfrontation mit japanischen Management- und Produktionsmethoden zu Beginn der 80er Jahre ausgelöst. Inwieweit diese Anzeichen einer Bereitschaft, „zu lernen wie man lernt", dazu beiträgt, auf neue Herausforderungen nicht allein nach den Methoden des reaktiven Erfahrungslernens zu antworten, jeweils wieder ganz neue Erfahrungen zu sammeln und unreflektiert die Moden von Management-Gurus und Unternehmensberatern zu übernehmen, werden weitergehende Studien zeigen müssen. Heinz Ache, Vorstand der VEBA AG und Aufsichtsrat bei Hüls, äußerte dazu Mitte der 80er Jahre: „Die Verwirrung ist groß. Die Gurus der Management-Consultants sind erfinderisch. Sie kreieren ständig neue Methoden, von denen die meisten recht kurzlebig sind. In den Unternehmen ist es ruhig geworden um die Methoden des operations research, spricht niemand mehr von management by objective, spürt man wenig von PERT, von Netzplantechnik und von quality circle".[2] Mit philosophischem Duktus fügt er hinzu: „Daß die Wirklichkeit sich verändert, ist an sich nichts Neues, das war immer so. Man glaubte früher allerdings, das Muster dieser Veränderungen und Entwicklungen zu kennen. Der Historismus zum Beispiel geht davon aus, daß das Muster der Vergangenheit sich in der Zukunft fortsetzt. Wer das Muster kennt, kann auch die zukünftige Entwicklung in großen Zügen vorzeichnen. Dieses Muster ist verlorengegangen. Der Eindruck ist verbreitet, daß man mit den Erfahrungen der Vergangenheit für die Zukunft weniger ausrichten kann. Es gibt keine Kursbücher und Fahrpläne für die Zukunft, die Orientierungshilfen der Vergangenheit helfen nicht weiter. Wir selbst sind die ‚Avantgarde' für unsere Zeit".[3] Die vorliegende Arbeit bestätigt nicht zuletzt mit dem Hinweis des Organisationslernens im Übergang vom Erfahrungs- zum Metalernen diese Beobachtungen. Als Beitrag zu einer mentalitätshistorischen Unternehmensforschung möchte sie jedoch dazu beitragen, den Orientierungshilfen der Vergangenheit einen größeren Stellenwert im Rahmen des Organisationslernens zuzugestehen, als dies bei Ache der Fall ist. Der „produktive Blick" der Unternehmer sollte die Vergangenheitsperspektive deshalb nicht vollständig ausblenden.

---

[2] H. Ache, Möglichkeiten und Grenzen der Unternehmensplanung, in: Lichtbogen 35, 1986, Nr. 205, S. 4-8, 4.

[3] Ebd., S. 5.

5 Quellen- und Literaturverzeichnis

Archive:

AKZO Nobel Faser AG (Vereinigte Glanzstoff Fabriken AG), Wuppertal

Bahlsen KG, Hannover

Bayer AG, Leverkusen

Continental AG, Hannover

Carl Freudenberg, Weinheim/Bergstraße

Hagley Museum and Library, Wilmington/Deleware

Bestand DuPont

Bestand NAM (National Association of Manufacturers)

Henkel KGaA, Düsseldorf

Hüls AG, Marl

Kienbaum und Partner, Gummersbach

Mannesmann AG, Düsseldorf

Bestand Mannesmann

Bestand Phoenix Rheinrohr

National Archives II, Kollege Park/Maryland

Record Group 469 (Mission to Germany. Productivity and Technical Assistance Division)

REWE, Köln

Unternehmensarchiv der Volkswagen AG (vorm. Auto Museum Volkswagen), Wolfsburg

Interviews:

Roland Altmann (REWE), 15.1.1999

Prof. Paul Gert von Beckerath (Bayer), 16.3.1998

Werner Bonfert (Freudenberg), 3.12.1997

Prof. Karl-Heinz Briam (Volkswagen), 13.5.1998

Dr. Frederico Engel (Hüls), 13.8.1997

Dr. Peter Fink (Krupp), 28.1.1998

Dr. Carl H. Hahn (Volkswagen und Continental), 20.2.1998

Prof. Dr. Kurt Hansen (Bayer), 24.10.1997

Prof. Dr. Heinz Hartmann (Universität Chicago bzw. Münster), 2.12.1998

Prof. Dr. Erich Staudt (Universität Duisburg bzw. Bochum), 23.3.1998

Dr. Wolfgang E. Wicht (Glanzstoff), 3.2.1998

Literatur:

Abe, E. und R. Fitzgerald, Japanese Economic Succes: Timing, Culture, and Organisationel Capability, in: Business History 37, 1995, S. 1-31.

Abel, J., Von der Vision zum Serienzug. Technikgenese im schienengebundenen Hochgeschwindigkeitsverkehr, Berlin 1997.

Abelshauser, W., Two kinds of Fordism: On the differing Roles of the Industry in the Development of the two German States, in: Fordism transformed, hg. von H. Shiomi i. K. Wada, Oxford, New York 1995, S. 269-296.

–, Wiederaufbau vor dem Marshall-Plan: Westeuropas Wachstumschancen und die Wirtschaftspolitik in der zweiten Hälfte der vierziger Jahre, in: VfZ 29, 1981, S. 545-578.

–, Wirtschaft in Westdeutschland 1945-1948: Rekonstruktion und Wachstumsbedingungen in der amerikanischen und britischen Zone, Stuttgart 1975.

Abramovitz, M., Catch-up and Convergence in the Postwar Growth Boom and After, in: W. J. Baumol; R. R. Nelson; E. N. Wolff (Hg.), Convergenz of Productivity, Oxford 1994.

Abromeit, H.-G., Amerikanische Betriebswirtschaft. Die Praxis der Unternehmungen in den USA, Wiesbaden 1953.

Absatzwirtschaft. Betriebsführung auf neuen Wegen. Gespräche in Baden-Baden und Bad Neuenahr, München 1955.

Ache, H., Möglichkeiten und Grenzen der Unternehmensplanung, in: Lichtbogen 35, 1986, Nr. 205, S. 4-8.

Aghte, K. und H.-M. Schönfeld, Innerbetriebliche Schulung von Führungskräften in USA, hg. vom RKW, Frankfurt am Main 1960.

Aguayo, R., Dr. Deming. The Man who taught the Japanese about Quality, London 1991.

Aguilar, F. J., Scanning the Business Environment, New York, London 1967.

Aigner, G., Das Aussprache-Forum, in: Mensch und Arbeit, 2, 1950.

Albach, H., Kreatives Organisationslernen, in: H. Albach; M. Dierkes; A. Berthoin Antal; K. Vaillant (Hg.), Organisationslernen – institutionelle und kulturelle Dimensionen, Berlin 1998.

–, Unternehmensführung im Wandel. Probleme und Aufgaben der Management-Fortbildung, in: Management-Ausbildung in Deutschland. 1. Zehnwochen-Seminar für Führungskräfte am Universitätsseminar der Wirtschaft, Wiesbaden 1970, S. 17-36.

–, Unternehmerische Phantasie im Zeitalter des Computers und der Planung, in: Management-Ausbildung in Deutschland. 1. Zehnwochen-Seminar für Führungskräfte am Universitäts-Seminar der Wirtschaft, Wiesbaden 1970, S. 11-26.

Albrecht, H., Die Anfänge eines technischen Bildungssystems, in: Technik und Bildung, hg. von Laetitia Boehm und Charlotte Schönbeck, Düsseldorf 1989, S. 118-153.

Albrecht, K., Steigerung der Produktivität, in: Rationalisierung 3, 1952, S. 49-52.

Albrook, R. C., Europe's Lush Market for Advice – American Preferred, in: Fortune, July 1969, S. 128-131.

Allen, L. A., Management und Organisation, London 1958.

Altmann, R., Mittendrin die Perle. Die sechziger Jahre. Meine Malerei, Meinungen und Vermutungen, Bönen 1994.

Amakawa, A., Besatzung und Bürokratie in Japan, in: D. Petzina; R. Ruprecht (Hg.), Wendepunkt 1945. Kontinuität und Neubeginn in Deutschland und Japan nach dem Zweiten Weltkrieg, Bochum 1991, S. 7-28.

Amdam, R. P. (Hg.), Management Education and Competitivness. Europe, Japan and the United States, London, New York 1996.

Amerika – hast Du es besser?, in: REWE-Echo v. 15.7.1963.

Americanization and its Limits. Reworking American Technology and Management in Post-war Europe and Japan, ed. by J. Zeitlin and G. Herrigel, Oxford 2000.

Amerikanische Vertriebsformen auch in Deutschland?, in: REWE-Echo 11, 1961, H. 9, Sonderbeilage.

Andersen, A., Der Traum vom guten Leben. Alltags- und Konsumgeschichte vom Wirtschaftswunder bis heute, Frankfurt am Main, New York 1997.

Antal, Berthoin, A., Die Dynamik der Theoriebildungsprozesse zum Organisationslernen, in: H. Albach; M. Dierkes; A. Berthoin Antal; K. Vaillant (Hg.), Organisationslernen – institutionelle und kulturelle Dimensionen, Berlin 1998.

Antoni, C., Qualitätszirkel und Lernstatt – ein Vergleich soziotechnischer Instrumente japanischer und deutscher Herkunft, in: W. Bungard; G. Wiendieck (Hg.), Qualitätszirkel als Instrument zeitgemäßer Betriebsführung, Landsberg/Lech 1986, S. 11-17.

Argyris, C., Strategy, Change and Defensive Routines, Boston etc. 1985.

Arndt, H.-J.; S. Faßbender; H. Hellwig, Weiterbildung wirtschaftlicher Führungskräfte an der Universität. Denkschrift des Deutschen Instituts zur Förderung des industriellen Führungsnachwuchses, Düsseldorf, Wien 1968.

Asperger, Karl-Heinz, Von Glanzstoff zu Enka 1969-1985, Wuppertal 1990.

Atzbach, W. E. und W. Swoboda, Ein Jahr deutsche Produktivitätszentrale, in: Rationalisierung. Monatsschrift des Rationalisierungs-Kuratoriums der Deutschen Wirtschaft (RKW), 2, 1951.

Ausbildung von Führungskräften in der amerikanischen Wirtschaft. Beobachtungen einer deutschen Studiengruppe (= RKW-Auslandsdienst, H. 45), München 1956.

Backer, J. H., Die Entscheidung zur Teilung Deutschlands. Amerikas Deutschlandpolitik 1943-1948, München 1981.

Bähr, J., Die „amerikanische Herausforderung". Anfänge der Technologiepoltik in der Bundesrepublik Deutschland, in: Archiv für Sozialgeschichte 35, 1995, S. 115-130.

Baldus, Th., Gemeinschaftliche Grundlagenforschung für die Benutzung von elektronischen Rechenanlagen, in: Der Betrieb 10, 1957, 30. Okt. 1957, S. 1026.

Barnard, C. I., Die Führung großer Organisationen, Essen 1970.

Bartels, H., Siebzehn Tage in der „Neuen Welt", in: Leibnitz-Blätter, Juli 1960, o.P.

Baum, H. A., Geschichte der Pharma nach dem Zweiten Weltkrieg (1951-1980), Leverkusen 1983.

Baumann, P., Aussichten der synthetischen Kautschukerzeugung in Deutschland, in: Der Lichtbogen 2, 1953, H. 1, S. 3.

–, Die neue deutsche Kautschuk-Synthese-Anlage der Buna Werke Hüls GmbH, in: Der Lichtbogen 5, 1956, H. 9, S. 131 ff.

–, Vorschau auf die neue großtechnische Kautschuksynthese-Anlage bei den Chemischen Werken Hüls, in: Der Lichtbogen 3, 1954, H. 12, S. 180 f.

Bäurle, R., Operating im Zentralbereich, in: R. Nieschlag; D. v. Eckardstein (Hg.), Der Filialbetrieb als System. Das Cornelius-Stüssgen-Modell, Köln 1972, S. 306-326.

Becker, C., Konsumgüterindustrie, in: Absatzwirtschaft Betriebsführung auf neuen Wegen, Gespräche in Baden-Baden und Bad Neuenahr, München 1955, S. 128.

Beckerath, P. G. v. Monographien zur Geschichte des Personalwesens, Bd. V: Stufen der Ausweitung der Personalfunktion bei Bayer, S. 90 ff.

–, Über die Frage der Ausbildung von Meistern in der amerikanischen Industrie, in: Der Arbeitgeber 1954, H. 21, S. 807-809.

–, Ein Blick nach Amerika, in. Unser Werk 1954, Nr. 1, S. 14.

Berg, F., Deutsche und amerikanische Wirtschaft. Eindrücke einer Amerikareise, 7.8.1951, in: F. Berg: Die westdeutsche Wirtschaft in der Bewährung. Ausgewählte Reden 1950-1965, Hagen 1966, Persönlichkeiten der Gegenwart. Fritz Berg, Freudenstadt 1966.

Berger, Roland, & Partner; H. Simon; B. Bauer; F. Jägeler, Auf der Suche nach Europas Stärken. Managementkulturen und Erfolgsfaktoren, Landsberg 1993.

Berger, U. und I. Bernhard-Mehlich, Die verhaltenswissenschaftliche Entscheidungstheorie, in: Alfred Kieser (Hg.), Organisationstheorien, Stuttgart, Berlin, Köln, 2. Aufl. 1995.

Berghahn, V., Deutschland im „American Century", 1942-1992. Einige Argumente zur Amerikanisierungsfrage, in: M. Frese; M. Prinz (Hg.), Politische Zäsuren und gesellschaftlicher Wandel im 20. Jahrhundert. Regionale und vergleichende Perspektiven, Paderborn 1996, S. 789-800.

–, O. A. Friedrich. Ein politischer Unternehmer, Frankfurt am Main 1993.

–, Unternehmer und Politik in der Bundesrepublik, Frankfurt am Main 1985.

–, Zur Amerikanisierung der westdeutschen Wirtschaft, in: L. Herbst (Hg.), Vom Marshallplan zur EWG, München 1990, S. 227-253.

–, Technology and the Export of Industrial Culture: Problems of the German-American Relationship, in: P. Mathias; J. A. Davis (Hg.), Innovation and Technology in Europe. From the Eighteenth Century to the Present Day, Oxford, Cambridge/Mass. 1991, S. 142-161.

–, The United States and the Shaping of West Germany's Social Compact, 1945-1966, in: International Labor and Working Class History No. 50, Fall 1996, S. 125-132.

Bergler, G. und E. Schäfer, Um die Zukunft der deutschen Absatzwirtschaft (Absatzwirtschaft, Bd. 1), Berlin 1936.

Berlins erstes Shopping Center ein kommerzieller Fehlschlag?, in: REWE-Echo 12, 1962, H.2, S. 39-41.

Betriebsführung durch Planung und Kontrolle (RKW-Auslandsdienst, H. 51), München 1957.

Betriebsführung in amerikanischen Mittel- und Kleinbetrieben. Eine Studienreise junger Unternehmer in die Vereinigten Staaten von Amerika (RKW-Auslandsdienst, H. 88), München 1959.

Binder, E., Die Entstehung unternehmerischer Public Relations in der Bundesrepublik Deutschland, Münster 1983.

Bjarnar, O. und M. Kipping, The Marshall Plan and the Transfer of US Management Models to Europe. An introductory Framework, in: Kipping; Bjarnar (Hg.), The Americanisation of European Business, S. 1-17.

Blumrath, F., Die internationale Arbeit des BDI von 1949 bis 1954, in: Fünf Jahre BDI, hg. vom BDI, Bergisch-Gladbach 1954, S. 169-202.

Boel, B., The European Productivity Agency: a faithful prophet of the American model?, in: Kipping; Bjarnar (Hg.), The Americanisation of European Business, S. 37-54.

Boetticher, K. W., Führung und Autorität, in: Frankfurter Hefte, August 1962.

–, Leiten – nicht befehlen! Delegation von Verantwortung, das neue Stichwort industrieller Führung, in: Die Zeit v. 14.12.1962.

–, Unternehmer in seiner Zeit. Noch fehlt uns für die industrielle Führung ein eigenes Konzept, in: Die Zeit v. 29.6.1962.

–, Unternehmer oder Manager. Grundprobleme industrieller Führerschaft, Köln und Berlin 1963.

Booth, A.; J. Melling; Chr. Dartmann, Institutions and Economic Growth: The Politics or Productivity in West Germany, Sweden, and the United Kongdom, 1945-1955, in: The Journal of Economic History 57, 1997, S. 416-443.

Booz-Allen & Hamilton, Herausforderungen des deutschen Managements und ihre Bewältigung, Göttingen 1973.

Borkel, W., Amerikanische Management-Techniken und das Harzburger Modell, in: Harzburger Hefte Nr. 5/6, 1969, S. 266-276.

Bornemann, E. u.a., Gruppenarbeit und Produktivität. Bericht über eine Studienreise in USA (RKW-Auslandsdienst, H. 72), München 1958.

Börnsen, O.; H. H. Gleitsmann; E.-J. Horn, Der Technologietransfer zwischen den USA und der Bundesrepublik, Tübingen 1985.

Borowsky, P., Deutschland 1963-1969, Hannover 1983.

Botskor, I., Japanische Unternehmen produzieren in der Bundesrepublik Deutschland. Wieviel Technologietransfer findet tatsächlich statt?, in: E. Pauer (Hg.), Technologietransfer Deutschland-Japan, S. 296-310.

Böttcher, W., „Die japanische Herausforderung“, in: Leibniz-Blätter 4, 1980.

Boulding, K., Die neuen Leitbilder, Düsseldorf 1958.

Brandes, D., Konsequent einfach. Die ALDI-Erfolgsstory, Frankfurt am Main, New York, 1998.

Bräutigam, P., Mittelständische Unternehmer im Nationalsozialismus. Wirtschaftliche Entwicklung und soziale Verhaltensweisen in der Schuh- und Lederindustrie Badens und Württembergs, München 1997.

Briam, K.-H., Arbeiten ohne Angst. Arbeitsmanagement im technischen Wandel, Düsseldorf, Wien, 2. Aufl. 1986.

Brinkmann, G., Die Ausbildung von Führungskräften für die Wirtschaft, Köln 1967.

Brose, H. W., Die Entdeckung des Verbrauchers. Ein Leben für die Werbung, Düsseldorf 1958.

Brumlop, E., Arbeitsbewertung bei flexiblem Arbeitseinsatz. Das Beispiel Volkswagen AG (Schriftenreihe Humanisierung der Arbeit, Bd. 71), Frankfurt am Main, New York 1988.

Buchheim, Chr., Die Wiedereingliederung Westdeutschlands in die Weltwirtschaft 1945-1958, München 1990.

Budraß, L., Flugzeugindustrie und Luftrüstung in Deutschland 1918-1945, Düsseldorf 1998.

Bührer, W., Erzwungene oder freiwillige Liberalisierung? Die USA, die OEEC und die westdeutsche Außenhandelspolitik 1949-1952, in: L. Herbst; W. Bührer; H. Sowade (Hg.), Vom Marshall-Plan zur EWG: Die Eingliederung der Bundesrepublik Deutschland in die westliche Welt, München 1990, S. 139-162.

–, Technologischer Wandel, Industrie- und Beschäftigungsstruktur in der Bundesrepublik Deutschland, in: Archiv für Sozialgeschichte 35, 1995, S. 91-113.

Buksch, R., Wertanalyse: 10 zu 1 für Japan, in: Produktion, 2. Aug. 1979, Nr. 30/31.

Bungard, W., Arbeitsplatzorientiertes Lernen durch Qualitätszirkel, in: P. Meyer-Dohm; E. Tuchtfeld; E. Wesner (Hg.), Der Mensch im Unternehmen. Festgabe für Karl-Heinz Briam zum 65. Geburtstag, Bonn, Stuttgart 1988, S. 311-334.

Bunte, M., Studienreisen in die USA I, in: PLUS 1/1969.

Byrt, W. (Hg.), Management Education. An International Survey, London and New York 1989.

Chandler jr., A. D., Strategy and Structure. Chapters in the History of the Industrial Enterprise, Cambridge Mass. 1962.

Colbe, W. Busse v., Führungskräfte-Weiterbildung am USW. Gestern – Heute – Morgen. 25 Jahre USW, in: Universitätsseminar der Wirtschaft.1968-1993, Stuttgart 1993, S. 7-17.

–, Planung, Organisation und Kontrolle als Hauptaufgaben der Unternehmensführung, in: Die Herausforderung des Management im internationalen Vergleich (USW-Schriften für Führungskräfte, Bd. 4), Wiesbaden 1970, S. 49-61.

Cole, R. E., Strategies for Learning. Small-Group Activities in American, Japanese and Swedish Industry, Berkeley etc. 1991.

CWH in Japan, in: Der Lichtbogen 2, 1953, H. 11, S. 14.

Cyert, R. M. und J. G. March, Eine verhaltenswissenschaftliche Theorie der Unternehmung, Stuttgart, 2. Auflage 1995.

Dahlke, G. und K. Agthe, Die Fallmethode (RKW-Schriftenreihe Betriebsführung und Fortbildung), Frankfurt am Main 1960.

Dams, Th., Die Industrialisierung Japans: Gemeinsamkeiten und Unterschiede zu Deutschland, in: B. Martin (Hg.), Japans Weg in die Moderne, Frankfurt am Main, New York 1987, S. 87-138.

Daniel, U., „Kultur" und „Gesellschaft". Überlegungen zum Gegenstandsbereich der Sozialgeschichte, in: Geschichte und Gesellschaft 19, 1993, S. 69-99.

Danker, W., TWI – etwas Altes oder ein Fortschritt?, in: Mensch und Arbeit 1, 1949.

Das Absatzwesen der amerikanischen Textilwirtschaft. Eindrücke einer deutschen Studiengruppe (RKW-Auslandsdienst, H. 48), München 1957.

Das Gespräch miteinander, in: Der Freudenberger 2, 1952, H. 6, S. 25 ff.

Das Marketing – Geheimnis der Söhne Nippons, in: Die Absatzwirtschaft 15, 1972, H. 10, S. 12-16.

Deming, W. E., Was ging in Japan vor?, in: Zeitschrift für wirtschaftliche Fertigung 64, 1969, H. 6, S. 336-340.

Deutsch-amerikanische Betriebsführergespräche, in: Der Arbeitgeber 1952, H. 19, S. 752.

Deutsche Betriebswirte in Amerika, in: ZfB 26, 1956, S. 535.

Deutsch-Japanisches Wirtschaftsbüro 1960-1970, Hamburg (um 1970).

Deutschmann, Chr., Arbeitszeit in Japan. Organisation und organisationskulturelle Aspekte der „Rundumnutzung" der Arbeitskraft, Frankfurt am Main, New York 1987.

–, Reflexive Verwissenschaftlichung und kultureller „Imperialismus" des Managements, in: Soziale Welt 40, 1989, S. 374-396.

Die bunte Welt der Thermoplastik, in: REWE-Echo 12, 1962, H. 5, S. 35-37.

Die elektronische Datenverarbeitung in Lehre und Praxis. Ergebnisse einer Studienreise nach USA, von Prof. Dr. Dr. B. Hartmann (RKW Auslandsdienst A 20), Frankfurt am Main 1959.

Dieckhof, R., Der Krieg der Pulverkonzerne, in: Die ZEIT, 27.6.1969.

–, Der Angriff auf Europa. Japans Automobiloffensive gegen den alten Kontinent, in: W. Mayer-Larsen (Hg.), Auto-Großmacht Japan, Hamburg 1980.

Diedrich, K.-F., „Human Relations" als sozialpolitisches und wirtschaftliches Potential im Betrieb, Diss. Mannheim 1950 (als Buchtitel Entwicklung und Stand der sozialen Betriebsgestaltung, München, Düsseldorf 1951).

Dienel, H.-L., Ingenieure zwischen Hochschule und Industrie. Kältetechnik in Deutschland und Amerika, 1870-1930, Göttingen 1995.

Dierkes, M. und H. Albach, Lernen über Organisationslernen, in: H. Albach; M. Dierkes; A. Berthoin Antal; K. Vaillant (Hg.), Organisationslernen – institutionelle und kulturelle Dimensionen, Berlin 1998, S. 15-30.

–, und L. Marz, Leitbilder als Katalysatoren des Organisationslernens, in: H. Albach; M. Dierkes; A. Berthoin Antal; K. Vaillant (Hg.), Organisationslernen – institutionelle und kulturelle Dimensionen, Berlin 1998, S. 373-397.

–, Organisationskultur und Leitbilder als Einflußfaktoren der Technikgenese, in: ders. (hg.), Die Technisierung und ihre Folgen. Zur Biographie eines Forschungsfeldes, Berlin 1993, S. 264-176.

–, U. Hoffmann; L. Marz, Leitbild und Technik. Zur Entstehung und Steuerung technischer Innovation, Berlin 1992.

Dirks, D., Japanisches Management in internationalen Unternehmen. Methodik interkultureller Organisation, Wiesbaden 1995.

Djelic, M.-L., „Exporting The American Model. The Postwar Transformation of European Business", Oxford, New York 1998.

Döpfner, A., Textiltechnik: Zwei „Karrieren", in: Ich diente nur der Technik. Sieben Karrieren zwischen 1940 und 1950 (Schriftenreihe des Museums für Verkehr und Technik Berlin, Bd. 13), Berlin 1995, S. 89-114.

Doering-Manteuffel, A., Dimensionen von Amerikanisierung in der deutschen Gesellschaft, in: Archiv für Sozialgeschichte 35, 1995, S. 1-34.

–, Transatlantic Exchange and Interaction – The Concept of Westernization. Paper presented to the conference „The American Impact on Western Europe: Americanization and Westernization in Transatlantic Perspective", veranstaltet vom Deutschen Historischen Institut, Washington, 25.-27. März 1999.

–, Wie westlich sind die Deutschen? Amerikanisierung und Westernisierung im 20. Jahrhundert, Göttingen 1999.

Dohnanyi, K. v., Japanische Strategien oder Das deutsche Führungsdefizit, München 1969.

Dokumentation Erster Deutscher Quality Circle Kongreß 23.-24.11.1982 Neue Messe Düsseldorf, Düsseldorf 1983.

Dolezalek, C. M., Dr. Kurt Pentzlin und die Automatisierung von Produktionsvorgängen, in: Rationalisierung 24, 1973, H. 3, S. 65-68.

Dornseifer, B., Zur Bürokratisierung deutscher Unternehmen im späten 19. und frühen 20. Jahrhundert, in: Jahrbuch für Wirtschaftsgeschichte 1993/1, S. 69-91.

Drucker, P. F., Das Großunternehmen. Sinn, Arbeitsweise und Zielsetzung in unserer Zeit, Düsseldorf, Wien 1966 (Original: Concept of the Corporation, 1946).

–, Amerika in den nächsten 20 Jahren, hg. vom US-Informationsdienst (1954).

–, Das Personalwesen – auf dem Weg zu neuen Ufern, in: P. G. v. Beckerath (Hg.), Verhaltensethik im Personalwesen. Prinzipen und Regeln für die Konzeption einer betrieblichen Personalpolitik, Stuttgart 1988, S. 1-9.

–, The New Society. The Anatomy of the Industrial Order, New York 1950.

–, What can we learn from Japanese Management?, in: HBR March/April 1971, S. 110-122.

–, Zaungast auf Zeit. Ungewöhnliche Erinnerungen an das 20. Jahrhundert, Düsseldorf, Wien 1981.

Dülfer, E., Internationales Management in unterschiedlichen Kulturbereichen, München/Wien 1992 (3. Aufl. 1995).

Dyas, G. P. und H. T. Thanheiser, The Emerging European Enterprise. Strategy and Structure in French and German Industry, London 1976.

Dyk, I. J., Wissenschaftstransfer: Die Beziehung zwischen Theorie, Forschung und Praxis am Beispiel der Human Relations, Linz 1975.

Edelmann, H., Vom Luxusgut zum Gebrauchsgegenstand. Die Geschichte der Verbreitung von Personenkraftwagen in Deutschland, Frankfurt am Main 1989.

–, und H. Nordhoff: Ein deutscher Manager in der Automobilindustrie, in: Deutsche Unternehmer zwischen Kriegswirtschaft und Wiederaufbau. Studien zur Erfahrungsbildung von Industrie-Eliten, hg. von P. Erker und T. Pierenkemper, München 1999, S. 19-52.

Eichholtz, D. und W. Schumann, Anatomie des Krieges, Berlin-Ost 1969.

Eichhorn, P., „Plan"-Wirtschaft made in USA, in: Der Volkswirt 22, 1968, S. 34-36.

Eigentum und Eigentümer in unserer Gesellschaft (= Veröffentlichung der Walter-Raymond-Stiftung, Bd. 1), Köln und Opladen 1960.

Ein erfahrener Partner für Stahlkord, in: Wir vom Glanzstoff 1972, H. 11, S. 10.

Eisenführ, F., Zur Entscheidung zwischen funktionaler und divisionaler Organisation, in: Zeitschrift für Betriebswirtschaft 40, 1970, S. 725-746.

Ellinger, Th., Humane Gestaltung von Arbeitsplätzen in der industriellen Produktion, in: Humanisierung der Arbeitswelt, hg. von W. Kraus, Tübingen und Basel 1979, S. 163-197.

Engel, P. und W. Riedmann, Die neuen Managementmethoden in Fällen, Bd. 1, München 1971.

Engel, P., Japanische Organisationsprinzipien. Verbesserung der Produktqualität durch Qualitätszirkel, Zürich 1981.

Engwall, L. und V. Zamagni (Hg.), Management Education in historical perspective, Manchester und New York 1998.

Erhard, W., Freie Bahn für Leistung und Wettbewerb, in: Wir vom Glanzstoff 10, 1950, H. 7.

Erker, P., „Amerikanisierung" der westdeutschen Wirtschaft? Stand und Perspektiven der Forschung, in: Jarausch, K. und H. Siegrist (Hg.), Amerikanisierung und Sowjetisierung in Deutschland 1945-1970, Frankfurt am Main, New York 1997, S. 137-145.

–, Aufbruch zu neuen Paradigmen. Unternehmensgeschichte zwischen sozialgeschichtlicher und betriebswirtschaftlicher Erweiterung, in: Archiv für Sozialgeschichte 37, 1997, S. 321-365.

–, Wachsen im Wettbewerb. Eine Zeitgeschichte der Continental AG, Düsseldorf 1996.

–, Pierenkemper, T. (Hg.), Deutsche Unternehmer zwischen Kriegswirtschaft und Wiederaufbau. Studien zur Erfahrungsbildung von Industrie-Eliten, München 1999.

Esser, R., Diversifikation der Hüls AG im Spiegelbild wirtschaftlicher, politischer und unternehmensstrategischer Interessen von der Gründung im Jahre 1938 bis 1960 (Magisterarbeit Ms. Bochum 1991).

Evans, D., Freiwahl und Schnellbedienung, in: 48, 98 Tante Emma – Megastore. 50 Jahre Lebensmittelhandel in Deutschland, hg. von A. Stickel und M. Tröscher, Ingelheim a. Rhein 1998, S. 30-35.

Fabricius, H., Von Weinheim in die Welt, in: Richard Freudenberg 70 Jahre, Heidelberg 1962.

Fairris, D., Shopfloor Matters. Labor-management relations in twentieth-century American manufacturing, London and New York 1997.

Faßbender, S., „Wuppertaler Kreis". Die Weiterbildung unternehmerischer Führungskräfte in der Bundesrepublik, in: Unternehmer und Bildung. Festschrift zum 60. Geburtstag von Ludwig Vaubel, Köln und Opladen 1968, S. 79-96.

–, Überbetriebliche Weiterbildung von Führungskräften. Der Wuppertaler Kreis und seine Mitglieder, Essen 1969.

Fersen, O. v., Ein Jahrhundert Automobiltechnik. Personenwagen, Düsseldorf 1986.

Fichter, M., Besatzungsmacht und Gewerkschaften. Zur Entwicklung und Anwendung der US-Gewerkschaftspolitik in Deutschland 1944-1948, Opladen 1982.

Fink, P., E. Buch; K. Hassel; K. Siebel, Beiträge zur Erneuerung beim Gießen und Walzen metallischer Werkstoffe, in: Technische Mitteilungen Krupp. Werksberichte, Bd. 42, 1984, H. 1, S. 25-44.

Finkenhauer, H. und P. Schippers, Auf die Kühlung kommt es an. Zur Geschichte der gewerblichen Linde-Kühlmöbel, in: 48, 98 Tante Emma – Megastore. 50 Jahre Lebensmittelhandel in Deutschland, hg. von A. Stickel und M. Tröscher, Ingelheim a. Rhein 1998, S. 36-40.

Finn, R. B., Winners in Peace. Mac Arthur, Yoshida, and Postwar Japan, Berkeley etc. 1992.

Fischer, G., Der „Controller" in der amerikanischen Betriebsleitung, in: Mensch und Arbeit 4, 1952, S. 142 f.

Fischer, W., Was machen eigentlich Werbefachleute?, in: DerLichtbogen 4, 1955, H. 6.

Flemming, H. W., Lohnen sich Amerikareisen?, in: Rationalisierung 5, 1954, S. 139-141.

Flemming, W., Amerikanische Unternehmer auf der Schulbank, in: Der Arbeitgeber 1952, H. 19, S. 764-768.

Fortschrittliche Betriebsführung, hg. vom Arbeitswissenschaftlichen Institut des REFA e.V. Darmstadt.

Frei, N., Vergangenheitspolitik. Die Anfänge der Bundesrepublik und die NS-Vergangenheit, München 1996.

Frenckner, P., Unternehmensumwelt, Unternehmensplanung und Controlling. Entwicklung in den letzten 50 Jahren, in: K. Brockhoff; W. Krelle (Hg.), Unternehmensplanung, Berlin 1981, S. 17-33.

Freudenberg, H., Mein Bruder Richard, in: Richard Freudenberg 70 Jahre, Heidelberg 1962.

Freudenberg, R., Von der Verantwortung des Unternehmers (Referat 1949), in: Richard Freudenberg 80 Jahre, Weinheim 1972.

Frühbrodt, L. und C. L. Holtfrerich, Die Neugestaltung der US-Wirtschaftspolitik nach 1945. Die Erfahrungen der Zwischenkriegszeit als Argument, in: Jahrbuch für Wirtschaftsgeschichte 1998/1, S. 85-123.

Fuchs, K. A. und W. Kobold, Unser Verkaufschef spricht aus USA, in: Blätter vom Hause, 28, 1950, H. 5/6, S. 78.

50 Jahre REWE Dortmund. Die Entwicklungsgeschichte eines Unternehmens von der Einkaufsgenossenschaft zur modernen Dienstleistungsgemeinschaft, v. R. Altmann, Dortmund 1963.

50 Patente für die thermoplastische Steifverpackung, in: Leibniz-Blätter, Oktober 1956.

Fürstenberg, F., Betriebliche Bildung in Japan, in: P. Meyer-Dohm; E. Tuchtfeld; E. Wesner (Hg.), Der Mensch im Unternehmen. Festgabe für Karl-Heinz Briam zum 65. Geburtstag, Bonn, Stuttgart 1988, S. 335-348.

–, Japanische Unternehmensführung, Zürich 1972.

Gamer, B., Planung und Einsatz elektronischer Datenverarbeitungsanlagen in einem chemischen Großunternehmen, in: ZfbF 13, 1961, S. 353-367.

Gardner, B. und D. G. Moore, Praktische Menschenführung im Betrieb, Köln und Opladen 1957 (Original: Human Relations in Industry, 1945).

Gassert, Ph., Amerika im Dritten Reich. Ideologie, Propaganda und Volksmeinung 1933-1945, Stuttgart 1997.

–, Amerikanismus, Antiamerikanismus, Amerikanisierung. Neue Literatur zur Sozial-, Wirtschafts- und Kulturgeschichte des amerikanischen Einflusses in Europa, in: Archiv für Sozialgeschichte 39, 1999, S. 531-561.

Gauers, P., Japan im Wettbewerb (Schriftenreihe Japanwirtschaft, H. 9. Deutsch-Japanisches Wirtschaftsbüro), Hamburg 1968.

Gaydoul, P., Controlling in der deutschen Unternehmenspraxis, Darmstadt 1980.

Geertz, C., Dichte Beschreibung. Beiträge zum Verstehen kultureller Systeme, Frankfurt am Main 1987.

Geht es nur über Amerika?, in: Der Arbeitgeber 1953, H. 19, S. 851.

Geißler, H., Einführung. Organisationslernen und Weiterbildung im Spannungsfeld zwischen den Paradigmen linearen Lernens, zirkulärer Kausalität und hermeneutischer Selbstreferentialität, in: ders. (Hg.), Organisationslernen und Weiterbildung, Neuwied 1995, S. 1-17.

Gemelli, G., American Influence on European Management Education. The Role of the Ford Foundation, in: R. P. Amdam (ed.), Management Education and Competitivness. Europe, Japan and the United States, London, New York 1996, S. 38-68.

Geschichte einer Unternehmensberatung. 50 Jahre Kienbaum und Partner, Gummersbach 1995.

Giddens, A., Die Konstitution der Gesellschaft, Frankfurt am Main, New York 1988.

–, Interpretative Soziologie. Eine kritische Einführung, Frankfurt am Main, New York 1984.

Goldberg, W. H., Auf der Japan-Welle, in. DBW 43, 1983, H. 1, S. 113-122.

Goossens, F., Betrieb und Umwelt. Public Relations, in: Mensch und Arbeit 2, 1950, S. 10.

–, Der ‚Controller' – Chef des Unternehmens ohne Gesamtverantwortung?, in: Mensch und Arbeit 1959, S. 75 f.

Gorzny, K., Vor allem Zusammenarbeit, in. Lichtbogen 25, 1978, Nr. 180.

Gottschall, D., Management optimal. Die Psychodynamik erfolgreicher Unternehmensführung, Berlin 1992.

–, Lernen vor Ort, in: Manager Magazin 9, 1979, H. 2, S. 86-92.

Greiner, B., Test the West. Über die „Amerikanisierung" der Bundesrepublik Deutschland, in: Blätter für deutsche und internationale Politik 11, 1997, S. 1367-1378.

Gries, R.; V. Ilgen; D. Schindelbeck, Hans Domizlaff, eines Werbeberaters Geschichte, in: dies., „Ins Gehirn der Masse kriechen!" Werbung und Mentalitätsgeschichte, Darmstadt 1995, S. 45-73.

Gross, H., Manager von Morgen. Partnerschaft als Wirtschaftsform der Zukunft, Düsseldorf 1949.

–, Markenpolitik, in: R. Nieschlag; D. v. Eckartstein (Hg.), Der Filialbetrieb als System. Das Cornelius-Stüssgen-Modell, Köln 1972, S. 211-230.

–, Neues Wirtschaftsdenken. Erfahrung durch Marketing, Düsseldorf 1967.

–, Neue Ideen in der Wirtschaft. Schlaglichter und Wandlungen in Produktion und Vertrieb und Unternehmensführung, Düsseldorf 1960.

–, Wirtschaftspolitische Tendenzen in den Vereinigten Staaten von Amerika, Jena 1943.

Grosser, J. F. G., Public Relations als geistige Verkaufsförderung, in: Die Absatzwirtschaft 2, 1959, S. 287-290.

Gruppe, G., Das amerikanische Management und die langfristige Planung, in: ZfB 28, 1958, H. 5, S. 339-341.

Gruppenarbeit in der Motorenmontage. Ein Vergleich von Arbeitsstrukturen (Schriftenreihe Humanisierung des Arbeitslebens, Bd. 3), Frankfurt am Main, New York 1980.

Guillain, R., Der unterschätzte Gigant. Japans Zukunft hat bereits begonnen, Bern, München, Wien 1970.

Guillen, M. F., Models of management. Work, Authority, and Organization in a comparative Perspective, Chicago, London 1994.

Guserl, R., Das Harzburger Modell. Idee und Wirklichkeit, Wiesbaden 1973.

Gutenberg, E., Über japanische Unternehmungen, Wiesbaden 1960.

Guth, W., Die Baden-Badener Unternehmergespräche – Kontinuität im Wandel, in: J. Bertsch; P. Zürn (Hg.), Führen und Gestalten – 100 Unternehmergespräche in Baden-Baden, Berlin, Heidelberg 1997, S. 5-12.

Habermas, J., Die postnationale Konstellation und die Zukunft der Demokratie, in: Blätter für deutsche und internationale Politik 7, 1998.

Hachtmann, R., „Die Begründer der amerikanischen Technik sind fast lauter schwäbisch-allemannische Menschen": Nazi-Deutschland, der Blick auf die USA und die „Amerikanisierung" der industriellen Produktionsstrukturen im „Dritten Reich", in: Amerikanisierung. Traum und Alptraum im Deutschland des 20. Jahrhunderts, hg. von A. Lüdtke; I. Marßolek; A. v. Saldern, Stuttgart 1996, S. 37-66.

Hafer, E., Die Industriellen in New York, in: Der Volkswirt Nr. 48, 1951, S. 12-14.

Hahn, D., Organisation des Controlling in der deutschen Industrie, in: W. Goetzke; G. Sieben (Hg.), Controlling – Integration von Planung und Kontrolle, Köln 1979; S. 73-97.

Hall, D.; H.-Cl. de Bettignies; G. Amado-Fischgrund, The European Business Elite, in: European Business, Oct. 1969, S. 45-55.

Halliday, J., Japan unter amerikanischer Besatzung. „Zwischenspiel" und Neuordnung, in: Im Schatten des Siegers: Japan, Bd. 2, Staat und Gesellschaft, hg. von U. Menzel, Frankfurt am Main 1989, S. 99-185.

Hansen, K. P., Die Mentalität des Erwerbs. Erfolgsphilosophien amerikanischer Unternehmer, Frankfurt am Main, New York 1992.

Hardach, G., Der Marshall-Plan. Auslandshilfe und Wiederaufbau in Westdeutschland 1948-1952, München 1994.

Hardtwig, W. und H.-U. Wehler (Hg.), Kulturgeschichte heute, Göttingen 1996.

Hartmann, D. und P. Janich (Hg.), Die kulturalistische Wende. Zur Orientierung des philosophischen Selbstverständnisses, Frankfurt am Main 1998.

Hartmann, H. und P. Meyer, Soziologie der Personalarbeit, Stuttgart 1980.

Hartmann, H., Amerikanische Firmen in Deutschland, Köln und Opladen 1963.

–, Auf der Suche nach Soziologie, in: Chr. Fleck (Hg.), Wege zur Soziologie nach 1945, Opladen 1996, S. 291-309.

–, Aufstand der Zwerge. Eine neue Ära der Beziehungen zwischen dem Management in Westeuropa und in den USA, in: management revue 5, 1994, H. 4, S. 246-263.

–, Der deutsche Unternehmer. Autorität und Organisation, Frankfurt am Main 1968.

–, Unternehmerausbildung. Die Rolle der deutschen Hochschulen (= RKW-Auslandsdienst, H. 55), München 1958 (im Original: Education for Business Leadership. A study prepared by Heinz Hartmann, published by the OEEC, Paris 1953).

Haselmeyer, L., Public Relations in USA, in: Mensch und Arbeit 2, 1950, S. 11.

Hecht, F., Das TWI-Programm in der deutschen Wirtschaft, in: Mensch und Arbeit, 2, 1950, S. 194-196.

Hedberg, H., Die japanische Herausforderung, Gütersloh o.J. (1970).

Heeg, F. J., Phänomen Japan. Japanische Organisationsformen und ihre Übertragbarkeit auf deutsche Unternehmen, Köln 1983.

Heidenreich, M. und G. Schmidt, Gruppenarbeit im internationalen Vergleich, in: P. Binkelmann; H. J. Braczyk; R. Seltz (Hg.), Entwicklung der Gruppenarbeit in Deutschland, Frankfurt am Main, New York 1993, S. 105-146.

Heinen, E., Grundfragen der entscheidungsorientierten Betriebswirtschaftslehre, München 1976.

Heini, B., Public Relations. Die Vertrauenswerbung der Privatunternehmung. Mit besonderer Berücksichtigung amerikanischer Auffassungen und Methoden, Winterthur 1960, S. 8-21.

Hellwig, H. und J. Bertsch, Ursprung und Werden einer Erfolgsgeschichte, in: J. Bertsch; P. Zürn (Hg.), Führen und Gestalten – 100 Unternehmergespräche in Baden-Baden, Berlin, Heidelberg 1997.

Hellwig, H., Die Baden-Badener Unternehmergespräche, in: Unternehmer und Bildung. Festschrift zum 60. Geburtstag von Ludwig Vaubel, Köln und Opladen 1968, S. 97-105.

Henke, K.-D., Die amerikanische Besetzung Deutschlands, München 1995.

Herbst, L., Der totale Krieg und die Ordnung der Wirtschaft, Stuttgart 1982.

Herchenröder, K.-H., Fritz Berg – der Mann und sein Werk, in: F. Berg: Die westdeutsche Wirtschaft in der Bewährung. Ausgewählte Reden 1950-1965, Hagen 1966, Persönlichkeiten der Gegenwart. Fritz Berg, Freudenstadt 1966.

Herrigel, G., Industrial Constructions. The sources of German industrial power, Cambridge, N.Y, Melbourne 1996.

Hessenmüller, B., Neue Entwicklungszüge der Werkleitung in den USA, in: Rationalisierung 3, 1952, S. 53-56.

Hickel, R., Eine Kaderschmiede bundesrepublikanischer Restauration. Ideologie und Praxis der Harzburger Akademie für Führungskräfte der Wirtschaft, in: M. Greiffenhagen (Hg.), Der neue Konservatismus der siebziger Jahre, Reinbek 1974, S. 108-154.

Hickson, D. J. (Hg.), Management in Western Europe. Society, Culture and Organization in Twelve Nations, Berlin, New York 1993.

Hilke, A., Der amerikanische Supermarkt, Diss. Köln 1956.

Hinrichs, P. und L. Peter, Industrieller Friede. Arbeitswissenschaften, Rationalisierung und Arbeiterbewegung in der Weimarer Republik, Köln 1976.

Hinrichs, P., Um die Seele des Arbeiters. Arbeitspsychologie, Industrie- und Betriebssoziologie in Deutschland, Köln 1981.

Höckel, G., Führen ohne Befehl. Warum Amerikas Management so erfolgreich ist, Düsseldorf, Wien 1967.

Hoffmann, F., Der Controller im deutschen Industriebetrieb, in. Der Betrieb 21, 1968, S. 2181-2184.

Hofstede, G., Cultures and Organisations. Software of the mind, London 1991.

Hogen, J., Organisation interkultureller Kompetenz – Kompetenz interkultureller Organisation. Dimensionen der Interaktion zwischen Eigenem und Fremdem, in: M. Hutter (Hg.): Wittener Jahrbuch für ökonomische Literatur 1996, Marburg 1996, S. 65-97.

Höhn, R. (Hg.), Das Harzburger Modell in der Praxis. Rundgespräch über die Erfahrungen mit dem neuen Führungsstil in der Wirtschaft, Bad Harzburg 1967.

–, Die Führung mit Stäben in der Wirtschaft, Bad Herzburg 1961.

–, Die Stellvertretung im Betrieb. Ein Führungs- und Organisationsproblem im modernen Unternehmen, Bad Harzburg 1964.

Hölzer, H., Marketing – Schlüssel zum Markt, in: Der Volkswirt 16, 1962, Beilage zu Nr. 41.

Honko, J., Entwicklungstendenzen und Neubewertung der Unternehmensplanung, in: K. Brockhoff; W. Krelle (Hg.), Unternehmensplanung, Berlin 1981, S. 4-16.

Horvath, P., Aufgaben und Instrumente des Controlling, in: Goetzke; Sieben (Hg.), Controlling – Integration von Planung und Kontrolle, S. 27-57.

–, Controlling, München, 4. Aufl. 1992.

Hounshell, D. A. und J. K. Smith Jr., Science and Corporate Strategy. DuPont R&D, 1902-1980, New York etc. 1988.

Huczynski, A. A., Management gurus. What makes them and how to become one, London 1993.

Human Relations. Die menschlichen Beziehungen. Beobachtungen einer deutschen Studiengruppe (= RKW Auslandsdienst, H. 41), München 1956.

Hundhausen, C., Geleitwort, in: D. M. Hobarth (Hg.), Praxis der Marktforschung, Essen 1952.

–, Public Relations, in: Handwörterbuch der Sozialwissenschaften, Göttingen 1964, S. 653-658.

–, Public Relations, in: ZfB 15, 1938, S. 48-61.

–, Werben oder Beherrschen. Über Wunsch und Bedeutung der Wirtschaftswerbung, Essen 1950.

–, Werbung um öffentliches Vertrauen. „Public Relations“, Essen 1951.

–, Werbung und Public Relations der Eisen- und Stahlindustrie in den Vereinigten Staaten von Amerika, in: Stahl und Eisen 70, 1950.

–, Wesen und Formen der Werbung, Essen 1954.

–, Public Relations, in: ZfB 36, 1966, S. 76-94.

Husemann, H., Stereotypes in Landeskunde – Shall we join them if we cannot beat them?, in: L. Bredelle (Hg.), Mediating a Foreign Culture: The United States and Germany. Studies in Intercultural Understanding, Tübingen 1991.

Im Land der 100 Millionen Außenseiter, in: Wir vom Glanzstoff 30, 1970, H. 7, S. 13.

Innerbetriebliche Aussprache in Schönau, in: Der Freudenberger 6, 1956, H. 3, S. 10 ff.

Innovationsprozesse und Innovationspolitik in Japan. Forschungsprojekt im Auftrag des Bundesministers für Wirtschaft, durchgeführt vom Battelle-Institut e.V., Frankfurt am Main (Studien Reihe 40), Bonn 1983.

Jacobi, F., Personalpolitik – Heute und Morgen, Düsseldorf, Wien 1963.

Jäger, H., Unternehmensgeschichte in Deutschland seit 1945, in: Geschichte und Gesellschaft 18, 1992, S. 107-132.

Jahn, H. E., Vertrauen, Verantwortung, Mitarbeit. Eine Studie über Public Relations Arbeit in Deutschland, Oberlahnstein 1953.

Jahresbericht des Bundesverbandes der Deutschen Industrie 1. Juli 1951 - 30. April 1952.

Jahresbericht des Bundesverbandes der Deutschen Industrie, 1. Mai 1954 - 30. April 1955.

Japans technologische Strategie. Wiedergabe und Kommentar einer Studie des Ausschusses für technologischen Fortschritt des japanischen Wirtschaftsrats, vorgelegt vom Ostasien-Institut e.V. Bonn, in Zusammenarbeit mit dem Bundesminister für Bildung und Wissenschaft, Bonn 1972.

Jirasek, J.; R. Münzel, Marktorientierte Unternehmensführung. Erfahrungen aus der amerikanischen Praxis, Stuttgart 1962.

Jones, B., Die deutsche Historische Schule: Begründerin des nordamerikanischen Marketinggedankens, in: Marketing ZFP, H. 1, 1992, S. 5-12.

Jülicher, K., Wer nicht wirbt, stirbt. Verbraucherwerbung jenseits des Atlantiks, in: REWE-Echo, 15. Juli 1963, S. 22-24.

Jürgens, U.; Th. Malsch; K. Dohse, Moderne Zeiten in der Automobilfabrik. Strategien der Produktionsmodernisierung im Länder- und Konzernvergleich, Berlin u.a. 1989, S. 36-39.

Kaelble, H., Berliner Unternehmer während der frühen Industrialisierung, Berlin 1972.

Kantrow, A. M., Why read Peter Drucker?, in: HBR, Jan./Feb. 1980, S. 74-82.

Karlsch, R., Entscheidungsspielräume und Innovationsverhalten in der Synthesekautschukindustrie – Die Einführung des Kaltkautschukverfahrens in den Chemischen Werken Hüls und im Buna-Werk Schkopau, in: J. Bähr; D. Petzina, Innovationsverhalten und Entscheidungsstrukturen. Vergleichende Studien zur wirtschaftlichen Entwicklung im geteilten Deutschland 1945-1990, Berlin 1997, S. 79-108.

Kaschuba, W., Kultur statt Gesellschaft?, in: Geschichte und Gesellschaft 21, 1995, S. 80-95.

Kaste, H., Arbeitgeber und Humanisierung der Arbeit. Eine exemplarische Analyse, Opladen 1981.

Kauth, H., Methoden im Übergang?, in: Personalführung 4, 1988, S. 233 f.

–, Warum ist der Konvent '84 so wichtig? in: Gummibereifung 7, 1984, S. 17 f.

Kehr, E., Ein Tag in Dayton, in: REWE-Echo, 15.Juli 1963, S. 25-29.

Keller, E. v., Die kulturvergleichende Managementforschung. Gegenstand, Ziele, Methoden, Ergebnisse und Erkenntnisprobleme einer Forschungsrichtung, Bern 1981.

Kienbaum, G., Ein Industrieberater nutzt die Erfahrungen seiner Amerika-Studienreise, in: Rationalisierung 5, 1954, S. 42 f.

Kieser, A. (Hg.), Organisationstheorien, Stuttgart, Berlin, Köln, 2. Aufl. 1995; 3. Aufl. 1999.

–, Moden und Mythen des Organisierens, in: Die Betriebswirtschaft 56, 1996, H. 1, S. 21-39.

–, Über die allmähliche Verfertigung der Organisation beim Reden. Organisieren als Kommunizieren, in: Industrielle Beziehungen. Zeitschrift für Arbeit, Organisation und Management 5, 1998, S. 45-75.

Kipping, M. und O. Bjarnar (Hg.), The Americanisation of European Business. The Marshall Plan and the transfer of US management models, London, New York 1998.

Kipping, M., ‚Operation Impact'. Converting European Employers to the American creed, in: Kipping, M. und O. Bjarnar (Hg.), The Americanisation of European Business. The Marshall Plan and the transfer of US management models, London, New York 1998, S. 55-73.

–, Consultancies, Institutions and the Diffusion of Taylorism in Britain, Germany and France 1920s to 1950s, in: Business History 39, 1997, S. 67-83.

–, The hidden Business Schools. Management Training in Germany since 1945, in: V. Zamagni; L. Engwall (Hg.), Management Education in Historical Perspective, Manchester, New York 1998, S. 95-110.

–, American Management Consulting Companies in Western Europe 1920 to 1990: Products, Reputation, and Relationsships, in: Business History Review, Summer 1999, S. 190-220.

Kitzke, K., Menschliche Beziehungen in Deutschland und in den USA, in: Mensch und Arbeit 2, 1950, S. 247 f.

Klein, W., Stand der Kautschuksynthese in Amerika und Deutschland, in: Kautschuk und Gummi 6, 1953, H. 4, S. 68.

Kleinschmidt, Chr. und Th. Welskopp, Amerika aus deutscher Perspektive. Reiseeindrücke deutscher Ingenieure über die Eisen- und Stahlindustrie der USA, 1900-1930, in: Zeitschrift für Unternehmensgeschichte 39, 1994, S. 73-103.

Kleinschmidt, Chr., „Wir wollten im Betrieb nicht nur Befehlsempfänger sein." – Arbeitsbedingungen, Mitbestimmung und Mitgestaltung in der Eisen- und Stahlindustrie des Ruhrgebiets in den 1950er und 60er Jahren, in: Arbeiter und Unternehmer in der Hüttenindustrie an Saar und Ruhr. Innerbetriebliche Beziehungen im zeitlichen und regionalen Vergleich (kulur-dokumente 1, Arbeit und Kultur Saarland GmbH), 1995, S. 71-87.

–, An Americanised company in Germany: the Vereinigte Glanzstoff Fabriken AG in the 1950s, in: Kipping; Bjarnar (Hg.), Americanisation of European Business, S. 171-189.

–, Betriebliche Sozialpolitik als „soziale Betriebspolitik". Reaktionen der Eisen- und Stahlindustrie auf den Weimarer Interventionsstaat, in: W. Plumpe; Chr. Kleinschmidt (Hg.), Unternehmen zwischen Markt und Macht. Aspekte deutscher Unternehmens- und Industriegeschichte im 20. Jahrhundert, Essen 1992, S. 29-41.

–, Unternehmensgeschichte als Sozial- und Alltagsgeschichte, in: Der letzte Schliff. 150 Jahre Arbeit und Alltag bei Carl Zeiss, hg. von F. Markowski, Berlin 1997, S. 282-298.

–, Wärmewirtschaft, Betriebswirtschaft und wissenschaftliche Betriebsführung. Innovationen der Eisen- und Stahlindustrie nach dem Ersten Weltkrieg, in: Technikgeschichte 62, 1995, S. 303-315.

Klenner, W., Grundzüge der wirtschaftlichen Entwicklung und der Wirtschaftspolitik seit dem Zweiten Weltkrieg, in: Im Schatten des Siegers: Japan, Bd. 2, Staat und Gesellschaft, hg. von U. Menzel, Frankfurt am Main 1989, S. 63-96.

Kobayashi M. et al. (Hg.), Einführung in die japanische Betriebswirtschaftsgeschichte, Bd. 3 (Übersetzung des japan. Nihon keieishi o manabu 3. Sengo keieishi), Tokio 1976.

Kobayashi, M. K. und W. W. Burke, Organization Development in Japan, in: Columbia journal of Business, Summer 1976, S. 113-123.

Kobayashi, M. K., Japan: The most misunderstood country, Tokyo 1984.

Koch, J.-J., Wahrnehmungsprozesse, in: E. Gaugler; W. Weber (Hg.): Handwörterbuch des Personalwesens, Stuttgart, 2. Aufl. 1992, Sp. 2317-2326.

Kocka, J., Perspektiven für die Sozialgeschichte der 90er Jahre, in: W. Schulze (Hg.), Sozialgeschichte, Alltagsgeschichte, Mikro-Historie, Göttingen 1994, S. 33-39.

–, Unternehmensverwaltung und Angestelltenschaft am Beispiel Siemens 1847-1914, Stuttgart 1969.

–, Unternehmer in der deutschen Industrialisierung, Göttingen 1975.

König, W., Geschichte der Konsumgesellschaft, Stuttgart 2000.

Komlos, J., Ein Überblick über die Konzeptionen der Industriellen Revolution, in: VSWG 84, 1997, S. 461-511.

Koolmann, S., Leitbilder der Technikentwicklung. Das Beispiel des Automobils, Frankfurt am Main, New York 1992.

Korte, F. H., Gute Public Relations fördern das Marketing, in: Der Volkswirt 16, 1962, Beilage zu Nr. 41, S. 54-56.

Kotthoff, H., Betriebsräte und Bürgerstatus. Wandel und Kontinuität betrieblicher Mitbestimmung, München u.a. 1994.

Krakau, K., Einführende Überlegungen zur Einstellung und Wirkung von Bildern, die sich Nationen von sich und anderen machen, in: W. P. Adams, K. Krakau (Hg.), Deutschland und Amerika. Perzeption und historische Realität, Berlin 1985, S. 9-18.

Kramer, B., Wissenschaft und Technologie in Japan (Studienreihe Japan, H. 24), Hamburg 1975.

Kränzlein, P., Chemie im Revier – Hüls, Düsseldorf 1980.

Krebsbach-Gnath, C., Organisationslernen. Theorie und Praxis der Veränderung, Wiesbaden 1996.

Krell u.a., Organisationskultur – Renaissance der Betriebsgemeinschaft, in: Eberhard Dülfer (Hg.), Organisationskultur, Stuttgart 1991, S. 147-160.

Krell, G., Vergemeinschaftende Personalpolitik. Normative Personallehren, Werksgemeinschaft, NS-Betriebsgemeinschaft, betriebliche Partnerschaft, Japan, Unternehmenskultur, München und Mering 1994.

Kropff, H. J. F., B. W. Randolph, Marktanalyse. Untersuchung des Marktes und Vorbereitung der Reklame, München und Berlin 1928.

Kropff, H. F. J. u.a., Marketing. Eine deutsche Zwischenbilanz, in: Der Volkswirt 16, 1962, Beilage zu Nr. 41, S. 5-8.

Kubisch, L.-U., Ohne Blitz kein ‚Blitzkrieg'. Heinrich Nordhoff und seine Karriere vom Opel-Rüstungsmanager zum Wolfsburger Käfer-König, in: Ich diente nur der Technik. Sieben Karrieren zwischen 1940 und 1950, Berlin 1995, S. 41-52.

Kubisch, U., Aller Welts Wagen. Die Geschichte eines automobilen Wirtschaftswunders, Berlin 1986.

Kugler, A., Von der Werkstatt zum Fließband. Etappen der frühen Automobilproduktion in Deutschland, in: Geschichte und Gesellschaft 13, 1987, S. 304-339.

Kühndahl, F. W., Verkauf und Marketing, in: Wir vom Glanzstoff, 1971, H. 7, S. 6.

Kümmel, G., Transnationale Wirtschaftskooperation und der Nationalstaat (Zeitschrift für Unternehmensgeschichte, Beiheft 89), Stuttgart 1995.

Künzi, H. P., Operations Research heute – Rückblick und Ausblick, in: Zeitschrift für Operations Research 26, 1982, S. 217-228.

Küttenbaum, V., Die japanische Herausforderung ... und was wir daraus zu lernen haben, in: Management-Zeitschrift io 49, 1980, S. 457-460.

Kuznets, S., Modern Economic Growth. Rate, Structure, and Spread, New Haven and London 1966.

Landes, D., Wohlstand und Armut der Nationen. Warum die einen reich und die anderen arm sind, Berlin 1999.

Langenbruch, Th., E. H. Vits, in: Wuppertaler Biographien, 9. Folge, 1970.

Langenbruch, Th., Glanzstoff 1899-1949, Wuppertal 1985.

Lauschke, K. und Th. Welskopp, Einführung: Mikropolitik im Unternehmen: Chancen und Voraussetzungen beziehungsanalytischer Ansätze in der Industrie- und Arbeitergeschichte, in: dies. (Hg.), Mikropolitik im Unternehmen. Arbeitsbeziehungen und Machtstrukturen in industriellen Großbetrieben des 20. Jahrhunderts (Bochumer Schriften zur Unternehmens- und Industriegeschichte, Bd. 3), Essen 1994, S. 7-15.

Lauschke, K., Mobilität und Aufstieg in der Eisen- und Stahlindustrie nach dem Zweiten Weltkrieg, in: K. Lauschke und Th. Welskopp (Hg.), Mikropolitik im Unternehmen. Arbeitsbeziehungen und Machtstrukturen in industriellen Großbetrieben des 20. Jahrhunderts (Bochumer Schriften zur Unternehmens- und Industriegeschichte, Bd. 3), Essen 1994, S. 186-213.

Lawrence, P., Management Education in West Germany, in: W. Byrt (Hg.), Management Education. An International Survey, London and New York 1989, S. 151-171.

–, Managers and Management in West Germany, London 1980.

Lehmann, G. H., Entwicklung der Erdölchemie als Bilanz zweier Weltkriege, in: Chemische Industrie 4, 1952, H. 4, S. 190-196.

Lehming, E.-M., Carl Hundhausen: Sein Leben, sein Werk, sein Lebenswerk. Public Relations in Deutschland, Wiesbaden 1997.

Lehmkuhl, U., Die USA und der wirtschaftliche Wiederaufbau Japans: Die Rohstoffpolitik 1947-1960, in: G. Schmidt; C. F. Doran (Hg.), Amerikas Option für Deutschland und Japan, Bochum 1996, S. 97-179.

Lichte, R. und K.-L. Trültzsch, Neue Arbeitsstrukturen in einem Kaltwalzwerk, Bremerhaven 1989.

Liesen, M.; G. Schröter; D. Tietjen, Mit der Nase am Markt. Vestolit als Industriewerkstoff nach Maß, in: Der Lichtbogen 25, 1976, Nr. 181.

Lilienstern, H. Rühle v., Bildung wird Schicksal. Deutsche Folgerungen aus der amerikanischen Wirtschaftspraxis, Stuttgart 1962.

Linden, K. v., Im dritten Anlauf, in: REWE-Echo 11, 1961, H. 8, S. 33-35.

Lindlar, L., Das mißverstandene Wirtschaftswunder. Westdeutschland und die westdeutsche Nachkriegsprosperität, Tübingen 1997.

Link, W., Deutsche und amerikanische Gewerkschaften und Geschäftsleute 1945-1975, Düsseldorf 1978.

Linne, K., ein amerikanischer Geschäftsmann und die Nationalsozialisten: Charles Bedeaux, in: Zeitschrift für Geschichtswissenschaft 44, 1996, H. 9, S. 809-826.

Locke, R. R., Management and higher education since 1940. The influence of America and Japan on West Germany, Great Britain and France, Cambridge 1989.

–, The Collapse of the American Management Mystique, New York 1996.

–, Mistaking a historical phenomenon for a functional one: postwar management education reconsidered, in: Engwall; Zamagni (ed.), Management education in historical perspective, Manchester und New York 1998, S. 145-156.

Lotz, K., Lebenserfahrungen. Worüber man in Wirtschaft und Politik auch sprechen sollte, Düsseldorf, Wien 1978.

Lüdtke, A.; I. Marßolek; A. v. Saldern, Einleitung. Amerikanisierung: Traum und Alptraum im Deutschland des 20. Jahrhunderts, in: dies. (Hg.), Amerikanisierung: Traum und Alptraum im Deutschland des 20. Jahrhunderts, S. 7-33.

Lupa, M., Das Werk der Briten. Volkswagenwerk und Besatzungsmacht 1945-1949 (Historische Notate. Schriftenreihe des Unternehmensarchivs der Volkswagen AG, H. 2), Wolfsburg 1999.

Maase, K., ‚Amerikanisierung' der Gesellschaft, in: Jarausch, K. und H. Siegrist (Hg.), Amerikanisierung und Sowjetisierung in Deutschland 1945-1970, Frankfurt am Main, New York 1997, S. 219-241.

Maier, K., Das literarische Werk von Prof. Dr. Guido Fischer, in: E. Gaugler (Hg.), Verantwortliche Betriebsführung. Prof. Dr. Guido Fischer zum 70. Geburtstag, Stuttgart 1969, S. 301-308.

Main, J., The European who thinks the U.S. has all the answeres, in: Fortune 1.9.1968.

Majer, H., Die „Technologische Lücke" zwischen der Bundesrepublik Deutschland und den Vereinigten Staaten von Amerika, Tübingen 1973.

Mall, R. A., Begriff, Inhalt und Hermeneutik der interkulturellen Philosophie, in: D. Lohmar (Hg.), Philosophische Grundlagen der Interkulturalität, Amsterdam, Atlanta 1993, S. 1-27.

Marketing. Griff in die Zukunft, in: Blätter vom Hause, Feb. 1959, H. 1.

Mathias-Pauer, R., Deutsche Meinungen zu Japan – Von der Reichsgründung bis zum Dritten Reich, in: J. Kreiner (Hg.), Deutschland – Japan. Historische Kontakte, Bonn 1984, S. 115-140.

Mausbach, W., Zwischen Morgenthau und Marshall. Das wirtschaftspolitische Deutschlandkonzept der USA 1944-1947, Düsseldorf 1996.

McDonald, J., Systematische Top-Management-Ausbildung, in: Die Herausforderung des Managements im internationalen Vergleich (USW-Schriften für Führungskräfte, Bd. 4, hg. von H. Albach u.a.), Wiesbaden 1970.

McGlade, J., The Illusion of Consensus: American Business, Cold War Aid and the Industrial Recovery of Western Europe, 1948-1958, Diss. Univ. of Nebraska 1995 (unveröff.).

–, From business reform program to production Drive. The Transformation of US technical assistance to Western Europe, in: Kipping, M. und O. Bjarnar (Hg.), The Americanisation of European Business. The Marshall Plan and the transfer of US management models, London, New York 1998, 18-34.

–, The big push: the Export of American business education to Western Europe after the Second World War, in: L. Engwall; V. Zamagni (ed.), Management education in historical perspective, Manchester and New York 1998, S. 50-65.

Medick, H., Mikro-Historie, in: W. Schulze (Hg.), Sozialgeschichte, Alltagsgeschichte, Mikrohistorie, Göttingen 1994; W. Hardtwig, Alltagsgeschichte heute, in: Geschichte und Gesellschaft 19, 1993, S. 40-53.

Medick-Krakau, M., Amerikanische Außenhandelspolitik im Wandel. Handelsgesetzgebung und GATT-Politik 1945-1988, Berlin 1995.

Mehnert, U., Deutschland, Amerika und die „Gelbe Gefahr“. Zur Karriere eines Schlagwortes in der großen Politik, 1905-1917, Stuttgart 1995.

Meinecke, H. C., In Amerika ist manches anders, in: Leibnitz-Blätter, Okt. 1964.

Meinecke-Hayler, G., Super-Markets in USA, Bad Homburg 1956.

Meissner, H. G., Geschichte des Marketing, in: B. Tietz; R. Köhler; J. Zentes (Hg.), Handwörterbuch des Marketing, Stuttgart 1995, S. 785-798.

Menne, W. A., Aufstieg und Sorgen der Chemischen Industrie, in: Vortragsreihe des Deutschen Industrieinstituts No. 42, 20.10.1952.

–, Internationaler Erfahrungsaustausch, in: Chemische Industrie 4, 1952, H. 1, S. 1 f.

Mergel, Th. und Th. Welskopp (Hg.), Geschichte zwischen Kultur und Gesellschaft. Beiträge zur Theoriedebatte, München 1997.

Metzner, A., Entwicklungstendenzen der Weltchemiewirtschaft, in: Chemische Industrie 2, 1950, H. 12, S. 597-604.

Meyer, H.-D., The German Handelshochschulen, 1898-1933: a new departure in management education and why it failed, in: Engwall; Zamagni, Management education in historical perspective, S. 19-33.

Meyer, P. W., Die Zeit ist reif für textile Markenartikel!, in: Die Absatzwirtschaft H. 8, 1959, S. 353 f.

Michligk, P., Innerbetriebliche Werbung um Mitarbeit. Ein Handbuch für die Praxis, Essen 1953 (1. Aufl. um 1942).

Mickler, O. u.a., Bedingungen und soziale Folgen des Einsatzes von Industrierobotern. Sozialwissenschaftliche Begleitforschung zum Projekt der Volkswagen AG, Wolfsburg: Neue Handlungssysteme als technische Hilfen für den Arbeitsprozeß, März 1980.

Minssen, H., Der soziale Prozeß des betrieblichen Wandels, in: K. Lauschke und Th. Welskopp (Hg.), Mikropolitik im Unternehmen. Arbeitsbeziehungen und Machtstrukturen in industriellen Großbetrieben des 20. Jahrhunderts (Bochumer Schriften zur Unternehmens- und Industriegeschichte, Bd. 3), Essen 1994, S. 16-47.

Mommsen, H. und M. Grieger, Das Volkswagenwerk und seine Arbeiter im Dritten Reich, Düsseldorf 1996.

Morichima, M., Why has Japan „succeeded"? Western Technology and the Japanese Ethos, Cambridge 1982.

Müller, G., Strukturwandel und Arbeitnehmerrechte. Die wirtschaftliche Mitbestimmung in der Eisen- und Stahlindustrie 1945-1975, Essen 1991.

Müller, N., u.a., Das betriebliche Informationswesen, München 1954.

Nast, M., Die stummen Verkäufer. Lebensmittelverpackungen im Zeitalter der Konsumgesellschaft, Bern 1997.

Neuloh, O., Der neue Betriebsstil, Tübingen 1960.

Niefer, W., Der Wettbewerb mit der japanischen Automobilindustrie – eine Herausforderung für die Produktionstechnik, in: E. Gaugler; E. Zander (Hg.), Haben uns die Japaner überholt?, Heidelberg 1981, S. 127-138.

Nishizawa, T., Business Studies and Management Education in Japans Economic Development, in: R. P. Amdam (ed.), Management Education and Competitivness. Europe, Japan and the United States, London, New York 1996, S. 96-110.

Nixdorf, M., Der Lebensmittelhandel in den USA, in: REWE-Echo 1, 1954.

–, Der Lebensmitteleinzelhandel in den USA, in: REWE-Echo Nr. 3, 1954.

Nolan, M., Visions of Modernity. American Business and the Modernization of Germany, New York, Oxford 1994.

Nonaka, I., The Development of Company-Wide Quality Control and Quality Circles at Toyota Motor Company and Nissan Motor Co. Ltd, in: Wada, K., The Emergence of the „Flow Production" Method in Japan, in: H. Shiomi; K. Wada

(Hg.), Fordism Transformed. The Development of Production Methods in the Automobile Industrry, Oxford, New York 1995, S. 139-159.

Nordhoff, H., Probleme der betrieblichen Menschenführung, in: Leibniz-Blätter, Juli 1955.

North, M. (Hg.), Deutsche Wirtschaftsgeschichte. Ein Jahrtausend im Überblick, München 2000.

Oelke, H., Marktforschung im Hause Bahlsen, in: Leibniz-Blätter, Weihnachten 1970.

Ohashi, R., Reflexion der nicht-europäischen Moderne, in: D. Lohmar (Hg.), Philosophische Grundlagen der Interkulturalität, Amsterdam, Atlanta 1993.

Operations Research. Mittel moderner Unternehmensführung. hg. von der American Management Association, Inc., dt. v. W. W. Elwenspoek, Essen 1958.

Organisation in amerikanischen Unternehmen. Ergebnisse einer Studienreise in die Vereinigten Staaten von Amerika, hg. vom Ausschuß für wirtschaftliche Verwaltung (AWV), Wiesbaden 1963.

Osterhammel, J., Die Entzauberung Asiens. Europa und die asiatischen Reiche im 18. Jahrhundert, München 1998.

Pack, L., Ausbildung und Weiterbildung von Führungskräften an amerikanischen und deutschen Universitäten, Wiesbaden 1969.

Park, S.-J. (Hg.), Japanisches Management in der Praxis, Berlin 1985.

–, Welche Bedeutung hat für die Bundesrepublik und Frankreich die Auseinandersetzung mit dem japanischen Modell wirtschaftlicher und sozialer Entwicklung?, in: C. Deubner; L. Kißler; R. Lasserre (Hg.), Modell Japan, Frankfurt am Main, New York 1990, S. 9-14.

Pauer E., Japanischer Geist – westliche Technik: zur Rezeption westlicher Technologie in Japan, in: Saeculum XXXVIII, H. 1, 1987, S. 19-51.

–, (Hg.), Technologietransfer Deutschland – Japan von 1850 – zur Gegenwart, München 1992.

–, Rules, Goals, Information – A Key to the Question of Continuity and Change in Japan, in: S. Metzger-Court; W. Pasche (Hg.), Japan's Socio-Economic Evolution. Continuity and Change, Sangate, Folkstone, 1996, S. 1-26

–, Die Rolle des Staates beim Aufstieg Japans in den Kreis der hochindustrialisierten Länder, in: A. Hermann; H.-P. Sang (Hg.), Technik und Staat (Technik und Kultur IX), Düsseldorf 1992, S. 161-191.

–, Die wirtschaftlichen Beziehungen zwischen Japan und Deutschland 1900-1945, in: J. Kriener (Hg.), Deutschland – Japan. Historische Kontakte, Bonn 1984.

–, Japan-Deutschland. Wirtschaft und Wirtschaftsbeziehungen im Wandel, Düsseldorf 1985.

–, Menschen, Muster und Motoren. Die technische Zusammenarbeit zwischen Deutschland und Japan zwischen 1930-1945, in: G. Krebs; B. Martin (Hg.), Formierung und Fall der Achse Berlin – Tokyo, Tokyo 1994, S. 95-125.

Paul-Kohlhoff, A., Das Fallbeispiel VW Hannover, in: W. Heidemann; A. Paul-Kohlhoff; Chr. Zeuner (Hg.), Qualifizierung in der Automobilproduktion. Europäische Automobilkonzerne reagieren auf die japanische lean production, Marburg 1992, S. 105-112.

Pentzlin, H., Der Mann an der Spitze. Unternehmer im Zeitalter der Elektronik, Oldenburg 1964.

Pentzlin, K., Das Geheimnis des Erfolgs führender amerikanischer Unternehmungen, in: Rationalisierung 3, 1952, H. 1, S. 13-17.

–, Humanisierung der Arbeit, in: Industrial Engineering 4, 1974, S. 367-369.

–, Rationelle Produktion. Methodik, Grundregeln und praktische Beispiele, Gera 1945 (2. Aufl. Kassel 1950).

Peters, H., Qualitätszirkel im Zentralen Vertrieb SIMRIT bei Freudenberg, in: K. J. Zink; G. Schick (Hg.), Quality Circles 2. Fallbeispiele, Erfahrungen, Perspektiven, München, Wien 1986.

Petzina, D. und R. Ruprecht (Hg.), Wendepunkt 1945? Kontinuität und Neubeginn in Deutschland und Japan nach dem Zweiten Weltkrieg, Bochum 1991.

Petzold, H., Rechnende Maschinen. Eine historische Untersuchung ihrer Herstellung und Anwendung vom Kaiserreich bis zur Bundesrepublik (Technikgeschichtliche Einzeldarstellungen des VDI, Bd. 41), Düsseldorf 1985.

Picht, G., Die deutsche Bildungskatastrophe. Analysen und Dokumentation, Freiburg 1964.

Pierenkemper, T., Die westfälischen Schwerindustriellen 1852-1913, Göttingen 1979.

–, Umstrittene Revolutionen. Die Industrialisierung im 19. Jahrhundert, Frankfurt am Main 1996.

Pirker, Th.; S. Braun; B. Lutz; F. Hammelrath, Arbeiter-Management-Mitbestimmung. Eine industriesoziologische Untersuchung der Struktur, der Organisation und des Verhaltens der Arbeiterbelegschaften in Werken der deutschen Eisen- und Stahlindustrie, für die das Mitbestimmungsgesetz gilt, Düsseldorf 1955.

Pistorius, G., Qualitätssicherung in Japan. Entstehung, Tätigkeit und Erfolge der Q.C.-Zirkel, in: QZ 18, 1973, H. 10, S. 253-259.

Platzer, F., Nachruf in: Stahl und Eisen 81, 1961, S. 1436.

Plumpe, G. und H. Schultheiß, Meilensteine, Leverkusen 1988.

Plumpe, G., Die I.G. Farbenindustrie AG. Wirtschaft, Technik und Politik 1904-1945, Berlin 1990.

–, Industrie, technischer Fortschritt und Staat: Die Kautschuksynthese in Deutschland 1906-1944/45, in: Geschichte und Gesellschaft 9, 1983, S. 564-597.

Plumpe, W., Das Unternehmen als soziale Organisation – Thesen zu einer erneuerten historischen Unternehmensforschung, in: AKKUMULATION. Informationen des Arbeitskreises für kritische Unternehmens- und Industriegeschichte Nr. 11, 1998, S. 1-7.

–, Der 20. Juni 1948 als Datum der jüngeren deutschen Währungsgeschichte (Manuskript Bochum 1999).

–, Unternehmen, in: Moderne Wirtschaftsgeschichte, hg. von G. Ambrosius; D. Petzina und W. Plumpe, München 1996.

Poocock, J. W., (Pertner, Booz, Allen & Hamilton), in: Operations Research, S. 15-31.

Posth, M., Lernen, von den Japanern zu lernen, in: E. Gaugler; E. Zander (Hg.), Haben uns die Japaner überholt?, S. 99-11.

Potthoff, E., Die Entwicklung der Organisation des Finanzwesens in Deutschland, in: Handbuch des Controlling und Finanzmanagement, hg. von G. Haberland, München 1978, S. 15-24.

Potthoff, E.; O. Blume; H. Duvernell, Zwischenbilanz der Mitbestimmung, Tübingen 1962.

Poznanski, K. Z., International Diffusion of Steel Technologies, in: Technological Forecasting and Social Change 23, 1983, S. 305-323.

Presse und Produktivität. Eindrücke einer deutschen Studiengruppe von einer Reise in USA (RKW-Auslandsdienst, H. 24), München 1954.

Preuß, H.-U., Die Automation in betriebswirtschaftlicher Sicht, Berlin 1970.

Produktivität in USA Eindrücke einer deutschen Studiengruppe von einer Reise durch USA (RKW-Auslandsdienst, H. 20), München 1953.

Pross, H. und K. W. Boetticher, Manager des Kapitalismus. Untersuchung über leitende Angestellte in Großunternehmen, Frankfurt am Main 1971.

Pusch, M.; K. Volkert; H.-J. Uhl, Qualitätszirkel/Werkstattkreise/Aktionskreise der Volkswagen AG. Erfahrungen des Betriebsrats, in: Gewerkschaftliche Monatshefte 11, 1983, S. 740-745.

Railton, A., Der Käfer. Der ungewöhnliche Weg eines ungewöhnlichen Automobils, Pfäffikon 1985.

Rathert, H., Industriebetriebe in USA, in: Wir vom Glanzstoff 13, 1953, H. 11, S. 3.

Rathgeber, M., Einbindung von Qualitätszirkeln in ein umfassendes Programm bei Freudenberg, in: K. J. Zink; G. Schick (Hg.), Quality Circles 2. Fallbeispiele, Erfahrungen, Perspektiven, München, Wien 1986, S. 183-186.

Rauch, W. J., In den USA spielt betriebliche Marktforschung die erste Geige, in: Der Marktforscher 8, 1965, S. 816-819.

Rauck, M., Die Beziehungen zwischen Japan und Deutschland 1859-1914 unter besonderer Berücksichtigung der Wirtschaftsbeziehungen, Diss. Nürnberg 1988.

Rauh-Kühne, C.; H. C. Paulssen: Sozialpartnerschaft aus dem Geiste der Kriegskameradschaft, in: Deutsche Unternehmer zwischen Kriegswirtschaft und Wiederaufbau. Studien und Erfahrungsbildung von Industrie-Eliten, hg. von P. Erker und T. Pierenkemper, München 1999, S. 109-192.

Reckendrees, A., Die Vereinigte Stahlwerke A.G. 1926-1933 und „das glänzende Beispiel Amerika", in: Geschichte und Gesellschaft, H. 2, 1996, S. 159-186.

Reich, Simon, The Fruits of Fascism. Postwar Prosperity in Historical Perspective, Ithaca and London 1990.

Reichlich Information für jeden Mitarbeiter, in: Blick vom Hochhaus, Sept. 1969.

Reinhardt, D., Zur Historizität der Phänomene „Kommunikationsgesellschaft" und „Dienstleistungsgesellschaft". Die Geschichte der Werbeagentur und ihrer Vorläufer in Deutschland, in: ZfU 41, 1996, S. 28-39.

Revolution der betrieblichen Ausbildung (Report Nr. 72 der American Management Association), Düsseldorf 1964.

REWE Dortmund, Jahres- und Geschäftsbericht 1968, (o.P.).

Rhodes, J. B., Die deutsche Unternehmensführung, von außen gesehen, in: Die Herausforderung des Managements im internationalen Vergleich (USW-Schriften für Führungskräfte, Bd. 4, hg. von H. Albach u.a.), Wiesbaden 1970.

Rischor, K. und Chr. Tietze, Qualitätszirkel – effektive Problemlösung durch Gruppen im Betrieb, Grafenau 1984.

Ritter, G. A.; M. Szöllösi-Janze; H. Trischler (Hg.): Antworten auf die amerikanische Herausforderung. Forschung in der Bundesrepublik und der DDR in den „langen" siebziger Jahren, Frankfurt am Main, New York 1999.

RKW, Führungskräfte für die Wirtschaft. Praktiken und Methoden der Aus-und Weiterbildung in den USA und ihre Nutzanwendung in der Bundesrepublik, Düsseldorf, Wien 1962.

Roethlisberger, F. J., Betriebsführung und Arbeitsmoral, Köln u. Opladen 1954.

Rudolph, H., Erfolgsfaktoren japanischer Großunternehmen. Die Bedeutung von Wettbewerb und individuellen Leistungsanreizen, Frankfurt am Main, New York 1996.

Rupieper, H. J., Arbeiter und Angestellte im Zeitalter der Industrialisierung. Eine sozialgeschichtliche Studie am Beispiel der Maschinenfabrik Augsburg und Nürnberg (M.A.N.) 1837-1914, Frankfurt am Main 1982.

Sabel, H., Absatzorganisation im Westen, in: H. Pohl (Hg.), Geschichte der Organisationsformen im Absatzbereich von Unternehmen in den alten und neuen Bundesländern (ZfU-Beiheft 93), Stuttgart 1996, S. 25-36.

–, Absatzstrategien deutscher Unternehmen seit 1945, in: Absatzstrategien deutscher Unternehmen. Gestern – Heute – Morgen (Zeitschrift für Unternehmensgeschichte, Beiheft 23), Wiesbaden 1982, S. 47-66.

Sachse, C., Siemens, der Nationalsozialismus und die moderne Familie. Eine Untersuchung der sozialen Rationalisierung im 20. Jahrhundert, Hamburg 1990.

–, Unternehmensgeschichte als Geschlechtergeschichte. Ein Zugang zur Erforschung von Geschlechterverhältnissen im Wandel der industriellen Arbeit, in: Arbeit und Technik im sozialen Prozeß, hg. von G. Hurrle u.a. (Geschichte und Zukunft der industriellen Arbeit, Bd. 1), Marburg 1991.

Samson, H., Die Lernstatt – eine deutsche Antwort, in Dokumentation Erster Deutscher Quality Circle Kongreß 23.-24.11.1982 Neue Messe Düsseldorf, Düsseldorf 1983, S. 43-57.

Sanford, W. F., The American Business Community and the European Recovery Program, 1947-1952, New York, London 1987.

Schäfer, E., Die Aufgabe der Absatzwirtschaft, Köln und Opladen 1950.

Schaller, M., The American Occupation of Japan, New York 1985.

Scharpf, F. W., Sozialdemokratische Krisenpolitik in Europa. Das „Modell Deutschland“ im Vergleich, Frankfurt am Main, New York 1987.

Schatmann, H., Cash and Carry – ‚Geschäft auf Zeit‘?, in: REWE-Echo 12, 1962, H. 4, S. 8 f.

Scheele, W., Kommunikationspolitik, in: R. Nieschlag; D. v. Eckardstein (Hg.), Der Filialbetrieb als System. Das Cornelius-Stüssgen-Modell, Köln 1972, S. 231-262.

Schenzinger, K. A.; H. Simon; A. Zischka, Heinrich Nordhoff, München 1969.

Schildt, A. und A. Sywottek (Hg.), Modernisierung im Wiederaufbau. Die westdeutsche Gesellschaft der 50er Jahre, Bonn 1993.

Schildt, A., Sind die Westdeutschen amerikanisiert worden?, in: Aus Politik und Zeitgeschichte B 50/2000, S. 3-10.

Schindelbeck, D., „Asbach Uralt“ und „Soziale Marktwirtschaft“. Zur Kulturgeschichte der Werbeagentur in Deutschland am Beispiel von Hanns W. Brose (1899-1971), in: Zeitschrift für Unternehmensgeschichte 40, 1995, S. 235-252.

Schlegel-Matthies, K., Gefrierkühlkost und Mikrowelle. Die Eß-Revolution, die aus der Kälte kam, in: 48, 98 Tante Emma – Megastore. 50 Jahre Lebensmittelhandel in Deutschland, hg. von A. Stickel und M. Tröscher, Ingelheim a. Rhein 1998, S. 77-80.

Schmacke, E., Vertrauenswerbung – Ein Mittel der Geschäftspolitik, in: Der Volkswirt, Beiheft zu Nr. 43, 1966, S. 32-36.

Schmalenbach, E., Pretiale Wirtschaftslenkung, Bd. 2, Pretiale Lenkung des Betriebes, Bremen 1948.

Schmidt, A., Public Relations als unternehmerische Aufgabe in der Neuen und Alten Welt, Heidelberg 1959.

Schmidt, D., Taylorismus und Geschlechterverhältnis – was der „Dritte Mann“ mit dem „Tod des Gelernten“ zu tun hat, in: Arbeit und Technik im sozialen Prozeß, hg. von G. Hurrle u.a. (Geschichte und Zukunft der industriellen Arbeit, Bd. 1), Marburg 1991, S. 68-79.

Schmidt, G. und C. F. Doran (Hg.), Amerikas Option für Deutschland und Japan. Die Positionen und Rolle Deutschlands und Japans in regionalen und internationalen Strukturen. Die 1950er und 1990er Jahre im Vergleich, Bochum 1996.

Schmitt, W., Der Mitarbeiter im Mittelpunkt einer „Just-in-Time“-Produktion, in: H. Wildemann (Hg.), Just-in-Time, Stuttgart, München 1986.

Schmölders, G., Das Universitätsseminar der Wirtschaft, in: Unternehmer und Bildung, Festschrift zum 60. Geburtstag von Ludwig Vaubel, Köln und Opladen 1968, S. 37-45.

Schneider, D., Informations- und Entscheidungstheorie, München, Wien 1995.

Scholten, J., Die Einführung der Selbstbedienung im Lebensmittelhandel in der BRD nach dem Zweiten Weltkrieg am Beispiel der REWE Dortmund (Magisterarbeit), Ruhr-Universität Bochum 2000.

Scholz, H., Die dritte Computer-Generation. Hüls benutzt ein neues System der elektronischen Datenverarbeitung, in: Der Lichtbogen 16, 1967, H. 2.

Schomerus, H., Die Arbeiter der Maschinenfabrik Eßlingen, Stuttgart 1977.

Schonberger, H. B., Aftermath of War. America and the Remaking of Japan, 1945-1952, Kent/Ohio 1989.

Schönfeld, H.-M. und H. Raffee, Außerbetriebliche Ausbildung von Führungskräften, hg. vom RKW, Frankfurt am Main 1960.

Schröder, D., Warum ist Unternehmensplanung in den USA wirksamer als bei uns?, in: Rationalisierung 20, 1969, S. 111 f. u. 121 f.

Schröter, H. G., Die Amerikanisierung der Werbung in der Bundesrepublik Deutschland, in: Jahrbuch für Wirtschaftsgeschichte 1997/I, S. 93-115.

–, Erfolgsfaktor Marketing: Der Strukturwandel von der Reklame zur Unternehmenssteuerung, in: Wirtschaft, Gesellschaft, Unternehmen. Festschrift für Hans Pohl zum 60. Geburtstag, hg. von W. Feldenkirchen; F. Schönert-Röhlk; G. Schulz, Stuttgart 1995, S. 1099-1127.

–, Zur Übertragbarkeit sozialhistorischer Konzepte in die Wirtschaftsgeschichte. Amerikanisierung und Sowjetisierung in deutschen Betrieben 1945-1975, in: Jarausch, K. und H. Siegrist (Hg.), Amerikanisierung und Sowjetisierung in Deutschland 1945-1970, Frankfurt am Main, New York 1997, S. 147-165.

–, Von der Teilung zur Wiedervereinigung 1945-2000), in: M. North (Hg.), Deutsche Wirtschaftsgeschichte. Ein Jahrtausend im Überblick, München 2000, S. 351-420.

Schumann, M., Gruppenarbeit und neue Produktionskonzepte, in: R. Seltz (Hg.), Entwicklung der Gruppenarbeit in Deutschland, Frankfurt am Main, New York 1993, S. 186-203.

Schwatz, M. und A. Fish, Just-in-Time Inventories in old Detroit, in: Business History 40, 1998, No. 3, S. 48-71.

Schwier, H.; B. Liebe; T. Shimizu, Rationalisierungserfordernisse zur Begegnung der japanischen Herausforderung. 29. Jahresversammlung der Arbeitsgemeinschaft Rationalisierung des Landes NRW, Dortmund 1982.

Seibt, D. und N. Szyperski, Das Projekt ISAS, in: Der Lichtbogen 25, 1976, Nr. 180.

Seitz, K., Wettlauf ins 21. Jahrhundert. Die Zukunft Europas zwischen Amerika und Asien, Berlin 1998.

Sellin, V., Sozialgeschichte in Deutschland, Bd. 3, Göttingen 1987.

Sendele, H., Wege an die Unternehmensspitze, in: FAZ 28.12.1998.

Serfling, K., Controlling, Berlin, Köln, 2. Aufl. 1992.

Servan-Schreiber, J.-J., Die amerikansiche Herausforderung, Hamburg 1968.

Shinoda, Y., Japanisches Management, in: Die Herausforderung des Managements, im internationalen Vergleich (USW-Schriften für Führungskräfte, Bd. 4, hg. von H. Albach u.a.), Wiesbaden 1970, S. 82 ff.

Sicherung des Marktanteils für Mittel- und Kleinbetriebe (RKW-Auslandsdienst, H. 90), München 1959.

Sieder, R., Sozialgeschichte auf dem Weg zu einer historischen Kulturwissenschaft?, in: Geschichte und Gesellschaft 20, 1994, S. 445-468.

Siegel, T. und Th. v. Freyberg, Industrielle Rationalisierung unter dem Nationalsozialismus, Frankfurt am Main, New York 1991.

Siegenthaler, H., Geschichte und Ökonomie nach der kulturalistischen Wende, in: Geschichte und Gesellschaft 25, 1999, S. 276-301.

Siegrist, H.; H. Kaelble; J. Kocka (Hg.), Europäische Konsumgeschichte. Zur Gesellschafts- und Kulturgeschichte des Konsums (18. bis 20. Jahrhundert), Frankfurt am Main, New York 1997.

Siegwart, H., Worin unterscheiden sich amerikanisches und deutsches Controlling?, in: Management-Zeitschrift 51, 1982, S. 97-101.

Siemens, K. W., Verkaufsförderung – was ist das?, in: Leibniz-Blätter, Oktober 1967.

Splendid Isolation im alten Glanz?, in: Die Absatzwirtschaft 11, 1968, H. 15-16, S. 19-25.

Staehle, H. W., Ein Vergleich der organisatorischen Umstrukturierung bei DuPont und Farbwerke Hoechst, in: management international review 10, 1970, Nr. 6, S. 47-49.

Staehle, W. H., Management. Eine verhaltenswissenschaftliche Perspektive, München, 7. Aufl. 1994.

Stahlmann, M., Die erste Revolution in der Autoindustrie. Management und Arbeitspolitik von 1900-1940, Frankfurt am Main, New York 1993.

Staudt, E. und M. Rehbein, Innovation durch Qualifikation. Personalentwicklung und neue Technik, Frankfurt am Main 1988.

Steinhaus, H., Elektronen-Rechner aus deutscher und amerikanischer Sicht (Teil 1), in: Der Betrieb 12, 1959, H. 5, S. 117-119.

Steinmann, H. und A. G. Scherer, Interkulturelles Management zwischen Universalismus und Relativismus, in: dies. (Hg.), Zwischen Universalismus und Realismus. Philosophische Grundlagenprobleme des interkulturellen Managements, Frankfurt am Main 1998, S. 23-87.

Stinau, W., Materialwirtschaft und elektronische Fertigungsregelung, in: Leibniz-Blätter, Oktober 1967.

Stöcker, R., Personalplanung als Instrument moderner Unternehmensführung, in: Lichtbogen 18, 1969, Nr. 153, S. 19, 22.

Stokes, R. G., Opting for Oil. The political economy of technological change in the West German chemical industry, 1945-1961, Cambridge, New York 1994.

Suzuki, Y., Japanese Management Structures, 1920-1980, London 1991.

Takenaka, T., Siemens in Japan. Von der Landesöffnung bis zum Ersten Weltkrieg, (Zeitschrift für Unternehmensgeschichte, Beiheft 91), Stuttgart 1996.

Tamanoi, K., Unternehmensverhalten, betriebsinterne Ordnung und soziale Verhältnisse bei hohem Wachstumstempo, in: K. Hax; W. Kraus (Hg.), Industriegesellschaften im Wandel. Japan und die BRD, Düsseldorf 1970, S. 155-165.

Tanner, A. H., Revolution der Stahlindustrie. Strangguß. Die weltweite Erfolgsgeschichte der Concast AG, Zürich 1997.

Taschenbuch der Rationalisierung 1962. In Zusammenarbeit mit dem Rationalisierungs-Kuratorium der Deutschen Wirtschaft, hg.v. F.-W. Engel, Frankfurt am Main 1962.

Teuteberg, H.-J., Der Lebensmittelhandel im Wandel. Zur Wirtschafts- Technik- und Sozialgeschichte des Einzelhandels, in: 48, 98 Tante Emma – Megastore. 50 Jahre Lebensmittelhandel in Deutschland, hg. von A. Stickel und M. Tröscher, Ingelheim a. Rhein 1998, S. 51-70.

Thomas, A., Fremdheitskonzepte in der Psychologie als Grundlage der Austauschforschung und der interkulturellen Managerausbildung, in: Kulturthema Fremdheit, hg. von A. Wierlacher, München 1993, S. 257-281.

Tiratsoo, N., The United States Technical Assistance Programme in Japan, 1955-62, in: Business History, Vol. 42, 2000, S. 117-136.

Tolliday, S., Enterprise and State in the West-German Wirtschaftswunder: Volkswagen and the Automobile Industry, 1939-1962, in: Business History Review, Autumn 69, 1995, S. 273-350.

Treue, W., Gummi in Deutschland. Die deutsche Kautschukversorgung und Gummiindustrie im Rahmen weltwirtschaftlicher Entwicklungen, München 1955.

Tschimmel, U., Aus der Retorte in den Krieg. Entwicklung und Nutzung von Nylon und Perlon vor 1945, in: Künstliche Versuchung. Nylon-Perlon-Dederon, Köln 1999, S. 16-29.

Udagawa, M., The Development of Production Management at the Toyota Motor Corporation, in: Business History 37, 1995, S. 107-119.

Ulrich, H., Controlling als Managementaufgabe, in: G. J. B. Probst; R. Schmitz-Dräger (Hg), Controlling und Unternehmensführung, Bern, Stuttgart 1985.

Unser Amerika-Korrespondent berichtet: ‚Heat and serve', in: REWE-Echo Nr. 8, 1961, S. 36.

Unser neues Zentrallager, in: Leibniz-Blätter, Dezember 1965.

Unternehmerisches Handeln und Ausbildung für die Unternehmensführung. Bericht junger Unternehmer über Studienreisen in USA (RKW Auslandsdienst H. 85), München 1959.

US-Werbemethoden in Deutschland, in: Der Marktforscher 11, 1967, S. 90 f.

Vahs, D., Controlling-Konzeptionen in deutschen Industrieunternehmungen – eine betriebswirtschaftlich-historische Untersuchung, Frankfurt am Main, Bern, New York, Paris, 1990.

Vaubel, L., Zusammenbruch und Wiederaufbau. Ein Tagebuch aus der deutschen Wirtschaft 1945-1949, hg. von Wolfgang Benz, München 1984.

–, Unternehmer gehen zur Schule. Ein Erfahrungsbericht aus USA, Düsseldorf 1952.

Vielfache Aufgaben – dreifache Verantwortung. Schulung betrieblicher Führungskräfte bei uns, in: Leibniz-Blätter 3, 1970.

Vilmar, F. (Hg.), Menschenwürde im Betrieb. Modelle der Humanisierung und Demokratisierung der industriellen Arbeitswelt, Reinbek 1973.

Vits, E. H., Die Kordnylonfabrik in Obernburg hat angesponnen, in: Wir vom Glanzstoff 17, 1957, H. 5.

–, Glückliche Fahrt für Nefa-Perlon. Festrede zur feierlichen Einweihung der Perlonfabrik Oberbruch am 6.11.1950, in: Wir vom Glanzstoff 10, 1950, H. 7.

–, Warum brauchen wir eine neue Perlon-Fabrik?, in: Wir vom Glanzstoff 10, 1950, H. 5.

Vogel, E. F., Japan as Number 1. Lessons for America, New York etc. 1979.

Voßberg, H., Mehr Kompetenzen auf allen Führungsebenen, in. Manager-Magazin Nr. 11, November 1972.

–, Schwerfälligkeit ist eine Frage der adäquaten Organisation, in: Industriemagazin, 1.10.1972.

Wada, K., The Emergence of the „Flow Production“ Method in Japan, in: Haruhito Shiomi; Kazuo Wada (Hg.), Fordism Transformed. The Development of Production Methods in the Automobile Industry, Oxford, New York 1995, S. 11-27.

Wagner, H., Menschliche Verhaltensforschung – ein Schlüssel zur Produktivität, in: in: Zeitschrift für wirtschaftliche Fertigung, 64, 1969, S. 333-335.

Waldenfels, B., Topographie des Fremden. Studien zur Phänomenologie des Fremden, Frankfurt am Main 1997.

Walgenbach, P., Giddens' Theorie der Strukturierung, in: A. Kieser (Hg.), Organisationstheorien, Stuttgart, Köln, Berlin, 3. Aufl. 1999, S. 355-375.

Walton, M., Deming Management at work, London 1991.

Wanderer, R., Guido Fischer – Zur Person, in: E. Gaugler (Hg.), Verantwortliche Betriebsführung. Prof. Dr. Guido Fischer zum 70. Geburtstag, Stuttgart 1969, S. 301-308.

Wannöffel, M., Sachzwang Japan. Zum arbeitsorganisatorischen Umbruch in der internationalen Automobilindustrie, Münster 1991.

Warnecke H.-J. und R. D. Schraft, Industrieroboter, Mainz, 2. Aufl. 1979.

Warner, M. und A. Campbell, German Management, in: D. J. Hickson (Hg.), Management in Western Europe. Society, Culture, and Organization in Twelve Nations, Berlin, New York 1993, S. 89-108.

Weger, E. R., Der Produkt-Manager, in: Die Absatzwirtschaft 6, 1963, S. 131-134.

Weiler, A. G., Alte Hierarchien auf dem Rückzug, in: Der Volkswirt 18, 1964, S. 1843 f.

Weißler, S., Fahnen des Neubeginns. Perlonstrümpfe, in: Perlonzeit. Wie die Frauen ihr Wirtschaftswunder erlebten, Berlin 1988, S. 147-151.

Wellhöner, V., „Wirtschaftswunder“, Weltmarkt, Westdeutscher Fordismus. Der Fall Volkswagen, Münster 1996.

Welskopp, Th., Arbeit und Macht im Hüttenwerk. Arbeits- und industrielle Beziehungen in der deutschen und amerikanischen Eisen- und Stahlindustrie von den 1860er bis in die 1930er Jahre, Bonn 1994.

Welskopp, Th.; Chr. Kleinschmidt, Amerika aus deutscher Perspektive. Reiseeindrücke deutscher Ingenieure über die Eisen- und Stahlindustrie der USA, 1900-1930, in: Zeitschrift für Unternehmensgeschichte 39, 1994, S. 73-103.

–, Der Betrieb als soziales Handlungsfeld. Neuere Forschungsansätze in der Industrie und Arbeitergeschichte, in: Geschichte und Gesellschaft 22, 1996, S. 118-142.

Welt-Erdölwirtschaft, in: Chemische Industrie, 1, 1949, S. 23.

Wendt, W., Ofen 341. Ein ‚Roboter' backt Waffelbänder in Barsinghausen, in: Leibniz-Blätter, April 1962; Dolezalek, Pentzlin und die Automatisierung, S. 67.

Wenn's funktioniert, ist's sinnvoll, in: Manager-Magazin 4, 1974, S. 74-78.

Wicht, W. E., Glanzstoff. Zur Geschichte der Chemiefaser, eines Unternehmens und seiner Arbeiterschaft, Neustadt/Aisch 1992.

Wickern, J., Bedeutung der Handelsmarke, in: Selbstbedienung, Dez. 1960.

–, Probleme des Lebensmittel-Filialbetriebs – eine Einführung, in: Nieschlag; Eckardstein (Hg.), Der Filialbetrieb als System. Das Cornelius-Stüssgen-Modell, Köln 1972, S. 41-61.

Wierlacher, A., Ausgangslage, Leitbegriffe und Problemfelder, in: Kulturthema Fremdheit, hg. von A. Wierlacher, München 1993, S. 19-112.

Wiesen, S. J., Overcoming Nazism: Big Business, Public Relations, and the Politics of Memory, 1945-50, in: Central European History, vol. 29, no. 2, 201-226.

Wildemann, H. (Hg.), Just in Time, Stuttgart, München 1986.

Wildt, M., Vom kleinen Wohlstand. Eine Konsumgeschichte der fünfziger Jahre, Frankfurt am Main 1996.

Winnacker, K., Nie den Mut verlieren. Erinnerungen an Schicksalsjahre der deutschen Chemie, Düsseldorf, Wien 1971.

Winschuh, J., Das neue Unternehmerbild, Baden-Baden, Bonn, Frankfurt am Main 1954.

Wirtschaftsorganisationen in USA. Bericht über eine Studienreise Berliner Verbandsgeschäftsführer (RKW-Auslandsdienst, H. 61), München 1958.

Wischermann, C., Einleitung: Der kulturgeschichtliche Ort der Werbung, in: P. Borscheid; C. Wischermann (Hg.), Bilderwelt des Alltags. Werbung in der Konsumgesellschaft des 19. und 20. Jahrhunderts, Stuttgart 1995, S. 8-19.

Wolf, E. H. und E. Mittelsten Scheid, Dr. Kurt Pentzlin 70 Jahre alt, in: Rationalisierung 24, 1973, S. 62-64.

Wollnik, M., Interpretative Ansätze der Organisationstheorie, in: Alfred Kieser (Hg.), Organisationstheorien, Stuttgart, Berlin, Köln, 2. Aufl. 1995.

Yoshino, M. Y., Japans Management, Düsseldorf, Wien 1970.

Yoshino, M. Y., Japans Managerial System. Tradition and Innovation, Cambridge/Mass., London, 1968.

Zapp, M., Vorwort, in: Public Relations heute. Der Mc Graw-Hill-Bericht, Bad Godesberg 1961.

Ziele und Programm des 1. Zehnwochen-Seminars für Führungskräfte, in: Management-Ausbildung in Deutschland. 1. Zehnwochen-Seminar für Führungskräfte am Universitätsseminar der Wirtschaft, Wiesbaden 1970, S. 41-44.

Zielke, E., Konsul Louis Kniffler – Der Pionier des deutschen Japanhandels, in: Zeitschrift für Unternehmensgeschichte 25, 1980, H. 1, S. 1-11.

Zink, K. J. und G. Schick, Quality Circles 1, Grundlagen, 2. Aufl. München, Wien 1987.

Zobel, F., Unsere Produktion, in: Der Lichtbogen 1, 1952, H. 2, S. 4.

Zeitschriften und Periodika:

Die Absatzwirtschaft

Der Arbeitgeber

Archiv für Sozialgeschichte

Der Betrieb

Blätter vom Hause

Business History

Business History Review

Chemische Industrie

Fortschrittliche Betriebsführung (hg. von Refa)

Fortune

Der Freudenberger

Geschichte und Gesellschaft

Jahrbuch für Wirtschaftsgeschichte

Jahresbericht des Bundesverbandes der Deutschen Industrie

Leibniz-Blätter

Der Lichtbogen

Management-Zeitschrift

Manager Magazin

Der Marktforscher

Mensch und Arbeit

Operations Research

Plus

Rationalisierung

REWE-Echo

RKW-Auslandsdienst

Unser Werk

Der Volkswirt

Wir vom Glanzstoff

Zeitschrift für Betriebswirtschaft

Zeitschrift für Unternehmensgeschichte

Zeitschrift für wirtschaftliche Fertigung

5.1 Abkürzungsverzeichnis

AAAA	Association of Advertising Agencies
AEG	Allgemeine Elektrizitäts-Gesellschaft
AG	Aktien Gesellschaft
AFL	American Federation of Labor
AGFA	Aktiengesellschaft für Anilinfabrikation
AKU	Algemeene Kunstzijde Unie N.V., Arnheim
AMA	American Management Association
ASB	Arbeitsgemeinschaft für soziale Betriebsgestaltung
ASU	Arbeitsgemeinschaft selbständiger Unternehmer
AT&T	American Telephone & Telegraph Company
AWF	Ausschuß für wirtschaftliche Fertigung
AWV	Ausschuß für wirtschaftliche Verwaltung
BASF	Badische Anilin- und Sodafabriken
BIB	Berliner Institut für Betriebsführung e.V.
BDA	Bundesvereinigung der Deutschen Arbeitgeberverbände
BDI	Bundesverband der Deutschen Industrie
BMW	Bayrische Motoren Werke
BVG	Betriebsverfassungsgesetz
CCCG	Combined Control Group (of Germany)
CF	Carl Freudenberg
CIO	Congress of Industrial Organizations
C.I.O.S.	Combined Intelligence Objectives Subcommittees
CIPM	Council for International Progress in Management
CWH	Chemische Werke Hüls
DAF	Deutsche Arbeitsfront
DDB	Doyle Dane Bernbach
Degussa	Deutsche Gold- und Silber-Scheideanstalt
DGB	Deutscher Gewerkschaftsbund
DGFP	Deutsche Gesellschaft für Personalführung e.V.

DIB	Deutsches Institut für Betriebswirtschaft e.V.
DIHT	Deutscher Industrie und Handelstag
DPRG	Deutsche Public Relations Gesellschaft e.V.
DVG	Deutsche Volkswirtschaftliche Gesellschaft
ECA	European Cooperation Administration
EDV	Elektronische Datenverarbeitung
EPA	European Productivity Agency
EROA	Economic Recovery Program of Occupied Areas
ERP	European recovery Program
EWG	Europäische Wirtschaftsgemeinschaft
F&E	Forschung und Entwicklung
FOA	Foreign Operations Administration
FORFA	Forschungsinstitut für Arbeitspsychologie und Personalwesen der TH Braunschweig
GATT	General Agreement on Tarriffs and Trade
GBAG	Gelsenkirchener Bergbau AG
GfK	Gesellschaft für Konsumforschung
HdA	Humanisierung der Arbeit
HOBSO	How our Business-System-Operates
IBM	International Business Machine Corp.
ICA	International Cooperation Administration
IG	Interessengemeinschaft
IHK	Industrie- und Handelskammer
ILO	International labor Organization
INSEAD	European Institute of Business Administration
IPC	International Packings Corporation
IUC	International University Contact
IZ	Industrie Zellen bzw.Idle Zero
JEIA	Joint Export/Import Agency
JPC	Japan Productivity Center
JVC	Japan Vilene Company

JUSE	Gesellschaft japanischer Wissenschaftler und Ingenieure
KG	Kommandit Gesellschaft
M.A.N.	Maschinenfabrik Augsburg und Nürnberg
MIS	Management-Informations-System
MIT	Massachussets Institute of Technology
MITI	Ministerium für Internationalen Handel und Industrie (Japan)
MSA	Mutual Security Agency
N.A.	National Archives
NAM	National Association of Manufacturers
NATO	North Atlantic Treaty Organization
NCR	National Cash Register Company
NMC	National Management Council
NOK	Nippon Oil Seal Industry Company Ltd. Tokio
NS	Nationalsozialismus
NSDAP	Nationalsozialistische Deutsche Arbeiterpartei
NSU	Neckarsulm Motorenwerke AG
OECD	Organization for Economic Cooperation and Development
OEEC	Organization for European Economic Cooperation
OMGUS	Office of Military Government for Germany (U.S.)
OTS	Office of Technical Services
PERT	Program Evolution and Review Technique
PR	Public Relations
QCC	Quality-Control-Circle
RAW	Rationalisierungsausschuß der Deutschen Wirtschaft
REFA	Verband für Arbeitsstudien
REWE	Revisionsverband der Westkauf-Genossenschaft
RG.	Record Group
RKW	Rationalisierungskuratorium der deutschen Wirtschaft
SCAP	Supreme Commander for the Allied Powers
SEL	Standard Elektrik Lorenz AG
SPD	Sozialdemokratische Partei Deutschlands

SRI	Stanford Research Institute
T.A.	Technical Assistance
TWI	Training –Within-Industry
USTA&P	US Technical Assistance and Productivity Program
USW	Universitätsseminar der Wirtschaft
VDI	Verein Deutscher Ingenieure
VEBA AG	Vereinigte Elektrizitäts- und Bergwerks-AG
VWoA	Volkswagen of America
W.d.K	Wirtschaftsverband der deutschen Kautschukindustrie
WDR	Westdeutscher Rundfunk
WIDIA	Wie Diamant (Werkzeugstahl)

5.2 Personenverzeichnis

5.3 Unternehmensverzeichnis

www.ingramcontent.com/pod-product-compliance
Lightning Source LLC
LaVergne TN
LVHW081358011026
849161LV00013BA/2842